NEUROPSICOLOGIA

A Artmed é a editora oficial da Sociedade Brasileira de Neuropsicologia

N495 Neuropsicologia : aplicações clínicas / Organizadores, Leandro F.
Malloy-Diniz ... [et al.]. – Porto Alegre : Artmed, 2016.
400 p. il. ; 25 cm.

ISBN 978-85-8271-290-0

1. Neuropsicologia - Clínica. I. Malloy-Diniz, Leandro F.

CDU 159.91:612.8

Catalogação na publicação: Poliana Sanchez de Araujo – CRB 10/2094

LEANDRO F. MALLOY-DINIZ
PAULO MATTOS
NEANDER ABREU
DANIEL FUENTES
Organizadores

NEUROPSICOLOGIA
aplicações clínicas

2016

© Artmed Editora Ltda, 2016

Gerente editorial
Letícia Bispo de Lima

Colaboraram nesta edição:

Coordenadora editorial
Cláudia Bittencourt

Assistente editorial
Paola Araújo de Oliveira

Capa
Márcio Monticelli

Imagem de capa
©thinkstockphotos.com / SilverV, Neurons in the brain

Ilustrações
Gilnei da Costa Cunha e Andressa Moreira Antunes

Preparação do original
André Luís Lima e Camila Wisnieski Heck

Leitura final
Camila Wisnieski Heck

Projeto e editoração
Bookabout – Roberto Carlos Moreira Vieira

Reservados todos os direitos de publicação à
ARTMED EDITORA LTDA., uma empresa do GRUPO A EDUCAÇÃO S.A.
Av. Jerônimo de Ornelas, 670 – Santana
90040-340 – Porto Alegre – RS
Fone: (51) 3027-7000 Fax: (51) 3027-7070

Unidade São Paulo
Av. Embaixador Macedo Soares, 10.735 – Pavilhão 5 – Cond. Espace Center
Vila Anastácio – 05095-035 – São Paulo – SP
Fone: (11) 3665-1100 Fax: (11) 3667-1333

É proibida a duplicação ou reprodução deste volume, no todo ou em parte, sob quaisquer formas ou por quaisquer meios (eletrônico, mecânico, gravação, fotocópia, distribuição na Web e outros), sem permissão expressa da Editora.

SAC 0800 703-3444 – www.grupoa.com.br

IMPRESSO NO BRASIL
PRINTED IN BRAZIL

Autores

Leandro F. Malloy-Diniz: Neuropsicólogo. Mestre em Psicologia e Doutor em Farmacologia Bioquímica e Molecular pela Universidade Federal de Minas Gerais (UFMG). Coordenador do Laboratório de Investigações em Neurociência Clínica (LINC) da Faculdade de Medicina da UFMG. Presidente da Sociedade Brasileira de Neuropsicologia (SBNp – 2011- -2013/2013-2015).

Paulo Mattos: Psiquiatra. Mestre e Doutor em Psiquiatria e Saúde Mental. Professor da Universidade Federal do Rio de Janeiro (UFRJ). Pesquisador do Instituto D'Or de Pesquisa e Ensino (IDOR).

Neander Abreu: Psicólogo. Especialista em Neuropsicologia. Mestre e Doutor em Neurociências e Comportamento pela Universidade de São Paulo (USP). Pós-doutor pela Université du Luxembourg e The University of York. Professor associado do Instituto de Psicologia da Universidade Federal da Bahia (UFBA). Coordenador do Grupo de Pesquisa em Neuropsicologia Clínica – CNPq-UFBA.

Daniel Fuentes: Psicólogo. Especialista em Neuropsicologia pelo Conselho Federal de Psicologia (CFP). Doutor pela Faculdade de Medicina da Universidade de São Paulo (USP). Fellow pela Calgary University, Canadá. Ex-diretor do Serviço de Psicologia e Neuropsicologia do Hospital das Clínicas da Faculdade de Medicina da USP (HCFMUSP).

Adriele Wyzykowski: Psicóloga. Especialista em Neuropsicologia pela UFBA. Mestranda no Programa de Pós-graduação em Psicologia da UFBA. Pesquisadora do Laboratório de Pesquisa em Neuropsicologia Clínica e Cognitiva (Neuroclic) da UFBA.

Ana Garcia: Doutora em Neurociência e Comportamento.

Ana Jô Jennings Moraes: Psicóloga. Especialista em Neuropsicologia pelo Instituto de Psiquiatria (IPq) do HCFMUSP. Aperfeiçoamento em Psicologia Jurídica, Prática Pericial pelo Núcleo de Estudos e Pesquisas em Psiquiatria Forense e Psicologia Jurídica (Nufor) do IPq-HCFMUSP. Psicóloga colaboradora do Nufor/IPq-HCFMUSP.

Andressa M. Antunes: Psicóloga. Mestranda em Saúde da Criança e do Adolescente no Departamento de Pediatria da UFMG. Membro da diretoria da Sociedade Brasileira de Neuropsicologia Jovem. Membro do Laboratório de Neuropsicologia do Desenvolvimento (LND) da UFMG.

Annelise Júlio-Costa: Psicóloga e farmacêutica-bioquímica. Mestre e doutoranda em Neurociências na UFMG. Membro do LND da UFMG.

Antonio de Pádua Serafim: Neuropsicólogo. Doutor em Ciências pela FMUSP. Diretor do Serviço de Psicologia e Neuropsicologia e coordenador do Nufor/IPq- -HCFMUSP. Professor titular do Programa de Pós-graduação em Psicologia da Saúde da Universidade Metodista de São Paulo (UMESP). Docente do Programa de Pós-graduação em Neurociências e Comportamento do Instituto de Psicologia (IP) da USP. Membro do GT-ANPPEP Tecnologia Social e Inovação: Intervenções Psicológicas e Práticas Forenses contra Violência.

Antônio Geraldo da Silva: Psiquiatra. Especialista em Psiquiatria e em Psiquiatria Forense pela Associação Brasileira de Psiquiatria (ABP-AMB-CFM). Doutor em Bioética pela Universidade do Porto – CFM. Presidente da ABP. Professor de Psiquiatria do HUCF – Unimontes. Médico Psiquiatra da Secretaria de Saúde do Distrito Federal. Diretor Acadêmico do PROPSIQ.

Barbra Rio-Lima: Graduanda em Psicologia na UFMG. Estudante de Iniciação Científica do LND da UFMG.

Bianca Dalmaso: Psicóloga clínica. Especialista em Clínica Analítico-comportamental pelo Núcleo Paradigma. Especialista em Neuropsicologia pelo Centro Universitário de Araraquara (Uniara). Psicóloga voluntária no Programa de Diagnóstico e Intervenção Precoce (PRODIP) do IPq-FMUSP.

Breno Satler Diniz: Psiquiatra. Doutor em Ciências pela FMUSP. Pós-doutor em Neurociência Clínica e Psiquiatria Geriátrica pelo Departamento de Psiquiatria da University of Pittsburgh, Estados Unidos. Professor adjunto da Faculdade de Medicina da UFMG. Cocoordenador do LINC da UFMG. Coordenador do Centro para Diagnóstico e Tratamento de Depressão em Idosos (CDTDI) da UFMG.

Carlos Tomaz: Neurocientista. Mestre em Psicologia Experimental pela USP. Doutor em Neurociências pela University of Dusseldorf, Alemanha. Pesquisador associado sênior da Universidade de Brasília (UnB). Professor titular da Universidade Ceuma.

Carmem Beatriz Neufeld: Psicóloga. Mestre em Psicologia Social e da Personalidade pela Pontifícia Universidade Católica do Rio Grande do Sul (PUCRS). Doutora em Psicologia pela PUCRS. Pós-doutoranda em Psicologia pela Universidade Federal do Rio de Janeiro (UFRJ). Professora doutora do Departamento de Psicologia da Faculdade de Filosofia, Ciências e Letras de Ribeirão Preto (FFCLRP), USP. Coordenadora do Laboratório de Pesquisa e Intervenção Cognitivo-comportamental (LaPICC-USP). Vice-presidente da Associacion Latino-Americana de Psicoterapias Cognitivas (ALAPCO). Ex-presidente da Federação Brasileira de Terapias Cognitivas (FBTC). Bolsista produtividade do CNPq.

Cassio Lima: Psicólogo.

Chrissie Carvalho: Psicóloga. Especialista em Neuropsicologia pela UFBA. Mestre e doutoranda em Psicologia do Desenvolvimento no Programa de Pós-graduação em Psicologia da UFBA. Membro do Neuroclic da UFBA.

Clarice Gorenstein: Psicofarmacologista. Mestre e Doutora em Farmacologia pela USP. Professora associada do Departamento de Farmacologia, Instituto de Ciências Biomédicas da USP. Pesquisadora do Laboratório de Psicofarmacologia, Psicopatologia e Terapêutica (LIM-23) do IPq-HCFMUSP.

Corina Satler: Psicóloga. Mestre e Doutora em Neurociências e Comportamento pela Faculdade de Ciências da Saúde da UnB. Professora adjunta da Faculdade de Ceilândia (FCE), UnB.

Dagoberto Miranda Barbosa: Terapeuta ocupacional. Mestre em Engenharia da Computação pela Universidade Federal de Goiás (UFG). Gerente multiprofissional do Hospital de Urgências Governador Otávio Lage de Siqueira. Diretor do Núcleo de Ensino e Pesquisas em Neurociências (Nepneuro).

Daniele Monteiro: Graduanda em Psicologia na UFBA. Integrante do Neuroclic da UFBA.

Danielle de Souza Costa: Psicóloga. Mestre e doutoranda em Medicina Molecular na Faculdade de Medicina da UFMG.

Integrante do Núcleo de Investigação da Impulsividade e da Atenção (Nitida) do Instituto Nacional de Ciência e Tecnologia de Medicina Molecular (INTC-MM).

Eliane Correa Miotto: Neuropsicóloga. Especialista em Neuropsicologia pelo CFP e pela British Psychological and Neuropsychological Society, Inglaterra. Especialista em Reabilitação Neuropsicológica pela British Psychological and Neuropsychological Society. PhD em Neuropsicologia pela University of London, Inglaterra. Livre-docente pelo Departamento de Neurologia da FMUSP. Orientadora formal da Pós-graduação do Departamento de Neurologia da FMUSP.

Emmy Uehara: Psicóloga. Especialista em Neuropsicologia pelo CFP. Mestre e Doutora em Psicologia Clínica pela PUC-Rio. Pós-doutoranda em Medicina Molecular na UFMG. Professora do Departamento de Psicologia na Universidade Federal Rural do Rio de Janeiro (UFRRJ). Coordenadora do Núcleo de Ações e Reflexões em Neuropsicologia do Desenvolvimento (NARN) da UFRRJ.

Erica Woodruff: Psicóloga. Especialista em Neuropsicologia pela Santa Casa de Misericórdia do Rio de Janeiro. Mestre em Saúde Mental pelo Instituto de Psiquiatria (IPUB) da UFRJ. Doutoranda em Neurociências pelo Programa de Pós-graduação em Ciências Morfológicas da UFRJ.

Fabiana Saffi: Psicóloga clínica e forense. Especialista em Psicologia Jurídica e em Avaliação Psicológica e Neuropsicológica. Mestre em Ciências pelo Departamento de Psiquiatria da USP.

Fernando Silva Neves: Psiquiatra. Mestre e Doutor em Biologia Celular pelo Instituto de Ciências Biológicas (ICB) da UFMG. Professor do Departamento de Saúde Mental da Faculdade de Medicina da UFMG.

Flávia Heloísa Dos Santos: Psicóloga. Especialista em Psicologia da Infância pelo Departamento de Pediatria da Universidade Federal de São Paulo (Unifesp). Doutora em Ciências pelo Departamento de Psicobiologia da Unifesp, com período de intercâmbio na University of Durham, Reino Unido. Pós-doutora pelo Departamento de Psicología Básica da Universidad de Murcia, Espanha. Investigadora do Centro de Investigação em Psicologia (CIPsi) da Universidade do Minho, Portugal. Professora do Programa de Pós-graduação em Psicologia do Desenvolvimento e Aprendizagem da Universidade Estadual Paulista (UNESP).

Hosana Alves Gonçalves: Psicóloga. Mestre em Psicologia pela PUCRS. Doutoranda em Psicologia na PUCRS. Professora da Faculdade de Psicologia da Instituição Evangélica de Novo Hamburgo (IENH). Membro do Grupo Neuropsicologia Clínica e Experimental (GNCE) do Programa de Pós-graduação em Psicologia da PUCRS.

Isabela Maria Magalhães Lima: Psicóloga, terapeuta cognitivo-comportamental. Mestre e doutoranda em Medicina Molecular na Faculdade de Medicina da UFMG. Membro da Diretoria da Associação de Terapias Cognitivas de Minas Gerais (ATC-Minas). Pesquisadora do LINC da UFMG.

Isabela Sallum: Psicóloga. Mestranda em Medicina Molecular na UFMG. Membro do LINC da UFMG.

Jacqueline Abrisqueta-Gomez: Psicóloga. Pós-graduada em Psicologia Hospitalar pelo HCFMUSP. Doutora em Ciências pela Unifesp. Pesquisadora colaboradora do Departamento de Psicobiologia da Unifesp. Fundadora e diretora do Check-up do Cérebro Consultoria e Pesquisa em Neurociências Cognitivas.

Jéssica Mendes do Nascimento: Graduanda em Psicologia na Faculdade de Ciências da UNESP. Bolsista da Fundação de Amparo à Pesquisa do Estado de São Paulo (Fapesp).

Jonas Jardim de Paula: Psicólogo. Mestre em Neurociências. Doutor em Medicina Molecular. Pós-doutorando no Instituto Nacional de Ciência e Tecnologia de

Medicina Molecular (INCT-MM), UFMG. Professor do Curso de Psicologia da Faculdade de Ciências Médicas de Minas Gerais (FCMMG).

Júlia Beatriz Lopes-Silva: Psicóloga. Mestre e doutoranda em Saúde da Criança e do Adolescente na Faculdade de Medicina da UFMG. Pesquisadora associada do LND da UFMG.

Katiúscia Karine Martins da Silva: Psicóloga. Especialista em Neuropsicologia pelo Centro de Psicologia Hospitalar e Domiciliar (CPHD). Especialista em Psicologia Cognitivo-comportamental pela Universidade Estadual de Ciências da Saúde de Alagoas (Uncisal). Mestranda em Psicologia na Universidade Federal de Alagoas (UFAL). Diretora responsável pelo Centro de Neuropsicologia e Reabilitação Cognitiva e Comportamental (Neuropsi).

Katrini Vianna Lopes: Psicóloga, neuropsicóloga e analista do comportamento. Mestranda em Medicina Molecular na UFMG.

Laiss Bertola: Neuropsicóloga. Mestre e doutoranda em Medicina Molecular na UFMG. Pesquisadora do LINC da UFMG.

Lívia de Fátima Silva Oliveira: Psicóloga. Mestre em Ciências da Saúde – Saúde da Criança e do Adolescente – pela UFMG. Doutoranda em Neurociências na UFMG. Pesquisadora do LND da UFMG.

Luciana de Oliveira Assis: Terapeuta ocupacional. Especialista em Gerontologia pela Sociedade Brasileira de Geriatria e Gerontologia (SBGG). Mestre em Projetos Mecânicos pela UFM-G. Doutora em Neurociências pela UFMG. Professora da Universidade Fundação Mineira de Educação e Cultura (FUMEC).

Luciane Lunardi: Psicóloga. Mestre e Doutora em Neurociências pela Universidade Estadual de Campinas (Unicamp). Especialista em Neuropsicologia pelo IPq-HCF-MUSP. Pesquisadora dos Laboratórios Integrados de Neurociências (Lineu).

Maikon de Sousa Michels: Psicólogo. Especialista em Neuropsicologia e em Terapias Cognitivas pelo Instituto Paranaense de Terapia Cognitiva (IPTC). Formação em andamento em Terapia do Esquema na Wainer Psicologia Cognitiva (WP). Professor e supervisor de Estágio de Psicologia Clínica na abordagem Cognitivo-comportamental do Curso de Psicologia da Universidade da Região de Joinville (Univille).

Marcella Guimarães Assis: Terapeuta ocupacional. Especialista em Gerontologia pela SBGG. Doutora em Demografia pela UFMG. Professora titular do Departamento de Terapia Ocupacional da UFMG. Diretora de Políticas de Extensão da UFMG.

Marco A. Romano-Silva: Professor titular do Departamento de Saúde Mental da Faculdade de Medicina da UFMG.

Marco Antonio Vianna Barcellos: Médico. Professor visitante de Neurologia na Universidade FUMEC e na PUC Goiás.

Marco Montarroyos Callegaro: Psicólogo. Mestre em Neurociências e Comportamento pela Universidade Federal de Santa Catarina (UFSC). Diretor do Instituto Catarinense de Terapia Cognitiva (ICTC) e do Instituto Paranaense de Terapia Cognitiva (IPTC). Diretor executivo do Instituto WP Santa Catarina. Ex-presidente fundador da Associação de Terapias Cognitivas de Santa Catarina (ATC/SC) e da Federação Brasileira de Terapia Cognitiva (FBTC). Presidente da Associação de Psicologia Positiva da América Latina (APPAL).

Maria Clotilde Henriques Tavares: Psicóloga. Mestre em Psicologia – Desenvolvimento e Aprendizagem – pela UnB. Doutora em Neurociência e Comportamento pela USP. Professora associada do Departamento de Ciências Fisiológicas do Instituto de Ciências Biológicas da UnB.

Marina Nery-Barbosa: Psicóloga. Especialista em Neuropsicologia pelo CFP. Especialista em Reabilitação Cognitiva pelo Nepneuro. Especialista em Docência

Superior pela Fac-Lions. Mestre em Ciências do Comportamento pela UnB. Diretora do Nepneuro.

Marina Saraiva Garcia: Psicóloga. Especialista em Psicologia Clínica pelo CFP. Formação em Terapia Cognitivo-comportamental pelo Beck Institute. Psicóloga da Secretaria de Estado de Saúde do Distrito Federal (SES-DF).

Mônica Vieira Costa: Psicóloga. Mestranda no Programa de Pós-graduação em Medicina Molecular da UFMG. Membro da Equipe de Neuropsicologia do Núcleo de Geriatria e Gerontologia do Hospital das Clínicas (NUGG-HC) da UFMG. Integrante do LINC da UFMG.

Natália Canário: Psicóloga. Mestranda em Psicologia do Desenvolvimento na UFBA. Monitora da Especialização Avançada em Neuropsicologia (EAN) da UFBA. Psicóloga voluntária do Ambulatório de Neuropsicologia do Adulto e Idoso e do Ambulatório de Neuropsicologia Infantil do Complexo HUPES/UFBA. Integrante do Neuroclic da UFBA.

Nicolle Zimmermann: Psicóloga. Mestre em Psicologia – Cognição Humana – pela PUCRS. Doutoranda em Medicina – Radiologia – na UFRJ. Professora auxiliar do Curso de Psicologia do Centro Universitário Celso Lisboa. Neuropsicóloga do Instituto Estadual do Cérebro Paulo Niemeyer, Rio de Janeiro. Bolsista CAPES.

Paulo Henrique Paiva de Moraes: Psicólogo. Especialista em Neuropsicologia pela Universidade FUMEC. Mestre em Neurociências pelo ICB da UFMG. Doutorando em Medicina Molecular na Faculdade de Medicina da UFMG. Sócio-fundador da Sociedade Interdisciplinar de Neurociências Aplicadas à Saúde e Educação (SINApSE). Pesquisador do INCT-MM.

Paulo Sérgio Boggio: Professor, psicólogo e neuropsicólogo. Mestre em Psicologia Experimental e Doutor em Neurociências pela USP. Professor do Programa de Pós-graduação em Distúrbios do Desenvolvimento e do Curso de Psicologia e coordenador do Laboratório de Neurociência Cognitiva e Social da Universidade Presbiteriana Mackenzie. Membro afiliado da Academia Brasileira de Ciências (ABC). Pesquisador produtividade em pesquisa do CNPq.

Pétala Guimarães: Psicóloga. Especializanda em Neuropsicologia na UFBA. Membro da Equipe do Ambulatório do Adulto e do Idoso do Magalhães Neto, Complexo HUPES. Colaboradora do Grupo de Pesquisa Comunidades Virtuais.

Quézia Aguilar: Graduanda em Psicologia na UFBA. Integrante do Neuroclic da UFBA.

Renata Kochhann: Psicóloga. Doutora em Ciências Médicas pela Universidade Federal do Rio Grande do Sul (UFRGS). Pós-doutoranda em Psicologia, bolsista DOCFIX na PUCRS. Professora colaboradora do Programa de Pós-graduação em Psicologia da PUCRS. Pesquisadora no Ambulatório de Demências do Hospital de Clínicas de Porto Alegre (HCPA).

Ricardo Moura: Psicólogo. Mestre em Saúde da Criança e do Adolescente pela UFMG. Doutor em Neurociências pela UFMG. Pós-doutorando no LND da UFMG.

Rochele Paz Fonseca: Psicóloga e fonoaudióloga. Mestre em Psicologia do Desenvolvimento pela UFRGS. Doutora em Psicologia – Neuropsicologia – pela UFRGS/Université de Montréal, Canadá. Professora adjunta da Faculdade de Psicologia, Programa de Pós-graduação em Psicologia – Cognição Humana – da PUCRS. Coordenadora do Grupo Neuropsicologia Clínica e Experimental (GNCE) da PUCRS. Editora da *Revista Neuropsicologia Latinoamericana*. Pesquisadora produtividade do CNPq.

Samara P. S. Reis: Psicóloga. Especialista em Neuropsicologia Avançada pela UFBA.

Especialista em Reabilitação e Intervenção Neuropsicológica pelo Centro de Estudos em Psicologia da Saúde (CEPSIC) do HCFMUSP. Mestranda em Psicologia do Desenvolvimento na UFBA. Colaboradora do Laboratório de Métodos Quantitativos e Psicometria Preditiva (MePP).

Sergio Tamai: Psiquiatra. Doutor em Psiquiatria pela FMUSP.

Vitor Geraldi Haase: Psicólogo. Doutor em Psicologia Médica pela Ludwig-Maximilians-Universität München, Alemanha. Professor titular do Departamento de Psicologia da Faculdade de Filosofia e Ciências Humanas da Universidade Federal de Minas Gerais (FAFICH-UFMG). Coordenador do LND da UFMG. Bolsista de produtividade do CNPq.

Yuan-Pang Wang: Psiquiatra. Doutor pelo Departamento de Psiquiatria da FMUSP. Professor permanente de Pós-graduação do Departamento de Psiquiatria da FMUSP.

Dedicatória

Para Derli, Dani, Marias Clara e Thereza, Letícia e Lilian.
L.F.M.D.

Para os pacientes, razão de nosso esforço.
P.M.

Para Julia, Camila, Wesley e Wilma.

N.A.

Para Yasmin.
D.F.

Agradecimentos

Uma obra direcionada ao clínico só é possível quando reúne informações compiladas por autores experientes e dedicados. Estes, por sua vez, só se tornaram *experts* na medida em que se depararam com sucessivos casos clínicos ao longo de sua formação e prática profissional. Assim, agradecemos não apenas a cada um dos autores dos capítulos que compõem esta obra, mas principalmente a todos os pacientes que, de forma direta ou indireta, inspiraram as contribuições aqui ilustradas.

Prefácio

Quando iniciamos a preparação deste livro voltado ao neuropsicólogo clínico, uma de nossas principais motivações foi a frequente confusão entre fins e meios disseminada entre aqueles que atuam (ou acreditam que atuam) ou estão em formação com vistas à prática clínica em neuropsicologia. Na atualidade, muitos reduzem a neuropsicologia à testagem neuropsicológica. Há pouca ou nenhuma preocupação com elementos cruciais da área, como os correlatos neurobiológicos da cognição e do comportamento. O neuropsicólogo tem se transformado em mero aplicador de testes cognitivos. A reificação de testes tem superestimado os resultados desses (importantes) recursos, gerando crenças falaciosas sobre a identidade da profissão. Por exemplo, a reserva de mercado da neuropsicologia para a psicologia se baseia na ênfase atribuída aos testes. Sim, se a neuropsicologia se reduz à aplicação de testes psicológicos e se estes são restritos aos psicólogos, logo, podemos sim imaginar que tal corporativismo é plausível. Ledo engano, a neuropsicologia é uma disciplina muito mais ampla, e os testes, alguns de seus recursos. Mesmo na clínica, há como se fazer uma neuropsicologia sem testes formais, devendo o profissional tratá-los como meios e não como fins. Cabe ressaltar que Luria, um dos "pais" da neuropsicologia, produziu extenso conteúdo sobre funções cognitivas utilizando-se apenas de tarefas sem qualquer grupo normativo, cuja interpretação era qualitativa. O neuropsicólogo, como avaliador, é um investigador que tem como função responder a perguntas sobre o funcionamento cognitivo e comportamental de pacientes, tendo como norte para suas conclusões o conhecimento aprofundado sobre o funcionamento do sistema nervoso. Na intervenção, o neuropsicólogo estimula, habilita ou reabilita módulos cognitivos deficitários em decorrência de comprometimentos adquiridos ou resultantes do desenvolvimento patológico do sistema nervoso. Na orientação, o neuropsicólogo instrui educadores e profissionais da saúde sobre formas de adaptar indivíduos e grupos a melhores condições de desenvolvimento e desempenho cognitivo. Além disso, no campo das políticas públicas, gera conhecimentos e orienta gestores sobre as melhores evidências para promover o "bem-estar" e potencializar o capital mental de grandes grupos. Como visto, restringir a atuação do neuropsicólogo à "testologia" é desconsiderar a grandeza de uma disciplina secular, que surgiu paralelamente à psicologia e que com ela desenvolveu uma intrincada interface.

Em nossos livros anteriores, *Neuropsicologia: teoria e prática* e *Avaliação neuropsicológica*, apresentamos um conteúdo dirigido ao leitor interessado nos fundamentos teóricos e metodológicos da neuropsicologia e do exame neuropsicológico. Tais livros têm se mostrado bastante úteis na formação de neuropsicólogos e para a atualização profissional daqueles que atuam na área. No entanto, à medida que a prática clínica da neuropsicologia tem se tornado popularizada, aumenta o número de leitores que buscam informações mais direcionadas ao dia a dia da avaliação e intervenção. Qual o raciocínio clínico usado durante todo o processo de exame neuropsicológico? Como obter informações na entrevista, o que observar durante a interação com o paciente e como escolher testes e escalas durante a avaliação? Como elaborar relatórios e como estruturar estudos de caso usando ferramentas estatísticas? Essas são algumas das questões de interesse daqueles que praticam a neuropsicologia rotineiramente.

Neuropsicologia: aplicações clínicas é um texto totalmente direcionado ao profissional que atua na clínica diagnóstica e terapêutica. Reunindo capítulos sobre avaliação e intervenções, fornece ao leitor informações úteis para nortear o raciocínio do clínico em diferentes situações frequentemente encontradas no dia a dia do neuropsicólogo. Não se trata de uma receita de bolo ou mesmo de um *guideline*, mas de uma compilação de informações atualizadas baseadas na literatura, conciliadas com a *expertise* de autores de destacada atuação nacional em área.

Desejamos a todos uma excelente leitura.

Os organizadores

Sumário

Parte I
O EXAME NEUROPSICOLÓGICO

1. O exame neuropsicológico: o que é e para que serve? 21
   LEANDRO F. MALLOY-DINIZ, PAULO MATTOS, NEANDER ABREU, DANIEL FUENTES

2. Métodos de estudo da relação entre cérebro, comportamento e cognição 35
   CARLOS TOMAZ, MARIA CLOTILDE HENRIQUES TAVARES, CORINA SATLER, ANA GARCIA

3. A entrevista clínica em neuropsicologia 51
   JONAS JARDIM DE PAULA, DANIELLE DE SOUZA COSTA

4. O exame do estado mental 68
   LEANDRO F. MALLOY-DINIZ, FERNANDO SILVA NEVES, MARCO ANTONIO VIANNA BARCELLOS, JONAS JARDIM DE PAULA

5. O uso de escalas de avaliação de sintomas psiquiátricos 81
   CLARICE GORENSTEIN, YUAN-PANG WANG

6. A avaliação da funcionalidade e suas contribuições para a neuropsicologia 93
   LUCIANA DE OLIVEIRA ASSIS, MARCELLA GUIMARÃES ASSIS

7. Como montar uma bateria para avaliação neuropsicológica 107
   NEANDER ABREU, ADRIELE WYZYKOWSKI, NATÁLIA CANÁRIO,
   PÉTALA GUIMARÃES, SAMARA P. S. REIS

8. Os diferentes tipos de diagnóstico em neuropsicologia: nosológico,
   sindrômico, topográfico e ecológico 124
   LÍVIA DE FÁTIMA SILVA OLIVEIRA, ANDRESSA M. ANTUNES, VITOR GERALDI HAASE

9. Como avaliar suspeita de deficiência intelectual 133
   ANNELISE JÚLIO-COSTA, JÚLIA BEATRIZ LOPES-SILVA, RICARDO MOURA,
   BARBRA RIO-LIMA, VITOR GERALDI HAASE

10. Como avaliar o idoso de baixa escolaridade? 149
    JONAS JARDIM DE PAULA, BRENO SATLER DINIZ, ISABELA SALLUM
    LEANDRO F. MALLOY-DINIZ

11. Como proceder em casos de suspeita de simulação de déficits cognitivos 161
    ANTONIO DE PÁDUA SERAFIM, ANA JÔ JENNINGS MORAES

12. Como elaborar um laudo em neuropsicologia 175
    RENATA KOCHHANN, HOSANA ALVES GONÇALVES, NICOLLE ZIMMERMANN, ROCHELE PAZ FONSECA

13. Como elaborar um estudo de caso usando a estatística 193
    LAISS BERTOLA, ANNELISE JÚLIO-COSTA, LEANDRO F. MALLOY-DINIZ

Parte II
AS INTERVENÇÕES EM NEUROPSICOLOGIA

14. O uso do exame neuropsicológico para estruturar uma intervenção 209
    ELIANE CORREA MIOTTO

15. Fundamentos da reabilitação cognitiva 223
    JACQUELINE ABRISQUETA-GOMEZ, KATIÚSCIA KARINE MARTINS DA SILVA

16 Procedimentos de intervenção em neuropsicologia
baseados na análise do comportamento 242
KATRINI VIANNA LOPES, BIANCA DALMASO

17 Reabilitação das funções executivas 255
NEANDER ABREU, CHRISSIE CARVALHO, CASSIO LIMA, DANIELE MONTEIRO, QUÉZIA AGUILAR

18 Reabilitação da memória 272
MARINA NERY-BARBOSA, DAGOBERTO MIRANDA BARBOSA

19 Funções executivas na sala de aula 291
DANIEL FUENTES, LUCIANE LUNARDI

20 Reabilitação da discalculia e da dislexia 301
FLÁVIA HELOÍSA DOS SANTOS, JÉSSICA MENDES DO NASCIMENTO

21 Interfaces entre a terapia cognitivo-comportamental
e a neuropsicologia na prática clínica 319
ISABELA MARIA MAGALHÃES LIMA, MAIKON DE SOUSA MICHELS,
CARMEM BEATRIZ NEUFELD, MARCO MONTARROYOS CALLEGARO, LEANDRO F. MALLOY-DINIZ

22 A estimulação cognitiva do idoso deprimido 333
MÔNICA VIEIRA COSTA, BRENO SATLER DINIZ

23 O exame neuropsicológico e as decisões judiciais 340
ANTONIO DE PÁDUA SERAFIM, ANA JÔ JENNINGS MORAES, FABIANA SAFFI

24 Avaliação cognitiva e intervenções farmacológicas 357
SERGIO TAMAI, MARINA SARAIVA GARCIA,
LEANDRO F. MALLOY-DINIZ, ANTÔNIO GERALDO DA SILVA

25 Neuromodulação e neuropsicologia 365
PAULO HENRIQUE PAIVA DE MORAES, MARCO A. ROMANO-SILVA,
LEANDRO F. MALLOY-DINIZ, PAULO SÉRGIO BOGGIO

26 Treino cognitivo informatizado 380
EMMY UEHARA, ERICA WOODRUFF

Índice 393

Parte I
O EXAME NEUROPSICOLÓGICO

O exame neuropsicológico: o que é e para que serve?

LEANDRO F. MALLOY-DINIZ
PAULO MATTOS
NEANDER ABREU
DANIEL FUENTES

O exame neuropsicológico é um procedimento de investigação clínica cujo objetivo é esclarecer questões sobre os funcionamentos cognitivo, comportamental e – em menor grau – emocional de um paciente. Diferentemente de outras modalidades de avaliação cognitiva, o exame neuropsicológico parte *necessariamente* de um pressuposto monista materialista segundo o qual todo comportamento, processo cognitivo ou reação emocional tem como base a atividade de sistemas neurais específicos.

De acordo com Baron (2004), a especialidade da neuropsicologia inclui profissionais que apresentam *background* teórico e de formações diversas. Essa diversidade teórico-conceitual é uma das forças da neuropsicologia e impulsiona não apenas a produção de conhecimento como também a eficiência de suas aplicações. A despeito da existência de diferentes concepções sobre a prática clínica da neuropsicologia, Lamberty (2005) propõe que o principal objetivo de um neuropsicólgo clínico é sempre o mesmo: compreender como determinada condição patológica afeta o *comportamento observável* do paciente (entendido aqui como cognição, comportamento propriamente dito e emoção).

De acordo com Benton (1994), o exame neuropsicológico permite traçar inferências sobre a estrutura e a função do sistema nervoso a partir da avaliação do comportamento do paciente em uma situação bem controlada de estímulo-resposta. Nela, tarefas cuidadosamente desenvolvidas para acessar diferentes domínios cognitivos são usadas para eliciar comportamentos de um paciente. Tais respostas são, então, interpretadas como normais ou patológicas pelo *expert*. Este, por sua vez, usará não apenas a interpretação de parâmetros quantitativos (comparação com parâmetros populacionais de desempenho), mas, principalmente, a análise dos fenômenos observados e sua relação com a queixa principal, a história clínica, a evolução de sintomas, os modelos neuropsicológicos sobre o funcionamento mental e o conhecimento de psicopatologia.

Embora os neuropsicólogos usem com grande frequência os testes cognitivos, estes são apenas um dos quatro pilares da avaliação neuropsicológica. Os demais são a entrevista, a observação comportamental e as escalas de avaliação de sintomas. Os testes geralmente são supervalorizados em diversos programas de formação em neuropsicologia e por profissionais em início de formação. Há também um apelo cartorial que clama pela reserva de mercado da neuropsicologia para psicólogos. Um dos pontos centrais desse argumento é a retificação de testes psicológicos como a *pedra filosofal* da neuropsicologia. A formação bem-sucedida de um neuropsicólogo certamente o levará a dar a devida dimensão aos testes cognitivos, encarando-os como meio, jamais como fim.

Obviamente, os testes são indispensáveis na prática do neuropsicólogo, porém devem ser corretamente escolhidos de acordo com hipóteses aventadas na entrevista e coerentes com a observação comportamental. O conhecimento sobre a validade de construto, a validade de critério e a validade ecológica, bem como sobre parâmetros normativos e fidedignidade, é algo necessário na prática clínica do neuropsicólogo. Além disso, as informações geradas por testes são geralmente potencializadas pelas que são coletadas a partir do uso de escalas de avaliação de sintomas. Mas, novamente, eles sempre serão um meio de investigação, e jamais um fim em si mesmos.

Mattos (2014) define o exame neuropsicológico como *um exame clínico armado*. Como qualquer exame clínico, compreende anamnese abrangente e observação clínica do paciente. Seu diferencial está na seleção das "armas" (geralmente, testes e escalas) que poderão auxiliar na investigação de hipóteses específicas e no esclarecimento de déficits sutis. De modo geral, o exame é realizado com baterias de testes neuropsicológicos que envolvem uma variedade de funções, tais como memória, atenção, velocidade de processamento, raciocínio, julgamento, funções da linguagem e funções espaciais (Harvey, 2012). Para avaliação dessas funções, boas armas são aquelas capazes de reproduzir, no contexto do consultório, em situação controlada, vários dos processos presentes na rotina natural de quem está sendo avaliado. A análise fenomenológica e psicométrica do que se observa nessa etapa da avaliação ajuda a inferir não apenas sobre a funcionalidade do paciente em seu dia a dia como também sobre a integridade ou os danos em diferentes sistemas neurais, bem como sobre a presença de neuropatologias.

Neste capítulo, caracterizaremos o exame neuropsicológico em termos de seus objetivos e aplicações principais. Nosso ponto de partida será a fundamentação do principal diferencial do exame neuropsicológico em relação a outros tipos de avaliação cognitiva: o conhecimento de correlações entre a atividade cerebral e o funcionamento cognitivo/comportamental.

CORRELAÇÕES ESTRUTURA-FUNÇÃO E O EXAME NEUROPSICOLÓGICO: O QUE O NEUROPSICÓLOGO DEVE SABER?

Em uma época na qual não existiam exames de neuroimagem e pouco se conhecia sobre a atividade do sistema nervoso, os únicos recursos disponíveis para inferir o funcionamento cerebral de um paciente eram o registro e a análise de suas respostas (via entrevista, observação comportamental e realização de pequenas tarefas solicitadas pelo clínico). A neuropsicologia moderna surge nesse contexto, durante a transição entre os séculos XIX e XX. Nesse período, as minuciosas observações clínicas feitas por médicos como Harlow (1868), Broca (1861) e Wernicke (1874) impulsionaram o empreendimento científico conhecido como *localizacionismo*. Correlacionar a atividade de centros cerebrais e funções mentais específicas (dissociação simples) propiciou gradualmente o surgimento da avaliação neuropsicológica. A comparação entre diversas dissociações simples impulsionou o desenvolvimento de uma concepção modular de cognição, segundo a qual cada processo cognitivo é relativamente independente dos demais e apresenta sua própria base orgânica. Essa evolução conceitual e clínica levou ao desenvolvimento das duplas-dissociações (ver Quadro 1.1), como proposto por Teuber (1955), de modo que passaram a ser consideradas o principal recurso para compreender a relação entre estrutura e função, tornando-se o *padrão-ouro* para o estabelecimento de associações entre a atividade neural e suas consequências funcionais. O exemplo da Figura 1.1 mostra uma dupla-dissociação clássica, ligada ao processamento da linguagem. Nela, vemos duas regiões distintas relacionadas à expressão (área de Broca) e à compreensão (área de Wernicke) da linguagem. Enquanto lesões na área de Broca comprometiam a fluência e a capacidade de expressão por meio da linguagem, preservando relativamente a compreensão, lesões na área de Wernicke comprometiam a compreensão, preservando de forma relativa a fluência verbal.

O localizacionismo estrito não era a única forma de compreender a relação entre a atividade cerebral e os processos mentais. Pierre Flourens e, posteriormente, Karl Lashley destacavam-se entre os proponentes de uma visão holística do funcionamento neural, segundo a qual o cérebro atua como um todo integrado. Assim, não existem

QUADRO 1.1 • Conceito de dupla-dissociação

As duplas-dissociações comparam associações específicas entre estruturas neurais e consequências funcionais. Elas são fundamentadas no seguinte raciocínio:

1. se uma lesão em X compromete a função cognitiva/comportamental X' mas preserva a função cognitiva/comportamental Y';
2. se uma lesão em Y compromete a função cognitiva/comportamental Y' mas preserva a função cognitiva/comportamental X';
3. logo, a atividade da região X está relacionada à função cognitiva/comportamental X', e a atividade da região cerebral Y está relacionada à função cognitiva/comportamental Y'.

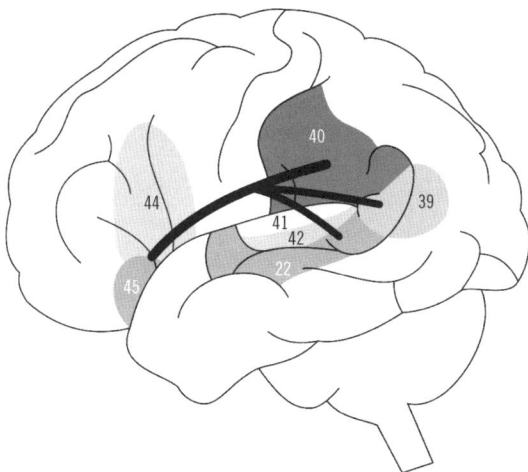

Figura 1.1 Dupla-dissociação entre as áreas de Broca e de Wernicke.

os chamados centros funcionais no cérebro. Os princípios fundamentais do holismo são a equipotencialidade (todas as regiões têm a mesma função) e a ação em massa (a quantidade de tecido danificado é o que determina o grau de comprometimento).

O holismo e o localizacionismo estrito foram responsáveis por nortear algumas das primeiras aplicações do exame neuropsicológico. A primeira delas, derivada do localizacionismo estrito, propunha que o exame neuropsicológico tinha a finalidade de localizar lesões em centros cerebrais específicos. A segunda, influenciada pelo holismo e pelo dualismo, propunha a existência de padrões de desempenho comuns a lesões cerebrais diversas, os quais seriam indicadores de *organicidade*. Pacientes com tais indicadores em testes cognitivos apresentariam evidências de comprometimento cerebral, ao passo que a inexistência deles fundamentava a hipótese de um déficit funcional não orgânico.

Com a evolução do conhecimento sobre a estrutura e a função do sistema nervoso, a visão modular da relação entre as duas foi se fortalecendo e modificando alguns de seus preceitos básicos. O localizacionismo revisitado incorpora a noção de que funções cognitivas complexas não são mediadas por regiões circunscritas, e sim por circuitos cerebrais que envolvem múltiplas regiões corticais e subcorticais. Tal vertente é conhecida como localizacionismo associacionista (Catani et al., 2012) e é amplamente sustentada por estudos com pacientes acometidos por diferentes tipos de lesões, além de por estudos de neuroimagem estrutural e funcional. As duplas-dissociações permanecem como o padrão-ouro para identificar a relação entre circuitos cerebrais e módulos cognitivos. É importante lembrar que esse método surge ainda no século XIX, tendo entre seus precursores o próprio Carl Wernicke (1874), ao propor a existência da *afasia de condução*, que seria resultante de uma desconexão entre as áreas de Wernicke e de Broca, levando, por sua vez, a déficits acentuados na capacidade de repetição.

O localizacionismo associacionista também tem suas implicações na prática do exame neuropsicológico. A inferência sobre a relação estrutura-função não se dá mais por associação de processos cognitivos a centros circunscritos, e sim à atividade de redes complexas de regiões integradas. Uma comparação entre as três vertentes – localizacionismo estrito, holismo e localizacionismo associacionista – pode ser vista na Figura 1.2.

EXAME NEUROPSICOLÓGICO EM UM MUNDO COM TÉCNICAS MODERNAS DE NEUROIMAGEM: O PAPEL DO CONHECIMENTO SOBRE ASSOCIAÇÕES ESTRUTURA-FUNÇÃO NA PRÁTICA CLÍNICA DO NEUROPSICÓLOGO

A ideia de que *não* é objetivo do exame a identificação de centros funcionais lesionados, tampouco a de casos de *organicidade*, é praticamente um consenso entre os neuropsicólogos clínicos. Esses objetivos iniciais foram sendo reformulados ao longo do tempo. O surgimento das técnicas de neuroimagem pode ser considerado um marco nessa reformulação. No entanto, uma conclusão precipitada é a de que o neuropsicólogo não deve se preocupar com a correlação entre os sistemas neurais e as funções que avalia, o que descaracteriza completamente a prática neuropsicológica. Obviamente, é impossível a existência de uma neuropsicologia sem cérebro. Nenhum cérebro, nenhuma mente (Shermer, 2011).

Por que o neuropsicólgo deve conhecer a relação entre sistemas neurais e processos cognitivos? O que justifica essa necessidade? Há motivos inerentes à própria

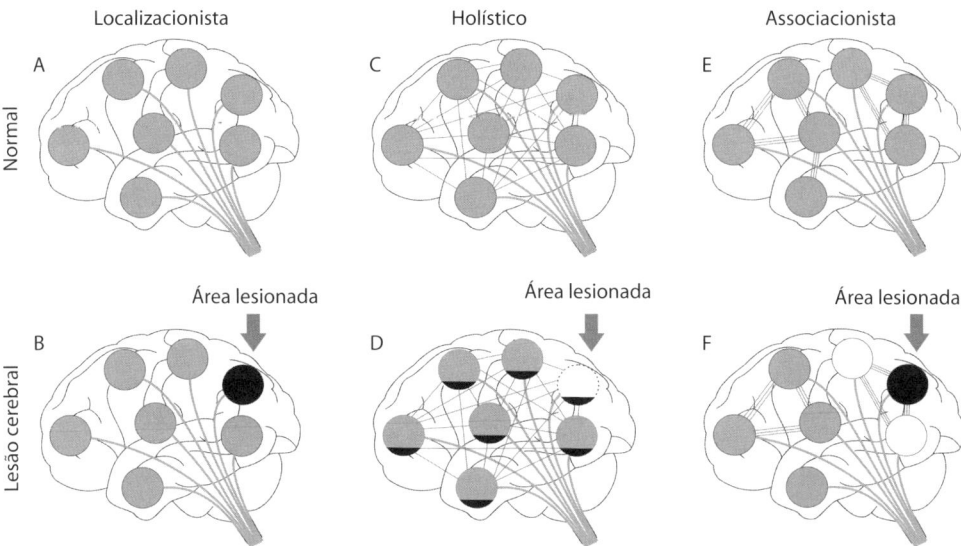

Figura 1.2 Baseada em Catani e colaboradores (2012), apresenta, de forma esquemática, como o localizacionismo estrito, o holismo e o localizacionismo associacionista concebem a relação estrutura-função em condições normais e de lesão. Como pode ser observado, no localizacionismo estrito, há uma correspondência exata entre centro cerebral e função correspondente. No holismo, todas as áreas são interconectadas, e não há correspondência direta entre centros e funções. No localizacionismo associacionista, grupos de áreas conectadas formam sistemas especializados relacionados a funções cognitivas complexas.

definição de neuropsicologia e suas aplicações práticas, como os listados a seguir:

1. Primeiramente, uma prerrogativa da neuropsicologia é a de que os diferentes módulos cognitivos são descritos e delimitados em associação a sua base neural. Essa prerrogativa não é necessariamente verdadeira se pensarmos em outras áreas do conhecimento, como a avaliação psicológica (na qual, muitas vezes, os diferentes domínios da cognição e da personalidade são definidos a partir de procedimentos estatísticos, como análise fatorial dos resultados de testes) ou a psicologia cognitiva (na qual, geralmente, o processamento de informação é descrito com base em modelos abstratos testados experimentalmente).
2. Considerando que o neuropsicólgo compreende o desenvolvimento dos diferentes módulos da cognição como reflexo do desenvolvimento dos sistemas neurais subjacentes, tal raciocínio é ponto fundamental para questões de diagnóstico em neuropsicologia do desenvolvimento. Em vez de simplesmente considerar tabelas normativas por faixa etária, cabe ao neuropsicólgo raciocinar se o resultado de um teste reflete um déficit verdadeiro ou simplesmente a imaturidade/envelhecimento natural dos sistemas neurais relacionados à demanda em questão.
3. A clínica é sempre soberana, e a definição de uma síndrome neurológica clássica se dá pela observação de sintomas e sinais. Nem sempre haverá correspondência entre achados de imagem e consequências funcionais observadas; mais que isso: um grande número de síndromes é parcial na prática clínica. O exame neuropsicológico é peça chave para

a identificação das síndromes neurológicas clássicas (afasias, amnésias, apraxias, agnosias, negligência unilateral e síndromes frontais) e para o estabelecimento de hipóteses sobre sistemas neurais comprometidos ou preservados. Tais hipóteses serão consideradas pelo médico à luz de outros exames complementares.

4. Há condições neuropsiquiátricas bastante complexas, muitas das quais têm potencial para induzir mudanças de humor ou de estados motivacionais que podem ter impactos secundários no funcionamento cognitivo. Esses impactos, por sua vez, podem gerar mudanças tão intensas e prejudiciais como aquelas provocadas por lesões cerebrais. Assim, o exame neuropsicológico se torna importante para verificar também os efeitos de fatores secundários sobre as funções cognitivas.

5. As técnicas de neuroimagem apresentam importantes limitações que podem ser minimizadas pelo uso complementar do exame neuropsicológico. Às vezes, alterações cognitivas precedem achados visíveis ao exame de neuroimagem, e, em comparação a outros achados de imagem e marcadores biológicos, o exame neuropsicológico apresenta acurácia superior, como no diagnóstico diferencial entre doença de Alzheimer e comprometimento cognitivo leve (Schmand, Eikelenboom, van Gool, & Alzheimer's Disease Neuroimaging Initiative, 2012). Há também casos de alterações sutis em transtornos neuropsiquiátricos, para os quais os marcadores biológicos ainda não estão claramente definidos ou não apresentam aplicabilidade clínica. Nesses casos, as informações obtidas pelo exame neuropsicológico podem ser de grande valia para traçar inferências clínicas e formular hipóteses sobre sistemas neurais comprometidos ou preservados. Esse último aspecto tem sido particularmente importante na elaboração de modelos teóricos sobre aspectos clínicos dos transtornos psiquiátricos.

A PRÁTICA DO EXAME NEUROPSICOLÓGICO: ÀS ARMAS, CIDADÃOS!

Sendo o exame neuropsicológico um exame clínico armado, como escolher as armas? A escolha das boas armas é facilitada pelo conhecimento do caso que está sendo avaliado. Assim, considerando os quatro pilares da avaliação neuropsicológica (entrevista, observação, testes e escalas), uma sequência apropriada de passos envolve uma primeira etapa de conceitualização clínica, que é sucedida pela etapa de testagem de hipóteses.

A primeira etapa é composta pela entrevista abrangente (com o paciente e seus familiares) e pela observação do comportamento do paciente no consultório e, se possível, por meio de outros contextos naturalísticos. A entrevista não foge à regra das demais usadas em clínica médica, psicológica ou em outras áreas da saúde. No fim da entrevista, devem ficar claras as seguintes questões:

- Por que o paciente foi encaminhado/qual o objetivo do exame?
- Qual a caracterização sociodemográfica do paciente? (Desempenho em testes variam de acordo com a cultura, a escolaridade e o gênero.)
- Como os sintomas surgiram e evoluíram até o momento do exame?
- Como era o funcionamento do paciente antes do surgimento dos sintomas?
- Como o paciente desenvolveu a cognição e o comportamento ao longo da vida? Como foi o desenvolvimento do paciente no contexto acadêmico/profissional?

- Quais foram os principais cargos ou posições ocupados? O paciente foi estável nos empregos que teve? Quais os motivos pelos quais mudou de emprego?
- Há algum diagnóstico neurológico/psiquiátrico prévio?
- Atualmente, como é a saúde geral do paciente? Quais as doenças que tem ou já teve?
- O paciente apresenta alguma limitação sensorial ou motora?
- O paciente usa drogas lícitas ou ilícitas? Quais as medicações usadas durante o exame?
- Quem observa os prejuízos do paciente e em quais contextos?
- Quais são as principais consequências dos sintomas para o paciente nas diferentes áreas de sua vida?
- Há ganhos secundários relacionados ao quadro atual? Quais?
- Quem são os demais profissionais que atendem o paciente?
- Quais são as hipóteses diagnósticas de outros profissionais que atendem o caso e quais são seus alvos terapêuticos?
- Que exames já foram realizados e quais são seus resultados?
- Há história de doenças psiquiátricas ou neurológicas (e outras) na família?
- Atualmente, qual é a rotina do paciente? No que ela mudou em relação à rotina anterior ao adoecimento?
- Qual a motivação do paciente para a realização do exame?

Muitas vezes, a observação comportamental pode ser prejudicada pelo contexto artificializado do exame. Assim, esse processo deve ser iniciado já na sala de espera, onde o paciente interage com outras pessoas (pacientes e funcionários) de forma mais próxima ao seu modo natural. Fatos relatados por funcionários/assistentes muitas vezes são úteis para que sejam obtidas amostras de comportamentos relevantes ao processo de diagnóstico. Por exemplo, em casos de simulação, muitas informações importantes são coletadas em conversas informais durante os intervalos (*coffee breaks*) ou, até mesmo, podem ser coletadas por outras pessoas, como a secretária do serviço. Nessas situações, não é raro que um simulador com queixas dismnésicas converse com o neuropsicólogo sobre o resultado do jogo de futebol da véspera, por exemplo, ou dirija-se à secretária informando o horário de sua consulta e o nome do profissional, sem recorrer a qualquer anotação. Muitas vezes, o simulador lembra-se de orientações fornecidas no primeiro dia de avaliação, como, por exemplo, em quantos dias o laudo ficará pronto.

Quando possível, a observação do paciente em contextos naturais – como escola, domicílio ou outras situações cotidianas – traz informações importantes sobre a relação entre queixas cognitivas e prejuízos funcionais. A observação do paciente é um aspecto fundamentalmente *qualitativo* do exame e depende dos conhecimentos clínicos do neuropsicólogo. Ainda assim, Heben e Milberg (2002) destacam alguns pontos importantes para a observação na prática geral do exame neuropsicológico: nível de alerta, aparência, habilidades verbais, funcionamento sensorial e motor, habilidades sociais, nível de ansiedade, padrão da fala, expressão emocional, conteúdo do pensamento e memória.

A entrevista e a observação permitem uma boa formulação de hipóteses que serão testadas em seguida. A etapa seguinte inclui seleção, aplicação e interpretação de testes e escalas de auto e heterorrelato. Nesse ponto, duas perguntas são importantes:

1. Como selecionar um teste?
2. Como escolher escalas de rastreio para complementar as informações obtidas pelos testes?

Tais perguntas só devem ser respondidas tendo como base as hipóteses levantadas na primeira etapa da avaliação.

O caso apresentado no Quadro 1.2 descreve um paciente de alto nível intelectual e funcional que inicia um processo de mudanças cognitivas e da personalidade. Muitos dos testes neuropsicológicos clássicos serão pouco úteis nessa avaliação se não for considerado o provável efeito teto, isto é, a possibilidade de o paciente alcançar um desempenho muito alto porque o teste é muito fácil para seu nível intelectual e, portanto, inadequado. A comparação dos resultados obtidos pelo paciente com dados normativos de amostras de escolaridade/desempenho incompatíveis com os seus poderá levar a conclusões equivocadas sobre seu desempenho. Desse modo, é necessário adequar a escolha das *armas* ao caso em questão. Como proceder?

QUADRO 1.2 • Bateria utilizada no caso clínico de J.B. com justificativas para a seleção dos instrumentos

Função avaliada	Instrumentos	Objetivo para o caso
Inteligência geral	WASI (QI Total, Verbal e de Execução)	Fornecimento de um parâmetro sobre o funcionamento global do paciente. Seleção de instrumentos que evitam os efeitos teto e chão.
Memória	Teste de Aprendizagem Auditivo-verbal de Rey Evocação da Figura Complexa de Rey	Uma das queixas apresentadas era a de que o paciente estava se esquecendo de compromissos ou se atrasando para o trabalho. Há aqui algum problema de memória? Além disso, as dificuldades do paciente são globais ou específicas?
Linguagem	Teste de Nomeação de Boston Fluência Verbal Fonológica (F-A-S) e Semântica (animais)	A hipótese levantada pelo neurologista foi de demência frontotemporal. O neuropsicólogo deve saber que, em algumas de suas variantes, alterações de linguagem (principalmente semântica) são relativamente comuns. Além disso, as dificuldades do paciente são globais ou específicas?
Habiliades visuoespaciais e visuoconstrutivas	Cubos (WASI) Raciocínio Matricial (WASI) Cópia da Figura de Rey	Os subtestes do WASI, quando interpretados isoladamente, fornecem informações interessantes sobre habilidades visuoespaciais e visuoconstrutivas. O mesmo se aplica à Cópia da Figura de Rey. Novamente, essas informações ajudarão a compreender se as dificuldades do paciente são globais ou específicas.
Funções executivas e de atenção	CPT-II WCST IGT N'Back Escala BDEFS preenchida pelo paciente e seus familiares Teste de Hayling-Brixton	Essa é a principal área de investigação do exame. O paciente apresenta claras dificuldades em processos relacionados às funções executivas. É importante usar diferentes instrumentos para avaliar o mesmo construto, a fim de que se possa identificar potenciais flutuações no desempenho. A escala BDEFS foi usada para avaliar a existência de sintomas de disfunção executiva em tarefas do dia a dia e na visão do paciente e seus familiares.
Sintomas psiquiátricos	Mini PLUS 5.0 Inventário de Depressão de Beck	A hipótese anterior era a de um quadro de transtorno do humor. A avaliação dessa hipótese requer o uso de instrumentos especializados, tais como entrevistas baseadas em critérios diagnósticos e escalas de identificação de sintomas.

CASO CLÍNICO

J.B., 56 anos, casado, pai de três filhos, formado em economia e diretor de uma estatal, começou a apresentar alterações comportamentais e da personalidade. Mantém, de certa forma, sua funcionalidade, mas seus prejuízos são evidentes. Funcionários da empresa em que trabalha começaram a notar mudanças. Antes, J.B. era comedido e de pouca conversa. Seu foco era a manutenção da produtividade dos diferentes setores da estatal, o bom relacionamento entre os funcionários e a formalidade em tais relações. Agora, ele estava mais informal. Atrasava-se para chegar ao trabalho e fazia comentários sobre questões pessoais irrelevantes para sua atuação profissional. Começou a se interessar mais pela vida de seus funcionários. Estava mais agitado, taquipsíquico e com planos grandiosos para a empresa. Tais planos eram considerados pelos pares como arriscados e pouco viáveis. Alguns comentavam que J.B. estava mais humano, outros viam certa inconveniência em algumas abordagens, principalmente com pessoas do sexo oposto. Sua aparência estava mais desleixada, e isso era percebido por funcionários e familiares. O consumo de álcool tornou-se mais frequente e potencializou os prejuízos. O paciente havia tido dois quadros depressivos anteriores, quando se formou na universidade, aos 23 anos, e, depois, aos 49 anos. Nas duas ocasiões, foi submetido a tratamento psiquiátrico, obtendo sucesso na remissão de sintomas.

Após ser convencido pela família a retornar ao psiquiatra, inicialmente, foi considerada a hipótese de transtorno bipolar tipo II, sendo submetido a tratamento farmacológico e encaminhado a psicoterapia. Três meses após o encaminhamento, foi flagrado tendo relações sexuais no escritório com uma funcionária da empresa. Instaurou-se um processo administrativo, e o paciente foi afastado de suas atividades e encaminhado para avaliação neurológica. A avaliação neuropsicológica foi solicitada como exame complementar.

Após a obtenção de informações como as já citadas, considerando-se a idade do paciente, seu quadro pré-mórbido e a caracterização de prejuízos nítidos relacionados a tomada de decisão, controle de impulsos e mudanças significativas da personalidade, foi levantada a hipótese de demência frontotemporal.

1. Testes não devem ser aplicados de forma aleatória. Não é porque você os tem que você deve aplicá-los! É preciso selecionar tarefas que sejam relevantes para as hipóteses a serem testadas. A parcimônia é fundamental. Deve ser considerada, entre os objetivos, a identificação de déficits e de áreas de potencialidades (isso será importante na formulação de planos de intervenção). Não se trata apenas de testar aqueles módulos em que déficits são mais evidentes, mas de incluir no plano de avaliação instrumentos para os quais haja uma boa justificativa de uso.
2. Ao escolher os instrumentos, o nível global do paciente deve ser considerado. A escolha de instrumentos com potencial efeito *teto* (fáceis o suficiente para mascarar déficits em sujeitos com melhor nível cognitivo) pode minimizar a eficiência da avaliação. O mesmo ocorre em relação ao uso de testes difíceis demais, considerando-se as variáveis sociodemográficas e a inteligência pré-mórbida do sujeito. Nesse segundo caso, temos o efeito *chão* (os testes serão difíceis demais, considerando-se as características do paciente, mesmo as pré-mórbidas).
3. A avaliação da cognição geral do paciente pode ser útil para ajudar na seleção de outros instrumentos, mas isso não é consenso em neuropsicologia. Por exemplo, Lezak, Howieson, Bigler e Tranel (2013) consideram tal procedimento desnecessário e, de certa forma, incompatível com uma concepção modular de cognição. Outros, porém, como McKenna e Warrington (2009), sugerem que, a despeito das limitações de testes de inteligência, como as escalas

Wechsler, medidas globais de cognição podem fornecer um pano de fundo para o planejamento e a seleção de outros instrumentos. Por exemplo, em casos de manutenção de um nível intelectual médio superior no início da doença, como descrito no Quadro 1.2, a escolha de instrumentos com maior nível de exigência poderá evidenciar com maior precisão déficits cognitivos potenciais.

4. Nem sempre os testes apresentam validade ecológica satisfatória. Complementar dados obtidos com escalas de avaliação de sintomas pode ser bastante útil. Entretanto, o paciente pode não ser um bom informante sobre seus sintomas. Escalas de autorrelato podem ter resultados comprometidos por: a) falta de *insight*; b) influência da necessidade de aceitação social; c) ganhos secundários potenciais na existência de déficits. Muitas vezes, o uso de escalas preenchidas por familiares ou outras pessoas que convivem com o paciente pode ser de extrema utilidade.

5. Nunca se deve fornecer diagnósticos com base em resultados isolados de testes. Diversos fatores podem explicar um resultado deficitário. Além disso, um teste que mede determinada função cognitiva pode ser fortemente influenciado por outras funções, e isso deve ser considerado na interpretação de resultados. Por exemplo, Avila e colaboradores (2015) verificaram que o desempenho na Cópia da Figura Complexa de Rey é altamente influenciado por componentes das funções executivas, como a memória operacional e a flexibilidade cognitiva. Um resultado comprometido nessa tarefa pode refletir não apenas um déficit mnésico, mas uma disfunção executiva.

No caso do paciente J.B., a bateria selecionada para o exame está descrita no Quadro 1.2. Conforme esperado, seu nível intelectual mantinha-se na faixa média superior (QI total 124). Outras funções cognitivas mantinham-se na faixa de funcionamento compatível com seu nível de inteligência (p. ex., memória episódica, linguagem expressiva e memória semântica). No entanto, a avaliação das funções executivas e da atenção a partir do Teste de Classificação de Cartas de Wisconsin (WCST-II), do Iowa Gambling Test (IGT), do Conners Continuous Performance Task (CPT-II) e do N-Back evidenciou dificuldades relevantes em processos como memória operacional, controle inibitório, flexibilidade cognitiva, tomada de decisão e atenção sustentada. Muitos dos resultados nessas medidas persistiam dentro da média etária, eram incompatíveis com o nível de inteligência do paciente, bem como com sua escolaridade e seu nível de funcionamento profissional e acadêmico até o adoecimento e, mais do que isso, refletem as dificuldades observadas no dia a dia do paciente.

No caso em questão, também foi usada a escala de avaliação de disfunções executivas Barkley's Deficits in Executive Function Scale (BDEFS), que foi preenchida tanto pelo paciente quanto por sua esposa e seus filhos. Apenas no relato dos familiares apareceram déficits significativos nas funções avaliadas (administração do tempo, organização e solução de problemas, autocontrole, motivação pessoal e autorregulação das emoções), o que sugere que o paciente não tinha *insight* de suas dificuldades. A avaliação dos sintomas depressivos percebidos pela Escala de Depressão de Beck e manifestados na entrevista semiestruturada baseada no *Manual diagnóstico e estatístico de transtornos mentais* (DSM-IV) (American Psychiatric Association [APA], 2000) evidenciou sintomas leves de depressão.

Na terceira e última etapa, há a integração das informações coletadas na parte inicial com os resultados da testagem/rastreio de processos cognitivos, emocionais e comportamentais, o que permite traçar inferências nosológicas, topográficas e funcionais (Fig. 1.3). Na maioria das vezes, o exame neuropsicológico é um exame complementar, assim, deve ser considerado à luz de outros exames clínicos para nortear o raciocínio médico no fechamento de diagnósticos.

Por fim, cumpre ressaltar que os procedimentos usados na avaliação neuropsicológica apresentam limitações, como em qualquer modalidade de exame. Considerar a diferença entre traço e estado na avaliação é uma delas e, possivelmente, a primeira a ser considerada. Variáveis como cansaço, fome, sono, falta de compreensão da tarefa, falta de empatia com o examinador, má cooperação, entre outras, podem mascarar o resultado dos testes. Assim, o neuropsicólogo deve estar atento ao efeito desses potenciais confundidores durante a avaliação cognitiva.

QUANDO O EXAME NEUROPSICOLÓGICO É INDICADO?

Como visto anteriormente, as duas aplicações do exame neuropsicológico – localização de centros funcionais lesionados e detecção de *organicidade* – perderam sentido com o avançar do conhecimento sobre a estrutura e a função do sistema nervoso (Lezak et al., 2012). As aplicações do exame neuropsicológico passaram a abranger novos objetivos. Do ponto de vista clínico, pode-se destacar seis condições principais relacionadas à indicação do exame neuropsicológico:

1. Situações em que a avaliação da cognição é imprescindível para definição diagnóstica (p. ex., avaliação das demências, deficiência intelectual, transtornos da aprendizagem).

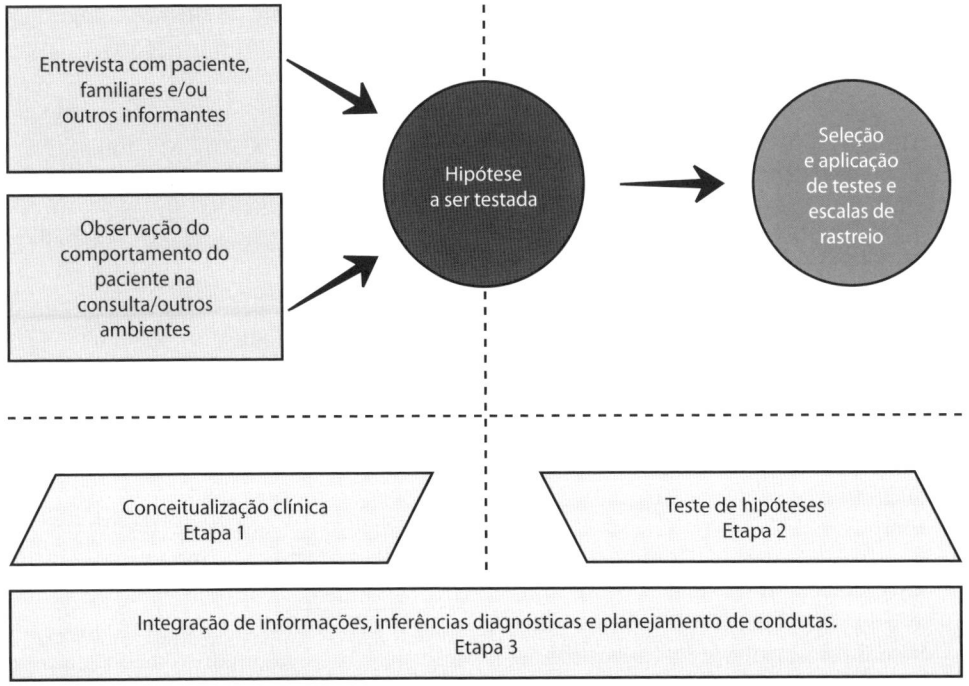

Figura 1.3 A estruturação do exame.

2. Situações em que a avaliação neuropsicológica é complementar ao diagnóstico, podendo ser importante na identificação de comorbidades e de questões relacionadas ao prognóstico e no acompanhamento da evolução clínica (p. ex., existência de síndrome disexecutiva agravando o prognóstico de traumatismo craniencefálico; existência de déficit de memória operacional agravando o comprometimento associado ao transtorno de déficit de atenção/hiperatividade, etc.).
3. Situações em que não há contribuição para questões de diagnóstico diferencial (p. ex., diagnóstico diferencial de transtornos como transtorno bipolar e esquizofrenia), mas em que o exame pode ser fundamental na identificação de disfunções cognitivas que serão alvos terapêuticos (p. ex., identificação de alvos para reabilitação ou remediação cognitiva).
4. Situações em que ocorreram prejuízos ou modificações cognitivas, afetivas e/ou sociais, em decorrência de eventos que atingiram primária ou secundariamente o sistema nervoso central (p. ex., traumatismo craniencefálico, tumor cerebral, epilepsia, acidente vascular cerebral, distúrbios tóxicos, doenças endócrinas ou metabólicas e deficiências vitamínicas).
5. Situações em que a eficiência neuropsicológica não é suficiente para o desenvolvimento pleno das atividades da vida diária, acadêmica, profissional ou social (p. ex., transtornos específicos do desenvolvimento, transtornos globais do desenvolvimento, deficiência intelectual).
6. Situações geradas ou associadas a uma desregulação no balanço bioquímico ou elétrico do cérebro, decorrendo disso modificações ou prejuízos cognitivos ou afetivos (p. ex., epilepsias sem causas conhecidas, transtornos psiquiátricos, afasias).

Ao descrever a escola Iowa-Benton[1] de Avaliação Neuropsicológica, Tranel (2009) afirma que, nesse importante centro de atendimento neuropsicológico nos Estados Unidos, as principais indicações para exame neuropsicológico são:

1. caracterização geral do comportamento e da cognição de um paciente
2. monitoramento da cognição e do comportamento de um paciente que será submetido a um tratamento médico (p. ex., neurocirurgia ou farmacoterapia)
3. questões médico-legais em neuropsicologia forense
4. identificação de transtornos do desenvolvimento na infância
5. diagnóstico de quadros neurológicos quando os exames de neuroimagem não são suficientemente sensíveis
6. monitoramento de alterações cognitivas ao longo do tempo (p. ex., acompanhamento longitudinal de pacientes com comprometimento cognitivo leve)
7. avaliação da relação estrutura-função durante o teste de Wada, geralmente realizado antes de cirurgias para tratamento de epilepsia refratária à medicação
8. avaliação de pacientes que sofreram intoxicação por monóxido de carbono e auxílio na decisão pelo tratamento em câmara hiperbárica
9. questões relacionadas à determinação das condições do paciente para conduzir veículos automotores
10. avaliação das condições de um paciente para gerir sua própria vida de forma

---

[1] Nome dado ao grupo de neuropsicologia da Universidade de Iowa, que, durante anos, foi chefiado pelo neuropsicólogo Arthur L. Benton.

independente, mesmo fora do contexto médico-legal
11. avaliação do impacto da dor em processos cognitivos
12. avaliação do impacto da apneia do sono em processos cognitivos
13. psicoeducação para pacientes e familiares

Tranel (2009) também sugere que uma das indicações frequentes para esse centro é a que busca separar pacientes orgânicos de funcionais. No entanto, como já mencionado, o conceito de organicidade tem sido cada vez menos usado em neuropsicologia, em virtude da compreensão de que não existem alterações comportamentais ou cognitivas apenas funcionais (ou seja, sem base orgânica).

Com o crescimento das práticas de intervenção neuropsicológica em pacientes neurológicos e psiquiátricos, outra aplicação frequente dos exames está na estruturação de rotinas de intervenção neuropsicológica com base na identificação de *forças* e *fraquezas* cognitivas e comportamentais do paciente. O exame neuropsicológico que precede intervenções fornece informações ao profissional da reabilitação sobre funções que devem ser estimuladas, bem como sobre aquelas que estão preservadas e podem ser úteis em processos de compensação funcional.

Por fim, o exame neuropsicológico tem sido empregado também como rotina no seguimento de pessoas que atuam em determinados ramos profissionais que envolvem risco de comprometimento cognitivo. Um exemplo cada vez mais frequente é o de praticantes de diversas modalidades esportivas que apresentam risco elevado pra concussões (Lage, Ugrinowitsch, & Malloy-Diniz, 2010). O exame neuropsicológico tem sido cada vez mais empregado como avaliação de rotina, fornecendo uma linha de base para comparação com avaliação após casos de concussão cerebral em atletas (Moser et al., 2007).

CONSIDERAÇÕES FINAIS

O exame neuropsicológico tem-se tornado cada vez mais popular na prática clínica e demandado por profissionais de áreas como saúde e educação. Um dos riscos dessa popularização é a proliferação de avaliações que não se fundamentam em preceitos básicos da neuropsicologia e não levam em consideração cuidados necessários para que se chegue a conclusões e orientações clínicas.

A avaliação neuropsicológica difere das demais avaliações clínicas por ser fundamentada em um raciocínio monista e materialista. Mesmo não sendo mais papel do neuropsicólgo localizar centros lesionais ou detectar organicidade, o raciocínio clínico em neuropsicologia envolve considerações sobre as funções examinadas e os sistemas neurais subjacentes.

O exame neuropsicológico é um dos mais importantes exames complementares na prática clínica do profissional que lida com comportamento e cognição. Seus resultados devem ser considerados à luz de outras informações clínicas para potencializar não apenas questões de diagnóstico, mas para fundamentar rotinas de intervenção eficientes.

REFERÊNCIAS

American Psychiatric Association (APA). (2000). *Diagnostic and statistical manual of mental disorders: DSM-IV*. 4th ed. Washington: APA

Ávila, R. T., de Paula, J. J., Bicalho, M. A., Moraes, E. N., Nicolato, R., Malloy-Diniz, L. F., & Diniz, B. S. (2015). Working memory and cognitive flexibility mediates visuoconstructional abilities in older adults with heterogeneous cognitive ability. *Journal of the International Neuropsychological Society, 21*(5), 392-398.

Baron, I. S. (2004). *Neuropsychological evaluation of the child*. Oxford: Oxford University.

Benton, A. L. (1994). Neuropsychological assessment. *Annual Review of Psychology, 45*(1), 1-23.

Broca, P. P. (1861). Perte de la parole, ramollissement chronique et destruction partielle du lobe antérieur gauche du cerveau. *Bulletin de la Société Anthropologique, 2*, 235-238.

Catani, M., Dell'Acqua, F., Bizzi, A., Forkel, S., Williams, S., Simmons, A., ... Thiebaut de Schotten, M. (2012). Beyond cortical localization in clinico-anatomical correlation. *Cortex, 48*(10), 1262-1287.

Harlow, J. M. (1868). Recovery from the passage of an iron bar through the head. *The Massachusetts Medical Society, 2*, 327-347.

Harvey, P. D. (2012). Clinical applications of neuropsychological assessment. *Dialogues in Clinical Neuroscience, 14*(1), 91-99.

Hebben, N., & Milberg, W. (2002). *Essentials of neuropsychological assessment*. New York: Wiley.

Lage, G. M., Ugrinowitsch, H., Malloy-Diniz, L. F. (2010). Práticas esportivas. In L. F. Malloy-Diniz, D. Fuentes, P. Mattos, & N. Abreu (Orgs.), *Avaliação neuropsicológica* (pp. 318-323). Porto Alegre: Artmed.

Lamberty, G. J. (2005). The practice of clinical neuropsychology. In G. J. Lamberty, J. C. Courtney, & R. L. Heilbronner, *The practice of clinical neuropsychology: A survey of practices and settings*. London: Taylor & Francis.

Lezak, M. D., Howieson, D. B., Bigler, E. D., & Tranel, D. (2012). *Neuropsychological assessment*. New York: Oxford University.

Mattos, P. (2014). Prefácio. In D. Fuentes, L. F. Malloy-Diniz, C. H. P. Camargo, & R. M. Cosenza (Orgs.), *Neuropsicologia: Teoria e prática* (2. ed.). Porto Alegre: Artmed.

McKenna, P., & Warrington, E. (2009). The analitical aproach to neuropsychological assessment. In I. Grant, & K. M. Adams (Eds.), *Neuropsychological assessment of neuropsychiatric disorders* (pp. 25-41). New York: Oxford University.

Moser, R. S., Iverson, G., Echemendia, R. J., Lovell, M., Schatz, P., Webbe F., ... Silver C. (2007). Neuropsychological evaluation in the diagnosis and management of sports-related concussion. *Archives of Clinical Neuropsychology, 22*(8), 909-916.

Schmand, B., Eikelenboom, P., van Gool, W. A., & Alzheimer's Disease Neuroimaging Initiative. (2012). Value of diagnostic tests to predict conversion to Alzheimer's disease in young and old patients with amnestic mild cognitive impairment. *Journal of Alzheimer's Disease, 29*(3), 641-648.

Shermer, M. (2011). *The believing brain: From ghosts and gods to politics and conspiracies*. New York: Times Books.

Teuber, H. L. (1955). Physiological psychology. *Annual Review of Psychology, 6*, 267-296.

Tranel, D. (2009). The Iowa-Benton school of neuropsychological assessment. In I. Grant, & K. M. Adams (Eds.), *Neuropsychological assessment of neuropsychiatric disorders* (pp. 66-83). New York: Oxford University.

Wernicke, C. (1874). *Der Aphasische Symptomencomplex: Ein psychologische studie auf anatomischer Basis*. Breslau: Cohn & Weigert.

2

Métodos de estudo da relação entre cérebro, comportamento e cognição

CARLOS TOMAZ
MARIA CLOTILDE HENRIQUES TAVARES
CORINA SATLER
ANA GARCIA

Este capítulo está organizado em quatro partes. A primeira apresenta uma breve introdução sobre a relação entre cérebro e comportamento; a segunda aborda os principais métodos e técnicas para o estudo da relação cérebro-comportamento hoje disponíveis; enquanto a terceira descreve resultados de estudos sobre funções executivas realizados por pesquisadores do Laboratório de Neurociência e Comportamento do Departamento de Ciências Fisiológicas (CFS) do Instituto de Ciências Biológicas (IB), da Universidade de Brasília (UnB). A quarta parte, por sua vez, sumariza resultados de estudos referentes à memória emocional obtidos por meio da técnica de ressonância magnética nuclear funcional (RMNf).

A RELAÇÃO CÉREBRO--COMPORTAMENTO

A parte mais expressiva do que atualmente é conhecido sobre a relação entre cérebro e comportamento na neuropsicologia resultou da notável contribuição de Alexander Romanovich Luria no início do século XX. Entre as diversas teorias acerca da organização e do funcionamento cerebrais, nenhuma delas é tão completa quanto a proposta pelo neuropsicólogo. À frente de seu tempo, Luria já considerava as funções corticais superiores como sistemas funcionais complexos dinamicamente, bem como a importante influência do ambiente sobre o sistema nervoso, que só anos depois foi reconhecida por diferentes autores (p. ex., Cacioppo, Berntson, Sheridan, & McClintock, 2000; Craik, 2006).

Concentrado em compreender as bases biológicas do funcionamento psicológico, em uma de suas obras, Luria descreveu o cérebro, a evolução do psiquismo e a atividade consciente; as sensações e a percepção; a atenção e a memória; a linguagem e o pensamento; fazendo uma introdução geral ao estudo da psicologia como disciplina com clara referência às bases materialistas da abordagem histórico-cultural. Ao mesmo tempo, a partir de suas investigações com indivíduos sadios e lesionados a respeito da organização das funções psicológicas, explorou o cérebro como um sistema biológico aberto e dinâmico, em constante interação com o meio físico e social em que o indivíduo está inserido. Nesse contexto, surge o conceito de "plasticidade cerebral", ou de que as "funções mentais superiores", tipicamente humanas, são construídas ao longo da evolução da espécie, da história social do homem e do desenvolvimento individual.

Nessa perspectiva, Luria lançou o conceito da "pluripotencialidade" cerebral, segundo a qual nenhuma área específica do cérebro controlaria uma dada função, mas uma dada área cerebral poderia estar associada com uma variedade de comportamentos.

Deve-se também ao monumental trabalho desenvolvido por Luria, por quase um terço do século XX, a conotação singular alcançada pela neuropsicologia. Sua visão de que até mesmo as funções mais elementares do cérebro e da mente não eram de natureza inteiramente biológica, e sim condicionadas pelas experiências, interações e cultura do indivíduo, aliada à crença de que as faculdades humanas não podiam ser estudadas ou compreendidas de forma isolada, mas deviam ser compreendidas em relação às influências vivas e formativas, alçaram a neuropsicologia a um requinte e simplicidade inimagináveis 50 anos atrás. Logo, a neuropsicologia, ao mesmo tempo que se mantinha em consonância com a fisiologia e a neurologia, independia integralmente de tais disciplinas, permanecendo também fiel à perspectiva humanista no que se referia à compreensão e ao entendimento das condições clínicas estudadas em seus pacientes.

A influência da concepção de Luria ainda hoje se reflete na visão moderna das ciências cognitivas sobre a necessidade de uma abordagem do comportamento que seja integrada em diferentes níveis, na medida em que os mecanismos que fundamentam a mente e o comportamento não podem ser inteiramente explicados por uma abordagem puramente biológica ou socioambiental (Cacioppo et al., 2000). Se, por um lado, já se conhece que o cérebro (ou o sistema nervoso) é capaz de alterar o comportamento manifesto, por outro se tem evidências de que o inverso é igualmente verdadeiro. Hoje são amplamente aceitos os princípios bidirecionais recíprocos dos efeitos da maturação e da experiência sobre o desenvolvimento do sistema nervoso. Esses princípios podem representar uma concepção integrativa útil para a complexa questão *nature-nurture* na ontogenia, que ocupou a mente de cientistas durante décadas no século XX e que está ainda distante de ser encerrada. Ademais, o reconhecimento das restrições e das limitações sobre a aprendizagem representou um passo importante para o entendimento da ação recíproca dos fatores genéticos e ambientais na determinação de comportamentos típicos das espécies (Miller, 2007).

Um dos grandes desafios no âmbito das neurociências é entender como o cérebro, uma massa cinzenta, com peso aproximado de 1.300 gramas, que reúne mais de 1 trilhão de células, com um padrão complexo de conexões e capacidade de gerar energia elétrica, pode, na realidade, comandar funções tão complexas como o pensamento, o planejamento, a percepção, a memória, a linguagem, a tomada de decisões, a resolução de problemas, entre tantas outras. Como podem emergir da atividade cerebral os diferentes padrões de emoção, cognição e comportamento? Quais são as leis, princípios e mecanismos que tornam isso possível, e, mais precisamente, como o cérebro funciona? O que ocorre quando ele deixa de funcionar e em que medida isso impacta o desenvolvimento ou a expressão dessas funções? A que estruturas ou regiões especializadas compete a coordenação da capacidade que está por trás das nossas emoções e da capacidade que temos de perceber, pensar, aprender, recordar, decidir e agir ante os mais variados contextos ambientais? A grandiosidade da tarefa da neuropsicologia é, de longe, a mais difícil dentre as neurociências, isto é, buscar compreender como o sistema nervoso é capaz de produzir o comportamento humano.

Como observado por Craick (2006), os avanços recentes nos métodos e técnicas para o estudo cérebro e do comportamento têm permitido aos pesquisadores remeter questões que eram impensáveis há duas ou três décadas. Assim, embora estejamos ainda distantes de responder a essas questões e alcançarmos um conhecimento mais completo sobre o funcionamento do cérebro e sua relação com o comportamento, o notável avanço do conhecimento científico nas últimas décadas representa o mais significativo resultado do esforço coletivo empreendido por cientistas de diferentes partes do mundo.

O desenvolvimento técnico e metodológico tornou possíveis mensurações biológicas do comportamento humano em tempo real, incluindo o registro eletrofisiológico, imagens funcionais do cérebro e técnicas de neuroquímica. Métodos sociais para o estudo do comportamento e registros ambulatoriais de funções biológicas podem agora ser aplicados para o estudo de animais e humanos que vivem em ambientes com níveis distintos de complexidade (Cacioppo et al., 2000). Nos últimos anos, a integração dessas abordagens aparentemente divergentes levou ao desenvolvimento de modelos que visam unificar cérebro e dados comportamentais e esclarecer suas relações com a teoria psicológica existente. Assim, atualmente, dispomos de tecnologias não invasivas de imagem cerebral (EEG, MEG, RMNf, PET, etc.) que são aliadas a ferramentas de análise comportamental sofisticadas para coletar informações sobre a estrutura e a função do cérebro durante a manifestação de um comportamento em tempo real. Utilizadas de forma complementar, essas técnicas podem ser extremamente úteis para o melhor entendimento da dinâmica existente entre os mecanismos biológicos associados ao contexto social e fornecer uma importante contribuição para as ciências cognitivas de modo geral (Cacioppo et al., 2000). Assim, na linha do que apontam Cacioppo, Sheridan e McClintock, nossa expectativa é a de que o desenvolvimento das novas ferramentas de investigação permita cada vez mais aos pesquisadores das ciências cognitivas a convergência para uma abordagem biológica e social integrada e complementar que possibilite um entendimento mais abrangente da tão enigmática relação cérebro-comportamento-cognição.

A cognição como fruto da relação cérebro-comportamento

A relação entre a anatomia cerebral e o comportamento manifesto tem sido fonte de fascinação e perplexidade por centenas de anos. A busca de respostas a questões como, por exemplo, "Como somos capazes de pensar, falar, planejar, raciocinar, aprender e recordar?" ou "Quais são as bases físicas de nossas capacidades cognitivas?" tem-nos levado a centrar sobre as bases biológicas da cognição.

Em 1995, Lezak afirmou que o comportamento humano pode ser conceituado em termos de três sistemas funcionais integrados:

1. a cognição, que é o aspecto de manipulação de informações do comportamento
2. a emocionalidade, que concerne a sentimentos e motivação
3. o funcionamento executivo, que tem a ver com a forma como o comportamento se expressa

A atividade mental, também conhecida como cognição, refere-se à interpretação interna ou à transformação de informações armazenadas. Nós adquirimos informações por meio de nossos sentidos e as armazenamos em nossa memória, envolvendo, consequentemente, processos de percepção, atenção, memória, linguagem, assim como comportamentos físicos e emocionais (Lezak, 1995).

Fazendo uma analogia, a relação cérebro e funções cognitivas pode ser comparada com os termos *hardware* e *software*, levando em consideração diferentes níveis de análises. Assim, podemos caracterizar um computador atendendo a sua especificidade funcional, especificamente, ao processamento da informação, isto é, os estágios de entrada, codificação, armazenamento, decodificação e saída da informação. De forma similar, em psicologia cognitiva, a atividade mental frequentemente é descrita em termos de processamento da informação (Smith & Kosslyn, 2006).

Nessa direção, Lezak (1995) propôs quatro funções cognitivas principais que compõem uma classe diferente de comportamento, embora normalmente elas trabalhem juntas. As **funções receptivas** envolvem habilidades de selecionar, adquirir, classificar e integrar informações por meio da percepção e da memória; isto é, impressões sensoriais são integradas em informações psicologicamente significativas. Os processos de memória e aprendizagem referem-se ao **armazenamento** e à **evocação da informação**. O raciocínio concerne à **organização mental** e à **reorganização da informação**. Por fim, as **funções expressivas**, como a fala, o desenho ou a escrita, a manipulação, os gestos, as expressões faciais ou movimentos, fazem referência à forma como a informação é comunicada ou atuada, podendo ser inferida por meio delas a atividade mental. Segundo Lezak (1995), cabe considerar também que para cada classe de função cognitiva deve ser realizada uma divisão entre aquelas funções que medeiam informação verbal/simbólica e aquelas que tratam de informações que não podem ser comunicadas por palavras ou símbolos, como padrões visuais complexos ou sons. Tais subclasses de funções diferem das outras em sua organização neuroanatômica e em sua expressão comportamental, enquanto compartilham outras relações neuroanatômicas e psicométricas básicas no sistema funcional (Lezak, 1995).

Resultados de estudos de imagem cerebral que envolvem funções mentais superiores, como, por exemplo, leitura e audição, memória, identificação de faces, busca visual, criação de imagens visuais, processamento auditivo, aprendizado de sequências de localização espacial, demonstraram ativação de um número reduzido de áreas neurais amplamente separadas. No entanto, durante tarefas cognitivas diversas, áreas neurais trabalham em conjunto para formar um circuito neural envolvendo áreas neurais específicas, ativadas em momentos específicos, que permitiriam o desempenho da atividade cognitiva necessária de acordo com a demanda da tarefa (Posner & DiGirolamo, 2000).

Na tentativa de relacionar o cérebro e outros aspectos do sistema nervoso (neurociências) ao processamento cognitivo e ao comportamento (psicologia cognitiva) se situa a neurociência cognitiva como campo de estudo e, por que não dizer, a neuropsicologia. Investigações em neurociência cognitiva, por sua vez, combinam vários níveis de análises neurocientíficas e psicológicas às modernas técnicas de neuroimagem, que monitoram a atividade cerebral durante operações cognitivas ou comportamentais e que têm contribuído significativamente para o surgimento da neurociência cognitiva como disciplina.

Métodos e técnicas para o estudo da relação cérebro-comportamento

Na medida em que a neuropsicologia pode ser definida em um sentido mais amplo, como o estudo das relações entre o cérebro e o comportamento, e em virtude de ela se situar na interface das neurociências – onde estão disciplinas como a neurologia, a neuroanatomia, a neurofisiologia, a neuroquímica e as ciências comportamentais –, os métodos nos quais ela se fundamenta são tão amplos quanto variados. Então, pelo seu caráter multidisciplinar, seus métodos estão fortemente embasados em campos correlatos. Embora esses métodos tenham suas raízes ancoradas na psicologia experimental e na psicometria, somente na última metade do século XX é que eles começaram a ser efetivamente empregados para o estudo do comportamento humano (Boeglin, Bub, & Joanette, 1990). Eles derivaram da área clínica (cujas contribuições se deram a partir dos estudos de lesões cerebrais e da psicometria com o desenvolvimento de testes e baterias multidimensionais de avaliação neuropsicológica) e da neuropsicologia cognitiva (cuja orientação recai na busca do entendimento da localização de funções cerebrais).

Assim, entre os principais métodos e técnicas para o estudo das relações entre o cérebro e o comportamento, temos aqueles que incluem a **manipulação do sistema nervoso** e aqueles que incluem a **mensuração de parâmetros do sistema nervoso** ou do comportamento. **Métodos de manipulação** incluem a estimulação (elétrica ou química), bem como a inibição temporária/reversível (por microinjeções anestésicas locais, por congelamento mediante sondas criogênicas que reduzem a atividade cerebral ou, ainda, por depressão alastrante induzida pela administração de cloreto de potássio, capaz de inativar grande áreas cerebrais) ou permanente/irreversível de áreas ou funções cerebrais (lesões eletrolíticas ou por radiofrequência, lesões de corpos celulares e de neurotransmissores específicos, e ablações químicas ou a vácuo) e ainda as modulações da atividade cerebral por meio das técnicas de estimulação magnética transcraniana (TMS) e estimulação transcraniana por corrente contínua (tDCS). Assim, as técnicas de estimulação envolvem a ativação de áreas restritas do cérebro com vistas a determinar se o comportamento ocorre quando normalmente seria ausente, e as técnicas de inibição, por sua vez, consistem em alterar a atividade neural do cérebro no sentido de verificar se o comportamento esperado é suprimido na presença do estímulo que o elicia (Bozarth, 2001).

Já os principais **métodos experimentais de mensuração** utilizados para o estudo da relação cérebro-comportamento (Bozarth, 2001) estão baseados em:

1. Testes neuropsicológicos e baterias psicométricas de avaliação de funções neuropsicológicas múltiplas: testes padronizados delineados de modo que o desempenho apresentado pelos sujeitos seja relacionado a processos cognitivos específicos e que permitem realizar inferências sobre a possível localização de lesões cerebrais. Baseiam-se em dados normativos resultantes de normalização em grupos maiores de indivíduos contra os quais são comparados antes de serem aplicados na avaliação clínica neuropsicológica.
2. Registros eletromagnéticos: registros de unidades/células únicas, registro de unidades/células múltiplas, potenciais evocados relacionados a eventos (ERP), magnetoeletrencefalografia (MEG) e eletrencefalograma (EEG).
3. Registros neuroquímicos: realizados com o organismo vivo (análises *in vivo* em tempo real por microdiálise ou por voltametria) ou com o organismo morto (análises *post mortem* de ensaios regionais ou ensaios por micropunções).
4. Registros por neuroimagem: realizados por meio de autorradiografia (usando dois deóxi-D-glicose ou substâncias específicas), tomografia por emissão de pósitrons (PET), tomografia computadorizada por emissão de fóton único (SPECT), ressonância magnética

nuclear funcional (RMNf) e tomografia axial computadorizada (CAT).
5. Métodos de mensuração de substâncias relacionadas a neurotransmissores: métodos amplamente utilizados para localizar proteínas (e não neurotransmissores) relacionadas com a função cerebral (p. ex., enzimas) e para determinar mudanças de longo prazo na síntese de proteínas relacionadas à atividade neural alterada, sendo os principais métodos a imuno-histoquímica (que localiza proteínas mediante anticorpo marcado com corante) e a hibridização *in situ* (que localiza a síntese de proteínas direcionadas por RNAm por meio de Crna marcado com radioisótopos).

Além dos métodos mencionados, há ainda os métodos de modelagem computacionais e métodos utilizados para a reabilitação em neuropsicologia (*neurofeedback*), que não são descritos neste capítulo.

Então, tomando como base os dois tipos de classificação dos métodos apresentados para o estudo do cérebro e comportamento (*mensuração x manipulação*), podemos considerar que, à exceção das técnicas de modulação da atividade cerebral que são também aplicadas em humanos, os demais métodos de manipulação utilizam, em sua grande maioria, modelos animais como alvo de estudo.[1]

Outra exceção evidente são os estudos de lesão em pacientes neurológicos cujas disfunções não são induzidas, mas ocorrem naturalmente. Os estudos que delas derivam são realizados *ex post facto*. Esses últimos estudos foram fundamentais para o avanço da neuropsicologia como disciplina e guiaram sua trajetória ao longo de anos.

O Quadro 2.1 apresenta um resumo dos principais métodos que têm influenciado de modo decisivo os avanços mais recentes na neuropsicologia clínica, foco desta obra, em que se destacam as modernas técnicas de imagem, cuja contribuição tem sido extremamente significativa não apenas para a neuropsicologia como para as ciências cognitivas de modo geral. Não menos importante é o destaque para os métodos recentes que utilizam biomarcadores (traçadores radiomarcados) e que permitem identificar, a partir do líquido cerebrospinal, a suscetibilidade individual a determinadas doenças, como, por exemplo, a doença de Alzheimer, e sua evolução quando já instalada (Wolfsgruber et al., 2015).

Vantagens e desvantagens associadas aos diversos métodos variam, entre outros aspectos, em função de seus custos, clareza, especificidade, resolução, restrições, abrangência e possibilidade de generalização.

A partir dessa impressionante diversidade de ferramentas, a neuropsicologia tem tentado evitar explicações reducionistas, mas, ao mesmo tempo, procurado buscar, a partir de uma visão mais sistêmica da relação entre cérebro e comportamento, entender como a mente funciona e qual a natureza das disfunções cerebrais (Boeglin et al., 1990). Além disso, com base em uma perspectiva desenvolvimental do sistema nervoso, tem, ainda, procurado o entendimento, por exemplo, das diferenças relacionadas à idade apresentadas por indivíduos idosos que têm sido interpretadas como exemplo de compensação ou da tendência do sistema nervoso de reverter a organização menos especializada tipicamente observada em cérebros bem mais jovens (Craik, 2006).

---

[1] Todavia, sem a intenção de desconsiderar a importante contribuição que os resultados advindos dos estudos realizados com modelos animais têm fornecido para o avanço científico, em virtude de a ênfase deste livro ser voltada para a neuropsicologia clínica, tais métodos não serão detalhados neste capítulo, para não fugir ao escopo do livro.

QUADRO 2.1 • Principais métodos utilizados pela neuropsicologia clínica

Técnica ou método	Procedimento	Sujeitos	Perguntas
Técnicas de registro elétrico ou eletromagnético Eletrencefalograma (EEG) Potenciais relacionados a eventos (ERP) Magnetoeletrencefalografia (MEG)	Consistem na mensuração da atividade de neurônios. Envolvem a estimulação por breves pulsos de corrente elétrica ou estimulação magnética por meio de macroeletrodos de superfície.	Indivíduos íntegros ou com dano(s) cerebral(is).	Como se dá a atividade cortical sob condições normais ou patológicas?
Técnicas bioquímicas	Consistem no mapeamento de sistemas neurotransmissores.	Indivíduos íntegros ou com dano(s) cerebral(is).	Como o nível de neurotransmissores está associado a condições clínicas?
Técnicas de imagem Tomografia computadorizada (TC) Tomografia axial computadorizada (CAT scan – raios X)	TC e CAT SCAN: Consistem em imageamento por computador que permite a reconstrução bidimensional do cérebro.	Indivíduos íntegros ou com dano(s) cerebral(is).	Quais as possíveis áreas cerebrais que apresentam comprometimento?
PET scan	PET SCAN: Utilizam marcadores especiais para determinar mudanças na atividade neural associadas ao comportamento. Usadas para visualizar o cérebro patológico e identificar possíveis locais de lesões.		
Ressonância magnética nuclear funcional (RMNf)	RMNF: Consistem em imagens formadas pela interação de ondas de rádio com hidrogênio em campo magnético. Fornece reconstrução muito detalhada do cérebro com base na variabilidade de hidrogênio de diferentes tecidos.		
Testes comportamentais psicométricos Escalas uni ou multidimensionais de avaliação	Consistem em testes psicométricos e baterias de avaliação uni ou multidimensionais que avaliam diferentes domínios das funções cerebrais.	Indivíduos íntegros ou com dano(s) cerebral(is).	Em que habilidades relacionadas às funções cerebrais o indivíduo apresenta comprometimento? Como se apresentam em relação a um padrão de referência?

Fonte: Com base em Bozarth (2001).

Estudos sobre funções executivas desenvolvidos no Laboratório de Neurociência e Comportamento – UnB

O registro da atividade elétrica de processos fisiológicos durante eventos comportamentais tem-se estabelecido como uma tendência no estudo da relação cérebro-comportamento. Esse tipo de pesquisa, também conhecido como psicofisiologia, relaciona a eletrofisiologia a processos mentais associados à cognição e às emoções. Entende-se por eletrofisiologia o estudo das propriedades elétricas das células e dos tecidos biológicos, das quais destacamos a eletrencefalografia, a eletrocardiografia, o registro da resposta galvânica da pele e a eletromiografia.

A eletrencefalografia, registro da atividade elétrica do cérebro a partir da superfície do couro cabeludo, tem-se destacado pela simplicidade e eficiência no registro e mapeamento das ativações corticais do processo mental eliciado, permitindo uma avaliação temporal importante de respostas cerebrais ao comportamento. Essas atividades elétricas registradas nos neurônios corticais são resultantes de potenciais pós-sinápticos produzidos por aferências neuronais de estruturas subcorticais. O sinal de EEG é caracterizado por uma variação de voltagem ao longo do tempo, caracterizada de acordo com sua frequência e amplitude. Estes dados qualificam os ritmos do cérebro: delta (0,01-4 Hz), teta (4-8 Hz), alfa (8-13 Hz), beta (13-20 Hz), gama (> 30 Hz).

Estudos realizados no Laboratório de Neurociência e Comportamento do Departamento de Ciências Fisiológicas, do Instituto de Biologia da Universidade de Brasília (CFS/IB/UnB), têm utilizado essas ferramentas em conjunto com a avaliação neuropsicológica de diferentes funções cognitivas. Em um desses estudos (Belham et al., 2013), foram demonstradas, por meio do mapeamento cerebral com EEG, diferenças na atividade cortical relacionadas à faixa etária dos grupos avaliados, jovens e idosos, durante o processamento de um teste de memória que utilizou faces humanas com diferentes valências emocionais. Os jovens apresentaram escores superiores aos dos idosos e maior ativação das bandas teta e alfa nas regiões frontal e linha média, além de uma assimetria hemisférica direita mais evidente na banda alfa, quando comparados aos idosos. Para ambos os grupos etários, o desempenho na tarefa foi pior para expressões faciais positivas do que para negativas e neutras. Estímulos faciais induziram, em jovens, maior ativação alfa na região pré-frontal. Para idosos, observou-se maior ativação na linha média e nas regiões occipitais e temporais esquerdas ao comparar-se estímulos faciais com figuras geométricas. O desempenho superior de jovens era esperado devido aos déficits cognitivos naturais relacionados ao envelhecimento. Da mesma forma, um melhor desempenho com estímulos faciais era esperado devido à importância evolutiva dos rostos. Esses resultados correlacionaram-se com a atividade cortical em áreas de importância para a ação/planejamento, tomada de decisão e atenção sustentada. A metodologia utilizada foi capaz de identificar diferenças relacionadas à idade na atividade cortical durante o processamento mnemônico emocional, demonstrando seu potencial na investigação neuropsicológica.

Outra aplicação da técnica de EEG são os chamados potenciais relacionados a eventos (*event-related potentials* – ERP), que representam o potencial elétrico eliciado em resposta a um determinado estímulo apresentado.

A memória para eventos relevantes com valor emocional permite que o indivíduo se prepare no momento de confrontar-se com eventos similares no futuro. O conteúdo/contexto emocional melhora a memória declarativa por meio da modulação de mecanismos de codificação e recuperação. Na codificação, dados neurofisiológicos demonstram consistentemente um efeito da memória subsequente nas oscilações teta e gama. No entanto, os estudos existentes eram focados no efeito do conteúdo emocional, o que deixou o efeito do contexto emocional inexplorado.

Nesse contexto, em um estudo conduzido em nosso laboratório por Uribe, Garcia e Tomaz (2011), testamos a hipótese de que as oscilações teta e gama apresentariam maior atividade evocada/induzida durante a codificação de estímulos visuais quando apresentados em um contexto emocionalmente relevante. Foram submetidos a um teste de audiovisual de memória declarativa emocional 25 voluntários sadios, sendo aleatoriamente designados para um grupo com contexto emocionalmente relevante ou neutro. O potencial evocado (ERP) mostrou uma deflexão negativa mais elevada (80-140 ms) para o estado emocional. Tal efeito foi observado sobre a parte central, frontal e pré-frontal bilateralmente. O ERP teta foi maior no parietal esquerdo, central, frontal e pré-frontais na condição emocional. O aumento de potência teta precoce pode estar relacionado à expectativa induzida pelo processamento da informação auditiva, que facilita a codificação visual em contextos emocionais. Esses resultados sugerem que a valorização da memória declarativa tanto para o conteúdo quanto para o contexto emocional tem como base mecanismos neurais similares à codificação, além de fornecer novas provas sobre o processamento cerebral de estímulos ambientais relevantes.

Os processos mentais e as emoções influenciam o funcionamento de todos os órgãos do corpo humano. A geração, a representação e a consciência subjetiva da mudança autonômica no alerta corporal são tidas como componentes fundamentais da emoção e dos estados sentimentais. Uma ação reativa pode perturbar a homeostase conformando uma espécie de resposta ao estresse que pode ser concebida por três subsistemas do sistema nervoso periférico: o sistema nervoso somático, aumentando a tensão muscular; o sistema nervoso autônomo (SNA), aumentando o fluxo sanguíneo para os músculos e diminuindo o fluxo para a pele, rins e trato digestivo; e o sistema neuroendocrinológico, aumentando a frequência cardíaca e a força contrátil do coração, os quais são envolvidos também no SNA, relaxando a musculatura lisa intestinal e aumentando o metabolismo. Dessa forma, o fator emocional envolvido ou induzido na execução de algumas atividades pode alterar a frequência cardíaca, a tensão muscular, o fluxo sanguíneo e o metabolismo.

A variabilidade da frequência cardíaca (VFC) tem sido estudada como um marcador importante da modulação do sistema nervoso autônomo e permite avaliar o comportamento fisiológico do indivíduo e, especificamente, delinear seu nível de excitabilidade como resposta a um evento característico. Estudos já relataram que indivíduos com alta VFC, quando comparados com sujeitos de baixa VFC, apresentam desempenho melhor em tarefas relacionadas ao córtex pré-frontal, mas não diferem com relação ao tempo de reação simples (Hansen, Jhonsen, & Thayer, 2003). Em contrapartida, a baixa atividade do córtex pré-frontal, detectada usando tarefas cognitivas, pode limitar a capacidade comportamental de um indivíduo de se adaptar às ameaças e evitar respostas inapropriadas (Garavan, Ross, & Stein, 1999). Alguns autores sugeriram que o bom funcionamento do córtex pré-frontal (CPF) está associado à modulação cardíaca eficiente a partir de resultados que demonstram que prejuízos do córtex pré-frontal estão associados à diminuição da variação de frequência cardíaca (Ahern et al., 2001). A eletrocardiografia (ECG) é um registro simples que pode ser feito para alcançar a VFC. Essa técnica registra a atividade elétrica do coração, expressa em ondas bem definidas – P, QRS, T –, por meio de eletrodos colocados em pontos de referência de derivação do sinal eletrocardiográfico. Essas ondas correspondem a eventos elétricos da ativação do miocárdio através das quais minúsculas correntes elétricas fluem causando contração e relaxamento do músculo. O componente R dessa onda é o principal para a geração dos índices de VFC em termos de amplitude e frequência.

A memória operacional é o tipo de memória que mantém informações ativas até que elas sejam empregadas em algum objetivo. É sustentada principalmente pela atividade elétrica de neurônios do córtex pré-frontal e exige a manutenção da atenção para se concentrar em um estímulo enquanto a informação está sendo manipulada. Considerando um teste de memória operacional em diferentes condições de complexidade e com estímulos emocionais (*delayed nonmatching to sample* – DNMTS), Garcia, Uribe, Tavares e Tomaz (2011), em nosso laboratório, identificaram maior aceleração nos índices de VFC para a condição mais complexa, indicando que houve maior demanda por processamento cognitivo, conforme esperado. Nessa mesma investigação, foram utilizadas medidas eletrodérmicas para avaliar o papel do fator emocional no processamento da memória operacional, e os resultados indicaram maior correlação entre a VFC e a resposta galvânica da pele para a condição de maior complexidade no teste DNMTS, quando há maior exigência por atenção.

Mais recentemente, em outro estudo, adotamos medidas instantâneas de dinâmica cardíaca para descrever a caracterização de pacientes com depressão maior (DM) submetidos a um teste memória emocional (eliciação afetiva) (Valenza et al., 2015). Métodos de processamento de sinais digitais não lineares que abordam a complexidade do sistema têm fornecido ferramentas computacionais úteis para ajudar no diagnóstico e no tratamento de uma ampla gama de patologias. Mais especificamente, as medidas não lineares têm sido bem-sucedidas na caracterização de pacientes com transtornos mentais, como depressão maior. Nesse estudo, caracterizamos a dinâmica de pulsação cardíaca em 48 indivíduos controles saudáveis e 48 pacientes com DM submetidos a uma situação experimental com estímulos audiovisuais emocionais ou neutros. Os resultados experimentais provenientes das tarefas emocionais mostraram que medidas de entropia são capazes de rastrear instantaneamente a complexidade do batimento cardíaco, bem como diferenciar indivíduos saudáveis de pacientes com DM. Em contrapartida, a análise da VFC padrão feita nos domínios de tempo e frequência não alcançou significância estatística. Esses resultados sugerem que as medidas de entropia com base em modelos de processo não lineares podem contribuir para a elaboração de ferramentas computacionais úteis para o cuidado em saúde mental.

A resposta galvânica da pele (RGP) é uma alteração da resistência elétrica da pele que é modulada pelas emoções e por outras condições específicas. Trata-se de uma mudança na resistência elétrica cutânea determinada pela passagem de uma fraca corrente através da pele. O registro de RGP é feito por meio de eletrodos colocados na mão não dominante do indivíduo, medindo-se as mudanças no fluxo de eletricidade ou a corrente gerada pelo próprio organismo, o que corresponde à atividade eletrodérmica, que é avaliada em termos da amplitude e da frequência. A RGP pode ser mensurada em estados corporais de alerta durante um comportamento físico, cognitivo e emocional (Uribe, Conde, Botelho, & Tomaz., 2008) e tem sido relacionada com a emoção, a atenção e o estresse, sendo considerada uma medida generalizada de excitação autonômica e também uma medida de atenção. Raine, Reynolds e Sheard (1991) sugeriram uma correlação positiva entre a condutância da pele e a área do córtex pré-frontal envolvida. O sistema nervoso autônomo é ativado de maneira subconsciente quando o corpo está sujeito ao estresse. Assim, a condutância da pele é bastante utilizada em estudos psicológicos experimentais com o objetivo de medir o processamento emocional consciente e inconsciente.

Em colaboração com um grupo de pesquisadores da Colômbia (Conde Cotes, Prada Sarmiento, Martínez Garrido, Botelho de Oliveira, & Tomaz, 2008), investigamos a caracterização fisiológica do estado de excitação de pessoas expostas a um teste de memória emocional auditiva-visual. Para tanto, 63 voluntários, entre 18 e 48 anos, foram testados com o objetivo de contribuir para a caracterização da resposta autonômica evidenciada por alterações na condutância elétrica da pele e mudanças na frequência de pulso quando expostos a um teste de memória com contexto emocional ou neutro, durante as sessões de aquisição e evocação. Em conjunto, os resultados demonstraram que a potenciação mnemônica induzida pela versão emocional está associada à ativação simpática e à inibição parassimpática tanto na aquisição quanto na evocação, indicando, por conseguinte, que a percepção da excitação é coerente com o estado fisiológico induzido.

A tensão muscular é mais uma manifestação eletrofisiológica importante que ocorre enquanto fatores emocionais são eliciados. O registro dessa tensão pode revelar a contração involuntária de diversos músculos com descargas sincrônicas repetitivas de unidades motoras. Assim, o registro da atividade elétrica da contração muscular é feito por meio da eletromiografia (EMG). Essa atividade ocorre nas membranas celulares das fibras musculares durante um desempenho motor ou atividade mental. Alguns trabalhos que relacionam o sistema nervoso somático com atividades que envolvem emoção registram a intensidade da tensão do músculo frontal corrugador do supercílio (*corrugator supercilii*) (Conati, 2002) em resposta a um estímulo negativo, e outros acrescentam, ainda, a atividade do músculo zigomático maior (*zygomaticus major*), contraído no sorriso espontâneo, associando a ação desse músculo à valência positiva (Gehricke & Shapiro, 2000).

Medidas eletrofisiológicas como essas têm sido usadas para avaliar a carga mental de trabalho e o reconhecimento de emoções durante as tarefas que envolvem cognição e emoção. Alguns desses estudos avaliam a tomada de decisão e a percepção por meio da associação entre a excitação de conteúdo emocional e o aumento da RGP, e outros usam o conteúdo emocional para induzir mudanças no sistema nervoso autônomo, especialmente a ECG e a RGP, em uma tentativa de definir padrões de respostas autonômicas para diferentes tipos de emoção (Lee et al., 2005). Nessa direção, estudos indicam que a lesão cortical, especialmente no lobo frontal, pode seletivamente atenuar a RGP em estímulos psicologicamente relevantes (Zahn, Grafman, & Tranel, 1999). Além disso, funções cognitivas como a atenção e a memória emocional têm sido relacionadas a alterações na atividade parassimpática (McCraty, 2006).

De forma breve, os estudos citados ilustram como o registro da atividade elétrica de processos fisiológicos durante eventos comportamentais pode ser uma ferramenta útil no estudo da relação cérebro-comportamento-cognição.

Estudos sobre memória emocional usando técnica de neuroimagem funcional (RMNf)

A ressonância magnética nuclear funcional é uma técnica de neuroimagem que utiliza as mudanças fisiológicas cerebrais (alteração no metabolismo e no fluxo sanguíneo) que se relacionam com processos mentais, como, por exemplo, a execução de uma tarefa.

Dentro da neuropsicologia, a RMNf apresenta dois grandes campos de aplicação: a prática clínica e a pesquisa básica dos processos cognitivos. Na prática clínica, sua utilização se associa principalmente ao tratamento pré-cirúrgico. Por exemplo, no caso de pacientes epilépticos refratários ao tratamento farmacológico com foco epileptogênico no lobo temporal, surge como uma alternativa não invasiva ao teste de Wada (Baxendale, 2009) na determinação da lateralidade da linguagem. Aplicada à pesquisa básica, essa técnica permite aprofundar a pesquisa da relação cérebro e comportamento, possibilitando explorar desde a percepção sensorial até os processos mentais mais complexos, como o funcionamento executivo e os juízos morais, entre outros. Ao mesmo tempo, a RMNf possibilita discriminar a funcionalidade entre regiões cerebrais específicas, diferenciando, por exemplo, as áreas implicadas em processos cognitivos específicos utilizando estímulos diversificados, como a comparação do processamento de faces e objetos. Da mesma forma, permite explorar possíveis diferenças entre populações clínicas a fim de identificar o correlato neuronal de um transtorno neurológico ou psiquiátrico (Bandettini, 2009).

Na atualidade, a RMNf é usada por um número cada vez maior de cientistas que procuram investigar os mecanismos cerebrais subjacentes aos fenômenos psicológicos (Aue, Lavelle, & Cacioppo, 2009). Mas por que essa técnica tem-se tornado a medida de escolha em estudos psicológicos referentes à atividade cerebral? O que ela pode nos dizer sobre os processos psicológicos? Existem numerosas razões que explicariam o aumento da frequência da utilização da RMNf nesse tipo de estudo. Em primeiro lugar, trata-se de um procedimento não invasivo e relativamente seguro, em contraste com outras ferramentas de neuroimagem, como, por exemplo, a tomografia por emissão de pósitrons. Em segundo lugar, por se tratar de uma técnica que avalia a atividade cerebral de forma dinâmica, permite detectar mudanças sutis do funcionamento cerebral, apresentando uma alta resolução espacial (alguns milímetros) associada à melhora na relação sinal-ruído, o que permite que os dados coletados sejam mais precisos e confiáveis (Aue et al., 2009; Logothetis, 2008). Em contrapartida, uma desvantagem é que a técnica apresenta uma resolução temporal mais grosseira (vários segundos). Além disso, como todas as modalidades com base em processos hemodinâmicos, mede um sinal substituto (secundário) cuja especificidade espacial e temporal está sujeita às restrições físicas e biológicas (Logothetis, 2008).

O objetivo desta seção é rever as principais conclusões dos estudos de neuroimagem funcional com ênfase principalmente no efeito de facilitação emocional (*emotional enhancement effect*), definido como a melhora da capacidade de memória relacionada a eventos emocionais em comparação com eventos neutros.

A memória é a capacidade de adquirir, reter e utilizar informações ou conhecimentos (Tomaz & Costa, 2001). Consiste em um processo cognitivo fundamental, pois sem ele não há o aprendizado, ou seja, as experiências prévias de um indivíduo não podem ser utilizadas como base para a seleção futura do comportamento ou da atitude mais apropriada.

A memória, evolutivamente, nos permite traçar um marco referencial que torna possível a diminuição da novidade e gerar contraste no ciclo vital, constituindo-se em um fator determinante do comportamento e levando a selecionar as reações mais apropriadas às demandas do ambiente (Tomaz, 1993). Considerando o fator evolutivo, a memória é formada por vários sistemas, em vez de por um sistema único. Essa divisão é importante, pois cada sistema apresenta características diferentes e é também operado por mecanismos e regiões cerebrais distintos (Sarmiento, Garrido, Conde, & Tomaz, 2007).

Na comunidade científica, existe amplo consenso de que a emoção influencia múltiplos aspectos da cognição, e numerosos estudos têm sido desenvolvidos com a finalidade de explorar especificamente o impacto da emoção nos processos mnemônicos (Kilpatrick & Cahill, 2003; St. Jacques, Dolcos, & Cabeza, 2009).

Estudos têm demonstrado que, quando estudada a memória declarativa para informação com saliência emocional, ela tende a ser aprimorada em contraposição à informação neutra, sugerindo uma melhor acurácia da memória para a informação emocional (Kensinger, Krendl, & Corkin, 2006; Uribe et al., 2011).

Desde uma perspectiva neurobiológica, uma possível explicação seria a alta sobreposição entre os circuitos neurais relacionados com os processos mnemônicos e o sistema límbico, principalmente as estruturas do lobo temporal medial (Sarmiento et al., 2007). Tradicionalmente, a emoção tem sido atribuída ao sistema límbico, presumido ser uma parte filogenética antiga do cérebro envolvida na sobrevivência do indivíduo e da espécie. Uma visão amplamente aceita descreve a amígdala como um componente chave no sistema neural especializado na rápida e automática avaliação do estímulo e que indicaria potenciais ameaças ou perigos no ambiente imediato (Adolphs & Tranel, 1999).

Resultados de estudos de investigação em animais experimentais têm confirmado o papel da amígdala na função emocional (McGaugh, 2006), assim como os aportes advindos dos estudos com pacientes neurológicos (Adolphs, Tranel, H. Damasio, & A. Damasio, 1994) e estudos com humanos saudáveis (LaBar & Cabeza, 2006). No entanto, é imprescindível indicar que a amígdala não atua isoladamente. Sabe-se que a formação e o armazenamento da memória declarativa dependem de um sistema de estruturas do lobo temporal medial (LTM) e da interação desse sistema com o neocórtex (Squire, 1992), sendo estruturas mais importantes as regiões dos córtices entorrinal, perirrinal, para-hipocampal e as regiões do hipocampo, do giro denteado e do *subiculum* (LaBar & Cabeza, 2006).

A maioria dos estudos com RMNf que analisaram os correlatos neurais da formação da memória emocional concentrou sua atenção na interação entre os sistemas de memória e a amígdala e LTM. Nessa direção, numerosos estudos descreveram aumento na conectividade funcional entre a amígdala e a formação hipocampal e regiões relacionadas com processos mnemônicos durante a codificação de informação emocional (p. ex., Murty et al., 2009), outros, nas proximidades corticais do LTM, incluindo os córtices entorrinal e perirrinal, no LTM anterior (Ritchey, Dolcos, & Cabeza, 2008), e o córtex para-hipocampal, no LTM posterior (Kilpatrick & Cahill, 2003).

Em contrapartida, cabe indicar que o córtex pré-frontal é também conhecido como modulador da emoção. Existe amplo consenso de que o CPF não só participa das operações executivas classicamente reconhecidas como também é crucial na coordenação da cognição e da emoção, controlando os impulsos do sistema límbico. Dessa forma, o CPF estaria envolvido na expressão do controle da emoção e do comportamento instintivo, fazendo os impulsos límbicos em comportamentos socialmente aceitáveis (Bechara, H. Damasio, & A. Damasio, 2000).

Particularmente, as regiões do CPF lateral (áreas de Brodmann 44/46, 46/49), relacionadas ao funcionamento executivo, seriam associadas com estratégias de regulação da emoção deliberada, como a reavaliação, sendo recrutadas as regiões do CPF ventrolaterais em situações de regulação de emoções, com a utilização de estratégias de elaboração semânticas (Ochsner & Gross, 2005). No entanto, regiões do CPF também estariam envolvidas em formas menos deliberadas de controle emocional, especificamente a área de Brodmann 10, relacionada ao processamento autorreferencial, ou seja, informações relativas a si mesmo, tais como sentimentos e pensamentos internos. Assim, essa região apresenta maior atividade quando os participantes julgam a si mesmos ou pessoas próximas em comparação a quando julgam pessoas desconhecidas, ou quando os participantes processam informações sobre eventos a partir da perspectiva do eu *versus* o outro (St. Jacques, Conway, Lowder, & Cabeza, 2011).

St. Jacques e colaboradores (2009) observaram que a atividade na amígdala prevê a recordação subsequente de imagens negativas *versus* imagens neutras em adultos jovens e idosos, sendo que os adultos idosos precisaram de um recrutamento adicional da atividade frontal para apoiar a formação das memórias, considerando a diminuição da atividade do córtex visual.

Nesse contexto, Fischer (2010) observou aumento da atividade neural no CPF dorsolateral para a subsequente recordação de faces de medo *versus* faces neutras. Cabe considerar que, embora em jovens e idosos tenha sido observada ativação bilateral da amígdala durante a codificação bem-sucedida das faces de medo, apenas os adultos jovens recrutaram maior atividade na amígdala direita.

Dessa forma, observa-se que numerosos estudos têm tentado caracterizar os sistemas neurais associados com a formação de memórias emocionais, obtendo resultados consistentes. No entanto, considerando a complexidade da relação emoção e memória, ainda existe a grande necessidade da realização de novas pesquisas que analisem em detalhes os subprocessos neuropsicológicos e os substratos neurais correspondentes.

CONSIDERAÇÕES FINAIS

De forma resumida, apresentamos, neste capítulo, um panorama dos métodos e técnicas de estudo das relações entre o cérebro, comportamento e cognição. Em um passeio histórico, enfatizamos a contribuição de Luria acerca das funções corticais superiores na fundação da neuropsicologia. Apresentamos os principais métodos e técnicas para o estudo da relação cérebro-comportamento-cognição atualmente disponíveis, ilustramos alguns desses métodos com estudos neuropsicológicos realizados no nosso Laboratório de Neurociência e Comportamento, na Universidade de Brasília, e, por fim, apresentamos resultados de estudos referentes à memória emocional obtidos por meio da técnica de ressonância magnética nuclear funcional.

Nosso objetivo foi introduzir o leitor nessa abordagem das neurociências, na qual a neuropsicologia se insere como uma disciplina autônoma, mas que, pela própria natureza do seu objeto de estudo, é inter e transdisciplinar. Acreditamos que resultados advindos de investigações que utilizem esses métodos e técnicas irão nos ajudar a compreender melhor os fenômenos inerentes à prática da neuropsicologia clínica.

REFERÊNCIAS

Adolphs, R., & Tranel, D. (1999). Preferences for visual stimuli following amygdala damage. *Journal of Cognitive Neuroscience, 11*(6), 610-616.

Adolphs, R., Tranel, D., Damasio, H., & Damasio, (1994). A. Impaired recognition of emotion in facial expressions following bilateral damage to the human amygdala. *Nature, 372*(6507), 669-672.

Ahern, G. L., Sollers, J. J., Lane, R. D., Labiner, D. M., Herring, A. M., Weinand, M., ... Thayer, J. F. (2001). Heart rate and heart rate variability changes in the intracarotid sodium amobarbital test. *Epilepsia, 42*(7), 912-921.

Aue, T., Lavelle, L. A., & Cacioppo, J. T. (2009). Great expectations: What can fMRI research tell us about psychological phenomena? *International Journal of Psychophysiology, 73*(1), 10-16.

Bandettini, P. (2009). Seven topics in functional magnetic resonance imaging. *Journal of Integrative Neuroscience, 8*(3), 371-403.

Baxendale, S. (2009). The Wada test. *Current Opinion in Neurology, 22*(2), 185-189.

Bechara, A., Damasio, H., & Damasio, A. R. (2000). Emotion, decision making and the orbitofrontal cortex. *Cerebral Cortex, 10*(3), 295-307.

Belham, F. S., Satler, C., Garcia, A., Tomaz, C., Gasbarri, A., Rego, A., & Tavares, M. C. H. (2013). Age-related differences in cortical activity during a Visuo-Spatial Working Memory Task with facial stimuli. *PLoS One, 8*(9), e75778.

Boeglin, J., Bub, D., & Joanette, Y. (1990). Methods in human neuropsychology: Contributions of human experimental psychology and psychometrics. In A. A. Boulton, G. B. Baker, & M. Hiscock (Eds.), *Neuromethods* (Vol. 17, pp. 37-57). Clifton: Humana.

Bozarth, M. A. (2001). Experimental measurements used to study brain/behavioral relationships. Recuperado de http://slideplayer.com/slide/4982944/

Cacioppo, J. T., Berntson, G. G., Sheridan, J. F., & McClintock, M. K. (2000). Multi-level integrative analyses of human behavior: The complementing nature of social and biological approaches. *Psychological Bulletin, 126*(6), 829-843.

Conati, C. (2002). Probabilistic assessment of user's emotions in educational games. *Journal of Applied Artificial Intelligence, 16*(7-8), 555-575.

Conde Cotes, C. A., Prada Sarmiento, E. L., Martínez Garrido, L. M., Botelho de Oliveira, S., & Tomaz, C. A. B. (2008). Evaluación de las manifestaciones autonómicas asociadas a la aplicación de una prueba auditivo-visual de memoria emocional en humanos. *Universitas Psychologica, 7*(1), 109-124.

Craik, F. I. (2006). Brain-behavior relations across the lifespan: A commentary. *Neuroscience and Behavioral Reviews, 30*(6), 885-892.

Fischer, H. (2010). Age-related differences in brain regions supporting successful encoding of emotional faces. *Cortex, 46*(4), 490-497.

Garavan, H., Ross, T. J., & Stein, E. A. (1999). Right hemispheric dominance of inhibitory control: an event-related functional MRI study. *Proceedings of the National Academy Society of the United States of America, 96*(14), 8301-6.

Garcia, A., Uribe, C. E., Tavares, M. C. H., & Tomaz, C. (2011). EEG and autonomic responses during performance of matching and non-matching to sample working memory tasks with emotional content. *Frontiers in Behavioral Neuroscience, 5*, 82.

Gehricke, J., & Shapiro, D. (2000). Reduced facial expression and social context in major depression: discrepancies between facial muscle activity and self-reported emotion. *Psychiatry Research, 95*(2), 157-167.

Hansen, A. L., Johnsen, B. H., & Thayer, J. F. (2003). Vagal influence on working memory and attention. *International Journal of Psychophysiology, 48*(3), 263-274.

Kensinger, E. A., Krendl, A. C., & Corkin, S. (2006). Memories of an emotional and a nonemotional event: Effects of aging and delay interval. *Experimental Aging Research, 32*, 23-45.

Kilpatrick, L., & Cahill, L. (2003). Amygdala modulation of parahippocampal and frontal regions during emotionally influenced memory storage. *Neuroimage, 20*(4), 2091-2099.

LaBar, K., & Cabeza, R. (2006). Cognitive neuroscience of emotional memory. *Nature, 7*(1), 54-64.

Lee, C., Yoo, S. K., Park, Y., Kim, N., Jeong, K., & Lee, B. (2005). Using neural network to recognize human emotions from heart rate variability and skin resistance. *Conference Proceedings IEEE Engineering in Medicine and Biology Society, 5*, 5523-5525.

Lezak, M. (1995). *Neuropsychological assessment.* (3rd ed.). New York: Oxford University.

Logothetis, N. (2008). What we can do and what we cannot do with fMRI. *Nature, 453*(7197), 870-878.

McCraty, R. M. (2006). Emotional stress, positive emotions, and psychophysiological coherence. In B. Bengt, & R. E. Arnetz (Eds.), *Stress in health and disease.* Weinheim: Wiley-VCH.

McGaugh, J. L. (2006). Make mild moments memorable: Add a little arousal. *Trends in Cognitive Sciences, 10*(8), 345-347.

Miller, D. B. (2007). From nature to nurture, and back again. *Developmental Psychobiology, 49*(8), 770-779.

Murty, V. P., Sambataro, F., Das, S., Tan, H. Y., Callicott, J. H., Goldberg, T. E., ... Mattay VS. (2009). Age-related alterations in simple declarative memory and the effect of negative stimulus valence. *Journal of Cognitive Neuroscience, 21*(10), 1920-1933.

Ochsner, K., & Gross, J. (2005). The cognitive control of emotion. *Trends in Cognitive Sciences, 9*(5), 242-249.

Posner, M. I., & DiGirolamo, G. J. (2000). Cognitive neuroscience: Origins and promise. *Psychological Bulletin, 126*(6), 873-889.

Raine, A., Reynolds, G., & Sheard, C. (1991). Neuroanatomical mediators of electrodermal activity in normal human subjects: A magnetic resonance imaging study. *Psychophysiology, 28*, 548-55.

Ritchey, M., Dolcos, F., & Cabeza, R. (2008). Role of amygdala connectivity in the persistence of emotional memories over time: An event-related fMRI investigation. *Cerebral Cortex, 18*(11), 2494-2504.

Sarmiento, E. L. P., Garrido, L. M. M., Conde, C., & Tomaz, C. (2007). Emoção e memória: Inter-relações psicobiológicas. *Brasília Médica, 44*(1), 24-39.

Smith. E. E., & Kosslyn, S. M. (2006). *Cognitive psychology: Mind and brain.* Upper Saddle River: Pearson.

Squire, L. (1992). Memory and the hippocampus: A synthesis from findings with rats, monkeys and humans. *Psychological Review, 99*(2), 195-231.

St. Jacques, P. L., Conway, M. A., Lowder, M. W., & Cabeza, R. (2011). Watching my mind unfold versus yours: An fMRI study using a novel camera technology to examine neural differences in self--projection of self versus other perspectives. *Journal of Cognitive Neuroscience, 23*(6), 1275-1284.

St. Jacques, P. L., Dolcos, F., & Cabeza, R. (2009). Effects of aging on functional connectivity of the amygdala for subsequent memory of negative pictures: A network analysis of fMRI data. *Psychological Sciences, 20*(1), 74-84.

Tomaz, C. (1993). Amnésia. In F. G. Graeff, & M. L. Brandão (Eds.). *Neurobiologia das doenças mentais* (pp. 175-184). São Paulo: Lemos.

Tomaz, C., & Costa, J. (2001). Neurociência e memória. *Humanidades, 48,* 146-160.

Uribe, C., Conde, C., Botelho, S., & Tomaz, C. (2008). Effects of emotionally charged content over behavioral and physiological responses during memory encoding, consolidation and recognition. *Neurobiologia, 71*(4), 89-98.

Uribe, C. E., Garcia, A., & Tomaz, C. (2011). Electroencephalographic brain dynamics of memory encoding in emotionally arousing context. *Frontiers in Behavioral Neuroscience, 5,* 35.

Valenza, G., Garcia, R. G., Citi, L., Scilingo, E. P., Tomaz, C. A., & Barbieri, R. (2015). Nonlinear digital signal processing in mental health: Characterization of major depression using instantaneous entropy measures of heartbeat dynamics. *Frontiers in Physiology, 6,* 74.

Wolfsgruber, S., Jessen, F., Koppara, A., Kleineidam, L., Schmidtke, K., Frölich, L., ... Wagner, M. (2015). Subjective cognitive decline is related to CSF biomarkers of AD in patients with MCI. *Neurology, 84*(12), 1261-1268

Zahn, T. P., Grafman, J., & Tranel, D. (1999). Frontal lobe lesions and electrodermal activity: Effects of significance. *Neuropsychologia, 37*(11), 1227-1241.

A entrevista clínica em neuropsicologia

JONAS JARDIM DE PAULA
DANIELLE DE SOUZA COSTA

A entrevista clínica é o componente mais importante de um exame neuropsicológico, de modo que é vista como o "cérebro" desse procedimento clínico. Juntas, as observações coletadas ao longo do exame, a correção/interpretação de instrumentos de avaliação objetiva e a entrevista clínica compõem o tripé que sustenta o julgamento clínico e as decisões acerca de um paciente (Mitrushina, Boone, & D'Elia, 1999). A entrevista clínica é fundamental para a definição das hipóteses clínicas que serão testadas no exame neuropsicológico, do melhor delineamento para essa testagem e dos fatores que serão relevantes para o prognóstico do caso (Strauss, Sherman, & Spreen, 2006).

Trata-se de um processo com um objetivo específico, que deve ser planejado e estruturado com antecedência. Antes de iniciar a entrevista, o neuropsicólogo precisa ter em mente os principais pontos a serem abordados e os conjuntos de informações que serão essenciais para o diagnóstico e o acompanhamento do caso. Embora não exista consenso sobre a melhor estruturação de seu processo, a entrevista clínica deve contemplar aspectos relacionados às queixas e aos sintomas atuais do paciente, o curso clínico de tais sintomas e suas repercussões sociais e funcionais, as histórias de desenvolvimento e de saúde do paciente e os aspectos sociodemográficos, familiares e culturais (Lezak, Howieson, Bigler, & Tranel, 2012; Strauss et al., 2006). O foco da entrevista depende de características do paciente. Por exemplo, a forma como as perguntas são realizadas, o direcionamento da entrevista e a profundidade com que cada tópico deve ser abordado variam em função da idade do entrevistado. Na avaliação de crianças, informações sobre gestação, parto e primeiros anos de vida muitas vezes são determinantes para o julgamento clínico, enquanto para idosos essas informações costumam ser escassas e não necessariamente associadas aos transtornos e síndromes mais comuns nesse estrato etário (Baddeley, Kopelman, & Wilson, 2004). O Quadro 3.1 sintetiza os tópicos centrais da entrevista clínica e as principais observações a serem realizadas pelo neuropsicólogo.

O modelo mais utilizado nas entrevistas clínicas em neuropsicologia é o semiestruturado, no qual o clínico parte de um conjunto predeterminado de perguntas e conduz a entrevista com a flexibilidade necessária para abordar outros tópicos ou questões que possam surgir durante o processo. Entrevistas fechadas, questionários ou escalas raramente contemplam o conjunto de sintomas, o curso clínico, o comprometimento funcional, o sofrimento psicológico e os diagnósticos de exclusão necessários para a detecção correta dos transtornos mais atendidos pelo neuropsicólogo. Em contrapartida, entrevistas abertas, sem estruturação prévia, roteiro ou

QUADRO 3.1 • Sugestão de tópicos centrais para nortear a entrevista clínica

Tópico	Sugestões de aspectos a serem abordados
Identificação	Correto cadastro do paciente e de seus cuidadores, se for o caso, do profissional ou da instituição que realizou o encaminhamento; realização do registro da pessoa a quem o laudo ou relatório será encaminhado.
Motivo da consulta	A solicitação que deve ser atendida com o exame neuropsicológico, em que contexto ela foi solicitada, quais sintomas ou características do paciente levaram-no ao encaminhamento.
História e progressão dos sintomas	Os sintomas cognitivos, sensoriais, motores, comunicacionais, comportamentais ou funcionais. Classificar como esses sintomas surgiram e se desenvolveram e em quais contextos são mais proeminentes; como comprometem ou limitam a adaptação do sujeito à vida diária. Verificar o histórico de tratamento – se farmacológico ou não – dos sintomas e o sucesso dessas intervenções.
História do desenvolvimento	Gravidez, parto, história neonatal e desenvolvimento sensorial, da linguagem, motor, intelectual e social.
História de saúde geral	Ocorrência de doenças ou outros transtornos ao longo da vida, bem como tipo de tratamento, propósito, duração e resposta terapêutica. Existência de doenças, transtornos atuais ou associados aos sintomas centrais que trouxeram o paciente à consulta.
História familiar	Principais doenças ou transtornos comuns na família do indivíduo, sobretudo em parentes de primeiro grau. Essa avaliação deve ter como foco os transtornos comumente avaliados em neuropsicologia ou doenças que possam estar associadas a sua etiologia (p. ex., doenças cardiovasculares e acidente vascular encefálico, transtornos psiquiátricos, etc.).
Vida escolar	Escolaridade atual, escolas nas quais estudou, desempenho geral por ano estudado desde o início da educação formal; histórico detalhado de repetências (séries/anos, domínios, bimestres/trimestres, etc.), necessidade de educação especial ou apoio extraclasse e sucesso das intervenções; histórico de alfabetização (leitura/escrita), habilidades matemáticas, atenção, comportamento, motivação para os estudos e adaptação social; histórico do desenvolvimento de habilidades escolares primárias.
Vida profissional	Atividades profissionais que desempenha ou já desempenhou; como os sintomas interferem na vida profissional e processos ou ambientes específicos em que essa dificuldade ocorre; provável aptidão para realizar essas atividades.
Vida social	Aspectos da vida social afetados pelos sintomas; relacionamento com a família, amigos, colegas, figuras de autoridade ou subordinados; mudanças sociais que ocorreram antes, durante ou depois do início dos sintomas; empatia e adequação social.
Memória	Esquecimentos cotidianos, como a perda de objetos ou compromissos; dificuldades em memória prospectiva; déficits no aprendizado de conteúdo novo; desorientação temporal e espacial (memória episódica); comprometimento dos hábitos, perícias e rotinas fortemente consolidadas (memória não declarativa).
Linguagem	Agramatismo; anomia; alexia; agrafia; dislexia; dificuldade em localizar palavras; sensação de "ter a palavra na ponta da língua"; parafasias semânticas e fonêmicas; dificuldades de compreensão de ordens simples ou complexas; dificuldades na articulação de palavras incomuns ou irregulares; dificuldades de repetição.
Matemática	Acalculia; discalculia; dificuldades no aprendizado da tabuada (adição, subtração, multiplicação e divisão); dificuldade para resolver problemas matemáticos; prejuízo na memorização de funções matemáticas; menor familiaridade com o vocabulário de matemática; problemas para medir as coisas; dificuldades para estimar custos ao fazer compras e para aprender conceitos matemáticos mais complexos (além dos fatos numéricos); menor habilidade no gerenciamento financeiro; problemas para estimar a passagem do tempo (o que pode levar a problemas para seguir cronogramas ou estimar a duração das atividades); dificuldade para realizar cálculos mentais (sem auxílio de calculadora ou lápis e papel); dificuldade para achar mais de uma solução para um mesmo problema ou na resolução de problemas complexos (com muitas operações simultâneas, p. ex.); dificuldade para estimar velocidades ou julgar distâncias com precisão (p. ex., ao dirigir ou praticar esportes).

(continua)

QUADRO 3.1 • Sugestão de tópicos centrais para nortear a entrevista clínica (continuação)

Habilidades visuoespaciais	Desorientação espacial; dificuldades para aprender novas rotas ou trajetos; episódios de apagão; dificuldades para montar desenhos ou diagramas; dificuldades de percepção visual (agnosia).
Funções executivas	Comportamento perseverativo e estereotipado; impulsividade; decisões inadequadas; dificuldades na percepção e na compreensão de emoções e regras sociais; dificuldade na resolução de problemas e autorregulação.
Atenção e velocidade de processamento	Baixa responsividade; passividade quanto ao ambiente; apatia; lentificação psicomotora; desatenção; dificuldade para manter o tônus atencional por períodos prolongados; déficits de alteração do foco atencional em diferentes estímulos; redução da eficiência da busca visual e auditiva; impulsividade atencional.

tópicos a serem abordados, devem ser reservadas a profissionais mais experientes, tendo em conta a maior probabilidade de erro em sua condução. Geralmente, as entrevistas abertas são mais confortáveis tanto para o profissional quanto para o paciente e seus cuidadores, além de permitirem grande flexibilidade em termos clínicos. No atendimento de crianças e adolescentes, recomenda-se que a entrevista seja realizada primeiramente com os pais ou responsáveis, sem a presença do paciente, e deve ter como foco o desenvolvimento cognitivo, motor e comportamental, a relação desse desenvolvimento com os sintomas atuais do paciente e os prejuízos deles decorrentes (Yeates, Ris, Taylor, & Pennington, 2009). A criança ou adolescente pode, então, ser abordada em sessões individuais de entrevista ou durante os demais procedimentos do exame neuropsicológico. Em se tratando de adultos ou idosos, a entrevista deve ser conduzida com o próprio paciente, mas é altamente recomendável a consulta a mais um informante – geralmente um familiar ou outra pessoa que conviva com o paciente –, de forma a se obter um segundo relato, uma vez que o paciente pode apresentar dificuldades ou limitações para relatar seus sintomas ou o curso clínico (Anderson & Tranel, 1989). Durante a entrevista, é importante que o paciente esteja informado e tenha clareza do objetivo da avaliação, do modo como será realizada e de como ela poderá beneficiá-lo, seja em termos de diagnóstico, seja de prognóstico. Um bom acolhimento do paciente e de seus cuidadores, assim como a formação de um bom *rapport*/aliança terapêutica, é de grande importância para a condução do caso.

Além disso, o profissional deve ser capaz de traduzir o relato informal, geralmente pouco estruturado e leigo, do entrevistado para uma formulação clínica, tal como é feito tradicionalmente em qualquer área da saúde, sobretudo nas relacionadas à saúde mental (Berrios & Hauder, 1988; Berrios, 1996). Na prática como docentes e supervisores em neuropsicologia clínica, percebe-se tal dificuldade – transformar o relato em um conjunto de sintomas e o conjunto de sintomas em uma hipótese diagnóstica – como o processo mais complexo e mais limitador da prática clínica. A partir dessa experiência, observa-se que há uma tendência, nos cursos de formação em neuropsicologia e nos alunos que os procuram, pela busca de foco em métodos de testagem objetiva (questionários, escalas e testes), havendo pouco conhecimento e investimento nos campos de epidemiologia e semiologia clínica. Embora os métodos de testagem objetiva sejam importantes, não são definidores da neuropsicologia ou de sua aplicação clínica (Haase et al., 2012). Quando o profissional carece dessas habilidades, ocorre uma tendência à supervalorização dos resultados da avaliação quantitativa (geralmente feita por meio de testes) e ao direcionamento das conclusões do processo de avaliação apenas pelo uso dessas informações. Essa prática é problemática em neuropsicologia. Efetivamente, os testes cognitivos são necessários para o diagnóstico de poucas condições clínicas: deficiência intelectual, transtorno específico da aprendizagem, transtorno neurocognitivo maior e transtorno neurocognitivo leve, segundo os critérios diagnósticos propostos no *Manual diagnóstico e estatístico de transtornos mentais* (DSM-5) (American Psychiatric Association [APA], 2014). Embora certamente existam transtornos e síndromes não compreendidos de forma direta pelo DSM-5, e estes dependam da avaliação objetiva das funções cognitivas para sua compreensão (como o transtorno não verbal da aprendizagem, a variante tempo cognitivo lento do transtorno de déficit de atenção/hiperatividade), o uso dos testes neuropsicológicos é, em geral, secundário à observação clínica dos sintomas. A avaliação por meio de testes deve ser compreendida meramente como um método para a testagem de hipóteses clínicas, e esse processo deve conciliar perspectivas de natureza tanto nomotética – comparação do paciente com o referencial normativo – quanto idiográfica – interpretação dos sintomas e particularidades do paciente em um contexto individual, considerando suas particularidades e características específicas (Haase, Gauer, & Gomes, 2010).

Nas próximas seções, serão detalhados características, comportamentos e sintomas específicos a serem avaliados na entrevista clínica, os quais podem ser úteis para o diagnóstico e o prognóstico nos contextos de *desenvolvimento infantil/aprendizagem, doenças e síndromes neurológicas, transtornos mentais* e *demência/comprometimento cognitivo leve*. Aspectos mais específicos associados à avaliação do estado mental, à funcionalidade e a sinais neurológicos são discutidos em outros capítulos desta obra, assim como em manuais clínicos.

DESENVOLVIMENTO INFANTIL E APRENDIZAGEM

O desafio no contexto da infância e da adolescência (0 a 18 anos) é obter um retrato detalhado dos fatores de risco e vulnerabilidade, bem como dos fatores de proteção associados ao neurodesenvolvimento e suas consequências. O conjunto dessas informações permite ao clínico criar hipóteses sobre como os sintomas do paciente se organizam em um diagnóstico, sobre quais são os principais fatores etiológicos associados a um neurodesenvolvimento atípico que explicariam esse diagnóstico, bem como sobre o prognóstico provável do quadro, incluindo os tratamentos recomendados ou mais eficazes (Baron, 2004; Lezak et al., 2012). Diversos problemas no desenvolvimento estão associados, por exemplo, aos transtornos psiquiátricos na infância e na adolescência (Kinsbourne, 2009):

1. desenvolvimento imaturo (neurológico, físico, social, cognitivo, linguagem/comunicação, relacionamentos/apego)
2. alteração do desenvolvimento motor
3. atrasos no desenvolvimento sensório-motor
4. impulsividade
5. problemas para sustentar a atenção/distraibilidade
6. prejuízos da percepção
7. problemas específicos da aprendizagem
8. desregulação emocional/de humor
9. alterações da linguagem/comunicação
10. prejuízos de autorregulação (*funções executivas*)

O Quadro 3.2 sintetiza alguns dos marcos do desenvolvimento infantil a serem

QUADRO 3.2 • Marcos do desenvolvimento a serem investigados na entrevista clínica

Capacidade visual e motora	Fase	Funções sociais básicas e linguagem
Reflexo de sucção; reflexo de preensão; reflexo de Moro; deglutição; piscar em resposta à luz.	Nascimento	Conforto com a voz humana; sorriso por reflexo; os sons mais comuns emitidos indicam fome e desconforto; tipos de choro diferentes no fim do primeiro mês; sons do "tipo fala" durante a amamentação.
Estica e vira o pescoço quando de bruços; segue objetos.	6 semanas	Contato visual com a mãe; sorriso espontâneo; responde à voz humana e ao ser segurado para se acalmar; sorri a brincadeiras; emite arrulhos e sons prazerosos; chora para ser atendido.
Muda a preensão e a sucção voluntariamente; sustenta a cabeça acima da horizontal por mais tempo; acompanha com os olhos objetos colocados em seu campo visual; pode responder ao som.	De 2 a 4 meses	Diferencia algumas pessoas; reconhece a mãe; apresenta sorriso social seletivo; orienta a cabeça pelo som de vozes; vocaliza em resposta à fala de outras pessoas; balbucia/produz sons espontaneamente; apresenta atenção seletiva direcionada a faces; prefere faces felizes em detrimento de faces com expressão de raiva; sorri para outros bebês; varia a tonalidade dos sons emitidos; imita tons.
Segura os objetos com as duas mãos; coloca o peso nos antebraços ou mãos quando de bruços; rola para ficar de bruços; suporta quase todo peso nas pernas por períodos bem curtos; senta-se brevemente.	6 meses	Ri alto; transmite prazer e desprazer na prosódia; ri para seu reflexo no espelho; apresenta ecolalia-imitação dos sons emitidos por outras pessoas; imita prosódia (muito antes de articular segmentos da fala).
Senta-se bem e coloca-se na posição de sentar; pega com movimento de pinça; engatinha.	9 meses	Acena dando "tchau"; apresenta padrões de entonação diferentes; realiza gestos sociais.
Consegue jogar objetos; anda com apenas uma mão apoiada; apresenta resposta flexora do reflexo plantar (ocorre em 50% das crianças).	1 ano	Pode beijar quando requisitado a fazê-lo; sentenças – o progressivo e longo processo de aprendizagem do significado dos sons da fala permite o entendimento e a geração de palavras e frases com significado (capacidade máxima atingida em cerca de 25 anos); apresenta vocabulário com 5 a 10 palavras, que deve dobrar nos seis meses seguintes.
Sobe e desce escadas usando os dois pés a cada degrau; inclina-se e pega objetos sem cair; gira botões; pode se vestir parcialmente; apresenta resposta flexora do reflexo plantar em 100% dos casos.	2 anos	Apresenta vocabulário médio de 200 a 300 palavras; nomeia objetos cotidianos comuns; enuncia aspectos morfossintáticos – os enunciados até os 2 anos são basicamente unitários (unidades linguísticas não associadas). Os 5 a 6 anos seguintes serão dedicados à aquisição de estruturas mais complexas, que compõem os aspectos morfossintáticos da língua.
Sobe escadas usando um pé por degrau; pedala triciclos; veste-se completamente, exceto o uso de cadarços, cintos e botões; apresenta acuidade visual normal (clareza e nitidez – 20/20 = 6 metros).	3 anos	Apresenta vocabulário médio com 900 a 1.000 palavras; constrói sentenças simples com 3 a 4 palavras (com sujeito e verbo); pode seguir comandos com dois passos; pragueja, xinga. Entre 3 e 4 anos, compreende a relação causa-efeito, bem como apresenta *emergência* da consciência, empatia (desenvolvimento moral) e habilidades de interação social, adquiridas ao brincar com os pares.

(continua)

QUADRO 3.2 • Marcos do desenvolvimento a serem investigados na entrevista clínica (continuação)

Salta; amarra os cadarços; copia um triângulo; fala a própria idade corretamente.	5 anos	Apresenta vocabulário com 1.500 a 2.200 palavras; faz inúmeras perguntas (4 anos); enuncia sentenças mais complexas; discute sentimentos. De 5 a 7 anos: adquire de maneira fluida, embora lenta, a capacidade de leitura e escrita; apresenta escrita fonética adequada – o sistema ortográfico utilizado evolui nos anos seguintes. De 4 a 7 anos: teoria da mente-entendimento dos sentimentos e desejos dos outros.
	6 anos	Apresenta vocabulário expressivo médio de 2.600 palavras; apresenta vocabulário receptivo de 20.000 a 24.000 palavras; apresenta discurso completo.
	12+	Apresenta vocabulário de 50 mil ou mais palavras por volta dos 12 anos; utiliza raciocínio formal, abstrato (*insight*, julgamento, inferências).

Fonte: Com base em Reynolds e Fletcher-Janzen (2009).

investigados durante a entrevista, com base nos estudos de Lecours (1975), Owens (1984), Kolb e Fantie (2009).

A avaliação clínica de fatores genéticos, socioambientais e familiares é primária. É surpreendente como características da infância (observadas muito cedo, com frequência antes do primeiro ano de vida) podem acabar sendo a própria fundação e o catalisador do neurodesenvolvimento ao longo dos anos (Bornstein, 2014) (Quadro 3.3). Historicamente, a neuropsicologia passa a ser interessada – e, portanto, útil – na infância e na adolescência a partir do surgimento de programas de identificação, descrição e tratamento dos problemas de aprendizagem, com envolvimento crescente na avaliação de crianças excepcionais (Hartlage & Long, 2009). Atualmente, transtornos do neurodesenvolvimento (p. ex., transtorno de déficit de atenção/hiperatividade, transtornos específicos da aprendizagem, deficiência intelectual, transtorno do espectro autista, transtornos da comunicação), outros transtornos psiquiátricos e síndromes genéticas ou metabólicas (p. ex., síndrome de Down, neurofibromatoses, síndrome de Turner, síndrome de Williams, fenilcetonúria), exposição pré-natal a drogas (p. ex., síndrome alcoólica fetal), condições neurológicas diversas (p. ex., epilepsia, hidrocefalia), bem como outras condições que alteram o neurodesenvolvimento (como traumatismo craniencefálico, lesão hipóxico-isquêmica [asfixia neonatal] e consequências como leucomalácia periventricular, paralisia cerebral, doenças cerebrovasculares [isquemia, etc.], exposição a substâncias tóxicas [chumbo, mercúrio, irradiação, drogas da quimioterapia, etc.]) e outras anomalias congênitas por deficiências nutricionais, certos tipos de infecção e outras doenças da mãe, traumatismos e outros transtornos hereditários são os alvos da neuropsicologia da infância e da adolescência (Gouvier, Baumeister, & Ijaola, 2009). Doenças sistêmicas que afetam funções cerebrais, como meningite, aids e encefalite, também são avaliadas, além de problemas cardíacos, renais, hepáticos e pulmonares que afetem o funcionamento encefálico. Em suma, o neuropsicólogo será chamado a identificar os mais diversos problemas que afetam o sistema nervoso central em desenvolvimento, bem como a magnitude de suas consequências do ponto de vista cognitivo, comportamental e funcional. Isso significa que

QUADRO 3.3 • Desfechos cognitivos e comportamentais associados a preditores precoces do desenvolvimento

DESENVOLVIMENTO BIOLÓGICO, FÍSICO E MOTOR

Preditor (0 a 12 meses)	Desfecho associado
Baixo peso (< 2.000 g; crítico ≤ 1.500 g) e/ou comprimento pequeno; nascimento prematuro (crítico: < 33 semanas)	Ansiedade e depressão Problemas motores Menor QI e problemas do neurodesenvolvimento Resposta aumentada ao estresse Problemas cognitivos e de atenção Atraso na linguagem Problemas sociais e acadêmicos Menor escolaridade e menor renda Menos chances de estabelecer família
Toxinas (bifenilos policlorados, drogas, etc.)	Problemas emocionais e de comportamento Problemas em manter atividades (mudar de uma atividade para outra com frequência) Retraimento social e sintomas depressivos Agressividade Reatividade emocional
Malnutrição	Prejuízos no crescimento Prejuízos no desenvolvimento social e cognitivo
Privação de renda	Pior saúde geral (obesidade, hipertensão, diabetes, asma, doenças cardiovasculares)
Coordenação/atividade motora	Desenvolvimento motor Desenvolvimento cognitivo Desatenção Desempenho acadêmico

DESENVOLVIMENTO PERCEPTUAL, COGNITIVO E DA COMUNICAÇÃO

Preditor (0 a 12 meses)	Desfecho associado
Fixação do olhar	Atenção seletiva
Comportamento visual exploratório	Busca de novidades
Perceber uma face única em contexto social não familiar	Reconhecimento de faces
Experiências sensoriais precoces	Conexões de redes perceptuais e memória
Desempenho em tarefas de interpretação de ações	Teoria da mente
Atenção, velocidade de processamento e memória	Linguagem e funções executivas Desempenho acadêmico Memória de curto prazo e inteligência QI e desempenho acadêmico
Exposição aos fonemas de uma segunda língua	Aprendizagem mais rápida de segunda língua
Percepção da fala	Linguagem
Discriminação de sons da fala	Consciência fonológica
Segmentação das palavras	Linguagem
Discriminação de vogais	Linguagem
Vocabulário	Inteligência verbal
Vocalização específica com as mães	Desempenho cognitivo e acadêmico

(continua)

QUADRO 3.3 • Desfechos cognitivos e comportamentais associados a preditores precoces do desenvolvimento (continuação)

EMOÇÃO, TEMPERAMENTO E DESENVOLVIMENTO SOCIAL

Preditor (0 a 12 meses)	Desfecho associado
Inibição comportamental (estresse em contextos de novidade, não familiares)	Comportamentos internalizantes Retraimento social Vulnerabilidade para transtorno de ansiedade social Timidez/inibição comportamental
Nível de atividade, sorriso e gargalhadas, frustração com limitações, medo	Adequação/ajuste comportamental Emoção positiva, raiva/frustração, menor capacidade de se acalmar
Temperamento exuberante (atividade motora vigorosa, balbuciar, sorrir)	Comportamentos externalizantes Sociabilidade e impulsividade
Alta reatividade a estímulos sensoriais (atividade motora ou estresse)	Medo do novo, retraimento social, ansiedade
Agressão física	Agressão física (estabilidade)
Temperamento difícil somado a experiências com mães negativas e intrusivas	Comportamento externalizante
Temperamento difícil somado a estilo parental autoritário	Comportamento externalizante
Tipo de apego (vínculo de segurança com o cuidador principal)	Tipo de apego/relações sociais com irmãos e pares
Apego seguro (afetivo, amável, cuidadoso, provedor, responsivo, consistente)	Acurácia na percepção de faces/resolução de problemas sob estresse Cooperatividade/popularidade entre colegas Apego seguro com parceiro romântico
Apego inseguro (*tipo desorganizado/desorientado = inconsistente*)	Comportamento antissocial/transtorno de estresse pós-traumático), comportamento externalizante
Apego inseguro (*tipo frio/rejeição elevada*)	Autopercepção de insegurança
Interação mãe-filho (bidirecional: o filho estimula o acolhimento emocional)	Inteligência
Mães com responsividade positiva em relação ao filho	Inteligência
Vocabulário diversificado dos pais para com o filho	Habilidades de comunicação
Mães que brincam de modos diferentes com os brinquedos da criança	Brincadeira simbólica
Atitude democrática dos pais	Ideologias liberais
Número de horas por semana na creche	Problemas de comportamento Impulsividade
Intensidade de sintomas depressivos maternos	Comportamento antissocial, agressividade
Privação social igual ou superior a 12 meses (p. ex., tempo com famílias desestruturadas antes da adoção)	Apego inseguro ou desinibido (não diferenciação entre adultos familiares e não familiares) Traços de autismo, maior taxa de transtorno de déficit de atenção/hiperatividade Baixo desempenho acadêmico Menor desempenho em funções executivas
Cuidado institucionalizado superior aos primeiros 12 meses	Prejuízo na identificação e nomeação das emoções
Percepção de intencionalidade	Teoria da mente

a avaliação neuropsicológica de crianças e adolescentes exige conhecimento e treino muito específicos, uma vez que as técnicas e problemas nessa fase do desenvolvimento não podem simplesmente ser inferidos do que conhecemos sobre adultos (Hartlage & Long, 2009). A entrevista é a etapa da avaliação neuropsicológica que leva a aplicação desses conhecimentos ao seu ápice.

No contexto infantil, o mais comum é que a entrevista seja realizada com os pais ou cuidadores. No caso específico da saúde mental, o relato da criança tem sido considerado essencial, embora complicado. A confiabilidade do autorrelato pode ser adequada para sintomas internalizantes, contudo, quanto mais nova a criança (aproximadamente 10 anos ou menos), menos consistente parece o autorrelato (Kuijpers, Otten, Vermulst, & Engels, 2013). Isso pode ocorrer devido à baixa eficiência da memória autobiográfica, por exemplo, ainda incapaz de registrar de forma precisa e temporalmente ordenada as experiências da criança (Fivush, 2011). Uma entrevista mais completa deveria contemplar entrevista com os pais, entrevista com a criança, questionários e uma revisão direta de registros de consultas e tratamentos prévios de saúde e educação, mas nem sempre isso é possível (Baron, 2004). De toda forma, os pais serão as fontes mais fidedignas de uma série de informações que devem ser obtidas. De forma complementar à entrevista clínica, o neuropsicólogo pode adotar questionários, escalas e entrevistas estruturadas para a avaliação dos sintomas. O Inventário de Comportamentos para Crianças e Adolescentes entre 6 e 18 anos (Bordin, Mari, & Caeiro, 1995) pode ser utilizado na caracterização de sintomas psicológicos e comportamentais mais específicos na criança, com a vantagem de ter aplicação relativamente breve e considerar a idade/sexo do paciente nos parâmetros de interpretação. Contudo, esse questionário não serve para o diagnóstico de transtornos mentais ou outras condições na infância, sendo apenas um instrumento para quantificação dos sintomas. Não contempla critérios diagnósticos relacionados ao curso clínico, ao prejuízo funcional ou ao sofrimento associado. A entrevista Schedule for Affective Disorders and Schizophrenia for School-Age Children-Present and Lifetime Version (K-SADS-PL)(Brasil & Bordin, 2010), por sua vez, contempla boa parte dos diagnósticos de transtornos mentais na infância, sendo utilizada tanto com a criança quanto com os pais ou cuidadores.

DOENÇAS E SÍNDROMES NEUROLÓGICAS

O percurso histórico da neuropsicologia clínica é fortemente associado à neurologia. As primeiras duplas-dissociações e modelos de correlações anatomoclínicas foram produzidos no contexto da neurologia clínica, sendo esse, ainda hoje, um dos contextos mais produtivos para a neuropsicologia (Haase et al., 2012; Lezak et al., 2012). Doenças, síndromes e transtornos neurológicos são extremamente heterogêneos. Uma forma de sistematizar sua divisão é fazer a distinção entre transtornos/doenças cerebrovasculares, demências, comprometimento cognitivo leve, transtornos do movimento, epilepsia, lesão cerebral traumática e neoplasias (Braun, 2008). Em cada uma dessas situações, a entrevista clínica deve ser combinada a outros procedimentos para um diagnóstico correto. No contexto da neurologia, a neuropsicologia se preocupa, principalmente, em documentar alterações cognitivas e comportamentais perante um nível prévio de funcionamento e documentar aspectos clínicos que podem acarretar um melhor ou pior prognóstico.

Na avaliação de doenças cerebrovasculares, a entrevista clínica deve ter foco na identificação de como os sintomas cognitivos se associam temporalmente aos insultos cerebrovasculares. Em casos de acidente vascular encefálico, espera-se que os sintomas cognitivos acompanhem o curso da lesão, mostrando-se mais intensos logo após o problema e apresentando alguma melhora à medida que o paciente se recupera. Também é importante caracterizar o nível cognitivo pré-mórbido do paciente. As lesões acarretam perda ou piora em comparação a um nível prévio. É raro um paciente ter alguma avaliação objetiva de seu funcionamento cognitivo anterior à lesão, o que impossibilita uma comparação psicométrica entre a avaliação atual e a linha de base. Assim, na entrevista clínica, é necessário abordar com o paciente ou seu cuidador as habilidades cognitivas pré-mórbidas, utilizando-se referenciais como o tipo de profissão exercida, a capacidade com a qual resolvia problemas do dia a dia, o percurso escolar/acadêmico e como, qualitativamente, se compara aos pares (Lezak et al., 2012). Os mesmos procedimentos são importantes na avaliação de pacientes com diagnóstico ou suspeita de epilepsia, casos em que há neoplasias ou quando o paciente passará por procedimentos neurocirúrgicos (Braun, 2011). Nos casos de epilepsia, é importante caracterizar as habilidades pré-mórbidas, o tipo e a frequência das crises, as medicações em uso e como esses fatores se manifestam, atualmente, sobre a cognição e o comportamento. Aspectos mais específicos da demência e do comprometimento cognitivo leve serão discutidos adiante.

TRANSTORNOS MENTAIS

O neuropsicólogo, perante sintomas possivelmente associados aos transtornos mentais, deve realizar esses diagnósticos por meio de manuais específicos, como o DSM-5 (APA, 2014) e a *Classificação internacional de doenças e problemas relacionados à saúde* (CID-10) (Organização Mundial da Saúde [OMS], 1933). Isso reduz de forma significativa erros na comunicação do diagnóstico tanto para o paciente quanto para os demais profissionais da saúde que o acompanham. Esse cuidado é de particular importância no contexto brasileiro, pois os cursos superiores na área de saúde, sobretudo o de psicologia, costumam adotar critérios para *psicodiagnóstico* distintos dos utilizados como consenso pelos demais profissionais (Nakash, Nagar, & Kanat-Maymon, 2015). Pacientes com transtornos mentais, a despeito dos sintomas característicos ou centrais a cada transtorno, podem apresentar alterações cognitivas significativas, muitas vezes passíveis de documentação pelo uso de testes neuropsicológicos, tendo em vista que os sintomas psiquiátricos e o funcionamento cognitivo partilham bases neurobiológicas muitas vezes sobrepostas (Etkin, Gyurak, & O'Hara, 2013).

O Quadro 3.4 apresenta uma síntese dos principais grupos de transtornos mentais representados no DSM-5 (APA, 2014). Estão excluídos desse registro os transtornos neurocognitivos, que serão abordados no próximo tópico. Com base no DSM-5 (APA, 2014), apenas três tipos de transtornos mentais requerem avaliação cognitiva padronizada, por meio de testes psicológicos/neuropsicológicos, para seu diagnóstico: deficiência intelectual, transtorno específico da aprendizagem (compreendido na categoria transtornos do neurodesenvolvimento) e os transtornos neurocognitivos (que englobam as demências e o comprometimento cognitivo leve). Para o diagnóstico dos demais transtornos mentais, o uso de testes não é necessário, mas pode ser adotado como medida complementar ou utilizado como marcador da gravidade dos sintomas e de sua repercussão funcional ou, ainda, como fator preditivo de determinado curso clínico ou prognóstico – como exemplificado no transtorno de déficit de atenção/hiperatividade por Pritchard,

QUADRO 3.4 • Sintomas característicos dos principais grupos de transtornos mentais com base no DSM-5

Transtornos do neurodesenvolvimento	Dificuldades cognitivas globais associadas ao desenvolvimento; atraso ou complicações no desenvolvimento neuropsicomotor; ocorrência de desatenção ou hiperatividade; problemas de aprendizagem de grande magnitude; alterações no desenvolvimento de linguagem, fala ou comunicação; problemas na percepção e no julgamento social; existência de traços autísticos; alterações no desenvolvimento da coordenação motora fina e grossa; tiques; estereotipias. Curso de sintomas associado ao desenvolvimento, com início na infância/adolescência.
Esquizofrenia e outros transtornos psicóticos	Ocorrência de alucinações visuais, auditivas, gustativas, olfativas, táteis ou mistas; ocorrência de delírios (ciúmes, ruína, perseguição, somatização, paranoia); existência de conteúdo bizarro em alucinações ou delírios; discurso e comportamento desorganizados; catatonia e sintomas associados; sintomas negativos.
Transtorno bipolar e transtornos relacionados	Sintomas associados a mania ou hipomania (humor expansível, irritável, euforia, elação, aumento da energia e da autoestima, grandiosidade, redução do sono, verborragia, distraibilidade); sintomas associados à depressão (humor deprimido, diminuição do prazer, alterações no peso, alterações no sono, agitação ou retardo psicomotor, problemas de concentração, pensamentos recorrentes de morte, sentimentos de inutilidade ou culpa). Mudanças súbitas, cíclicas e bem caracterizadas entre esses dois polos.
Transtornos depressivos	Humor deprimido; perda de prazer com atividades antes prazerosas; apatia, retardo ou lentificação psicomotora; esquecimentos; fadiga; dificuldades de concentração; alterações do sono; mudança no padrão alimentar; pensamentos recorrentes sobre morte; sentimentos de inutilidade ou culpa; explosões de raiva ou agressividade; sintomas de humor intensos associados à semana anterior à menstruação.
Transtornos de ansiedade	Sensações de medo ou ansiedade exacerbadas e incompatíveis com o contexto; preocupação persistente e excessiva com eventos indesejados; pesadelos recorrentes; dificuldades em se separar da figura materna, paterna ou afetiva; dificuldades intensas para falar em público; medo excessivo de objeto ou situação específicos; dificuldades intensas nos relacionamentos sociais por ansiedade ou preocupação; medo excessivo em situações de avaliação por outras pessoas; episódios de pânico.
Transtorno obsessivo-compulsivo e transtornos relacionados	Obsessões (pensamentos, imagens ou impulsos intrusivos, recorrentes e persistentes que causam ansiedade ou sofrimento); compulsões (comportamentos repetitivos ou atos mentais realizados em resposta a uma obsessão, seguindo regras rígidas, de forma a aliviar o desconforto das obsessões); preocupação excessiva com o próprio corpo ou com a imagem corporal; comportamento acumulador; escoriação; tricotilomania; automutilação.
Transtornos relacionados a trauma e a estressores	Mudanças na afetividade, no comportamento e nas emoções ante cuidadores e figuras de apego que fornecem cuidados insuficientes; desinibição acentuada (tanto física quanto verbal, afetiva e/ou social); exposição a evento traumático seguida de pensamentos, sonhos e lembranças intrusivos e angustiantes associados ao trauma; reações dissociativas ou comportamento de evitação associado ao trauma; problemas associados ao humor ou ansiedade após o trauma; dificuldades cognitivas, problemas ou dificuldades excessivas de adaptação a novos contextos.
Transtornos dissociativos	Alterações na identidade ou no *self* ou ocorrência/sensação de múltiplas personalidades; lacunas ou lapsos de memória autobiográfica; problemas na recordação de eventos traumáticos ou estressantes; sensações de despersonalização ou irrealidade (percepção e reações sensoriais atípicas).
Transtornos somáticos e transtornos relacionados	Ocorrência de sintomas somáticos seguidos de aflição ou perturbação do dia a dia, percebidos de forma mais intensa do que realmente o são e seguidos de ansiedade; existência de dor intensa ou descontextualizada; hipocondria; preocupação excessiva com a saúde; sintomas de conversão sem etiologia neurológica clara (fraqueza, paralisia, movimento anormal, problemas na deglutição, problemas da fala, convulsões/ataques, perda sensorial); simulação ou exacerbação dos próprios sintomas.

(continua)

QUADRO 3.4 • Sintomas característicos dos principais grupos de transtornos mentais com base no DSM-5 (continuação)

Transtornos alimentares	Ingestão compulsiva recorrente de alimentos; ingestão de substâncias não alimentares; ruminação alimentar; mudança radical (restritiva/evitativa) no padrão alimentar; medo e preocupação excessivos em relação ao próprio peso; perda ou ganho de peso significativos; deficiência nutricional; amenorreia; compulsão alimentar purgativa (vômitos, diuréticos e laxantes).
Transtornos da eliminação	Enurese (eliminação repetida e involuntária de urina) ou encoprese (eliminação repetida e involuntária de fezes) recorrentes com início após os 5 e 4 anos de idade, respectivamente, sem desencadeante claro.
Transtornos do sono-vigília	Dificuldades para iniciar ou manter o sono; sonolência excessiva durante o dia; dificuldades para permanecer acordado ou vígil, mesmo após um sono reparador ou despertar abrupto; narcolepsia; cataplexia; apneia; hipopneia; problemas na respiração noturna; sonambulismo; terror noturno; pesadelos recorrentes e intensamente disfóricos; movimentação excessiva durante o sono; pernas inquietas.
Disfunções sexuais	Ejaculação precoce/prematura ou retardada; dificuldades acentuadas para obter ou manter uma ereção; ausência ou dificuldades intensas em atingir o orgasmo; redução nas sensações orgásmicas; ausência ou redução expressiva da atividade sexual ou de pensamentos e fantasias de conteúdo sexual; dificuldades, medo ou dor persistente durante a penetração vaginal.
Disforia de gênero	Incongruência acentuada entre o gênero experimentado/expresso e o gênero designado, associada a sofrimento psicológico ou prejuízo funcional relevante.
Transtornos disruptivos, do controle de impulsos e da conduta	Humor raivoso ou irritável; comportamento questionador ou desafiante perante figuras de autoridade; índole vingativa; explosões comportamentais recorrentes em razão de incapacidade ou falha em controlar a raiva ou os impulsos; reações desproporcionais ao contexto e incompatíveis com o nível de desenvolvimento; violação de regras sociais; agressão a pessoas ou animais; provocações ou brigas físicas; destruição de propriedade; falsidade; furto; crueldade; piromania; cleptomania.
Transtornos relacionados a substâncias e transtornos aditivos	Ocorrência de padrões problemáticos, abusivos ou com pouco controle, clinicamente significativos e associados ao uso de álcool, cafeína, *Cannabis*, alucinógenos, inalantes, opioides, sedativos, ansiolíticos, hipnóticos, estimulantes, tabaco ou outras substâncias. Jogo (apostas ou equivalente) patológico.
Transtornos da personalidade	Padrões persistentes, tanto internos quanto comportamentais, muito diferentes dos padrões típicos para a cultura. Associam-se a cognição, afetividade, funcionamento ou controle de impulsos, a ponto de abranger várias áreas da vida do sujeito e levar a sofrimento significativo. Não estão associados a outro transtorno mental ou condição médica. Classificam-se como transtorno paranoide ou esquizoide, transtorno da personalidade esquizotípica, antissocial, *borderline*, histriônica, narcisista, evitativa, dependente ou obsessivo-compulsiva.
Transtornos parafílicos	Ocorrência de comportamento parafílico (exibicionismo, frotteurismo, masoquismo, sadismo, pedofilia, fetichismo, transvestismo) por período de tempo prolongado, colocado em prática sem o consentimento de outras pessoas durante a vida adulta, associando-se a prejuízo funcional ou sofrimento psicológico.

Fonte: APA (2014).

Nigro, Jacobson e Mahone (2012). Assim, na maior parte dos encaminhamentos realizados pela psiquiatria para avaliação neuropsicológica, o diagnóstico é feito principalmente pela entrevista clínica (que pode ser complementada pelo uso de entrevistas estruturadas, questionários ou escalas), enquanto os testes neuropsicológicos têm papel mais importante no prognóstico. O Quadro 3.4 não apresenta os critérios diagnósticos de cada transtorno mental, mas um resumo dos sintomas mais típicos de cada grupo dos transtornos a serem investigados na entrevista clínica. De forma complementar, o neuropsicólogo também pode utilizar entrevistas estruturadas para o diagnóstico dos transtornos mentais, como a MINI International Neuropsychiatric Interview (Amorim, 2000) ou a Structured Clinical Interview for DSM-IV (Del-Ben et al., 2001). Reitera-se, contudo, que essas entrevistas sejam usadas, de fato, como medidas complementares, visto que não abordam todos os transtornos e, nesses casos específicos, foram desenvolvidas com foco no DSM-IV, e não no DSM-5.

DEMÊNCIA E COMPROMETIMENTO COGNITIVO LEVE

O DSM-5 mudou a nomenclatura mais consensual na literatura de demência/comprometimento cognitivo leve para transtorno neurocognitivo maior/leve. As definições são, em grande medida, sobrepostas, embora os novos critérios limitem a caracterização de subtipos mais específicos do comprometimento cognitivo leve (Petersen et al., 2014). Essa mudança propõe, ainda, um termo inadequado, uma vez que um transtorno de natureza neurocognitiva permitiria a ocorrência de transtornos cognitivos nao associados a um aspecto *neuro*, o que implicaria uma perspectiva dualista, inexata (Lilienfeld et al., 2015). A despeito de tais mudanças, os procedimentos para entrevista permanecem relativamente semelhantes. A entrevista clínica, em casos em que há suspeita de demência ou comprometimento cognitivo leve, deve ter como foco caracterizar o perfil de habilidades cognitivas, comportamentais e funcionais que o paciente apresentava antes dos sintomas e o modo como eles se apresentam atualmente (de Paula et al., 2014).

O diagnóstico de ambas as condições envolve a existência de queixas subjetivas, sensação de piora, lentificação ou maior dificuldade no processamento cognitivo. Preferencialmente, esses sintomas devem ser corroborados por um segundo informante. Desse ponto em diante, caso o paciente apresente comprometimento em apenas um aspecto cognitivo e mantenha sua funcionalidade relativamente preservada, atribui-se a ele o diagnóstico de comprometimento cognitivo leve de domínio único. Caso ocorram déficits em mais de um aspecto cognitivo, comprometimento cognitivo leve de múltiplos domínios. Esses dois quadros são, ainda, divididos em amnésticos e não amnésticos, com base na existência de comprometimento da memória. Caso o paciente apresente comprometimento em pelo menos dois domínios, seguido de prejuízo funcional expressivo, faz-se o diagnóstico de demência. Os diagnósticos de *comprometimento cognitivo leve* ou *demência* são sindrômicos, e sua etiologia deve ser investigada. Os critérios diagnósticos mais recentes incorporam biomarcadores para o diagnóstico etiológico (APA, 2014). A Figura 3.1 apresenta os sintomas clínicos mais associados a diferentes tipos de demência, conforme a revisão de duas coletâneas recentes (Caixeta & Teixeira, 2014; Malloy-Diniz, Fuentes, & Cosenza, 2013). Nesse contexto, salienta-se a importância do curso clínico dos sintomas. Um mesmo comprometimento cognitivo, por exemplo, da memória episódica, pode ocorrer de forma relativamente semelhante e em mesma intensidade em dois tipos de demência (Alzheimer e vascular). Os testes seriam pouco precisos na distinção de ambos, assim como na distinção entre estágios iniciais e avançados do comprometimento cognitivo (de Paula et al., 2013). Contudo, o curso clínico dos sintomas e sua progressão são, em geral, distintos nas duas condições (Salmon & Bondi, 2009).

ALZHEIMER

Sintomas com início insidioso, progressão gradual, problemas cognitivos geralmente associados à memória e aprendizagem, declínio progressivo sem platôs prolongados. Queixas de esquecimento na memória recente, desorientação temporal e espacial, erros em atividades rotineiras, dificuldades e tomar decisões e lapsos na memória. Idade >60 anos e prevalência fortemente associada à idade.

FRONTOTEMPORAL

Sintomas com início insidioso e progressão gradual, problemas comportamentais associados à desinibição, apatia, perda de empatia/simpatia, perseveraçõe,s, estereotipias, hiperoralidade, comprometimento da cognição social e das funções executivas. Relativa preservação da memória e percepção. Início geralmente <65 anos.

CORPOS (CORPÚSCULOS) DE LEWY

Sintomas com início insidioso e progressão gradual, cognição oscilante (varia estado de alerta), alucinações visuais recorrentes (bem formadas e detalhadas), parkinsonismo (tremor, hipocinesia, instabilidade postural), problemas no sono, hipersensibilidade neuroléptica grave, desorientação espacial e temporal intensa, déficits no processamento espacial.

VASCULAR

Sintomas cognitivos associados a um evento cerebrovascular, déficits intensos no processamento atencional e no controle executivo, início associado a possíveis eventos vasculares (desmaios, crises convulsivas, infarto, cefaleia intensa) e com progressão variada, alterações no exame neurológico, mais frequente em pacientes com síndrome metabólica e doenças associadas.

COMPROMETIMENTO COGNITIVO LEVE (TRANSTORNO NEUROCOGNITIVO LEVE)

Queixa cognitiva subjetiva corroborada preferencialmente por testes objetivos (memória, funções executivas, linguagem, atenção, processamento espacial, cognição social). Déficits funcionais discretos ou restritos à atividades mais complexas. Não preenche critérios para demência.

LESÃO CEREBRAL TRAUMÁTICA

Evidências de lesão cerebral traumática – presença de acidentes ou ferimentos no crânio, com perda de consciência, amnésia pós-traumática, desorientação, confusão mental, sintomas neurológicos como convulsões, hemiparesia, heminegligência, anosmia, déficits atencionais graves. Os sintomas cognitivos e funcionais tem início após a lesão e permanecem após o período agudo.

INDUZIDO POR SUBSTÂNCIA

A substância em uso ou utilizada pelo paciente é associada a sintomas cognitivos, o curso temporal dos sintomas é consistente com o período de uso ou abstinência da substância. No caso do álcool as síndromes de Korsakoff (amnésia grave, confuabulação) e Wernicke (ataxia, nistagmo, confusão mental, mudança nos movimentos oculares) podem estar presentes.

DEMÊNCIA (TRANSTORNO NEUROCOGNITIVO MAIOR)

Queixa cognitiva subjetiva corroborada preferencialmente por testes objetivos em ao menos dois domínios (memória, funções executivas, linguagem, atenção, processamento espacial, cognição social). Déficits funcionais proeminentes.

DOENÇA DE PARKINSON

Diagnóstico estabelecido da doença de Parkinson, sintomas com início insidioso e progressivo, a doença de Parkinson antecede de forma clara os sintomas cognitivos, problemas importantes na regulação da atenção e no controle executivo, desorientação espacial, relativa preservação da memória. Sintomas de depressão, apatia, ansiedade e delírios são comuns.

Figura 3.1 Sintomas característicos da demência e do comprometimento cognitivo leve e especificidades associadas às etiologias mais comuns.

Nos casos de demência ou comprometimento cognitivo leve, os sintomas cognitivos, comportamentais e funcionais são determinantes para o diagnóstico. Os fatores cognitivos e comportamentais interagem entre si, acarretando parte do declínio funcional nesses casos (de Paula et al., 2015). Sugere-se que o neuropsicólogo, em sua entrevista clínica, enfatize as perguntas associadas aos aspectos cognitivos (sintetizados no Quadro 3.1) e detalhe com esmero as queixas funcionais em atividades básicas de vida diária (autocuidado), instrumentais simples (manejo do lar, uso de instrumentos, tarefas mais simples) e instrumentais complexas (controle financeiro, trabalho, *hobbies*). Escalas e questionários podem ajudar a caracterizar as mudanças funcionais exibidas pelo paciente. O Índice de Pfeffer é a escala de avaliação funcional breve, composta por apenas 10 perguntas direcionadas aos aspectos instrumentais das atividades de vida diária, mais utilizada no Brasil. Nesse contexto, os estudos a seu respeito (incluindo as adaptações, validação e pontos de corte) foram recentemente revisados por Assis, Assis, de Paula e Malloy-Diniz (2015). Assim, o uso do índice oferece uma caracterização complementar das queixas funcionais do paciente. De Paula e colaboradores (2014) apresentaram a G-ADL, uma escala que unifica dois outros questionários de atividades de vida diária bastante utilizados no Brasil. Essa escala apresenta questões relativamente mais simples e diretas que o Índice de Pfeffer e documenta o funcionamento nas atividades de vida diária de autocuidado, instrumentais simples e instrumentais complexas, sendo útil na caracterização de déficits funcionais mais proeminentes. Escalas que permitam avaliação de sintomas psiquiátricos podem também ser adotadas na entrevista clínica de forma a caracterizar sintomas psicológicos e comportamentais nas demências. Duas escalas com esse propósito utilizadas no contexto brasileiro são o Inventário Neuropsiquiátrico (Camozzato et al., 2008) e o Inventário de Comportamentos Frontais (Bahia et al., 2008).

CONSIDERAÇÕES FINAIS

A entrevista clínica é o fator central e estruturante do exame neuropsicológico. A partir de sua realização, o neuropsicólogo clínico transforma as queixas do paciente ou de seus cuidadores em sintomas que serão estruturados em uma hipótese diagnóstica. As entrevistas mais utilizadas são as semiestruturadas, que podem envolver o paciente, os cuidadores ou ambos. Além disso, a entrevista antecede os demais procedimentos da avaliação, como o uso de testes, escalas ou questionários. O neuropsicólogo clínico é o especialista que realiza o diagnóstico de prejuízos cognitivos e é capaz de inferir, por sua extensão, os prejuízos encefálicos subjacentes. Esse profissional deve ser capaz de definir e identificar os prováveis prejuízos cognitivos e comportamentais subjacentes às queixas do paciente ou de seus cuidadores, guiando o exame neuropsicológico ao esgotamento de seus desfechos mais prováveis (Abbate & Trimarchi, 2013).

REFERÊNCIAS

Abbate, C., & Trimarchi, P. D. (2013). Clinical neuropsychologists need a standard preliminary observational examination of cognitive functions. *Frontiers in Psychology, 4*, 314.

American Psychiatric Association (APA). (2014). *Manual diagnóstico e estatístico de transtornos mentais: DSM-5*. Porto Alegre: Artmed.

Amorim, P. (2000). Mini International Neuropsychiatric Interview (MINI): Validação de entrevista breve para diagnóstico de transtornos mentais. *Revista Brasileira de Psiquiatria, 22*(3), 106-115.

Anderson, S. W., & Tranel, D. (1989). Awareness of disease states following cerebral infarction, dementia, and head trauma: Standardized assessment. *The Clinical Neuropsychologist, 3*(4), 327-339.

Assis, L. O., Assis, M. G., de Paula, J. J., & Malloy-Diniz, L. F. (2015). O questionário de atividades funcionais de Pfeffer: Revisão integrativa da literatura brasileira. *Estudos Interdisciplinares sobre o Envelhecimento, 20*(1), 297-324.

Baddeley, A. D., Kopelman, M., & Wilson, B. A. (Eds.). (2004). *The essential handbook of memory disorders for clinicians*. New Jersey: John Wiley & Sons.

Bahia, V. S., Silva, M. M., Viana, R., Smid, J., Damin, A. E., & Radanovic, M. (2008). Behavioral and activities of daily living inventories in the diagnosis of frontotemporal lobar degeneration and Alzheimer's disease. *Dementia & Neuropsychologia, 2*(2), 108-113.

Baron, I. S. (2004). *Neuropsychological evaluation of the child*. New York: Oxford University.

Berrios, G. E. (1996). *The history of mental symptoms: Descriptive psychopathology since the nineteenth century*. Cambridge: Cambridge University.

Berrios, G. E., & Hauser, R. (1988). The early development of Kraepelin's ideas on classification: A conceptual history. *Psychological Medicine, 18*(04), 813-821.

Bordin, I. A., Mari, J. J., & Caeiro, M. F. (1995). Validação da versão brasileira do Child Behavior Checklist (CBCL) Inventário de comportamentos da infância e da adolescência: Dados preliminares. *Revista Brasileira de Psiquiatria, 17*(2), 55-66.

Bornstein, M. H. (2014). Human infancy...and the rest of the lifespan. *Annual Review of Psychology, 65*, 121-158.

Brasil, H. H., & Bordin, I. A. (2010). Convergent validity of K-SADS-PL by comparison with CBCL in a Portuguese speaking outpatient population. *BMC Psychiatry, 10*(1), 83.

Braun, M. (2008). Neurological disorders. In A. M. Horton, & D. Wedding, *The neuropsychology handbook*. New York: Springer.

Caixeta, L., & Teixeira, A. L. (2014). *Neuropsicologia geriátrica: Neuropsiquiatria cognitiva em idosos*. Porto Alegre: Artmed.

Camozzato, A. L., Kochhann, R., Simeoni, C., Konrath, C. A., Pedro Franz, A., Carvalho, A., & Chaves, M. L. (2008). Reliability of the Brazilian Portuguese version of the Neuropsychiatric Inventory (NPI) for patients with Alzheimer's disease and their caregivers. *International Psychogeriatrics, 20*(2), 383-393.

de Paula, J. J.., Bertola, L., Ávila, R. T., Assis, L. O., Albuquerque, M., Bicalho, M. A., ... Malloy-Diniz, L. F. (2014). Development, validity, and reliability of the General Activities of Daily Living Scale: A multidimensional measure of activities of daily living for older people. *Revista Brasileira de Psiquiatria, 36*(2), 143-152.de Paula, J. J., Bertola, L., Ávila, R. T., Moreira, L., Coutinho, G., & Moraes, E. N. (2013). Clinical applicability and cutoff values for an unstructured neuropsychological assessment protocol for older adults with low formal education. *PLoS One, 8*(9), e73167.

de Paula, J. J., Diniz, B. S., Bicalho, M. A., Albuquerque, M. R., Nicolato, R., de Moraes, E. N., ... Malloy-Diniz, L. F. (2015). Specific cognitive functions and depressive symptoms as predictors of activities of daily living in older adults with heterogeneous cognitive backgrounds. *Frontiers in Aging Neuroscience, 7*, 139.

Del-Ben, C. M., Vilela, J. A. A., Crippa, J. A. D. S., Hallak, J. E. C., Labate, C. M., & Zuardi, A. W. (2001). Reliability of the structured clinical interview for DSM-IV – clinical version translated into Portuguese. *Revista Brasileira de Psiquiatria, 23*(3), 156-159.

Etkin, A., Gyurak, A., & O'Hara, R. (2013). A neurobiological approach to the cognitive deficits of psychiatric disorders. *Dialogues in Clinical Neuroscience, 15*(4), 419-429.

Fivush, R. (2011). The development of autobiographical memory. *Annual Review of Psychology, 62*, 559-582.

Gouvier, W. M. D., Baumeister, A., & Ijaola, K. (2009). Neuropsychological disorders of children. In F. A. Matson, & M. L. Matson (Eds.), *Assessing childhood psychopathology and developmental disabilities* (pp. 151-182). New York, Springer.

Haase, V. G., de Salles, J. F., Miranda, M. C., Malloy-Diniz, L., Abreu, N., Argollo, N., ... Bueno, O. F. A. (2012). Neuropsicologia como ciência interdisciplinar: Consenso da comunidade brasileira de pesquisadores/clínicos em Neuropsicologia. *Neuropsicología Latinoamericana, 4*(4), 1-8.

Haase, V. G., Gauer, G., & Gomes, C. A. (2010). Neuropsicometria: Modelos nomotético e idiográfico. In L. F. Malloy-Diniz, D. Fuentes, P. Mattos, & N. Abreu, *Avaliação neuropsicológica* (pp. 31-37). Porto Alegre: Artmed.

Hartlage, L. C., & Long, C. (2009). Development of neuropsychology as a professional psychological specialty: History, training, and credentialing. In C. R. Reynolds, & E. Fletcher-Janzen, *Handbook of clinical child neuropsychology* (3rd ed.). New York: Springer.

Kinsbourne, M. (2009). Development of cerebral lateralization in children. In C. R. Reynolds, & E. Fletcher-Janzen (Eds.), *Handbook of clinical child neuropsychology* (pp. 47-66, 3rd ed.). New York: Springer.

Kolb, B., & Fantie, B. (1989). Development of the child's brain and behavior. In C. R. Reynolds, & E. Fletcher-Janzen (Eds.), *Handbook of clinical child neuropsychology* (pp. 17-39). New York: Plenum.

Kuijpers, R. C. W. M., Otten, R., Vermulst, A. A., & Engels, R. C. M. E. (2013). Reliability and construct validity of a child self-report instrument. *European Journal of Psychological Assessment, 30*(1), 40-47.

Lecours, A. R. (1975). Myelogenetic correlates of the development of speech and language. In E. H. Lenneberg, & E. Lenneberg (Eds.), *Foundations of language development: A multidisciplinary approach* (Vol. 1, pp. 121-135). New York: Academic.

Lezak, M. D., Howieson, D. B., Bigler, E. D., & Tranel, D. (2012). *Neuropsychological Assessment* (5th ed.). New York: Oxford University.

Lilienfeld, S. O., Sauvigné, K. C., Lynn, S. J., Cautin, R. L., Latzman, R. D., & Waldman, I. D. (2015). Fifty psychological and psychiatric terms to avoid: A list of inaccurate, misleading, misused, ambiguous, and logically confused words and phrases. *Frontiers in Psychology, 6,* 1100.

Malloy-Diniz, L. F., Fuentes, D., & Cosenza, R. M. (2013). *Neuropsicologia do envelhecimento: Uma abordagem multidimensional.* Porto Alegre: Artmed.

Mitrushina, M. N., Boone, K. B., & D'Elia, L. F. (1999). *Handbook of normative data for neuropsychological assessment.* New York: Oxford University.

Nakash, O., Nagar, M., & Kanat-Maymon, Y. (2015). Clinical use of the DSM categorical diagnostic system during the mental health intake session. *The Journal of Clinical Psychiatry, 76*(7), 862-869.

Organização Mundial da Saúde (OMS). (1993). *Classificação de transtornos mentais e de comportamento da CID-10: Descrições clínicas e diretrizes diagnósticas.* Porto Alegre: Artmed.

Owens, R. E., Jr. (1984). *Language development: An introduction.* Columbus: Charles E. Merrill.

Petersen, R. C., Caracciolo, B., Brayne, C., Gauthier, S., Jelic, V., & Fratiglioni, L. (2014). Mild cognitive impairment: a concept in evolution. *Journal of Internal Medicine, 275*(3), 214-228.

Pritchard, A. E., Nigro, C. A., Jacobson, L. A., & Mahone, E. M. (2012). The role of neuropsychological assessment in the functional outcomes of children with ADHD. *Neuropsychology Review, 22*(1), 54-68.

Reynolds, C. R., & Fletcher-Janzen, E. (2009). *Handbook of clinical child neuropsychology.* Berlin: Springer.

Salmon, D. P., & Bondi, M. W. (2009). Neuropsychological assessment of dementia. *Annual Review of Psychology, 60,* 257-282.

Strauss, E., Sherman, E. M. S., & Spreen, O. (2006). *A compendium of neuropsychological tests: Administration, norms and commentary* (3rd ed.). New York: Oxford University.

Yeates, K. O., Ris, M. D., Taylor, H. G., & Pennington, B. F. (Eds.) (2009). *Pediatric neuropsychology: Research, theory, and practice.* New York: Guilford.

4

O exame do estado mental

LEANDRO F. MALLOY-DINIZ
FERNANDO SILVA NEVES
MARCO ANTONIO VIANNA BARCELLOS
JONAS JARDIM DE PAULA

A caracterização fenomenológica dos diferentes processos mentais de um paciente é uma etapa fundamental do exame neuropsicológico. Assim como a anamnese, a observação da forma como o paciente se apresenta, comunica, percebe a realidade e chega a conclusões sobre questões do seu dia a dia pode ser útil na formulação de hipóteses diagnósticas e na compreensão global do caso. Observar questões relacionadas à motivação, ao afeto e ao pensamento pode ajudar a elencar alvos terapêuticos e a identificar obstáculos à adesão a tratamentos diversos. A identificação de déficits sensoriais e motores, por sua vez, ajuda na compreensão dos resultados de testes neuropsicológicos positivos, evitando raciocínios que levam a falsos positivos.

O exame do estado mental é um recurso empregado por áreas como a neurologia (Strub & Black, 2000) e a psiquiatria (Martin, 1990), sendo frequentemente referido, na última, como súmula psicopatológica. Longe de ser propriedade de um campo específico do conhecimento, a boa realização de um exame do estado mental requer conhecimentos aprofundados sobre processos psicológicos básicos, psicopatologia, semiologia das grandes síndromes neurológicas, desenvolvimento psicológico e nosologia psiquiátrica. Sinais e sintomas podem ser identificados nessa etapa do exame e avaliados posteriormente por métodos específicos, como testes e escalas.

Este capítulo apresenta as etapas do exame do estado mental e discute alguns métodos que podem ser utilizados nessa parte do exame neuropsicológico.

O EXAME DO ESTADO MENTAL NA CONSULTA CLÍNICA: O QUE OBSERVAR?

Uma consulta bem conduzida por um profissional de neuropsicologia, psiquiatria ou neurologia é capaz de fornecer informações úteis sobre diferentes aspectos do estado mental de um paciente. De acordo com Rozemblatt (2011), o clínico deve estar atento a: aparência/apresentação, orientação, fala, pensamento, atenção, concentração, memória, funcionamento cognitivo global, emoções, *insight*, julgamento e preocupações específicas. Outros autores incluem, ainda: outras habilidades construtivas, outros componentes da linguagem (Martin, 1990), motricidade, aspectos sensoriais e perceptivos (Snyderman & Rovner, 2009), sensopercepção, afeto e humor (Velloso, 1990).

APARÊNCIA E CONDUTA

Desde o primeiro contato com o paciente em uma consulta, informações sobre sua apresentação e aparência são facilmente percebidas. O paciente apresenta interesse por cuidados ou higiene pessoal? Quais vestimentas ele usa durante a entrevista? Tem cicatrizes ou tatuagens? Como é o contato visual? Quais são as expressões faciais e posturais predominantes? Sua conduta é apropriada, cooperativa, desafiadora, desinibida, expansiva, hostil, desconfiada ou sedutora? O paciente é passivo/não toma iniciativas durante a consulta? Apresenta comportamentos ecopráxicos (p. ex., imita gestos ou posturas do examinador) e utilização (p. ex., pega instrumentos que estão na mesa de exame sem que seja solicitado ou que o uso seja apropriado para o momento)?

ORIENTAÇÃO

Na etapa do exame do estado mental que busca informações sobre orientação, o examinador deverá avaliar se o paciente está orientado quanto a pessoa (autopsíquica – reconhece sua identidade), aos outros (alopsíquica – reconhece acuradamente outras pessoas ao seu redor), ao espaço (onde está no momento da entrevista: local, rua, cidade, estado, país) e ao tempo (hora, dia, mês e ano).

ATIVIDADE MOTORA

Durante todo o contato com o paciente é importante avaliar como ele se movimenta (velocidade, coordenação motora fina e grossa), seu equilíbrio (estático e dinâmico), tônus postural (p. ex., hipotonia e hipertonia), marcha, nível de atividade motora (p. ex., hiperatividade ou hipoatividade), tiques e tremor. Pedir para que o paciente caminhe pela sala, suba uma escada, faça um desenho ou realize gestos simples pode ser necessário para que as informações mencionadas sejam mais facilmente observadas.

A agitação psicomotora pode ocorrer em diversas condições clínicas e psiquiátricas, como transtorno do déficit de atenção/hiperatividade, mania, *delirium*, quadros de intoxicação/abstinência de drogas, entre outras. É importante inquirir se o paciente apresenta lentificação ou aceleração do pensamento, pois, em algumas situações, pode não haver simetria entre a quantidade de atividade motora e a quantidade de atividade psíquica em função do tempo. Por exemplo, no contexto do exame clínico, um paciente com elevação do humor pode ter apenas aceleração do pensamento (taquipsiquismo), sem alterações perceptíveis na motricidade.

A lentificação ou a hipoatividade psicomotora podem ocorrer nos quadros depressivos graves, no *delirium* hipoativo, na catatonia e em diversas doenças neurológicas. A bradicinesia, ou lentificação, ocorre predominantemente na atividade motora. A combinação de bradicinesia, rigidez muscular e tremores é frequentemente observada em quadros neurodegenerativos, como a doença de Parkinson e a intoxicação por antipsicóticos (agentes bloqueadores do neurotransmissor dopamina, geralmente prescritos para o controle das esquizofrenias). No último caso, observam-se efeitos extrapiramidais, como distonia aguda (espasmos dolorosos na língua, no pescoço, na musculatura mandibular e nos membros), acatisia (dificuldade ou incapacidade de se manter em repouso) e discinesia tardia (movimentos involuntários que ocorrem principalmente nas musculaturas da boca, da face e da língua em pacientes que usam antipsicóticos há muitos anos). Nas síndromes frontais, pode ocorrer hipoatividade, hiperatividade e desinibição. A sintomatologia predominante depende da região do córtex pré-frontal acometida. Em psiquiatria, a hipoatividade é um sintoma frequente na depressão grave, nos transtornos dissociativos e no transtorno estresse pós-traumático.

Além de auxiliar no diagnóstico de doenças neurológicas e psiquiátricas, a caracterização dos aspectos motores do paciente é crucial para o neuropsicólogo selecionar tarefas para a avaliação. Por exemplo, suponha-se que será avaliada a flexibilidade cognitiva de um paciente que apresenta tremor significativo. Esse paciente pode ter dificuldades em testes que envolvam uso de lápis e papel, como o Trail Making Test, os quais podem ser substituídos por outros, como o Five Digits Test, que demanda apenas respostas orais e avalia o mesmo construto.

LINGUAGEM EXPRESSIVA E RECEPTIVA

A linguagem pode ser definida como a capacidade de transmitir e captar *mensagens* com significado (Damasio & Damasio, 1990). Diversos são os transtornos que comprometem a capacidade de compreensão da linguagem, como a afasia de Wernicke e a afasia transcortical sensorial. Comprometimentos em outras funções cognitivas podem afetar a compreensão da linguagem. Por exemplo, pacientes com quadros demenciais ou deficiência intelectual também podem apresentar dificuldades para compreender mensagens complexas que exijam capacidade de abstração.

Com relação à expressão oral, devem ser observados iniciativa, volume, fluência, prosódia, capacidade de articulação dos sons, parafasias semânticas e fonéticas e neologismos. Em transtornos psiquiátricos, alterações do humor podem afetar a fala do paciente. Por exemplo, enquanto a fala de pacientes depressivos tende a ser lentificada, a de pacientes em quadros maníacos pode ser acelerada.

A observação de dificuldades linguísticas (tanto da compreensão quanto da expressão) é crucial para a seleção de testes que irão avaliar domínios cognitivos específicos. Testes mais simples e com instruções objetivas, que demandem pouca resposta oral, podem ser mais apropriados nesses casos. Um exemplo de instrumento em que as instruções podem ser dadas a partir de demonstrações e conteúdo verbal mínimo é o SON 2 ½ -7, muito usado para avaliar crianças com transtornos da linguagem.

ESTADO EMOCIONAL

A observação do comportamento do paciente e de suas queixas pode ser útil para que o clínico trace inferências sobre seu estado emocional predominante ou seu humor. A distinção entre traço e estado é fundamental nessa etapa do exame. O humor do paciente durante a consulta pode não refletir seu quadro de humor em sentido amplo no período em que é avaliado. Perguntar ao paciente e a outros informantes sobre como ele tem reagido a diferentes situações cotidianas, seus interesses, interpretações de fatos e eventos vivenciados recentemente é fundamental para compreender seu humor atual. Alguns quadros de humor incluem:

- Astenia/adinamia (depressão) – falta de energia, motivação, interesse em lidar com atividades do dia a dia.
- Disforia (estados mistos) – sintomas de humor caracterizados por um espectro de reações que vão de tristeza, falta de esperança, pessimismo, culpa, alterações somáticas (p. ex., sono ou apetite) e, em alguns casos, ideação suicida a irritabilidade e agressividade em quadros maniformes.
- Euforia (mania) – sintomas de humor caracterizados por grandiosidade na interpretação de fatos e eventos e por alegria intensa e muitas vezes desproporcional, levando a comportamentos descontextualizados, desinibidos e socialmente inadequados.

O humor é a base na qual a afetividade (emoções e sentimentos) se manifesta. Em situações em que as alterações do humor são graves, como depressão e mania (euforia), a qualidade e a quantidade da afetividade são significativamente atingidas. Durante a mania, por exemplo, mesmo em contextos inapropriados, o paciente manifesta predominantemente alegria extrema e entusiasmo.

O examinador deve estar atento ao afeto do examinado durante toda a entrevista. Nesse contexto, deve avaliar congruência (se existe correspondência entre o que é dito e o que transmitido enquanto emoção; p. ex., o paciente não modifica a expressão facial, ou dá risadas ao contar eventos negativos), tônus (a quantidade de afeto manifestada; p. ex., na esquizofrenia, o afeto também pode estar embotado), variação (se apresenta modificações em quantidade ou qualidade) e reatividade (se ocorre alguma alteração afetiva a partir da intervenção do examinador). É importante avaliar a motivação do paciente, ou seja, nível de engajamento, predisposição para ação, iniciativas, planos e intenções. Pacientes com comprometimentos no circuito pré-frontal medial tendem a ter alterações motivacionais relevantes, caracterizadas por perda de iniciativa. A apatia é frequentemente observada nesses casos.

Em pacientes com alexitimia, ocorrem dificuldades de expressar emoções, inclusive por meio de palavras.

O afeto pode ser *positivo*, e expressar-se como alegria e interesse, ou *negativo*, e incluir expressões de medo, raiva, tristeza e desapontamento. Sendo um ou outro, em uma pessoa saudável, o afeto deve promover a adaptação do indivíduo a seu meio. A avaliação do afeto tem menor confiabilidade que outros quesitos do exame do estado mental, pois se utiliza de elementos subjetivos, como expressão facial, musicalidade da fala e forma de interação.

Um aspecto cuja observação é importante no exame do estado mental é a diferença entre apatia e depressão. Apatia e depressão podem coexistir, mas não são condições obrigatoriamente associadas. Enquanto o paciente depressivo apresenta sintomas disfóricos, o paciente apático geralmente apresenta falta de iniciativa, persistência e engajamento emocional/social, sem necessariamente estar com um humor depressivo.

Pacientes acometidos por comprometimentos neurológicos agudos podem ter, durante a testagem, a chamada *reação catastrófica*. Tal quadro é caracterizado por rompantes emocionais que incluem choro, angústia, desespero, agressões verbais e físicas quando o paciente se depara com determinada situação que não consegue (ou julga não conseguir) manejar adequadamente. Em certas ocasiões da testagem ou da entrevista, reações desse tipo podem surgir informando sobre falhas no controle emocional do paciente.

PENSAMENTO

Ao avaliar o pensamento do paciente, é importante entender a diferenciação entre processo e conteúdo. Enquanto o processo de pensamento refere-se ao fluxo, à organização, à velocidade e ao concatenamento de ideias, o conteúdo refere-se àquilo que o paciente pensa.

Em termos de processo ou forma, o pensamento pode ser fluente, lento, acelerado, organizado, desorganizado, direcionado de forma objetiva, vago, vazio, tangencial, incoerente, com *fuga de ideias*/pouca associação entre elementos. Já o conteúdo pode ser diversificado ou, em alguns casos psiquiátricos, obsessivo. Pacientes podem apresentar ideias delirantes plausíveis (como na erotomania) ou implausíveis e bizarras (como em vários quadros psicóticos).

Sensopercepção

Inicialmente, é importante reconhecer a diferença entre sensação e percepção. Enquanto o primeiro construto diz respeito à captação de informações pelos diferentes sistemas sensoriais, a percepção envolve a atribuição de significado às informações captadas. Déficits sensoriais podem potencializar queixas cognitivas e devem ser considerados na análise dos testes, os quais dependem, principalmente, de bom funcionamento visual e auditivo. Ter clareza sobre a acuidade desses dois sistemas é um requisito importante para a interpretação dos resultados dos testes e de queixas do dia a dia. Caso existam déficits sensoriais pré-diagnosticados, o paciente deve utilizar os recursos corretivos durante o exame. Caso existam dúvidas em relação a potenciais déficits sensoriais, o paciente deve ser encaminhado à avaliação especializada.

Geralmente, déficits perceptivos ocorrem na forma de agnosias. Nesses casos, o paciente consegue captar informações pelos sistemas sensoriais, mas falha em lhes atribuir significado. Há dezenas de agnosias que afetam, geralmente, categorias sensoriais específicas. O paciente pode ter dificuldades de dar significado a faces (prosopagnosia), a despeito de saber que se trata de alguma, ou pode ter dificuldades em reconhecer um objeto ao tocá-lo (sem que o veja), a despeito de identificá-lo corretamente quando o vê. É importante, nesse ponto, separar transtornos da linguagem e transtornos perceptivos. Enquanto um paciente com déficit de nomeação falha em dar o rótulo de um estímulo quando este lhe é apresentado (independentemente do canal sensorial), um paciente com uma agnosia falha em dar significado ao estímulo quando lhe é apresentado apenas pela via sensoperceptiva afetada. Por exemplo, pode falhar em reconhecer uma chave quando a vê em cima de uma mesa, mas reconhecê-la quando a pega.

As alucinações, frequentes em diversos quadros neuropsiquiátricos, também podem ser consideradas alterações da percepção, uma vez que o paciente irá relatar a existência de determinado estímulo sem que seja captado pelas vias sensoriais. Novamente, as alucinações podem ocorrer por diferentes modalidades sensoriais, como audição, visão, olfato, gustação, tato ou interocepção.

Atenção

Diferentes aspectos da atenção devem ser considerados durante o exame. A atenção apresenta aspectos tônicos (manutenção do estado de alerta), motivacionais (direcionamento facilitado para estímulos emocionalmente relevantes), sensoriais (atenção dirigida a estímulos ambientais salientes) e executivos (estabelecimento e gerenciamento deliberado do foco). Esses últimos aspectos, de acordo com Baron (2004), envolvem a atenção focalizada (estabelecimento de alvos atencionais e separação entre figura e fundo), sustentada (sustentação do foco ao longo do tempo), alternada (modificação adaptativa e voluntária do foco) e dividida (estabelecimento de focos simultâneos).

Além das falhas na atenção, o clínico deve considerar como o paciente exerce o controle sobre os processos atencionais. Por exemplo, muitos pais alegam que seus filhos não são desatentos, pois ficam horas jogando *videogame* sem prejuízos para essa tarefa. Nesse caso, há um provável exemplo de hiperfoco atencional, quando alguns estímulos ambientais são tão salientes que "sequestram" o foco de forma intensa e duradoura, com prejuízos potenciais para outros estímulos ambientais. Avaliar o controle atencional é fundamental para caracterizar como o paciente gerencia o estabelecimento do foco, sua sustentação e flexibilização.

Memória

Ao investigar a memória, o clínico deverá ter clareza sobre a existência de diferentes taxonomias e processos envolvidos. A memória deve ser considerada em termos de:

- Tempo: curto, médio e longo prazo; diferenciação entre a capacidade de evocar coisas já armazenadas e aprender coisas novas.
- Conteúdo: procedural (p. ex., relacionada a hábitos e respostas condicionadas), declarativa episódica (conteúdo evocado deliberadamente sobre fatos ou eventos vivenciados) e semântica (conteúdo evocado deliberadamente sobre conhecimentos gerais).
- Tipo de processamento envolvido: explícito (evocação deliberada e consciente) e implícito (evocação não consciente e não deliberada).

O paciente com déficits de memória pode ter dificuldades em descrever situações vivenciadas nos últimos dias, esquecer informações sobre fatos, pessoas, conhecimentos gerais, ter dificuldades de aprender novas informações verbais e formar novos hábitos motores. Muitas vezes, irá recorrer ao acompanhante para responder a perguntas sobre dados pessoais ou hábitos cotidianos.

Considerando-se um marco temporal (p. ex., acidente vascular cerebral, sessões de eletroconvulsoterapia), pacientes com amnésia retrógrada terão dificuldades para se lembrar de informações vivenciadas anteriormente, embora possam aprender novas informações posteriores ao evento. Já pacientes com amnésia anterógrada lembram-se facilmente de informações antigas, mas apresentam dificuldades na formação de novas memórias. A amnésia global afeta tanto informações antigas quanto aprendizagens novas.

Ao longo do envelhecimento, temos mais propensão a esquecer as coisas que aprendemos por último. Tal fenômeno é conhecido como lei de Ribot e tende a se pronunciar mais fortemente em casos de demências como a de Alzheimer.

CONSCIÊNCIA

Uma das funções mentais mais importantes é a capacidade de diferenciar o próprio *self* de demais instâncias ambientais, o que é referido como consciência. Diversos processos mentais contribuem para essa diferenciação, como, por exemplo, o tônus de atividade mental, o nível de alerta, atenção e interpretação das próprias percepções e vivências emocionais. Ao exame, diferentes termos são usados para descrever estados de consciência, tais como alerta, sonolência, letargia, obnubilação ou coma. Alterações da consciência, como nos quadros de *delirium*, inviabilizam a testagem neuropsicológica, uma vez que o paciente apresenta flutuação da atenção relevante, alterações de processo e conteúdo do pensamento e outras falhas cognitivas.

Julgamento e *insight*

A capacidade de o paciente operacionalizar sua queixa, identificar dificuldades e potencialidades, decidir sobre suas condutas e aprender com sua experiência também deve ser observada durante o contato com o clínico. Durante a entrevista, é importante avaliar o que o paciente compreende sobre seu estado atual, sobre suas atividades diárias atuais e pregressas. Assim, é importante investigar:

- se o paciente percebe as dificuldades atuais
- como explica tais dificuldades

- se considera relevante o tratamento de tais dificuldades
- se tem noção das implicações de não tratar os sintomas
- se a demanda por avaliação/tratamento é do paciente ou de outras pessoas
- se tem ganhos potenciais na manutenção dos sintomas
- se sabe das implicações laborais, sociais e legais das dificuldades que apresenta

Compreender esses pontos permite ao clínico inferir sobre condutas posteriores a serem adotadas. Por exemplo, a falta de compreensão do quadro atual pode minimizar a capacidade do paciente para aderir ao tratamento. Transtornos psiquiátricos em que os sintomas são egossintônicos tendem a ser mais refratários ao tratamento do que aqueles em que os sintomas são egodistônicos. Em contrapartida, pacientes com ganhos potenciais em relação aos déficits podem maximizar suas dificuldades no exame. A falta de julgamento e *insight* sobre a situação pode ser, futuramente, alvo de intervenções, como os tratamentos psicoeducativos.

FUNÇÕES EXECUTIVAS

Embora a maior parte dos textos sobre exame do estado mental não inclua a avaliação das funções executivas, consideramos fundamental que o clínico as observe como diretamente relacionadas ao autocontrole cognitivo do paciente. As funções executivas são a base do nosso comportamento intencional e incluem diversos processos cognitivos complexos. Diamond (2013) sintetiza as funções executivas em nucleares e complexas. As nucleares incluem a memória operacional (capacidade de armazenar temporariamente informações disponibilizando-as para outros processos mentais), o controle inibitório (capacidade de inibir respostas prepotentes e em curso ou estímulos distratores) e a flexibilidade cognitiva (capacidade de alternar entre *settings* mentais durante a realização de atividades comportamentais ou mentais). Desses componentes nucleares surgem funções executivas complexas, como as habilidades de planejamento, solução de problemas, abstração e raciocínio dedutivo.

Um paciente com disfunção executiva apresenta dificuldades relevantes no que diz respeito à capacidade de gerenciar suas atividades no dia a dia. Pode ter outros sistemas cognitivos preservados (p. ex., memória, linguagem, sensação, percepção), mas, ainda assim, falha em administrar tempo, compromissos, relações pessoais e de trabalho. Esses pacientes podem apresentar dificuldades relacionadas ao controle de impulsos e falhas ao planejar rotinas e resolver problemas diversos. Podem ter também dificuldades em inibir comportamentos automáticos e em estabelecer novas rotinas. Suas decisões podem ser imediatistas, desconsiderando riscos de longo prazo. Pacientes com disfunção executiva podem, ainda, ter dificuldades em processos como abstração (p. ex., falham em interpretar provérbios, compreender entrelinhas no discurso de outras pessoas, linguagem figurada e piadas) e cognição social (p. ex., compreensão e uso adequado de informações norteadoras de condutas sociais, análise da intenção e dos estados mentais de outras pessoas).

MÉTODOS ESTRUTURADOS E SEMIESTRUTURADOS ÚTEIS NO EXAME DO ESTADO MENTAL

Embora o exame do estado mental seja tradicionalmente conduzido a partir da observação de fenômenos durante o contato com o paciente, técnicas semiestruturadas e estruturadas são frequentemente citadas na literatura, podendo fornecer, inclusive, parâmetros quantitativos para a interpretação dos resultados do exame. Em particular, a avaliação dos componentes cognitivos do exame do estado mental pode ser beneficiada por esse tipo de recurso.

O *screening* de funções mentais é encarado por muitos como uma forma objetiva do exame do estado mental. No entanto, há de se considerar que a avaliação quantitativa não substitui a observação e a avaliação fenomenológica do paciente durante a interação com o clínico. Ainda assim, o uso de métodos estruturados para a investigação do estado mental tem sido amplamente empregado em contextos de pesquisa e na prática clínica, onde há a necessidade de bem administrar o tempo. Muitas dessas técnicas são objetivamente aplicadas e interpretadas e geram escores que orientam as decisões clínicas. Lezak, Howieson, Bigler e Tranel (2012) ressaltam a importância de considerar o *screening* cognitivo como etapa inicial que pode identificar indivíduos que se beneficiariam de avaliações mais profundas em outras disciplinas, como a neuropsicologia ou a neurologia.

Entre as técnicas *screening* de processos mentais, o Miniexame do Estado Mental (MEEM) (Folstein, Folstein, & McHugh, 1975) se tornou um dos mais populares recursos para a triagem de comprometimentos em diferentes aspectos da cognição, principalmente na população geriátrica. Sua popularidade pode ser observada pelo volume de publicações sobre suas propriedades psicométricas e seu uso na prática clínica, tendo sido traduzido e adaptado para mais de 15 idiomas diferentes (Steis & Schrauf, 2009). O MEEM é composto por 30 itens de simples administração que avaliam aspectos da orientação temporal e local, bem como atenção, memória, linguagem e visioconstrução. Trata-se de um teste rápido, e suas propriedades psicométricas têm sido amplamente investigadas desde sua publicação original, com bons indicadores de validade e fidedignidade (Mitrushina & Satz, 1991). Ainda assim, alguns estudos sugerem que apresenta pouca sensibilidade a déficits cognitivos sutis, além de um potencial *efeito chão*, o que pode facilmente conduzir a falsos negativos em processos diagnósticos. Outra crítica frequentemente levantada é a ausência de boas medidas para funções executivas no instrumento, o que reduz seu potencial para identificação de casos que iniciam ou cursam com déficits nesses domínios da cognição (Simard, 1998).

Existem versões abreviadas do teste, como o Short-Form MEEM (Stein et al., 2015), que mantém propriedades psicométricas adequadas quando aplicado na atenção primária. Há também versões expandidas, como o Modified Mini-Mental State Exam (3MS), de Teng e Chui (1987) e Teng e colaboradores (1994), que inclui novos itens e novos domínios de investigação, sendo menos suscetível ao efeito chão que o MEEM (Jones et al., 2002).

No Brasil, o MEEM foi adaptado por grupos distintos, e suas diferentes versões apresentam propriedades psicométricas que atestam sua validade para a triagem cognitiva. Os estudos pioneiros de Bertolucci, Brucki, Campacci e Juliano (1994) e Almeida (1998) sugerem que esse exame é eficiente para identificar indivíduos com comprometimento cognitivo, indicando também a existência de efeito da escolaridade sobre o desempenho no teste. Nesse sentido, pontos de corte definidos de acordo com a escolaridade têm sido sugeridos por diferentes autores (vide, p. ex., Bertolucci et al., 1994; Brucki, Nitrini, Caramelli, Bertolucci, & Okamoto, 2003).

Existem diversas outras técnicas de avaliação cognitiva inicial que, além de breves e práticas, apresentam evidências que apontam para a boa aplicabilidade clínica e podem ser úteis para avaliação de outros grupos etários. Por exemplo, o Neupsilin (Pawlowski, Fonseca, Salles, Parente,

& Bandeira, 2008) e o Neupsilin – Inf (Salles, Sbicigo, Machado, Miranda, & Fonseca, 2014) são instrumentos desenvolvidos por pesquisadores brasileiros e fornecem informações úteis para a caracterização inicial do estado mental de crianças, adultos e idosos. As funções cognitivas avaliadas por esses instrumentos incluem orientação, atenção concentrada, percepção visual, matemática, linguagem oral, leitura e escrita, memória verbal e visual, praxias e funções executivas.

Entre os roteiros informais, destaca-se o exame do estado mental descrito por Strub e Black (1977, 1985, 1993, 2000). Nesse manual, os autores descrevem não apenas a semiologia das grandes síndromes neurológicas como também diferentes processos cognitivos e formas simples de avaliá-los durante uma consulta.

CASO CLÍNICO

A mulher que morava debaixo do boné

Era uma terça-feira quente e ensolarada, e eu havia acabado de atender um paciente. Ao ir à sala de espera, chamei pela próxima paciente, D. Beatriz. Levantaram-se duas mulheres, a paciente e sua amiga, que a acompanhava. D. Beatriz entrou no consultório com um largo sorriso, parecia muito simpática e comunicativa. Sentou-se imediatamente a minha frente e logo começou a contar o motivo de sua consulta: "Boa tarde doutor, há muitos anos que tenho fortes dores de cabeça, tomo remédios quase todos os dias, e, agora, eles estão fracos, não funcionam mais, o senhor tem como me ajudar? Tem tratamento? Já me falaram que pode ser enxaqueca! Enxaqueca tem cura?". Eufórica, ela me bombardeava com perguntas, esperançosa de se ver livre de uma dor quase diária, a qual – constataríamos depois – realmente tratava-se de um quadro de enxaqueca. Enquanto ouvia suas dúvidas e preocupações, já não conseguia deixar de prestar atenção a sua amiga, D. Laura, que entrou no consultório vestindo um enorme boné e com ele ficou.

D. Laura teve um comportamento mais contido, caminhou de forma mais lenta pelo consultório até alcançar a cadeira próxima à mesa, ao lado de Beatriz, sentando-se suave e silenciosamente e dessa forma ficando. Permanecia durante o tempo todo de forma discreta e quase invisível, com a cabeça baixa, dificultando, assim, a visualização de sua face. O boné ajudava a camuflar sua aparência, que não tinha passado despercebida antes mesmo que ela tivesse entrado no consultório.

"Então, doutor? O que acha da minha dor de cabeça? O senhor pode me tratar?", insistia D. Beatriz. "Claro que sim!", respondi. "Vou, sim, cuidar de você, Beatriz, mas eu gostaria de cuidar também da sua amiga que está lhe acompanhando." E essa frase foi o suficiente para eu ter a atenção de D. Laura, que até então parecia estar displicente. Ela levantou a cabeça, olhou, agora nos meus olhos, e, de forma educada, disse:

"Mas eu não sou a paciente, a paciente é ela." Apontando para a amiga, continuou, "não marquei consulta, só vim acompanhar".

Respondi: "Sim eu sei. Mesmo assim, gostaria de lhe fazer algumas perguntas quando terminar de consultar a Beatriz". D. Laura sorriu de forma doce e me explicou que já estava em tratamento, e ela realmente estava. Falou que estava em tratamento para hipertireoidismo, o qual não era o tipo de tratamento que me parecia mais adequado para o que eu percebi naquele momento. Insisti em fazer alguns exames, ela permitiu, e, nesse instante, D. Laura, de acompanhante, se tornou também minha paciente.

Uma avaliação clínica começa no primeiro instante em que vemos o paciente, se ele ainda estiver fora do consultório. Dessa forma, esse será considerado o primeiro contato, e será preciso continuar com a observação por todo o percurso da consulta e dos exames, cessando apenas quando o paciente for embora. A forma de andar, agir, se comunicar e se comportar oferece informações valiosas já nos poucos instantes iniciais em que o vemos, o que pode nos mostrar algo que não seria mencionado durante a consulta ou, talvez, nem o próprio paciente tenha percebido, mas que é de grande relevância clínica. Com D. Laura não foi diferente. Ela não era a paciente naquele momento, mas estava no meu campo de observação, assim como D. Beatriz, e, nesse instante, ela também foi observada.

D. Laura não usava maquiagem. Vestia camisa, calça *jeans* e tênis, além de seu inseparável boné, o que demonstrava descuido e falta de interesse em sua apresentação. Pedi que ela retirasse o boné da cabeça, e, então, ficou evidente um aumento de volume frontal, deslocando lateralmente as órbitas, fazendo abaulamento externo na região interorbitária, com hipertelorismo e estrabismo divergente à esquerda, além de exoftalmia bilateral.

Em relação ao exame do estado mental, observou-se que a paciente se apresentava de forma cordial e cooperativa durante o exame. No entanto, sua aparência era descuidada, e havia sinais de perda de interesse por vaidade e cuidados pessoais. Estava alerta e não aparentava alterações sensoriais ou perceptivas. A paciente estava bem orientada no tempo e no espaço. Seu pensamento era coerente, apresentava fluxo adequado e conteúdo diversificado. Embora não tivesse comprometimentos aparentes na marcha ou no equilíbrio estático e dinâmico, D. Laura apresentou lentificação motora e dificuldade na realização de movimentos finos. Apresentava os movimentos dos quatro membros livres, com o tônus muscular e reflexos normais até aquele momento. Apresenta iniciativa para descrever sua própria história e tecia comentários sobre questões do dia a dia, o que indica a preservação da memória episódica. A linguagem era fluente, e ela compreendia adequadamente as informações discutidas durante a consulta. Havia, entretanto, mudanças na personalidade e no comportamento recente. A paciente era repetitiva e apresentava comportamentos desinibidos, hiperfagia, hipersexualidade e labilidade afetiva. Estava mais infantilizada, suas decisões eram focadas em ganhos imediatos, e seu envolvimento em comportamentos de risco havia aumentado. Durante a consulta, apresentou sintomas de *dependência ambiental*, pegava instrumentos da mesa do examinador (p. ex., lápis e tesoura) sem que isso fosse necessário ou tenha sido requisitado.

A ressonância magnética nuclear de D. Laura (Fig. 4.1) apresentou uma lesão oval expansiva, bem delimitada, com hipersinal em todas as sequências na região frontal mediana, invadindo por expansão a fossa anterior do crânio, a região da base do nariz e deslocando lateralmente as órbitas. Posteriormente, essa lesão comprimiu e deslocou os lobos frontais.

O tratamento seria cirúrgico, não restavam dúvidas, mas foi várias vezes prorrogado. Com isso, a paciente foi piorando gradativamente, à medida que a compressão sob os lobos frontais aumentava. O quadro clínico apresentava piora motora, evoluindo com sinais piramidais, apraxia de marcha e perda visual, além de piora do quadro cognitivo. Tais fatos agravaram-se a ponto de D. Laura entrar em coma pouco antes de sua cirurgia, de modo que foi operada a tempo em caráter de emergência. Os lobos frontais foram descomprimidos, a evolução pós-operatória foi excelente, com melhora clínica relevante.

D. Laura, uma pessoa amável, entrou em um consultório como acompanhante e, sem esperar que isso fosse acontecer naquele dia, saiu como paciente. Sofria de um quadro muito grave que, na verdade, seria fatal, pois causava uma grande e progressiva hipertensão intracraniana. Hoje ela é feliz, voltou a dançar forró nos fins de semana, como fazia antes da lesão. Comparece às consultas regularmente, apenas para controle, e, dessa vez, se preocupa em se maquiar antes e escolhe vestes com o cuidado de uma pessoa que quer ficar bonita. Enfim, um final feliz.

CONSIDERAÇÕES FINAIS

Assim como em qualquer área da saúde, na neuropsicologia, a clínica é soberana. Conforme abordado no Capítulo 1, o exame do estado mental é uma das primeiras etapas da avaliação neuropsicológica e é fundamental para a formulação de hipóteses clínicas (Fig. 4.2). Mais do que isso, ao avaliar o estado mental de um paciente, o clínico será capaz de selecionar as melhores técnicas, como testes e escalas. Por sua vez, a interpretação dos resultados dos testes e escalas ganha plausibilidade se feita à

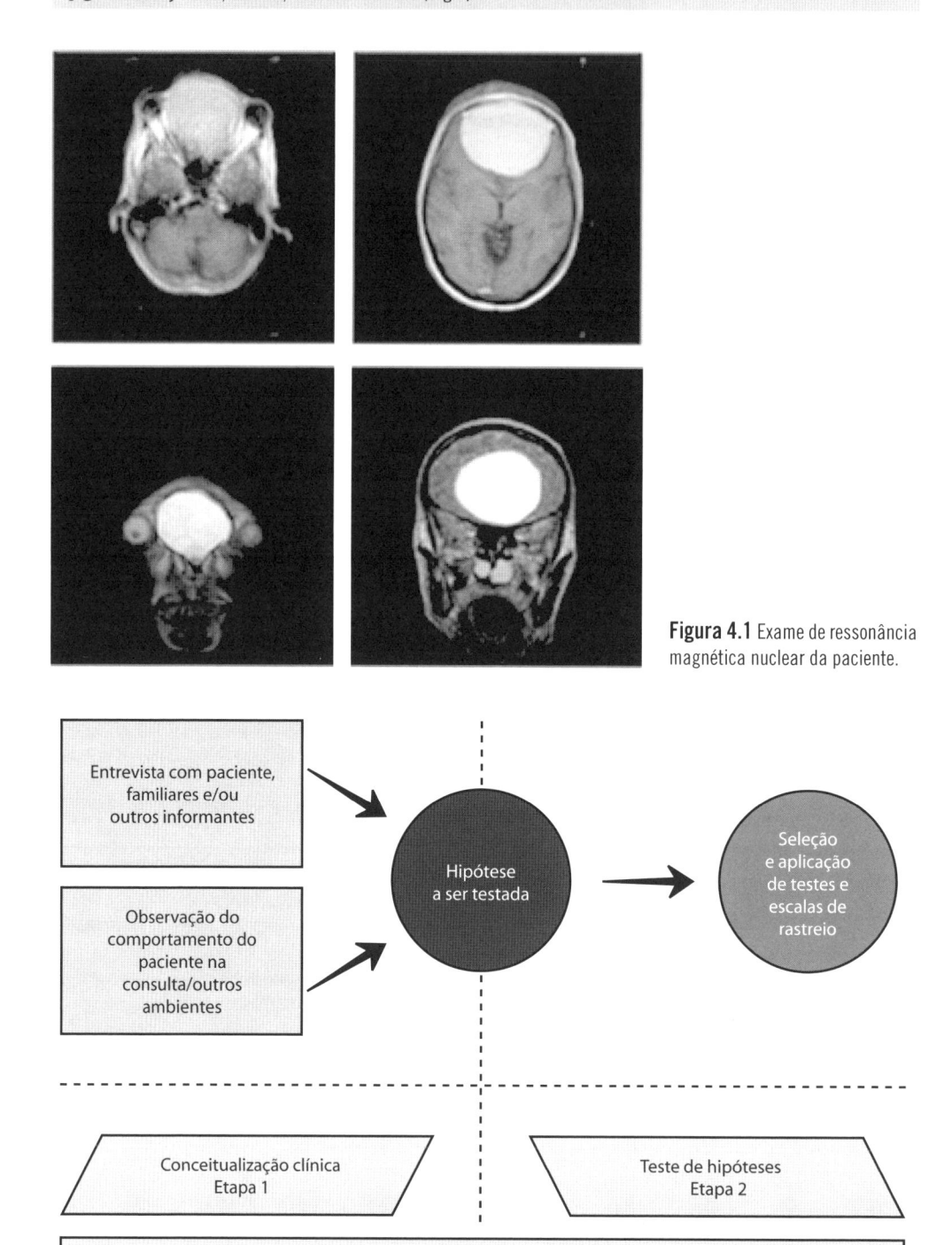

Figura 4.1 Exame de ressonância magnética nuclear da paciente.

Figura 4.2 Estruturação do exame neuropsicológico.

luz de uma boa caracterização fenomenológica do paciente.

Por fim, consideramos que o exame do estado mental tem aplicação diagnóstica especial, pois diferencia os neuropsicólogos dos aplicadores de testes. Os primeiros conseguem tecer hipóteses que serão posteriormente consideradas e testadas de forma fundamentada. Os curiosos irão aplicar testes a esmo, como se isso consistisse no exame neuropsicológico em si.

REFERÊNCIAS

Almeida, O. P. (1998). Mini exame do estado mental e o diagnóstico de demência no Brasil. *Arquivos de Neuro-Psiquiatria*, 56(3B), 605-612.

Baron, I. S. (2004). *Neuropsychological evaluation of the child*. New York: Oxford University.

Bertolucci, P. H., Brucki, S. M., Campacci, S. R., & Juliano, Y. (1994). The Mini-Mental State Examination in a general population: Impact of educational status. *Arquivos de Neuro-Psiquiatria*, 52(1), 1-7.

Brucki, S., Nitrini, R., Caramelli, P., Bertolucci, P. H., & Okamoto, I. H. (2003). Suggestions for utilization of the mini-mental state examination in Brazil. *Arquivos de Neuro-Psiquiatria*, 61(3B), 777-781.

Damasio, H. & Damasio, A. R. (1990). The neural basis of memory, language and behavioral guidance: Advances with the lesion method in humans. *Seminars in the Neurosciences*, 4, 277-286.

Diamond, A. (2013). Executive functions. *Annual Review of Psychology*, 64, 135-168.

Folstein, M. F., Folstein, S. E., & McHugh, P. R. (1975). "Mini-mental state". A practical method for grading the cognitive state of patients for the clinician. *Journal of Psychiatric Research*, 12(3), 189-198.

Jones, T., Schinka, J., Vanderploeg, R., Small, B., Graves, A., & Mortimer, A. (2002). 3MS normative data for the elderly. *Archives of Clinical Neuropsychology*, 17(2), 171-177.

Lezak, M. D., Howieson, D. B., Bigler, E. D., & Tranel, D. (2012). *Neuropsychological assessment* (5th ed.). New York: Oxford University.

Martin, D. C. (1990). The mental status examination. In H. K. Walker, W. D. Hall, & J. W. Hurst (Eds.), *Clinical methods: The history, physical, and laboratory examinations* (3rd ed., Chap. 207). Boston: Butterworths.

Mitrushina, M., & Satz, P. (1991). Reliability and validity of the Mini-Mental State Exam in neurologically intact elderly. *Journal of Clinical Psychology*, 47(4), 537-543.

Pawlowski, J., Fonseca, R. P., Salles, J. F., Parente, M. A. M. P., & Bandeira, D. R. (2008). Evidências de validade do Instrumento de Avaliação Neuropsicológica Breve NEUPSILIN. *Arquivos Brasileiros de Psicologia*, 60(2), 101-116.

Rozenblatt, S. (2011). Mental Status Examination. In J. Kreutzer, J. DeLuca, & B. Caplan (Eds.), *Encyclopedia of clinical neuropsychology* (pp. 1573-1574). New York: Springer.

Salles, J. F., Sbicigo, J. B., Machado, W. L., Miranda, M. C., & Fonseca, R. P. (2014). Análise fatorial confirmatória do Instrumento de Avaliação Neuropsicológica Breve Infantil – NEUPSILIN – Inf. *Psico-USF*, 19(1), 119-130.

Simard, M. (1998). Mini-mental status examination: Strenghts and weeknes of a cognitive instrument. *Canadian Alzheimer's Disease*, 2(3), 10-12.

Snyderman, D., & Rovner, B. (2009). Mental status exam in primary care: A review. *American Family Physician*, 80(8), 809-814.

Stein, J., Luppa, M., Kaduszkiewicz, H., Eisele, M., Weyerer, S., Werle, J., ... Maier W. (2015). Is the Short Form of the Mini-Mental State Examination (MMSE) a better screening instrument for dementia in older primary care patients than the original MMSE? Results of the German study on ageing, cognition, and dementia in primary care patients (AgeCoDe). *Psychological Assessment*, 27(3), 895-904.

Steis, M. R., & Schrauf, R. W. (2009). A review of translations and adaptations of the Mini-Mental State Examination in languages other than English and Spanish. *Research in Gerontological Nursing*, 2(3), 214-224.

Strub, R. L., & Black, F. W. (1977). *The mental status examination in neurology*. Philadelphia: F. A. Davis.

Strub, R. L., & Black, F. W. (1985). *The mental status examination in neurology* (2nd ed.). Philadelphia: F. A. Davis.

Strub, R. L., & Black, F. W. (1993). *The mental status examination in neurology* (3rd ed.). Philadelphia: F. A. Davis.

Strub, R. L., & Black, F. W. (2000). *The mental status examination in neurology* (4th ed.). Philadelphia: F. A. Davis.

Teng, E. L., & Chui, H. C. (1987). The modified Mini-Mental State (3MS) examination. *Journal of Clinical Psychiatry, 48*(8), 314-318.

Teng, E. L., Hasegawa, K., Homma, A., Imai, Y., Larson, E., Graves, A., ... White LR. (1994). The Cognitive Abilities Screening Instrument (CASI): A practical test for cross-cultural epidemiological studies of dementia. *International Psychogeriatrics, 6*(1), 45-58.

Velloso, S. M. (1990). O exame do estado mental. In M. López, & J. M. Laurentys, *Semiologia médica: As bases do diagnóstico clínico* (3. ed., Cap. 4, pp. 58-70). São Paulo: Atheneu.

O uso de escalas de avaliação de sintomas psiquiátricos

CLARICE GORENSTEIN
YUAN-PANG WANG

A avaliação clínica em saúde mental é influenciada pela subjetividade do avaliador ou do autorrelato dos pacientes, o que resulta em falta de fidedignidade entre os testes. No fim do século XIX e início do século XX, trabalhos de psicologia experimental inauguraram a psicometria e suas aplicações como um ramo científico. Os primeiros trabalhos propunham-se a medir a inteligência. Acreditava-se, à época, que a capacidade intelectual seria resultado de um conjunto de características simples, como o diâmetro da cabeça, a velocidade dos reflexos, a acuidade visual, etc. A discriminação sensorial seria a base do desempenho intelectual (Erthal, 1987).

Vários psicometristas contribuíram significativamente com a teoria e a aplicação de modelos matemáticos à mensuração de personalidade, atitudes, crenças e desempenho acadêmico.

A introdução de psicofármacos para tratar transtornos mentais, na década de 1960, impulsionou o desenvolvimento de medidas confiáveis, válidas e livres de erros para documentar os efeitos dos medicamentos sobre eventos psíquicos. Escalas amplamente adotadas até hoje, como a Escala de Avaliação de Depressão de Hamilton (HAM-D) e o Inventário de Depressão de Beck (BDI), por exemplo, foram construídas nessa época.

A psicometria estuda a construção teórica e técnica de mensuração educacional e psicológica, objetivando:

a. a construção de instrumentos e procedimentos de mensuração
b. o desenvolvimento e o refinamento de abordagens teóricas de mensuração

As principais evidências da aplicabilidade das escalas de avaliação baseiam-se na confiabilidade e na validade (Pasquali, 2003).

Diante da expansão da neuropsicologia na prática clínica, cada vez mais os neuropsicólogos estão recorrendo a testes psicométricos para prever o funcionamento comportamental, localizar correlatos anatômicos, bem como distinguir o funcionamento cognitivo normal do patológico. Este capítulo introduz os principais aspectos teóricos e práticos do uso de escalas de avaliação de sintomas psiquiátricos a partir da psicometria.

CONCEITO DE ESCALAS DE AVALIAÇÃO

De forma semelhante ao conceito usado para definir uma medida em epidemiologia – atribuição de números a objetos ou eventos de acordo com alguma regra –, uma escala de avaliação é um instrumento de medida composto por um conjunto de símbolos ou números que podem ser aplicados de acordo com regras preestabelecidas, para quantificar e operacionalizar determinadas características (Stevens, 1946).

Em psiquiatria e psicologia, a operacionalização de um construto (comportamento, habilidade, capacidade) depende de sua finalidade. Para fins de diagnóstico, dispõe-se de entrevistas que auxiliam o clínico a formular uma hipótese com base no conhecimento da constelação de sinais e sintomas do quadro clínico. Algumas escalas, construídas considerando os critérios diagnósticos de um determinado transtorno mental, permitem avaliar a probabilidade de sua presença, no entanto, sempre há necessidade de julgamento clínico para definir o diagnóstico. Instrumentos mais específicos, tais como exames laboratoriais ou de imagem, ou testes neuropsicológicos que mensuram determinado domínio de interesse (p. ex., alteração de memória, atenção em quadros de declínio cognitivo), podem confirmar a alteração suspeita.

TIPOS DE ESCALAS DE AVALIAÇÃO

As escalas de avaliação podem ser classificadas de acordo com diferentes critérios. Em relação à quantificação numérica, podem ser de quatro tipos, os quais apresentam uma hierarquia relativa a sua capacidade de representação (Stevens, 1946). A mais simples e limitada é a escala nominal, que permite identificar apenas as categorias. A seguinte é a escala ordinal, que permite diferenciar patamares. A escala intervalar possibilita o posicionamento de valores em relação a um ponto arbitrário. A escala proporcional, por fim, é a que tem mais atributos, de modo que permite a comparação de valores em termos absolutos (Tab. 5.1).

Em relação à metodologia da aplicação das escalas, a técnica de coleta de dados ainda mais utilizada é a de *papel e lápis* (PAPI, *paper and pencil interview*), mais comum na avaliação de atitudes por envolver apenas algumas folhas impressas da escala. A coleta de dados por meio de computador (CAPI, *computer-assisted personal interviews*) ou telefone (CATI, *computer-assisted telephone interviews*) está cada vez mais difundida, sendo adotada em pesquisas que envolvem grande número de sujeitos.

De acordo com o respondedor, as escalas podem ser de autoavaliação ou de autopreenchimento, quando são preenchidas pelo próprio sujeito; ou de observador, quando o aplicador deve pontuar a existência e/ou intensidade dos sintomas. Nesse caso, os avaliadores devem ter experiência no fenômeno observado, conhecer conceitos teóricos dos construtos subjacentes aos instrumentos e bom treino no seu uso, para que os dados obtidos sejam comparáveis entre diferentes aplicadores.

As escalas de autoavaliação têm uma série de vantagens: são simples de administrar, econômicas, não necessitam de entrevistador habilitado nem de programas de treinamento ou estudos de confiabilidade entre os aplicadores, além de sofrerem pouca interferência da expectativa do entrevistador (viés) na avaliação. Elas complementam a avaliação do observador pela ótica do respondente. Entre suas desvantagens, estão a possibilidade de falseamento de resultados (omissão ou exagero, intencional ou não), a necessidade de cooperação do respondente e a dependência de seu nível de escolaridade. A capacidade de compreensão é essencial para o preenchimento adequado das escalas de autoavaliação.

De acordo com natureza da resposta, as escalas podem ser classificadas em discretas ou analógicas. Nas discretas, as respostas são representadas por categorias intervalares para avaliar determinado estado. Nas escalas analógicas, o sintoma é avaliado em uma linha reta contínua. Quando representa toda a gama de um único fenômeno, é

TABELA 5.1 • Características das escalas numéricas de medida

Escala	Origem	Intervalo	Axiomas	Invariâncias	Liberdades	Transformações permitidas	Estatísticas apropriadas
Nominal	Não natural	Desigual	Identidade		Ordem Intervalo Origem Unidade	Permutação	Frequências
Ordinal	Natural	Desigual	Identidade Ordem	Ordem	Intervalo Origem Unidade	Monotônica crescente	Não paramétricas
Intervalar	Não natural	Equivalente	Identidade Ordem Aditividade	Ordem Intervalo	Origem Unidade	Linear do tipo $y = a + bx$	Paramétricas
Proporcional	Natural	Equivalente	Identidade Ordem Aditividade	Ordem Intervalo Origem	Unidade	Linear do tipo $y = bx$	Média geométrica, coeficiente de variação, logaritmos

Fonte: Stevens (1946) e Paquali (2003).

denominada unipolar (p. ex., intensidade de dor, expressa como de nenhuma a muita dor). As escalas analógicas visuais são bipolares quando nos extremos da linha de 100 mm estão dois adjetivos opostos (p. ex., alegre e triste, tranquilo e preocupado).

As escalas analógicas podem ser construídas de acordo com os objetivos do avaliador, mas dependem de seu treinamento para preencher as escalas. Esse tipo é apropriado para avaliar diferentes estados subjetivos, como humor e ansiedade.

MODELOS DE ESCALAS DE AVALIAÇÃO

Entre os modelos mais comuns de escalas de mensuração de atitude estão a Escala Aditiva de Likert, a Escala Cumulativa de Guttman e a Escala de Diferencial Semântico de Osgood.

Escala de Likert

A Escala de Likert (Likert, 1932) é usada em pesquisas de opinião, nas quais os respondentes apontam seu nível de concordância com uma afirmação. Os itens contêm respostas gradativas, baseadas em critérios, tais como frequência ou ocorrência (sempre, geralmente, às vezes, raramente, nunca), concordância ou opinião (concordo totalmente, concordo parcialmente, não concordo/nem discordo, discordo parcialmente e discordo totalmente), grau de satisfação (totalmente satisfatório, parcialmente satisfatório, indiferente, parcialmente insatisfatório, totalmente insatisfatório) e avaliação ou apreciação (ótimo, bom, regular, ruim, péssimo). Normalmente, são usados cinco níveis de respostas, apesar de alguns pesquisadores optarem por usar sete ou nove níveis. A Escala de Likert representa a somatória das respostas dadas a cada item. Às vezes, os itens são acompanhados por uma escala visual analógica de marcação.

Apesar de a Escala de Likert ser de fácil aplicação, está sujeita a alguns tipos de viés. Quando os sujeitos evitam escolher respostas extremas, "concordo totalmente" ou "discordo totalmente", ocorre o viés de *tendência central*. O viés de *aceitação ou aquiescência* pode ser observado em respondentes com tendência a concordar com as afirmações apresentadas. Por fim, o viés de *desejabilidade* social é a tendência a responder de acordo com alguma pressão de grupo (p. ex., opinião sobre o uso de drogas ilícitas) ou buscando fornecer uma resposta mais agradável ao avaliador (p. ex., minimizar ou omitir o benefício de um tratamento). É desejável que uma Escala de Likert contenha itens negativos e positivos, para evitar concordância/discordância sistemática com as afirmações.

Escala de Guttman

A Escala Cumulativa de Guttman (Guttman, 1950) é composta por itens dispostos em uma série ordenada, de modo que, quando o indivíduo concorda com um determinado item, também concorda com os itens de ordenação mais baixa.

O conceito da Escala de Guttman se aplica também a testes de desempenho que têm desfechos binários (sim ou não, certo ou errado). Por exemplo, um teste de habilidade matemática poderia ordenar as perguntas em relação a sua dificuldade. O pressuposto é o de que o acerto de determinada dificuldade implicaria respostas corretas às perguntas anteriores com um nível de dificuldade menor.

Uma Escala de Guttman perfeita consiste em uma série unidimensional de itens que são classificados pela ordem de dificuldade, da posição menos extrema para a mais extrema. Por exemplo, uma pessoa com escore igual a 7 em uma Escala de Guttman de 10 itens está concordando com os itens de 1 a 7 e discordando dos itens 8, 9 e 10.

Escala de Diferencial Semântico

A Escala de Diferencial Semântico caracteriza-se pelo uso de adjetivos para medir o significado conotativo de objetos, eventos e conceitos. Nessa escala, os respondentes devem marcar sua posição em relação a dois adjetivos opostos (p. ex., adequado e inadequado, bom e ruim, agradável e desagradável).

As palavras e frases dessas escalas podem ser dividas em três grupos: avaliação, potência e atividade. O fator *avaliação* apresentou maior carga no par de adjetivos bom-ruim; o par forte-fraco indicou o fator *potência*; e o par ativo-passivo definiu o fator *atividade*. Esses três fatores são dimensões afetivas transculturalmente constantes. Esse tipo de escala pode se relacionar com a atitude dos respondentes.

QUALIDADES DA ESCALA

As propriedades psicométricas confiabilidade e validade determinam a qualidade de uma escala de avaliação. A validade significa o quanto o instrumento mede o que se propõe a medir. A confiabilidade corresponde à medida da reprodutibilidade, ou seja, medidas repetidas devem ser consistentes em diferentes condições, aplicadas por diferentes entrevistadores treinados.

Confiabilidade

Alguns autores usam o conceito de confiabilidade no sentido de concordância, precisão, fidedignidade, constância, consistência interna, estabilidade e homogeneidade. Em geral, a confiabilidade refere-se à capacidade de uma medida para detectar o escore verdadeiro em relação ao erro causado pela imprecisão na medida. Na Figura 5.1, a confiabilidade é representada pela capacidade de acertar o mesmo ponto no alvo (avaliação dos erros de repetição).

Erros de medida ocorrem em qualquer tipo de instrumentalização, por mais objetiva que seja. Por exemplo, a medida da pressão arterial pode ser alterada por fatores ligados ao paciente, à calibração do equipamento, ao local ou ambiente, à técnica de medida, entre outros. Um instrumento é mais confiável quanto menor forem os erros sistemáticos (viés) e aleatórios (acaso ou chance), ou seja, quanto menos a medida for influenciada por fatores do observador, do paciente ou do ambiente.

Por exemplo, o respondente pode fornecer informações incorretas intencionalmente, por falta de atenção ou por não compreender as perguntas. O entrevistador, por sua vez, pode errar no registro das respostas. Em relação ao fenômeno clínico em avaliação, podem ocorrer mudanças de acordo com a situação (avaliação em grupo vs. avaliação individual). Além disso, a avaliação pode depender dos conceitos adotados por diferentes profissionais.

Potencialmente, a confiabilidade pode ser afetada por erros sistemáticos:

1. *brandura* – resistência em escolher pontuações que indiquem maior gravidade
2. *efeito halo* – tendência de avaliar um item em função do todo
3. *erro lógico* – escores semelhantes são atribuídos a itens relacionados
4. *erro de proximidade* – tendência de selecionar escores semelhantes para itens proximamente posicionados
5. *erro de tendência central* – preferência por escores intermediários ou neutros em casos de dúvida
6. *erro de contraste* – atribuição de escores diferentes por comparação à aplicação prévia (p. ex., pela expectativa de efeito terapêutico)
7. *erro de constância* – tendência a manter os mesmos escores

Na prática, a confiabilidade pode ser testada empiricamente de diferentes maneiras.

Quando um resultado é obtido apenas em uma ocasião, pode-se verificar a homogeneidade dos itens da escala utilizados para avaliar o construto-alvo. Esse tipo de confiabilidade é conhecido como consistência interna. As técnicas mais utilizadas são:

a. alfa de *Cronbach* – o coeficiente avalia se todos os itens variam do mesmo modo
b. técnica de *Kuder-Richardson* (KR-20) – análise de cada item individual quando a resposta é dicotômica
c. duas-metades (*split-half*) – avalia o grau de correlação entre as metades de um instrumento (itens pares vs. itens ímpares)

O outro tipo de confiabilidade se refere ao grau de concordância obtido em medidas repetidas, ou seja, a reprodutibilidade da medida. Por exemplo, uma entrevista pode ser observada por um avaliador passivo que apresenta sua pontuação independente no fim – também chamado de método de observador ou confiabilidade interjuízes. Pode-se aumentar a confiabilidade entre diferentes avaliadores pelo treinamento na aplicação do instrumento.

No método de reentrevista ou teste-reteste, um segundo entrevistador conduz uma entrevista independente com o paciente algumas horas ou dias após a primeira. Os mesmos sujeitos são reavaliados com os mesmos instrumentos em tempos diferentes (para condições que se mantêm constantes no intervalo de tempo entre as testagens). O teste-reteste pode ser aplicado também para medidas de autoavaliação.

A correlação entre as pontuações em duas circunstâncias pode variar entre 0 (nenhuma ou 0%) e 1 (perfeita ou 100% de concordância). Uma correlação em torno de 0,70 ainda expressaria uma confiabilidade substancial, entretanto, a variância comum já estaria afetada pela variabilidade provocada pelo erro, demonstrando resultados menos fidedignos. Dependendo da técnica utilizada para demonstrar esse tipo de confiabilidade, ela pode se expressar pelo coeficiente *kappa* (k) de Cohen ou por correlação intraclasse (CIC). O *kappa* é utilizado quando o instrumento produz medidas categóricas, como diagnósticos segundo um critério determinado ou uma medida binária (p. ex., provável caso ou não caso). Se o instrumento avalia categorias ordenadas (p. ex., excelente, bom, regular, ruim ou péssimo), o *kappa ponderado* fornece uma estimativa adequada do coeficiente de confiabilidade. Quando o instrumento produz valores numéricos discretos ou contínuos, utiliza-se o CIC como medida de confiabilidade.

Os coeficientes de confiabilidade obtidos pelos métodos do observador e de teste-reteste podem ser diferentes. No primeiro caso, a confiabilidade tende a ser maior porque tanto o entrevistador como o observador pontuam em relação à mesma entrevista. Já no método de reteste, o estado clínico do indivíduo pode mudar durante o intervalo entre as duas avaliações, ou a reação à segunda entrevista pode ser diferente simplesmente porque ela é uma repetição da primeira (efeito de reteste).

Validade

A validade é definida como a real capacidade de um instrumento para medir aquilo a que se propõe. Esse conceito é representado na Figura 5.1 pela capacidade de atingir o centro do alvo (a adequação do instrumento em medir o construto pretendido).

A validade apresenta dois componentes principais em relação ao construto: o conceitual e o operacional. A validade conceitual representa um julgamento subjetivo sobre a cobertura conceitual de um instrumento a respeito de determinado construto. Esse tipo de validade, também chamado de validade de face, não se refere ao que o teste realmente mede, e sim ao que ele

Alvo A	Alvo B	Alvo C
Confiabilidade baixa	Confiabilidade alta	Confiabilidade alta
Validade média	Validade alta	Validade baixa

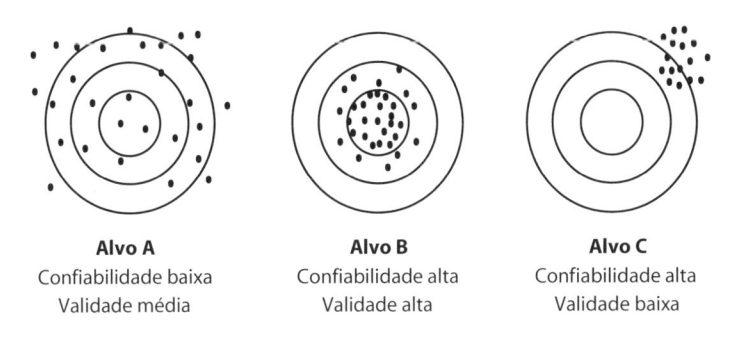

Figura 5.1 Confiabilidade e validade de um construto aferido por uma escala de avaliação.
Fonte: Babbie (2002).

superficialmente aparenta medir, o que difere da validade de conteúdo.

O componente operacional pode ser verificado por meio da validade de conteúdo, de critério e de construto. A validade de conteúdo refere-se à abrangência, isto é, ao quanto o instrumento realmente cobre os diferentes aspectos do fenômeno a ser estudado e não contém elementos que possam ser atribuídos a outros fenômenos. Geralmente, a avaliação da validade de conteúdo é feita por um painel de especialistas familiarizados com o construto em questão, que responderão para cada item se ele é essencial, útil ou necessário para o construto. Existem fórmulas apropriadas para medir o desempenho do instrumento de acordo com as respostas dos especialistas. Esse tipo de validade pode ser medido durante o processo de construção do instrumento.

A validade de critério está associada ao grau de discriminação do instrumento entre sujeitos que diferem em determinadas características de acordo com um critério-padrão. Por exemplo, pode-se estabelecer o quanto uma escala de autoavaliação de depressão concorda com um diagnóstico estabelecido por meio de uma entrevista psiquiátrica, o padrão-ouro.

A validade de critério pode ser concorrente, quando o critério se refere ao estado atual, ou preditiva, quando o construto pretendido é medido primeiramente e usado para prever o critério. Do ponto de vista operacional, a validade de critério de um instrumento é estimada estatisticamente e expressa por meio de sua sensibilidade e especificidade. A sensibilidade indica se o teste é sensível para detectar a existência de determinado diagnóstico, o que é representado pela proporção, corretamente classificada pelo instrumento de acordo com o critério-padrão, de pessoas com o diagnóstico (i.e., casos positivos identificados corretamente).

A especificidade consiste em quanto o instrumento identifica apenas aquele determinado diagnóstico e não alguma outra condição, o que é representado pela proporção, corretamente classificada pelo instrumento, de pessoas sem um transtorno (i.e., casos negativos identificados corretamente). A especificidade corresponde à validade discriminante e pode ser determinada comparando-se os escores dos que têm um transtorno com os escores dos que têm um transtorno diferente.

Muitas vezes, um instrumento de avaliação é utilizado com a finalidade de triagem e classificação em categorias – por exemplo, casos saudáveis ou com determinado diagnóstico. Para isso, é necessário estabelecer o limiar ou pontuação no teste que melhor separa essas duas categorias, isto é, o ponto de corte. Idealmente, se o objetivo é excluir um diagnóstico, escolhe-se um ponto de corte com maior sensibilidade, ao passo que, se o objetivo clínico é incluir um caso, o ponto de corte deverá ter maior especificidade.

Um método muito utilizado para descrever a sensibilidade e a especificidade de um instrumento é traçar a curva ROC (*receiver operating characteristics*), a curva verdadeiros positivos (sensibilidade) contra os resultados falsos positivos (1 – especificidade) para cada um dos possíveis pontos de corte do teste. A área sob a curva (AUC) indica a probabilidade de uma pessoa saudável ser identificada dessa forma por meio do instrumento. Os valores da AUC de 0,5 a 0,7 representam pouca precisão; valores entre 0,7 e 0,9 indicam um teste útil para discriminar os casos; e valores superiores a 0,9 indicam alta precisão.

O terceiro tipo de validade, a validade de construto, refere-se à demonstração dos construtos subjacentes que o instrumento permite medir. A validade de construto não pode ser observada diretamente pelos itens avaliados, e sim evidenciada por testes estatísticos. Esse tipo de validade pode ser estabelecido por meio de técnicas multivariadas, nas quais a análise fatorial é a estratégia mais adotada, tal como a análise exploratória e confirmatória.

A análise fatorial possibilita reduzir os itens que compõem uma escala com grande número de variáveis correlacionadas, permitindo formar uma estrutura menor. Essa variável extraída pela técnica de análise fatorial também é chamada de fator ou dimensão. Alguns teóricos da psicometria acreditam que essa estrutura de correlação refletiria o construto subjacente de uma escala de avaliação. Por exemplo, a maioria dos pesquisadores consegue extrair duas dimensões (cognitivo-afetivo e somático vegetativo) a partir dos 21 itens do Inventário de Depressão de Beck. Essas duas dimensões representam os construtos avaliados pelos itens dessa escala.

TRADUÇÃO E ADAPTAÇÃO DE INSTRUMENTOS DE AVALIAÇÃO

Embora o Brasil conte com alguns instrumentos psicométricos originais, na maioria das vezes, os pesquisadores traduzem e validam alguma escala já existente. No entanto, para que o instrumento permita uma adequada comparabilidade internacional de resultados, é necessário que sejam seguidos os passos estabelecidos para o processo de adaptação de uma escala ao nosso meio. A tradução e a retrotradução, apenas, podem não ser suficientes por uma série de razões. As manifestações clínicas, a evolução e o prognóstico de muitos transtornos podem sofrer a influência de fatores transculturais. Por exemplo, enquanto na cultura ocidental as perguntas relativas ao estado de humor podem estabelecer a intensidade de um quadro depressivo, na cultura oriental, os sintomas físicos são os que mais representam o mesmo quadro.

Outro aspecto relevante é o contexto dos hábitos regionais. Os instrumentos são construídos quase sempre com base em conceitos e normas prevalentes em populações norte-americanas e europeias; consequentemente, é necessário adaptá-los para estabelecer suas propriedades quando usados em diferentes grupos culturais e étnicos. Os dados normativos em diferentes culturas permitem comparar os resultados de pesquisas realizadas em diversos contextos.

A equivalência da versão traduzida em relação à original pode ser avaliada quanto à semântica (mesmo significado), ao conteúdo (itens relevantes), à técnica (forma de coleta), ao critério (mesma interpretação normativa) e ao conceito (mesmo construto teórico). Em termos semânticos, expressões regionais (p. ex., *butterflies in the stomach*) demandam a busca por alternativas aproximadas.

Resumidamente, a tradução de um instrumento de avaliação consiste dos seguintes procedimentos:

a. versão independente do instrumento para uma nova língua por dois profissionais bilíngues cientes dos objetivos da tradução
b. retrotradução ou versão da tradução para o idioma original por um profissional não familiarizado com a versão original
c. análise das três versões por um painel composto por especialistas familiarizados com o construto-alvo da escala, os quais devem conciliar inconsistências e incongruências da versão na nova língua
d. estudo-piloto da versão de conciliação na população-alvo
e. reavaliação com base nos dados resultantes do estudo-piloto
f. nova retrotradução dos itens problemáticos encontrados para eliminar as dificuldades detectadas na fase piloto

Após revisar 12 dos principais métodos disponíveis, Wild e colaboradores (2005) agruparam as consistências e definiram os princípios de boas práticas para o processo de tradução e adaptação cultural.

USO DE ESCALAS DE AVALIAÇÃO DE SINTOMAS PSIQUIÁTRICOS

As escalas de avaliação utilizadas em psiquiatria permitem determinar a existência de um sintoma, bem como estimar intensidade, frequência ou evolução ao longo do tempo, passando, necessariamente, pela subjetividade do paciente e/ou do avaliador. Elas podem auxiliar no rastreamento dos indivíduos que necessitam de tratamento, acompanhamento ou intervenção, mas não servem para fazer um diagnóstico clínico, o que é função das entrevistas diagnósticas.

Durante um tratamento, as escalas sensíveis a mudanças ajudam a monitorar a melhora e os efeitos adversos da intervenção, sendo importantes para determinar o prognóstico e definir a decisão de tratamento.

Existem escalas de avaliação de sintomas para as mais diferentes patologias e finalidades. Em psiquiatria, há instrumentos disponíveis para avaliar a maioria dos transtornos, e um número crescente de escalas tem sido traduzido e validado no Brasil (Gorenstein, Wang, & Hungerbühler, 2015, no prelo).

Em relação aos transtornos do humor, por exemplo, as escalas validadas em nosso meio para depressão são: Escala de Avaliação de Depressão de Hamilton, Escala de Depressão de Montgomery-Åsberg, Inventário de Depressão de Beck-II e Escala de Depressão do Centro de Estudos Epidemiológicos. Além destas, há escalas de depressão para transtornos ou condições específicas, tais como a Escala Calgary de Depressão para Esquizofrenia, a Escala de Depressão Pós-Parto de Edinburgh, a Escala de Avaliação de Depressão Infantil e a Escala de Depressão Geriátrica.

A exemplo da depressão, existem escalas para: mania, diferentes transtornos de ansiedade, psicoses, transtornos alimentares, transtornos do controle de impulsos, dependências, além de instrumentos para diversos transtornos específicos de uso exclusivo em idosos e crianças.

Alguns instrumentos podem ser usados independentemente da presença e do tipo de transtorno psiquiátrico, como, por exemplo, os que avaliam qualidade de vida, bem-estar, adequação social, funcionamento pessoal e relacionamento familiar.

A qualidade de vida abrange um conceito amplo, influenciado por saúde física, estado psicológico, nível de independência, relações sociais e ambiente, o que depende do contexto cultural e de padrões sociais.

O instrumento mais utilizado para avaliar qualidade de vida é o WHOQOL-100, da Organização Mundial da Saúde (OMS), e sua versão abreviada, o WHOQOL-BREF. O questionário genérico de qualidade de vida SF-36 foi desenvolvido especificamente para pesquisas em saúde e fornece um perfil funcional de saúde e bem-estar, além de um escore global das saúdes física e mental.

A adequação social avalia a interação entre o indivíduo e o ambiente social. Ela integra fatores que interferem no comportamento do indivíduo perante situações da vida cotidiana. O desempenho do indivíduo é considerado adequado quando está de acordo com os padrões de seu grupo de referência social, educacional, etário. A Escala de Adequação Social mede aspectos do desempenho em sete áreas: trabalho, vida social/lazer, relação familiar, relação marital, relação com filhos, vida doméstica e situação financeira.

O ambiente familiar pode ser avaliado, por exemplo, pela Escala de Avaliação Global de Funcionamento nas Relações (GARF), que considera a repercussão de quadros psiquiátricos no funcionamento familiar, e pela Escala do Ambiente Familiar (FES), que estima a percepção que cada membro da família tem dos demais.

COMO ESCOLHER UMA ESCALA DE AVALIAÇÃO

Diante da disponibilidade de tantos instrumentos construídos para os mais diversos objetivos, não é simples selecionar a escala mais adequada a um objetivo particular. O pesquisador e o usuário devem conhecer profundamente os conceitos envolvidos nos métodos para avaliar as qualidades dos instrumentos de investigação a fim de escolher a escala mais apropriada. Além disso, o pesquisador deve estar familiarizado com as propriedades, utilidades e limitações das escalas que deseja empregar, bem como conhecer as características de sua população-alvo.

Primeiramente, define-se claramente a finalidade da medida: avaliação de sintomas de determinada patologia, avaliação de bem-estar geral, de satisfação com cuidados, entre outras. Em seguida, é necessário verificar se o instrumento escolhido preenche seus objetivos e a abrangência desejada. Nesse caso, as escalas que estão traduzidas para o português e cujas propriedades psicométricas e validação já foram estudadas no nosso meio devem ser as preferidas.

Bons indicadores de confiabilidade e validade são, quase sempre, as características que qualificam a adequação de determinado instrumento. Entretanto, é necessário considerar algumas questões de ordem prática:

a. *Extensão do questionário* – se é curto o suficiente para permitir que seja rapidamente completado (p. ex., para pacientes com problemas de atenção é muito difícil responder escalas longas).

b. *Adequação à população* – no caso de autoavaliação, se os indivíduos que o preencherão serão capazes de compreender o significado dos itens, privilegiando clareza e simplicidade. Recomenda-se que as escalas sejam facilmente compreendidas até para o estrato educacional mais baixo da população-alvo. Em geral, as escalas formuladas com frases curtas e diretas, contendo expressões simples e precisas, são facilmente entendidas pelo respondente. Em contrapartida, frases longas ou com afirmações negativas confundem mais que as positivas, provocando falta de clareza e dúvidas no usuário da escala.

c. *Necessidade de treinamento* – escalas analógicas são de mais difícil entendimento, principalmente para aqueles respondentes de baixo nível educacional ou pacientes com declínio cognitivo. Na maioria das vezes, os indivíduos precisam ser treinados ou receber extensa assistência do aplicador para produzir resultados fidedignos.

A leitura exaustiva dos manuais deve preceder a aplicação do instrumento. Invariavelmente, esses textos contêm uma descrição detalhada da escala, especificando a população para a qual foi desenvolvida, a forma de administração e de avaliação, como os escores devem ser interpretados, as revisões pelas quais passou e as limitações de sua utilização. Algumas vezes, pode ser mais acertado aplicar mais do que uma medida para uma mesma finalidade, uma vez que dificilmente um único instrumento ideal esteja disponível para o objetivo do pesquisador.

CONSIDERAÇÕES FINAIS

Com os recentes progressos de diversas áreas nas últimas décadas, como a psicofarmacologia, a epidemiologia e a psicologia da personalidade, o uso de escalas de avaliação é uma das áreas científicas que avança rapidamente na psiquiatria e na psicologia. Quando adequadamente construídos, indicados e aplicados, os instrumentos psicométricos permitem estimar atributos, atitudes e habilidades, aos quais não se costuma ter acesso direto. Este capítulo apresentou alguns aspectos práticos do uso de uma escala de avaliação, na medida em que perspectivas cada vez mais sofisticadas da teoria psicométrica e modelos matemáticos complexos são adicionados à área. Basicamente, para obter boa validade e confiabilidade das pesquisas, o pesquisador deve esforçar-se, experimental e analiticamente, para se aprofundar no tema dos construtos teóricos que espera avaliar.

Na maioria das vezes, os pesquisadores brasileiros traduzem e adaptam alguma escala já existente em outra língua, pois construir novos instrumentos é um procedimento complexo e moroso. Além da posterior comparabilidade transcultural com as escalas originais, a rapidez e a facilidade desse direcionamento são suas principais motivações para adotar essa estratégia. Deve-se, contudo, ressaltar que o desempenho de um instrumento traduzido pode diferir de sua contraparte original, podendo refletir uma diferença entre duas amostras culturalmente diversas de sujeitos. Consequentemente, o processo de validação do instrumento deve preceder a equiparação direta dos dados empíricos brasileiros com os de outros países. Divergências linguísticas (dimensão semântica do objeto medido transculturalmente), alterações na redação e na aplicação da escala, amostragem e seleção de sujeitos são alguns fatores que influenciam as pontuações de um instrumento. Esses cuidados devem ser foco de atenção durante a análise e a interpretação dos dados, uma vez que constituem potenciais fontes de variabilidade da mensuração do objeto psicológico.

Por fim, a importância do construto a que se propõe examinar, a real necessidade de elaborar novas escalas de mensuração, bem como o aprimoramento de instrumentos disponíveis, são temas importantes para os pesquisadores. Em termos de relevância clínica, talvez nem toda variação de comportamento humano necessite de uma escala de avaliação. Para que os resultados obtidos sejam interpretados corretamente e assegurem a validade das investigações, recomenda-se que o pesquisador mantenha uma visão crítica dos limites dos instrumentos psicométricos, cada vez mais utilizados em situações clínicas e do mundo moderno (satisfação do cliente, pesquisa eleitoral, censo demográfico, etc.).

REFERÊNCIAS

Babbie, E. (2002). *The practice of social research* (9th ed.). Belmont: Wadsworth.

Erthal, T. C. (1987). *Manual de psicometria*. Rio de Janeiro: Jorge Zahar.

Gorenstein, C., Wang, Y., & Hungerbühler, I. (2015, no prelo). *Instrumentos de avaliação em saúde mental*. Porto Alegre: Artmed.

Guttman, L. (1950). The basis for scalogram analysis. In S. A. Stouffer, A. A. Lumsdaine, R. M. Williams, Jr., M. B. Smith, I. L. Janis, S. A. Star, & L. S. Cottrell, Jr. (Eds.), *Measurement and prediction* (Vol. 4, The American Soldier). New York: Wiley.

Likert, R. (1932). A technique for the measurement of attitudes. *Archives of Psychology, 22*(140), 1-55.

Pasquali, L. (2003). *Psicometria: Teoria dos testes na psicologia e na educação*. Petrópolis: Vozes.

Stevens, S. S. (1946). On the theory of scales of measurement. *Science, 103*(2684), 677-680.

Wild, D., Grove, A., Martin, M., Eremenco, S., McElroy, S., Verjee-Lorenz, A., ... ISPOR Task Force for Translation and Cultural Adaptation (2005). Principles of good practice for the translation and cultural adaptation process for Patient-Reported Outcomes (PRO) measures: Report of the ISPOR Task Force for Translation and Cultural Adaptation. *Value Health, 8*(2), 94-104.

A avaliação da funcionalidade e suas contribuições para a neuropsicologia

LUCIANA DE OLIVEIRA ASSIS
MARCELLA GUIMARÃES ASSIS

O conhecimento das habilidades e das dificuldades do indivíduo para gerir a vida diária, obtido por meio de diferentes procedimentos de avaliação funcional, possibilita estabelecer uma base de julgamento para o planejamento das intervenções e/ou da reabilitação, além de aferir, posteriormente, sua efetividade.

A neuropsicologia, cujo campo de estudo é a relação cérebro-comportamento, concentra o foco da avaliação no estabelecimento da extensão, do impacto e das consequências cognitivas, comportamentais, emocionais e sociais que as disfunções cerebrais acarretam para as pessoas (Camargo, Bolognani, & Zuccolo, 2008). A avaliação neuropsicológica auxilia o clínico na análise de padrões cognitivos específicos, permitindo, por exemplo, o estadiamento de quadros demenciais e a identificação de perdas cognitivas além do esperado para determinada faixa etária (Malloy-Diniz et al., 2013).

As disfunções, os transtornos e as doenças neurológicas e neuropsiquiátricas incluem amplo rol de condições de saúde, como o autismo, o déficit de atenção/hiperatividade, a esquizofrenia, o transtorno bipolar, o acidente vascular cerebral, o traumatismo cranioencefálico, as infecções e as demências (Camargo et al., 2008). Essas diversas condições de saúde afetam o modo como o indivíduo realiza as atividades e tarefas diárias, uma vez que os déficits cognitivos, mesmo moderados, produzem frequentemente alterações no desempenho funcional. A associação entre desempenho cognitivo e funcional vem sendo descrita ao longo dos anos nas mais diversas condições neurológicas e neuropsiquiátricas, sendo uma das correlações mais robustas em pesquisas na área da saúde mental (Harvey, 2012). A avaliação funcional, acrescida à avaliação neuropsicológica, possibilita estabelecer o perfil mais detalhado do desempenho funcional e cognitivo do indivíduo no cotidiano.

Ante as peculiaridades do processo de avaliação, e considerando as diferentes faixas etárias, as diversas condições de saúde que afetam o cérebro, primária e secundariamente, as características, geral e específica, dos instrumentos de mensuração, este capítulo aborda a avaliação funcional de adultos e idosos com distúrbios cognitivos.

PROCESSO DE AVALIAÇÃO FUNCIONAL

Conceito de funcionalidade e de avaliação funcional

A *Classificação internacional de funcionalidade, incapacidade e saúde* (CIF), proposta pela Organização Mundial da Saúde (OMS), descreve a funcionalidade englobando os domínios da saúde: estrutura e funções do corpo, atividade e participação. O primeiro domínio inclui as funções fisiológicas e/ou psicológicas dos sistemas corporais e suas partes anatômicas. A atividade refere-se à realização de uma tarefa ou ação pelo indivíduo no seu cotidiano, e a participação é o envolvimento em situação de vida diária. Segundo a CIF, a funcionalidade de um indivíduo implica uma interação dinâmica entre os estados de saúde, ou seja, doenças, lesões, traumas e os fatores contextuais (Organização Mundial da Saúde [OMS] & Organização Pan-americana de Saúde [OPAS], 2003).

A CIF utiliza os qualificadores – desempenho e capacidade – dos domínios atividade e participação para caracterizar o estado funcional dos indivíduos. O desempenho funcional delineia o que o indivíduo faz no contexto real em que vive, ou seja, no seu ambiente habitual. A capacidade descreve a habilidade para executar uma tarefa ou ação em um ambiente padronizado (OMS & OPAS, 2003).

A avaliação funcional, segundo Lawton e Brody (1969), é uma tentativa sistematizada de mensurar se um indivíduo está desempenhando as tarefas e atividades necessárias para o cumprimento de seus papéis sociais em diversas áreas, tais como integridade física, automanutenção, estado intelectual e emocional, atividades sociais e atitude em relação a si mesmo. As atividades realizadas rotineiramente pelo indivíduo são denominadas atividades de vida diária (AVD). Estas podem ser divididas em três grupos distintos: atividades básicas de vida diária (ABVD), atividades instrumentais de vida diária (AIVD) e atividades avançadas de vida diária (AAVD).

As ABVD são aquelas orientadas para o cuidado com o próprio corpo, tais como alimentar-se, banhar-se, vestir-se, fazer higiene, ter mobilidade funcional e controle dos esfíncteres. Essas atividades têm nível de complexidade menor e são de cunho mais pessoal. As AIVD referem-se às atividades relacionadas à vida independente e ativa na comunidade e estabelecem relação entre o domicílio e o meio externo. Essas atividades incluem, por exemplo, comprar e preparar alimentos, tomar remédios, administrar finanças, cuidar da limpeza da casa e da lavagem das roupas, usar transportes e telefone. As AIVD são mais fáceis de ser delegadas a outras pessoas do que as ABVD (James, 2011). A avaliação das AIVD permite definir se o indivíduo pode ou não viver sozinho. As AAVD congregam atividades sociais, ou seja, culturais, recreativas, religiosas e laborais (Reuben, Laliberte, Hiris, & Mor, 1990) e englobam, por exemplo, fazer e receber visitas, ir à igreja, exercer trabalho voluntário e participar de eventos culturais. A realização das AAVD sinaliza que o indivíduo apresenta autonomia, independência funcional e mais participação e envolvimento social.

A avaliação das atividades de vida diária possibilita descrever as habilidades e limitações do indivíduo nos seus contextos de vida. Cabe aos clínicos e aos pesquisadores eleger os procedimentos de avaliação mais adequados às suas demandas em um dado momento.

Procedimentos de avaliação

O processo de avaliação inicia-se com uma pergunta, e a natureza desse questionamento irá determinar o procedimento a ser utilizado (Wilson, 2011). A avaliação sistematizada da capacidade e/ou do desempenho funcional inclui diferentes formas de coleta da informação. Os clínicos e os pesquisadores, a partir do questionamento inicial que direciona a finalidade da avaliação, poderão utilizar a observação direta e indireta, a entrevista e os instrumentos, escalas e/ou protocolos padronizados.

Ressalta-se que esses procedimentos são utilizados, na maioria das vezes, em conjunto. Entretanto, para fins didáticos, serão apresentados separadamente neste capítulo.

Observação

A observação direta do indivíduo pelo profissional, no momento da avaliação funcional no espaço clínico e, posteriormente, no seu domicílio, possibilita acrescer informações mais refinadas sobre a capacidade e o desempenho funcional e auxilia na determinação de problemas cotidianos que devem ser abordados. No espaço clínico, quando possível, o profissional deve observar a pessoa desde o momento em que ela chega ao local e durante o período no qual aguarda pelo atendimento. Cabe destacar que o ambiente clínico é projetado para apresentar condições favoráveis à realização das atividades, podendo, assim, ampliar a capacidade funcional da pessoa avaliada. Contudo, é um ambiente desconhecido para o indivíduo, o que pode acarretar dificuldades.

Alguns instrumentos específicos podem ser utilizados no ambiente clínico, como o Direct Assessment of Functional Status (DAFS-R) (Loewenstein et al., 1989) e o Performance Test of Activities of Daily Living (PADL) (Wajman, Schultz, Marin, & Bertolucci, 2014), que permitem observar o indivíduo realizando tarefas diárias simuladas e conhecer suas estratégias para executá-las (Quadro 6.1).

No ambiente domiciliar, a observação ocorre no contexto real de desempenho, e o profissional tem a possibilidade de analisar detalhadamente o modo de realização das atividades, conhecer os materiais e recursos disponíveis, identificar as deficiências e os níveis de assistência necessários, além de conhecer os comportamentos e as formas de participação do indivíduo nas atividades familiares. A observação, que ocorre geralmente em períodos limitados do dia, desvela parte da rotina do indivíduo e agrega informações relevantes ao processo de avaliação, uma vez que a rotina é fundamental para indivíduos com distúrbios cognitivos. Na observação domiciliar, o profissional tem, ainda, a oportunidade de avaliar o ambiente, diagnosticar possíveis barreiras e identificar a necessidade de adaptações ambientais visando aumentar a independência do indivíduo.

Na observação direta, no ambiente clínico e no domicílio, o desempenho do indivíduo pode variar de acordo com sua motivação e cognição e, assim, pode não corresponder ao seu comportamento típico (Schmitter-Edgecombe, Parsey, & Cook, 2011). Ressalta-se também que essa observação é particularmente útil na avaliação de indivíduos que não têm um informante, em caso de dúvida quanto à legitimidade da informação ou, ainda, em casos de discrepância de opinião entre múltiplos informantes (Loewenstein & Acevedo, 2010).

A observação indireta refere-se ao relato de um informante, ou seja, de um familiar e/ou cuidador. Segundo Schmitter-Edgecombe e colaboradores (2011), o relato de um informante pode dar uma representação razoavelmente precisa do mundo real. Entretanto, a avaliação baseada no relato de um cuidador próximo do indivíduo, que partilhe seu cotidiano e esteja a par das principais dificuldades, também apresenta limitações. O julgamento que o cuidador faz do estado geral do indivíduo pode ser influenciado pelo seu grau de sobrecarga, por aspectos subjetivos e pelos padrões de dependência ao cuidado (Loewenstein & Acevedo, 2010).

A observação, direta e indireta, inserida no processo de avaliação possibilita complementar os dados obtidos por meio da entrevista e dos instrumentos padronizados de avaliação (Tirado, Barreto, & Assis, 2011).

QUADRO 6.1 • Instrumentos de avaliação das atividades diárias

Avaliação	Autor(es)	Tradução e adaptação para o Brasil	Idade	Finalidade
Activities of Daily Living Questionnaire (ADLQ)	Johnson, Barioon, Rademaker, Rehkemper e Weintraub (2004)	Medeiros e Guerra (2009)	Adultos e idosos	Avaliar o desempenho[1] em atividades básicas e instrumentais de vida diária, quantificando as habilidades funcionais de indivíduos com déficits cognitivos, como demências.
Direct Assessment of Functional Status (DAFS-BR)	Loewenstein e colaboradores (1989)	Pereira, Oliveira, Diniz, Forlenza e Yassuda (2010)	Idosos com ou sem comprometimento cognitivo	Avaliar o desempenho em atividades básicas e instrumentais de vida diária, fornecendo dados sobre a magnitude do prejuízo em cada domínio funcional.
Escala de Avaliação de Incapacidade em Demência (Disability Assessment for Dementia – DAD)	Gelinas, Gauthier, McIntyre e Gauthier (1999)	Carthery-Goulart e colaboradores (2007)	Adultos e idosos	Quantificar habilidades funcionais em atividades básicas, instrumentais e de lazer, bem como qualificar as dimensões cognitivas da incapacidade em relação a funções executivas, identificando áreas problemáticas: iniciação, planejamento, organização e desempenho efetivo.
Escala Bayer de Atividades da Vida Diária (Bayer Activities of Daily Living Scale – B-ADL)	Hindmarch, Lenfeld, de Johgh e Erzigkeit (1998)	Mapi Research Institute (1999)	Adultos e idosos	Avaliar os déficits funcionais em pacientes com demência leve a moderada, descrevendo o desempenho em ABVD, AIVD e atividades de lazer.
Escala Geral de Atividades de Vida Diária (EGAVD)	De Paula e colaboradores (2014)	De Paula e colaboradores (2014)	Adultos e idosos	Avaliar o desempenho em atividades básicas e instrumentais de vida diária, podendo ajudar no diagnóstico diferencial de comprometimento cognitivo leve e doença de Alzheimer.
Informant Questionnaire on Cognitive Decline in the Elderly (IQCODE)	Jorm e Jacomb (1989)	Sanchez e Lourenço (2009)	Idosos	Detectar declínio cognitivo.
Questionário de Atividades Funcionais (Functional Activities Questionnaire – FAQ)	Pfeffer, Kurosaki, Harrah Jr., Chance e Filos (1982)	Tradução da versão original: Sanchez, Correa e Lourenço (2011). Análise das propriedades psicométricas da versão adaptada por Moraes (2008) e Assis, De Paula, Assis, de Moraes e Malloy-Diniz (2014).	Adultos e idosos com escores cognitivos fronteiriços	Avaliar o desempenho em atividades instrumentais de vida diária, sendo potencialmente útil para discriminar indivíduos com comprometimento cognitivo daqueles não comprometidos.
Performance Test of Activities of Daily Living (PADL)	Kuriansky e Gurland (1976)	Wajman e colaboradores (2014)	Adultos e idosos	Avaliar autocuidado na clínica psiquiátrica.

[1] Os instrumentos presentes no Quadro 6.1 foram desenvolvidos em períodos anteriores à *Classificação internacional de funcionalidade, incapacidade e saúde* (CIF); assim, o conceito de desempenho difere daquele proposto pela CIF.

Entrevista

A entrevista é uma etapa do processo de avaliação que visa compreender a história do indivíduo, reunir informações e estabelecer prioridades para o tratamento (Henry, 2002). A entrevista inicial pode ser entendida como um "procedimento de rastreamento" que fornece indicação da necessidade de outros tipos de avaliação (Henry, 2002). Ressalta-se que ela deve ser realizada com o indivíduo e também com um familiar e/ou cuidador.

Na entrevista com o indivíduo com alterações cognitivas, dependendo do estágio de evolução da doença, alguns terão condições de participar efetivamente e de fornecer dados condizentes com sua realidade, mas outros poderão apresentar mais dificuldades durante essa etapa da coleta de dados. No processo de avaliação funcional, a entrevista prioriza reunir informações sobre o desempenho funcional e possibilita conhecer o padrão de interesse e de uso do tempo do indivíduo. O entrevistador colherá informações sobre a rotina diária do indivíduo no período anterior ao distúrbio cognitivo e atual, abordando o rol de atividades realizadas com enfoque nas habilidades e nas limitações apresentadas.

Os dados coletados com o familiar e/ou cuidador podem complementar as informações do indivíduo, subsidiar o diagnóstico e orientar o estadiamento da doença (Sampaio, Sanchez, & Lourenço, 2008). Cabe ainda destacar que, na entrevista, como na observação indireta, as características do informante, tais como o estado afetivo, personalidade, depressão ou sobrecarga, podem influenciar seus relatos. Apesar disso, o relato do informante, na anamnese ou em uma entrevista estruturada, tem sido mais valorizado na prática clínica e na pesquisa (Sampaio et al., 2008).

No Brasil, uma entrevista estruturada utilizada com o informante é o Informant Questionnaire on Cognitive Decline in the Elderly (IQCODE), que combina questões referentes ao desempenho cognitivo e funcional (Sanchez & Lourenço, 2009).

Instrumentos de avaliação

Em relação aos instrumentos de avaliação da funcionalidade, existe ampla variedade de escalas, instrumentos de aferição e questionários estruturados disponíveis na literatura. Alguns são extensamente aplicáveis, enquanto outros se destinam a condições de saúde específicas. Quanto à finalidade, existem instrumentos para rastreio, diagnóstico, avaliação clínica ou monitoramento, para avaliar apenas as lesões ou danos, ou mais abrangentes, que investigam a incapacidade e/ou o suporte social (McDowell, 2006).

Ante os inúmeros instrumentos de mensuração disponíveis na literatura, os clínicos e os pesquisadores questionam, de modo recorrente: "qual instrumento eleger?" e "quais critérios priorizar na seleção de um instrumento?". Se, por um lado, a proliferação de instrumentos de medida da funcionalidade contribuiu para disponibilizar escalas com diferentes propósitos, para diversas condições de saúde e faixas etárias, por outro lado, essa diversidade acarretou a necessidade de seleção mais criteriosa dos instrumentos pelos profissionais, que envolve, frequentemente, certa dificuldade na tomada de decisão.

Após a definição da finalidade da avaliação, da condição de saúde e da faixa etária, como, por exemplo, avaliar as atividades instrumentais de vida diária de um idoso com demência, a escolha do instrumento deve priorizar sua qualidade, com foco nas evidências relacionadas às propriedades psicométricas, ou seja, a validade e a confiabilidade (McDowell, 2006). Deve-se também considerar se o instrumento foi adaptado culturalmente para a população brasileira e se as informações referentes às propriedades psicométricas, para essa população, estão publicadas. A seleção do instrumento deve, ainda, ser pautada na experiência clínica e no conhecimento do avaliador em relação ao protocolo. A seguir, são abordados, de maneira mais detalhada, instrumentos utilizados para avaliação do estado funcional de indivíduos com distúrbios cognitivos.

AVALIAÇÃO FUNCIONAL NA NEUROPSICOLOGIA

Diversas doenças neurológicas e neuropsiquiátricas, com destaque para as demências, caracterizam-se por disfunção cognitiva e funcional persistente, que se agravam com a progressão da doença. Considerando o comprometimento funcional como um indicador relevante nesses quadros neurológicos e neuropsiquiátricos, a avaliação funcional poderá auxiliar na detecção precoce de doenças degenerativas e na implementação de ações de prevenção e tratamento (Loewenstein & Acevedo, 2010).

O Quadro 6.1 apresenta instrumentos de avaliação funcional de indivíduos com déficits cognitivos, adaptados para a população brasileira. Devido à relevância clínica, esses instrumentos serão apresentados de forma mais detalhada a seguir.

Activities of Daily Living Questionnaire (ADLQ) – Versão brasileira

Descrição: O questionário foi originalmente desenvolvido tendo como base a experiência clínica com pacientes com demência e o conhecimento sobre declínio funcional resultante do quadro (Johnson et al., 2004; Medeiros & Guerra, 2009). A forma de aplicação é por meio de entrevista com o cuidador principal, ou seja, a pessoa com mais contato e responsabilidade em assistir o paciente. O questionário é dividido em seis seções: autocuidado (vestir-se, banho, necessidades fisiológicas e preocupação com aparência pessoal); interação (locomover-se pela vizinhança, compreeder e conversar); atividade intelectiva (ler e escrever); organização e planejamento (viagem, finanças e telefone); participação social (grupos, dinheiro, compras); alimentação (comer e tomar remédios). Cada item é pontuado de 0 (sem problemas) a 3 (não é capaz de desempenhar a atividade). O escore é calculado por seção; assim, para cada seção, multiplica-se por 3 o número total de questões respondidas, representando a pontuação máxima para aquela seção. Em seguida, soma-se a pontuação total (soma das respostas) para aquela seção e divide-se pela pontuação máxima. O escore 0 a 0,33 indica incapacidade leve, de 0,34 a 0,66, indícios de incapacidade moderada, e de 0,67 a 0,1, incapacidade grave. Para obter a porcentagem da diminuição de capacidade, multiplica-se por 100 o escore obtido na seção.

Comentários: O ADLQ versão brasileira apresentou boa confiabilidade (Medeiros & Guerra, 2009), entretanto esse questionário ainda é pouco usado em estudos no Brasil.

Direct Assessment of Functional Status (DAFS-R) – DAFS-BR

Descrição: O DAFS-R, criado nos Estados Unidos, é uma avaliação funcional objetiva baseada na observação direta do desempenho do indivíduo (Loewenstein et al., 1989). A versão brasileira, DAFS-BR, contém seis domínios, cada um composto de subdomínios que têm pontuação específica:

1. orientação temporal – 16 pontos (dizer hora e data)
2. comunicação – 15 pontos (usar telefone e preparar carta para postar)

3. dinheiro – 32 pontos (identificar e contar a moeda corrente, calcular troco, preencher cheque e calcular saldo)
4. compras – 20 pontos (recordar produtos espontaneamente ou por reconhecimento e selecionar itens de lista escrita)
5. vestir-se e higienizar-se – 13 pontos (escovar os dentes, lavar as mãos e vestir-se)
6. alimentação – 10 pontos (usar garfo, faca, colher, servir água e beber do copo)

O escore total varia de 0 a 106 pontos, sendo que quanto maior a pontuação, melhor o desempenho. Os pontos de corte sugeridos por Pereira (2010) para diferenciar idosos sem comprometimento cognitivo daqueles com doença de Alzheimer são de 86 pontos (sensibilidade de 100% e especificidade de 93,7%) e, para diferenciar aqueles sem comprometimento daqueles com comprometimento cognitivo leve, de 93 pontos (sensibilidade de 80,6% e especificidade de 84,47%).

Comentários: Em cada país em que o instrumento foi validado, sua versão sofreu pequenas variações. A versão brasileira, DAFS-BR, mantém as características psicométricas originais, é estável e capaz de diferenciar indivíduos cognitivamente preservados daqueles com comprometimento cognitivo leve e doença de Alzheimer. Entretanto, esse instrumento sofre influência modesta da idade e da escolaridade (Pereira, 2010).

Formas alternativas: Em sua versão original, o DAFS-R é composto de sete domínios, mas o estudo de adaptação transcultural brasileiro excluiu o subdomínio "habilidades de transporte", que envolve a capacidade do indivíduo de nomear a atitude adequada de um motorista diante de sinais de trânsito. Foi eliminado porque 90% dos entrevistados brasileiros não eram condutores e tinham dificuldade em interpretar esses sinais (Pereira et al., 2010).

Escala de Avaliação de Incapacidade em Demência (Disability Assessment for Dementia – DAD)

Descrição: A DAD foi baseada no modelo de saúde proposto pela OMS (Carthery-Goulart et al., 2007). A escala é aplicada por meio de entrevista com o cuidador e avalia o que o paciente é efetivamente capaz de fazer sem ajuda ou sem ser lembrado. É composta de 40 itens, que incluem ABVD (vestir-se, higiene pessoal, controle esfincteriano e alimentação), AIVD (preparar pequenas refeições, realizar trabalhos domésticos, cuidados com finanças e correspondências, sair, tomar remédios e ficar em casa de forma segura) e atividades de lazer (realização efetiva e interesse mostrado por elas). Os itens são pontuados como: "sim" (1 ponto), quando o familiar tiver feito ou tiver tentado fazer alguma das atividades nas duas últimas semanas, sem ajuda e sem ser lembrado; "não" (0 ponto), quando o familiar não tiver feito ou não tiver tentado fazer essa atividade porque não consegue mais fazê-la sem ajuda ou sem ser lembrado; e "N/A", "não aplicável" (0 ponto), quando o familiar não tiver feito ou não tiver tentado fazer uma atividade porque não teve a oportunidade nas duas últimas semanas. A pontuação total é obtida somando-se os pontos de cada item e transformando o valor total em porcentagem (DAD%). O escore indica o desempenho global nas atividades, e maior escore corresponde a melhor desempenho (Fialho, 2010).

Comentários: A versão brasileira da DAD é de fácil aplicação e boa confiabilidade. Existem, ainda, estudos de validação e índices de acurácia diagnóstica para a doença de Alzheimer (Bahia et al., 2010; Carthery-Goulart et al., 2007). A escala pode ser utilizada na prática clínica e na pesquisa.

Escala Bayer de Atividades da Vida Diária (Bayer Activities of Daily Living Scale – B-ADL)

Descrição: A escala B-ADL foi idealizada para ser administrada a populações de culturas diferentes e respondida por um cuidador ou familiar próximo (Hindmarch et al., 1998). Ela é composta de 25 itens. Os dois primeiros itens da escala avaliam a capacidade do paciente de lidar com atividades diárias e cuidar de si mesmo. Os itens 3 a 20 avaliam AIVD (tomar medicamento, cuidar da higiene, lembrar-se de compromissos, concentrar-se na leitura, descrever o que viu ou ouviu, participar de conversa, usar telefone, dar recado, sair para caminhar sem se perder, fazer compras, preparar comida, contar dinheiro, lidar com as contas, ensinar um caminho, usar eletrodoméstico, orientar-se em lugar não familiar, usar meio de transporte) e a participação em atividades de lazer. Os últimos cinco itens avaliam funções cognitivas importantes para a realização de atividades de vida diária, como continuar a atividade depois de interrupção, fazer duas tarefas ao mesmo tempo, lidar com situações não familiares, realizar as atividades em segurança e sob pressão (Barczak, 2011). Os itens são pontuados em uma escala de 1 a 10 pontos. Além dessa escala de 10 pontos, a categoria "não se aplica" pode ser utilizada naqueles casos nos quais a dificuldade ocorreria devido a qualquer transtorno não cognitivo. Quando o informante não consegue avaliar o paciente em alguma atividade, por não dispor da informação necessária, pode utilizar a categoria "não sabe". O escore total é composto da soma dos pontos, excluindo-se as perguntas respondidas como "não sabe" ou "não se aplica", e a divisão desse total pelo número de itens que receberam pontuação.

Comentários: A utilização da B-ADL no processo de avaliação de indivíduo com suspeita de demência deve ocorrer combinada a um teste cognitivo, a fim de rastrear a doença com mais sensibilidade e especificidade (Nitrini et al., 2005). No Brasil, existem estudos de validação e índices de acurácia diagnóstica para doença de Alzheimer (Folquito et al., 2007; Mapi Research Institute, 1999).

Escala Geral de Atividades de Vida Diária (EGAVD)

Descrição: A escala foi desenvolvida a partir da análise das características psicométricas do Índice de Katz e da Escala de Lawton (De Paula et al., 2014). A estrutura fatorial desses inventários de ABVD e AIVD foi avaliada, com o objetivo de investigar a divisão de componentes com base na complexidade das tarefas. O desempenho em 14 AVD de pacientes com doença de Alzheimer leve e comprometimento cognitivo leve amnéstico foi avaliado, sendo encontrada uma estrutura com três componentes, um com ABVD, nomeado AVD de autocuidado, e dois com AIVD, nomeados AVD domésticas e AVD complexas, com correlações moderadas entre eles. Com base nessa nova distribuição, o questionário ficou constituído por 13 itens, que avaliam o desempenho em AVD de autocuidado (vestir-se, alimentar-se, transferir-se, usar o sanitário e higienizar-se), domésticas (realizar pequenos trabalhos domésticos, usar o telefone, preparar refeições, lavar e passar roupa) e complexas (controlar finanças, sair sozinho usando algum transporte e tomar remédios). O escore de AVD de autocuidado varia de 0 (pior) a 10 (melhor), e das AVD domésticas e complexas, de 0 a 8. O escore total varia de 0 (pior) a 26 pontos (melhor). A entrevista com informante, parente ou cuidador que vive com o paciente e acompanha seu desempenho no dia a dia é a forma de aplicação recomendada para o instrumento.

Comentários: Os três componentes, AVD de autocuidado, AVD domésticas e AVD complexas, apresentam boa consistência interna (> 0,800) e acurácia moderada (participantes mais jovens) e alta (participantes mais velhos) para a distinção entre comprometimento cognitivo leve e doença de Alzheimer (De Paula et al., 2014).

Questionário do Informante para Detecção do Declínio Cognitivo em Idosos (Informant Questionnaire on Cognitive Decline in the Elderly – IQCODE)

Descrição: O questionário foi desenvolvido na Austrália e utiliza o relato de um informante que conviva com o idoso há pelo menos 10 anos. É composto de 26 itens que abordam situações variadas nas quais o indivíduo necessita utilizar a memória ou o raciocínio (Sanchez, 2007). O IQCODE compara o desempenho atual do indivíduo com o desempenho de 10 anos atrás. O escore varia de 1 a 5, com as seguintes opções de respostas:

1. muito melhor
2. um pouco melhor
3. não houve mudança
4. um pouco pior
5. muito pior

O resultado final é a soma ponderada dos itens, dividido pelo total de itens da escala. Escore igual ou inferior a 3 pontos indica que não há alteração; escore 4 indica considerável alteração; e 5, muita alteração (Sanchez & Lourenço, 2009).

Comentários: O IQCODE é uma escala de fácil administração e breve, levando cerca de 10 minutos para ser preenchida (Sanchez & Lourenço, 2009). Seu uso é sugerido no processo de avaliação de indivíduos com síndromes demenciais, combinada a um teste cognitivo, a fim de melhorar a detecção da doença em nosso meio (Nitrini et al., 2005).

Formas alternativas: Algumas traduções informais para a língua portuguesa são encontradas na literatura, apesar de o IQCODE ter sido submetido a meticuloso trabalho de tradução e adaptação transcultural para o Brasil (Sanchez, 2007).

Questionário de Atividades Funcionais (Functional Activities Questionnaire – FAQ)

Descrição: O FAQ foi desenvolvido para avaliar o desempenho de idosos residentes na comunidade, com função preservada e/ou apenas levemente afetada, bem como indivíduos com escores cognitivos fronteiriços. A entrevista com informante é a forma de aplicação mais utilizada. O questionário avalia 10 AIVD e habilidades cognitivas (Pfeffer et al., 1982): controlar as necessidades financeiras; lidar com negócios ou documentos; fazer compras sozinho; ter algum passatempo; esquentar água para fazer café e desligar o fogão; preparar uma refeição completa; prestar atenção, entender e comentar novelas, jornais ou revistas; acompanhar os eventos atuais; lembrar-se de compromissos e medicações; sair do bairro, dirigir, andar, pegar ou trocar de ônibus, trem ou avião. O escore total varia de 0 a 30 (pior desempenho), sendo que o ponto de corte utilizado com mais frequência como indicador de incapacidade funcional é o de 5 pontos (Assis, Assis, De Paula, & Malloy-Diniz, 2015, no prelo).

Comentários: O FAQ é uma ferramenta comumente utilizada para avaliação funcional em contextos de pesquisa e em estudos epidemiológicos sobre demências (Aprahamian, Martinelli, Cecato, & Yassuda, 2011). O interesse de diferentes centros de pesquisa no questionário tem crescido nos últimos anos, especialmente após sua inclusão no protocolo de avaliação do Alzheimer's Disease Neuroimaging Initiative (ADNI, 2014).

Formas alternativas: Assis e colaboradores (2015, no prelo) constataram que diferentes versões baseadas no FAQ são amplamente aplicadas no Brasil. Esses autores ressaltam, ainda, que, embora as traduções tenham características semelhantes ao questionário proposto por Pfeffer e colaboradores (1982), algumas questões foram completamente alteradas, sendo possível ter ocorrido modificação em sua estrutura original. Uma das versões mais frequentemente usadas no Brasil, tanto na prática clínica quanto na pesquisa, inclui as seguintes atividades: controlar as próprias finanças, fazer compras, esquentar água e apagar o fogo, preparar refeição, manter-se atualizado, assistir às notícias e discuti-las, manter-se orientado andando pela vizinhança, lembrar-se de compromissos, cuidar de sua própria medicação e ficar sozinho em casa, sendo que as três últimas questões diferem da versão original do FAQ. Essa versão foi avaliada em uma amostra heterogênea de idosos brasileiros (Assis et al., 2014) e apresentou bons indicadores de confiabilidade, fidedignidade, validade de critério e de construto.

Performance Test of Activities of Daily Living (PADL)

Descrição: O PADL é um instrumento que avalia habilidades comportamentais objetivas por meio da observação real do desempenho do paciente, em ambiente de consultório (Wajman et al., 2014). O teste é constituído por 15 atividades que envolvem ABVD e AIVD, como encher um copo de água e beber, fazer um telefonema, fazer barba e aplicar maquiagem, dizer as horas olhando um relógio, acender e apagar uma luz, entre outras. Os escores variam entre 0 (realizou completamente), 1 (realizou corretamente) ou 9 (incapaz), e os pacientes são categorizados em três níveis de funcionalidade: independente, parcialmente dependente e dependente.

Comentários: A aplicação do PADL é breve, em cerca de 20 minutos, e o teste revelou-se apropriado e confiável na avaliação objetiva de pacientes com doença de Alzheimer em fases avançadas (Wajman et al., 2014).

Além desses instrumentos, a Escala de Blessed (Blessed Dementia Rating Scale) também é bastante utilizada no Brasil, em estudos que envolvem a população idosa com demência, apesar de não ter sido traduzida nem validada (Canon & Novelli, 2012). Foi desenvolvida em 1968 com o objetivo de descrever o desempenho de indivíduos com demência nas ABVD e AIVD (Blessed, Tomlinson, & Roth, 1968). A escala é composta por 22 itens divididos em três seções, que abordam as modificações ocorridas nos últimos seis meses:

a. mudanças no desempenho em atividades de vida diária
b. mudanças nos hábitos
c. alterações de personalidade, interesse e iniciativa

O instrumento é baseado no relato de um informante e pontua a incapacidade, sendo que o escore varia de 0 (normal) a 28 pontos (incapacidade extrema).

Outros instrumentos de avaliação funcional, não específicos para adultos e idosos com déficits cognitivos, frequentemente utilizados na clínica e na pesquisa, no Brasil, são apresentados a seguir:

a. **Índice de Katz:** um dos instrumentos mais utilizados para avaliar o desempenho nas ABVD. O índice inclui seis atividades: alimentação, continência, transferência, higiene, vestir-se e banho (Katz, Ford, Moskowitz,

Jackson, & Jaffe, 1963). O instrumento está adaptado para o contexto brasileiro (Lino, Pereira, Camacho, Ribeiro Filho, & Buksman, 2008).
b. **Índice de Barthel:** avalia o grau de assistência requerido no desempenho de ABVD, como alimentação, higiene pessoal, vestir-se, controle dos esfíncteres, deambulação, subir escadas e transferência (Mahoney & Barthel, 1965). O Índice de Barthel tem estudo de validação para a população brasileira (Minosso, Amendola, Alvarenga, & Oliveira, 2010).
c. **Escala de Lawton e Brody:** instrumento amplamente utilizado na pesquisa e na prática clínica para avaliar as AIVD. Avalia o desempenho no uso do telefone, na locomoção usando meio de transporte, nas compras, na realização de trabalhos domésticos, no preparo de refeição, no uso de medicamentos e no controle de finanças (Lawton & Brody, 1969). Não são encontrados estudos de validação da escala (Canon & Novelli, 2012).
d. **Medida de Independência Funcional (MIF):** investiga o desempenho em 18 ABVD e AIVD agrupadas em seis dimensões: autocuidado, controle de esfíncteres, mobilidade (transferências), locomoção, comunicação e cognição social (Granger, Hamilton, Keith, Zielezny, & Sherwin, 1986). A MIF foi adaptada para o Brasil, e são encontrados dados de validação para a população com lesão medular e lesão encefálica adquirida (Riberto et al., 2004), mas sua aplicação foi pouco estudada em pacientes com demência.
e. **Brazilian version of Older Americans Research and Services Multidimensional Functional Assessment Questionnaire (BOMFAQ):** instrumento composto de 15 itens, sendo 8 de ABVD (deitar/levantar da cama, comer, pentear cabelo, andar, tomar banho, vestir-se, ir ao banheiro e cortar as unhas dos pés) e 7 de AIVD (subir escadas, cuidar dos medicamentos, andar perto de casa, fazer compras, preparar refeição, sair de condução e limpar a casa). O instrumento foi traduzido e adaptado para a população brasileira (Ramos & Goihman, 1989).

CONSIDERAÇÕES FINAIS

A avaliação funcional possibilita traçar o perfil de desempenho do indivíduo nas atividades de vida diária, contribuindo para a detecção precoce de doenças degenerativas, para a elaboração do plano de intervenção e/ou reabilitação e para o posterior acompanhamento dos resultados. Considerando que o comprometimento funcional é um indicador relevante nos quadros neurológicos e neuropsiquiátricos, essa avaliação deve ser acrescida à neuropsicológica durante os processos avaliativos de adultos e idosos com distúrbios cognitivos. Nesses processos, os clínicos e os pesquisadores têm o desafio de eleger o procedimento de avaliação mais adequado. Cabe, ainda, ressaltar a necessidade de utilização de instrumentos de avaliação funcional adaptados culturalmente para a população brasileira, diante da grande disponibilidade de instrumentos na literatura.

REFERÊNCIAS

Alzheimer's Disease Neuroimaging Initiative (ADNI). (2014). *ADNI procedures manual*. Recuperado de http://www.adni-info.org/Scientists/ADNI StudyProcedures. aspx

Aprahamian, I., Martinelli, J. E., Cecato, J., & Yassuda, M. S. (2011). Screening for Alzheimer's disease among illiterate elderly: Accuracy analysis for multiple instruments. *Journal of Alzheimer Disease, 26*(2), 221-229.

Assis, L. O., Assis, M. G., De Paula, J. J., & Malloy-Diniz, L. F. (2015, no prelo). O questionário de atividades funcionais de Pfeffer: Revisão integrativa da literatura brasileira. *Estudos Interdisciplinares Sobre o Envelhecimento.*

Assis, L. O., De Paula, J. J., Assis, M. G., de Moraes, E. N., & Malloy-Diniz, L. F. (2014). Psychometric properties of the Brazilian version of Pfeffer's Functional Activities Questionnaire. *Frontiers in Aging Neuroscience, 6,* 255.

Bahia, V. S., Carthery-Goulart, M. T., Novelli, M. M., Kato-Narita, E.M., Areza-Fegyveres, R., Caramelli, P., & Nitrini, R. (2010). Functional disability in Alzheimer disease: a validation study of the Brazilian version of Disability Assessment for Dementia (DAD-Br). *Alzheimer Disease and Associated Disorders, 24*(3), 291-295.

Barczak, D. S. (2011). *Validação de escala para rastreamento de depressão em idosos: Importância de um teste de aplicação rápida* (Dissertação de mestrado, Faculdade de Medicina da Universidade de São Paulo, São Paulo).

Blessed, G., Tomlinson, B. E., & Roth, M. (1968). The association between quantitative measures of dementia and of senile change in the cerebral grey matter of elderly subjects. *The British Journal of Psychiatry, 114*(512), 797-811.

Camargo, C. H. P., Bolognani, S. A. P., & Zuccolo, P. F. (2008). O exame neuropsicológico e os diferentes contextos de aplicação. In D. Fuentes, L. F. Malloy-Diniz, C. H. P. Camargo, & R. M. Cosenza, R. M. (Orgs.), *Neuropsicologia: Teoria e prática* (pp. 103-118). Porto Alegre: Artmed.

Canon, M. B. F., & Novelli, M. M. P. C. (2012). Estudo dos instrumentos de avaliação funcional em demência comumente utilizados no Brasil. *Revista de Terapia Ocupacional da Universidade de São Paulo, 23*(3), 253-262.

Carthery-Goulart, M. T., Areza-Fegyveres, R., Schultz, R. S., Okamoto, I., Caramelli, P., Bertolucci, P. H., & Nitrini, R. (2007). Adaptação transcultural da escala de avaliação de incapacidade de demência (Disability Assessment For Dementia – DAD). *Arquivos de Neuro-Psiquiatria, 65*(3b), 916-919.

De Paula, J. J., Bertola, L., Avila, R. T., Assis, L. O, Albuquerque, M., Bicalho, M. A. ... Malloy-Diniz, L. F. (2014). Development, validity, and reliability of the General Activities of Daily Living Scale: A multidimensional measure of activities of daily living for older people. *Revista Brasileira de Psiquiatria, 36*(2), 143-152.

Fialho, P. P. A. (2010). *Programa de intervenção cognitivo-comportamental para cuidadores-familiares de idosos com demência* (Tese de doutorado, Universidade Federal de Minas Gerais, Belo Horizonte).

Folquito, J. C., Bustamante, S. E. Z., Barros, S. B., Azevedo, D., Lopes, M.A., Hototian, S.R. ... Bottino, C.M. (2007). The Bayer: Activities of Daily Living Scale (B-ADL) in the differentiation between mild to moderate dementia and normal aging. *Revista Brasileira de Psiquiatria, 29*(4), 350-353.

Gelinas, I., Gauthier, L., McIntyre, M., & Gauthier, S. (1999). Development of a functional measure for persons with Alzheimer's disease: The disability assessment for dementia. *The American Journal of the Occupational Therapy, 53*(5), 471-481.

Granger, C. V., Hamilton, B. B., Keith, R. A., Zielezny, M., & Sherwin, F. S. (1986). Advances in functional assessment for medical rehabilitation. *Topics in Geriatric Rehabilitation, 1*(3), 59-74.

Harvey, P. D. (2012). Clinical neuropsychological assessment. *Dialogues in Clinical Neuroscience, 14*(1), 91-99.

Henry, A. D. (2002). O processo de entrevista em terapia ocupacional. In M. E. Neistadt, & E. B. Crepeau, *Terapia ocupacional Willard e Spackman* (pp. 141-152). Rio de Janeiro: Guanabara Koogan.

Hindmarch, I., Lehfeld, H., de Jongh, P., & Erzigkeit, H. (1998). The Bayer Activities of Daily Living Scale (B-ADL). *Dementia and Geriatric Cognitive Disorders, 9*(Suppl 2), 20-26.

James, A. B. (2011). Atividades de vida diária e atividades instrumentais de vida diária. In E. B. Crepeau, E. S. Cohn, & B. A. B. Schell (Eds.), *Willard e Spackman terapia ocupacional* (11. ed., pp. 546-587). Rio de Janeiro: Guanabara Koogan.

Johnson, N., Barion, A., Rademaker, A., Rehkemper, G., & Weintraub, S. (2004). The activities of daily living questionnaire: A validation study in patients with dementia. *Alzheimer Disease and Associated Disorders, 18*(4), 223-230.

Jorm, A. F., & Jacomb, P. A. (1989). The informant questionnaire on cognitive decline in the elderly (IQCODE): Socio-demographic correlates, reliability, validity and some norms. *Psychological Medicine, 19*(4), 1015-1022.

Katz, S., Ford, A. B., Moskowitz, R. W., Jackson, B. A., & Jaffe, M. W. (1963). Studies of illness in the aged; The Index of ADL: A standardized measure of biological and psychosocial function. *JAMA, 185*(12), 914-919.

Kuriansky, J. A., & Gurland, B. (1976). The performance test of activities of daily living. *International Journal of Aging & Hum Development, 7*(4), 343-352.

Lawton, M. P., & Brody, E. M. (1969). Assessment of older people: Self-monitoring and instrumental activities of daily living. *The Gerontologist, 9*(3), 179-186.

Lino, V. T. S., Pereira, S. R., Camacho, L. A., Ribeiro Filho, S. T., & Buksman, S. (2008). Adaptação transcultural da Escala de Independência em atividades da vida diária (Escala de Katz). *Cadernos de Saúde Pública, 24*(1), 103-112.

Loewenstein, D. A., & Acevedo, A. (2010). The relationship between instrumental activities of daily living and neuropsychological performance. In T. D. Marcotte, & I. Grant (Eds.), *Neuropsychology of everyday functioning* (chap. 4, pp. 93-112). New York: Guilford.

Loewenstein, D. A., Amigo, E., Duara, R., Guterman, A., Hurwitz, D., Berkowitz, N., ... Eisdorfer, C. (1989). A new scale for the assessment of functional status in Alzheimer's disease and related disorders. *The Journals of Gerontology, 44*(4), 114-121.

Mahoney, F. I., & Barthel, D. W. (1965). Functional evaluation: The Barthel Index. *Maryland State Medical Journal, 14*, 61-65.

Malloy-Diniz, L. F., Abreu, N., Bertola, L., Fuentes, D., Antunes, A. M., De Paula, J. J., & Haase, V. G. (2013). O exame neuropsicológico do idoso. In L. F. Malloy-Diniz, D. Fuentes, & R. M. Cosenza (Orgs.), *Neuropsicologia do envelhecimento: Uma abordagem multidimensional* (pp. 243-264). Porto Alegre: Artmed.

Mapi Research Institute. (1999). *Cultural Adaptation of the Bayer Activities of Daily Living Scale (B-ADL) into Brazilian Portuguese. Report*. Lyon-France: Mapi Research Institute.

McDowell, I. (2006). *Measuring health*. New York: Oxford University.

Medeiros, M. E., & Guerra, R. O. (2009). Tradução, adaptação cultural e análise das propriedades psicométricas do Activities of Daily Living Questionnaire (ADLQ) para avaliação funcional de pacientes com a doença de Alzheimer. *Revista Brasileira de Fisioterapia, 13*(3), 257-266.

Minosso, J. S. M., Amendola, F., Alvarenga, M. R. M., & Oliveira, M. A. C. (2010). Validação, no Brasil, do Índice de Barthel em idosos atendidos em ambulatórios. *Acta Paulista de Enfermagem, 23*(2), 218-223.

Moraes, E. N. (2008). Protocolo de avaliação multidimensional do idoso. In E. N. Moraes, *Princípios básicos de geriatria e gerontologia* (pp. 157-88). Belo Horizonte: Coopmed.

Nitrini, R., Caramelli, P., Bottino, C. M., Damasceno, B. P., Brucki, S. M., & Anghinah, R. (2005). Diagnóstico de doença de Alzheimer no Brasil: Avaliação cognitiva e funcional. Recomendações do Departamento Científico de Neurologia Cognitiva e do Envelhecimento da Academia Brasileira de Neurologia. *Arquivos de Neuropsiquiatria, 63*(3A), 720-727.

Organização Mundial de Saúde (OMS), & Organização Pan-americana de Saúde (OPAS). (2003). *Classificação Internacional de Funcionalidade, Incapacidade e Saúde: CIF*. São Paulo: Universidade de São Paulo.

Pereira, F. S. (2010). *Funções executivas e funcionalidade no envelhecimento normal, comprometimento cognitivo leve e doença de Alzheimer* (Tese de doutorado, Universidade de São Paulo, São Paulo).

Pereira, F. S., Oliveira, A. M., Diniz, B. S., Forlenza, O. V., & Yassuda, M. S. (2010). Cross-cultural adaptation, reliability and validity of the DAFS-R in a sample of Brazilian older adults. *Archives of Clinical Neuropsychology, 25*(4), 335-343.

Pfeffer, R. I., Kurosaki, T. T., Harrah Jr., C. H., Chance, J. M., & Filos, S. (1982). Measurement of functional activities in older adults in the community. *Journal of Gerontology, 37*(3), 323-329.

Ramos, L. R., & Goihman, S. (1989). Geographic stratification by socio-economic status: methodology from a household survey with elderly people in São Paulo, Brazil. *Revista de Saúde Pública, 23*(6), 478-492.

Reuben, D. B., Laliberte, L., Hiris, J., & Mor, V. (1990). A hierarchical exercise scale to measure function at the Advanced Activities of Daily Living (AADL) level. *Journal of the American Geriatric Society, 38*(8), 855-861.

Riberto, M., Miyazaki, M. H., Jucá, S. S. H., Sakamoto, H., Pinto, P. P. N., & Battistella, L. R. (2004). Validação da versão brasileira da medida de independência funcional. *Acta Fisiátrica, 11*(2), 72-76.

Sampaio, S. G. S. M., Sanchez, M. A., & Lourenço R. A. (2008). A avaliação do declínio cognitivo com base no relato do informante. *Revista do Hospital Universitário Pedro Ernesto, UERJ, 7*, 57-67.

Sanchez, M. A. S. (2007). *Questionário baseado no relato do informante para a detecção do declínio cognitivo em idosos: Tradução, adaptação transcultural e estudo da confiabilidade* (Dissertação de mestrado, Universidade do Estado do Rio de Janeiro, Rio de Janeiro).

Sanchez, M. A. S., Correa, P. C. R., & Lourenço, R. A. (2011). Cross-cultural adaptation of the "Functional

Activities Questionnaire- FAQ" for use in Brazil. *Dementia & Neuropsychology, 5*(4), 322-327.

Sanchez, M. A. S., & Lourenço, R. A. (2009). Informant Questionnaire on Cognitive Decline in the Elderly (IQCODE): Cross-cultural adaptation for use in Brazil. *Cadernos de Saúde Pública, 25*(7), 1455-1465.

Schmitter-Edgecombe, M., Parsey, C., & Cook, D. J. (2011). Cognitive correlates of functional performance in older adults: Comparison of self-report, direct observation, and performance-based measures. *Journal of the International Neuropsychological Society, 7*(5), 853-864.

Tirado, M. G. A., Barreto, K. M. L., & Assis, L. O. (2011). Terapia ocupacional em gerontologia. In E. V. Freitas, & L. Py. (Eds.), *Tratado de geriatria e gerontologia* (3. ed., Cap. 127, pp. 1422-1428). Rio de Janeiro: Guanabara Koogan.

Wajman, J. R., Schultz, R. R., Marin, S. M. C., & Bertolucci, P. H. F. (2014). Adaptação e correlação entre instrumentos cognitivos e funcionais para o estadiamento e acompanhamento da doença de Alzheimer em fases avançadas. *Revista de Psiquiatria Clínica, 41*(1), 5-8.

Wilson, B. A. (2011). *Reabilitação da memória: Integrando teoria e prática*. Porto Alegre: Artmed.

Como montar uma bateria para avaliação neuropsicológica

NEANDER ABREU
ADRIELE WYZYKOWSKI
NATÁLIA CANÁRIO
PÉTALA GUIMARÃES
SAMARA P. S. REIS

A avaliação neuropsicológica abrange uma variedade de testes e técnicas que, em boa medida, devem sua rápida evolução ao interesse crescente de profissionais clínicos na investigação do funcionamento e da integridade cerebral de seus pacientes (Lezak, 2004). Historicamente, a avaliação neuropsicológica serviu a pacientes com lesões cerebrais. Com o avanço das neurociências, dos testes e das técnicas, foi possível passar a abranger pacientes que sofrem de quaisquer distúrbios que tenham o potencial de causar impacto nas funções cognitivas, bem como avaliar o impacto do tratamento de outros transtornos da cognição (Harvey, 2012). De acordo com Lezak (2004), o exame neuropsicológico atende a seis objetivos: diagnóstico; cuidados com o paciente; identificação de necessidades de tratamento; avaliação da eficácia do tratamento; pesquisa; resposta a questões forenses. Como esperado, atingir esses objetivos requer preparação e planejamento adequado dos testes e técnicas que serão utilizados.

A avaliação neuropsicológica deve ser iniciada após uma anamnese exaustiva do paciente, investigando a fundo sua história de vida e seu desempenho, levantando dados para formulação de hipóteses sobre sua condição (para mais informações sobre essa etapa da avaliação, ver Capítulo 3, A entrevista clínica em neuropsicologia). Após a entrevista, o planejamento da avaliação é iniciado com base em seu objetivo, na queixa e nos achados propriamente ditos; em geral, a avaliação será feita com o uso de baterias. Neste capítulo, são apresentadas as bases para a composição de uma bateria neuropsicológica, incluindo-se o tipo mais apropriado para atender aos objetivos da avaliação, com enfoque no contexto clínico.

BATERIAS NEUROPSICOLÓGICAS: POR QUE UTILIZÁ-LAS?

A neuropsicologia se consolidou com a investigação e a tentativa de reabilitação de déficits cognitivos e alterações comportamentais decorrentes de lesões encefálicas adquiridas, em meados do século XIX, especialmente no pós-guerra do século XX (Abrisqueta-Gomez, 2012). Até esse período, a avaliação neuropsicológica tinha um objetivo essencialmente diagnóstico e, a partir de pressupostos localizacionistas, buscava identificar e catalogar os déficits decorrentes da lesão de regiões específicas do cérebro (Mäder, 2010).

Na década de 1860, os estudos de Broca e Wernicke a respeito das afasias – alterações características na linguagem decorrentes de lesões em áreas específicas do cérebro – fortaleceram a ideia de que era possível fazer a associação de déficits cognitivos a substratos neurais. Muitos pesquisadores deram continuidade a investigações nessa linha, até que Luria, um século depois, estudou diversos processos cognitivos de maneira mais ampla e defendeu que, na realidade, para a execução de determinada tarefa, diversas regiões do cérebro funcionariam em conjunto, compondo sistemas funcionais. Luria trouxe a compreensão de que era preciso ter noção do funcionamento cognitivo global do indivíduo para compreender determinado quadro clínico em sua totalidade e, assim, montou a primeira bateria completa de avaliação neuropsicológica, a Investigação Neuropsicológica de Luria (INL), que serviu como base para a elaboração de muitas outras (Cosenza, Fuentes, & Malloy-Diniz, 2008).

O trabalho proposto por Luria, em especial a INL, serviu de base para o desenvolvimento de uma bateria que pudesse congregar normatização e aplicação de rotina, bem como ser capaz de gerar escore e quantificação. Assim, a partir do trabalho inicial publicado com a INL por Anne-Lise Christensen, em 1975, foi desenvolvida uma bateria normatizada, a Luria-Nebraska, que cobria os domínios de atividade motora e percepção, linguagem expressiva e receptiva, funções visuais, memória, além de habilidades de leitura, escrita e aritmética. Desde então, ocorreram muitos avanços na área da psicometria, e os testes padronizados, idealmente com dados normativos, ganharam preferência em meio à comunidade científica e clínica. Profissionais têm utilizado frequentemente um tipo de avaliação de exploração sistemática (Haase et al., 2012), com uso de testes, baterias breves ou baterias completas, ainda que possa também ser realizada uma avaliação do tipo exploração flexível, com tarefas específicas para cada caso.

Harvey (2012) sugere algumas dimensões importantes das baterias. Em primeiro lugar, consistem em uma coletânea de testes que permitem avaliar uma variedade de funções cognitivas (em geral com mais de um teste destinado a cada função), podendo abranger outras medidas de desempenho e potencial acadêmico e cognitivo. Os resultados obtidos por meio dessa testagem são considerados as informações mais confiáveis da avaliação neuropsicológica, uma vez que permitem comparação normativa, ou seja, confrontação do desempenho do paciente com o desempenho médio da população, considerando-se o grupo de referência quanto a sexo, idade, escolarização, etc. A confiabilidade das informações extraídas, portanto, depende muito da amostra utilizada na validação dos testes que compõem a bateria.

A segunda vantagem das baterias é que, por darem acesso a diversos domínios cognitivos simultaneamente, informam ao profissional tanto aspectos específicos quanto globais do funcionamento neuropsicológico do paciente. A composição dos escores nos diferentes testes indica o nível de funcionamento geral do indivíduo no momento da testagem, bem como possibilita inferir sua adaptação ao *mundo real* e prever seu desempenho em situações que requeiram múltiplas habilidades.

Em termos intraindividuais, é possível comparar o desempenho do paciente nos diferentes testes ou tarefas que compõem a bateria. Essa comparação é especialmente importante em pacientes com lesões ou comprometimentos focais, nos quais funções específicas encontram-se em nível de funcionamento notadamente inferior às demais (p. ex., um paciente com lesão hipocampal que refere apenas défcts em memória) (Harvey, 2012). Dentro de uma perspectiva mais teórico-empírica, a comparação citada anteriormente também é o que permite estabelecer dissociações (simples e duplas) entre funções cognitivas, dando sustentação ao pressuposto da neuropsicologia cognitiva de que a cognição humana está organizada em módulos relativamente independentes e de que uma falha qualquer desses módulos levará ao funcionamento do sistema sem ele (Capovilla, 2007).

Escores independentes também são importantes nos casos em que se observa um comprometimento global, mas requerem diagnóstico diferencial, como em suspeitas de demência. Nessas situações, déficits mais ou menos acentuados em funções específicas são evidências que auxiliam na distinção entre diagnósticos possíveis (Chan et al., 2015; Harvey, 2012). Apesar de ser uma vantagem, o uso de baterias para o diagnóstico diferencial pode ser capcioso. É esperado que os indivíduos apresentem variações em seu desempenho mesmo quando saudáveis, e por isso é preciso se assegurar de que as diferenças observadas entre os escores dos testes de fato se referem a um prejuízo cognitivo. Aspectos como confiabilidade da medida (estabilidade em teste-reteste), normatização dos escores (se foi feita com uma única amostra ou com amostras diferentes em cada teste) e a *performance* do paciente (se há extremos, superiores ou inferiores) devem ser considerados no momento de interpretar os resultados de uma bateria.

Há, ainda, outras vantagens na utilização de baterias, além de sua praticidade. Por um lado, quando o profissional estabelece uma ou mais baterias para trabalhar, economiza tempo no processo de seleção de instrumentos para cada paciente, assim como aproveita melhor o tempo despendido na avaliação. Por outro lado, a adoção de baterias permite a comparação entre pacientes, tanto em nível global quanto em domínios específicos.

BATERIAS FIXAS E FLEXÍVEIS

Após decidir-se pelo uso de baterias no exame neuropsicológico, ainda é necessário escolher qual o tipo de bateria mais apropriado. As baterias neuropsicológicas apresentam variações quanto à seleção dos testes e das tarefas que as compõem, bem como quanto à forma como os neuropsicólogos trabalham com eles (Kane, 1991). Em relação à última, existem defensores de baterias fixas para todos os pacientes e defensores de baterias que se harmozinem com o paciente, as chamadas baterias flexíveis (Kane, 1991).

As baterias fixas são assim denominadas porque todos os pacientes, independentemente da queixa inicial, responderão aos mesmos testes e tarefas (Kane, 1991). Também são conhecidas como baterias compreensivas, tendo em vista que costumam ser abrangentes, mostrando o quadro geral das funções cognitivas (Kane, 1991; Mäder, 2010; Werlang & Argimon, 2003). De acordo com Werlang e Argimon (2003), o objetivo desse tipo de bateria é a avaliação de áreas do funcionamento afetadas por lesões cerebrais estruturais. Essa definição, no entanto, nos parece um pouco reducionista. Baterias fixas podem ser uma ferramenta interessante para avaliações de rastreio, que sinalizam funções a serem mais bem investigadas com testes específicos. Um dos pontos fortes desse tipo de bateria é que ele permite descobrir dificuldades e potencialidades não contempladas pela queixa inicial (Kane, 1991).

Conforme indicado por Mäder (2010), baterias fixas são especialmente úteis em pesquisa, em protocolo específico para uma população em particular. O uso sistemático de uma bateria fixa facilita a criação de um banco normativo de dados, o que permite extrair padrões e associações entre quadros clínicos e comprometimentos cognitivos determinados (Kane, 1991).

As baterias flexíveis, por sua vez, são compostas por uma bateria nuclear ou básica complementada por testes especializados adequados aos motivos do encaminhamento ou da investigação de um transtorno específico e, por isso, mais aplicadas em contexto clínico (Werlang & Argimon, 2003). Para medição das diversas funções, Mäder (1996) propõe um protocolo básico para avaliação neuropsicológica clínica com testes que avaliam orientação, atenção, percepção, inteligência geral, raciocínio, memória verbal e visual, de curto e longo prazo, testes de flexibilidade mental, linguagem e organização visioespacial.

De fato, a seleção dos testes e das funções que serão avaliadas em uma bateria depende dos objetivos do neuropsicólogo. Como as funções neuropsicológicas a serem investigadas em baterias compreensivas costumam ser similares nos principais manuais de neuropsicologia, será descrita, a seguir, uma síntese de testes capazes de avaliar essas funções, com especial atenção ao que está disponível para o neuropsicólogo clínico brasileiro que tenha a intenção de construir uma bateria própria para uso em suas avaliações.

ATENÇÃO

A atenção é explicada na literatura a partir de diferentes modelos. De maneira geral, essa função é definida como um sistema complexo que possibilita ao indivíduo filtrar informações relevantes, por um período limitado (Schlindwein-Zanini, 2010). De acordo com Strauss, Sherman e Spreen (2006), a atenção é vista por muitos autores como uma função que se relaciona com diversos processos básicos, como, por exemplo, o alerta, a vigília, a seleção sensorial (filtrar, focar ou mudar a seleção do estímulo de forma automática) e a seleção de respostas (controle supervisor, iniciação e inibição).

A atenção é uma função primordial no cotidiano, que tem efeitos diretos sobre a adaptação do indivíduo. Essa função encontra-se comprometida em uma série de condições, como o transtorno de déficit de atenção/hiperatividade (TDAH), diferentes tipos de demência, dislexia, esquizofrenia, transtornos invasivos do desenvolvimento ou, até mesmo, casos de lesão cerebral (Coutinho, Mattos, & Abreu, 2010).

Diversas funções cognitivas dependem do bom funcionamento da atenção, principalmente a memória. Um déficit atencional, portanto, pode afetar outras funções cognitivas importantes na vida diária, o que, por sua vez, pode acarretar uma série de sintomas. Assim, testes que medem o nível de atenção não podem faltar em uma bateria neuropsicológica, pois é necessário investigar sua relação com as demais funções (Coutinho et al., 2010).

A seguir, serão citados alguns testes de atenção usados na prática clínica que podem ser inseridos em uma bateria de avaliação neuropsicológica:

1. *Teste de Atenção Visual – TAVIS IV*: trata-se de um teste computadorizado que compreende três tarefas para avaliar separadamente aspectos da atenção visual. A primeira tarefa avalia a atenção seletiva, na qual o indivíduo deve responder seletivamente a um estímulo-alvo, inibindo a ocorrência de distratores. Na segunda tarefa, o examinando deverá responder de maneira *alternada* a dois parâmetros diferentes (atenção alternada e flexibilidade cognitiva). A última tarefa avalia a atenção sustentada e requer que o examinando permaneça atento por um período prolongado para responder a um estímulo específico (Mattos & Coutinho, 2010).
2. *Tarefa de Performance Contínua – CPT*: trata-se de um teste computadorizado de atenção e controle inibitório que tem diversas versões pelo mundo. Uma das versões é o chamado CPT-II, desenvolvido por Epstein e colaboradores (2003). Nessa versão, o examinando é

exposto a diversas letras que aparecem no centro da tela, uma de cada vez e em intervalos curtos. O indivíduo deve pressionar um botão todas as vezes em que aparecer qualquer letra na tela, exceto a letra X. Ou seja, é necessário inibir a resposta de apertar o botão todas as vezes em que o X aparecer. Assim, o CPT-II fornece uma medida de controle inibitório por meio dos erros de ação (apertar o botão ao ver a letra X), bem como uma medida de atenção por meio dos erros de omissão (não pressionar o botão ao ver qualquer outra letra). Ademais, o teste também permite a avaliação por meio do tempo de reação do sujeito. Essa versão é destinada a avaliar crianças a partir de 6 anos de idade, bem como adultos e idosos.

3. *D-2 Atenção Concentrada*: trata-se de um teste que avalia a atenção concentrada e a capacidade de rastreio visual em sujeitos de 9 a 53 anos. Nele, o examinando deverá marcar as letras D acompanhadas por dois traços. Os estímulos a serem marcados estão misturados a diversos distratores distribuídos em 14 linhas (Brickenkamp, 2002).

4. *Atenção Concentrada – AC*: trata-se de um teste de cancelamento, destinado a avaliar a atenção concentrada em adolescentes e em adultos. O indivíduo deve reconhecer três estímulos-alvo diante de uma série de distratores, em um intervalo de tempo. A pontuação final é calculada a partir do número de estímulos-alvo selecionados, subtraindo-se a quantidade de erros por ação e omissão (Cambraia, 2003).

LINGUAGEM

A linguagem é uma função cortical superior de grande complexidade e relevância para o ser humano, uma vez que permite a adaptação das pessoas ao ambiente em que vivem via comunicação e socialização. Portanto, déficits linguísticos, relacionados à compreensão ou à expressão verbal, podem gerar grande impacto na vida de um indivíduo, sendo necessário investigar detalhadamente o problema em si e realizar as devidas intervenções (Hillis, 2007). De maneira ampla, essa função é compreendida em duas classificações: linguagem receptiva e expressiva. A linguagem receptiva refere-se à compreensão e à codificação do *input* linguístico e envolve processos auditivos e de leitura. A linguagem expressiva, por sua vez, refere-se à capacidade do indivíduo de se expressar, verbalmente ou não, por meio da escrita, da fala e da sinalização (Salles & Rodrigues, 2014).

A avaliação da linguagem deve ser abrangente, de forma a identificar os aspectos preservados e comprometidos, o que auxilia a descrever o perfil neuropsicológico de diversos quadros clínicos, como dislexia, afasia, demência, entre outros (Mansur, 2010). A seguir, serão listados alguns testes utilizados por neuropsicólogos na avaliação de aspectos linguísticos:

1. *Teste de Nomeação de Boston*: avalia a capacidade de nomeação por meio da confrontação visual. O examinando é solicitado a nomear 60 ilustrações mostradas pelo profissional. Esse teste é frequentemente utilizado em pacientes com suspeita de anomia, sendo importante comparar o desempenho do indivíduo com o nível de sua escolaridade, uma vez que é uma variável com grande impacto na nomeação (Mansur, Radanovic, Araújo, Taquemori, & Greco 2006).

2. *Teste de Fluência Verbal*: avalia fluência verbal semântica e fonética. Na fluência verbal semântica, o indivíduo deve mencionar o máximo de animais possível durante 1 minuto. Na avaliação da fluência fonética, por sua vez, deve dizer palavras que iniciam com as letras

F, A e S. Esse teste está relacionado não só à expressão verbal e à memória semântica, mas também a aspectos da função executiva, pois exige estratégias de busca de palavras (Lezak, 2004). A versão fonológica F-A-S mostrou-se sensível para diferenciar pacientes com TDAH de indivíduos sem o transtorno (Abreu et al., 2013).
3. *Token Test*: foi desenvolvido com o objetivo de avaliar a compreensão da linguagem por meio de comandos verbais, e apresenta diversas versões. No Brasil, é possível encontrar dados normativos de uma versão reduzida para a população idosa, sendo a aplicação mais rápida e menos cansativa. Nessa versão, o indivíduo deve responder a 36 comandos específicos, com diferentes graus de complexidade, pela manipulação de peças geométricas (Moreira et al., 2011).
4. *Tarefa de Competência de Leitura de Palavras e Pseudopalavras (TCLPP)*: avalia a competência de leitura silenciosa de palavras isoladas em crianças do ensino fundamental. O teste apresenta 70 figuras associadas a palavras ou pseudopalavras. A criança deve identificar as palavras corretas em relação aos aspectos ortográficos e semânticos, bem como identificar as palavras erradas (p. ex., pseudopalavra ou palavra cuja figura não se associa corretamente a ela). O TCLPP auxilia na realização de diagnósticos de distúrbios de aquisição da fala, bem como identifica o nível de desenvolvimento de leitura e o grau de proficiência da criança (Seabra & Capovilla, 2010).

MEMÓRIA

A memória é um fenômeno complexo estudado por várias áreas do conhecimento. Tem papel central para o ser humano e para sua constituição como indivíduo, seu *self*, justamente por ser primordial para qualquer tipo de aprendizagem. O caso exemplar de H.M., amplamente estudado por pesquisadores, associado ao avanço das neurociências, trouxe grandes elucidações acerca dessa função cognitiva (Corrêa, 2010).

Para sua avaliação, é necessário conhecimento claro de seus estágios, dos modelos propostos e do que se pretende avaliar, sendo a entrevista inicial de grande importância. O déficit de memória pode ocorrer ou ser central em diversos transtornos psiquiátricos, como amnésias e demências, além de fazer parte do envelhecimento saudável. Por isso, é necessário profundo conhecimento das doenças associadas e do curso normal do desenvolvimento (Oliveira, 2007).

Os estágios da memória são os de aquisição (registro ou codificação), consolidação (retenção ou armazenamento) e evocação (recordação ou recuperação) (Oliveira, 2007). Uma boa avaliação da aquisição de memória precisa ser concomitante à avaliação da atenção, uma vez que esta pode interferir nesse estágio, não significando déficit de memória.

A seguir, são sugeridos alguns testes que podem ser incluídos em baterias flexíveis. Deve-se lembrar que há baterias que avaliam exclusivamente os vários componentes da memória, mas são muito extensas, sendo necessário empregar mais tempo, delongando a avaliação neuropsicológica (Strauss et al., 2006).

1. *Subteste Memória Lógica da Wechsler – Memory Scale*: trata-se de uma tarefa bastante utilizada por neuropsicólogos no mundo, destinada a avaliar a memória episódica. Consiste em duas histórias, apresentadas pelo examinador, sobre diferentes personagens; cada uma apresenta 25 itens que serão pontuados posteriormente. Após ouvir a história, o examinando será solicitado a dizer livremente o máximo do conteúdo que recordar, da maneira mais

exata possível (memória imediata). Para avaliar a memória de longo prazo, depois de 30 minutos, os indivíduos devem novamente recordar o conteúdo da história (Sullivan, 2005). Apesar da ausência de normas no Brasil, Bolognani e colaboradores (2015) desenvolveram formas alternativas para esse subteste, adaptadas ao contexto brasileiro, de modo a permitir o teste-reteste dos pacientes.

2. *Subtestes Reprodução Visual (RV) I e II da Wechsler – Memory Scale IV*: trata-se de uma tarefa de memória imediata, tardia e de reconhecimento não verbal visual, amplamente utilizada no mundo para adultos e idosos e adaptada para adultos do contexto brasileiro (Spedo, 2012). Consiste em cinco cartões, três com uma única imagem e dois com duas imagens, apresentados sequencialmente. Cada cartão é apresentado por 10 segundos e retirado em seguida. Imediatamente depois, o examinando deve reproduzir a imagem vista (RV-I). Esse procedimento é repetido para cada cartão. Entre 20 e 30 minutos depois, o examinando é solicitado a reproduzir novamente as imagens (RV-II). Em seguida, pede-se que ele identifique as figuras visualizadas inicialmente entre um conjunto de imagens (RV-II). Como procedimento opcional, no fim, pode-se apresentar novamente as figuras para que o examinando as copie (RV-II) (Spedo, 2012).

3. *Teste de Aprendizagem Auditivo-verbal de Rey*: mede retenção, memória recente e memória de reconhecimento. Consiste na leitura de uma lista de palavras (15 substantivos), de forma repetida, por cinco vezes, com a evocação do testando no fim de cada leitura. Depois disso, é apresentada uma lista de interferência, com recordação do testando no fim. Em seguida, há uma evocação livre da primeira lista apresentada. Após 20 minutos, testa-se novamente a recordação da primeira lista, e aplica-se uma lista de reconhecimento com 50 palavras (Malloy-Diniz, Lasmar, Gazinelli, Fuentes, & Salgado, 2007).

4. *Figuras Complexas de Rey*: trata-se de um teste que avalia a memória visual. Imediatamente, e 3 minutos após a apresentação de uma figura complexa, requere-se que o paciente reproduza os elementos que conseguir evocar (ver Jamus & Mäder, 2005). Há versões com normas para reprodução após 30 minutos; entretanto, publicações com normas brasileiras utilizam a reprodução imediata com 3 minutos. O teste permite identificar de forma simples e relativamente pura o desempenho de memória visual do paciente.

VISIOCONSTRUÇÃO

Referido também na literatura como praxia construtiva, a visioconstrução é uma habilidade que está relacionada ao processo de juntar organizadamente estímulos para formar um todo. Qualquer comportamento em que a manipulação de elementos gere um produto final, seja no âmbito bidimensional, seja no tridimensional, está ligado à visioconstrução (Benton & Tranel, 1993).

Para realizar testes que avaliam essa função, é necessário que o paciente apresente boa acuidade visual, consiga perceber os elementos do modelo apresentado e suas relações espaciais e tenha destreza motora. Caso contrário, a avaliação das habilidades visioconstrutivas pode não ser confiável. Cabe ao profissional escolher os testes que são mais adequados ao contexto do paciente (Zuccolo, Rzezak, & Góis, 2010). A avaliação da função visioconstrutiva pode ser realizada a partir dos seguintes testes:

1. *Desenho do Relógio*: nesse teste, o indivíduo deve desenhar livremente um

relógio completo e marcar um horário dito pelo examinador. Este é um teste de rastreio que permite avaliar de maneira simples as funções visioconstrução e visioespaciais, bem como as funções executivas (Goodglass & Kaplan, 1983).

2. *Figura Complexa de Rey*: trata-se de um teste que avalia as habilidades visioconstrutivas no momento em que o examinando é solicitado a copiar uma figura complexa, composta por diversas formas geométricas. O indivíduo deve realizar a cópia da melhor forma possível, mantendo os detalhes do desenho, bem como as proporções (Oliveira & Rigoni, 2010).

3. *Teste Gestáltico de Bender*: teste construído por Lauretta Bender, em 1938. Nele, o examinando é solicitado a copiar nove figuras em diferentes níveis de complexidade. As figuras são compostas por pontos, linhas, curvas sinuosas e ângulos diferentes.

4. *Cubos (WISC-IV e WAIS-III)*: nesse teste, o indivíduo deverá construir, com cubos (compostos por partes brancas e vermelhas), o modelo apresentado pelo examinador (Wechsler, 2004, 2013). Também requer habilidades visioespaciais, de raciocínio e organização perceptual (Schlindwein-Zanini, 2010).

FUNÇÕES EXECUTIVAS

As funções executivas (FEs) são habilidades integradas que capacitam o indivíduo a tomar decisões, avaliar e adequar seus comportamentos e estratégias em direção à resolução de um problema. Dessa forma, acabam por orientar e gerenciar funções cognitivas, emocionais e comportamentais (Malloy-Diniz, Sedó, Fuentes, & Leite, 2008). Segundo Strauss e colaboradores (2006), as FEs permitem que o indivíduo responda de modo adaptativo a estímulos, antecipe eventos futuros e mude de planos no decorrer de um processo.

A principal base neurológica dessas funções, assim como a da atenção, é o córtex pré-frontal. O desenvolvimento das FEs é percebido gradualmente no decorrer do desenvolvimento humano, do primeiro ano de vida aos 20 anos de idade, aproximadamente, quando elas se mantêm estabilizadas até seu declínio, no envelhecimento (Flores-Lázaro, Castillo-Preciado, & Jiménez-Miramonte, 2014; Malloy-Diniz et al., 2008).

Como exposto anteriormente, as FEs são um conjunto complexo de habilidades distintas que se relacionam para o alcance de uma meta. Não há consenso entre autores na identificação de todas elas, de modo que foram propostos diversos modelos de interação entre as funções. Citando brevemente alguns, temos o modelo de Barkley (2011), no qual o controle inibitório regularia quatro habilidades executivas: memória operacional, fala internalizada, autorregulação e reconstituição. Outro modelo, o proposto por Cicerone, Levin, Malec, Stuss e Whyte (2006), divide as FEs em quatro domínios principais: cognitivas, autorreguladoras do comportamento, reguladoras da atividade e processos metacognitivos.

Seabra e Dias (2012) ainda discutem a divisão das FEs em diferentes componentes à luz de observações clínicas e estudos que, por meio de baterias de testes executivos, investigaram adultos sadios, idosos, adultos com déficits cerebrais e crianças com patologias neurocognitivas. Além dos estudos, análises estatísticas sugerem componentes que variam em número – dois ou três – em casos de pesquisa com crianças. Em estudos com população adulta, os dados apontam consistentemente para três componentes executivos: controle inibitório (inibição), memória operacional e flexibilidade cognitiva (Diamond, 2013; Seabra & Dias, 2012).

Há enorme carência de testes que apresentem normas para a diversidade da população brasileira, considerando que devemos estar atentos a aspectos como sexo, idade e escolaridade para a maioria das funções cognitivas. A maioria dos testes citados não tem normas para a população infantil. Para uma boa avaliação neuropsicológica das FEs, é necessário investigar e aplicar testes por meio de escalas que contemplem a variedade de componentes desse processo cognitivo.

A seguir, são listados alguns dos principais testes de FEs utilizados no Brasil para a composição de bateria neuropsicológica, mas sem o objetivo de esgotar as possibilidades de sua avaliação:

1. *Subteste Dígitos das Escalas Wechsler de Inteligência (WISC/WAIS)*: sequências numéricas apresentadas oralmente pelo avaliador, as quais o examinando é solicitado a repetir, ora na mesma ordem (Dígitos Ordem Direta [DOD]), ora na ordem inversa (Dígitos Ordem Inversa [DOI]) (Wechsler, 2013). O DOD e o DOI são utilizados para avaliar, separadamente, duas funções da *memória operacional*: memória de curto prazo (DOD) e manipulação de informação verbal (DOI) (Figueiredo & Nascimento, 2007). Apesar de ser um instrumento normatizado para as populações brasileiras infantil (WISC) e adulta (WAIS), apenas o WISC-IV disponibiliza escores ponderados distintos para as tarefas de DOD e DOI (Wechsler, 2013).

2. *Cubos de Corsi*: tarefa que segue a mesma lógica do Subteste Dígitos, na qual o avaliador apresenta sequências de toques em cubos, que devem ser reproduzidos na ordem direta (OD) e na ordem inversa (OI) pelo examinando. É amplamente utilizada para avaliar a *memória operacional visioespacial*, compreendendo a memória de curto prazo (OD) e a manipulação mental de informações (OI) visioespaciais (Kessels, van Zandvoort, Postma, Kappelle, & de Haan, 2000).

3. *Teste de Trilhas – Parte B*: tarefa de fácil e rápida aplicação, do tipo lápis e papel, constituída de duas partes. Na parte A, pede-se ao examinando que ligue os números dispostos na página em ordem crescente, o mais rápido que conseguir, sem tirar o lápis do papel (Montiel & Capovilla, 2006a, 2006b). Essa etapa é destinada a avaliar aspectos como *velocidade de processamento* e atenção sustentada. Na parte B, a instrução é que o examinando ligue números e letras, alternando-os – os números em ordem crescente, e as letras em ordem alfabética (Montiel & Capovilla, 2006a, 2006b). A exigência de alternar entre os estímulos é o que permite que a tarefa seja utilizada como medida de *flexibilidade cognitiva* (Capovilla, 2006, 2007).

4. *Teste de Categorização de Cartas Wisconsin* (WCST): teste reconhecido internacionalmente como padrão-ouro para avaliação das FEs (Silva-Filho, Pasian, & Humberto, 2011). A aplicação do instrumento consiste em solicitar que o examinando classifique um conjunto de cartas de acordo com o *feedback* dado pelo avaliador; quando o *feedback* muda, o examinando deve descobrir a nova maneira correta de categorizar as cartas (Heaton, Chelune, Talley, Kay, & Curtiss, 2005). Trata-se de um instrumento muito interessante para avaliação da *flexibilidade cognitiva*, tendo em vista que exige adaptações nas respostas perante mudanças ambientais (Silva-Filho et al., 2011).

5. *Iowa Gambling Task*: tarefa que simula a *tomada de decisão* em uma situação da vida real em condições de incerteza. Com o empréstimo simbólico de 2 mil dólares, o avaliando precisa escolher, de uma em uma carta, entre quatro pilhas (A, B, C e D), podendo ganhar e

perder somas de dinheiro, variando em magnitude. Com o objetivo de acumular a maior quantia possível, o avaliando precisa decidir se arrisca sacar cartas dos baralhos A e B, com grandes ganhos imediatos e grandes perdas frequentes (vantajoso a curto prazo), ou dos C e D, com pequenos ganhos em curto prazo e perdas menos frequentes e menores (vantajoso a longo prazo) (Brevers, Bechara, Cleeremans, & Noël, 2013).

6. *Torre de Londres*: teste que avalia *planejamento*. Consiste na transposição de três bolas de cores diferentes (vermelho, azul e verde) a partir de uma posição inicial comum a todos os itens requeridos pelo pesquisador. Os itens aumentam de dificuldade gradativamente, sendo necessário aumentar o número de movimentos que variam de 2 a 5 (Seabra, 2012).

7. *Torre de Hanói*: tarefa de *planejamento*, similar à Torre de Londres, mas com nível mais elevado de dificuldade (Sant'Anna, Quayle, Pinto, Scaf, & Lucia, 2007). Consiste em uma base com três hastes, cuja haste esquerda contém três discos coloridos empilhados de acordo com seu diâmetro (maior no topo). O examinando deve mover os discos um a um, de uma haste a outra, sempre deixando os menores acima dos maiores, de modo a reproduzir a ordem inicial na haste direita.

8. *Teste dos Cinco Dígitos* (ver Paula, Abrantes, Neves, & Malloy-Diniz, 2014): teste desenvolvido por Manuel Sedó e validado e publicado no Brasil pelos autores citados. Seu objetivo é avaliar o *controle inibitório*. Envolve contagem e nomeação de números de 1 a 5 com diversas tarefas alternadas, que minimizam o efeito de processos automáticos de leitura, exigindo, geralmente, que o indivíduo apresente seu desempenho de controle inibitório. Ele ainda é importante porque minimiza efeitos de classe social e educação, permitindo a exploração do processamento mental e da habilidade de mudança no controle atencional.

COGNIÇÃO SOCIAL EM BATERIAS DE AVALIAÇÃO NEUROPSICOLÓGICA: INDICAÇÃO BASEADA EM EVIDÊNCIAS

A cognição social (CS) consiste em um conjunto de processos neurobiológicos relacionados à percepção e à interpretação de informações extraídas a partir da interação com outras pessoas e do conhecimento prévio de normas sociais, o que possibilita a um indivíduo se comportar de maneira adequada e adaptada ao contexto (Adolphs, 2001; Butman & Allegri, 2001; Monteiro & Louzã Neto, 2010). Fazem parte da CS funções como teoria da mente (TdM), percepção e reconhecimento de emoções, empatia, atenção compartilhada, julgamento moral, entre outras.

Estudos de neuroimagem indicam que diversas áreas do córtex cerebral estão envolvidas na CS, destacando-se o córtex pré-frontal ventromedial, o córtex somatossensorial direito, a amígdala e a ínsula (Butman & Allegri, 2001; Van Overwalle, 2009), sendo que recentemente foi identificada também a participação do cerebelo (Van Overwalle, Baetens, Mariën, & Vandekerckhove, 2014).

Em se tratando de funções tão relevantes para a adaptação social do indivíduo, como explicar sua ausência nas baterias de avaliação tradicionais, principalmente de adultos e idosos?

Há dois aspectos que devem ser considerados para responder a essa questão. Em primeiro lugar, é preciso conhecer o histórico e o contexto específico no qual a CS foi tradicionalmente estudada e, então, ponderar de que forma evidências trazidas por estudos recentes contribuem para que esse contexto esteja sendo repensado e ampliado. Em segundo lugar, é necessário compreender os desafios inerentes à tentativa de avaliar seus principais componentes de forma relativamente independente e analisar a pertinência dos instrumentos propostos na literatura até o momento para realizar essa avaliação.

Nos últimos 10 anos, várias investigações demonstraram que na TdM há pelo menos duas dimensões envolvidas: a cognitiva, que se trata da inferência de pensamentos, intenções e crenças alheias; e a afetiva, relacionada à inferência de sentimentos alheios (Kalbe et al., 2010; Shamay-Tsoory & Aharon-Peretz, 2007), de modo que as duas dimensões têm alguns substratos neurais compartilhados e outros não compartilhados (Schlaffke et al., 2015). Logo, é importante que instrumentos sejam capazes de discriminar entre ambas, uma vez que pode haver prejuízo em uma delas, enquanto a outra se mantém preservada.

Diversos autores defendem que a avaliação neuropsicológica de pacientes com doenças neurodegenerativas deve incluir testes capazes de investigar componentes da CS, sobretudo a TdM (Adenzato & Poletti, 2013; Poletti, Enrici, & Adenzato, 2012). Estudos recentes indicam que testes neuropsicológicos clássicos, como o Wisconsin ou o Teste de Trilhas, falham em diagnosticar o estágio inicial da demência frontotemporal (DFT), por exemplo (Sarazin, Dubois, de Souza, & Bertoux, 2012); entretanto, déficits na dimensão afetiva da TdM podem ser detectados desde o princípio, e, à medida que a doença avança, tornam-se mais proeminentes os déficits na dimensão cognitiva (Torralva, Gleichgerrcht, Ardila, Roca, & Manes, 2015).

Todas essas evidências falam a favor da inclusão de tarefas para avaliação da CS em baterias de avaliação neuropsicológica para adultos e idosos, uma vez que auxiliam no diagnóstico diferencial entre diversos quadros, podem predizer aspectos do comportamento social e da funcionalidade, além de servir para planejamento e avaliação da eficácia de tratamentos.

Dessa forma, chega-se ao último aspecto que precisa ser discutido: de que forma é possível avaliar a CS? Quais os instrumentos disponíveis na literatura e quais suas limitações?

Um dos desafios encontrados ao se buscar instrumentos para avaliação da CS é a dificuldade para separar seus componentes. Por exemplo, ao se avaliar a dimensão afetiva da TdM, cruza-se também para o domínio do reconhecimento de emoções; ao se avaliar habilidades sociais, caminha-se também pelo terreno da empatia; e assim por diante. Outro problema diz respeito à escassez de estudos normativos para esses instrumentos. É muito comum que, em estudos sobre CS, os pesquisadores desenvolvam suas próprias tarefas e realizem comparações entre grupos para verificar se há ou não déficits relacionados. Há poucos instrumentos validados e com tabelas para comparação de um indivíduo à norma, ou seja, que investiguem qual seria o desempenho esperado para sua idade e escolarização de acordo com a média da população.

Por fim, mesmo entre os instrumentos disponibilizados, é preciso sempre ter cuidado ao afirmar que um indivíduo tem déficit em CS de forma generalizada, uma vez que seus componentes funcionam de forma relativamente independente. Por exemplo, apesar de tarefas de crença falsa terem sido consagradas na avaliação da TdM, pode ser necessário, a depender do quadro, avaliar outros aspectos, como percepção de sarcasmo, detecção de mentiras e julgamento de intencionalidade, capacidade de compreender conceitos abstratos e metáforas, entre outros (Jou & Sperb, 2004; Perner, Kain, & Barchfeld, 2002).

Sem ter a pretensão de exaurir todos os instrumentos existentes para avaliação de CS, serão analisados alguns, como ponto de partida:

1. *Reconhecimento de Emoções*: os estudos sobre o reconhecimento de emoções em expressões faciais remontam a Ekman e Friesen (1975) e à identificação das seis emoções que são reconhecidas universalmente, independentemente de influências culturais, a saber: alegria, tristeza, raiva, nojo, medo e surpresa. Desde então, foram desenvolvidos bancos de dados com fotografias dessas e de outras expressões afetivas básicas, que podem ser utilizadas em estudos. Um desses bancos é o The Karolinska Directed Emotional Faces, um banco de dados gratuito disponível *on-line*.[1]

2. *Reading the Mind in the Eyes Test* (Baron-Cohen, Wheelwright, Hill, Raste, & Plumb, 2001): um dos instrumentos mais utilizados para avaliar a TdM em adultos. É composto por 36 itens com fotografias em preto e branco da região dos olhos de indivíduos, nos quais o probando deve assinalar a alternativa que melhor define o estado mental expressado. Difere do reconhecimento de emoções por tratar de estados mentais complexos, como *convencido* ou *sarcástico*, e não apenas de estados afetivos básicos. É esperado que adultos atinjam certo escore mínimo, sendo que um desempenho abaixo disso é considerado indicativo de transtorno do espectro autista. Foi adaptado para uso no Brasil (Sanvicente-Vieira et al., 2014), mas ainda não há estudos normativos. Esse instrumento condiz com a avaliação da dimensão afetiva da TdM a partir da leitura de expressões faciais, não contendo tarefas para avaliação de sua dimensão cognitiva.

3. *Strange Stories Test*: trata-se de um teste avançado para avaliar TdM. Desenvolvido por Happé (1993), é composto por diversas histórias curtas em que é necessário que o probando identifique situações de mentira, sarcasmo, fingimento, duplo blefe, figura de linguagem, entre outras. Foi utilizado originalmente na avaliação de crianças e adultos e adaptado para utilização com crianças no contexto brasileiro (Velloso, 2012).

4. *The Hinting Task* (Corcoran, Mercer, & Frith, 1995): avalia a capacidade de inferir a intenção alheia em discursos indiretos, com base em 10 interações diferentes entre dois personagens. No fim de cada interação, um dos personagens conclui com uma mensagem indireta que o respondente precisa reconhecer e cujo sentido real deve ser compreendido. Caso erre na primeira tentativa, uma nova *dica* é passada. Os escores variam de 0 a 20, e esse instrumento já foi traduzido e adaptado para a realidade brasileira (Sanvicente-Vieira, Brietzke, & Grassi-Oliveira, 2012).

5. *The Awareness of Social Inference Test (TASIT)*: instrumento dividido em três partes, composto por vinhetas encenadas por atores profissionais, como forma naturalista de avaliar a CS. A primeira parte trata do reconhecimento de emoções básicas a partir do movimento facial, do tom de voz e de gestos. A segunda parte mede a habilidade de detectar o sarcasmo e a sinceridade. A terceira, por sua vez, avalia a capacidade de utilizar pistas contextuais para determinar o significado real de conversações. O instrumento é comercializado na Inglaterra e apresenta normas de referência determinadas a partir de um grupo de adultos jovens, tendo-se mostrado sensível para diferenciar indivíduos com déficits em CS decorrentes de lesões encefálicas (McDonald, Flanagan, Rollins, & Kinch, 2003).

6. *A Movie for the Assessment of Social Cognition (MASC)*: avalia a CS por meio de um filme de 15 minutos que

---

[1] Disponível em: http//www.emotionlab.se/resources/kdef.

retrata quatro personagens em um contexto social – uma reunião na casa de uma amiga. O filme é interrompido 46 vezes, solicitando-se ao indivíduo que imagine o que determinado personagem estaria sentindo ou pensando naquele momento e que responda a uma pergunta. Essa forma de apresentação aproxima o avaliando de um contexto real da vida diária, além de facilitar a compreensão do contexto e possibilitar a leitura de expressões faciais e gestos dos personagens no desenrolar da história (Dziobek et al., 2006).

Conforme descrito, já existem instrumentos de avaliação da CS adaptados para uso no Brasil. Entretanto, ainda são necessários estudos normativos, de modo que é possível utilizar tais instrumentos em pesquisas, na comparação entre grupos e na análise qualitativa, com ressalva de que não apresentem tabela de referência da média brasileira. Todavia, como esse é um campo que vem se consolidando cada dia mais dentro da neuropsicologia brasileira, é esperado que mais estudos estejam em andamento e que, em breve, sejam desenvolvidas pesquisas de normatização.

O TODO É SEMPRE MAIOR QUE A SOMA DAS PARTES: AVALIANDO A PERTINÊNCIA DAS BATERIAS DE AVALIAÇÃO NEUROPSICOLÓGICA

O desafio do neuropsicólogo clínico é imenso. Escolher entre uma estratégia de avaliação compreensiva, de exploração sistemática ou de exploração flexível (Haase et al., 2012) é apenas um dos diversos desafios da avaliação. Por exemplo, o uso obrigatório como padrão de baterias extensas e padronizadas para grupos ou como escolha do profissional na prática clínica pode ser considerado, em alguns momentos, um trabalho exaustivo e repetitivo, mas não há de se descartar o fato de que a aplicação de baterias amplas tem valor clínico e diagnóstico.

O uso de baterias amplas parece ser, por exemplo, essencial para o correto diagnóstico de transtorno neurocognitivo leve, anteriormente conhecido como comprometimento cognitivo leve (Diniz et al., 2008). Ao avaliarem 249 indivíduos em uma clínica de memória em um hospital universitário, os autores citados verificaram um aumento da capacidade diagnóstica para discriminação entre os diferentes subtipos do transtorno com o uso de uma bateria completa.

Há, de fato, pacientes que parecem *dispensar* a avaliação, quando sintomas já são significativamente válidos para identificação, o que pode ocorrer especialmente em pacientes com demência em estado bastante avançado ou em casos de resistência voluntária à avaliação. No entanto, de forma geral, observa-se que avaliar amplamente é muito mais vantajoso e confiável do que avaliar de forma breve. Pimentel (2009) sugere que, considerando, por exemplo, a sobreposição de alterações cognitivas em pacientes com doença de Alzheimer e pacientes com demência vascular, é essencial a realização de avaliação neuropsicológica completa, e não apenas uma triagem, a fim de oferecer contribuição mais efetiva para o diagnóstico diferencial.

Também há situações em que os sinais mais efetivos esperados em alguns transtornos são tão quanto ou ainda mais observados em outros, podendo o clínico "patinar" no diagnóstico se não houver um cuidado detalhado com a avaliação neuropsicológica, em especial com baterias compreensivas. Por exemplo, Laasonen e colaboradores (2014) investigaram o desempenho de adultos com história de transtorno específico da aprendizagem (leitura) ou TDAH em relação à aprendizagem de gramática. Em geral, espera-se que pacientes com transtorno disléxico apresentem mais erros nesse tipo de tarefa. Entretanto, os resultados mostraram que os erros gramaticais estavam presentes nos dois transtornos sem que houvesse predileção de erros de acurácia por um ou outro, ainda que estes tivessem mais relação com a capacidade de processamento fonológico.

O que mostra esse tipo de resultado? Que uma avaliação neuropsicológica completa é necessária para melhorar a precisão diagnóstica e também para servir de parâmetro a reavaliações, considerando o caráter heterotípico de determinados transtornos, com mudanças ao longo do tempo resultantes da dinâmica desenvolvimental ou de influências de outro nível, como ambientais ou decorrentes de intervenção. Pacientes com alguns transtornos neuropsicológicos podem, de fato, melhorar, e as baterias compreensivas podem ser favoráveis ao acompanhamento das mudanças com dados claros que permitam verificar suas especificidades, por exemplo, em relação ao tempo de atenção sustentada.

Por fim, há de se destacar os avanços recentes que pesquisas em neuropsicologia têm trazido tanto ao campo da neuropsicologia cognitiva quanto ao campo da neuropsicologia clínica, especialmente no que diz respeito às contribuições da psicometria. Testes neuropsicológicos estão mais fidedignos, isto é, confiáveis. No Brasil, especialmente, tem sido observado aumento no número de testes disponíveis e no desenvolvimento e validação de novas baterias, tanto para crianças como para adultos. Isso oferece ao clínico a possibilidade de selecionar, entre os testes existentes, aqueles que permitem a formação de uma bateria própria ou, ainda, o uso de baterias compreensivas já validadas com os testes em conjuntos. Além disso, a preocupação com a inclusão de elementos na avaliação, como a CS, permite vislumbrar um horizonte de incremento na qualidade das baterias a serem utilizadas. Os ganhos para a teoria e para a prática neuropsicológica são inestimáveis e extremamente bem-vindos. A resposta à questão da pertinência das baterias é, claramente, um sonoro sim! Analisando evidências, vemos que elas são instrumentos úteis e indubitavelmente necessários para uma avaliação eficaz.

REFERÊNCIAS

Abreu, N., Argollo, N., Oliveira, F., Cardoso, A. L., Bueno, J. L. O, & Xavier, G. F. (2013). Semantic and phonological verbal fluency tests for adolescents with ADHD. *Clinical Neuropsychiatry, 10*(2), 63-71.

Abrisqueta-Gomez, J. (2012). Fundamentos teóricos e modelos conceituais para a prática da reabilitação neuropsicológica interdisciplinar. In J. Abrisqueta-Gomez (Org.), *Reabilitação neuropsicológica: Abordagem interdisciplinar e modelos conceituais na prática clínica* (pp. 35-55). Porto Alegre: Artmed.

Adenzato, M., & Poletti, M. (2013). Theory of mind abilities in neurodegenerative diseases: An update and a call to introduce mentalizing tasks in standard neuropsychological assessments. *Clinical Neuropsychiatry, 10*(5), 226-234.

Adolphs, R. (2001). The neurobiology of social cognition. *Current Opinion in Neurobioly, 11*(2), 231-239.

Barkley, R. A. (2001). The executive functions and self-regulation: An evolutionary neuropsychological perspective. *Neuropsychology Review, 11*(1), 1-29.

Baron-Cohen, S., Wheelwright, S., Hill, J., Raste, Y., & Plumb, I. (2001). The "Reading the Mind in the Eyes" test revised version: A study with normal adults, and adults with Asperger syndrome or high-functioning autism. *Journal of Child Psychology or Psychiatry, 42*(2), 241-251.

Bender, L. (1938). *A visual motor Gestalt test and its clinical use* (Vol. 3). Denver: The American Orthopsychiatric Association.

Benton, A., & Tranel, D. (1993). Visuoperceptual, visuospatial, and visuoconstructive disorders. In K. M. Heilman, & E. Valenstein, *Clinical neuropsychology*. Oxford: Oxford University.

Bolognani, S. A. P., Miranda, M. C., Martins, M., Rzezak, P., Bueno, O. F. A., Camargo, C. H. P., & Pompeia, S. (2015). Development of alternative versions of the logical memory subtest of the WMS-R for use in Brazil. *Dementia & Neuropsychologia, 9*(2), 136-148.

Brevers, D., Bechara, A., Cleeremans, A., & Noël, X. (2013). Iowa Gambling Task (IGT): Twenty years after – gambling disorder and IGT. *Frontiers in Psychology, 4*, 665.

Brickenkamp, R. (2002). *Teste d2: Atenção concentrada*. São Paulo: Casa do Psicólogo.

Butman, J., & Allegri, R. F. (2001). Cognição social e o córtex cerebral. *Psicologia: Reflexão e Crítica, 14*(2), 275-279.

Cambraia, S. V. (2003). *AC: Atenção concentrada* (3. ed. rev. ampl.). São Paulo. Vetor.

Capovilla, A. G. S. (2007). Contribuições da neuropsicologia cognitiva e da avaliação neuropsicológica à compreensão do funcionamento cognitivo humano. *Cadernos de Psicopedagogia, 6*(11), 1-24.

Capovilla, A. G. S. (2006). Desenvolvimento e validação de instrumentos neuropsicológicos para avaliar funções executivas. *Avaliação Psicológica, 5*(2), 239-241.

Chan, H. M., Stolwyk, R., Neath, J., Kelso, W., Walterfang, M., Mocellin, R., ... Velakoulis, D. (2015). Neurocognitive similarities between severe chronic schizophrenia and behavioural variant frontotemporal dementia. *Psychiatry Research, 225*(3), 658-666.

Cicerone, K., Levin, H., Malec, J., Stuss, D., & Whyte, J. (2006). Cognitive rehabilitation interventions for executive function: Moving from bench to bedside in patients with traumatic brain injury. *Journal of Cognitive Neuroscience, 18*(7), 1212-1222.

Corcoran, R., Mercer, G., Frith, C. D. (1995). Schizophrenia, symptomatology and social inference: Investigating theory of mind in people with schizophrenia. *Schizophrenia Research, 17*(1), 5-13.

Corrêa, A. C. O. (2010). Neuropsicologia da memória e sua avaliação. In L. F. Malloy-Diniz, D. Fuentes, P. Mattos, & N. Abreu (Orgs.), *Avaliação neuropsicológica* (pp. 168-186). Porto Alegre: Artmed.

Cosenza, R. M., Fuentes, D., & Malloy-Diniz, L. F. (2008). A evolução das ideias sobre a relação entre cérebro, comportamento e cognição. In D. Fuentes, L. F. Malloy-Diniz, C. H. P. Camargo, & R. M. Cosenza (Orgs.), *Neuropsicologia: Teoria e prática* (pp. 15-19). Porto Alegre: Artmed.

Coutinho, G., Mattos, P., & Abreu, N. (2010). Atenção. In L. F. Malloy-Diniz, D. Fuentes, P. Mattos, & N. Abreu (Orgs.), *Avaliação neuropsicológica* (pp. 86-93). Porto Alegre: Artmed.

Diamond, A. (2013). Executive functions. *Annual Review of Psychology, 64*, 135-168.

Diniz, B. S., Nunes, P. V., Yassuda, M. S., Pereira, F. S., Flaks, M. K., Viola, L. F., Forlenza, O. V. (2008). Mild cognitive impairment: Cognitive screening or neuropsychological assessment? *Revista Brasileira de Psiquiatria, 30*(4), 316-321.

Dziobek, I., Fleck, S., Kalbe, E., Rogers, K., Hassenstab, J., Brand, M., ... Convit, A. (2006). Introducing MASC: A movie for the assessment of social cognition. *Journal of Autism and Developmental Disorders, 36*(5), 623-636.

Ekman, P., & Friesen, W. V. (1975). *Unmasking the face: A guide to recognizing emotions from facial clues*. New Jersey: Prentice-Hall.

Epstein, J. N., Erkanli, A., Conners, C. K., Klaric, J., Costello, J. E., & Angold, A. (2003). Relations between continuous performance test performance measures and ADHD behaviors. *Journal of Abnormal Child Psychology, 31*(5), 543-554.

Figueiredo, V. L. M., & Nascimento, E. (2007). Desempenhos nas duas tarefas do subteste dígitos do WISC-III e do WAIS-III. *Psicologia: Teoria e Pesquisa, 23*(3), 313-318.

Flores-Lázaro, J. C., Castillo-Preciado, R. E., & Jiménez-Miramonte, N. A. (2014). Desarrollo de funciones ejecutivas, de la niñez a la juventude. *Anales de Psicología, 30*(2), 463-473.

Goodglass, H., & Kaplan, E. (1983). *The assessment of aphasia and related disorders*. Philadelphia: Lea and Febiger.

Haase, V. G., Salles, J. F., Miranda, M. C., Malloy-Diniz, L., Abreu, N., Argollo, N., ... Bueno, O. F. A. (2012). Neuropsicologia como ciência interdisciplinar: Consenso da comunidade brasileira de pesquisadores/clínicos em neuropsicologia. *Revista Neuropsicologia Latinoamericana, 4*(4), 1-8.

Happé, F. G. (1993). Communicative competence and theory of mind in autism: A test of relevance theory. *Cognition, 48*(2), 101-119.

Harvey, P. D. (2012). Clinical applications of neuropsychological assessment. *Dialogues in Clinical Neuroscience, 14*(1), 91-99.

Heaton, R. K., Chelune, G. J., Talley, J. L., Kay, G. G., & Curtiss, G. (2005). *Manual do Teste Wisconsin de Classificação de Cartas*. São Paulo: Casa do Psicólogo.

Hillis, A. E. (2007). Aphasia: Progress in the last quarter of a century. *Neurology, 69*(2), 200-213.

Jamus, D. R., & Mäder, M. J. (2005). A figura complexa de Rey e seu papel na avaliação neuropsicológica. *Journal of Epilepsy and Clinical Neurophysiology, 11*(4), 193-198.

Jou, G. I., & Sperb, T. M. (2004). O contexto experimental e a teoria da mente. *Psicologia: Reflexão e Crítica, 17*(2), 167-176.

Kalbe, E., Schlegel, M., Sack, A. T., Nowak, D. A., Dafotakis, M., Bangard, C., ... Kessler, J. (2010). Dissociating cognitive from affective theory of mind: A TMS study. *Cortex, 46*(6), 769-780.

Kane, R. L. (1991). Standardized and flexible batteries in neuropsychology: An assessment update. *Neuropsychology Review, 2*(4), 281-339.

Kessels, R. P., van Zandvoort, M. J., Postma, A., Kappelle, L. J., & de Haan, E. H. (2000). The Corsi Block-Tapping Task: Standardization and normative data. *Applied Neuropsychology, 7*(4), 252-258.

Laasonen, M., Väre, J., Oksanen-Hennah, H., Leppämäki, S., Tani, P., Harno, H., ... Cleeremans, A. (2014). Project DyAdd: Implicit learning in adult dyslexia and ADHD. *Annals of Dyslexia, 64*(1), 1-33.

Lezak, M. D. (2004). *Neuropsychological assessment*. New York: Oxford University.

Mäder, M. J. (1996). Avaliação neuropsicológica: Aspectos históricos e situação atual. *Psicologia Ciência e Profissão, 16*(3), 12-18.

Mäder, M. J. (2010). O neuropsicólogo e seu paciente: Introdução aos princípios da avaliação neuropsicológica. In L. F. Malloy-Diniz, D. Fuentes, P. Mattos, & N. Abreu (Orgs.), *Avaliação neuropsicológica* (pp. 46-57). Porto Alegre: Artmed.

Malloy-Diniz, L. F., Lasmar, V. A. P., Gazinelli, L. S. R., Fuentes, D., & Salgado, J. V. (2007). The Rey Auditory-Verbal Learning Test: Applicability for the Brazilian elderly population. *Revista Brasileira de Psiquiatria, 29*(4), 324-329.

Malloy-Diniz, L. F., Sedó, M., Fuentes, D., & Leite, W. B. (2008). Neuropsicologia das funções cognitivas. In D. Fuentes, L. F. Malloy-Diniz, C. H. P. Camargo, & R. M. Cosenza (Orgs.), *Neuropsicologia: Teoria e prática*. Porto Alegre: Artmed.

Mansur, L. L., (2010). Linguagem. In L. F. Malloy-Diniz, D. Fuentes, P. Mattos, & N. Abreu (Orgs.), *Avaliação neuropsicológica* (pp. 67-75). Porto Alegre: Artmed.

Mansur, L. L., Radanovic, M., Araújo, G. D. C., Taquemori, L. Y., & Greco, L. L. (2006). Teste de nomeação de Boston: Desempenho de uma população de São Paulo. *Pró-Fono Revista de Atualização Científica, 18*(1), 13-20.

Mattos, P., & Coutinho, G. (2010). Teste de Atenção Visual (TAVIS-3). In L. F. Malloy-Diniz, D. Fuentes, P. Mattos, & N. Abreu (Orgs.), *Avaliação neuropsicológica* (pp. 332-336). Porto Alegre: Artmed.

McDonald, S., Flanagan, S., Rollins, J., & Kinch, J. (2003). TASIT: A new clinical tool for assessing social perception after traumatic brain injury. *The Journal of Head Trauma Rehabilitation, 18*(3), 219-238.

Monteiro, L. C., & Louzã Neto, M. R. (2010). Cognição social. In L. F. Malloy-Diniz, D. Fuentes, P. Mattos, & N. Abreu (Orgs.), *Avaliação neuropsicológica* (pp. 162-167). Porto Alegre: Artmed.

Montiel, A. G. S., & Capovilla, F. C. (2006a). Teste de atenção por cancelamento. In A. G. S. Capovilla (Org.), *Teoria e pesquisa em avaliação neuropsicológica* (pp. 141- 146). São Paulo: Memnon.

Montiel, A. G. S., & Capovilla, F. C. (2006b). Teste de trilhas – Partes A e B. In A. G. S. Capovilla (Org.), *Teoria e pesquisa em avaliação neuropsicológica* (pp. 109-114). São Paulo: Memnon.

Moreira, L., Schlottfeldt, C. G., Paula, J. J. D., Daniel, M. T., Paiva, A., Cazita, V., ... Malloy-Diniz, L. F. (2011). Estudo normativo do Token Test versão reduzida: Dados preliminares para uma população de idosos brasileiros. *Revista de Psiquiatria Clínica, 38*(3), 97-101.

Oliveira, A. A. (2007). *Memória: Cognição e comportamento*. São Paulo: Casa do Psicólogo.

Oliveira, M. D. S., & Rigoni, M. S. (2010). *Figuras complexas de Rey: Teste de cópia e de reprodução de memória de figuras geométricas complexas*. São Paulo: Casa do Psicólogo.

Paula, J. J., Abrantes, S., Neves, F. S., & Malloy-Diniz, L. F. (2014). The five digit test on the assessment of psychiatric patients with heterogeneous educational backgrounds: Evidence of validity on the assessment of bipolar disorder. *Clinical Neuropsychiatry, 11*(3), 103-107.

Perner, J., Kain, W., & Barchfeld, P. (2002). Executive control and higher-order theory of mind in children at risk of ADHD. *Infant and Child Development, 11*(2), 141-158.

Pimentel, E. M. L. (2009). Role of neuropsychological assessment in the differential diagnosis of Alzheimer's disease and vascular dementia. *Dementia & Neuropsychologia, 3*(3), 214-221.

Poletti, M., Enrici, I., & Adenzato, M. (2012). Cognitive and affective theory of mind in neurodegenerative diseases: Neuropsychological, neuroanatomical and neurochemical levels. *Neuroscience & Biobehavioral Reviews, 36*(9), 2147-2164.

Salles, J. F., & Rodrigues, J. C. (2014). Neuropsicologia da linguagem. In D. Fuentes, L. F. Malloy-Diniz, C. H. P. Camargo, & R. M. Cosenza (Orgs.), *Neuropsicologia: Teoria e prática* (2. ed., pp. 93-101). Porto Alegre: Artmed.

Sant'anna, B. D. A., Quayle, J., Pinto, K. O., Scaf, M., & Lucia, M. C. S. (2007). Torre de Hanói: Proposta de utilização do instrumento para sujeitos de 13 a 16 anos. *Psicologia Hospitalar, 5*(2), 1-21.

Sanvicente-Vieira, B., Brietzke, E., & Grassi-Oliveira, R. (2012). Translation and adaptation of Theory of Mind tasks into Brazilian Portuguese. *Trends in Psychiatry and Psychotherapy, 34*(4), 178-185.

Sanvicente-Vieira, B., Kluwe-Schiavon, B., Wearick-Silva, L. E., Piccoli, G. L., Scherer, L., Tonelli, H. A., & Grassi-Oliveira, R. (2014). Revised Reading the Mind in the Eyes Test (RMET): Brazilian version. *Revista Brasileira de Psiquiatria, 36*(1), 60-67.

Sarazin, M., Dubois, B., de Souza, L. C., & Bertoux, M. (2012). Should the social cognition and emotional assessment replace standard neuropsychological tests for frontotemporal dementia? *Expert Review of Neurotherapeutics, 12*(6), 633-635.

Schlaffke, L., Lissek, S., Lenz, M., Juckel, G., Schultz, T., Tegenthoff, M., & Brüne, M. (2015). Shared and nonshared neural networks of cognitive and affective theory of mind: A neuroimaging study using cartoon picture stories. *Human Brain Mapping, 36*(1), 29-39.

Schlindwein-Zanini, R. (2010). Avaliação neuropsicológica de adultos. In L. F. Malloy-Diniz, D. Fuentes, P. Mattos, & N. Abreu (Orgs.), *Avaliação neuropsicológica* (pp. 234-246). Porto Alegre: Artmed.

Seabra, A. G., & Capovilla, F. C. (2010). Tarefa de Competência de Leitura de Palavras e Pseudopalavras (TCLPP). São Paulo: Memnon.

Seabra, A. G., & Dias, N. M. (2012). Teste de trilhas. In A. G. Seabra, & N. Martins, *Avaliação neuropsicológica cognitiva* (Vol. 1). São Paulo: Memnon.

Shamay-Tsoory, S. G., & Aharon-Peretz, J. (2007). Dissociable prefrontal networks for cognitive and affective theory of mind: A lesion study. *Neuropsychologia, 45*(13), 3054-3067.

Silva-Filho, J. H., Pasian, S. R., & Humberto, J. S. M. (2011). Teste Wisconsin de classificação de cartas: Uma revisão sistemática de 1952 a 2009. *Psico-USF, 16*(1), 107-116.

Spedo, C. T. (2012). *Adaptação transcultural e propriedades psicométricas do subteste Visual Reproduction (Reprodução Visual I e II) da Wechsler Memory Scale – Fourth Edition (WMS-IV), (Escalas de Memória de Wechsler) para um contexto do Brasil* (Dissertação de mestrado, Universidade de São Paulo, São Paulo).

Strauss, E., Sherman, E. M. S., & Spreen, O. (2006). *A compendium of neuropsychological tests: Administration, norms and commentary*. New York: Oxford University.

Sullivan, K. (2005). Alternate forms of prose passages for the assessment of auditory-verbal memory. *Archives of Clinical Neuropsychology, 20*(6), 745-753.

Torralva, T., Gleichgerrcht, E., Ardila, M. J. T., Roca, M., & Manes, F. F. (2015). Differential cognitive and affective theory of mind abilities at mild and moderate stages of behavioral variant frontotemporal dementia. *Cognitive and Behavioral Neurology, 28*(2), 63-70.

van Overwalle, F. (2009). Social cognition and the brain: A meta-analysis. *Human Brain Mapping, 30*(3), 829-858.

van Overwalle, F., Baetens, K., Mariën, P., & Vandekerckhove, M. (2014). Social cognition and the cerebellum: A meta-analysis of over 350 fMRI studies. *NeuroImage, 86*, 554-572.

Velloso, R. L. (2012). *Avaliação de linguagem e de teoria da mente nos transtornos do espectro do autismo com a aplicação do Teste Strange Stories traduzido e adaptado para a língua portuguesa* (Tese de doutorado, Universidade Prebisteriana Mackenzie, São Paulo).

Wechsler, D. (2004). *WAIS-III: Manual para administração e avaliação*. São Paulo: Casa do Psicólogo.

Wechsler, D. (2013). *Wechsler Intelligence Scale for Children (WISC-IV): Manual. Adaptação e padronização de uma amostra brasileira*. São Paulo: Casa do Psicólogo.

Werlang, B. G., & Argimon, I. I. L. (2003). Avaliação psicológica na prática clínica. In A. Cataldo Neto, J. C. Gauer, & N. R. Furtado (Orgs.), *Psiquiatria para estudantes de medicina* (pp. 294-300). Porto Alegre: EdiPUCRS.

Zuccolo, P. F., Rzezak, P., & Góis, J. O. (2010). Praxia e visuoconstrução. In L. F. Malloy-Diniz, D. Fuentes, P. Mattos, & N. Abreu (Orgs.), *Avaliação neuropsicológica* (pp. 114-122).

8

Os diferentes tipos de diagnóstico em neuropsicologia: nosológico, sindrômico, topográfico e ecológico

LÍVIA DE FÁTIMA SILVA OLIVEIRA
ANDRESSA M. ANTUNES
VITOR GERALDI HAASE

O diagnóstico neuropsicológico é o processo pelo qual são recolhidas informações quanto ao funcionamento do paciente nos níveis biológico, cognitivo, afetivo, familiar e social. O objetivo principal do diagnóstico é subsidiar o processo de tomada de decisões, e ele obedece a uma sequência de passos lógicos derivada da neurologia (Barraquer-Bordas, 1976). A interpretação dos resultados do exame neuropsicológico se baseia em um sistema nervoso conceitual (SNC), ou seja, em um modelo das correlações estrutura-função desenvolvido pelos neuropsicólogos ao longo de mais de 150 anos de pesquisa e experiência clínica (Haase et al., 2008; Haase, Wood, & Willmes, 2010a; Haase, Medeiros, Pinheiro-Chagas, & Lana-Peixoto, 2010b).

O algoritmo diagnóstico tem como principais objetivos (Réa-Neto, 1998):

a. reduzir o campo de busca, viabilizando a tomada de decisão mediante a consideração de um número de opções compatível com a memória de trabalho do profissional
b. conferir características de teste de hipóteses ao processo diagnóstico

A compressão da paleta de opções e a formulação de hipóteses a serem testadas são essenciais para que o diagnóstico neuropsicológico seja pragmaticamente exequível e, sobretudo, para evitar o sofrimento, o desconforto e os riscos associados aos procedimentos diagnósticos.

Seguindo a tradição neurológica (Barraquer-Bordas, 1976), a sequência lógica do diagnóstico é formulada, nesse estudo, em função das seguintes etapas:

1. O **diagnóstico funcional** consiste em descrever os sintomas e sinais em termos de padrões de associação.
2. O **diagnóstico topográfico** procura localizar as lesões em um referencial anátomo-funcional.
3. A conexão entre as associações/dissociações sintomáticas ou funcionais e as localizações lesionais identificadas permite formular hipóteses quanto ao **diagnóstico etiológico/nosológico** e à história natural ou prognóstico.
4. Por fim, o **diagnóstico ecológico** tem por objetivo avaliar o impacto da doença sobre a funcionalidade, atividade, participação e subjetividade, no contexto

familiar, escolar, ocupacional, entre outros. O diagnóstico ecológico se reveste de especial importância no contexto da reabilitação, permitindo estabelecer conexões entre o diagnóstico e o planejamento das intervenções.

Neste capítulo, apresentamos os pressupostos do diagnóstico em neuropsicologia.

DIAGNÓSTICO FUNCIONAL

O diagnóstico funcional consiste em descrever os sinais e sintomas em termos de padrões de associação de sinais e sintomas (síndromes) ou dissociação entre funções comprometidas e preservadas, as quais são interpretadas no contexto de modelos de processamento de informação.

O diagnóstico funcional é construído a partir dos dados de história clínica e observação do comportamento. Os modelos cognitivos permitem compreender computacionalmente os padrões de funções comprometidas e integradas, diferenciando-os de variações normais da arquitetura cognitiva.

DIAGNÓSTICO TOPOGRÁFICO

O diagnóstico topográfico procura localizar as lesões em um referencial anátomo-funcional. Anteriormente à disponibilidade de métodos não invasivos de neuroimagem, o exame neuropsicológico era fundamental para a localização dos processos patológicos, apesar de sua acurácia situar-se em torno de apenas 70% (Willmes & Poeck, 1993). Com o advento dos métodos computadorizados de neuroimagem, o diagnóstico topográfico deixou de ser o objetivo principal do exame neuropsicológico, embora a caracterização das correlações estrutura-função continue desempenhando um papel importante. A relevância do diagnóstico topográfico decorre do fato de que ele contribui para a caracterização do padrão de comprometimento e, portanto, para o diagnóstico nosológico. O diagnóstico topográfico ajuda a construir expectativas e eliminar hipóteses quanto ao padrão de funções comprometidas e preservadas que deve ser procurado. Assim, o diagnóstico topográfico reduz o campo de busca, contribuindo para diminuir os custos e riscos da realização excessiva de exames laboratoriais, como iatrogenia ou falsos positivos. O exame neuropsicológico continua sendo o único modo de formular um diagnóstico topográfico quando os exames de neuroimagem são normais.

Tradicionalmente, o diagnóstico topográfico utiliza um sistema de coordenadas cartesianas com cinco eixos, o qual remonta à neurologia do século XIX (Fig. 8.1) (Luria, 1977; Smith & Craft, 1984). Os cinco eixos clinicamente descritos podem ser caracterizados em termos das dimensões hemisfério direito-esquerdo, dorsal-ventral, anteroposterior, látero-medial e cortical-subcortical. De modo geral, as técnicas contemporâneas de neuroimagem, tais como o imageamento por tensão de difusão e a tractografia, têm contribuído para consolidar e expandir as correlações anátomo-clínicas clássicas (Catani et al., 2012; Gage & Hickok, 2005).

Eixo hemisfério direito-esquerdo

No eixo hemisfério direito-esquerdo, estabelece-se a localização das lesões ou disfunções no hemisfério esquerdo ou direito. No domínio da linguagem, por exemplo, os comprometimentos do hemisfério esquerdo causam déficits na fonologia, na sintaxe e no léxico. Já os comprometimentos do hemisfério direito são associados a déficits na pragmática e no processamento textual. No que se refere às habilidades visioespaciais e visioconstrutivas, as lesões

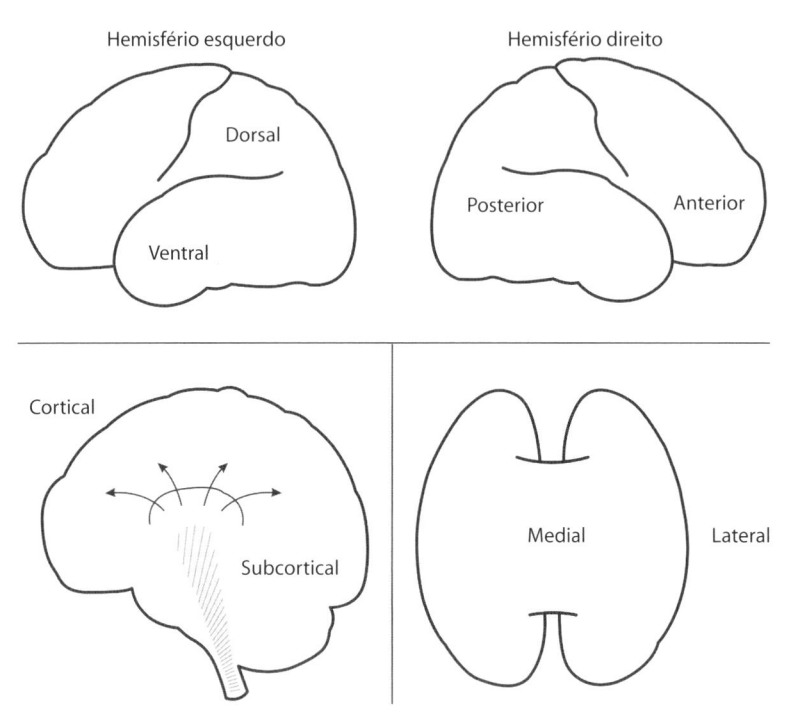

Figura 8.1 Sistema de coordenadas cartesianas com cinco eixos.

do hemisfério esquerdo se associam a um padrão mais global de processamento, com simplificação e dificuldades para processar detalhes. Os transtornos do hemisfério direito, por sua vez, caracterizam-se por um estilo mais analítico de processamento, com dificuldades para apreender a configuração global, detalhismo e dificuldades para reproduzir relações espaciais. Os déficits emocionais também são lateralizados. Disfunções do hemisfério esquerdo associam-se a sintomas depressivos, enquanto disfunções do hemisfério direito causam labilidade emocional. De modo geral, as funções do hemisfério esquerdo podem ser descritas como analíticas, rotineiras, e as funções do hemisfério direito podem ser caracterizadas como holísticas e contextualizadas. Essas diferenças funcionais foram atribuídas a características anatômicas (Goldberg & Costa, 1981). No hemisfério esquerdo predomina a conectividade cortical de curta distância (fibras arqueadas), sendo observada uma preponderância de conexões de longa distância no hemisfério direito.

Eixo látero-medial

Na era antecedente à neuroimagem computadorizada, o diagnóstico de lateralização lesional era realizado pela constatação da lateralidade do comprometimento motor ou dos déficits de campo visual (Hécaen & Albert, 1978). As técnicas de neuroimagem funcional permitiram refinar o diagnóstico de localização no eixo látero-medial. Descobriu-se que há, na dimensão lateral, uma importante distinção funcional entre as ativações da superfície medial e as ativações da superfície lateral. Enquanto as ativações da superfície lateral refletem um foco atencional no mundo externo, dos objetos e eventos físicos, as áreas mediais são ativadas quando a atenção do indivíduo se volta para o *self* ou para o mundo social (Lieberman, 2007). Essa atividade nas áreas mediais dos hemisférios cerebrais está presente, inclusive, em repouso, constituindo o substrato para o chamado modo *default* de funcionamento de cérebro, um importante correlato da capacidade de *insight*. A desorganização funcional da rede *default* se correlaciona com a perda de *insight* em praticamente todos os transtornos psiquiátricos, inclusive nas demências (Broyd et al., 2009). No sistema motor, as áreas frontais laterais estão envolvidas em movimentos responsivos a estímulos externos, correspondendo a um potencial eletrencefalográfico denominado variação contingente negativa (Goldberg, 1985). As áreas motoras mediais, por sua vez, implementam movimentos internamente gerados, traduzindo-se no eletrencefalograma como potencial de prontidão.

As lesões da superfície lateral dos hemisférios podem prejudicar de formas variadas o processamento de estímulo do ambiente externo (Lieberman, 2007). A expressão neuropsicológica mais drástica de lesões anteriores mediais é a síndrome do mutismo acinético. Nela, é comprometida não apenas a iniciativa motora e comportamental, mas toda a experiência psíquica. A recuperação do mutismo acinético frequentemente deixa como sequela quadros de afasia dinâmica ou motora transcortical, nos quais a linguagem é bem formulada gramaticalmente, mas o indivíduo carece de iniciativa e fluência para falar (Luria, 1977). Outros exemplos podem ser observados no sistema motor. Enquanto as apraxias ideomotoras são geralmente causadas por lesões frontoparietais laterais, a síndrome da mão alienígena decorre de lesões mediais (Goldberg & Goodwin, 2011).

Eixo anteroposterior

O diagnóstico no eixo anteroposterior também se baseava na presença ou ausência de alterações motoras e sensoriais visuais (Hécaen & Albert, 1978). Nos casos em que há déficits motores, a localização lesional só pode ser anterior, ou seja, da cápsula interna para frente. Já nos casos em que ocorre hemianopsia, o comprometimento deve ser posterior, ou seja, do corpo geniculado lateral para trás. Esse método falha quando as lesões hemisféricas não causam, respectivamente, déficits motores ou visuais. O estudo das correlações estrutura-função no eixo anteroposterior permitiu associar as lesões anteriores com disfunções executivas ou da autorregulação (Fuster, 2008). Todas as doenças psiquiátricas refletem disfunções do polo anterior do cérebro (Giaccio, 2006). Os comprometimentos do polo posterior, por sua vez, podem ser caracterizados como perceptuais ou representacionais, uma vez que refletem dificuldades com o reconhecimento de objetos, a localização espacial, as transformações de coordenadas necessárias para a programação e o controle de movimentos e a memória.

O exemplo mais extremo de comprometimento do polo anterior dos hemisférios cerebrais é ilustrado pelo comportamento de utilização, ou síndrome de dependência ambiental (Lhermite, 1983). Pacientes com lesões pré-frontais bilaterais perdem a capacidade de autorregulação ou controle interno. Tornam-se entes skinnerianos, imediatamente responsivos às contingências ambientais e sem capacidade de antecipação das consequências de seu comportamento. Um exemplo é o comportamento de utilização. Quando lhes são oferecidos instrumentos, tais como martelo, caneta, pente, entre outros, o paciente imediatamente se serve deles, independentemente de quaisquer considerações pragmáticas.

Manifestações de lesões anteriores, como a liberação das respostas de *grasping* ou os déficits de memória de trabalho, podem ser interpretadas, de acordo com Denny-Brown, como liberação de tropismos positivos em decorrência de lesões de mecanismos centrais que permitem o surgimento de um espaço interno de processamento (Vilensky & Gilman, 1997). Já comportamentos evitativos, tais como a "apraxia cinética de evitação", descrita por Denny-Brown, refletem a liberação de tropismos negativos, como consequência de lesões dos sistemas percepto-motores que conectam a atividade psíquica ao ambiente.

Eixo cortical-subcortical

Classicamente, o diagnóstico no eixo vertical buscava caracterizar os sintomas como decorrentes de uma alteração cortical ou subcortical (Haase et al., 2010a, 2010b). O conceito de "demência subcortical" tem sido, entretanto, criticado por falta de fundamentação anatomopatológica, radiológica e clínica (Turner, Moran, & Kopelman, 2002). Contudo, um quadro clínico que apresenta lentidão de processamento de informação, disfunção executiva e déficits no resgate de memória episódica e preservação relativa do reconhecimento é bem caracterizado, sendo atribuído a disfunções dos circuitos frontoestriatais (Bonelli & Cummings, 2008).

Eixo dorsal-ventral

A partir das descobertas neurobiológicas e clínicas das últimas décadas, é preciso considerar outra dicotomia quando se trata de fazer o diagnóstico de localização no eixo vertical. A origem embrionária e a conectividade das áreas corticais ventrais e dorsais são distintas, tendo importantes implicações funcionais e clínicas (Giaccio, 2006). O neocórtex constitui uma expansão intermediária entre dois meios corticais primitivos, os quais foram sendo gradualmente empurrados em sentido dorsomedial e ventromedial. As áreas neocorticais dorsais se originam do arquicórtex, tendo com o hipocampo como seu principal primitivo funcional. As áreas neocorticais ventrais, por sua vez, são embriologicamente originadas a partir do paleocórtex ou área piriforme, tendo na amígdala sua vertente funcional principal. Os sistemas dorsais são responsáveis pela construção de um referencial espaço-temporal para o comportamento e a atividade mental, fornecendo um contexto para a atividade mental. Os circuitos frontoparietais são implicados, por exemplo, nos mecanismos relacionados à inteligência geral (Jung & Haier, 2007). Por seu turno, as regiões ventrais do neocórtex se preocupam com formas mais analíticas de processamento, discriminando a identidade e a valência emocional dos objetos e eventos. Essa distinção entre sistemas ventral e dorsal opera ao longo de toda a dimensão anteroposterior dos hemisférios, estando o polo posterior envolvido nos processos representacionais perceptuais, e o polo anterior, no aspecto operacional da memória (Smith & Jonides, 1999).

DIAGNÓSTICO NOSOLÓGICO

O diagnóstico nosológico consiste na identificação de uma entidade mórbida válida presente nos manuais de diagnóstico, como a *Classificação internacional de doenças e problemas relacionados à saúde* (CID-10) (Organização Mundial da Saúde [OMS], 1993) e o *Manual diagnóstico e estatístico de transtornos mentais* (DSM-5) (American Psychiatric Association [APA], 2014). Uma entidade nosológica é uma síndrome ou conjunto de sinais e sintomas que se associa a um prognóstico ou resposta terapêutica específica. O diagnóstico nosológico é indicativo, portanto, das intervenções necessárias.

DIAGNÓSTICO ECOLÓGICO

O objetivo do diagnóstico ecológico é avaliar o impacto da condição de saúde sobre o funcionamento do indivíduo nos níveis cognitivo, comportamental e contextual. No nível cognitivo, por exemplo, é muito importante elucidar o impacto subjetivo da doença, descobrindo a pessoa por trás da síndrome ou lesão. O diagnóstico ecológico é a parte mais clínica e difícil do diagnóstico neuropsicológico. Não existem procedimentos padrão estruturados para o diagnóstico ecológico, que depende da capacidade de empatia do profissional, de sua capacidade de criar uma representação do mundo a partir da perspectiva do paciente e de sua família.

Considerando sua complexidade, o diagnóstico ecológico precisa ser formulado de forma pluralista, integrando as perspectivas cognitiva, comportamental e contextual.

A perspectiva cognitiva objetiva descobrir como o indivíduo e sua família representam a situação e suas possibilidades de desenvolvimento. Existem vários modelos para formular o diagnóstico no nível cognitivo, como, por exemplo, o modelo processual de estresse e *coping*.

Modelo de estresse e *coping*

Segundo o modelo de estresse e *coping*, formulado por Lazarus e Folkman, em 1984, os eventos de vida são avaliados cognitivamente pelo indivíduo, sendo categorizados como irrelevantes, desafios ou estressores. Desafios são eventos percebidos pelo indivíduo como ao alcance de suas capacidades de resolução. Estressores são aquelas situações que excedem os recursos de *coping* disponíveis.

Dependendo da avaliação feita, o indivíduo pode recorrer a estratégias instrumentais de *coping*, enfatizando obtenção de informação e modificação ativa das condições ambientais, objetivas. O indivíduo recorre ao *coping* instrumental quando avalia que há possibilidade de identificar e atuar sobre as causas do problema.

O *coping* paliativo enfatiza a modificação do modo como a pessoa se sente (mudança no envolvimento). É utilizado quando as causas do problema são percebidas como excedendo os recursos da pessoa.

O modelo de estresse e *coping* prevê uma série iterativa de avaliações cognitivas dos eventos. A avaliação primária verifica a natureza do evento, classificando-o como irrelevante, desafio ou estressor. Por meio da avaliação secundária, o indivíduo procura decidir qual é o melhor recurso de *coping* para enfrentar o problema. Por fim, a avaliação terciária é usada para decidir se os esforços do indivíduo levaram a uma resolução do problema ou se mais ações são imperiosas.

Modelo comportamental

Segundo o modelo behaviorista radical de tríplice contingência, o comportamento é mantido pelas suas consequências hedônicas. Comportamentos que levam a consequências hedônicas positivas são reforçados, mantendo ou elevando sua frequência de emissão. Em contrapartida, comportamentos que se associam a desfechos hedônicos desfavoráveis têm sua frequência de emissão reduzida.

O modelo behaviorista radical não é o mais frequentemente empregado em neuropsicologia. Segundo a perspectiva neuropsicológica, o modelo S:R-C é limitado porque coloca o cérebro entre parênteses, tratando-o como se fosse uma caixa-preta. Dessa forma, o modelo de tríplice contingência precisa ser substituído, então, por um modelo SORC, introduzindo variáveis do organismo entre o estímulo e a resposta.

O modelo SORC considera as instâncias regulatórias centrais, principalmente o córtex pré-frontal e o chamado executivo central, as quais explicam a capacidade dos organismos de antecipar as consequências de seu comportamento. Esse modelo mais amplo permite a maior compreensão do impacto das lesões cerebrais, por exemplo, que muitas vezes comprometem a capacidade dos indivíduos de prever as consequências de seu comportamento; e isso precisa ser levado em consideração no planejamento terapêutico.

Praticamente em todas as famílias nas quais um dos membros apresenta problemas neuropsicológicos é possível observar um círculo vicioso de interações desadaptativas. Tomando como exemplo uma criança com dificuldades de aprendizagem e/ou comportamento, observa-se que o comportamento da criança pode ser caracterizado por uma série de excessos ou déficits comportamentais. Entre os excessos, podem ser mencionadas a agitação, a desinibição, a desobediência, etc. Já os principais déficits dizem respeito a aprendizagem, socialização, capacidade de iniciativa, habilidades da vida diária, etc.

No plano cognitivo, o perfil de déficits é percebido pela família como uma perda de reforçadores, levando a uma desvalorização do paciente. Emocionalmente, os familiares reagem com frustração, raiva, culpa e outros sentimentos ambivalentes. Por fim, no plano comportamental, as cognições e emoções levam a um reforçamento diferencial dos comportamentos problemáticos e à falta de investimento no indivíduo em função das baixas expectativas. Os mecanismos comportamentais contribuem, então, para acentuar o padrão de dificuldades do indivíduo, fechando o círculo vicioso.

Modelo contextualista

A perspectiva contextualista enfatiza a influência do ambiente sobre o comportamento do indivíduo e da família. Um modo de operacionalizar a influência do contexto sobre os desfechos psicossociais é dado pelo conceito de acomodação. Segundo Gallimore, Weisner, Kaufman e Bernheimer (1989), a existência de uma pessoa doente na família acarreta a necessidade de acomodação entre diversos interesses e papéis sociais.

No processo de acomodação, há a necessidade de conciliar os projetos pessoais de desenvolvimento dos pais e dos irmãos com as necessidades da criança afetada por algum transtorno do desenvolvimento. Outro exemplo recorrente é a acomodação financeira. A existência de um familiar doente ou com problemas psiquiátricos, por exemplo, implica gastos, o que, por consequência, diminui a disponibilidade de recursos para os outros membros da família e potencialmente ameaça a subsistência material da família. Cabe ressaltar que o acesso a serviços de saúde e educação de qualidade é uma importante fonte de apoio social ou elemento estressor. Além disso, o bem-estar da família e a adaptabilidade da pessoa portadora de alguma deficiência são também afetados pelas condições de moradia e vizinhança.

A educação de uma criança com algum tipo de deficiência também requer esforço por parte de seus familiares. De forma específica, os pais passam a dispor de menos tempo para cultivar seu relacionamento conjugal, podendo ser comprometido. Um agravante dessa situação é a distribuição desigual dos encargos com a criança doente. Além disso, o acesso a atividades de lazer pela família também pode ser comprometido. A disponibilidade de apoio social por parte de tios ou avós constitui uma importante influência adaptativa, possibilitando, por exemplo, que a mãe trabalhe para complementar a renda, ou que a família amplie seu acesso a atividades de lazer e oportunidades de participação social.

O diagnóstico ecológico em neuropsicologia precisa ser complementado com um levantamento do contexto de vida da família. A existência de planos e o engajamento dos membros da família em metas ou em um projeto comum constituem um importante indicador adaptativo.

Modelo de funcionalidade da OMS

É recomendável que o diagnóstico ecológico em neuropsicologia seja formulado de acordo com o modelo biopsicossocial proposto pela Organização Mundial da Saúde (OMS).

A *Classificação internacional de funcionalidade, incapacidade e saúde* (CIF) (Organização Mundial da Saúde [OMS] & Organização Pan-americana de Saúde [OPAS], 2003) é o padrão-ouro vigente para formular a conexão entre o diagnóstico neuropsicológico e a intervenção. A CIF se baseia em um modelo psicossocial que prevê múltiplas possibilidades e interações bidirecionais entre os diversos níveis de comportamento.

Na CIF, o termo "deficiência" foi substituído pela integridade anatômica e funcional das estruturas corporais. A distinção entre incapacidade e desvantagem foi substituída pela avaliação do impacto da condição de saúde sobre a vida cotidiana (atividades) e sobre a vida social (participação). O modelo da CIF considera ser possível que um indivíduo tenha sua funcionalidade diminuída por fatores não preponderantes associados à integridade anatômica e funcional de seu organismo. Fatores ambientais e pessoais podem atuar como barreiras à adaptabilidade e à funcionalidade do indivíduo. O nível ecológico permite estabelecer uma conexão entre o diagnóstico e a reabilitação neuropsicológica.

REFERÊNCIAS

American Psychiatric Association (APA). (2014). *Manual diagnóstico e estatístico de transtornos mentais: DSM-5.* (5. ed.). Porto Alegre: Artmed.

Barraquer-Bordas, L. (1976). *Neurologia clínica* (3. ed.). Barcelona: Toray.

Bonelli, R. M., & Cummings, J. L. (2008). Frontal-subcortical dementias. *Neurologist, 14*(2), 100-107.

Broyd, S. J., Demanuele, C., Debener, S., Helps, S. K., James, C. J., & Sonuga-Barke, E. J. (2009). Default-mode brain dysfunction in mental disorders: A systematic review. *Neuroscience and Biobehavioral Reviews, 33*(3), 279-296.

Catani, M., Dell'acqua, F., Bizzi, A., Forkel, S. J., Williams, S. C., Simmons, A., ... de Schotten, M. T. (2012). Beyond cortical localization in clinic-anatomical correlation. *Cortex, 48*(10), 1262-1287.

Fuster, J. M. (2008). *The prefrontal cortex* (4th ed.). San Diego: Academic.

Gage, N., & Hickok, G. (2005). Multiregional cell assemblies, temporal binding, and the representation of conceptual knowledge in cortex: A modern theory by a "classical neurologist", Carl Wernicke. *Cortex, 41*(6), 823-832.

Gallimore, R., Weisner, T. S., Kaufman, S. Z., & Bernheimer, L. P. (1989). The social construction of ecocultural niches: family accommodation of developmentally delayed children. *American Journal of Mental Retardation, 94*(3), 216 230.

Giaccio, R. G. (2006). The dual origin hypothesis: An evolutionary brain-behavior framework for analyzing psychiatric disorders. *Neuroscience and Biobehavioral Reviews, 30*(4), 526-550.

Goldberg, G. (1985). Supplementary motor area structure and function: Review and hypotheses. *Behavioral and Brain Sciences, 8*(4), 567-588.

Goldberg, E., & Costa, L. D. (1981). Hemisphere differences in the acquisition and use of descriptive systems. *Brain and Language, 14*(1), 144-173.

Goldberg, G., & Goodwin, M. E. (2011). Alien hand syndrome. In J. S. Kreutzer, J. DeLuca, & B. Caplan (Eds.), *Encyclopedia of clinical neuropsychology* (pp. 84-91). New York: Springer.

Haase, V. G., Medeiros, D. G., Pinheiro-Chagas, P., & Lana-Peixoto, M. A. (2010b). A "Conceptual Nervous System" for multiple sclerosis. *Psychology & Neuroscience, 3*(2), 167-181.

Haase, V. G., Pinheiro Chagas, P., Gonzaga, D. M., Mata, F. G., Silva, J. B. L, Géo, L. A., & Ferreira, F. O. (2008). Um sistema nervoso conceitual para o diagnóstico neuropsicológico. *Contextos Clínicos, 1*(2), 125-138.

Haase, V. G., Wood, G. M. O., & Willmes, K. (2010a). Matemática. In L. F. Malloy-Diniz, D. Fuentes, P. Mattos, & N. Abreu (Orgs.), *Avaliação neuropsicológica* (pp. 123-132). Porto Alegre: Artmed.

Hécaen, H., & Albert, M. L. (1978). *Human neuropsychology.* New York: Wiley.

Jung, R. E., & Haier, R. J. (2007). The Parieto-Frontal integration Theory (P-FIT) of intelligence:

Converging neuroimaging evidence. *Behavioral and Brain Sciences, 30*(2), 135-187.

Lazarus, R. S., & Folkman, S. (1984). *Stress, appraisal, and coping.* New York: Springer.

Lhermite, F. (1983). "Utilization behavior" and its relation to lesions of the frontal lobe. *Brains, 106*(Pt 2), 237-255.

Lieberman, M. D. (2007). Social cognitive neuroscience: A review of core processes. *Annual Review of Psychology, 58,* 259-289.

Luria, A. R. (1977). *Las funciones corticales superiors del hombre.* Havana: Orbe.

Organização Mundial da Saúde (OMS). (1993). *Classificação de transtornos mentais e de comportamento da CID-10: Descrições clínicas e diretrizes diagnósticas.* Porto Alegre: Artmed.

Organização Mundial de Saúde (OMS), & Organização Pan-americana de Saúde (OPAS). (2003). *Classificação Internacional de Funcionalidade, Incapacidade e Saúde: CIF.* São Paulo: Universidade de São Paulo.

Réa-Neto, A. (1998). Raciocínio clínico: O processo de decisão diagnóstica e terapêutica. *Revista da Associação Médica Brasileira, 44*(4), 301-311.

Smith, D. B., & Craft, R. B. (1984). Sudden behavioral change: A guide to initial evaluation. *Neurologic Clinics, 2,* 3-22.

Smith, E. E., & Jonides, J. (1999). Storage and executive processes in the frontal lobes. *Science, 283*(5408), 1657-1661

Turner, M. A., Moran, N. F., & Kopelman, M. D. (2002). Subcortical dementia. *British Journal of Psychiatry, 180,* 148-151.

Vilensky, J. Á, & Gilman, S. (1997). Positive and negative factors in movement control: A current review of Denny-Brown's hypothesis. *Journal of the Neurological Sciences, 151*(2), 149-158.

Willmes, K., & Poeck, K. (1993). To what extent can aphasic syndromes be localized? *Brain, 116*(Pt 6), 1527-1540.

Como avaliar suspeita de deficiência intelectual

ANNELISE JÚLIO-COSTA
JÚLIA BEATRIZ LOPES-SILVA
RICARDO MOURA
BARBRA RIO-LIMA
VITOR GERALDI HAASE

CONCEITO

Deficiência intelectual

A deficiência intelectual (DI) é uma categoria diagnóstica de etiologia, caracterização e avaliação bastante complexas. A complexidade do quadro clínico da DI se reflete na série de definições já estabelecidas. A primeira definição foi proposta em 1908 pela Associação Americana de Retardo Mental (American Association of Mental Retardation [AAMR], 2006). Desde então, essa definição foi atualizada diversas vezes, levando, inclusive, à mudança do nome da associação para Associação Americana de Transtornos Intelectuais e do Desenvolvimento, em 2007 (American Association on Intellectual and Developmental Disabilities [AAIDD], 2010).

Essa mudança na nomenclatura se deve tanto ao estigma gerado pelo termo "retardo" quanto às divergências sobre a definição do quadro observado nessa população. Tradicionalmente, as definições de DI enfatizam o rebaixamento acentuado no funcionamento intelectual, acompanhado de um déficit no comportamento adaptativo. Em 1992, a definição foi atualizada e expandida de forma a dar uma ênfase maior a aspectos ecológicos e funcionais, visando não só à classificação, mas também à provisão de apoio especializado. Atualmente, a definição mais influente é a que foi proposta pela AAIDD em 2007, que define retardo mental como ". . . uma incapacidade caracterizada por importantes limitações, tanto no funcionamento intelectual quanto no comportamento adaptativo, e se expressa nas habilidades adaptativas conceituais, sociais e práticas. Essa incapacidade tem início antes dos 18 anos" (AAIDD, 2010).

A definição de DI engloba, portanto, dois componentes básicos principais, que serão abordados em detalhes mais adiante: a inteligência (ou funcionamento intelectual) e a adaptação a um determinado contexto. Apesar da aceitação desses componentes como os fundamentos básicos para o diagnóstico de DI, ainda há dissonâncias sobre sua operacionalização. Além da inteligência e do comportamento adaptativo, a AAIDD também estabelece outros três componentes que vão garantir o caráter ecológico do diagnóstico:

a. participação, interações e papéis sociais
b. saúde física e mental
c. ambiente e cultura – por não demandarem uma avaliação padronizada, tais

componentes não serão abordados em mais detalhes neste capítulo

Inteligência

A inteligência é um dos construtos psicológicos cuja avaliação é mais bem validada pela literatura científica. No que diz respeito à DI, a baixa inteligência é considerada um critério necessário, mas não suficiente para o diagnóstico, ou seja, o quadro típico de DI deve ser acompanhado de outros prejuízos.

Apesar de o déficit intelectual ser o critério diagnóstico de operacionalização mais claro, a aplicação desse construto na diagnose e definição de DI não está livre de controvérsias. A discordância entre os especialistas começa já na abordagem teórica sobre inteligência. Ainda que algumas das principais teorias tragam evidências favoráveis a um modelo multifatorial, composto por inteligências múltiplas (Almeida et al., 2010), existe a crítica de que o diagnóstico de DI atribui o mesmo peso a habilidades intelectuais muito diversas, tais como velocidade de processamento, raciocínio verbal e raciocínio não verbal, sendo que, na prática, o foco de avaliação do funcionamento intelectual recai quase exclusivamente sobre o quoeficiente intelectual (QI) total. O problema com o QI total é que, por ser uma medida muito genérica, ele acaba perdendo uma série de informações relevantes sobre o funcionamento das populações clínicas (Fiorello et al., 2007). Isso é extremamente prejudicial, por exemplo, nos casos de inteligência limítrofe ou transtornos de aprendizagem, nos quais é mais provável encontrar padrões importantes de dissociação entre habilidades deficitárias e habilidades preservadas (Alloway, 2010; Cornoldi, Giofrè, Orsini, & Pezzuti, 2014). Desse modo, o diagnóstico acaba não prevendo a existência de pontos fortes e fracos no funcionamento intelectual.

As próprias medidas de QI também são alvo de críticas. Inicialmente, a precisão das medidas de QI na avaliação de escores extremamente baixos (extremidade inferior da distribuição) é encarada com desconfiança. Muitos autores argumentam que os testes de inteligência convencionais são muitas vezes projetados para aplicação em crianças de funcionamento normal. Em alguns casos, portanto, a falha de crianças com DI poderia ser explicada por dificuldades em persistir na mesma tarefa por longos períodos e também pelo fato de esses testes não despertarem sua motivação ou se apoiarem fortemente sobre suas habilidades verbais, geralmente prejudicadas (Walsh et al., 2007). Assim, a produção de uma medida válida da capacidade intelectual das pessoas com DI exige que os procedimentos de testagem acomodem suas dificuldades na comunicação e na atenção. Isso foi comprovado recentemente em um estudo conduzido por Bello, Goharpey, Crewther e Crewther (2008), que mostrou que crianças com dificuldades intelectuais severas apresentam desempenho melhor no Teste de Matrizes Progressivas Coloridas de Raven quando os estímulos são concretos e podem ser manuseados por elas. Além disso, existe ainda uma discussão em relação ao ponto de corte estatístico a ser considerado para a classificação de limitações intelectuais significativas.

Comportamento adaptativo

O segundo ponto mais importante para o diagnóstico de DI é a presença de prejuízos no comportamento adaptativo. Este é um construto essencialmente multifatorial e pode ser definido como o conjunto de habilidades que permite uma inserção funcional nas atividades diárias de casa, escola e trabalho (Oakland & Harrison, 2008). De acordo com a definição de

DI estabelecida pela AAIDD (2010), o prejuízo no comportamento adaptativo afeta habilidades conceituais, sociais e práticas, e ao menos uma dessas três áreas deve estar comprometida para que o diagnóstico seja confirmado. A presença de dificuldades no comportamento adaptativo, ainda que não seja o critério central na DI, é de grande importância para o diagnóstico, uma vez que reduz a possibilidade de falsos positivos. Desse modo, é possível que existam casos de desempenho alterado em testes de avaliação da inteligência de sujeitos que são funcionais no dia a dia, o que não configuraria DI.

Assim como na inteligência, o papel dos déficits no comportamento adaptativo para o diagnóstico de DI também é cercado de discordâncias. Uma delas diz respeito à relevância desses déficits para o diagnóstico. Existem opiniões em favor do comportamento adaptativo como o ponto central no diagnóstico de DI, uma vez que as limitações adaptativas teriam um impacto mais danoso na vida das pessoas do que as limitações intelectuais. Esse argumento apresenta algumas restrições. A primeira delas é que, de maneira geral, as medidas de mensuração do comportamento adaptativo não têm as mesmas qualidades psicométricas que as medidas de avaliação da inteligência, gerando desconfiança em relação à validade desse construto (Thompson, McGrew, & Bruininks, 1999). Além disso, correlações altas entre comportamento adaptativo e medidas de QI são comumente observadas, o que contribui para a desconfiança em relação à validade desses testes e ainda levanta a suspeita de que a maior parte da informação utilizada para o diagnóstico de DI seja oriunda da capacidade intelectual. A variabilidade na natureza das medidas geralmente empregadas para avaliação do comportamento adaptativo (escalas e entrevistas com pais, por exemplo) também é alvo de críticas.

Severidade e níveis de funcionamento

As definições de DI sempre enfatizaram a variabilidade existente entre as pessoas que recebem o diagnóstico. A quantificação dessa heterogeneidade ganhou força com o surgimento dos testes de inteligência, no início do século XX, quando os diferentes níveis de DI passaram a ser determinados a partir da identificação da idade mental. Na década de 1950, o *Manual diagnóstico e estatístico de transtornos mentais* (DSM-I) (American Psychiatric Association [APA], 1952) buscou classificar os níveis de severidade a partir de medidas de QI. Na década de 1980, a AAIDD definiu que o erro-padrão dos testes deveria ser considerado para a classificação do grau de DI (AAIDD, 2010). Dessa forma, para DI leve, foi considerado o intervalo de 50-55 a 70-75, e para moderada, de 35-40 a 50-55. No entanto, a associação defende que, mais que os pontos de corte de QI, deve ser considerado o tamanho da diferença entre o valor obtido e a média populacional, o qual deve ser de, no mínimo, 2 desvios-padrão, para evitar diagnósticos falsos positivos.

Mais recentemente, a partir da definição de 1992, a AAIDD se esforçou em reduzir a aplicação dos escores de QI na classificação dos níveis de severidade, mantendo-os apenas para o diagnóstico (AAIDD, 2010). Desde então, os níveis de funcionamento na DI passaram a ser definidos a partir da quantidade de suporte demandada para a realização de atividades do cotidiano.

SISTEMAS DE CLASSIFICAÇÃO NOSOLÓGICA

Atualmente, existem três grandes sistemas principais de classificação de deficiência intelectual: o modelo proposto pela *Classificação internacional de doenças e problemas relacionados à saúde* (CID-10), elaborado pela Organização Mundial da Saúde (OMS, 2008); o da American Psychiatric Association (APA, 2013), sistematizado no DSM; e o sistema da AAIDD (2010).

A CID teve sua 10ª revisão aprovada pela OMS em 1990. Atualmente, o retardo mental[1] está dentro da seção de Transtornos Mentais e Comportamentais e tem como principal característica diagnóstica a parada do desenvolvimento ou desenvolvimento incompleto do funcionamento intelectual. Cabe ressaltar que a CID-10 considera a possibilidade de o retardo mental acompanhar algum outro transtorno, o qual também deverá ser especificado. Sua classificação abarca as categorias F70-F79, sendo: F70.- Retardo mental leve; F71.- Retardo mental moderado; F72.- Retardo mental grave; F73.- Retardo mental profundo; F78.- Outro retardo mental; e F79.- Retardo mental não especificado. Além disso, a CID-10 preconiza a utilização das seguintes subdivisões para especificação da extensão do comprometimento comportamental: (0) Menção de ausência de ou de comprometimento mínimo do comportamento; (1) Comprometimento significativo do comportamento, requerendo vigilância ou tratamento; (8) Outros comprometimentos do comportamento; (9) Sem menção de comprometimento do comportamento.

No DSM-IV-TR, desenvolvido pela APA (2000), o retardo mental[2] encontrava-se dentro da seção de "Transtornos Geralmente Diagnosticados pela Primeira vez na Infância ou na Adolescência". A nova estrutura de organização presente no DSM-5 (APA, 2013) aproxima-se da organização de transtornos planejada para a CID-11, a qual preconiza uma proposta de capítulos fundamentada na abordagem cronológica do ciclo vital. Dessa forma, atualmente, a DI está inserida na seção de Transtornos do Neurodesenvolvimento, com o título de "Deficiências Intelectuais". Suas principais características clínicas referem-se a déficits em capacidades mentais genéricas, como raciocínio, solução de problemas, planejamento, pensamento abstrato, juízo, aprendizagem acadêmica e aprendizagem pela experiência. Cabe ressaltar que o DSM enfatiza a importância do prejuízo funcional e adaptativo para a formalização do diagnóstico. Além disso, é interessante a subclassificação mais detalhada que o DSM-5 faz em relação ao nível de gravidade do prejuízo nos domínios conceitual, social e prático, a qual contribui para uma melhor compreensão do quadro e, consequentemente, para um melhor planejamento de estratégias de intervenção.

A AAIDD sugere uma classificação que se caracteriza fortemente pela perspectiva multimodal e descrição do nível de gravidade. De forma semelhante à da *Classificação internacional de funcionalidade, incapacidade e saúde* (CIF, 2001), a AAIDD utiliza o conceito de funcionamento humano para definir a DI, baseando-se na interação da pessoa com o ambiente. Além disso, existe a valorização do aspecto dinâmico do diagnóstico, bem como do reconhecimento das limitações e das potencialidades do indivíduo (AAMR, 2006).[3] A AAIDD define DI como um quadro caracterizado por limitações significativas tanto no funcionamento intelectual quanto no comportamento adaptativo, as quais afetam várias habilidades sociais e práticas no cotidiano e têm início antes dos 18 anos de idade. O prejuízo no funcionamento adaptativo pode ser

---

[1] A 10ª versão da CID ainda mantém a nomenclatura "retardo mental". A 11ª versão tem previsão de publicação para o ano de 2015.

[2] O DSM-IV-R também utiliza a nomenclatura "retardo mental". A atualização para "deficiência intelectual" se deu a partir do DSM-5.

[3] Em 2007, a American Association of Mental Retardation passou a se chamar American Association on Intellectual and Developmental Disabilities.

explorado dentro dos seguintes domínios, segundo a AAIDD (2010):

a. habilidades conceituais: linguagem e letramento, dinheiro, tempo, conceitos numéricos
b. habilidades sociais: habilidades de contato interpessoal, responsabilidade social, autoestima, ingenuidade, solução de problemas sociais, habilidade de seguir regras e evitar vitimização
c. habilidades práticas: atividades cotidianas (cuidado pessoal), habilidades ocupacionais, cuidados de saúde, transporte, estabelecimento de rotinas, uso de telefone

Diagnóstico diferencial

De acordo com o DSM-5 (APA, 2013), o diagnóstico de DI não deve ser pressuposto em razão de determinada condição genética ou médica. No caso, por exemplo, de uma síndrome genética associada à DI (como a síndrome de Down), deve haver o registro da síndrome como um diagnóstico concorrente.

Os principais diagnósticos diferenciais aos quais o neuropsicólogo deve atentar são:

a. Transtornos neurocognitivos (TNC) maiores e leves: TNCs têm como principal característica clínica o déficit na função cognitiva. Diferentemente da DI, esse grupo de transtornos é adquirido, havendo declínio de um nível de funcionamento que já foi alcançado anteriormente. Exemplos de TNCs incluem TNC devido à doença de Alzheimer, TNC devido a lesão cerebral traumática e TNC induzido por substância. Cabe ressaltar que pode ocorrer o diagnóstico simultâneo de DI e TNC: no caso da síndrome de Down, na qual os sujeitos apresentam envelhecimento precoce e maior risco de Alzheimer (Mann, 1988), pode haver coocorrência de DI e TNC devido à doença de Alzheimer.
b. Transtornos da comunicação e transtornos de aprendizagem: para o diagnóstico desses transtornos, é importante que o sujeito tenha inteligência normal. Paradoxalmente, o DSM-5 sugere que pode haver diagnóstico comórbido entre esses transtornos e DI. A comorbidade seria investigada mediante o critério de discrepância: no caso de transtornos de aprendizagem, por exemplo, isso ocorre quando o nível de desempenho do indivíduo em determinada área do conhecimento está significativamente abaixo do que seria esperado pelo seu nível de QI.
c. Transtorno do espectro autista (TEA): a DI é frequente em indivíduos com TEA, havendo instabilidade do QI ao longo da primeira infância. Para que o paciente seja diagnosticado com TEA e comprometimento intelectual concomitante, é crucial que também exista a presença das outras características clínicas do autismo, como déficits na comunicação e na interação social e padrões restritos e repetitivos de comportamento. O diagnóstico comórbido de TEA e DI também se baseia no critério de discrepância: o nível de comunicação social deve estar abaixo do esperado para seu nível geral de desenvolvimento.
d. Atraso global do desenvolvimento: apesar de as características da DI serem frequentemente observadas desde a primeira infância, antes dos 5 anos, as crianças recebem o diagnóstico de atraso global do desenvolvimento. Crianças até essa faixa etária dificilmente podem ser submetidas à avaliação com testes padronizados. É comum que o curso de desenvolvimento dessas crianças evolua para um quadro de DI, sendo importante a realização de reavaliações para acompanhamento.

ETIOLOGIA

A prevalência de DI leve e grave em países ocidentais é estimada entre 1,5 e 2% e 0,3 e 0,5% da população, respectivamente (Leonard & Wen, 2002). A prevalência é ainda maior quando são investigados especificamente países em desenvolvimento (Durkin, 2002). Já a prevalência de DI grave é mais estável, sendo aproximadamente de 3 a 4 a cada 1.000 nascidos vivos, tanto em países desenvolvidos como em desenvolvimento (Leonard & Wen, 2002). Obviamente, é importante considerar que os estudos variam em relação às coortes estudadas, critérios e instrumentos diagnósticos. Além disso, várias outras hipóteses podem explicar essa diferença de prevalência entre os países, como déficits nutricionais, privações relacionadas a aspectos culturais e qualidade dos serviços de saúde. Segundo Strømme (2000), a incidência de DI leve tem diminuído devido à melhora de condições sociais e educacionais.

Durante a avaliação neuropsicológica, é importante que seja investigada a etiologia da DI por diversos motivos. É crucial a compreensão mais abrangente do fenótipo cognitivo associado, o qual pode estar relacionado a um perfil específico de dificuldades. Além disso, desvelar a etiologia do déficit intelectual é fundamental para os planejamentos de estratégias de intervenção e familiar.

Em relação a sua etiologia, a DI pode ser subclassificada em sindrômica e não sindrômica. Na primeira, é comum que pacientes apresentem pontuações de QI mais baixas do que em casos de inferioridade psicossocial (AAMR, 2006; Strømme, 2000). De modo geral, menores níveis de QI são associados a algum evento catastrófico, como hipoxia perinatal ou infecções pré-natais, além de síndromes genéticas (Ropers, 2008).

É importante destacar que, na maior parte dos casos, é impossível estabelecer a etiologia precisa da DI, especialmente no caso da DI leve. A AAIDD (2010) sugere a subdivisão de quatro principais fatores de risco, os quais podem se manifestar no período pré, peri ou pós-natal:

1. biomédicos, como prematuridade e distúrbios genéticos
2. sociais, relacionados à interação social, como pobreza e falta de estimulação
3. comportamentais, como uso de drogas pelos pais ou abandono
4. educacionais, associados à presença de recursos que favorecem o desenvolvimento, como serviços de saúde e intervenção

Strømme (2000) realizou uma investigação etiológica em pacientes da Noruega e concluiu que a maior parte dos fatores de risco estava presente no período pré-natal, tanto nos casos de DI leve quanto de grave. Entre os 35 pacientes avaliados com DI leve, 32 deles não tinham etiologia biológica bem definida, sugerindo que faziam parte da extremidade inferior da curva normal de acordo com a qual a inteligência é distribuída.

Em relação às principais causas genéticas associadas, aberrações cromossômicas estão relacionadas a quase 15% dos casos (Leonard & Wen, 2002). Defeitos genéticos relacionados ao X são fatores importantes e explicam aproximadamente 10% dos casos de DI em meninos, o que não é suficiente para explicar a maior prevalência em sujeitos do sexo masculino (Ropers, 2008). Heranças ligadas ao X são a principal causa molecular relacionada ao déficit intelectual. Mutações em genes ligados ao X são responsáveis por aproximadamente 30% dos casos de DI não sindrômica (Ropers, 2008). A síndrome do X frágil é a causa mais comum de herança genética associada à DI, afetando 1 a cada 4 mil homens e 1 a cada 8 mil mulheres (de Vries, Halley, Oostra, & Niermeijer, 1998; Kooy, Willesden, &

Oostra, 2000). O fenótipo cognitivo dessa síndrome é bastante heterogêneo, entretanto a DI é uma das suas principais características, ocorrendo em mais de 70% dos indivíduos (Mazzocco & Ross, 2007). Meninos com X frágil geralmente apresentam DI de moderada a grave (Skinner et al., 2005), enquanto meninas apresentam um perfil mais heterogêneo: apenas dificuldades de aprendizagem ou até mesmo DI grave (Bennetto & Pennington, 2002). Essa causa molecular de DI tem recebido atenção nos últimos anos e tem sido amplamente estudada (Chelly, Khelfaoui, Francis, Chérif, & Bienvenu, 2006; Raymond & Tarpey, 2006; Ropers, 2006).

A prevalência de DI nas síndromes genéticas é muito superior quando comparada à da população como um todo (Winnepenninckx, Rooms, & Kooy, 2003). A causa genética mais comum de deficiência intelectual é a trissomia do cromossomo 21, ou síndrome de Down (Verri, Nespoli, Franciotta, & Burgio, 2008). Em média, esse grupo apresenta redução de 50 pontos de QI quando comparado à população em geral (Kittler, Krinsky-McHale, & Devenny, 2004). Apesar de a síndrome de Down ser uma das mais conhecidas, existem milhares de outras síndromes que também se associam à DI. Averiguar a origem etiológica da deficiência intelectual é útil para o direcionamento das intervenções. Por exemplo, ao finalizar a avaliação de um paciente com DI, levanta-se a hipótese diagnóstica de síndrome de Williams-Beuren. Caso seja confirmado o diagnóstico genético, aconselha-se que a família procure um cardiologista, dada a alta prevalência de problemas cardíacos nesses indivíduos.

Em casos de DI, o neuropsicólogo precisa estar especialmente atento à possibilidade de uma etiologia genética. Características físicas, cognitivas e comportamentais marcantes e presentes em um mesmo indivíduo podem ser um indício de síndrome genética. Portanto, é recomendável que se tenha um bom atlas das síndromes à disposição e, quando houver suspeita da possibilidade, incluir no aconselhamento a necessidade de uma consulta com médico geneticista para melhor investigação do caso.

Em casos de DI, além das síndromes genéticas, é importante destacar o impacto de uma síndrome ambiental: a síndrome fetal alcóolica (SFA). A incidência de SFA é estimada em 1-2 a cada 1.000 nascidos vivos, e sintomas mais brandos relacionados à ingestão de álcool durante a gravidez podem estar presentes em até 3-5 a cada 1.000 nascidos vivos (Abel & Sokol, 1987). As consequências de uso de álcool na gravidez podem variar de morte perinatal a prejuízos cognitivos leves (Mattson & Riley, 1998). O QI médio de crianças com SFA é de 70, mas a faixa pode variar entre 20 e 100 (Mattson & Riley, 1998). Acredita-se que o QI verbal é mais prejudicado que o QI executivo, perfil semelhante ao do transtorno não verbal de aprendizagem (Don & Rourke, 1995), mas esses resultados não são consensuais (Mattson & Riley, 1998). A DI não é um critério diagnóstico específico da síndrome, mas é bastante prevalente: é comum que as crianças apresentem DI mesmo na ausência dos traços faciais característicos (Mattson et al., 1997). Em casos de crianças que foram adotadas, nas quais a etiologia da DI não pode ser claramente especificada, o neuropsicólogo deve estar atento a essa possibilidade diagnóstica.

AVALIAÇÃO

Entrevista

A entrevista clínica é uma etapa crucial em casos de suspeita de retardo mental. Na maioria dos casos, ela é feita com os pais, uma vez que esse tipo de diagnóstico acontece majoritariamente antes dos 18 anos. Em primeiro lugar, precisamos considerar que nem sempre há suspeita clara de retardo mental. Frequentemente, a família chega ao consultório reclamando de dificuldade de aprendizagem, problemas de interação social e de comportamento. As queixas não necessariamente se destacam no início do desenvolvimento, em especial nos casos de DI mais leves. Para esse tipo de diagnóstico, precisamos considerar o ambiente no qual o indivíduo está inserido. Em contextos com baixa demanda, as dificuldades de uma pessoa com deficiência intelectual podem demorar a aparecer, enquanto para pessoas imersas em ambientes enriquecidos, as limitações cognitivas e comportamentais serão precocemente notadas. Assim, como neuropsicólogo, não há necessidade de espanto diante de casos de suspeita de retardo mental em adolescentes. É possível que, até o momento, as demandas que surgiram para o indivíduo não tenham sido complexas o suficiente para salientar as dificuldades do paciente.

A anamnese na suspeita de retardo mental não se diferencia das demais, entretanto dá-se destaque para os pontos cruciais dessa hipótese diagnóstica. Existem características que são marcantes em indivíduos com déficits intelectuais e que devem ser investigadas durante a construção da história clínica. Normalmente, indivíduos com retardo mental apresentam algum atraso no desenvolvimento desde o nascimento. Os principais domínios afetados são: motor, de comunicação, cognitivo, social e até mesmo atividades cotidianas (Shevell, 2008). Quanto maior e mais extenso o atraso, maior deve ser o grau de retardo mental. Dessa forma, podemos citar algumas perguntas essenciais durante a anamnese:

1. Com quantos meses o bebê firmou a cabeça?
2. Quando começou a balbuciar? Falar as primeiras palavras? Formar frases?
3. Como foi o desenvolvimento psicomotor?
4. Quando a criança conseguiu controlar os esfíncteres (diurno e noturno)?
5. Qual o tipo de brincadeira favorito? Gosta de brincar com crianças mais novas, da mesma idade ou mais velhas?
6. Comporta-se adequadamente nos diferentes ambientes que frequenta?
7. Consegue compreender o que falam com ele?
8. Seus trabalhos escolares são fracos quando comparados aos dos colegas?
9. Comporta-se de maneira infantil para a idade?

É importante que o neuropsicólogo considere os diagnósticos diferenciais (ver seção anterior) e que tenha ciência de que a maioria dos casos que chegam para avaliação com suspeita de retardo mental constitui, na verdade, casos de inteligência limítrofe, deficiência leve ou, no máximo, deficiência moderada. Os casos mais graves são identificados pelos médicos e não dependem de uma avaliação neuropsicológica para diagnóstico diferencial. Além disso, os casos de DI leve são os mais frequentes: cerca de 85% dos diagnósticos de deficiência intelectual (APA, 2013).

Durante a entrevista, é necessário investigar também se há algum fator de risco para o retardo mental, tais como uso de álcool ou substâncias tóxicas na gravidez, presença de sofrimento fetal agudo na hora do parto, doenças infecciosas (congênitas ou não), tentativas de aborto, subnutrição, entre outros (APA, 2013; Durkin, 2002). As principais doenças congênitas associadas a déficit intelectual são: toxoplasmose, rubéola, sífilis, citomegalovírus, herpes e HIV/aids (Iivanainen & Lahdevirta, 1988).

A funcionalidade do sujeito é um tópico relevante a ser detalhado durante a entrevista, já que, por definição, existe prejuízo nesse aspecto na DI (AAMR, 2006). A criança ou adolescente com deficiência intelectual apresenta dificuldades em realizar as tarefas escolares de forma independente, prefere conviver com pessoas mais novas, tem dificuldades para executar tarefas rotineiras de maneira eficaz e para compreender contextos, porta-se de maneira socialmente inadequada, por vezes é falante, mas com conteúdo pobre. Para entender sobre a funcionalidade do paciente é necessário investigar sua adaptação em todos os ambientes que frequenta: casa, escola, grupos sociais, etc. Os prejuízos relevantes para a clínica do paciente aparecem em mais de um contexto da vida do sujeito.

Por fim, esse tipo de entrevista deve conter dados sobre a estrutura familiar do ponto de vista físico, econômico e emocional, sobre a escola que a criança frequenta e sobre todos os outros ambientes. Tais informações são relevantes para a formulação da hipótese etiológica dos déficits do paciente.

Avaliação da inteligência

As controvérsias em torno da avaliação da inteligência e do comportamento adaptativo não inviabilizam o uso dessas ferramentas no diagnóstico de DI. Pelo contrário, a avaliação objetiva dessas habilidades fornece informações indispensáveis para a validação do diagnóstico de DI no contexto clínico.

Instrumentos para avaliação da inteligência

Para a avaliação da inteligência, há ampla disponibilidade de medidas psicométricas. Existe grande variação nos aspectos da inteligência avaliados pelos testes disponíveis, alguns focando em apenas um aspecto da inteligência, enquanto outros fazem uma avaliação mais detalhada. O profissional pode se beneficiar bastante dessa variedade de opções, uma vez que viabiliza a seleção de instrumentos mais adequados às características individuais e permite a confirmação dos resultados por meio da testagem com outras medidas semelhantes. A seguir, serão apresentados alguns dos testes mais utilizados na avaliação da inteligência, juntos de uma discussão sobre o impacto das características de cada um deles no diagnóstico de DI.

Escalas de Inteligência Wechsler para Crianças ou Adultos (WISC e WAIS)

As escalas Wechsler estão entre as medidas mais completas do funcionamento intelectual. São instrumentos de aplicação individual e relativamente longa (cerca de uma hora e meia), compostos por uma série de subtestes. O WISC é destinado à avaliação de pessoas com idade cronológica entre 6 e 16 anos, enquanto o WAIS abrange dos 16 aos 89 anos. Ambos os testes produzem três escores de QI (total, verbal e de execução), além de quatro escores fatoriais (Wechsler, 1991; Wechsler, 2008), permitindo, assim, uma avaliação de pontos fortes e fracos do funcionamento intelectual. Os manuais de ambos os testes indicam que as escalas podem ser utilizadas no diagnóstico de DI e transtornos neurológicos, apesar de não serem apresentados dados que confirmam tal possibilidade.

Uma prática bastante comum na clínica é a utilização apenas dos escores de QI oferecidos pelas escalas Wechsler para interpretar os resultados. A vantagem dessa prática é que esses escores são de fácil compreensão tanto para a família quanto para o psicólogo, além de requererem a aplicação de menos subtestes. Entretanto, isso compromete a validade do diagnóstico, por não oferecer uma visão mais ampla das características intelectuais dos indivíduos avaliados.

Matrizes Progressivas de Raven

O teste Matrizes Progressivas de Raven é uma das ferramentas mais difundidas para a mensuração da inteligência em crianças e adultos. O teste avalia a inteligência fluida por meio de tarefas que demandam raciocínio dedutivo e a capacidade de fazer analogias e comparações, sem requerer nenhum tipo de conhecimento declarativo (Angelini, Alves, Custódio, Duarte, & Duarte, 1999; Raven, 2003). Atualmente, o teste está disponível no Brasil em duas versões: Matrizes Progressivas Coloridas de Raven – Escala Especial, para crianças de 4 anos e 9 meses a 11 anos e 8 meses, e Matrizes Progressivas de Raven – Escala Geral, que apresenta normas para avaliação a partir de 11 anos.

Apesar de ser uma tarefa que exige raciocínio abstrato bastante complexo, alguns autores defendem que o Raven seria uma alternativa melhor que as escalas Wechsler para a avaliação de crianças com DI, uma vez que não apresenta restrição de tempo para resolução dos problemas, tampouco exige respostas verbais elaboradas (Bello et al., 2008). Um estudo conduzido por Dawson, Soulières, Gernsbacher e Mottron (2007) mostrou que o WISC-III subestima a inteligência de crianças diagnosticadas com autismo e DI. Eles mostraram uma diferença de até 30 pontos percentílicos entre os escores obtidos por essas crianças no WISC-III e no Raven, enquanto crianças com desenvolvimento típico não apresentaram tal discrepância.

No entanto, assim como acontece quando se emprega apenas o QI total, as matrizes de Raven também constituem uma medida monotônica da inteligência, uma vez que avaliam apenas um componente específico, no caso, a inteligência fluida. Ademais, as matrizes de Raven se apoiam unicamente em habilidades visioespaciais, o que pode subestimar a inteligência de crianças com déficits mais acentuados nesse domínio cognitivo.

Escala de Maturidade Mental Columbia

A Escala de Maturidade Mental Columbia fornece informações sobre a capacidade de raciocínio geral de crianças de 3 anos e 6 meses até 9 anos e 11 meses. É um teste indicado para avaliação de crianças mais novas (pré-escolares) ou mesmo crianças mais velhas que apresentam dificuldades na execução de escalas de inteligência mais complexas (como o Raven). O fato de não exigir uma resposta verbal torna o teste especialmente adequado para a avaliação de crianças com paralisia cerebral ou outra lesão qualquer, deficiência intelectual e déficits na aquisição da linguagem.

Escalas de comportamento adaptativo

A avaliação do comportamento adaptativo é bem mais flexível que a avaliação da inteligência, podendo ser feita por meio de entrevistas clínicas com os familiares ou cuidadores, questionários e escalas de comportamento ou, mesmo, por meio da observação clínica. Essa avaliação é bastante importante para o diagnóstico de DI, estimação de sua severidade (nível de suporte demandado) e planejamento de intervenção. No entanto, nenhuma escala de comportamento adaptativo é capaz de abranger completamente todos os três domínios dessa dimensão (conceitual, social e prático), o que torna necessária a realização de uma investigação mais ampla. Uma limitação importante das escalas de comportamento adaptativo em relação às de avaliação da inteligência é a escassez de instrumentos validados para a população brasileira. Essa limitação compromete, por exemplo, o uso de critérios objetivos para interpretação da pontuação (pontos de corte, cálculo dos escores percentílicos, etc.).

Escalas de Comportamento Adaptativo Vineland

As Escalas de Comportamento Adaptativo Vineland (Sparrow, Balla, & Cicchitte, 1984) são uma série de escalas de entrevistas semiestruturadas realizadas com os pais ou cuidadores. A Vineland é voltada para a investigação das capacidades de autossuficiência na comunicação, habilidades de vida diária, socialização e habilidades motoras em pessoas de até 18 anos e 11 meses de idade. Atualmente, existe uma adaptação da Vineland para a língua portuguesa, mas os estudos de validação ainda estão sendo conduzidos.

Escala de Avaliação de Traços Autísticos (ATA)

A ATA (Assumpção Jr., Kuczynski, Rego, & Rocca, 1999) é uma escala composta por 23 questionários que avaliam diferentes aspectos do comportamento autista, como dificuldade de interação social, resistência à mudança, entre outros. Ainda que não seja voltada especificamente para a DI, o diagnóstico diferencial de autismo é uma etapa bastante importante da avaliação, uma vez que há sobreposição significativa nas características comportamentais de ambos os quadros. A versão atualmente disponível da ATA é fundamentada nos critérios de diagnóstico de DI estabelecidos pelo DSM-IV (APA, 2000).

Avaliação das funções cognitivas

A avaliação das funções cognitivas é muito útil nos casos de suspeita de retardo mental e até nos casos em que o diagnóstico já foi confirmado. Apesar dos déficits globais, esses indivíduos podem apresentar uma variabilidade de desempenho nas diferentes funções cognitivas. A avaliação pode ser feita a partir de um modelo nomotético considerando as normas para a população em geral ou, ainda, por meio de um modelo idiográfico que considera o indivíduo como parâmetro para ele mesmo (Haase, Gauer, & Gomes, 2010). Por exemplo, uma criança com retardo mental pode apresentar desempenho abaixo do esperado em todas as habilidades cognitivas avaliadas, entretanto, caso seja feita uma análise mais minuciosa, é possível que se verifique que as habilidades de linguagem são melhores que as habilidades visioespaciais, e devem ser o foco das intervenções. Evidentemente, para esse tipo de interpretação, o profissional deve considerar a história clínica e as observações do comportamento.

A primeira etapa de uma avaliação neuropsicológica é a entrevista, momento em que o neuropsicólogo formula suas hipóteses diagnósticas a serem testadas posteriormente. No caso de suspeita de DI, existe uma peculiaridade que diz respeito aos profissionais não psicólogos: a restrição de aplicação dos testes de inteligência. Entendemos (e acreditamos) que o diagnóstico neuropsicológico é alicerçado na clínica. Entretanto, para as suspeitas de DI, medidas psicométricas de QI são extremamente importantes do ponto de vista clínico e de prognóstico, em especial para os casos de DI leve. Assim, quando houver hipótese de DI, é sugerido que uma avaliação da inteligência seja solicitada para a continuidade do processo.

A melhor maneira para se planejar a avaliação de um indivíduo com deficiência intelectual é escolher os procedimentos com base em seu nível de funcionamento intelectual, que pode ser indicado pela idade mental (Jakab, 1990). Idade mental diz respeito ao desempenho intelectual que uma criança tem em comparação com o desempenho intelectual médio para crianças com aquela idade cronológica (Gerrig, & Zimbardo, 2002). O cálculo da idade mental é feito a partir da fórmula (Johnson, Poteat, & Kushnick, 1986):

(idade mental/idade cronológica) x 100 = QI

Exemplo: uma criança de 11 anos de idade com QI total de 63 tem idade mental de aproximadamente 7 anos. O indivíduo é avaliado conforme seu funcionamento intelectual, em vez de conforme a idade cronológica, com o intuito de investigar déficits específicos. *Atenção: usamos essa estratégia com o objetivo de nortear nossa avaliação de maneira mais objetiva; entretanto, profissionais mais experientes fazem tal estimativa com base apenas na clínica.*

A avaliação deve ser interpretada dentro de um todo, considerando observações do comportamento, história clínica e os resultados da testagem, caso seja possível o uso de instrumentos. Em nossa prática, observamos que, na avaliação da deficiência intelectual, a testagem neuropsicológica só é possível para crianças com um funcionamento compatível a pelo menos 6 anos de idade.

Aconselhamento

Apesar de não ser um atendimento voltado para a intervenção, a avaliação neuropsicológica se reveste de um componente terapêutico, que é mais bem caracterizado clínico-psicologicamente como aconselhamento. Quando há demanda por avaliação, já existe um problema ou dificuldade em relação ao indivíduo. Assim, dar somente um diagnóstico nosológico para família não resolve a questão trazida. Portanto, toda avaliação neuropsicológica precisa ser voltada para o aconselhamento. Uma vez que a avaliação objetiva traçar o perfil cognitivo, psicológico e social do paciente (Strauss, Sherman, & Spreen, 2006), o aconselhamento precisa ser feito com o intuito de direcionar o indivíduo e sua família na busca por procedimentos ou intervenções que possam minimizar suas fraquezas e desenvolver ao máximo suas potencialidades.

Nos casos de suspeita de DI, o aconselhamento se faz ainda mais importante. Quando o diagnóstico é descartado, o aconselhamento deve ser voltado para o destaque da inteligência normal e como essas habilidades cognitivas gerais são preditivas de desfechos positivos (Gottfredson, 1998). Nesses casos em que a deficiência intelectual não é confirmada, mas existe uma demanda da família em relação a dificuldades escolares, sociais ou ainda outras queixas, é preciso discutir sobre quais são os domínios mais afetados do paciente, facilitando a proposição de intervenções. Por exemplo, para crianças com déficits acentuados nas funções executivas, a melhor proposta é uma reabilitação neuropsicológica com foco compensatório. A finalidade é a utilização de estratégias externas que servirão para compensar os déficits de atenção, organização e planejamento do indivíduo. Já nos casos de problemas comportamentais graves, a primeira coisa a se fazer é procurar um médico especialista (psiquiatra).

Quando há a confirmação do diagnóstico de retardo mental (F70-F79), o aconselhamento precisa ser ainda mais amplo. Em nossa prática clínica, deparamo-nos frequentemente com casos clinicamente típicos de retardo mental, mas sobre os quais nenhum dos profissionais que já atenderam a família se sentiu confortável o suficiente para repassar o diagnóstico. Se a família procura ajuda, normalmente é porque já está minimamente preparada para um diagnóstico, o que, no entanto, não significa que não haverá surpresas. Nos casos de DI, a maneira mais ética de fazer o aconselhamento é explicando para a família o que é a deficiência intelectual e que as dificuldades são relativas a todo desempenho, comportamento e habilidades do indivíduo. É importante lembrar à família que comportamentos que a princípio pareçam desafiadores ou inoportunos podem surgir em virtude de uma dificuldade de lidar e compreender o ambiente e até mesmo de fazer generalizações de regras ou conhecimentos anteriores. A aprendizagem de indivíduos com DI acontece no nível do concreto, logo, técnicas comportamentais com treinamentos e repetições exaustivas das habilidades desejadas são mais eficazes (AAMR, 2006). Tal instrução é válida tanto para atividades de vida diária, como tomar banho, quanto para o aprendizado da leitura, por exemplo.

A família deve ser conscientizada da importância de investir ao máximo na estimulação e independência (mesmo que mínima) desse indivíduo. Não existem regras para afirmarmos que um indivíduo com valor n de QI vai conseguir se desenvolver até tal ponto. Na verdade, os avanços das crianças e adolescentes com retardo mental dependem da variação interindividual do perfil neuropsicológico e do grau de investimento da família, que varia desde aspectos de estimulação cognitiva e treinos comportamentais até investimento afetivo. O neuropsicólogo precisa "calibrar" as expectativas da família em relação ao paciente, buscando evitar uma sobrecarga de atividades e demandas que culminarão em sentimentos de frustração por parte de quem investiu e por parte do paciente, que não conseguirá atingir o que é esperado dele.

Por fim, é nosso dever como neuropsicólogos informar a família dos direitos dos indivíduos com deficiência intelectual. De acordo com a Lei Federal nº 9.394, art. 58 (Brasil, 1996), a escola deve oferecer serviço especializado conforme a demanda da criança ou adolescente, preferencialmente na escola regular. O atendimento pode ser um tutor com formação adequada e/ou Atendimento Educacional Especializado (AEE). A Resolução da Câmara de Educação Básica do Conselho Nacional de Educação nº 4 (Brasil, 2009) diz que o AEE é garantido às pessoas com deficiência intelectual e não deve ser compreendido como reforço escolar, mas como uma atividade complementar ou suplementar à formação do aluno, visando eliminar barreiras no seu processo de aprendizagem. Para requerer os direitos, a família precisa ir até a Secretaria de Educação do município com o relatório em mãos. Além disso, existem as leis federais, estaduais e municipais que garantem transporte público gratuito a essas pessoas, descontos em atividades culturais, entre outros benefícios. Portanto, ao preparar o aconselhamento de um indivíduo com diagnóstico de retardo mental, procure informações sobre os direitos do paciente e o que precisa ser feito para que o sujeito tenha acesso a eles. Em casos de famílias com baixo nível socioeconômico, há até a possibilidade de recebimento de um salário mínimo mensal de forma continuada (Benefício de Prestação Continuada – BPC-LOAS – Lei Federal nº 8.742) (Brasil, 1993).

REFERÊNCIAS

Abel, E. L., & Sokol, R. J. (1987). Incidence of fetal alcohol syndrome and economic impact of FAS-related anomalies. *Drug and Alcohol Dependence, 19*(1), 51-70.

Alloway, T. P. (2010). Working memory and executive function profiles of individuals with borderline intellectual functioning. *Journal of Intellectual Disability Research, 54*(5), 448-456.

Almeida, L. S., Prieto, M. D., Ferreira, A. I., Bermejo, M. R., Ferrando, M., & Ferrándiz, C. (2010). Intelligence assessment: Gardner multiple intelligence theory as an alternative. *Learning and Individual Differences, 20*(3), 225-230.

American Association of Mental Retardation (AAMR). (2006). *Retardo mental: Definição, classificação e sistemas de apoio*. 10. ed. Porto Alegre: Artmed.

American Association on Intellectual and Developmental Disabilities (AAIDD). (2010). *Intellectual Disability: Definition, classification and systems of supports*. 11th ed. Washington: AAIDD.

American Psychiatric Association (APA). (1952). *Diagnostic and statistical manual of mental disorders: DSM-I*. Washington: APA.

American Psychiatric Association (APA). (2000). *Diagnostic and statistical manual of mental disorders: DSM-IV-TR*. 4th ed. rev. Washington: APA.

American Psychiatric Association (APA). (2013). *Diagnostic and statistical manual of mental disorders: DSM-5*. 5th ed. Washington: APA.

Angelini, A. L., Alves, I. C. B., Custódio, E. M., Duarte, W. F., & Duarte, J. L. M. (1999). *Manual matrizes progressivas coloridas de Raven: Escala especial*. São Paulo: Centro Editor de Testes e Pesquisas em Psicologia.

Assumpção Jr., F. B., Kuczynski, E., Rego, M. G. S., & Rocca, C. C. A. (1999). Escala de Avaliação de Traços Autísticos (ATA): Validade e confiabilidade de uma escala para a detecção de condutas autísticas. *Arquivos de Neuropsiquiatria, 57*(1), 23-29.

Bello, K. D., Goharpey, N., Crewther, S. G., & Crewther, D. P. (2008). A puzzle form of a non-verbal intelligence test gives significantly higher performance measures in children with severe intellectual disability. *BMC Pediatrics, 8*(1), 30.

Bennetto, L., & Pennington, B. F. (2002). Neuropsychology. In R. J. Hagerman, & P. J. Hagerman (Eds.), *Fragile X syndrome: Diagnosis, treatment, and research* (pp. 206-248). Baltimore: Johns Hopkins University.

Brasil. (1993). *Lei nº 8.742, de 07 de dezembro de 1993. Dispõe sobre a organização da Assistência Social e dá outras providências*. Brasília, DF. Recuperado de http://www.planalto.gov.br/ccivil_03/leis/l8742.htm

Brasil. (1996). *Lei nº 9.394, de 20 de dezembro de 1996. Estabelece as diretrizes e bases da educação nacional*. Brasília, DF.

Brasil. (2009). *Resolução nº 4, de 2 de outubro de 2009. Institui Diretrizes Operacionais para o Atendimento Educacional Especializado na Educação Básica, modalidade Educação Especial*. Brasília: CNE. Recuperado de http://www.mpsp.mp.br/portal/page/portal/cao_civel/aa_ppdeficiencia/U_RS-CNE-CEB-4_021009.pdf

Chelly, J., Khelfaoui, M., Francis, F., Chérif, B., & Bienvenu, T. (2006). Genetics and pathophysiology of mental retardation. *European Journal of Human Genetics, 14*(6), 701-713.

Cornoldi, C., Giofrè, D., Orsini, A., & Pezzuti, L. (2014). Differences in the intellectual profile of children with intellectual vs. learning disability. *Research in Developmental Disabilities, 35*(9), 2224-2230.

Dawson, M., Soulières, I., Gernsbacher, M. A., & Mottron, L. (2007). The level and nature of autistic intelligence. *Psychological Science, 18*(8), 657-662.

de Vries, B. B., Halley, D. J., Oostra, B. A., & Niermeijer, M. F. (1998). Fragile X syndrome. *Journal of Medical Genetics, 35*(7), 579-589.

Don, A., & Rourke, B. P. (1995). Fetal alcohol syndrome. In B. P. Rourke (Ed.), *Syndrome of nonverbal learning disabilities: Neurodevelopmental manifestations* (pp. 372-406). New York: Guilford.

Durkin, M. (2002). The epidemiology of developmental disabilities in low-income countries. *Mental Retardation and Developmental Disabilities Research Reviews, 8*(3), 206-211.

Fiorello, C. A., Hale, J. B., Holdnack, J. A., Kavanagh, J. A., Terrell, J., & Long, L. (2007). Interpreting intelligence test results for children with disabilities: Is global intelligence relevant? *Applied Neuropsychology, 14*(1), 2-12.

Gerrig, R. J., & Zimbardo, P. (2002). *Glossary of psychological terms: American Psychological Association*. Boston: Pearson Education.

Gottfredson, L. S. (1998). The general intelligence factor. *Scientific American*, 24-29

Haase, V. G., Gauer, G., & Gomes, C. M. A. (2010). Neuropsicometria: Modelos nomotético e idiográfico. In L. F. Malloy-Diniz, D. Fuentes, P. Mattos, & N. Abreu (Orgs), *Avaliação neuropsicológica* (pp. 31-37). Porto Alegre: Artmed.

Iivanainen, M., & Lahdevirta, J. (1988). Infectious diseases as causes of mental retardation and other concomitant neurological sequelae. *Journal* of Intellectual and Developmental Disability, 14(3-4), 201-210.

Jakab, I. (1990). Neuropsychological evaluation and rehabilitation in mental retardation. *Neuropsychology Review, 1*(2), 137-164.

Johnson, D., Poteat, G. M., & Kushnick, T. (1986). Comparison of mental age estimates made by pediatricians and mothers of preschool children. *Journal of Pediatric Psychology, 11*(3), 385-392.

Kittler, P., Krinsky, McHale, S. J., & Devenny, D. A. (2004). Sex differences in performance over 7 years on the Wechsler Intelligence Scale for Children-Revised among adults with intellectual disability. *Journal of Intellectual Disability Research, 48*(2), 114-122.

Kooy, R. F., Willesden, R., & Oostra, B. A. (2000). Fragile X syndrome at the turn of the century. *Molecular Medicine Today, 6*(5), 193-198.

Leonard, H., & Wen, X. (2002). The epidemiology of mental retardation: Challenges and opportunities in the new millennium. *Mental Retardation and Developmental Disabilities Research Reviews, 8*(3), 117-134.

Mann, D. M. (1988). The pathological association between Down syndrome and Alzheimer disease. *Mechanisms of Ageing and Development, 43*(2), 99-136.

Mattson, S. N., & Riley, E. P. (1998). A review of the neurobehavioral deficits in children with fetal alcohol syndrome or prenatal exposure to alcohol. *Alcoholism: Clinical and Experimental Research, 22*(2), 279-294.

Mattson, S. N., Riley, E. P., Gramling, L., Delis, D. C., Jones, K. L., & Dysmorphology, T. D. (1997). Heavy prenatal alcohol exposure with or without physical features of fetal alcohol syndrome leads to IQ deficits. *The Journal of Pediatrics, 131*(5), 718-721.

Mazzocco, M. M., & Ross, J. L. (Eds.) (2007). *Neurogenetic developmental disorders: Variation of manifestation in childhood*. Cambridge: MIT.

Oakland, T., & Harrison, P. L. (2008). Adaptive behaviors and skills: An introduction. In T. Oakland, & P. L. Harrison (Eds.), *Adaptive behavior assessment system-II*. Waltham: Academic.

Organização Mundial de Saúde (OMS). (2008). *CID-10 classificação estatística internacional de doenças e problemas relacionados à saúde* (Vol. 1, 10. ed.). São Paulo: EDUSP.

Raven, J. C. (2003). *Matrizes progressivas: Escala geral, séries A, B, C, D e E*. Rio de Janeiro: Centro Editor de Psicologia Aplicada.

Raymond, F. L., & Tarpey, P. (2006). The genetics of mental retardation. *Human Molecular Genetics, 15*(Suppl 2), R110-R116.

Ropers, H. H. (2006). X-linked mental retardation: many genes for a complex disorder. *Current Opinion in Genetics & Development, 16*(3), 260-269.

Ropers, H. H. (2008). Genetics of intellectual disability. *Current Opinion in Genetics & Development, 18*(3), 241-250.

Shevell, M. (2008). Global developmental delay and mental retardation or intellectual disability: Conceptualization, evaluation, and etiology. *Pediatric Clinics of North America, 55*(5), 1071-1084.

Skinner, M., Hooper, S., Hatton, D. D., Roberts, J., Mirrett, P., Schaaf, J., ... Bailey, D. B. (2005). Mapping nonverbal IQ in young boys with fragile X syndrome. *American Journal of Medical Genetics Part A, 132*(1), 25-32.

Sparrow, S. S., Balla, D. A., & Cicchetti, D. (1984). *Vineland Adaptive Behavior Scales: American guidance service*. Circle Pines: Clinical Psychology.

Strauss, E., Sherman, E. M. S., & Spreen, O. (2006). *A compendium of neuropsychological tests: Administration, norms, and commentary* (3rd ed.). New York: Oxford University.

Strømme, P. Aetiology in severe and mild mental retardation: a population-based study of Norwegian children. *Developmental Medicine & Child Neurology, 42*(2), 76-86.

Thompson, J. R., McGrew, K. S., & Bruininks, R. H. (1999). Adaptive and maladaptive behavior: Functional and structural characteristics. In R. L. Schalock (Ed.), *Adaptive behavior and its measurement: Implications for the field of mental retardation* (pp. 15-42). Washington: AAMR.

Verri, A., Nespoli, L., Franciotta, D, & Burgio, G.R. (2008). Brain and beyond the brain: The biological profile of Down Syndrome. In A. Verri (Ed), *Life span development in genetic disorders: Behavioral and neurobiological aspects* (pp. 33-63). New York: Nova Biomedical Books.

Walsh, D. M., Finwall, J., Touchette, P. E., McGregor, M. R., Fernandez, G. E., Lott, I. T., & Sandman, C. A. (2007). Rapid assessment of severe cognitive impairment in individuals with developmental disabilities. *Journal of Intellectual Disability Research, 51*(2), 91-100.

Wechsler, D. (1991). *WISC-III: Wechsler intelligence scale for children: Manual* (3rd ed.). San Antonio: Psychological Corporation.

Wechsler, D. (2008). *Wechsler adult intelligence scale (WAIS-IV)* (4th ed.). San Antonio: NCS Pearson.

Winnepenninckx, B., Rooms, L., & Kooy, R. F. (2003). Mental retardation: A review of the genetic causes. *The British Journal of Development Disabilities, 49*(96), 29-44.

Como avaliar o idoso de baixa escolaridade?

JONAS JARDIM DE PAULA
BRENO SATLER DINIZ
ISABELA SALLUM
LEANDRO F. MALLOY-DINIZ

A despeito dos esforços governamentais nas últimas décadas no sentido de disponibilizar educação de qualidade ao povo brasileiro, o problema do analfabetismo e da baixa escolaridade ainda é real e impactante. De acordo com o censo de 2010, o Brasil apresenta aproximadamente 14,6 milhões de analfabetos (Instituto Brasileiro de Geografia e Estatística, 2010). Desse grupo, cerca de 6 milhões de indivíduos têm mais de 60 anos de idade, mostrando que o problema da baixa escolaridade é uma herança histórica que afeta, em particular, indivíduos da população idosa.

A escolaridade é uma das variáveis mais importantes na caracterização clínica de um indivíduo em qualquer época da vida. Ela está relacionada à adesão a tratamentos (Daley, Myint, Gray, & Deane, 2012) e à compreensão de procedimentos e intervenções, devendo ser considerada na avaliação de queixas cognitivas. Este último caso é de particular interesse para o profissional de neuropsicologia, na medida em que a baixa escolaridade poderá gerar artefatos importantes no exame neuropsicológico, dificultando a decisão clínica em processos de diagnóstico. Ao considerar o efeito da escolaridade sobre o exame clínico do idoso, o neuropsicólogo deve levar em conta os seguintes aspectos:

- Reserva cognitiva
- Habilidades dependentes da escolarização formal
- Desempenho funcional ao longo da vida
- Demandas emocionais de uma tarefa com a qual se tem pouca familiaridade

No presente capítulo, esses pontos serão discutidos, considerando-se seu impacto no processo de avaliação do idoso de baixa escolaridade. Além disso, serão apresentados alguns estudos brasileiros com instrumentos de avaliação neuropsicológica com dados sobre essa população.

NÍVEL SOCIOECONÔMICO, EDUCAÇÃO FORMAL E RESERVA COGNITIVA

O efeito da estimulação ambiental sobre o desenvolvimento do sistema nervoso é um tema que tem atraído a atenção de pesquisadores em neuropsicologia do desenvolvimento que lidam com diferentes faixas etárias. De fato, alguns dados provenientes de estudos com crianças no início da vida escolar mostram que o nível socioeconômico está diretamente relacionado ao desenvolvimento de aspectos específicos da cognição, como componentes da linguagem e das funções executivas (Noble & McCandliss,

2005). Em crianças em séries mais avançadas do ensino fundamental, o nível socioeconômico parece também se relacionar com a memória declarativa (Farah et al., 2006). Essa influência do nível socioeconômico sobre diferentes aspectos cognitivos está presente até em países com alto índice de pobreza e baixa variabilidade de classes econômicas, o que indica que mesmo variações ambientais brandas podem influenciar o desenvolvimento cognitivo; assim, tais achados podem ser esperados também em países em desenvolvimento, como o Brasil (Fernald, Weber, Galasso, & Ratsifandrihamanana, 2011). A qualidade da educação formal, amplamente relacionada ao nível socioeconômico das famílias, também desempenha um papel importante na estimulação cognitiva. No Brasil e em outros países latino-americanos, as diferenças no desempenho de crianças das escolas pública e particular (geralmente em favor desta última) em provas de planejamento (Ardila, Rosselli, Matute, & Guajardo, 2005; Malloy-Diniz et al., 2007), tomada de decisão (Mata, 2013), leitura e matemática (Oliveira-Ferreira et al., 2012) e até mesmo de inteligência geral (Mata, 2013) evidenciam o quanto a estimulação oferecida pelo meio acadêmico é um potencializador crucial do desempenho cognitivo. O efeito da escolarização sobre o sistema nervoso também tem sido evidenciado por estudos de neuropsicologia e neuroimagem (Dehaene et al., 2010).

Ao considerar a escolarização formal como moderador do desempenho em testes neuropsicológicos em idosos, deve-se considerar o conceito de reserva cognitiva. Esse termo, proposto por Yaakov Stern (2012), refere-se à capacidade do sistema nervoso central lidar com danos de diferentes etiologias à sua estrutura. A reserva cognitiva, que modera a relação entre disfunção no sistema nervoso central e seus desfechos cognitivos e comportamentais (Stern, 2012), é compreendida em uma perspectiva ativa e dinâmica, ao contrário da reserva cerebral, conceito anteriormente proposto. Stern (2012), em uma revisão sobre as relações entre reserva cognitiva e envelhecimento, sugere que a educação formal é um determinante importante da reserva cognitiva, pois indivíduos com escolarização formal inferior a oito anos apresentam probabilidade duas vezes maior de desenvolver demência.

Outra revisão, abordando especificamente os efeitos da escolarização, apresenta resultados convergentes (Meng & D'Arcy, 2012). Os dados encontram correlato importante com a prevalência de demência em escala mundial: países com melhores desenvolvimento socioeconômico, renda *per capita* e escolarização formal apresentam menor prevalência de demência, com efeitos ainda mais expressivos em longo prazo (Prince et al., 2013). Dessa forma, a escolarização formal é um fator importante para a qualidade do envelhecimento funcional do sistema nervoso central.

A ESCOLARIZAÇÃO FORMAL E O DESEMPENHO EM PROVAS NEUROPSICOLÓGICAS

A escolarização possibilita ao indivíduo o desenvolvimento de habilidades específicas que vão desde o uso adequado de recursos, como lápis e outros instrumentos, até a ampliação de suas habilidades cognitivas, como a semântica, o raciocínio lógico-matemático, a capacidade de abstração, etc. Tais habilidades são cruciais para o desempenho de grande parte das provas neuropsicológicas clássicas, as quais foram desenvolvidas, em sua maior parte, em países com elevado nível sociocultural.

Três exemplos de instrumentos usados na prática neuropsicológica podem ilustrar a influência de diferentes aspectos da escolarização sobre o desempenho: a Figura Complexa de Rey, destinada à avaliação das habilidades visioespaciais e da memória;

testes que envolvem o paradigma Stroop e adotam uma interface cor/palavra, utilizados para a avaliação das funções executivas e da atenção; e o Teste de Nomeação de Boston (Goodglass, Kaplan, & Barresi, 2000), destinado à avaliação da linguagem e da memória semântica.

Durante o preparo formal no contexto escolar, o indivíduo com inteligência normal e sem transtornos da aprendizagem aprende rotinas grafomotoras automáticas que possibilitarão o desempenho em provas de desenho com maior desenvoltura. A cópia da Figura Complexa de Rey é um teste neuropsicológico clássico, podendo ser utilizado para diferentes fins (avaliação do planejamento e da estratégia de cópia, da percepção visual, da visioconstrução e das memórias imediata e tardia). A capacidade para copiar a figura é crucial para o bom desempenho no teste, mas depende de uma série de processos relativamente automatizados em indivíduos com boa escolarização formal: busca visual automatizada da esquerda para a direita decorrente do processo de leitura em nossa cultura (fenômeno avaliado também em culturas em que a leitura e a escrita seguem o padrão oposto, como sugerem Vaid, Singh, Sakuja e Gupta (2002), coordenação e programação motora fina para a execução de tarefas gráficas (decorrente da familiaridade com o contexto papel-caneta), síntese dos elementos a serem copiados (associada à organização hierárquica dos elementos da figura), entre outros.

Considerando amostras mais heterogêneas, a cópia de idosos com baixa escolarização formal é muito aquém do esperado em comparação a sujeitos de melhor escolaridade. Rosseli e Ardila (2003) verificaram uma discrepância de até 15 pontos (o teste tem um escore total de 36) entre sujeitos saudáveis em dois extremos educacionais: analfabetos e escolarização médio-superior. A influência da escolaridade também pode tornar mais complexa a interpretação dos escores de memória, visto que alguns estudos, embora não de forma consensual, sugerem que déficits na organização da cópia comprometem as evocações imediata e tardia, sobretudo em grupos clínicos.

A realização do Teste de Stroop com palavras (p. ex., Versão Victoria) também é interessante para ilustrar como a escolarização formal pode influenciar a validade de construto de um instrumento neuropsicológico. O teste utiliza um paradigma de interferência em que rotinas de processamento automáticas (nomeação de cores e leitura) são executadas nas duas etapas do procedimento, e cujo tempo necessário para execução é recordado, e, em uma terceira parte, é realizada uma rotina de processamento controlada (dizer a cor com que os nomes de algumas cores foram grafados) demandando mecanismos de inibição. A discrepância de tempo entre as duas condições e os erros cometidos pelo paciente representariam o controle inibitório. Nesse sentido, para a correta execução do teste, a leitura deve ser automatizada, de forma a representar um processo atencional automático (Cox et al., 1997). Assim, a correlação entre os testes de leitura e o desempenho no Teste de Stroop parece ser significativa, porém negativa (Protopapas, Archanti, & Skaloumbakas, 2007). Nos idosos com baixa escolaridade, a automatização da leitura nem sempre está presente. A execução do Teste de Stroop, portanto, torna-se enviesada: por não apresentar a rotina automatizada, os processos controlados não sofrem o efeito de interferência. Para tal população, é mais fácil nomear as cores com que as palavras foram grafadas do que propriamente lê-las, impossibilitando a avaliação do controle inibitório e invalidando o teste.

O Teste de Nomeação de Boston é outro exemplo emblemático sobre como os processos educacionais podem influenciar o desempenho nos testes neuropsicológicos. Os 60 itens originais da versão norte-americana eram utilizados de forma indiscriminada no contexto brasileiro, contendo figuras pouco comuns a nosso meio, sobretudo para a população idosa de baixa escolaridade, com pouco acesso a tais informações. Estímulos como Esfinge, Pretzel, Pelicano e Castor são exemplos de itens com adaptação cultural ruim, funcionais apenas em seu contexto de origem ou em culturas muito semelhantes; ao serem utilizados em outro país, demandam mais recursos educacionais para serem respondidos corretamente.

Uma alternativa importante ao teste original foi proposta por Miotto, Sato, Lucia, Camargo e Scaff (2010), com uma versão adaptada ao contexto brasileiro, contendo itens mais cotidianos a tal população. Seus resultados foram expressivos: a variância explicada pela escolaridade no desempenho dos participantes caiu de 37 para 23%. Ainda assim, mesmo na versão adaptada, ao considerarmos o extrato de participantes mais velhos (75 anos ou mais), uma grande diferença separa os grupos de menor educação formal (1 a 6 anos, de 38 a 60 pontos) dos de maior escolarização (10 a 12 anos, de 55 a 60 pontos). Ressalta-se, também, que o teste foi adaptado com base com alguns estímulos típicos da cidade do Rio de Janeiro, como "Pão de Açúcar" e "Cristo Redentor". Em nossa experiência com idosos saudáveis de baixa escolaridade em Belo Horizonte, as respostas "Morro" e "Jesus", respectivamente, são frequentes para esses dois itens.

Ante os aspectos observados nesses três testes, quais seriam as alternativas para a avaliação de tais pacientes? Três métodos podem ser adotados para contornar a influência da escolarização formal no desempenho em testes neuropsicológicos:

1. estudos de normatização estratificados por escolarização formal,
2. adaptação de medidas já consolidadas na literatura, em que a influência da educação no desempenho dos testes é menor, e
3. desenvolvimento de novos testes neuropsicológicos visando especificamente idosos de baixa escolaridade.

Nos últimos três anos, o Laboratório de Investigações Neuropsicológicas, junto a outros grupos brasileiros de pesquisa em neuropsicologia, tem abordado esses três tópicos, buscando o desenvolvimento e a adaptação de um instrumental mais adequado para o exame de idosos de baixa escolaridade.

DEMANDAS EMOCIONAIS NA SITUAÇÃO DE TESTAGEM

O desempenho em testes pode sofrer outras influências além da educação formal. Dois estudos realizados com população de baixa escolaridade, um com nigerianos (Guruje et al., 1995) e outro com jamaicanos (Unverzagt et al., 2005), sugerem que, embora os testes utilizados em seus estudos (cópia de figuras simples e complexas) sejam ponderados em sua correção com base na escolaridade dos participantes, aqueles com escolaridade mais baixa demonstram reações emocionais negativas durante a testagem. Esse fenômeno é crucial para a interpretação dos resultados da avaliação neuropsicológica, dado que alterações nos escores dos testes, mesmo que discretas, podem pautar uma decisão clínica equivocada caso a experiência clínica e a interpretação qualitativa por parte do profissional não contextualizem tal fenômeno.

A ansiedade é um fator moderador para o desempenho, mesmo que em situações pontuais (Potvin et al., 2013). Trabalhando apenas com ansiedade-estado em idosos, os autores encontraram interferência significativa, positiva ou negativa, sobre o desempenho em diferentes testes neuropsicológicos decorrente do estado de ansiedade do sujeito no momento da avaliação. Portanto, o neuropsicólogo deve selecionar instrumentos para a avaliação cognitiva que minimizem a influência de tal fator, permitindo uma análise mais acurada do desempenho e reduzindo o desconforto durante o processo.

RECURSOS PARA A AVALIAÇÃO NEUROPSICOLÓGICA DO IDOSO DE BAIXA ESCOLARIDADE NO BRASIL

Uma série de publicações recentes tem apresentado dados a respeito do desempenho de idosos brasileiros em tarefas neuropsicológicas, estratificando os sujeitos de acordo com seu nível social. O Quadro 10.1 traz alguns desses instrumentos, apresentando referencial normativo ou pontos de corte que levam a escolarização dos sujeitos em consideração. Ressalta-se, contudo, que muitos desses instrumentos ainda não foram submetidos a estudos psicométricos (tradução, adaptação, validade, fidedignidade e normatização) suficientes para assegurar seu uso clínico eficiente.

QUADRO 10.1 • Alguns testes neuropsicológicos normatizados para o Brasil com base na escolarização formal

Domínio cognitivo	Teste	Estrato educacional (em anos)	Estudo
Cognição geral	Miniexame do Estado mental	0 a 20	Brucki, Nitrini, Caramelli, Bertolucci e Okamoto (2003)
	Addenbrooke Cognitive Examination	4 a 24	Amaral-Carvalho e Caramelli (2012)
	Escala Mattis para Avaliação de Demências	1 a 11+	Porto, Caramelli e Nitrini (2010)
Funções executivas	Torre de Londres	0 a 20	de Paula e colaboladores (2012c)
	Fluência Verbal (semântica)	0 a 29	Brucki e Rocha (2004)
	Fluência Verbal (fonêmica)	1 a 24	Machado e colaboradores (2009)
	Bateria de Avaliação Frontal	1 a 24	Beato e colaboradores (2012)
	Trail Making Test	2 a 18	Hamdan e Hamdan (2009)
Linguagem	Token Test (versão reduzida)	0 a 20	Moreira e colaboradores (2011)
	Nomeação de Boston	0 a 17	Miotto e colaboradores (2010)
	Roubo do Biscoito	0 a 16	Alves e Souza (2005)
	Bateria Boston para o Diagnóstico de Afasias	1 a 24	Radanovic, Mansur e Scaff (2004)
Memória	Teste de Aprendizagem Auditivo Verbal de Rey	2 a 20	de Paula e colaboradores (2012d)
	Aprendizagem Verbal da Bateria CERAD	0 a 10	Nitrini e colaboradores (2004)
	Brief Cognitive Screening Battery	0 a 10	Nitrini e colaboradores (2004)
		0 a 24	Moura e Haase (2008)
	Três Palavras Três Figuras Memória Lógica (adaptada)	0 a 20	Nitrini (2008)
Habilidades visioespaciais	Desenho do Relógio	1 a 8+	Iprahamian, Martinelli, Neri e Yassuda (2010)
	Reprodução Visual	0 a 8+	Brito-Marques, Cabral-Filho e Miranda (2012)
	Três Palavras Três Figuras	0 a 24	Moura e Haase (2008)
Velocidade de processamento	9 Hole Peg Test	0 a 25	Rodrigues, Oliveira-Ferreira e Haase (2008)
	Pasat	0 a 25	Rodrigues, Oliveira-Ferreira e Haase (2008)
	Trail Making Test	2 a 18	Hamdan e Hamdan (2009)

O DESENVOLVIMENTO E A ADAPTAÇÃO DE NOVAS TAREFAS PARA AVALIAÇÃO NEUROPSICOLÓGICA DO IDOSO DE BAIXA ESCOLARIDADE

Um instrumento interessante para a avaliação de idosos de baixa escolaridade é o Teste de Construção com Palitos (Fig. 10.1a), medida utilizada para avaliação das habilidades visioespaciais, especificamente a praxia construtiva, substituindo, em parte, a Figura Complexa de Rey no exame neuropsicológico. Os autores da adaptação (Baiyewu et al., 2005) sugerem o teste como

A – Construção com Palitos

B – Teste dos Cinco Dígitos

C – Torre de Londres

D – TN-LIN (Teste de Nomeação do Laboratório de Investigações Neuropsicológicas)

E – F-LIN (Figura do Laboratório de Investigações Neuropsicológicas)

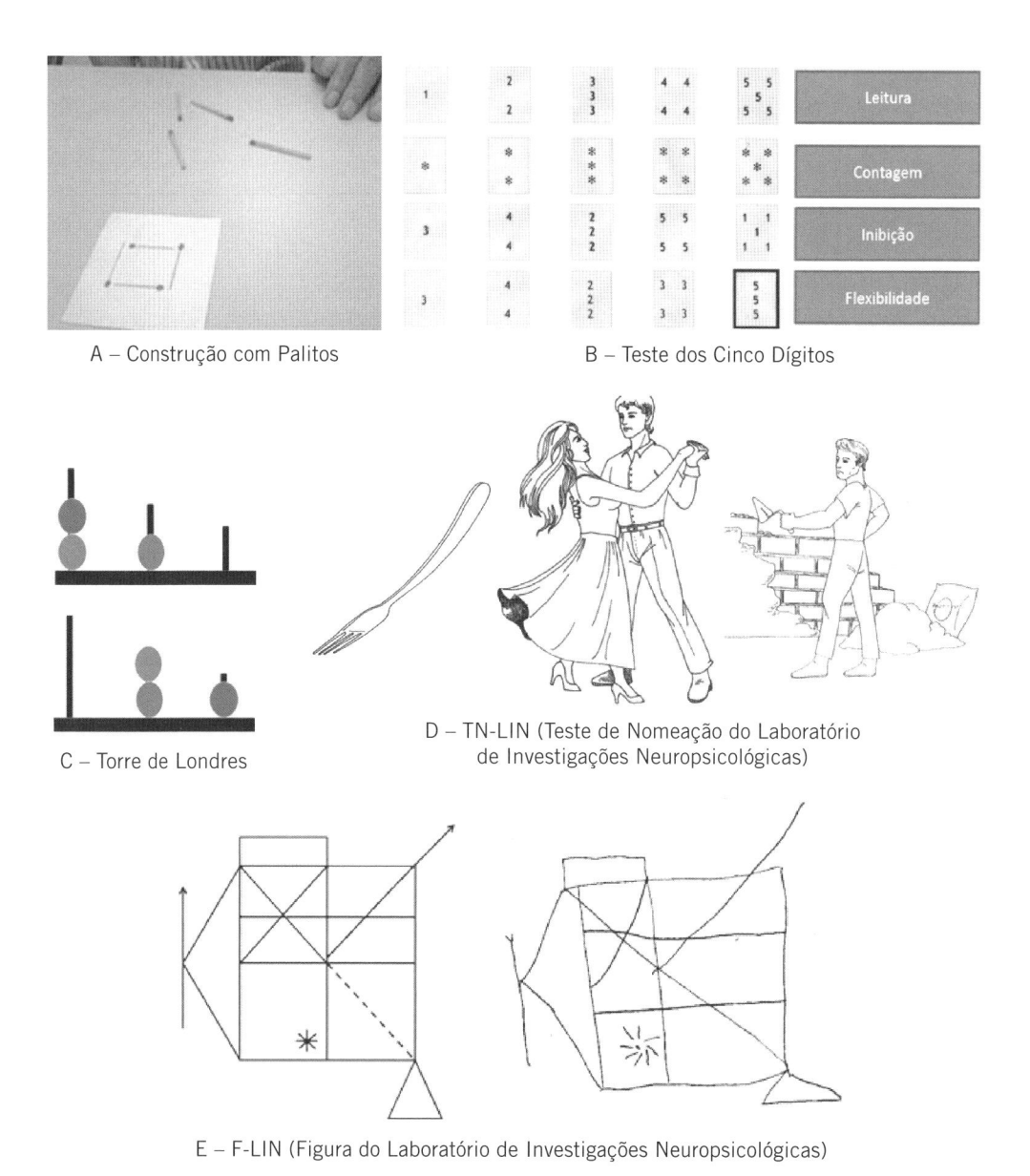

Figura 10.1 Teste dos 5 Dígitos, Torre de Londres, Construção com Palitos, TN-LIN e F-LIN.

uma alternativa aos de papel e caneta, sendo mais específico à detecção de distúrbio visioconstrutivo em pacientes analfabetos ou de baixa escolaridade. O teste é composto por quatro modelos formados por quatro palitos de fósforo a serem reproduzidos pelo paciente, que diferem em termos de configuração global, angulação, simetria e fechamento. O estudo de Baiyewu e colaboradores (2005) comparou a execução do teste ao componente de praxias da Bateria CERAD, encontrando melhor adequação do primeiro para a avaliação da população de baixa escolaridade. Estudos preliminares da adaptação brasileira foram conduzidos no Laboratório de Investigações em Neurociência Clínica da UFMG. As correlações foram particularmente representativas de validade, dado que o teste apresentou correlação moderada-alta com um teste de visioconstrução (convergente) e não significativa com um teste de linguagem (divergente). Os resultados também indicam validade de critério, posto que o instrumento diferencia indivíduos saudáveis de pacientes com demência, com aproximadamente 80% de acurácia. Por fim, evidências de validade ecológica foram encontradas, com associações entre o teste e as medidas de atividades de vida diária instrumentais. O mais interessante de tais análises foi comparar a variância explicada pela escolaridade no desempenho do teste. A Figura 10.2 sintetiza a magnitude das diferenças encontradas entre diferentes medidas de visioconstrução nessa população de baixa escolaridade.

Considerando o paradigma de interferência, mensurado pelo tradicional Teste de Stroop, uma alternativa interessante é o Teste dos 5 Dígitos (Fig. 10.1b), proposto por Sedó e DeCristoforo (2001) como uma medida de funcionamento executivo e útil para sujeitos com dificuldades na leitura. O teste consiste de quatro etapas aplicadas sequencialmente. Na primeira, o sujeito se depara com quadrados contendo números: um número 1, dois números 2, três números 3, quatro números 4, cinco números 5, sendo, ao todo, 50 estímulos em ordem pseudoaleatória. Pede-se ao sujeito que nomeie o número (algarismo) de cada quadrado. Em um segundo momento, várias figuras (asteriscos) são apresentadas em cada quadrado: uma figura, duas figuras, três figuras, quatro figuras e cinco figuras, solicitando-se ao probando que diga a quantidade de figuras em cada quadrado. Essas duas primeiras etapas acessam processos atencionais automáticos relacionados à leitura de números ou à percepção de quantidade, habilidades simples e dominadas por pacientes de baixa escolaridade, até mesmo analfabetos (de Paula et al., 2011). Na terceira parte do teste, gera-se o efeito de interferência, exibindo ao sujeito dois números 3, um número 4, três números 5, cinco números 2 e assim por diante, pedindo que não leia o número, mas diga a quantidade. O teste está em fase de validação e normatização para a população brasileira (de crianças a idosos). Dois estudos preliminares atestam sua contribuição ao exame das funções executivas em pacientes com doença de Alzheimer, comprometimento cognitivo leve e depressão maior (de Paula et al., 2011), além de caracterizar um perfil específico de comprometimento, envolvendo a precisão do controle inibitório em pacientes com comprometimento cognitivo leve do tipo amnésico (de Paula et al., 2012).

Uma terceira medida interessante para o exame neuropsicológico desses pacientes é a Torre de Londres (Shallice, 1982), uma medida clássica para o exame das funções executivas, mais especificamente do componente de planejamento. Por definição, o planejamento é um construto que se aproxima muito da própria definição das funções executivas, demandando o sequenciamento de diferentes passos visando um objetivo não imediato, mantendo os passos necessários na memória de trabalho, elaborando estratégias adequadas para tal fim, inibindo estratégias ineficazes, flexibilizando comportamentos disfuncionais e monitorando o próprio desempenho. O Teste da Torre de Londres (Fig. 10.1c) pode ser utilizado como uma medida geral do funcionamento executivo. Estudos conduzidos por nosso laboratório sugerem boa validade da Torre de Londres no exame de pacientes idosos com baixa escolaridade e outros estudos recentes sugerem boa validade de critério para o diagnóstico de doença de Alzheimer e comprometimento cognitivo leve para duas versões do teste (de Paula et al., 2012a; de Paula, Costa, Moraes, Nicolatto, & Malloy-Diniz, 2012b), além de referencial normativo para tal população (de Paula, Neves, Levy, Nassif, & Malloy-Diniz, 2012c). Outros estudos, ainda, sugerem evidências da validade de construto por meio de análise da estrutura fatorial, correlações convergentes com a Bateria de Avaliação Frontal e com o Teste de Fluência Verbal. Um último estudo avaliou a validade ecológica da Torre de Londres em conjunto com outros testes de funções executivas na predição da independência das atividades de vida diária dos idosos de baixa escolaridade, com resultados positivos de tal característica. No que tange à influência da escolaridade, as correlações das duas versões utilizadas da Torre de Londres em um dos estudos (de Paula et al., 2012a) com o total de anos de escolarização formal foi fraca para a versão Krikorian e não significativa para a versão Portella, sugerindo sua adequação aos idosos de baixa escolaridade.

Uma terceira opção para o exame neuropsicológico da população de baixa escolaridade é o desenvolvimento de novos testes ou a criação de versões adaptadas de testes clássicos. Como exemplo dessa segunda alternativa, temos a já comentada versão adaptada do Teste de Nomeação de Boston conduzida por Miotto e colaboradores (2010). Tarefas de nomeação e linguagem são particularmente suscetíveis à influência e a vieses causados pela baixa escolaridade, demandando cuidado em seu desenvolvimento e em sua adaptação. Considerando o domínio cognitivo linguagem, Malloy-Diniz e colaboradores (2007) propuseram uma bateria para a avaliação dos aspectos de fluência verbal, de compreensão (mensurada pelo Token Test) e de nomeação, mensurada por um instrumental experimental desenvolvido para crianças de Belo Horizonte. O teste, atualmente denominado TN-LIN (Teste de Nomeação do Laboratório de Investigações Neuropsicológicas), contém 65 estímulos (desenhos em preto e branco) abrangendo as categorias objetos, alimentos, roupas, transportes, animais, ações e profissões (Fig. 10.1d). O teste está em fase de validação e normatização, contudo, resultados preliminares mostram-se promissores. Na mesma população em que as características psicométricas do Teste de Construção com Palitos foram investigadas, o TN-LIN apresentou evidências de fidedignidade, validade de construto por análise de estrutura fatorial, por correlações convergentes com o Teste de Nomeação de Boston reduzido e divergentes com a Subescala de Construção da Escala Mattis de Avaliação de Demências. Sua validade de critério sugere uma acurácia para identificação de pacientes com doença de Alzheimer em fase inicial de aproximadamente 85%. Apresentou, ainda, validade ecológica, associando-se a medidas de atividades de vida diária instrumentais. Por fim, quando comparamos a associação entre o teste e a escolarização formal, tomando por parâmetro o Teste de Nomeação de Boston Reduzido, encontramos que o TN-LIN é menos influenciado por tal fator que o teste tradicional naquela população. Os resultados são expostos na Figura 10.2.

Outra medida desenvolvida pelo laboratório foi uma tarefa de cópia/evocação de figura complexa (Fig. 10.1e), utilizando como estímulo uma versão simplificada da Figura de Taylor, instrumento comumente utilizado como versão de reteste da Figura Complexa de Rey. Elaboramos uma versão

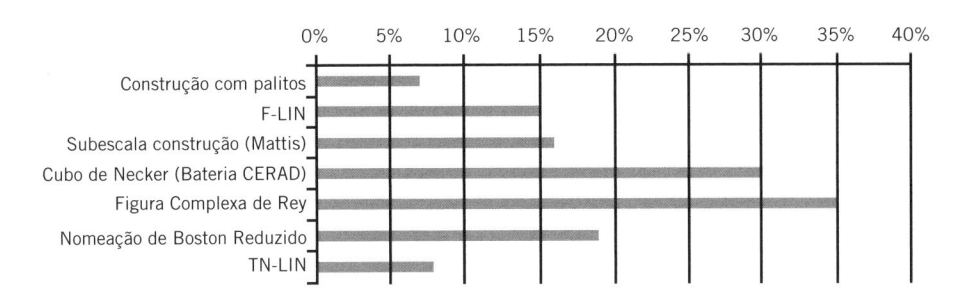

Teste	Variância (%)
Construção com palitos	~6
F-LIN	~15
Subescala construção (Mattis)	~17
Cubo de Necker (Bateria CERAD)	~30
Figura Complexa de Rey	~36
Nomeação de Boston Reduzido	~20
TN-LIN	~5

Figura 10.2 Variância explicada pela escolaridade em testes de visioconstrução e nomeação.
F-LIN: Figura do Laboratório de Investigações Neuropsicológicas, TN-LIN: Teste de Nomeação do Laboratório de Investigações Neuropsicológicas.

com menos grafoelementos (pontuação total de 24 pontos), aplicada e corrigida conforme os critérios-padrão da Figura Complexa de Rey (cópia, análise objetiva das estratégias de planejamento, evocação imediata – 3min – e evocação tardia – 25min). Embora o teste ainda não tenha sido normatizado, mostrou-se útil na distinção entre pacientes com comprometimento cognitivo leve e doença de Alzheimer com baixa escolarização formal, com acurácia de aproximadamente 73%, além de boa consistência interna entre seus elementos e correlações significativas com o teste do Desenho do Relógio. O teste encontra-se atualmente em fase de normatização.

A influência da escolarização formal no desempenho da cópia também foi analisada, e essa variável responde por uma parcela relativamente pequena da variância total, inferior à de figuras mais sofisticadas, como o Cubo de Necker e a Figura Complexa de Rey, cujos resultados estão expostos na Figura 10.2.

CONCLUSÕES E PERSPECTIVAS

O exame neuropsicológico de pacientes idosos com baixa escolaridade é um desafio para o clínico. O instrumental comumente adotado pelo neuropsicólogo para pacientes com escolarização formal média ou alta apresenta vieses importantes para a população de baixa escolaridade, muitas vezes perdendo a validade para o exame de seus construtos e gerando reações emocionais negativas por parte dos sujeitos. Assim, a adoção de parâmetros de interpretação que considerem o nível educacional para sua correção, a adaptação de novas tecnologias para o exame neuropsicológico no contexto brasileiro e o desenvolvimento de instrumentos que visem a avaliação da população idosa de baixa escolaridade são passos importantes para um exame mais preciso e pormenorizado de tais pacientes.

REFERÊNCIAS

Alves, D. C., & Souza, L. A. P. (2005). Performance de moradores da Grande São Paulo na descrição da prancha do roubo de biscoitos. *Revista CEFAC, 7*(1), 13-20.

Amaral-Carvalho, V., & Caramelli, P. (2012). Normative data for healthy middle-aged and elderly performance on Addenbrooke Cognitive Examination-Revised. *Cognitive and Behavioral Neurology, 25*(2), 72-76.

Ardila, A., Rosselli, M., Matute, E., & Guajardo, S. (2005). The influence of the parents' educational level on the development of executive functions. *Developmental Neuropsychology, 28*(1), 539-560.

Baiyewu, O., Unverzagt, F.W., Lane, K. A., Gureje, O., Ogunniyi, A., Musick, B., ... Hendrie, H. C. (2005). Stick Design test: a new measure of visuoconstructional ability. *Journal of the International Neuropsychological Society, 11*(5), 598-605.

Beato, R., Amaral-Carvalho, V., Guimarães, H. C., Tumas, V., Souza, C. P., de Oliveira, G. N.,

Caramelli, P. (2012). Frontal Assessment Battery in a Brazilian population sample of healthy controls: normative data. *Arquivos de Neuropsiquiatria, 70*(4), 278-280.

Brito-Marques, P. R., Cabral-Filho, J. E., & Miranda, R. M. (2012). Visual reproduction test in normal elderly: influence of schooling and visual task complexity. *Dementia & Neuropsychologia, 6*(2), 91-96.

Brucki, S. M. D, Nitrini, R., Caramelli P., Bertolucci, P. H. F., & Okamoto, I. H. (2003). Sugestões para o uso do mini-exame do estado mental no Brasil. *Arquivos de Neuropsiquiatria, 61*(3-B), 777-781.

Brucki, S. M. D., & Rocha, M. S. G. (2004). Category Fluency test: effects of age, gender and education on total scores, clustering and switching in Brazilian Portuguese-speaking subjects. *Brazilian Journal of Medical and Biological Research, 37*(12), 1771-1777.

Cox, C. S., Chee, E., Chase, G. A., Baumgardner, T. I., Reder, M. J., Mohr, J., ... Denckla, M. B. (1997). Reading proficiency affects the construct validity of the Stroop test interference score. *The Clinical Neuropsychologist, 11*, 105-110.

Daley, D. J., Myint, P. K., Gray, R. J., & Deane, K. H. (2012). Systematic review on factors associated with medication non-adherence in Parkinson's disease. *Parkinsonism and Related Disorders, 18*(10), 1053-1061.

de Paula, J. J., Costa, D. S., Moraes, E. N., Nicolato, R., Sedó, M., & Malloy-Diniz, L. F. (2012). Automatic and Controlled Attentional Processes in Amnestic Mild Cognitive Impairment: The Use of a Mini-Verbal Test. *Psychology, 3*(5), 379-383.

de Paula, J. J., Ávila, R. T., Costa, D .S., Moraes, E. N., Bicalho, M. A, Nicolatto, R., ... Malloy-Diniz, L. F. (2011). Assessing processing speed and executive functions in low educated older adults: the use of the Five Digits Test in patients with Alzheimer's disease, mild cognitive impairment and major depressive disorders. *Clinical Neuropsychiatry, 8*(6), 339-346.

de Paula, J. J., Costa, D. S., Moraes, E. N., Nicolatto, R., & Malloy-Diniz, L. F. (2012b). Contribuições da Torre de Londres para o exame do planejamento em idosos com comprometimento cognitivo leve. *Revista Neuropsicología Latinoamericana, 4*(2), 16-21.

de Paula, J. J., Moreira, L., Nicolato, R., de Marco, L. A., Côrrea, H., Romano-Silva, M. A., ... Malloy-Diniz, L. F. (2012a). The Tower of London Test: different scoring criteria for diagnosing Alzheimer's disease and mild cognitive impairment. *Psychological Reports, 110*(2), 477-488.

de Paula, J. J., Neves, F., Levy, A., Nassif, E., & Malloy-Diniz, L. F. (2012c). Assessing planning skills and executive functions in the elderly: preliminar normative data for the Tower of London Test. *Arquivos de Neuropsiquiatria, 70*(10), 826-830.

de Paula, J. J., Melo, L. P. C., Nicolato, R., de Moraes, E. N., Bicalho, M. A., Hamdan, A. C., & Malloy-Diniz, L. F. (2012d). Reliability and construct validity of the Rey-Auditory Verbal Learning Test in Brazilian elders. *Revista de Psiquiatria Clínica, 39*(1), 19-23.

Dehaene, S., Pegado, F., Braga, L.W., Ventura, P., Nunes Filho, G., Jobert, A., ... Cohen, L. (2010). How learning to read changes the cortical networks of vision and language. *Science, 330*(6009), 1359-1364.

Farah, M. J., Shera, D. M., Savage, J. H., Betancourt, L., Giannetta, J. M., Brodsky, N. L., ... Hurt, H. (2006). Childhood poverty: specific associations with neurocognitive development. *Brain Research, 1110*(1), 166-174.

Fernald, L. C. H., Weber, A., Galasso, E., & Ratsifandrihamanana, L. (2011). Socioeconomic gradients and child development in a very low income population: evidence from Madagascar. *Developmental Science, 14*(4), 832-847.

Goodglass, H., Kaplan, E., & Barresi, B. (2000). *The assessment of aphasia and related disorders* (3rd ed.). Philadelphia: Lea & Febiger.

Guruje, O., Unverzagt, F.W., Osuntokun, B.O., Hendrie, H. C., Baiyewu, O., Ogunniyi, A., & Hali, K. S. (1995). The CERAD Neuropsychological Test Battery: norms from a Yoruba speaking Nigerian sample. *West African Journal of Medicine, 14*(1), 29-33.

Hamdan, A. C., & Hamdan, E. M. (2009). Effects of age and education level on the Trail Making Test in a healthy Brazilian Sample. *Psychology & Neuroscience, 2*(2), 199-203.

Instituto Brasileiro de Geografia e Estatística [IBGE]. (2010). *Censo 2010*. Recuperado de: http://censo2010.ibge.gov.br/

Iprahamian, I., Martinelli, J. E., Neri, A. L., & Yassuda, M. S. (2010). The accuracy of the Clock Drawing Performance Test compared to that of standard screening tests for Alzheimer's disease: results from a study with Brazilian elderly with heterogeneous educational background. *International Psychogeriatrics, 22*(1), 64-71.

Machado, T. H., Fichman, H. C., Santos, E. L., Amaral-Carvalho, V., Fialho, P. P., Koenig, A.M., ... Caramelli, P. (2009). Normative data for the healthy elderly on the phonemic verbal fluency task – FAS. *Dementia & Neuropsychologia, 3*(1), 55-60.

Malloy-Diniz, L.F., Bentes, R.C., Figueiredo, P.M., Brandão-Bretas, D., Costa-Abrantes, S., Parizzi, A. M., ... Salgado, J. V. (2007). Normalización de una batería de tests para evaluar las habilidades de comprensión del lenguaje, fluidez verbal y denominación en niños brasileños de 7 a 10 años: resultados preliminares. *Revista de Neurología, 44*(5), 275-280.

Mata, F. G. (2013). *A capacidade de raciocínio geral e o nível sócio-econômico estão associados ao desempenho na Children s Gambling Task?* (Dissertação de Mestrado, Instituto de Ciências Biológicas). Universidade Federal de Minas Gerais, Belo Horizonte.

Meng, X., & D'Arcy, C. (2012). Education and Dementia in the context of the cognitive reserve hypothesis: a systematic review with meta-analysis and qualitative analysis. *Plos One, 7*(5), 1-16.

Miotto, E. C., Sato, J., Lucia, M. C., Camargo, C. H., & Scaff, M. (2010). Development of an adapted version of the Boston Naming Test for Portuguese speakers. *Revista Brasileira de Psiquiatria, 32*(3), 279-282.

Moreira, L., Schlottfeldt, C. G., de Paula, J. J., Daniel, M. T., Paiva, A., Cazita, V., ... Malloy-Diniz, L. F. (2011). Normative study of the Token Test (short version): preliminary data for a sample of Brazilian seniors. *Revista de Psiquiatria Clínica, 38*(3), 97-101.

Moura, S. M., & Haase, V. G. (2008). Características psicométricas e dados normativos do Teste das Três Palavras e Três Figuras (3P3F) no Brasil. *Psico-USF, 39*(4), 500-508.

Nitrini, R. (2008). Immediate recall of short stories depends on educational level. *Dementia & Neuropsychologia, 2*(4), 310-314.

Nitrini, R., Caramelli, P., Herrera Júnior, E., Porto, C. S., Charchat-Fichman, H., Carthery, M.T., ... Lima, E. P. (2004). Performance of illiterate and literate nondemented elderly subjects in two tests of long-term memory. *Journal of the International Neuropsychological Society, 10*(4), 634-638.

Noble, K. G., & McCandliss, B. S. (2005). Reading development and impairment: behavioral social and neurobiological factors. *Journal of Developmental and Behavioral Pediatrics, 26*(5), 370-379.

Oliveira-Ferreira, F., Costa, D. S., Micheli, L. R., Oliveira, L. F. S, Pinheiro-Chagas, P., & Haase, V. G. (2012). School Achievement Test: normative data for a representative sample of elementary school children. *Psychology & Neuroscience, 5*(2), 157-164.

Porto, C. S., Caramelli, P., & Nitrini, R. (2010). The influence of schooling on performance of the Mattis Dementia Rating Scale (DRS). *Dementia & Neuropsychologia, 4*(2), 126-130.

Potvin, O., Bergua, V., Meillon, C., Le Goff, M., Bouisson, J., Dartigues, J. F., & Amieva, H. (2013). State anxiety and cognitive functioning in older adults. *American Journal of Geriatric Psychiatry, 21*(9), 915-924.

Prince, M., Bryce, R., Albanese, E., Wimo, A., Ribeiro, W., & Ferri, C. P. (2013). The global prevalence of dementia: a systematic review and metaanalysis. *Alzheimer's & Dementia, 9*(1), 63-75.

Protopapas, A., Archonti, A., & Skaloumbakas, C. (2007). Reading ability is negatively related to Stroop interference. *Cognitive Psychology, 54*(3), 251-82.

Radanovic, M., Mansur, L.L., & Scaff, M. (2004). Normative data for the Brazilian population in the Boston Diagnostic Aphasia Examination: influence of schooling. *Brazilian Journal of Medical and Biological Research, 37*(11), 1731-1738.

Rodrigues, J. L., Oliveira-Ferreira, F., & Haase, V. G. (2008). Perfil do desempenho motor e cognitivo na idade adulta e velhice. *Mosaico: Revista Interinstitucional de Psicologia, 1*(1): 20-33.

Rosselli, M., & Ardila, A. (2003). The impact of culture and education on non-verbal neuropsychological meadurements: a critical review. *Brain and Cognition, 52*(3), 326-333.

Sedó, M. A., & DeCristoforo, L. (2001). All-language verbal tests free from linguistic barriers. *Revista Española de Neuropsicología, 3*(3), 68-82.

Shallice, T. (1982). Specific impairment of planning. *Philosophical Transactions of the Royal Society of London. Series B, Biological Sciences, 298*(1089),199-209.

Stern, Y. (2012). Cognitive reserve in ageing and Alzheimer's disease. *Lancet Neurology, 11*(11), 1006-1012.

Unverzagt, F.W., Morgan, O. S., Thesiger, C. H. Eldemire, D. A., Luseko, J., Pokuri, S., ... Hendrie, H.

C. (2005). Clinical utility of CERAD neuropsychological battery in elderly Jamaicans. *Journal of the International Neuropsychological Society, 5*(3), 255-259.

Vaid, J., Singh, M., Sakhuja, T., & Gupta, G. C. (2002). Stroke direction asymmetry in figure drawing: influence of handedness and reading/writing habits. *Brain and Cognition, 48*(2-3), 597-602.

11

Como proceder em casos de suspeita de simulação de déficits cognitivos

ANTONIO DE PÁDUA SERAFIM
ANA JÔ JENNINGS MORAES

Os conhecimentos produzidos pelas neurociências e pela neuropsicologia possibilitam a compreensão de como se expressam e se manifestam os processos neurobiológicos e funcionais do encéfalo no comportamento humano (Fuentes, Malloy-Diniz, Camargo, & Cosenza, 2008). Nesse sentido, têm muito a contribuir com as ciências forenses e clínicas, que analisam e buscam compreender a manifestação desses fenômenos a partir do ponto de vista legal e das repercussões que esses comportamentos podem ter no cumprimento ou na desobediência das leis, como na manipulação e na simulação (Serafim & Saffi, 2012).

Barros (2008) destaca que a atividade forense em saúde mental ocorre no espaço da intersecção entre os transtornos mentais e a justiça. A atuação do psiquiatra/psicólogo forense estaria, portanto, vinculada à necessidade de uma averiguação técnica das alterações do estado mental, tornando-se fundamental a compreensão do significado de tal alteração para a justiça.

O contexto legal já exibe uma demanda crescente em relação aos processos de avaliação psicológica e neuropsicológica, destacando-se sua contribuição na realização de diagnósticos diferenciais e na elucidação de dúvidas diagnósticas, de grande interesse ao contexto jurídico devido às implicações que os possíveis diagnósticos podem ter sobre os indivíduos nas diferentes esferas do Direito (Saffi, Valim, & Barros, 2011).

Dessa forma, a avaliação neuropsicológica se apresenta como recurso fundamental no processo pericial, uma vez que sua utilização pode ajudar a responder a questões legais expressas pelos agentes judiciários por meio da compreensão que possibilita sobre a conduta humana (Saffi et al., 2011).

Já em uma avaliação forense, deve-se partir do pressuposto de que a demanda pela avaliação surge de fora da esfera médica/psicológica e de que os resultados produzidos pela avaliação se configuram como fonte de informação técnica, à qual se pode atribuir peso de prova (Saffi et al., 2011).

Tais aspectos geram implicações específicas sobre a atitude do periciando, havendo a possibilidade de conflitos de interesse em relação aos objetivos periciais, uma vez que perito e periciando respondem a demandas específicas.

O conflito de interesses envolvido nesse processo de convencimento do perito pelo periciando sobre seu estado pode estar associado a uma tentativa do último de recorrer a diferentes recursos para adequar a percepção do primeiro a seu próprio desejo, espaço em que se insere o quadro de simulação.

Essa observação, a nosso ver, tem relação direta com a prática clínica. Comumente, nas relações paciente-profissional da saúde, se estabelece um vínculo. Aqui, o papel do profissional da saúde, pensando mais precisamente no neuropsicólogo, é investigar uma ampla faixa do funcionamento mental de determinada pessoa a fim de chegar a um diagnóstico. Pode ocorrer, no entanto, que todo o quadro descrito seja fruto de simulação, e, não estando o profissional atento ou familiarizado com esse tipo de comportamento, certamente, de forma involuntária, estará corroborando a necessidade do simulador.

Essa situação certamente levantará a seguinte questão: de que forma isso ocorreria, já que a relação não é de contexto forense? De fato, a relação direta não é forense, mas a relação indireta, sim, pois, a partir do momento em que essa pessoa passa por uma consulta se queixando de determinados déficits e solicita, por direito, uma declaração ou atestado, possivelmente esse profissional fará menção aos supostos déficits. E, assim, essa pessoa pode fazer uso desse documento legal.

Além disso, não se discute que a simulação é uma possibilidade que deve ser considerada em qualquer situação de perícia no âmbito da saúde mental e sua relação com a justiça. Enfatizamos que tal possibilidade deve ser considerada em qualquer relação clínica.

Ainda que essas associações façam referência apenas a perícias psiquiátricas, destaca-se que também são aplicáveis ao âmbito das perícias neuropsicológicas, uma vez que a relação entre as partes envolvidas segue o mesmo princípio de atuação.

No entanto, no escopo da área clínica, os processos de diagnóstico não são, em sua essência, longe de uma verificação além da suposta sintomatologia alegada. Como exemplo, Morgan (1956) já enfatizava que as técnicas de observar, as possibilidades de descrever, analisar e predizer como uma pessoa percebe, sente, analisa e decide ação se reveste de uma equação complexa de multifatorialidade, representando, assim, a matéria da psicologia como ciência *e da neuropsicologia, seja em que espectro for (clínico ou forense)* (grifo nosso).

Dessa forma, entendemos que, no estudo da conduta humana, o cerne de sua ação dever ser o comportamento decorrente de uma doença mental como de qualquer outra condição psíquica, inclusive de uma possível simulação. E talvez o ponto emblemático desse aspecto seja: o que o clínico deve fazer diante de quadros de simulação? Deve considerar apenas como processo psicopatológico? Tendo em vista esses aspectos, evidencia-se a relevância que o conceito de simulação representa em situações diagnósticas.

Daí a necessidade de diferenciar e identificar a simulação no que diz respeito ao esclarecimento de dúvidas diagnósticas que justifiquem alguma intervenção legal, como em casos de interdições, ações previdenciárias e até criminais.

É importante lembrar que a simulação se configura como uma tentativa de controlar o avaliador, visando convencê-lo da existência de determinada sintomatologia por meio da criação ou da produção de um conjunto de sinais ou sintomas, ocorrendo com maior frequência nos processos jurídicos (Rogers, Salekin, Sewell, Goldstein, & Leonard, 1998). Essa premissa, no entanto, não exclui, a nosso ver, o âmbito clínico.

Taborda e Barros (2012) apontam que a simulação é comum em situações em que haja vantagem em se apresentar doente. A prevalência de simulação em ambientes forenses foi estimada em 15,7% e, em ambientes não forenses, em 7,4%, demonstrando valor mais elevado naquela população do que em outras (Rogers et al., 1998).

TIPOS DE SIMULAÇÃO

Segundo o Manual diagnóstico e estatístico de transtornos mentais (DSM-5), a simulação não é classificada como um transtorno mental; ela é contemplada na seção "Outras condições que podem ser foco da atenção clínica". A simulação se caracteriza pela produção intencional de sinais e sintomas, associados a incentivos e benefícios externos, podendo ser financeiros, previdenciários, isenção ou atenuação de pena, entre outros (American Psychiatric Association [APA], 2013).

Embora qualquer doença possa ser simulada, os transtornos psiquiátricos apresentam peculiaridades que os tornam especialmente interessantes de serem estudados em relação à simulação, como o fato de que a maioria dos sintomas só pode ser descrita de forma subjetiva, ante a impossibilidade de os sintomas, *a priori*, serem diretamente observados e mensurados objetivamente.

Garcia (1979) classifica os sintomas simulados como: doenças simuladas, doenças provocadas e dissimulação. Doenças simuladas seriam, segundo o autor, alegadas com sintomatologia subjetiva, mantidas pelo ânimo de farsa ou fraude, ou exageradas a partir de fenômeno mórbido perceptível (supersimulação). Doenças provocadas referem-se a produções de algo no corpo, com o intuito de obter benefícios, entretidas ou agravadas por algum artifício, com ânimo de farsa ou fraude. A dissimulação, por fim, consiste em minimizar sintomas ou aparentar serenidade para conseguir algo. O Quadro 11.1 descreve, de forma resumida, os principais tipos de simulação.

Como os quadros psicopatológicos acabam sendo o foco das principais simulações, Hall, Thompson e Poirier (2007) afirmam que, entre as condições psiquiátricas de maior ocorrência, estão os transtornos dissociativos de identidade, as psicoses, a suicidabilidade e o transtorno de estresse pós-traumático (TEPT). Os autores ainda apontam que, na psiquiatria forense, a maior probabilidade de simulação gira em torno de transtornos como as psicoses, o TEPT e déficits cognitivos/amnésia, sendo o TEPT a condição mais facilmente simulada, uma vez que o indivíduo pode receber orientações sobre como relatar os sintomas corretamente.

Cornell e Hawk (1989), no entanto, destacam que há sintomas que dificilmente são simulados (embotamento afetivo, higiene pessoal precária, verborreia, neologismos, discurso incoerente [fragmentado ou intangível], pensamento concreto e dificuldade de concentração), e isso se deve tanto ao desconhecimento do provável simulador quanto à complexidade de sua apresentação.

QUADRO 11.1 • Tipos de simulação

Tipo	Descrição
Simulação	O indivíduo mostra-se de uma forma que não é. Tentar demonstrar que é portador de uma doença/deficiência que não tem.
Hipersimulação	O indivíduo é portador de uma doença/deficiência e exagera nos sintomas (geralmente entra aqui o transtorno factício – a pessoa tem uma ferida na perna e não cuida direito para que ela nunca sare).
Dissimulação	A pessoa tem uma doença/deficiência, mas não quer aparentar que tem.
Hisperdissimulação	O indivíduo doente e quer se ver como um ser normal.

Fonte: Serafim e Saffi (2015).

Quando nos reportamos aos sintomas simulados, estes podem ser subdivididos em cinco categorias (Hall et al., 2007):

a. distorção comportamental
b. alteração afetiva
c. alteração cognitiva
d. alteração psicofisiológica
e. problemas somáticos

Dados da literatura apontam, ainda, para uma série de outros sintomas psiquiátricos que podem ser simulados, sendo os sintomas psicóticos, o TEPT e alguns déficits cognitivos os que mais se destacam. Estudos apontam um número maior de publicações acerca de sintomas psicóticos e de TEPT. Esse maior número de publicações voltadas para tais sintomatologias fala a favor de sua manifestação ser um facilitador para simulação e obtenção de benefícios decorrentes, uma vez que são caracterizados sintomas, em sua maioria, subjetivos.

Assim, parece haver certa concordância entre os autores de que doenças mais facilmente fingidas são aquelas com poucas manifestações físicas ou aquelas baseadas em autorrelato. Em particular, sugerem que as doenças mais passíveis de fingimento incluem insanidade, epilepsia e dor, por exemplo (Rogers, Vitacco, & Kurus, 2010).

Para Resnick (2006), os sintomas mais escolhidos para simulação são depressão e transtornos paranoides, que, no entanto, não são fingidos de forma similar aos sintomas psiquiátricos reais, pois, durante sua expressão, observa-se, em geral, um exagero desproporcional dessas sintomatologias.

Já a simulação de TEPT pode ser observada em indivíduos que apresentam sintomas psiquiátricos autênticos causados por uma vivência traumática prévia, mas que falsamente atribuem tais sintomas a um evento traumático forjado na intenção de obter algum ganho (Knoll & Resnick, 2006).

No caso de simulação de quadros psicóticos, foi identificada uma sistematização dos sintomas mais facilmente simulados e da forma como eles em geral se manifestam durante essas tentativas de fingimento. Esses modelos serão descritos a seguir.

Resnick (2006) sugere ainda que, em relação à simulação de sintomas psiquiátricos, seja dada especial atenção à descrição de sintomas psiquiátricos improváveis como indicativo de fingimento. Alguns exemplos são: relato de sintomas psicóticos elaborados que excluem temas comuns do tipo paranoide, grandioso ou religioso; aparecimento súbito de supostos sintomas psicóticos para explicar o comportamento antissocial; alucinações ou delírios atípicos; confirmação de psicose simulada por meio de admissão de simulação após confrontação; presença de informação comprobatória forte, como dados psicométricos ou história de simulação.

Nesse contexto, Resnick (2007) apresenta, também, um modelo linear para a avaliação de alucinações e delírios em que se deve suspeitar de simulação se a combinação de qualquer um dos seguintes sintomas for observada:

- Nas alucinações: mostram-se mais contínuas do que intermitentes; são descritas de forma vaga ou inaudível; não estão associadas aos delírios; o relato de linguagem está afetado nas alucinações; há incapacidade de determinar estratégias para diminuir as vozes; autorrelato de que todas as alucinações de comando foram obedecidas; alucinações visuais em preto e branco.
- Nos casos de delírios: início ou término abrupto; ansiedade em chamar atenção para os delírios; conteúdo bizarro sem pensamento desordenado (Resnick, 2007).

Detecção de simulação

É possível que, nos casos em que se observam relatos de sintomas físicos ou psicológicos desproporcionais ou falsos, essa ação seja motivada por incentivos externos, como esquiva do serviço militar, evitação de trabalho, compensação financeira, tentativa de escapar de condenação penal, entre outros, configurando uma simulação, de acordo García-Domingo, Negredo-López e Fernández-Guinea (2004).

Segundo McDermott, Leamon, Feldman e Scott (2012), profissionais da saúde são treinados para avaliar e tratar indivíduos que realmente apresentam sintomas físicos ou mentais, havendo uma tendência natural de aceitar os sintomas relatados de acordo com seu significado manifesto. Ou seja, no contexto clínico, não há uma desconfiança inicial com relação à veracidade dos sintomas, a não ser que se mostrem incongruências nos relatos ou comportamentos bizarros que destoem de sua manifestação esperada.

Dessa forma, três importantes aspectos, apresentados na Figura 11.1, representam um método para verificar a possibilidade de os sintomas relatados ou apresentados serem fulcro de uma simulação (Serafim & Saffi, 2015).

No contexto forense, por exemplo, a relação com os sintomas se dá de forma um tanto diferente, uma vez que há motivos subjacentes a sua manifestação, sendo esperado que tentativas de simulação ocorram. Dessa forma, a detecção de simulação nesse contexto é particularmente importante devido às implicações que esse tipo de avaliação pode ter, havendo fortes motivações para que a simulação aconteça, como, por exemplo, a tentativa de evitar um processo criminal (Resnick, 2006).

Nessa linha de raciocínio, Resnick (2007) descreve as seguintes diretrizes, que, em uma avaliação, auxiliam o profissional a atentar para suspeita de simulação:

- inconsistências no relato
- inconsistência entre o relato e os sintomas observados
- flutuações nas manifestações dos sintomas, ao apresentar os sintomas em um contexto, mas não em outro
- inconsistências entre o desempenho em testes psicológicos e *neuropsicológicos*

Acentuada disparidade entre o estresse, o sofrimento, a disfunção ou a alteração relatados pela pessoa e os dados objetivos observados durante as entrevistas diagnósticas.

Postura da pessoa que revele atitude defensiva, ausência de cooperação, demasiada fixação na descrição ou expressão das dificuldades, além de falta de cooperação durante a avaliação diagnóstica e não adesão ou obediência da orientação para seguimento das atividades ou tarefas pertinentes à avaliação.

Indicativos de transtorno da personalidade antissocial, principalmente pelo quadro de violação dos direitos e tendência a manipulação.

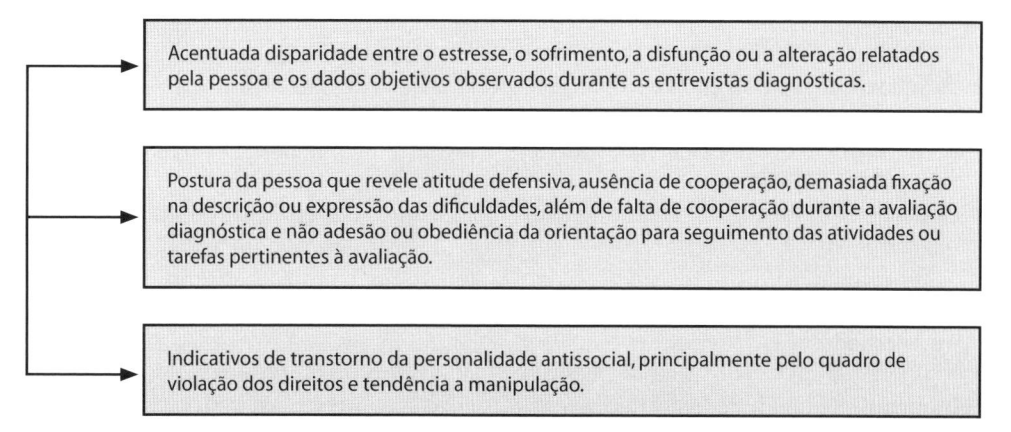

Figura 11.1 Aspectos que devem ser observados quando há suspeita de simulação.
Fonte: Serafim e Saffi (2015).

(grifo nosso) e o autorrelato sobre seu desempenho
- inconsistência entre os sintomas relatados e sua apresentação genuína

Ao que consta, os simuladores podem se comportar de maneira radicalmente diferente, a depender de quem eles acreditam que os está observando, podendo manifestar um comportamento na frente do examinador que, na prática, não se sustenta fora do ambiente de avaliação (Resnick, 2006).

Ante essa possibilidade, McDermott e colaboradores (2012) sugerem uma diretriz para considerar fingimento de sintomas. Destaca-se a importância de observar alguns aspectos específicos, como incentivos externos envolvidos; ausência de fatores causais para a sintomatologia, ou apresentação de início súbito; presença de indicativos de resistência em receber tratamento; e queixas sobre os sintomas incompatíveis com os sintomas verdadeiros da doença, aspectos observados por uma adequada entrevista clínica.

O DSM-5 (APA, 2013) também fornece orientações sobre quando suspeitar de quadros de simulação, explicitando que a simulação deve ser fortemente suspeitada quando notada qualquer combinação dos elementos a seguir:

a. contexto médico-legal de apresentação (p. ex., o indivíduo é encaminhado ao clínico por um advogado para exame, ou o indivíduo se autoencaminha enquanto estão pendentes litígio ou acusações)
b. discrepância acentuada entre o alegado estresse ou incapacidade do indivíduo e os achados e as observações objetivas
c. falta de cooperação durante avaliação diagnóstica e de obediência ao regime de tratamento prescrito
d. presença de transtorno da personalidade antissocial

No plano dos testes neuropsicológicos como recurso de identificação, é possível que haja inconsistência entre seus resultados e a história fornecida pelos simuladores, uma vez que a chance de não conhecerem o que o teste espera deles, ou avalia, pode conferir maior honestidade a sua resposta (McDermott et al., 2012).

No entanto, ressalta-se que a premissa para uma adequada identificação de simulação é conhecer as características de determinada doença ou transtorno mental. É por isso que a realização de um bom exame psíquico, associado com as entrevistas clínicas, é fundamental.

Diagnóstico diferencial para casos de simulação

Taborda e Barros (2012) afirmam que, ao se avaliar simulação, é preciso considerar sua magnitude; ou seja, a presença de pequenos exageros ou sintomas isolados não configura quadro de simulação. Para que esse quadro seja confirmado, é necessário que haja uma produção ou um exagero grosseiro de sinais e sintomas e um esforço consciente do examinando periciado para enganar.

Deve-se, ainda, ter clareza de que a necessidade ou a ausência de incentivos externos não exclui a ocorrência de motivações internas. Tal fato reforça a orientação de que, no caso de se detectar simulação, é necessário diferenciá-la dos transtornos factícios, uma vez que estes também envolvem a produção intencional de sintomas (Knoll & Resnick, 2006). Assim, tem-se que, nos transtornos factícios, a motivação gira em torno da possibilidade de assumir o papel de doente, visando atender a necessidades internas ou a busca por incentivo psicológico (Bass & Halligan, 2014).

Por transtorno factício entende-se a "... falsificação de sinais ou sintomas físicos ou psicológicos, ou a indução de lesão ou doença, associada à fraude identificada, em que o comportamento fraudulento é evidente mesmo na ausência de recompensas externas óbvias" (APA, 2013).

Daí o diagnóstico diferencial entre transtorno factício e simulação ser fundamental para uma melhor compreensão do caso e das implicações jurídicas que podem estar envolvidas, sendo indispensável a identificação das motivações subjacentes à produção dos sintomas (Bass & Halligan, 2014).

Autores como Knoll e Resnick (2006), Bass e Halligan (2014), McDermott (2012) e Rogers e colaboradores (2010) reforçam a importância dessa diferenciação, bem como a complexidade dessa tarefa, uma vez que pode ser difícil excluir a existência de benefícios externos envolvidos, ou estes até mesmo podem se confundir com aspectos característicos de ambos os quadros.

No que tange ao processo de investigação, o diagnóstico de transtorno factício deve ser excluído se qualquer incentivo externo for identificado. Entretanto, Taborda e Barros (2012) ressaltam que essa exclusão pode ser problemática, já que a maioria dos indivíduos que assumem o papel de doente promove de maneira concomitante modificações das responsabilidades no trabalho e na família.

Uma análise detalhada do DSM-5 aponta para uma série de transtornos que podem ser confundidos com simulação e da qual devem ser diferenciados. Entre eles estão os transtornos conversivos e dissociativos, que envolvem sintomatologia produzida de forma inconsciente, não havendo intencionalidade nessa produção de sintomas (APA, 2013).

Diante disso, pensamos nas possíveis implicações de um diagnóstico impreciso de simulação: se um simulador é erroneamente diagnosticado como se tivesse a apresentação autêntica do transtorno, ocorrerá a obtenção injustificada de benefícios, compensações ou esquiva da responsabilidade jurídica. Já a classificação equívoca de simulação diante de um transtorno mental autêntico pode resultar em injustiça e privação de assistência psiquiátrica diante de uma necessidade real de tratamento.

Autores como Gudjonsson e Haward (2003) descreveram esses aspectos como os dois erros possíveis diante da avaliação de quadros de simulação: os chamados erros de falso positivo e os de falso negativo.

O primeiro tipo faz referência à possibilidade de um quadro de simulação não ser identificado quando de fato ele ocorre, e o segundo, a quando quadros genuínos são classificados como simulados. Ambos os erros, como descrito anteriormente, podem ter consequências deletérias não só para o indivíduo envolvido como também para seu entorno, no que diz respeito a processos criminais e previdenciários ou trabalhistas. Depreende-se dessa observação que a ocorrência desses "erros", além das consequências deletérias para o paciente, que pode ser privado de tratamento, poderá incorrer também, para o profissional envolvido no diagnóstico, em punições e sanções por falta ética em seu conselho de classe ou até em processos criminais ou indenizatórios, diante de um diagnóstico errôneo.

Diante desses apontamentos, em um processo de avaliação, seja forense, seja clínico, torna-se imperioso diferenciar os processos de simulação em relação à existência de sintomas genuínos, bem como de outros transtornos mentais.

Como pontuam Serafim e Saffi (2012), quando o operador do Direito tem dúvidas quanto à saúde psicológica de uma pessoa envolvida em processo judical, ele solicita uma perícia em saúde mental. Essa perícia consiste em um exame realizado por profissional especialista, a fim de verificar ou esclarecer determinado fato à justiça. Para tentar responder a essas questões, os peritos da área lançam mão de alguns recursos e instrumentos específicos, como a realização de uma entrevista clínica detalhada, sua experiência clínica em relação à observação dos sintomas e o emprego de provas e testes psicológicos que os auxiliem nesse processo de elucidação (Barros, 2008). O mesmo procedimento deve ser conduzido na clínica. Se o profissional suspeita da real presença de determinados sintomas, deve ampliar os recursos de verificação a fim de aumentar a confiabilidade dos recursos utilizados para constatação ou não do quadro alegado ou suspeito.

Mesmo com a utilização de todos esses recursos, em alguns casos, restam dúvidas quanto à existência ou não de um transtorno mental que esteja associado à sintomatologia relatada, bem como da existência de nexo de causalidade entre eles. Isso pode ocorrer devido a incongruências na manifestação dos sintomas, dúvidas sobre o funcionamento psíquico do paciente ou alta complexidade e gravidade dos casos atendidos, o que pode confundir até mesmo os profissionais mais experientes (Meleiro & Santos, 2003).

Estudos têm mostrado a gravidade e a complexidade dos casos que envolvem simulação, bem como as consequências que podem gerar em diversas áreas da vida, como os altos custos em saúde pública e previdenciários nos casos bem-sucedidos de simulação (Chafetz & Underhill, 2013).

De acordo com Chafetz e Underhill, a simulação de doenças psicopatológicas custa milhões de dólares para o governo dos Estados Unidos em programas de incentivo e previdência. A simulação é realizada para se conseguir os benefícios fornecidos pelo governo, por meio de criação ou mesmo exagero de sintomas (Chafetz & Underhill, 2013).

Apesar de não se encontrarem registros de dados brasileiros sobre os gastos envolvidos nesses processos, é possível fazer uma aproximação inferindo-se a existência de um movimento análogo pela presença de ganhos secundários principalmente em relação aos benefícios financeiros gerados pela previdência social.

Todos esses aspectos destacam a necessidade de uma avaliação minuciosa e detalhada sobre os casos em que há suspeita de simulação, minimizando a possibilidade de equívocos em que, por um lado, pacientes graves sejam confundidos com simuladores, prescindindo de tratamentos e recursos que se faziam necessários, ou, por outro, simuladores utilizem recursos humanos e financeiros de forma indevida.

Tendo em vista esses aspectos, que destacam a importância de uma avaliação detalhada, visando obter a clareza necessária quanto ao quadro investigado, principalmente no que concerne ao âmbito pericial, salienta-se a contribuição da avaliação neuropsicológica.

Instrumentos psicométricos e de testagem neuropsicológica, bem como escalas e a experiência clínica em relação aos processos cognitivos, comportamentais e afetivos/emocionais, auxiliam os profissionais da saúde mental e, por extensão, de diversas áreas, inclusive a do Direito, que lidam com possível simulação (Saffi et al., 2011).

De forma resumida, faz-se necessário distinguir, como diagnóstico diferencial, a simulação de três importantes quadros:

- **F44 – Transtornos Dissociativos (Organização Mundial da Saúde [OMS], 1993):** caracterizam-se por perda parcial ou completa das funções normais de integração das lembranças, da consciência, da identidade e das sensações imediatas e do controle dos movimentos corporais (os principais quadros estão expressos no Quadro 11.2).
- **F68.1 – Transtorno Factício:** a característica essencial desse transtorno é a produção intencional de sinais ou sintomas somáticos ou psicológicos, podendo incluir a fabricação de queixas

subjetivas. A motivação para o comportamento consiste em assumir o papel de enfermo.
- **F60.4 – Transtorno de Personalidade Histriônica:** comportamento pautado na dramatização, teatralidade e expressão exagerada de emoções, demonstrando sugestionabilidade e ser uma pessoa facilmente influenciável por outrem ou ambientes. Afetividade superficial e instável. Preocupação excessiva com aparência física, vestimenta e acessórios. Em casos extremos, pode surgir perda de movimento, fala e memória.

Motivações das simulações

De acordo com Knoll e Resnick (2006), os motivos que levam uma pessoa a fingir estar doente geralmente se relacionam a duas categorias:

1. evitar situações ou punição (evitando a dor)
2. obter compensações que de outra forma seriam difíceis (busca do prazer)

No sistema de justiça criminal, fora do contexto brasileiro, um diagnóstico de TEPT pode resultar em redução de encargos ou atenuação da pena, porém usar o TEPT como base para uma defesa por insanidade é uma prática rara e dificilmente bem-sucedida (Knoll & Resnick, 2006).

A simulação é substancialmente mais prevalente na área civil, na qual o ganho financeiro pode ser significativo (McDermott et al., 2012). Na área penal, em um contexto médico-legal, a simulação pode estar relacionada, principalmente, a dois fatores: apresentar-se incapaz para ser julgado e ser reconhecido como culpado por razões de insanidade, visando à atenuação ou isenção da pena, mediante medidas de segurança (McDermott et al., 2012).

Ainda de acordo com McDermott, em ambos os contextos, civil e penal, simular um sintoma ou quadro psicótico é considerado o método mais provável de sucesso, tanto em relação à competência como em avaliações de responsabilidade criminal, ainda que déficits intelectuais também possam caracterizar transtorno mental.

Alguns autores deram ênfase a modelos explicativos da motivação de simulação. Rogers (1990) descreveu três modelos explanatórios para explicar a motivação subjacente a um indivíduo que simula: modelo patogênico, modelo criminológico e modelo adaptativo.

No primeiro, postula-se que a produção de sintomas seja uma tentativa de obter controle sobre os sintomas reais, porém esse modelo não se sustenta atualmente, como apontam outros autores.

O segundo modelo, criminológico, pressupõe a existência de características específicas no indivíduo, como o transtorno da personalidade antissocial, por exemplo, que, associadas a situações desfavoráveis, como dificuldades legais, se tornam altamente favoráveis a simular.

O terceiro modelo, adaptativo, envolve a relação custo-benefício de um processo de avaliação que seria considerada pelo simulador. De acordo com esse modelo, a simulação pode ser mais provável sob três circunstâncias: quando o contexto mostra-se adverso, quando as apostas pessoais são altas e quando não há alternativas viáveis (Rogers, 1990).

Ainda nessa linha da motivação, Resnick (2006) afirma que as pessoas costumam fingir estar doentes de psicose para alcançar alguns propósitos específicos. Em primeiro lugar, a simulação de sintomas poderia ocorrer motivada por uma tentativa de evitar a punição, fingindo ser incompetente para ser julgado, insano no momento do crime, digno de mitigação na sentença ou incompetente para ser executado.

Em segundo lugar, comportamentos de simular estariam envolvidos em uma tentativa de evitar o recrutamento para o serviço militar, liberar-se de atribuições militares indesejáveis ou evitar combate.

Em terceiro lugar, a simulação de psicose pode visar ganhos financeiros relativos à segurança social por deficiência, benefício ou indenização por prejuízos psicológicos.

Em quarto lugar, os presos podem fingir estar doentes para obter drogas ou ser transferidos para um hospital psiquiátrico, a fim de facilitar a fuga. E, por fim, simuladores podem solicitar a admissão em um hospital psiquiátrico para evitar a prisão ou para obter espaço livre.

Como estruturar a avaliação para identificação de simulação

A fim de realizar um diagnóstico fidedigno, diferenciando adequadamente uma possibilidade de fingimento, é necessária a realização de uma avaliação abrangente, para descartar a ocorrência da simulação de sintomas e as motivações envolvidas (Rogers et al., 2010).

A literatura destaca a importância de se conhecer as diferentes abordagens disponíveis para se detectar simulação, uma vez que existem muitas formas, entre elas os métodos informais e os sistemáticos. O método mais comum é a entrevista clínica.

Dessa forma, a avaliação deve consistir em extensa entrevista com o paciente e com informantes colaterais, para garantir a veracidade das informações e a coleta de dados que sejam suficientes para a compreensão do caso, bem como na aplicação de testes e escalas psicológicas. A consulta a documentos como prontuários, relatórios prévios e qualquer informação disponível sobre o paciente é necessária (Huss, 2011).

Rogers e colaboradores (2010) são enfáticos quando afirmam que, para que as avaliações (clínicas ou forenses) sejam confiáveis e reprodutíveis, medidas padronizadas de avaliação são consideradas condição *sine qua non*.

Huss (2011) considera a entrevista clínica o mais importante recurso, sendo o método utilizado com maior frequência na psicologia. Sugere, ainda, que seja utilizada como abordagem inicial, devido à facilidade de aplicação e à profundidade das informações que podem ser coletadas.

De acordo com esse autor, três tipos de entrevista clínica podem ser utilizados, havendo vantagens e desvantagens no uso de cada um deles em uma avaliação:

a. Entrevistas não estruturadas tendem a ser menos confiáveis ou consistentes nas informações que obtêm, uma vez que há muitas variações entre elas.
b. Entrevistas semiestruturadas configuram-se em perguntas predeterminadas por meio das quais cada entrevistador orienta sua investigação, mas também permitem alguma flexibilidade na resposta às perguntas. Apresentam maior confiabilidade em relação ao tipo anterior, uma vez que o roteiro mínimo a ser seguido garante que algumas questões sejam respondidas.
c. Entrevistas estruturadas constituem o tipo mais formal e mais rígido de entrevista clínica e mantêm um propósito específico. Caracterizam-se por perguntas direcionadas, previamente determinadas, que devem ser feitas obrigatoriamente, não sendo permitido que o entrevistador se desvie delas.

Há também consenso na literatura quanto à importância da aplicação de medidas padronizadas, como os testes psicológicos, nesse tipo de avaliação (Lewis, Simcox, & Berry, 2002). Tais medidas fornecem informações valiosas sobre a postura adotada pelo examinando durante sua execução, como o esforço e qualquer viés de resposta, e a forma da resposta relacionada com o conteúdo do item, fornecendo indícios de suas intenções por meio das respostas dadas (Hall et al., 2007).

Nesse contexto, as estratégias de detecção envolvem o uso de testes psicométricos que permitam a comparação de valores, tais como taxas de base para o grupo de simuladores (Hall et al., 2007). Apesar de já serem conhecidas na literatura sugestões para a análise clínica de simulação, avaliações estruturadas têm sido desenvolvidas, ao longo dos anos, para auxiliar no seu reconhecimento. Antes de essas avaliações especializadas estarem disponíveis, subescalas de testes psicológicos padronizados eram usadas como indicadores de atitudes de análise, tanto para simulação como para outra fraude (Huss, 2011).

De acordo com Laks, Telles, Dias e Engelhardt (2012), os testes psicológicos podem completar a avaliação de simulação ao fornecer informações importantes sobre o tipo de resposta dada pelo examinando, levando em conta o esforço utilizado e o viés dessa resposta.

A alegação de déficit de memória, por exemplo, se apresenta como a função de maior expressão de simulação de déficits cognitivos (ver Quadro 11.2). Assim, há a necessidade de se considerar o aprofundamento dos estudos sobre os instrumentos neuropsicológicos para avaliação da memória, que devem ser avaliados quanto a capacidade de detectar a simulação de prejuízos mnemônicos em diferentes contextos clínicos e forenses. Tal verificação parece inquestionável quanto a sua importância.

Em artigo que discute a prática do neuropsicólogo em avaliações nos contextos clínico e forense em seis países europeus, evidenciou-se que não há uma prática comum a respeito do uso de instrumentos de validade de sintoma. No entanto, deve-se lançar mão, em todas as avaliações, de instrumentos de validade científica que auxiliem na detecção de simulação, sendo contraindicado valer-se apenas de uma impressão subjetiva (Dandachi-FitzGerald, Ponds, & Merten, 2013).

Nesse mesmo seguimento são catalogados alguns instrumentos mais utilizados, como o Teste de Validade de Sintomas (SVT), o Teste de Simulação de Memória (TOMM) e o Teste de Rey 15-Item (FIT). Esses testes são classificados de acordo com sua maior ou menor eficácia quanto à detecção de sintomas (Dandachi-FitzGerald et al., 2013).

A validação do uso de instrumentos cognitivos na identificação de simulação tem sido substancialmente defendida por Hayes, Hilsabeck e Gouvier (2005). Para esses autores, todo instrumento de avaliação

QUADRO 11.2 • Alegação de déficits de memória em simuladores

Déficits de memória	Simuladores
Âmbito de memória e atenção preservado	Âmbito de memória e atenção deteriorado
Memória de longo prazo: Memória semântica geralmente intacta Memória episódica significativamente alterada	Memória de longo prazo: padrão exageradamente alterado
Memória autobiográfica no geral preservada	Memória autobiográfica alterada
Melhor execução em tarefas de reconhecimento do que em de recordação	Pior execução em tarefas de reconhecimento do que em de recordação
Memória implícita preservada	Memória implícita alterada
Menor distrabilidade Melhor desempenho da memória	O desempenho da memória independe dos fatores de distrabilidade

neuropsicológica tem nivelamento de dificuldades; dessa forma, mesmo indivíduos com prejuízos severos seriam capazes de realizar com algum sucesso os níveis mais elementares. No caso de um simulador, este possivelmente exibiria uma incapacidade muito além do que a prova exige.

Já autores como Gervais, Rohling, Verdes e Ford (2004) direcionam as provas para validade dos sintomas em um formato de escolha forçada. Para eles, pelo fato de esses procedimentos estarem baseados no teorema de distribuição binomial, isto é, em tarefas que exigem duas respostas possíveis, o examinado deve ser capaz de obter a resposta correta com 50% do tempo devido ao acaso, o que no caso de uma pontuação de 0% levaria à suspeita de simulação de um quadro grave.

Huss (2011) destaca a existência de instrumentos especializados, além dos neuropsicológicos, para avaliações clínicas e forenses, os quais podem ser subdivididos em dois tipos: instrumentos forenses especializados e instrumentos forenses relevantes. Os instrumentos forenses incluem medidas designadas para tratar questões legais específicas, como inimputabilidade ou capacidade para se submeter a julgamento. Entre os instrumentos, citam a Entrevista de Sintomas Relatados (SIRS), o Teste de Simulação de Problemas de Memória (TOMM) e o Inventário Multifásico Minnesota de Personalidade (MMPI-2), que é apontado como o teste psicológico mais utilizado entre os psicólogos forenses. Destaca-se, ainda, a importância de consultar arquivos e solicitar informações de terceiros, que ajudem a descartar ou identificar os processos de simulação.

Dandachi-FitzGerald e colaboradores (2013) apontam que a validade dos sintomas tem-se tornado, nos últimos anos, um aspecto importante e recorrente no que concerne ao processo de detecção de simulação e diagnóstico diferencial deste último e dos transtornos factícios e psicossomáticos.

Assim, além dos instrumentos para aferir aspectos cognitivos, o MMPI-2, destacando as duas escalas F-K e a escala faking bad como as mais utilizadas como medidas para a detecção de sintomas não confiáveis. Ainda neste escopo, Dandachi-FitzGerald e colaboradores (2013) enfatizam as escalas MMPI-2 e MMPI-A como preditoras da validade dos sintomas para auxílio na detecção de casos de simulação.

Além dessas escalas, fazem parte desse processo medidas qualitativas. Como métodos mais utilizados nesse sentido, encontram-se as discrepâncias entre os registros, autorrelato e comportamento observado; gravidade do comprometimento cognitivo inconsistente com o estado; e um padrão de enfraquecimento cognitivo inconsistente com a condição (Dandachi-FitzGerald et al., 2013).

O MMPI, concebido como uma medida geral de psicopatologia, constituído de 567 itens, de autorrelato, citado por diversos autores como instrumento para avaliação de simulação no âmbito forense, é capaz de detectar respostas enviesadas por meio de suas escalas de validade. Esse instrumento conta com três escalas originais que podem auxiliar no processo de detecção de simulação (McDermott, 2012):

1. *Lie* (L) (mentira) *Scale*
2. *Infrequency* (inconsistência) (F) *Scale*
3. *Defensiveness* (defensividade) (K) *Scale*

Outra escala citada é a SIRS (Green, Rosenfeld, Dole, Pivovarova, & Zapf, 2008), que consiste em 172 perguntas que avaliam se um indivíduo está fingindo ou exagerando sintomas de uma doença mental. A administração é feita por meio de uma entrevista estruturada, na qual é dito ao examinando que ele deve responder a cada uma das perguntas com uma resposta do tipo sim ou não (Huss, 2011). Essa escala foi considerada padrão-ouro de avaliação de simulação, mas não foi encontrada disponível para uso no contexto brasileiro, por não estar traduzida nem validada (Green et al., 2008).

CONSIDERAÇÕES FINAIS

O escopo da avaliação neuropsicológica, em sua essência, é o de estabelecer e delinear o perfil cognitivo, sendo capaz de identificar a extensão e a gravidade do déficit, bem como de estabelecer os comprometimentos e os recursos preservados em determinada pessoa.

No entanto, o profissional, tão ávido ao processo diagnóstico como forma primária para se estabelecer um plano de intervenção, pode se deparar, como visto neste capítulo, com pessoas que, embora relatem e até apresentem sintomas, de fato não os têm, ou seja, simulam.

Simular significa fazer aparecer como real uma coisa que não o é, fingir.

No âmbito da saúde, simular significa relatar e representar sintomas de uma determinada patologia, física ou mental.

Serafim e Saffi (2012) ressaltam ainda que, diante desses aspectos, cabe ao profissional, durante uma avaliação, examinar não só a manifestação dos sintomas como também uma série de aspectos que irão auxiliá-lo na compreensão sobre o caso, a fim de considerar ou descartar a possibilidade de simulação.

Assim, a verificação da possível presença de ganho significativo externo, bem como a evidência a partir das entrevistas clínicas, dos testes neuropsicológicos e do autorrelato do examinando, representam critérios a serem adotados durante uma avaliação. Essa postura requer do profissional formação sólida em psicopatologia, personalidade e técnicas de investigação diagnóstica em psicologia e neuropsicologia. E, entre essas técnicas, a entrevista clínica se configura como soberana.

Isso nos leva a pensar que identificar simulação é uma tarefa difícil, porém necessária, e a enfatizar o quão necessário é o crescimento dessa área, não só em relação a medidas padronizadas, a fim de que, por meio desses estudos, possam ser adaptados e validados instrumentos ao contexto brasileiro, que corroborem e aumentem a confiabilidade das avaliações, mas também em termos de produções científicas, pois, apesar de a literatura internacional apresentar ampla gama de publicações, ainda é preciso difundir esses recursos na realidade brasileira.

REFERÊNCIAS

American Psychiatric Association (APA). (2013). *Diagnostic and statistical manual of mental disorders: DSM-5*. Washington: APA.

Barros, D. M. (2008). *O que é psiquiatria forense?* São Paulo: Brasiliense.

Bass, C., & Halligan, P. (2014). Factitious disorders and malingering: Challenges for clinical assessment and management. *The Lancet, 383*(9926), 1422-1432.

Chafetz, M., & Underhill, J. (2013). Estimated costs of malingered disability. *Archives of Clinical Neuropsychology, 28*(7), 633-639.

Cornell, D. G., & Hawk, G. L. (1989). Clinical presentation of malingerers diagnosed by experienced forensic psychologists. *Law and Human Behavior, 13*(4), 375-383.

Dandachi-FitzGerald, B., Ponds, R. W., & Merten, T. (2013). Symptom validity and neuropsychological assessment: A survey of practices and beliefs of neuropsychologists in six European countries. *Archives of Clinical Neuropsychology, 28*(8), 771-783.

Fuentes, D., Malloy-Diniz, L. F., Camargo, C. P., & Consenza, R. M. (Orgs.) (2008). *Neuropsicologia: Teoria e prática* (Cap. 1, pp. 15-19). Porto Alegre: Artmed.

Garcia, J. A. (1979). Simulação e dissimulação de sintomas mentais. In J. A. Garcia, *Psicopatologia forense: Para médicos, advogados e estudantes de medicina e direito* (3. ed. rev. atual., Cap. 27, pp. 505-523). Rio de Janeiro: Forense.

García-Domingo, G., Negredo-López, L., & Fernández-Guinea, S. (2004). Evaluación de la simulación de problemas de memoria dentro del ámbito legal y forense. *Revista de Neurología, 38*(8), 766-774.

Gervais, R. O., Rohling, M. L., Green, P., & Ford, W. (2004). A comparison of WMT, CARB, and TOMM failure rates in non-head injury disability claimants. *Archives of Clinical Neuropsychology, 19*(4), 475-487.

Green, D., Rosenfeld, B., Dole, T., Pivovarova, E., & Zapf, P. A. (2008). Validation of an abbreviated version of the structured interview of reported symptoms in outpatient psychiatric and community settings. *Law and Human Behavior, 32*(2), 177-186.

Gudjonsson, G. H., & Haward, L. R. C. (2003). Psychological testing: Malingering and 'Faking Bad' In G. H. Gudjonsson, & L. R. C. Haward, *Forensic psychology: A guide to practice* (Cap. 6, pp. 79-99). New York: Routledge.

Hall, H. V., Thompson, J. S., & Poirier, J. G. (2007). Detecting deception in neuropsychological cases: Toward an applied model. *The Forensic Examiner, 16*(3), 7-15.

Hayes, J. S., Hilsabeck, R. C., & Gouvier, W. D. (2005). Malingering traumatic brain injury: Current issues and caveats in assessment and classification. In R. R. Varney (Eds.), *Neurobehavioral dysfunction following mild head injury: Mechanisms, evaluation, and treatment* (pp. 249-289). Hillsdale: Lawrence Erlbaum.

Huss, M. T. (2011). Avaliação tratamento e consultoria em forense. In M. T. Huss, *Psicologia forense: Pesquisa, prática clínica e aplicações* (Cap. 2, pp. 41-59). Porto Alegre: Artmed.

Knoll, J., & Resnick, P. J. (2006). The detection of malingered post-traumatic stress disorder. *The Psychiatric Clinics of North America, 29*(3), 629-647.

Laks, J., Telles, L. L., Dias, L., & Engelhardt, E. (2012). Exames e avaliações complementares em psiquiatria forense. In J. G. V. Taborda, E. Abdalla-Filho, & M. Chalub, *Psiquiatria forense* (2. ed., Cap. 4, pp. 83-94). Porto Alegre: Artmed.

Lewis, J. L., Simcox, A. M., & Berry, D. T. (2002). Screening for feigned psychiatric symptoms in a forensic sample by using the MMPI-2 and the structured inventory of malingered symptomatology. *Psychological Assessment, 14*(2), 170-176.

McDermott, B. E. (2012). Psychological testing and the assessment of malingering. *The Psychiatric Clinics of North America, 35*(4), 855-876.

McDermott, B. E., Leamon, M. H., Feldman, M. D., & Scott, C. L. (2012). Transtorno factício e simulação. In R. E. Hales, S. C. Yudofsky, & G. O. Gabbard, *Tratado de psiquiatria clínica* (5. ed., Cap. 14, pp. 675-696). Porto Alegre: Artmed.

Meleiro, A. M. A. S., & Santos, M. C. E. A. (2003). Simulação: Um desafio diagnóstico In S. P. Rigonatti (Coord.), *Temas em psiquiatria forense e psicologia jurídica* (Cap. 13, pp. 211-227). São Paulo: Vetor.

Morgan, C. T. (1956). *Introduction to psychology*. New York: McGraw-Hill, 1956.

Organização Mundial da Saúde (OMS). (1993). *Classificação de transtornos mentais e de comportamento da CID-10: Descrições clínicas e diretrizes diagnósticas*. Porto Alegre: Artmed.

Resnick, P. J. (2006). Malingering of psychiatric symptoms. *Primary Psychiatry, 13*(6), 35-38.

Resnick, P. J. (2007). My favorite tips for detecting malingering and violence risk. *The Psychiatric Clinics of North America, 30*(2), 227-232.

Rogers, R. (1990). Models of feigned mental illness. *Professional Psychology: Research and Practice, 21*(3), 182-188.

Rogers, R., Salekin, R. T., Sewell, K. W., Goldstein, A., & Leonard, K. (1998). A comparison of forensic and nonforensic malingerers: A prototypical analysis of explanatory models. *Law and Human Behavior, 22*(4), 353-367.

Rogers, R., Vitacco, M. J., & Kurus, S. J. (2010). Assessment of malingering with repeat forensic evaluations: Patient variability and possible misclassification on the SIRS and other feigning measures. *The Journal of the American Academy of Psychiatry and the Law, 38*(1), 109-114.

Saffi, F., Valim, A. C. V., & Barros, D. M. (2011). Avaliação psiquiátrica e psicológica nas diversas áreas do direito. In E. C. Miguel, V. Gentil, & W. F. Gattaz, *Clínica psiquiátrica* (Vol. 2, Cap. 161, pp. 2201-2212). Barueri: Manole.

Serafim, A. P., & Saffi, F. (2012). A perícia psicológica. In A. P. Serafim, & F. Saffi, *Psicologia e práticas forenses* (Cap. 4, pp. 61-76). Barueri: Manole.

Serafim, A. P., & Saffi, F. (Orgs.) (2015). *Neuropsicologia forense*. Porto Alegre: Artmed, 2015.

Taborda, G. G. V., & Barros, A. J. S. (2012). Simulação. In G. G. V. Taborda, E. Abdalla-Filho, & M. Chalub, *Psiquiatria forense* (2. ed., pp. 469-483). Porto Alegre: Artmed.

Como elaborar um laudo em neuropsicologia

RENATA KOCHHANN
HOSANA ALVES GONÇALVES
NICOLLE ZIMMERMANN
ROCHELE PAZ FONSECA

O laudo neuropsicológico é a finalização de um complexo e rico processo de avaliação neuropsicológica, quando o conteúdo desta é relatado desde o motivo do encaminhamento até as conclusões realizadas. É o registro, a memória do exame neuropsicológico, que pode ser consultado pelo próprio paciente e seus familiares, sendo, portanto, um importante instrumento psicoeducativo. Sua finalidade principal é ser apresentado a diferentes profissionais, em geral da área da saúde ou da educação, que são a fonte encaminhadora ou membros da equipe que atende o indivíduo avaliado.

Neste capítulo, serão apresentados aspectos práticos e éticos da elaboração de laudos neuropsicológicos, bem como os principais erros cometidos nesse processo. Além da exposição de uma proposta de laudo clínico, serão também apresentadas particularidades de três tipos de laudos em diferentes contextos (escolar, forense e hospitalar).

Embora não exista um formato fixo consensual do laudo neuropsicológico, orientações podem ser encontradas em obras clássicas, como em Hebben e Milberg (2010b) e em Strauss, Sherman e Spreen (2006) e, ainda, surpreendentemente, em poucos artigos, como em Jurado e Pueyo (2012) e em Tzotzoli (2012). Basicamente, o neuropsicólogo deverá reportar os achados de todos os procedimentos e instrumentos utilizados, assim como sugerir recomendações compatíveis com o caso avaliado. No entanto, antes de iniciar a escrita do laudo, o neuropsicólogo deverá planejar a estrutura do documento a ser seguida, que, em geral, pode ser sempre a mesma, cujo conteúdo em cada seção deve ser adaptado conforme sua finalidade. Por exemplo, se a avaliação é para fins jurídicos (área forense), esse documento será mais detalhado, conforme especificado mais adiante na seção sobre particularidades de diferentes tipos de laudo.

Outra característica importante a ser levada em consideração é a existência de recomendações legais provenientes dos conselhos profissionais. Por exemplo, o Conselho Federal de Psicologia (CFP, 2003) publicou a Resolução nº 007/2003, que institui o Manual de Elaboração de Documentos Escritos produzidos pelos psicólogos. O CFP orienta que no laudo devem ser relatados os dados do encaminhamento, as intervenções realizadas, o possível diagnóstico, o provável prognóstico e a evolução do caso, as orientações e as sugestões terapêuticas. A estrutura desse documento deve conter os dados de identificação, a descrição da demanda, os procedimentos realizados, a análise e a conclusão dos resultados contextualizados ao caso.

Ademais, a estrutura do laudo dependerá de sua finalidade principal e do processo de avaliação neuropsicológica conduzido: por um psicólogo (exame das funções cognitivas para fins diagnósticos, prognósticos e terapêuticos em relação à saúde emocional), por um médico neurologista (saúde neurológica, com acompanhamento de intervenções medicamentosa e/ou cirúrgica) ou psiquiatra (saúde emocional e acompanhamento medicamentoso), por um fonoaudiólogo (saúde comunicativa), e assim por diante, conforme as possibilidades interdisciplinares da neuropsicologia como uma área das neurociências (Haase et al., 2012).

Além dos modelos de guias que orientam a elaboração de laudos neuropsicológicos, estudos empíricos e de revisão teórica vêm colaborando para o aprimoramento dessa prática. Na medida em que mais aplicações da avaliação neuropsicológica em diferentes contextos e com diferentes objetivos são observadas, as demandas por esse processo avaliativo aumentam, e, consequentemente, melhorias nos laudos são necessárias para que esse documento corresponda às expectativas de quem contrata ou solicita esse serviço.

Assim, um tema frequentemente estudado é a utilidade e a aplicação dos achados do laudo neuropsicológico para a vida dos indivíduos. Nessa perspectiva, profissionais da área da educação alertaram para um cuidado a se ter na avaliação neuropsicológica quanto a sua compreensibilidade e aplicabilidade real. Referiram que essa avaliação tende a ter um caráter clínico e pouco aplicado ao ambiente escolar, à aprendizagem e à individualidade de cada caso. Revelaram, ainda, não conseguir utilizar os achados da avaliação para as decisões do planejamento educacional dos alunos. Como tentativa de solução, alguns autores propuseram um "documento-ponte" a ser elaborado pelo neuropsicólogo. Esse documento visa organizar e apresentar informações da avaliação de forma diferente, sem adicionar a descrição dos instrumentos ou das técnicas ao processo. No entanto, os autores enfatizam a utilidade do acompanhamento de um profissional da educação na elaboração do documento, o que tem implicações éticas, técnicas e financeiras importantes (Kanne, Randolph, & Farmer, 2008).

Ainda no contexto educacional, uma pesquisa indicou que professores preferem laudos divididos por temas em vez de por testes, com uma linguagem não técnica (Pelco, Ward, Coleman, & Young, 2009). No entanto, existem críticas quanto à organização de laudos por domínios cognitivos ou temas (Russell, 2012):

a. quase todos os testes neuropsicológicos envolvem mais de um, ou vários, domínio cognitivo
b. os domínios descritos em um laudo podem ser vagos, pois não são utilizados de fato na avaliação, sendo esta conduzida por instrumentos que operacionalizam esses domínios
c. pode criar uma falsa impressão sobre o que os testes estão medindo e sobre os conhecimentos dos neuropsicólogos

Sugere-se, então, que o laudo seja estruturado com resultados por agrupamento de técnicas e por instrumento, mas com conclusões por domínio cognitivo, a partir de uma análise comparativa entre tarefas e entre subprocessos neurocognitivos, um dos procedimentos mais importantes da avaliação neuropsicológica (Fonseca et al., 2012).

No contexto médico de atendimento, um estudo norte-americano investigou a opinião de outros profissionais sobre um serviço de neuropsicologia para veteranos. As partes consideradas mais importantes foram o resumo e as impressões finais baseadas na interpretação dos testes. A longa extensão do laudo foi um fator citado como um empecilho para o encontro das informações relevantes (Hilsabeck, Hietpas, & McCoy, 2014).

Os estudos citados apontam algumas reflexões para a decisão da estrutura, do conteúdo e da extensão do laudo neuropsicológico. No entanto, o ponto soberano que deve embasar a tomada de decisão de escrita pelo neuropsicólogo é o objetivo da avaliação solicitada (Jurado & Pueyo, 2012; Strauss et al., 2006). Portanto, é necessário que a escrita desse documento seja muito bem elaborada, a fim de que ele possa ser útil aos demais profissionais envolvidos no atendimento do paciente, ao próprio paciente e a seus familiares.

PROPOSTA DE LAUDO NEUROPSICOLÓGICO

Neste capítulo, sugere-se que a estrutura básica de forma e de conteúdo do laudo neuropsicológico em um contexto clínico seja norteada por seções. No Quadro 12.1 são enumeradas as seções básicas, e no texto a seguir são apresentados os detalhamentos de cada seção.

Cabeçalho

No cabeçalho deve estar o título do documento. Ele servirá para que quem o receba identifique de que tipo de avaliação se trata

QUADRO 12.1 • Seções de um laudo neuropsicológico

Seção	Conteúdo
1. Cabeçalho	Título da avaliação (avaliação ou reavaliação neuropsicológica) e apresentação do profissional responsável.
2. Introdução	Informações introdutórias indicando a fonte e o(s) motivo(s) do encaminhamento ou da procura pela avaliação.
3. Identificação do paciente	Nome completo do paciente; idade; sexo; lateralidade manual; anos de escolaridade; nome do(s) informante(s) (quando houver); ocupação atual.
4. História pregressa e atual do paciente	Baseada na entrevista de anamnese realizada durante a avaliação e em entrevistas com informantes, além de na consulta a avaliações prévias de saúde e educacionais/laborais.
5. Procedimentos e instrumentos utilizados na avaliação	Dados de entrevistas com informantes; observações durante toda a avaliação; técnicas principais e complementares.
6. Resultados da avaliação neuropsicológica	Descrição dos escores dos testes, sendo apresentados os achados quantitativos e qualitativos.
7. Síntese dos resultados, conclusões e impressões	Última seção de conteúdo propriamente dito; tem por objetivo apresentar a(s) hipótese(s) diagnóstica(s) neuropsicológica(s).
8. Sugestões de encaminhamento e intervenção	Deve incluir orientações de manejo, de mudanças de hábitos, encaminhamentos para avaliações complementares ou intervenções e se há necessidade de reavaliação.
9. Data da realização do laudo	Informação que serve de orientação em relação ao período em que a avaliação foi realizada.
10. Assinatura	Assinatura do clínico que conduziu a avaliação; é sugerido que as outras laudas sejam rubricadas.

– primeira ou reavaliação de acompanhamento da evolução do quadro clínico ou de resposta a intervenções (comportamentais – psicoterapia ou reabilitação neurocognitiva, medicamentosa e/ou cirúrgica). Nesse mesmo espaço, inclui-se a breve apresentação do avaliador. Nela, deve constar, principalmente, o nome do profissional e seu número de registro no Conselho que regulamenta sua profissão. Essa apresentação pode estar em formato de texto ou de logotipos representando clínicas ou outras instituições às quais o avaliador está vinculado, ou mesmo logomarcas individuais.

Introdução

Nessa seção, apresentam-se brevemente algumas informações introdutórias do laudo neuropsicológico. Deve-se indicar a fonte e o(s) motivo(s) do encaminhamento ou da procura pela avaliação. Isso serve para focar o relatório e clarificar o motivo pelo qual a avaliação foi conduzida e quem realizou o requerimento. Assim, em geral há três fontes principais:

1. outro profissional que atende o paciente, sendo os mais tradicionais médicos neurologistas, psiquiatras ou geriatras, com demandas de diagnóstico modal-funcional, ou seja, quais habilidades cognitivas foram menos e mais estimuladas ao longo da vida ou estão deficitárias ou preservadas, ou, ainda, de prognóstico terapêutico (se medicações estão apresentando o efeito esperado e em que nível funcional, por exemplo); e psicólogos psicoterapeutas, com necessidades de diagnóstico cognitivo de base, ou para verificar efeitos da psicoterapia ou, até mesmo, explicações cognitivas para eventuais platôs de avanços terapêuticos
2. equipe educacional, que, em geral, encaminha crianças ou adolescentes com dificuldades de aprendizagem e/ou comportamentais, ou, mais recentemente, para terem uma avaliação cognitiva de base para acompanhamento
3. procura pelo próprio paciente ou por sua família, quando têm a demanda de conhecimento de suas funções cognitivas e de verificação da possibilidade e da necessidade de aprimorá-las perante suas necessidades educacionais, laborais ou sociais (p. ex., pacientes que relatam alta frequência de esquecimentos que prejudicam o desempenho em seu cargo na empresa em que trabalham, necessitando verificar se realmente são uma dificuldade e como podem melhorar suas memórias)

Com base nessa demanda inicial, o profissional registra os objetivos de sua avaliação (p. ex, investigar o funcionamento cognitivo em geral, para auxiliar no diagnóstico diferencial de demência frontotemporal *versus* depressão). É muito importante que o motivo seja apresentado na visão da fonte encaminhadora, mas também na do indivíduo avaliado (Jurado & Pueyo, 2012). Deve-se, ainda, incluir o período da avaliação (data de início e de término da avaliação) e o número de sessões, pois esse dado pode servir como indicativo da velocidade de processamento do paciente. Isso é possível porque, pela descrição da bateria de instrumentos utilizados, pode-se estimar o tempo da avaliação considerando o que a média das pessoas da mesma faixa etária e nível de instrução necessitaria para realizá-la.

Considerando o efeito que alguns fármacos exercem na cognição, deve-se mencionar se o processo de avaliação foi conduzido sob uso de medicação e, se sim, para quais fins. Dessa forma, nota-se o quão importante é especificar as condições em que a avaliação foi conduzida, na medida em que fatores individuais e ambientais podem ter efeito sobre os processamentos cognitivos examinados, quando observados sinais que possam comprometer os resultados (p. ex., características sonoras da sala de atendimento – sob ou sem ruídos; nível de sonolência por seção ou por instrumento; nível de consciência, de aceitação e de motivação para os objetivos e as necessidades da avaliação neuropsicológica).

Identificação do paciente

Nessa seção, dados que identifiquem alguns fatores individuais e socioculturais do paciente devem ser apresentados em forma de itens ou de texto – nome completo do paciente; idade com a respectiva data de nascimento (em caso de avaliações conduzidas com crianças, sugere-se apresentar a idade em anos e meses – p. ex., 9 anos e 6 meses); sexo; lateralidade manual; anos de escolaridade (em anos e em faixa educacional, devido à consulta a tabelas normativas quando se usam instrumentos neuropsicológicos padronizados); nome do(s) informante(s) (quando houver) com respectivo grau de parentesco ou tipo de relacionamento (p. ex., cuidadora, chefe, etc.); ocupação atual do paciente adulto ou dos pais/cuidadores parentais, quando criança/adolescente.

História pregressa e atual do paciente

Essa seção, que pode ser apresentada separadamente no início do laudo, ou como breve relato na seção de resultados – técnicas de observação e de entrevistas clínicas –, fornece o contexto para a interpretação dos resultados das técnicas utilizadas e para as conclusões e recomendações apresentadas ao fim do documento. Ela é baseada na entrevista de anamnese realizada durante a avaliação, em entrevistas com informantes para a busca de informações complementares, além de na consulta a avaliações prévias, tanto neuropsicológicas quanto de saúde e educacionais/laborais.

Sugere-se que essa seção contenha informações relacionadas à história pessoal e à história clínica familiar pertinente ao caso; ou seja, a relevância das informações pode variar de acordo com o contexto e a demanda da avaliação. Por exemplo, não é necessário descrever a história escolar de um paciente idoso com demanda para diagnóstico de possível demência; nesse caso, a descrição dos anos de escolaridade e da história de ocupação e de convivência social do paciente é, em geral, suficiente. Tradicionalmente, são inclusos dados do nascimento, marcos desenvolvimentais, níveis de escolaridade e história escolar, história ocupacional, uso de álcool e outras drogas, história familiar de apresentação de comportamentos semelhantes à(s) queixa(s)-alvo da avaliação, história legal, situação familiar e de moradia e relacionamentos interpessoais. Enfim, quaisquer dados que sejam importantes para um panorama do *continuum* de aprendizagem e de estimulação cognitiva *versus* relação deste com fatores clínicos, individuais (biológicos) e socioculturais (ambientais) do paciente devem poder ser consultados nessa seção. Podem ser descritos outros tratamentos, diagnósticos e/ou uso de medicações prévias ou atuais.

Ademais, deve-se incluir uma descrição das queixas e preocupações atuais do paciente ou dos familiares. Essas queixas podem ser relativas ao funcionamento físico, cognitivo, emocional, ao impacto dos sintomas ou das queixas na vida diária e à severidade, à duração e ao início dos sintomas.

Procedimentos e instrumentos utilizados na avaliação

Recomenda-se que essa seção seja escrita em forma de texto ou de itens, com a numeração correspondente por técnica ou grupos de técnicas, sendo que essa numeração será igualmente adotada nos resultados.

Dados de entrevistas com informantes

Nessa seção, serão inclusos os dados obtidos nas entrevistas realizadas com familiares, professores, chefes, entre outros informantes. Dados colhidos de pais e professores são comuns na avaliação de crianças, enquanto as informações de familiares ou pessoas do convívio são fundamentais na avaliação de adultos/idosos.

Informantes devem ser consultados sempre que for necessário, principalmente em casos em que as informações do próprio paciente podem não ser corretas devido a um transtorno neurológico, como o quadro de anosognosia, por exemplo. Informações de terceiros podem ser fundamentais para o diagnóstico, para determinar o quanto aquela condição ocorre em uma situação específica ou é generalizada (p. ex., o transtorno de déficit de atenção/hiperatividade). Assim, no laudo, todos os informantes devem ser especificados por seu grau de relação com o paciente, assim como se foram entrevistados pessoalmente ou por escrito.

Essas entrevistas podem ocorrer de maneira presencial ou por meio de questionários enviados aos informantes. Nesse tipo de instrumento, geralmente o informante responderá questões específicas, de interesse do avaliador, e terá um espaço para relatar outras informações sobre o caso. Assim, os dados obtidos por meio dessas ferramentas e que forem relevantes devem ser apresentados no laudo. Recomenda-se que as entrevistas sejam realizadas com o maior número de informantes possível e necessário para o delineamento do caso, da queixa e das condições cognitivas diárias associadas à realidade do paciente. Informações obtidas nas entrevistas relacionadas ao estado emocional do paciente e ao impacto dos sintomas ou das queixas nas atividades de vida diária deverão ser incluídas. Esses dados podem modificar a interpretação dos resultados, assim como as recomendações desses provenientes.

É importante analisar possíveis discrepâncias entre a queixa do paciente e dos familiares. Em alguns casos, como em pacientes com demência ou em crianças, pode haver diminuição da consciência da doença, e, por isso, o relato de ambas as fontes deverá ser considerado (Strauss et al., 2006).

Observações durante toda a avaliação

O comportamento do paciente durante o período de avaliação pode oferecer informações sobre seu dia a dia, o que é provável que tenha relação com seu funcionamento neuropsicológico. A aparência, a pontualidade, a cooperação, o vínculo com o avaliador, a compreensão de instruções, a recordação de sessões prévias, o contato visual e o nível atencional devem ser observados durante a avaliação e relatados no laudo sempre que necessário, para o melhor entendimento do caso.

Além disso, devem ser relatados comportamentos significativos do início ao fim da sessão ou do processo total de avaliação. Por exemplo, descreve-se o efeito da fadiga, da velocidade de processamento, dos intervalos e/ou das alternâncias na motivação e do controle emocional ao serem identificadas possíveis dificuldades na realização de algumas tarefas. O registro desses comportamentos pode ser importante para a compreensão do desempenho do paciente avaliado. Mudanças importantes durante o curso da avaliação devem ser cuidadosamente documentadas porque podem afetar a validade do resultado dos instrumentos padronizados, assim como das técnicas não padronizadas (Lezak, Howieson, Bigler, & Tranel, 2012) – por exemplo, "os resultados dos testes podem subestimar as habilidades do paciente, que estava com cefaleia no dia da terceira sessão de avaliação (técnicas especificadas utilizadas nessa sessão)". Da mesma forma, reportam-se aquelas situações em que foi necessário prolongar o tempo de avaliação em função de imprevistos de saúde do paciente, por exemplo.

Técnicas principais e complementares

Nessa seção, deve constar a lista completa de todos os instrumentos administrados durante a avaliação do paciente: instrumentos padronizados (conhecidos como testes), tarefas clínicas, tarefas ecológicas, escalas funcionais e/ou inventários para avaliação da funcionalidade que reflitam questões mais próximas do cotidiano. As tarefas ecológicas devem ser unidas, para que se consiga obter o melhor "simulado cognitivo" cotidiano possível, que tornará viável a interpretação entre tarefas, entre procedimentos ou entre processos cognitivos, sendo que essa interpretação dependerá da experiência teórica e técnica, do *background*, do neuropsicólogo (Fonseca et al., 2012).

A apresentação do nome do instrumento e de alguma descrição do procedimento, incluindo para quais funções e subprocessos cognitivos foram utilizados, facilitará a compreensão de quem solicitou a avaliação. Ainda, se em algum momento posterior o paciente necessitar de reavaliação, os mesmos procedimentos poderão ser utilizados por outro profissional. É importante que sejam descritas as referências bibliográficas das técnicas (citações originais e da versão para o Brasil utilizada), em função da variabilidade das versões dos testes e das normas disponíveis. Como exemplo, cita-se a utilização do Teste de Aprendizagem Auditivo-verbal de Rey (Malloy-Diniz, Cruz, Torres, & Cosenza, 2000) na avaliação da memória episódica verbal. A utilização desse instrumento permite a avaliação da curva de aprendizagem, da memória recente e tardia, das interferências pró e retroativas, da velocidade de esquecimento e do reconhecimento.

O neuropsicólogo deve utilizar técnicas que sejam adequadas aos diferentes perfis e populações que demandam avaliação (Lezak et al., 2012). Por exemplo, um teste de ditado de palavras pode ter estrutura variada e diferente acurácia diagnóstica de acordo com a população-alvo para a qual o teste foi desenvolvido. Dessa forma, os testes neuropsicológicos que avaliam um mesmo construto podem ter utilidade limitada para diferentes populações clínicas. Nesse ponto, está a complexidade e a alta demanda do uso de diferentes instrumentos neuropsicológicos, a qual ainda não é suficientemente suprida no Brasil.

Resultados da avaliação neuropsicológica

Essa seção é considerada a mais técnica do laudo. Devem ser apresentados os achados quantitativos com resultados em escores brutos, percentuais, ponderados, padronizados (Z), entre outros, acompanhados de uma análise qualitativa de erros e de estratégias, assim como da interpretação dos escores quanto ao seu nível de déficit ou de preservação/habilidades mais desenvolvidas em comparação ao desempenho normativo ou ao padrão prévio ou atual do próprio paciente (Lezak et al., 2012).

Descrição dos escores dos testes

Incluir os escores brutos e padronizados nos laudos fornece informações mais precisas ao leitor e permite que no futuro outros profissionais possam avaliar as mudanças de forma mais acurada. Além disso, por meio dos escores brutos e padronizados é possível que o profissional que atenderá o paciente em reabilitação ou estimulação preventiva tenha um ponto de partida quanto ao nível de dificuldade e complexidade dos estímulos a serem utilizados. Assim, esse formato torna o laudo mais útil para o atendimento do paciente e auxilia equipes multidisciplinares que acompanham nossos clientes.

Os resultados quantitativos, seguidos de sua interpretação qualitativa, podem ser descritos em forma de texto ou em tabelas, acompanhados por gráficos, sempre que a visualização facilitar a compreensão de sua interpretação. Assim, por exemplo, para as interpretações conclusivas da hipótese diagnóstica neurocognitiva, devem ser incluídas as descrições de associações e dissociações cognitivas encontradas e dos possíveis déficits primários e secundários.

Ainda, escalas de inteligência podem ser utilizadas com aplicabilidade neuropsicológica. Nesse caso, em vez da obtenção do quoeficiente intelectual (QI), é realizada a investigação dos processos cognitivos subjacentes à realização de cada subteste, da relação entre índices fatoriais e entre subtestes. As escalas de inteligência tradicionalmente usadas no Brasil não foram desenvolvidas para fins neuropsicológicos primários, mas apresentam ótima aplicabilidade para o raciocínio clínico neuropsicológico se baseadas em profunda interpretação da neuropsicologia cognitiva e clínica (Fonseca, Zimmermann, Bez, Willhelm, & Bakos, 2011).

Síntese dos resultados, conclusões e impressões

Essa última seção de conteúdo propriamente dito tem por objetivo apresentar a(s) hipótese(s) diagnóstica(s) neuropsicológica(s), isto é, o diagnóstico modal-funcional de dificuldades e facilidades cognitivas em relação a fatores individuais, socioculturais e clínicos, em busca de explicações quanto à provável origem cognitiva da queixa.

Deve-se considerar todas as informações coletadas na avaliação e cruzá-las, relacionando os achados de todas as fontes de técnicas aplicadas desde a observação até escores de instrumentos padronizados quanto a um mesmo grupo funcional cognitivo (p. ex., atenção concentrada focalizada ou flexibilidade cognitiva). Busca-se, assim, traçar um panorama das associações e/ou dissociações de dados que possa explicar o funcionamento cognitivo do paciente. Por exemplo, mesmo que todos os achados quantitativos estejam acima das referências normativas (pontos de corte ou de alerta), pode haver desempenhos mais abaixo do esperado para o próprio padrão cognitivo do paciente, explicando sua(s) queixa(s) de falha no cotidiano quanto aos processos cognitivos examinados.

Sugere-se, portanto, a descrição de uma conclusão ou síntese diagnóstica que inclua as dissociações cognitivas (quais os domínios cognitivos preservados [começando pelo mais positivo, tanto quantitativo quanto qualitativo] e os prejudicados) e a relação com etiologias (quadros de base, história de estimulação cognitiva, variáveis socioculturais *versus* individuais, medicações em uso, nível funcional do paciente). Em muitas situações, um diagnóstico médico não poderá ser estabelecido, como nos casos das demências, em que deve vir acompanhado de uma avaliação médica e clínica. Portanto, somente um possível diagnóstico poderá ser sugerido, considerando o funcionamento cognitivo já conhecido de algumas patologias, salientando-se que não há consenso sobre sinais patognomônicos neuropsicológicos para cada quadro, mas é conhecida a contribuição da avaliação neuropsicológica para a conclusão clínica de um diagnóstico. O papel do laudo neuropsicológico é caracterizar a dinâmica das funções cognitivas subjacente à(s) queixa(s) e/ou ao(s) sintoma(s) clínico(s). Esses dados devem ser somados à avaliação médica para um diagnóstico clínico final.

Os resultados da investigação dos déficits cognitivos, comunicativos e comportamentais visam fornecer subsídios para a equipe de profissionais (podendo ser uma equipe médica, por exemplo) que atende o paciente em termos de diagnóstico e prognóstico. Assim, o relatório da avaliação neuropsicológica deve ter dados suficientes para sustentar as recomendações e condutas que devem ser tomadas pelas partes envolvidas a partir dos resultados.

Sugestões de encaminhamento e intervenção

Em muitos casos, as recomendações são a parte mais importante e a mais negligenciada nos laudos neuropsicológicos (Jurado & Pueyo, 2012). Assim, deve-se incluir orientações de manejo, de mudanças de hábitos, em busca de maior estimulação cognitiva ambiental e de formação de reserva cognitiva (quanto ao sono, à frequência de leitura e de escrita, à distribuição de horas de lazer *versus* tarefas com maior demanda cognitiva, entre outras), encaminhamentos como avaliações complementares ou intervenções (p. ex., reabilitação) e se há necessidade de reavaliação (nesse caso, sugerir dentro de determinado intervalo de tempo). Nesse espaço, é possível sugerir as funções cognitivas que requerem mais atenção dos profissionais que promoverão a intervenção com o paciente em questão; por exemplo, é possível apontar quais habilidades precisam ser mais bem estimuladas.

Data da realização do laudo

Essa informação sempre deve estar presente, pois serve de orientação em relação ao período em que a avaliação foi realizada. Tal dado é fundamental para reavaliações em estudos de acompanhamento pré e pós-intervenções comportamentais e/ou medicamentosas e/ou cirúrgicas, ou de possíveis diagnósticos de quadros progressivos, como tumores e demências.

Assinatura

No fim do laudo, deve constar a assinatura do clínico que conduziu a avaliação. Além desta, é sugerido que as outras laudas sejam rubricadas.

ASPECTOS PRÁTICOS E ÉTICOS NA ELABORAÇÃO DO LAUDO NEUROPSICOLÓGICO

Quanto à linguagem utilizada, recomenda-se que seja o mais clara e simples possível, adaptada aos destinatários do laudo (Strauss et al., 2006). Na medida em que o laudo, em geral, é lido pelos profissionais da fonte encaminhadora, mas também pelos familiares e próprios pacientes, sugere-se que termos técnicos sejam utilizados sucedidos, quando necessário, por explicações com termos de ampla compreensão. Por exemplo, após relatar que o indivíduo examinado apresenta dificuldades de memória de trabalho/operacional, colocar "ou seja, de realizar duas ou mais tarefas/atividades ao mesmo tempo que usem informações de dois ou mais sistemas de armazenamento/memórias".

A escrita deve ser cuidadosa, evitando-se afirmações sem fundamentação (p. ex., sem indícios factuais ou que não possam ser justificados pela literatura), palavras que minimizem o indivíduo (p. ex., "pobre") e termos com conotações negativas (como "lesado", "demente", "retardado", "amnésico", "incapacitado", "afásico"), e o paciente deve ser referido pelo nome, em vez de por "o(a) paciente" (Hebben & Milberg, 2010a).

Os procedimentos de aplicação e de pontuação dos instrumentos devem ser bem compreendidos antes de serem utilizados e apresentados no laudo. O uso de gírias/jargões deve ser evitado. Somente as informações pertinentes para a avaliação devem ser relatadas, sendo que dados irrelevantes ou redundantes para a compreensão do caso clínico devem ser evitados (Hebben & Milberg, 2010a; Strauss et al., 2006). O laudo não deve conter um estilo de registro de prontuários ou de relato de caso clínico feito para uso privado do neuropsicólogo.

No que diz respeito à extensão do laudo, este deve ser o mais sucinto possível, sugerindo-se, por sua complexidade, uma extensão que varie entre 3 e 5 páginas, apresentando as informações em destaque para sintetizar mensagens principais na seção conclusiva. A extensão do laudo vai depender do objetivo e da complexidade dos achados. O principal guia para a inclusão da informação é o quanto ela é relevante ao objetivo do laudo e o quanto ela contribui para a compreensão dos achados das ferramentas utilizadas, das interpretações e das recomendações.

No que tange à privacidade, não devem ser realizadas declarações que não sejam pertinentes à avaliação. Deve-se ter cuidado com informações confidenciais ou informações negativas que envolvam ou comprometam terceiros (p. ex., cônjuge, pais, irmãos) e que o neuropsicólogo não possa provar ou tenha testemunhado pessoalmente. O conteúdo de um laudo neuropsicológico é confidencial e não deve ser compartilhado com outros que não tenham sido claramente autorizados pelo paciente ou com profissionais que não estejam envolvidos com a avaliação do caso.

Laudos que contenham informações de terceiros facilmente identificáveis não devem ser escritos sem o consentimento da pessoa, salvo se a informação for absolutamente essencial para questões de encaminhamento. Em caso de necessidade de referenciar terceiros, a informação deve ser escrita de forma que não identifique indivíduos sem seu consentimento (p. ex., reportar que "há história familiar de transtorno bipolar" em vez de "João, o irmão do paciente, tem transtorno bipolar").

ERROS COMUNS NOS LAUDOS NEUROPSICOLÓGICOS

Para fins de ilustração e de checagem final após a redação da primeira versão de um laudo, alguns erros frequentes cometidos em laudos neuropsicológicos serão enumerados a seguir.

a. Considerar como técnicas apenas instrumentos neuropsicológicos padronizados (testes), não descrevendo métodos e achados essenciais provenientes de observação, tarefas clínicas, inventários comparativos entre paciente e informantes, por exemplo.
b. Nas hipóteses diagnósticas modais-funcionais neuropsicológicas, cometer falsos positivos ou negativos, sem considerar fatores individuais biológicos e socioculturais, a história de *continuum* de aprendizagem e de estimulação cognitiva – por exemplo, afirmar que o indivíduo examinado apresenta déficits de nomeação com estímulos menos familiares, sendo que ele é oriundo de um ambiente rural, com um ano completo de escolaridade, por exemplo.
c. Apresentar todos os achados em itens, sem explicações interpretativas, ou, no extremo oposto, com textos muito longos e informações redundantes.
d. Ora afirmar que há déficit de controle inibitório, ora afirmar que esse componente executivo está adequado, por se basear em instrumentos diferentes. Assim, todos os procedimentos que possibilitam a avaliação da inibição devem ser interpretados em conjunto, com uma hipótese única sobre seu

funcionamento, descrevendo, quando necessário, um padrão diferente de desempenho ou de funcionalidade cotidiana conforme o contexto das tarefas ou das atividades.
e. Na conclusão do laudo, sugerir que existem prejuízos neuroanatômicos que não tenham sido previamente descritos em exames médicos de imagem, sendo que tal descrição não é um objetivo da avaliação neuropsicológica, e sim a relação eventual de locais de lesão ou de alteração com o desempenho/a funcionalidade cognitiva do paciente. Um déficit identificado em um teste cognitivo nem sempre é equivalente a uma alteração estrutural cerebral.
f. Não integrar os resultados dos testes à luz dos modelos de processamento da informação da neuropsicologia cognitiva.
g. Pressupor que todos os escores de um teste equivalem a somente uma função cognitiva.
h. Utilizar exclusivamente a nomenclatura dos manuais dos testes para a interpretação dos resultados.
i. Não utilizar referências bibliográficas dos instrumentos e das normas utilizadas.
j. Apresentar somente análise quantitativa ou qualitativa, e não ambas.
k. Colocar hipótese diagnóstica de quadros clínicos de base, relatando que é típico de traumatismo craniencefálico, por exemplo, em vez de relatar as associações e dissociações/habilidades cognitivas mais ou menos desenvolvidas que podem estar relacionadas com determinados fatores etiológicos já diagnosticados ou relatados previamente.
l. Afirmar que o quadro é progressivo a partir da primeira avaliação. Sugere-se apenas lançar hipótese por meio do autorrelato do paciente/família, a ser confirmada com segunda avaliação, em geral em seis meses.
m. Não fornecer orientações ao fim do laudo quanto a manejos no cotidiano.
n. Usar linguagem rebuscada demais.
o. Descrever um número grande de técnicas e resultados e não focar nos resultados relevantes ao motivo do encaminhamento (relação com queixa e motivo principal – demanda).

PARA ALÉM DA CLÍNICA NEUROPSICOLÓGICA: DIFERENTES FINALIDADES/CONTEXTOS DE LAUDOS

Laudo para fins educacionais

Há duas situações em que um laudo para fins educacionais em geral é necessário:

1. laudo neuropsicológico clínico para hipóteses diagnósticas cognitivas quanto à aprendizagem escolar
2. laudo originado de uma triagem escolar

Quando a avaliação neuropsicológica tiver sido conduzida por um neuropsicólogo, mas solicitada pela escola, o laudo segue os padrões já sugeridos e especificados neste capítulo. No entanto, a seção de recomendações deve disponibilizar sugestões específicas para o âmbito escolar, além de para os demais âmbitos nos quais a criança apresenta dificuldades.

Sugere-se que, após autorização do paciente e de seus responsáveis, a devolução escrita e oral seja realizada na escola que solicitou a avaliação. Nesse encontro, é recomendável que estejam presentes os professores que trabalham com o avaliado, a equipe de coordenadores pedagógicos, orientadores educacionais, psicólogo escolar, professor da sala de recursos (quando houver indicação para tal) e as demais partes envolvidas com a reabilitação ou estimulação preventiva da criança. No caso de dificuldades psicomotoras evidenciadas na avaliação neuropsicológica, é aconselhável que o professor de educação física compareça também à devolução dos resultados. Nessa sessão, o neuropsicólogo pode sugerir e/ou auxiliar a escola no planejamento de estratégias de melhora no processo de aprendizagem. Além de considerar os aspectos práticos e a viabilidade de algumas atividades serem conduzidas na própria escola ou na execução de tarefas escolares, os objetivos de cada intervenção precisam estar claros para a equipe escolar que vai conduzi-las.

O laudo de triagem escolar é normalmente emitido em casos em que são identificadas particularidades no desempenho acadêmico de crianças. Em geral, o funcionamento do aluno está negativamente discrepante dos colegas de aula. Embora não se configure transtorno de aprendizagem de acordo com o *Manual diagnóstico e estatístico de transtornos mentais* (DSM-5) (American Psychiatric Association [APA], 2013), o funcionamento do aluno gera demanda para a avaliação neuropsicológica. Porém, se a equipe escolar especializada estiver capacitada, com treinamento apropriado para identificar problemas em domínios cognitivos específicos e com supervisão de um especialista para interpretar os resultados, poderá realizar avaliações que caracterizem o perfil do aluno e identificar se será necessário encaminhar a criança para a avaliação neuropsicológica formal (Harrison & Hood, 2008). Se bem conduzida, a triagem escolar servirá como base para o desenvolvimento de estratégias terapêuticas e intervenções que diminuirão o avanço das dificuldades e os prejuízos causados por elas. Assim, quem realiza a triagem escolar com fins neuropsicológicos deve ser capaz de observar as características individuais das crianças, sejam elas cognitivas, sejam elas emocionais.

Miller (2007) apresenta um modelo de laudo neuropsicológico escolar, porém, nesse caso, a avaliação é conduzida por um neuropsicólogo escolar. No Brasil, não parece haver ainda um protocolo de inclusão de neuropsicólogos na equipe escolar especializada; assim, as sugestões de Miller (2007) não podem ser integralmente acatadas. Sugere-se que sejam apresentadas as queixas e demandas observadas nesse laudo, geralmente relacionadas a dificuldades de leitura e escrita, agitação motora, desatenção na realização das atividades, entre outros sinais/queixas. A triagem escolar que gerará o laudo é, na maioria das vezes, realizada por meio de instrumentos não padronizados (como ditados, por exemplo), de observações da criança nas brincadeiras, do comportamento em sala de aula com colegas e com adultos, do material escolar (provas, cadernos, desenhos), de entrevistas ou questionários e escalas respondidas por informantes (pais, responsáveis, outros professores) que investigam aspectos clínicos e comportamentais.

Nos resultados, devem estar contempladas informações relativas ao funcionamento da criança na rotina escolar. Por exemplo, o avaliador deve esclarecer como é o comportamento da criança na escola, seu relacionamento com autoridades e outras crianças. Outro comportamento importante de ser observado é como a criança responde às demandas da escola (tarefas, regras), descrevendo possíveis sinais de depressão, de impulsividade, de falta de motivação, entre outros. O desenho do par educativo pode ser uma importante ferramenta, pois mostra, de maneira objetiva, de que modo a criança percebe a relação entre quem ensina e quem aprende. Mais especificamente, quanto aos aspectos cognitivos, o avaliador pode observar o tempo de manutenção da atenção auditiva e visual em relação aos colegas, por exemplo. Dessa forma, a interpretação dos resultados será feita por meio da análise qualitativa aprofundada do material utilizado.

Sugere-se que a seção das recomendações seja elaborada cuidadosamente, a fim de que elas possam ser implementadas. Um estudo que investigou a aplicação das recomendações dos laudos neuropsicológicos demonstrou que aquelas que demandavam menos esforço e organização e eram mais personalizadas às preferências da criança e à situação da família foram as mais implementadas em casa. Já na escola, em vez da adaptação do currículo, as recomendações mais utilizadas foram de estratégias diretas em sala de aula, como verificar a compreensão do aluno, repetir informações e repartir tarefas (Cheung et al., 2014). Esses achados reforçam a necessidade de se construir relatórios de devolução de resultados com linguagem adequada a quem solicitou e a quem receberá o documento.

O laudo neuropsicológico com objetivos jurídicos

Existem laudos que são solicitados especificamente para fins jurídicos, quando o neuropsicólogo perito deve atender algumas especificidades inerentes a esse tipo de avaliação. Algumas delas estão descritas no decorrer desta subseção. Contudo, vale ressaltar que alguns laudos escritos com objetivo clínico podem ser examinados no tribunal.

O laudo neuropsicológico com fins forenses muitas vezes abordará questões relativas ao grau de comprometimento devido à lesão/disfunção cerebral e prognóstico. Ele pode focar em questões relacionadas à custódia de crianças, às competências cognitivas e socioemocionais, às capacidades para fazer um testamento, para gerenciar as propriedades, entre outras. Da mesma forma, as autoridades podem solicitar esse tipo de avaliação para analisar a possibilidade de diminuição da responsabilidade criminal (Hebben & Milberg, 2010b).

A avaliação forense é específica por si mesma. O laudo será útil para informar os achados neuropsicológicos e apresentar opiniões baseadas em evidências com relevância clínica e científica para o caso. Além disso, no laudo, busca-se responder questões específicas ao(s) advogado(s) ou ao juiz (Hebben & Milberg, 2010b). Geralmente, os laudos são longos, mais detalhados e mais diretos do que aqueles usados na prática clínica.

O conteúdo do laudo deve deter-se a uma estrutura básica que contenha introdução, os instrumentos utilizados, as discussões derivadas dos resultados obtidos e suas conclusões. A introdução, que deve compor a qualificação do neuropsicólogo (registro, área de especialização, anos de experiência), é requerida e frequentemente apresentada na primeira frase do laudo. Devem-se identificar, de maneira sucinta, seus principais títulos e funções. Da mesma forma, deve-se indicar a autoridade que solicitou a avaliação. Na seção de demanda e queixas do paciente e de outros informantes, devem-se registrar os fatos mais significativos que motivaram a avaliação ou que possam esclarecer ou orientar a ação do perito. Assim, o conteúdo dessa seção é responsabilidade do cliente; ao perito não deve ser conferida nenhuma responsabilidade sobre a veracidade das informações. Podem-se apresentar relatos médicos que corroborem essas queixas.

Enquanto na avaliação neuropsicológica clínica podem ser utilizadas diversas ferramentas (como tarefas clínicas, por exemplo), na prática forense, o neuropsicólogo deve utilizar instrumentos padronizados com base científica e normativa. O profissional deve estar apto a responder por que determinado grupo de normas foi escolhido e deve optar sempre pelas que permitam identificar as diferenças individuais do caso, possibilitando a interpretação correta dos resultados (Hebben & Milberg, 2010b).

Na seção de resultados, o neuropsicólogo deve limitar-se a conceder informações necessárias à tomada de decisão da justiça. Essas informações podem ou não conter dados numéricos e podem ser apresentadas no texto ou anexadas ao laudo (Donders,

2001). A descrição deve ser feita de forma metódica e objetiva, contendo tudo o que foi observado pelo perito, e com linguagem clara, considerando sempre a base de conhecimentos de quem receberá o laudo, frequentemente advogados. Os resultados da avaliação são expostos minuciosamente e servirão de base para todas as conclusões, sem abrir espaço para hipóteses do avaliador. Alguns neuropsicólogos dividem a seção de interpretação dos resultados em "preexistente" (problemas neurológicos), "concorrentes" (p. ex., uso de medicações) e "fatores intervenientes" (p. ex., transtorno de estresse pós-traumático), para discutir todos os possíveis fatores que podem ter interferido no padrão de resultados. Nesse momento, o perito frequentemente inclui uma opinião detalhada sobre a validade dos achados dos testes.

A conclusão do laudo deve ser clara e incluir a síntese diagnóstica. Diferentemente dos demais modelos de laudo neuropsicológico, quando a finalidade da avaliação neuropsicológica é jurídica, não são incluídas sugestões ou recomendações (Hebben & Milberg, 2010b). Quando há perguntas por parte do juiz ou dos advogados, na conclusão, o neuropsicólogo deve responder todas elas de maneira objetiva, afirmando ou negando. Quando não há dados suficientes para responder aos questionamentos, pode-se utilizar a expressão "sem elementos de convicção".

O laudo neuropsicológico no contexto hospitalar

O laudo neuropsicológico no contexto hospitalar deve apresentar as mesmas seções do laudo clínico, porém com particularidades relativas ao contexto, como a maior demanda de brevidade e de conclusão focal ante a demanda. Essas características não significam a perda da qualidade ou do cuidado clínico ante as conclusões (Baxendale, 2014). Para assegurar isso, a seleção da bateria deve estar condizente com a pergunta que está sendo feita, contemplando os fatores/variáveis que a influenciam.

Para fins ilustrativos, no contexto da avaliação pré-cirúrgica de epilepsia do lobo temporal, a seleção da bateria pode ser constituída por cerca de 10 instrumentos, com ênfase na linguagem, memória e habilidades intelectuais gerais (Berg et al., 2003; Reynders & Baker, 2002). Os dados necessários para o raciocínio neuropsicológico são a idade de início e frequência atual das crises, idade, escolaridade, qualidade de vida, nível intelectual (deve ser interpretado considerando os déficits cognitivos relativos à epilepsia), gravidade da esclerose das estruturas cerebrais e resultados do eletrencefalograma (Baker & Goldstein, 2004; Baxendale, Thompson, & Duncan, 2008; Bonelli et al., 2010). Assim, o laudo neuropsicológico hospitalar deve atender às questões relevantes à demanda da equipe médica para decisões ou orientações referentes ao quadro. É altamente sugerido que o neuropsicólogo tenha comunicação constante sobre com o paciente a respeito das principais preocupações da equipe e dos procedimentos médicos que estão sendo planejados, seus riscos e alternativas, caso existirem.

Na conclusão do laudo, algumas perguntas devem ser respondidas, como:

a. O perfil neuropsicológico é consistente com a lateralização e localização levantadas nos exames de imagem?
b. O perfil neuropsicológico atual, em conjunto com o clínico neurológico e sociodemográfico, tem indicação de que grau de risco de prejuízo cognitivo no pós-operatório? Nesse aspecto, é importante considerar que um maior risco de prejuízo cognitivo pós-cirúrgico é associado a um perfil cognitivo pré-cirúrgico mais preservado comparado à norma (Alpherts et al., 2006;

Baxendale, Thompson, Harkness, & Duncan, 2006).

Já no que concerne à elaboração de laudos pré-cirurgia de ressecção de tumores cerebrais, os mesmos pressupostos devem ser seguidos em termos de formato, tamanho e objetividade (Robinson, Biggs, & Walker, 2015). No entanto, a literatura aponta para a necessidade de constar a estimativa da inteligência pré-mórbida e o impacto do tumor e dos déficits cognitivos no funcionamento do dia a dia do paciente, expondo os prejuízos não só em relação à norma, mas a linha de base do paciente em relação aos seus outros domínios cognitivos (Dwan, Ownsworth, Chambers, Walker, & Shum, 2015). A escolha da bateria de avaliação pode variar, assim como a localização dos tumores, e é importante que o neuropsicólogo dê ênfase às funções possivelmente prejudicadas pela área afetada pelo tumor (Robinson et al., 2015). A ênfase envolve a investigação detalhada de subprocessos das funções cognitivas, como codificação, armazenamento, evocação e reconhecimento da memória episódica, por exemplo (Lageman et al., 2010).

Outra área de atuação do neuropsicólogo pode se dar em hospitais de pronto-socorro, no atendimento de pacientes com acidente vascular cerebral ou traumatismo craniencefálico. Como nesses cenários os pacientes em geral ganham alta após um período mais breve de internação, o neuropsicólogo pode realizar uma avaliação cognitiva global e apontar áreas de maior prejuízo para investigação posterior e indicações para o tratamento cognitivo. Um exemplo de instrumento a ser utilizado nesse *setting* é o Instrumento de Avaliação Neuropsicológica Breve NEUPSILIN (Fonseca, Salles, & Parente, 2009). Ainda, pode-se realizar acompanhamento dos sintomas de amnésia pós-traumática nos casos de traumatismo craniano ao longo da internação, se necessário (Walker et al., 2010).

COMUNICAÇÃO DOS RESULTADOS

O laudo neuropsicológico deve ser entregue, idealmente, em uma sessão de devolução para comunicação oral dos resultados, quando a comunicação escrita é explicada. A devolução deve responder à questão do encaminhamento, e a entrega do laudo deverá ser realizada, de preferência, de maneira presencial, para que possíveis dúvidas possam ser esclarecidas. A comunicação dos resultados de maneira estritamente oral poderá dar margem a equívocos de interpretação e a registros incompletos de memórias, não sendo, portanto, aconselhada.

No entanto, em alguns casos, a entrega poderá ser apenas por escrito:

- quando é inerente ao contexto (escolar, hospitalar, evoluções em fichas e/ou prontuários)
- quando o paciente falta à sessão e é necessário que o laudo seja entregue à fonte encaminhadora

A sessão de devolução tem três principais objetivos (Strauss et al., 2006):

1. revisar e esclarecer os resultados
2. adquirir outras informações relevantes para o processo de avaliação, porque, muitas vezes, nesse momento, as pessoas estão "desarmadas", por considerarem que a avaliação já foi concluída
3. psicoeducar o paciente e seus familiares sobre sua condição

Sugere-se que a sessão de devolução seja agendada para imediatamente após o término da avaliação. Cônjuges, pais ou filhos do paciente, e cuidadores, são frequentemente convidados para participar desse momento. As informações mais importantes, as conclusões e as recomendações são apresentadas e discutidas na sessão. Deverão ser enfatizados os pontos fortes observados na avaliação. O neuropsicólogo deve abordar de forma compreensível, objetiva e clara os motivos que levaram à solicitação. Informações importantes obtidas na entrevista de devolução poderão ser enviadas à fonte de encaminhamento por meio de uma carta ou anexadas ao laudo, ou, caso seja possível e importante, o laudo poderá ser reescrito incluindo as informações novas apresentadas com eventuais mudanças de hipóteses diagnósticas neuropsicológicas.

CONSIDERAÇÕES FINAIS

Em suma, o que é necessário para se elaborar um bom laudo neuropsicológico? Principalmente conhecimento teórico e técnico de condução de um amplo, rigoroso, ético e complexo processo de avaliação neuropsicológica, que ultrapassa a mera aplicação de instrumentos padronizados. Embora não haja *guidelines* ou diretrizes consensuais sobre como elaborar um laudo em neuropsicologia, procurou-se, neste capítulo, apresentar um conjunto de sugestões de estrutura, forma e conteúdo que contemplem a demanda de registro do perfil cognitivo diante de sinais clínicos e queixas que geraram a necessidade de encaminhamento ou de procura pelo neuropsicólogo. Ressalta-se que o formato do laudo pode variar de acordo com o contexto e o destinatário que o lerá. Como a neuropsicologia é interdisciplinar, algumas particularidades de cada área profissional devem também ser contempladas no laudo.

A seção de conclusões é a mais lida de todo o laudo, devendo, portanto, ser ainda mais cuidadosamente escrita, para que represente os principais achados. Deve explicitar o raciocínio neuropsicológico em si. Na medida em que todo laudo é uma produção profissional individual de cada neuropsicólogo, e que não há padrão ou modelo único quanto ao estilo de escrita ou interpretação, as habilidades de escrita de um bom laudo neuropsicológico são adquiridas somente mediante a formação e a prática continuadas de todo profissional. O principal foco do laudo é atender à demanda, procurando-se dar respostas às principais perguntas subjacentes à queixa e ao levantamento de necessidades clínicas, escolares, forenses e/ou hospitalares que levaram à procura por um neuropsicólogo.

REFERÊNCIAS

Alpherts, W. C., Vermeulen, J., van Rijen, P. C., da Silva, F. H., van Veelen, C. W., & Dutch Collaborative Epilepsy Surgery Program. (2006). Verbal memory decline after temporal epilepsy surgery? A 6-year multiple assessments follow-up study. *Neurology, 67*(4), 626-631.

American Psychiatric Association (APA). (2013). *Diagnostic and statistical manual of mental disorders: DSM-5* (5th ed.). Washington: APA.

Baker, G. A., & Goldstein, L. H. (2004). The dos and don'ts of neuropsychological assessment in epilepsy. *Epilepsy & Behavior, 5*(Suppl 1), S77-S80.

Baxendale, S. (2014). When less is more. Data reduction in the prediction of postoperative outcome. *Epilepsy & Behavior, 31*, 219.

Baxendale, S., Thompson, P. J., & Duncan, J. S. (2008). Improvements in memory function following anterior temporal lobe resection for epilepsy. *Neurology, 71*(17), 1319-1325.

Baxendale, S., Thompson, P. J., Harkness, W., & Duncan, J. (2006). Predicting memory decline following epilepsy surgery: A multivariate approach. *Epilepsia, 47*(11), 1887-1894.

Berg, A. T., Vickrey, B. G., Langfitt, J. T., Sperling, M. R., Walczak, T. S., Shinnar, S., ... Spencer, S. S. (2003). The multicenter study of epilepsy surgery: Recruitment and selection for surgery. *Epilepsia, 44*(11), 1425-1433.

Bonelli, S. B., Powell, R. H. W., Yogarajah, M., Samson, R. S., Symms, M. R., Thompson, P. J., ... Duncan, J. S. (2010). Imaging memory in temporal lobe epilepsy: Predicting the effects of temporal lobe resection. *Brain, 133*(4), 1186-1199.

Cheung, L. L. T., Wakefield, C. E., Ellis, S. J., Mandalis, A., Frow, E., & Cohn, R. J. (2014). Neuropsychology reports for childhood brain tumor survivors:

Implementation of recommendations at home and school. *Pediatric Blood & Cancer, 61*(6), 1080-1087.

Conselho Federal de Psicologia (CFP). (2003). *Resolução n.º 7/2003. Revoga a Resolução CFP n.º 030/2001. Institui o Manual de Elaboração de Documentos Escritos produzidos pelo psicólogo, decorrentes de avaliação psicológica e revoga a Resolução CFP º 17/2002*. Recuperado de http://site.cfp.org.br/resolucoes/resolucao-n-7-2003/

Donders, J. (2001). A survey of report writing by neuropsychologists. II: Test data, report format, and document length. *The Clinical Neuropsychologist, 15*(2), 150-161.

Dwan, T. M., Ownsworth, T., Chambers, S., Walker, D. G., & Shum, D. H. K. (2015). Neuropsychological assessment of individuals with brain tumor: Comparison of approaches used in the classification of impairment. *Frontiers in Oncology, 5*, 56.

Fonseca, R. P., Salles, J. F., & Parente, M. A. M. P. (2009). *Instrumento de avaliação neuropsicológica breve NEUPSILIN*. São Paulo: Vetor.

Fonseca, R. P., Zimmermann, N., Bez, M. B., Wilhelm, A., & Bakos, D. S. (2011). Avaliação neuropsicológica no TDAH e implicações para a terapia cognitivo-comportamental. In C. S. Petersen, & R. Wainer (Orgs.), *Terapias cognitivo-comportamentais para crianças e adolescentes: Ciência e arte* (pp. 96-135). Porto Alegre: Artmed.

Fonseca, R. P., Zimmermann, N., Pawlowski, J., Oliveira, C. R., Gindri, G., Scherer, L. C., ... Parente, M. A. M. P. (2012). Métodos em avaliação neuropsicológica. In J. Landeira-Fernandez, & S. S. Fukusima (Eds.), *Métodos em avaliação neuropsicológica* (pp. 266-296). São Paulo: Manole.

Haase, V. G., Salles, J. F., Miranda, M. C., Malloy-Diniz, L. F., Abreu, N., Parente, M. A. M., ... Bueno, O. (2012). Neuropsicologia como ciência interdisciplinar: Consenso da comunidade brasileira de pesquisadores/clínicos em neuropsicologia. *Neuropsicologia Latinoamericana, 4*(4), 1-8.

Harrison, S., & Hood, J. (2008). Applications of neuropsychology in school. In R. Jonathan, & W. Jody, *Child neuropsychology: Concepts, theory and practice* (pp. 404-420). London: John Wiley & Sons.

Hebben, N., & Milberg, W. (2010a). Essentials of report writing. In N. Hebben, & W. Milberg, *Essentials of neuropsychological assessment* (2nd ed., pp. 205-229). New Jersey: John Wiley & Sons.

Hebben, N., & Milberg, W. (2010b). Special issues in neuropsychological assessment. In N. Hebben, & M. Willian, *Essentials of neuropsychological assessment* (2nd ed., pp. 177-204). New Jersey: John Wiley & Sons.

Hilsabeck, R. C., Hietpas, T. L., & McCoy, K. J. M. (2014). Satisfaction of referring providers with neuropsychological services within a veterans administration medical center. *Archives of Clinical Neuropsychology, 29*(2), 131-140.

Jurado, M. A., & Pueyo, R. (2012). Doing and reporting a neuropsychological assessment. *International Journal of Clinical and Health Psychology, 12*(1), 123-141.

Kanne, S. M., Randolph, J. K., & Farmer, J. E. (2008). Diagnostic and assessment findings: A bridge to academic planning for children with autism spectrum disorders. *Neuropsychology Review, 18*(4), 367-384.

Lageman, S., Cerhan, J., Locke, D., Anderson, S. K., Wu, E., & Brown, P. (2010). Comparing neuropsychological tasks to optimize brief cognitive batteries for brain tumor clinical trials. *Journal of Neuro-Oncology, 96*(2), 271-276.

Lezak, M. D., Howieson, D. B., Bigler, E. D., & Tranel, D. (2012). The neuropsychological examination: Interpretation. In M. D. Lezak, D. B. Howieson, E. D. Bigler, & D. Tranel, *Neuropsychological assessment* (5th ed., pp. 156-178). New York: Oxford University.

Malloy-Diniz, L. F., Cruz, M. F., Torres, V., & Cosenza, R. (2000). O teste de Aprendizagem Auditivo-Verbal de Rey: Normas para uma população brasileira. *Revista Brasileira de Neurologia, 36*(3), 79-83.

Miller, D. (2007). Model for school neuropsychology report writing. In M. Daniel, *Essentials of school neuropsychological assessment* (pp. 298-319). New Jersey: John Wiley & Sons.

Pelco, L. E., Ward, S. B., Coleman, L., & Young, J. (2009). Teacher ratings of three psychological report styles. *Training and Education in Professional Psychology, 3*(1), 19-27.

Reynders, H. J., & Baker, G. A. (2002). A review of neuropsychological services in the United Kingdom for patients being considered for epilepsy surgery. *Seizure, 11*(4), 217-223.

Robinson, G. A., Biggs V., & Walker D. G. (2015). Cognitive screening in brain tumors: Short but sensitive enough? *Frontiers in Oncology, 5*, 60.

Russell, E. W. (2012). *The scientific foundations of neuropsychological assessment with implications to forensic examinations: With applications to forensic evaluation*. New York: Elsevier.

Strauss, E., Sherman, E. M. S., & Spreen, O. (2006). Report writing and feedback sessions. In E. Strauss, E, M. S. Sherman, & O. Spreen, *A compendium of neuropsychological tests: Administration, norms, and commentary* (2nd ed., pp. 86-97). New York: Oxford University.

Tzotzoli, P. (2012). A guide to neuropsychological report writing. *Health, 4*(10), 821-823.

Walker, W. C., Ketchum, J. M., Marwitz, J. H., Chen, T., Hammond, F., Sherer, M., & Meythaler, J. (2010). A multicentre study on the clinical utility of post-traumatic amnesia duration in predicting global outcome after moderate-severe traumatic brain injury. *Journal of Neurology, Neurosurgery and Psychiatry, 81*(1), 87-89.

13

Como elaborar um estudo de caso usando a estatística

LAISS BERTOLA
ANNELISE JÚLIO-COSTA
LEANDRO F. MALLOY-DINIZ

Nomes como Phineas Gage e H.M. soam bastante familiares, certo? É impossível não se deparar com eles e tantos outros estudos de caso ao explorar a história e as descobertas atuais da neuropsicologia. Casos isolados abrem portas para estudos mais refinados sobre o funcionamento cerebral de grupos, permitem verificar duplas-dissociações e de particularidades da correlação estrutura-função.

A abordagem idiográfica, relacionada à análise das peculiaridades de um caso único, é uma técnica complementar no cenário de neuropsicologia atual e bastante enriquecedora quando também utilizada na clínica. Diferentemente da abordagem nomotética nomológica, na qual o paciente é comparado a uma amostra normativa para verificação de seu desempenho, na abordagem idiográfica, pode-se particularizar a amostra normativa para que seja compatível, do ponto de vista sociodemográfico, com cada paciente, comparando-o diretamente com um grupo clínico de interesse, com ele mesmo em diversas tarefas ou em situações de reavaliação.

A necessidade de uma abordagem individualizada na avaliação neuropsicológica está prevista na própria Resolução nº 002/2004 do Conselho Federal de Psicologia (CFP), que define a especialidade em neuropsicologia como uma das áreas de atuação possíveis para um psicólogo. Nessa resolução, é definido que o neuropsicólogo: "... Na interface entre o trabalho teórico e prático, seja no diagnóstico ou na reabilitação, também desenvolve e cria materiais e instrumentos, tais como testes, jogos, livros e programas de computador que auxiliem na avaliação e reabilitação de pacientes".

Conforme abordado no Capítulo 1, a escolha de testes, escalas ou outras tarefas às quais submeteremos nossos pacientes na avaliação é precedida por um processo minucioso de formulação de hipóteses, o que se dá durante a entrevista e a observação dos pacientes. Na Figura 13.1, estão esquematizadas as três etapas principais de um exame neuropsicológico:

1. Etapa 1 – Conceitualização clínica: compreende a anamnese abrangente e a observação comportamental/exame do estado mental do paciente. Nessa etapa, cabe ao neuropsicólogo avaliar o motivo do exame, a evolução dos sintomas atuais, as informações sobre a história do desenvolvimento global, a história de doenças na família e as abordagens diagnósticas e terapêuticas já adotadas até o momento do exame. O objetivo principal é levantar hipóteses sobre

```
┌─────────────────────┐
│ Entrevista com      │
│ paciente,           │──┐
│ familiares e/ou     │  │
│ outros informantes  │  ↘
└─────────────────────┘    ⬤ Hipótese      →    ⬤ Seleção
┌─────────────────────┐    a ser testada         e aplicação
│ Observação do       │  ↗                       de testes e
│ comportamento do    │  │                       escalas de
│ paciente na         │──┘                       rastreio
│ consulta/outros     │
│ ambientes           │
└─────────────────────┘
```

| Conceitualização clínica | Teste de hipóteses |
| Etapa 1 | Etapa 2 |

Integração de informações, inferências diagnósticas e planejamento de condutas.
Etapa 3

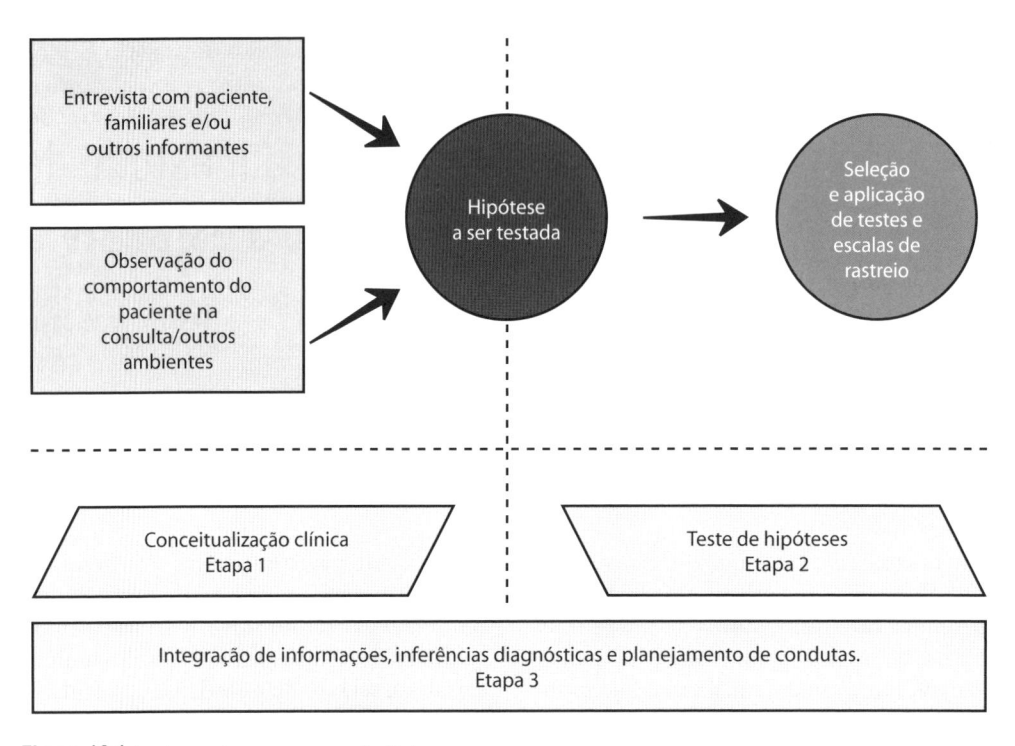

Figura 13.1 As etapas do exame neuropsicológico.

o funcionamento cognitivo e comportamental atual de um paciente, considerando-se questões sobre diagnóstico nosológico, topográfico e funcional.

2. Etapa 2 – Avaliação das hipóteses: nessa etapa, o neuropsicólogo deverá usar recursos para pôr à prova as hipóteses levantadas na etapa 1. Os recursos usados podem ser testes, escalas, inventários ou tarefas experimentais.

3. Etapa 3 – Integração de informações: consiste na integração dos dados obtidos nas duas primeiras etapas, respondendo às questões de encaminhamento, apontando ou descartando diagnósticos potenciais e sugerindo condutas.

As definições apresentadas diferenciam claramente fins e meios em um exame neuropsicológico. Os fins estão diretamente relacionados ao objeto da neuropsicologia: investigar as consequências cognitivas e comportamentais de acometimentos no sistema nervoso. Os meios são os utilizados principalmente na etapa 2. Assim, a etapa 2 só faz sentido clínico se houver perguntas a responder. Contudo, várias vezes ocorrerão casos em que será preciso abordar uma metodologia especificamente desenhada para obter informações sobre o paciente em questão – por exemplo, quando tarefas são desenvolvidas para testar possíveis déficits cognitivos diante da indisponibilidade de instrumentos no mercado para essa avaliação específica; quando se recorre a tarefas experimentais descritas na literatura; quando o instrumento está disponível, mas não há normas para o paciente em questão ou, quando há – não são fontes qualitativas e quantitativas importantes para o raciocínio clínico; quando é preciso verificar o resultado de intervenções ou de reavaliações.

No último século, observou-se um intenso desenvolvimento de técnicas estatísticas relacionadas ao uso da metodologia de estudo de caso (Damasceno, 2010). No entanto, muitas dessas técnicas foram desenvolvidas para estudos de caso em série (quando há vários sujeitos clínicos), e poucas para estudos de caso isolados (quando há apenas um sujeito clínico) (Smith, 2012).

A disponibilidade de técnicas depende do propósito do estudo de caso que determinará a metodologia em questão. No entanto, o uso de metodologias que utilizam a estatística é necessário para que haja maior segurança ante a interpretação idiográfica a ser realizada. Durante muitos anos, as técnicas visuais foram as mais utilizadas, principalmente em situações de intervenção e reavaliação, mas sem permitir que se verificasse estatisticamente a ocorrência de melhora, estabilidade ou declínio de um paciente acompanhado de forma longitudinal (Manolov, Gast, Perdices, & Evans, 2014).

Neste capítulo, serão abordadas algumas das metodologias que potencializam o teste de hipótese (etapa 2) da avaliação neuropsicológica. Esses métodos têm base na matriz idiográfica e podem ser usados estatisticamente no cenário clínico, de acordo com o propósito do estudo. Será dado enfoque especial, com demonstrações de estudos de caso, em duas delas.

PRECEITOS ESTATÍSTICOS BÁSICOS

Normalmente, em estudos normativos nomológicos, o desempenho dos controles, ou pessoas saudáveis, é distribuído em uma curva com formato de sino denominada curva normal (ver Fig. 13.2). Dessa curva, extrai-se, visível e estatisticamente, uma faixa de desempenho a ser considerado dentro da média de acordo com a amostra de normatização de um teste e com os limites aceitáveis de variação no resultado encontrados na população normativa. Esses limites de variação fornecem parâmetros para julgar se um resultado obtido por um sujeito está ou não dentro do esperado. A curva, por sua vez, é construída a partir de duas medidas principais do desempenho da população no teste: média e desvio-padrão da amostra. Além disso, os mesmos parâmetros serão calculados quando for usado um pequeno número de controles para um estudo de caso, como será visto a seguir.

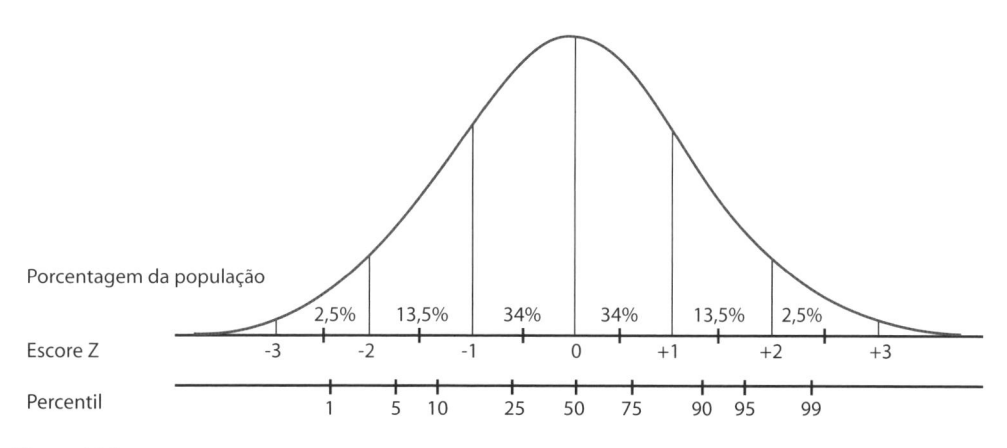

Figura 13.2 Curva normal: porcentagem da população, escore z e percentil.

A média é o escore médio obtido pela amostra normativa. O valor encontrado pelo cálculo da média é hipotético e não precisa ser um valor exato existente na amostra (p. ex., a média dos dados 5, 6, 7, 8 é (5+6+7+8)/4 = 6,5). O desvio-padrão v fornece parâmetros sobre o quanto, em relação à média, as medidas da amostra variaram (Field, 2013). Para se obter a média, basta somar todos os resultados de todos os controles e dividir pelo número de controles. Para o cálculo do desvio-padrão, pode-se usar a seguinte fórmula:

$$dp = \sqrt{\frac{\sum_{i=1}^{n}(x_i - \bar{x})^2}{N-1}}$$

Assim: dp é o desvio-padrão; $\sum_{i=1}^{n}(x_i - \bar{x})^2$ é a somatória da diferença do desempenho de cada sujeito em relação à média encontrada para a amostra elevada ao quadrado; divide-se o resultado de $\sum_{i=1}^{n}(x_i - \bar{x})^2$ pelo número de controles na amostra (N) subtraído de 1. A média e o desvio-padrão são calculados a partir dos dados do grupo controle.

No caso dos estudos idiográficos, para convencionar a análise do desempenho de um paciente em um teste com base na amostra populacional, é preciso calcular o escore z do indivíduo em um teste. No cálculo do escore z, a média populacional é equiparada ao valor 0, ao centro da curva (ver Fig. 13.2), e o desvio-padrão, ao valor 1. Por intermédio do cálculo a seguir, é possível identificar estatisticamente o desempenho do paciente:

$$Z = \frac{\text{desempenho do paciente} - \text{média da população}}{\text{desvio-padrão} - \text{da população}}$$

As curvas normais tendem a apresentar, aproximadamente, 68% da população dentro do intervalo de oscilação de até um desvio-padrão da média, ou seja, um desempenho entre +1 e -1 desvio-padrão da média convencionada, então, em 0. Apresentam também que 27% da população tem desempenho entre 1 e 2 desvios-padrão da média 0, indicando, no total, que 95% da população apresenta variação supostamente normal no desempenho de um teste em comparação à média, que não ultrapassa +2 ou -2 desvios-padrão. Variações de +2 ou -2 ou mais desvios-padrão da média tendem a ocorrer em 2,5% ou menos da população, sendo considerado, dessa forma, um valor estatisticamente seguro de baixa ocorrência (Field, 2013), para que esse desempenho seja considerado significativo e, portanto, acima ou abaixo do esperado, respectivamente.

Para diversos quadros clínicos, principalmente os relacionados a questões desenvolvimentais ou degenerativas, é recomendado o uso de um intervalo de desempenho médio de até +1,5 ou -1,5 desvios-padrão da média 0. No estudo de caso 1 apresentado a seguir, a Tabela 13.2 demonstra o uso do escore z para verificação do desempenho de uma paciente idosa, em que os limites aceitáveis de oscilação são estabelecidos em +1,5 e -1,5 desvios-padrão da média. São chamados de "escore clínico" os resultados que estão fora desse padrão estabelecido a partir da curva normal.

Dessa distribuição normal dos valores da amostra extraem-se não apenas o escore z, mas também demais parâmetros que permitem verificar o desempenho de um paciente, como percentil, métricas das Escalas Wechsler (QI e Subtestes), entre outros. Na Tabela 13.1, é possível verificar a equivalência das medidas distribuídas normalmente, que também estão representadas na Figura 13.2.

Outro conceito importante é o intervalo de confiança, que corresponde aos limites superiores e inferiores em torno da média e inclui o verdadeiro valor de desempenho do paciente como probabilidade, normalmente, de 95%. Isso significa que erros de medida podem acontecer, mas esse intervalo fornece os parâmetros para essas oscilações na medida, afirmando que, com 95% de probabilidade, o resultado do paciente está entre os valores A e B, por exemplo.

TABELA 13.1 • Escores z equivalentes aos valores de percentil

Percentil	Escore z
99	+2,33
95	+1,65
90	+1,28
75	+0,68
50	0
25	-0,68
10	-1,28
5	-1,65
1	-2,33

Fonte: Adaptada de Lezak, Howieson, Bigler e Tranel (2012).

PACIENTE *VERSUS* PEQUENO GRUPO DE CONTROLES OU GRUPO CLÍNICO

Entre todas as metodologias possíveis, a de comparação do paciente a um pequeno grupo de controles compatíveis do ponto de vista sociodemográfico é a que mais apresenta técnicas estatísticas e *softwares* livres disponíveis (Crawford & Howell, 1998). A seleção de um grupo de controles capaz de gerar normas específicas para possibilitar a realização de um teste *t* modificado permite verificar se o desempenho do paciente é significativamente diferente do esperado ou não. Para a comparação do paciente a um grupo clínico de escolha, o processo é feito basicamente da mesma forma, mas com um grupo de pacientes com o mesmo diagnóstico, em vez de com um grupo-controle (Crawford & Garthwaite, 2002).

O teste *t* tem como objetivo verificar se há diferenças entre as médias de dois grupos. No método desenvolvido por Crawford e Howell (1998), o teste *t* sofre uma modificação: o desempenho do sujeito é comparado à média da amostra de controles. O uso do escore *z*, nessa circunstância, não parece ser o mais indicado, em razão da maior ocorrência de erros do tipo I, em que são encontrados erros falsos positivos (identificar um déficit no paciente que, na verdade, não existe), devido ao pequeno tamanho amostral.

Existem diferentes variações dessas análises que incluem controle de outras variáveis (covariáveis) capazes de interferir no desempenho analisado, e a ocorrência de duplas-dissociações com base em sua inexistência em um grupo de controles (Bertola, Haase, & Malloy-Diniz, 2013).

Para realizar um estudo de caso comparando os resultados do paciente a uma pequena amostra de controles, é necessário observar os seguintes passos:

1. Selecionar uma amostra de pessoas saudáveis, compatíveis em idade, escolaridade, sexo e demais variáveis importantes, para a comparação a ser realizada. O número necessário de controles é pequeno, sendo possível realizar a maior parte das análises com boa confiabilidade com 5 a 10 controles. Esses controles devem realizar as mesmas

tarefas que se deseja comparar ou cujos resultados se deseja analisar.
2. Extrair dos controles a média e o desvio-padrão para as medidas de interesse, sendo que, posteriormente, esses valores serão considerados o grupo normativo ao qual o paciente será comparado.
3. Comparar o desempenho do paciente ao do grupo-controle por meio do teste *t* modificado. Para essa análise, são utilizados *softwares* de livre acesso que realizam automaticamente a comparação, sendo necessário reportar apenas o número de controles utilizados, a média e o desvio-padrão desses indivíduos na medida de interesse e o resultado obtido pelo paciente.[1]
4. Fazer *download* e abrir o *software* denominado *Singlims_ES.exe* para a realização da análise de comparação do desempenho do paciente a um pequeno grupo de controles por meio de um teste *t* modificado (Crawford & Garthwaite, 2002). Para uma síntese da utilidade dos demais *softwares* disponibilizados nesse *site*, ver Bertola e colaboradores (2013).
5. Obter os valores das análises realizadas. A seguir, o significado das medidas obtidas é detalhado (Crawford, Garthwaite, & Porter, 2010):

a. *t* é a probabilidade de o paciente apresentar o valor esperado (dentro da média) ou um valor extremo
b. *p* indica se a diferença entre o desempenho do paciente e a média da amostra é significativa, isto é, se a diferença entre os resultados do paciente e os dos controles tem relevância estatística (*one-tailed* com *p* significativo se menor que 0,05, ou *two-tailed*, se menor que 0,01)
c. *intervalo de confiança de 95%* para se encontrar a discrepância identificada entre o paciente e a amostra de controles por meio da magnitude de efeito da diferença (*zcc*)
d. *porcentagem de controles* que teriam um desempenho inferior ao do controle com seu respectivo intervalo de confiança de 95%

Para exemplificar o uso dessa metodologia de comparação do caso com uma pequena amostra de controles, será apresentado o caso de A.S., no qual foi necessário o uso de testes não normatizados para verificar queixas e déficits iniciais observados nas medidas de rastreio cognitivo.

CASO CLÍNICO

A.S., sexo feminino, 66 anos de idade, 11 anos de escolaridade, vendedora aposentada há três anos. Compareceu à avaliação neuropsicológica com queixas de esquecimentos semânticos em relação a nomes e desorientação espacial, o que começou a ocorrer um ano antes da consulta, aproximadamente, havendo aparente progressão.

No decorrer da avaliação, foram observadas sugestivas dificuldades semânticas e visioespaciais, conforme as queixas da própria paciente, as quais foram verificadas por meio de tarefas experimentais e tarefas ainda em desenvolvimento de normas populacionais. Todas as novas tarefas foram aplicadas em um grupo-controle formado por cinco idosas compatíveis em idade e

---

[1] Para acesso aos *softwares* indicados, verificar o seguinte endereço: http://homepages.abdn.ac.uk/j.crawford/pages/dept/SingleCaseMethodsComputerPrograms.HTM.

escolaridade (todas com 11 anos de escolarização), para que o desempenho de A.S. nessas tarefas fosse comparado estatisticamente.

De acordo com as normas disponíveis, como se pode ver na Tabela 13.2, A.S. apresenta sugestivo comprometimento da cognição geral e das capacidades de aprendizagem e evocação da memória episódica (observar os resultados abaixo de -1,5 no escore z, conforme seção anterior). Na Tabela 13.3, de acordo com a comparação da paciente ao pequeno grupo normativo a partir do teste *t* modificado, foi possível verificar que ela apresenta sugestivas dificuldades de visioconstrução e memória semântica, compatíveis às queixas apresentadas, além de déficits isolados e sutis em subdomínios das funções executivas e memória episódica (em negrito). Dessa forma, por meio dessa metodologia de estudo de caso, utilizando tarefas não normatizadas e comparações com idosas pareadas do ponto de vista sociodemográfico, foi possível verificar dificuldades semânticas e visioespaciais que sugerem a existência de um possível quadro de comprometimento cognitivo leve não amnéstico. No entanto, caso a avaliação fosse realizada apenas com instrumentos já normatizados, não teríamos medidas fidedignas desses dois domínios, uma vez que carecem de tarefas para a avaliação do desempenho de idosos.

TABELA 13.2 • Desempenho de A.S. comparado a normas populacionais disponíveis (normas comercializadas ou disponíveis em artigos científicos)

Testes	Desempenho de A.S.	Desempenho comparado a normas populacionais	
		Escore z	Interpretação
MEEM	29	0.69	Média
DRS-MATTIS	124	-2.55	Abaixo
FAB	14	0.43	Média
VOC-WAIS-III	23	EP = 8	Média
RAVLT A6	6	-2.30	Abaixo
RAVLT A7	8	-1.00	Média
RAVLT Total	30	-2.57	Abaixo
RAVLT Rec	9	-1.21	Média
FVS – Animais	10	-1.28	Média

MEEM = Miniexame do Estado Mental; DRS-MATTIS = Dementia Rating Scale – MATTIS; FAB = Frontal Assessement Battery; VOC-WAIS-III = Subteste de Vocabulário da Escala De Inteligência Wechsler para Adultos; RAVLT = Rey Auditory Verbal Learning Test; FVS = Fluência Verbal Semântica.

PACIENTE *VERSUS* ELE MESMO

Entre as diferentes metodologias para comparar o paciente a ele mesmo, seja em reavaliações, períodos pós-intervenção, seja em situações de duplas-dissociações, a análise visual dos dados permanece um método frequente para interpretar os resultados (Lane & Gast, 2013; Manolov et al., 2014). Todavia, na maior parte das vezes, não há medidas estatísticas que comprovem as interpretações visuais com segurança. Ademais, quando é possível ter mais de uma medida nas fases de teste e de reteste, essas

TABELA 13.3 • Desempenho de A.S. comparado a um grupo de controles compatíveis, com inclusão de tarefas experimentais e sem normas populacionais vigentes

Domínios	Testes		Controles		Teste de significância*		%v estimada da população-controle que irá obter um desempenho abaixo do apresentado por A.S.		Estimativa da magnitude de efeito	
		A.S.	Média	dp	t-modificado	p	%	(95% IC)	Magnitude	(95% IC)
Humor	GDS	5	1.20	0.84	4.130	0.007	99.27	(92,19 a 100,00)	4.524	(1,419 a 7,657)
Cognição geral	FAB	14	16.20	1.30	-1.545	0.098	9.86	(0,10 a 40,75)	-1.692	(-3,090 a -0,234)
	Mattis Total	124	139.60	2.97	-4.795	0.004	0.43	(0,00 a 4,52)	-5.253	(-8,859 a -1,693)
Praxia visioconstrutiva	Mattis Construção	5	6.00							-
	Figura Complexa Cópia	18	22.70	1.10	-3.900	0.008	0.87	(0,00 a 9,29)	-4.273	(-7,244 a -1,323)

(continua)

TABELA 13.3 • Desempenho de A.S. comparado a um grupo de controles compatíveis, com inclusão de tarefas experimentais e sem normas populacionais vigentes (continuação)

Atenção e funções executivas	**Mattis Atenção**	34	36,40	0,89	-2,462	0,034	3,47	(0,00 a 24,49)	-2,697	(-4,676 a -0,690)
	Mattis Iniciativa e Perseveração	32	36,60	0,89	-4,718	0,004	0,45	(0,00 a 4,83)	-5,169	(-8,720 a -1,661)
	5D - Controle Inibitório - Tempo	46	50,00	3,94	-0,927	0,203	20,32	(1,84 a 55,12)	-1,015	(-2,088 a 0,129)
	5D - Controle Inibitório - Erros	2	0,80	0,84	1,303	0,131	86,89	(53,98 a 99,64)	1,429	(0,100 a 2,689)
	5D - Flexibilidade Cognitiva - Tempo	50	62,80	6,10	-1,916	0,063	6,39	(0,00 a 33,48)	-2,098	(-3,722 a -0,427)
	5D - Flexibilidade Cognitiva - Erros	6	2,20	1,30	-2,668	0,027	97,20	(78,39 a 99,99)	-2,923	(0,786 a 5,041)
	Dígitos Inverso	4	17,60	5,37	-2,312	0,040	4,09	(0,00 a 26,76)	-2,533	(-4,412 a -0,620)
	Cubos de Corsi Inverso	16	27,80	6,83	-1,577	0,094	9,49	(0,08 a 40,08)	-1,728	(-3,144 a -0,251)
	FVF – S	6	14,00	5,00	-1,461	0,108	10,89	(0,15 a 42,54)	-1,600	(-2,948 a -0,188)

(continua)

TABELA 13.3 • Desempenho de A.S. comparado a um grupo de controles compatíveis, com inclusão de tarefas experimentais e sem normas populacionais vigentes. (continuação)

Memória de curto prazo	Dígitos Direto	20	40,20	11,63	-1,586	0,094	9,40	(0,07 a 39,90)	-1,737	(-3,158 a -0,256)
	Cubos de Corsi Direto	35	34,40	12,26	0,045	0,483	51,67	(20,29 a 82,20)	0,049	(-0,831 a 0,923)
Memória episódica	Mattis Memória	24	23,60	0,89	0,410	0,351	64,86	(30,81 a 91,18)	0,449	(-0,501 a 1,352)
	Figura Complexa Evocação Imediata	12	19,90	3,75	-1,923	0,063	6,34	(0,00 a 33,34)	-2,107	(-3,735 a -0,430)
	Figura Complexa Evocação Tardia	11	18,70	5,45	-1,290	0,133	13,33	(0,38 a 47,33)	-1,413	(-2,666 a -0,092)
	RAVLT A6	6	10,40	2,19	-1,834	0,070	7,02	(0,01 a 34,99)	-2,009	(-3,582 a -0,385)
	RAVLT A7	8	10,40	2,07	-1,058	0,174	17,47	(1,09 a 51,82)	-1,159	(-2,293 a 0,046)
	RAVLT Total	**30**	**47,60**	**7,30**	**-2,201**	**0,046**	**4,62**	**(0,00 a 28,54)**	**-2,411**	**(-4,218 a -0,567)**
	RAVLT Reconhecimento	9	11,20	2,77	-0,725	0,254	25,42	(3,70 a 60,41)	-0,794	(-1,785 a 0,264)

(continua)

TABELA 13.3 • Desempenho de A.S. comparado a um grupo de controles compatíveis, com inclusão de tarefas experimentais e sem normas populacionais vigentes (continuação)

Memória semântica	**Mattis Conceituação**	**29**	**37.00**	**1.87**	**-3.905**	**0.008**	**0.87**	**(0,00 a 9,26)**	**-4.278**	**(-7,253 a -1,325)**
	VOC-WAIS- III	**23**	**45.00**	**7.18**	**-2.797**	**0.024**	**2.44**	**(0,00 a 19,93)**	**-3.064**	**(-5,269 a -0,844)**
	Nomeação por Definição	17	17.20	2.95	-0.062	0.476	47.32	(17,32 a 79,21)	-0.068	(-0,941 a 0,814)
	Conhecimentos Gerais	**12**	**18.40**	**1.14**	**-5.125**	**0.003**	**0.34**	**(0,00 a 3,38)**	**-5.614**	**(-9,456 a -1,827)**
	Definição de Palavras	6	11.80	5.31	-0.997	0.187	18.75	(1,40 a 53,34)	-1.092	(-2,197 a 0,084)
	Categorização	**16**	**19.00**	**0.71**	**-3.857**	**0.009**	**0.90**	**(0,00 a 9,60)**	**-4.225**	**(-7,166 a -1,304)**
	Semelhanças	**8**	**14.00**	**2.00**	**-2.739**	**0.025**	**2.59**	**(0,00 a 20,68)**	**-3.000**	**(-5,165 a -0,818)**
	Teste de Nomeação	63	63.80	1.10	-0.664	0.271	27.15	(4,48 a 62,07)	-0.727	(-1,697 a 0,307)
	FVS - Animais	**10**	**22.20**	**4.27**	**-2.608**	**0.029**	**2.97**	**(0,00 a 22,42)**	**-2.857**	**(-4,934 a -0,758)**

Nota: *Fim do documento.
GDS = Escala Geriátrica de Depressão; 5D = Teste dos Cinco Dígitos; Fluência Verbal Fonológica – Letra S; FAB = Frontal Assessement Battery; VOC-WAIS-III = Subteste de Vocabulário da Escala de Inteligência Wechsler para Adultos; RAVLT = Rey Auditory Verbal Learning Test; VOC-WAIS-III = Subteste de Vocabulário da Escala De Inteligência Wechsler para Adultos; FVS = Fluência Verbal Semântica.

análises se tornam mais viáveis com fórmulas estatísticas, uma vez que se pode verificar a comparação entre a média de desempenho pré- e a média de desempenho pós- (Beeson & Robey, 2006). Nesses casos, é possível, inclusive, obter efeitos de magnitude similares ao d de Cohen (Shadish et al., 2013).

Em delineamentos simples de teste-reteste com medidas únicas, a carência de fórmulas estatísticas disponíveis se torna visível. O uso do chi-quadrado nessas circunstâncias de casos isolados viola os pressupostos estatísticos, tornando a análise quantitativa passível de erros do tipo I. Crawford e Garthwaite (2006) sugerem, mesmo quando se realiza comparações intrasujeito, que o ideal é ter a mesma comparação (teste-reteste) com um grupo de controles para evitar resultados falsos positivos ou falsos negativos. A partir de dados de uma pequena amostra de controles, é possível construir análises de regressão linear, em que o desempenho pós- do paciente é identificado como dentro ou fora do desempenho esperado de acordo com o teste-reteste da amostra de controles (Crawford & Garthwaite, 2006).

Entretanto, caso não haja amostra que tenha realizado teste-reteste nas mesmas condições do paciente, uma metodologia auxiliar se torna possível: o uso do Índice de Mudança Confiável (RCI) (Jacobson & Truax, 1991). Para calcular esse índice, é preciso que se tenha acesso a dados psicométricos da tarefa utilizada, e, portanto, isso é um potencial limitador para testes experimentais, em fase de normatização ou testes neuropsicológicos usados apenas em estudos clínicos.

O cálculo é realizado em três etapas:

a. Definição do erro padrão de medida: $SEM = SD\sqrt{1-r_{xx}}$, onde SD é o desvio-padrão da amostra normativa, e r_{xx} o coeficiente de confiabilidade do teste (ou a consistência interna, normalmente representada como o alfa de Cronbach nos estudos psicométricos e manuais)
b. Definição do erro padrão da diferença: $SE_D = \sqrt{2.(SEM)^2}$, onde SEM é o erro padrão de medida
c. Índice de Mudança Confiável: $RCI = \frac{(S_2 - S_1)}{SE_D}$, onde S_1 é o valor do teste, S_2 é o valor do reteste, e SE_D é o erro padrão da diferença

Se o valor encontrado de RCI sair do intervalo de -1,96 a 1,96, isso significa que essa mudança de valores ocorre em menos de 5% das vezes e, portanto, é uma mudança considerada significativa ($p \leq 0,05$), indicando melhora ou piora do desempenho. Caso o valor de RCI esteja entre -1,96 e 1,96, isso significa que a diferença de valores entre teste e reteste está dentro do esperado e não sinaliza mudanças significativas. Cabe ressaltar que, para o uso do RCI, é necessário que a amostra normativa forneça os parâmetros de consistência interna e desvio-padrão próximos do ponto de vista sociodemográfico do paciente em questão.

CASO CLÍNICO

M.F., sexo feminino, 78 anos, contava com dois anos de escolarização. Foi diagnosticada com comprometimento cognitivo leve amnéstico de acordo com os critérios de Petersen e colaboradores (2001). Apresentou desempenho abaixo do esperado pelas normas populacionais apenas nas medidas de memória episódica, e manutenção da independência funcional. Em acompanhamento longitudinal, um ano após a primeira avaliação, foi reavaliada, e seu desempenho em relação à média populacional apenas sugeriu déficit em evocação imediata da memória episódica (ver

Tab. 13.4). Foi realizado o cálculo de RCI para a paciente nas referidas medidas de memória, com o intuito de observar se a mudança de valores após um ano representaria efetivamente melhora de desempenho quando comparada também a ela mesma. Os cálculos de RCI foram realizados com os desvios-padrão das medidas provenientes de uma amostra compatível de controles (similar ao realizado no Estudo de Caso 1) e da amostra normativa do teste, possibilitando a visualização das diferenças de estimativas de mudança. Os valores de RCI indicaram que a paciente melhorou significativamente seu desempenho em todas as medidas de memória episódica, exceto no total de palavras, em que obteve quase o mesmo desempenho (ver Tab. 13.4). A Figura 13.3 demonstra também uma forma de análise visual dos resultados das duas avaliações. Após a segunda avaliação, considerou-se o quadro de M.F. um caso de remissão do comprometimento cognitivo leve amnéstico.

TABELA 13.4 • Comparação do desempenho longitudinal da paciente M.F. com normas populacionais publicadas e o Índice de Mudança Confiável (RCI) de acordo com as normas e com os controles compatíveis

	Avaliação 1			Avaliação 2			RCI		
RAVLT	Desempenho	Escore z	Interpretação	Desempenho	Escore z	Interpretação	Controles	Normas	Interpretação
A1	3	-2.57	Abaixo	5	0.29	Média	2.77	4.91	Melhora
A6	2	-11.00	Abaixo	7	-2.67	Abaixo	5.38	14.33	Melhora
A7	3	-9.80	Abaixo	8	0.20	Média	4.65	17.20	Melhora
TOTAL	35	-0.48	Média	40	1.70	Acima	1.95	3.74	Estabilidade
REC	3	-4.57	Abaixo	10	5.43	Acima	3.77	17.20	Melhora

RCI significativo a $p < 0,05$ (valor fora do intervalo -1,96 a 1,96).

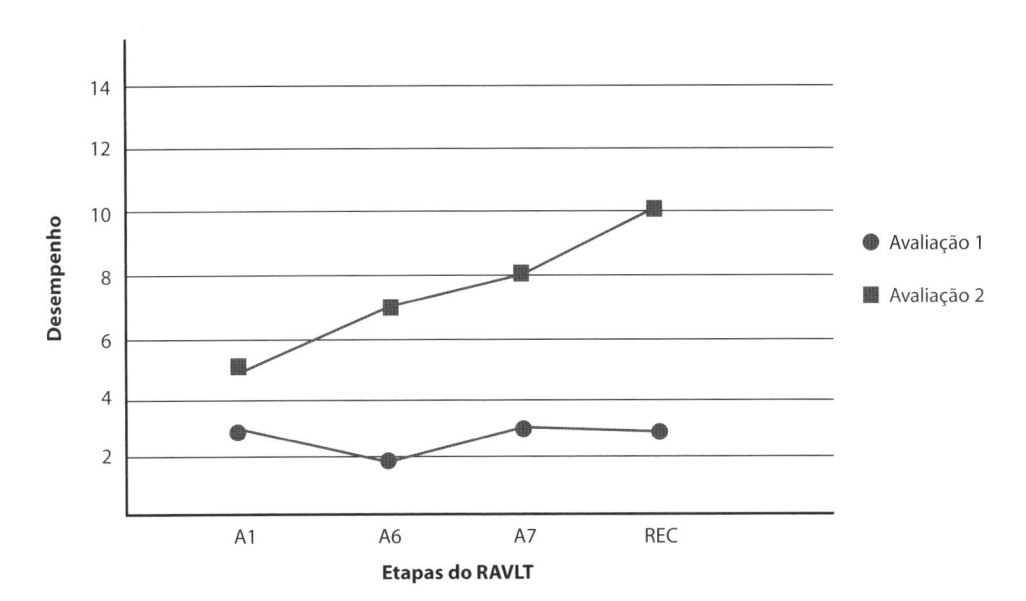

Figura 13.3 Análise visual do desempenho longitudinal da paciente M.F.

CONSIDERAÇÕES FINAIS

Cada avaliação neuropsicológica é, em si, um estudo de caso. Para tanto, o neuropsicólogo pode se valer de parâmetros normativos ou de resultados de procedimentos especificamente desenhados para testar as hipóteses no caso em questão. Ferramentas estatísticas direcionadas a potencializar o estudo de caso na neuropsicologia maximizam o raciocínio clínico individualizado e normativo que é preciso utilizar. Este capítulo teve como objetivo apresentar alguns procedimentos estatísticos úteis tanto para a pesquisa quanto para a clínica. Diferentemente do que possa parecer ao neuropsicólogo familiarizado com a abordagem nomotética, as análises estatísticas são importantes e passíveis de serem realizadas para uma melhor e mais segura interpretação idiográfica do paciente.

REFERÊNCIAS

Beeson, P. M., & Robey, R. R. (2006). Evaluating single-subject treatment research: Lessons learned from the aphasia literature. *Neuropsychology Review, 16*(4), 161-169.

Bertola, L., Haase, V. G., & Malloy-Diniz, L. F. (2013). Metodologia de estudo de caso: Delineamentos estatísticos de análise de um sujeito em relação a uma amostra de controles. In: L. F. Malloy-Diniz, D. Fuentes, & R. M. Cosenza (Orgs.), *Neuropsicologia do envelhecimento: Uma abordagem multidimensional*. Porto Alegre: Artmed.

Conselho Federal de Psicologia (CFP). (2002). *Resolução CFP nº 002/2004. Reconhecimento da neuropsicologia como especialidade da psicologia para finalidade de concessão e registro do título de especialista*. Brasília: CFP.

Crawford, J. R., & Garthwaite, P. H. (2002). Investigation of the single case in neuropsychology: Confidence limits on the abnormality of test scores and test score differences. *Neuropsychologia, 40*(8), 1196-1208.

Crawford, J. R., & Garthwaite, P. H. (2006). Comparing patients' predicted test scores from a regression equation with their obtained scores: A significance test and point estimate of abnormality with accompanying confidence limits. *Neuropsychology, 20*(3), 259-271.

Crawford, J. R., Garthwaite, P. H., & Porter, S. (2010). Point and interval estimates of effect sizes for the case-controls design in neuropsychology: Rationale, methods, implementations, and proposed reporting standards. *Cognitive Neuropsychology, 27*(3), 245-260.

Crawford, J. R., & Howell, D. C. (1998). Comparing an individual's test score against norms derived from small samples. *The Clinical Neuropsychologist, 12*, 482-486.

Damasceno, B. P. (2010). Methodological issues and controversies in research on cognitive disorders. *Dementia & Neuropsychologia, 4*(4), 268-276.

Field, A. (2013). *Discovering statistics using IBM SPSS statistics* (4th ed.). London: Sage.

Jacobson, N. S., & Truax, P. (1991). Clinical significance: A statistical approach to defining meaningful change in psychotherapy research. *Journal of Consulting and Clinical Psychology, 59*(1), 12-19.

Lane, J. D., & Gast, D. L. (2013). Visual analysis in single case experimental design studies: Brief review and guidelines. *Neuropsychological Rehabilitation, 24*(3-4), 445-463.

Lezak, M. D., Howieson, D. B., Bigler, E. D., & Tranel, C. (2012). *Neuropsychological assessment* (5th ed). New York: Oxford University Press.

Manolov, R., Gast, D. L., Perdices, M., & Evans, J. J. (2014). Single-case experimental designs: Reflections on conduct and analysis. *Neuropsychological Rehabilitation, 24*(3-4), 634-660.

Petersen, R. C., Doody, R., Kurz, A., Mohs, R. C., Morris, J. C., Rabins, P. V., ... Winblad, B. (2001). Current concepts in mild cognitive impairment. *Archives of Neurology, 58*(12), 1985-1992.

Shadish, W. R., Hedges, L. V., Pustejovsky, J. E., Boyajian, J. G., Sullivan, K. J., Andrade, A., & Barrientos, J. L. (2013). A d-statistic for single-case designs that is equivalent to the usual between-groups d-statistic. *Neuropsychological Rehabilitation, 24*(3-4), 528-553.

Smith, J. D. (2012). Single-case experimental designs: A systematic review of published research and current standards. *Psychological Methods, 17*(4), 510-550.

Parte II
AS INTERVENÇÕES EM NEUROPSICOLOGIA

14

O uso do exame neuropsicológico para estruturar uma intervenção

ELIANE CORREA MIOTTO

A neuropsicologia integra conhecimentos de diversos campos de atuação, entre eles a psicologia, a neurologia, a psiquiatria, a fonoaudiologia, a pedagogia, entre outros, e atua em diversos contextos, incluindo o clínico, o experimental, o de pesquisa, o de ensino e o forense. Este capítulo centra-se no contexto clínico da neuropsicologia, que tem como principais objetivos:

1. auxiliar no diagnóstico de quadros neurológicos e neuropsiquiátricos
2. estabelecer a natureza e a extensão do comprometimento cognitivo e comportamental decorrente de tais quadros
3. delinear as habilidades "fortes e fracas", promovendo um mapeamento mais efetivo do funcionamento cognitivo
4. propor intervenções voltadas para as alterações cognitivas e comportamentais
5. avaliar os efeitos dessas intervenções e de procedimentos cirúrgicos ou tratamentos farmacológicos

O exame neuropsicológico é um dos métodos diagnósticos mais refinados e específicos para se alcançar grande parte dos objetivos elencados (Lezak, Howienson, Bigler, & Tranel, 2012; Miotto, 2012). Os resultados obtidos por meio desse exame auxiliam a investigação de hipóteses diagnósticas e o planejamento de intervenções pertinentes a cada caso.

O exame neuropsicológico comumente utilizado nas investigações diagnósticas pode ser didaticamente dividido em quatro etapas:

1. entrevista clínica ou anamnese, para obtenção de informações relevantes acerca das dificuldades cognitivas, história clínica, educacional e ocupacional, antecedentes, medicações atuais com possível impacto na cognição
2. avaliação das funções cognitivas, incluindo funcionamento intelectual, memória, linguagem, leitura, escrita, cálculo, funções executivas, atencionais, visioperceptivas, visioespaciais e praxias
3. avaliação do humor
4. conclusão a partir do raciocínio clínico, interpretação quantitativa e qualitativa dos resultados

O exame neuropsicológico que visa a esclarecimentos diagnósticos avalia o funcionamento cognitivo geral e identifica áreas específicas desse funcionamento que se situam abaixo ou dentro do esperado em comparação a um grupo de pessoas com idade e escolaridade semelhantes. Se a função prejudicada, por exemplo, é a memória, é possível saber se o comprometimento engloba a aprendizagem ou a retenção de novas informações, se é específico para conteúdos verbais, visioespaciais ou ambos e se há interferência dos processos atencionais e executivos nas alterações de memória. O exame neuropsicológico possibilita, dessa maneira, um mapeamento das "forças e fraquezas", ou habilidades cognitivas preservadas e prejudicadas. Para esse propósito, a utilização de testes neuropsicológicos padronizados é fundamental, desde que validados e padronizados para a população em que serão utilizados.

No entanto, quando o exame neuropsicológico visa auxiliar o planejamento e a estruturação de intervenções neuropsicológicas, é necessário ampliar e complementar o espectro de investigação e abranger uma avaliação mais detalhada do comportamento, da funcionalidade e das estratégias atuais utilizadas para lidar com as alterações cognitivas, as incapacidades e as desvantagens. Ou seja, deve haver uma análise do impacto, e não apenas do quadro neurológico ou neuropsiquiátrico, mas de diversas condições que possam interferir na capacidade funcional e no comportamento do indivíduo (World Health Organization [WHO], 2001). A participação de uma equipe interdisciplinar, composta por terapeuta ocupacional, fisioterapeuta e fonoaudiólogo, seria ideal para uma avaliação mais abrangente.

Em se tratando de exame neuropsicológico para estruturar uma intervenção, é necessário que este possa auxiliar a responder a perguntas, tais como:

1. Quais são as dificuldades encontradas na vida real decorrentes do quadro neurológico ou neuropsiquiátrico? No caso de uma alteração de memória episódica verbal, é possível que haja dificuldades para aprender e reter novas informações lidas em jornal, textos e livros, em conversas, aulas, conferências e reuniões?

2. Qual o impacto dessas dificuldades na funcionalidade, nas atividades instrumentais de vida diária (AIVD), nas atividades ocupacionais, familiares, pessoais e sociais? Seguindo o exemplo do caso anterior, foi necessário afastar-se das atividades laborativas ou dos estudos? Não utiliza mais o transporte público ou automóvel?

3. Como são realizadas as AVD e atividades ocupacionais atualmente? Há necessidade de ajuda ou supervisão para conduzir a rotina diária, realizar compras, administrar as finanças, lembrar-se de compromissos, manusear as medicações?

4. Quais as estratégias que o paciente utiliza atualmente para lidar com essas dificuldades? Por exemplo, passou a fazer uso dos recursos do celular, como alarmes e agenda, para se lembrar de compromissos e do horário das medicações? Ou tornou-se dependente do cuidador ou familiar para essas atividades, que antes eram realizadas de maneira independente?

5. Quais os recursos, auxílios externos e estratégias que eram utilizados antes do quadro neurológico ou neuropsiquiátrico?

6. Quais as dificuldades que geram maior sofrimento ou preocupação para o paciente e o familiar?

7. A família está envolvida na recuperação do paciente, ou ele reside sozinho e não pode contar com a ajuda dos familiares ou de um cuidador?

8. Há presença de quadro de alteração do humor, incluindo depressão ou ansiedade, que possa estar acentuando as dificuldades cognitivas e influenciando a participação e a recuperação do paciente?

9. O paciente apresenta alguma alteração comportamental ou redução da autocrítica decorrente do quadro clínico? Há evidência de alguma alteração

comportamental ou transtorno neuropsiquiátrico, abuso de substância ilícita ou álcool anterior à instalação do quadro clínico?
10. Existem fatores ou condições externas que precipitam as alterações cognitivas ou comportamentais?

Para que questões como essas elencadas possam ser adequadamente abordadas em um exame neuropsicológico, é necessário o uso de métodos complementares aos testes neuropsicológicos padronizados. Para esse fim, deve-se adotar uma abordagem comportamental e funcional baseada em avaliações ecológicas, entrevistas, escalas de comportamento, atividades de vida diária (AVD) e problemas cognitivos encontrados na vida real (Miotto, 2015). Essa abordagem permite ao neuropsicólogo atuar de maneira mais específica e eficaz em comportamentos, incapacidades e desvantagens que pessoas com quadros neurológicos possam apresentar.

O processo e as etapas do exame neuropsicológico com vistas a estruturar e subsidiar uma intervenção serão detalhados a seguir.

ENTREVISTA CLÍNICA

A entrevista clínica deve ser realizada preferencialmente com o paciente e o familiar em conjunto e, posteriormente, com cada um deles em momentos distintos, possibilitando privacidade para o relato das queixas. Ela geralmente é iniciada com perguntas semiestruturadas e depois complementada com questionários e escalas específicos para o cuidador ou o familiar.

O objetivo é obter o máximo de informações sobre o quadro clínico atual do paciente, com descrição detalhada das alterações cognitivas e comportamentais e do impacto dessas alterações nas AVD, atividades ocupacionais e sociais. O Quadro 14.1 apresenta sugestões de informações a serem obtidas durante a entrevista clínica.

As informações contidas no Quadro 14.1 devem ser abordadas com o paciente e o familiar ou cuidador. Em se tratando de atendimento infantil, os dados relevantes de história clínica são obtidos com os pais ou responsáveis.

Na realidade brasileira, um dos tópicos a serem investigados de maneira detalhada é o grau de escolaridade, se frequentou escola pública ou privada, o nível socioeconômico e cultural, a ocupação ou profissão do paciente, uma vez que até o momento não existem testes padronizados que avaliem o funcionamento pré-mórbido ou prévio na população brasileira (Miotto, 2012). Além disso, a interpretação dos resultados de uma pessoa com baixa escolaridade deve ser distinta daquela com alta escolaridade. Exemplos da importância de se obter essas informações se aplicam a casos de pessoas com alta escolaridade e atividade profissional intelectualmente demandante em que um resultado quantitativo obtido dentro da média para a idade em um teste cognitivo pode refletir um declínio leve da função avaliada pelo teste, uma vez que o funcionamento esperado seria acima da média. Esse raciocínio clínico no momento de interpretar os resultados do exame neuropsicológico é de grande relevância para auxiliar no diagnóstico e planejamento de intervenções mais adequadamente direcionadas.

Uma das grandes limitações em nosso contexto é o número reduzido de instrumentos padronizados para a população brasileira levando-se em consideração estratificações como idade e escolaridade. No entanto, importantes avanços nesse sentido foram obtidos por meio dos estudos de diversos centros no Brasil. Alguns desses estudos estão citados no Quadro 14.2.

Como descrito, a investigação de informações referentes ao humor, ao

QUADRO 14.1 • Informações relevantes a serem obtidas na entrevista clínica

Tópicos	Conteúdos a serem explorados
História do quadro clínico	Data de ocorrência ou de início e descrição do quadro clínico, outras informações relevantes (p. ex., no caso de traumatismo craniencefálico, houve perda de consciência e amnésia pós-traumática? No caso de um quadro demencial, o início foi insidioso ou abrupto?).
Queixas principais	Descrição detalhada das alterações cognitivas, englobando áreas da memória, linguagem, atenção, funções executivas, visioespaciais, praxias e eficiência intelectual, alterações de comportamento, início e frequência das queixas.
Impacto nas atividades instrumentais e básicas de vida diária	Atividades instrumentais de vida diária que foram afetadas pelas dificuldades e nível de dependência (p. ex., apresenta dificuldades para se lembrar de compromissos, administrar as medicações e a vida financeira, perde-se em caminhos conhecidos, etc.). Atividades básicas de vida diária que foram comprometidas (p. ex., necessita de ajuda para deambular, vestir-se, alimentar-se, etc.).
Impacto nas atividades ocupacionais e sociais	Atividades ocupacionais: foi necessário afastar-se das atividades ocupacionais ou profissionais? Permanentemente ou por período específico de tempo? Atividades sociais: continua participando de eventos sociais e familiares?
Uso atual de estratégias compensatórias	Utiliza alguma estratégia ou auxílio externo para ajudar na realização de atividades diárias?
Presença de alteração do humor ou do comportamento	Há história prévia ou atual de sintomas de ansiedade ou depressão? Há evidência de redução da autocrítica, da iniciativa, quadro de apatia ou agitação e desinibição?
Fatores desencadeantes	Há fatores ou situações que desencadeiam algum desses comportamentos?
Suporte familiar e social	É possível contar com a ajuda de familiares ou cuidadores? Está inserido em atividades sociais?
Antecedentes pessoais e familiares	Há história prévia de doenças, internações, cirurgias, abuso de substâncias ilícitas ou álcool, etc.? Há história familiar de quadros neurológicos ou neuropsiquiátricos?

comportamento e à funcionalidade é de extrema relevância para o exame neuropsicológico com o foco em intervenção. Esses tópicos serão abordados de maneira mais detalhada a seguir.

AVALIAÇÃO DO HUMOR

No que tange ao humor, além da entrevista clínica, é necessário utilizar escalas de humor, para que tanto dados qualitativos como quantitativos possam ser analisados. É possível encontrar situações nas quais as respostas dos pacientes em escalas de humor não apontam sintomas significativos de ansiedade e depressão, sendo que durante a entrevista clínica esses sintomas se tornam evidentes. Esse fato pode estar relacionado a fatores como limitação de algumas escalas em mensurar todas as possíveis dimensões dos sintomas apresentados pelos pacientes ou dificuldade de alguns pacientes em relacionar seu estado emocional com a descrição dos sintomas nas escalas.

Entre as principais escalas de humor utilizadas para investigação de sintomas de ansiedade e depressão, encontram-se a Escala de Depressão e Ansiedade de Beck (Beck & Steer, 1990; Beck, Steer, & Brown, 1996), a Escala Hospitalar de Ansiedade e de Depressão (Zigmond & Snaith, 1983) e

QUADRO 14.2 • Testes neuropsicológicos e Instrumentos de rastreio cognitivo com normas e dados psicométricos preliminares para a população brasileira

Teste	Estudos publicados
Rey Auditory Verbal Learning Test (RAVLT)	Malloy-Diniz, L. F., Cruz, M. F., Torres, V. M., & Consenza, R. M. (2000). O Teste de Aprendizagem Auditivo-verbal de Rey: Normas para uma população brasileira. *Revista Brasileira de Neurologia, 36*(3), 79-83.
	de Paula, J. J., Melo, L. P., Nicolato, R., Moraes, E. N., Bicalho, M. A., Hamdan, A. C. & Malloy-Diniz, F. L. (2012a). Fidedignidade e validade de construto do Teste de Aprendizagem Auditivo-verbal de Rey em idosos brasileiros. *Revista de Psiquiatria Clínica, 39*(1), 19-23.
Hopkins Verbal Learning Test-R Brief Visual Memory Test-R	Miotto, E. C., Campanholo, K. R., Rodrigues, M. A. M., Serrao, V. T., de Lucia, M. C. S., & Scaff, M. (2012). Hopkins verbal learning test-revised and brief visuospatial memory test-revised: Preliminary normative data for the Brazilian population. *Arquivos de Neuro-Psiquiatria, 70*(12), 960-966.
Boston Naming Test (BNT)	Miotto, E. C., Sato, J., Lucia, M. C., Camargo, C. H., & Scaff, M. (2010). Development of an adapted version of the Boston Naming Test for Portuguese speakers. *Revista Brasileira de Psiquiatria, 32*(3), 279-282.
	Mansur, L. L., Radanovic, M., Araújo, G. C., Taquemori, L. Y., & Greco, L. L. (2006). Boston Naming Test: Performance of Brazilian population from São Paulo. *Pró-Fono Revista de Atualização Científica, 18*(1), 13-20.
Token Test	Moreira, L., Schlottfeldt, C. G., de Paula, J. J., Daniel, M. T., Paiva, A., Cazita, V., ... Malloy-Diniz, L. F. (2011). Normative study of the Token Test (short version): Preliminary data for a sample of Brazilian seniors. *Revista de Psiquiatria Clínica, 38*(3), 97-101.
	Malloy-Diniz, L. F., Bentes, R. C., Figueiredo, P. M., Brandão-Bretas, D., Costa-Abrantes, S., Parizzi, A. M., ... Salgado, J. V. (2007). Normalización de una batería de tests para evaluar las habilidades de comprensión del lenguaje, fluidez verbal y denominación en niños brasileños de 7 a 10 años: Resultados preliminares. *Revista de Neurologia, 44*(5), 275-280.
	de Paula, J. J., Schlottfeldt, C. G., Moreira, L., Cota, M., Bicalho, M.A., Romano-Silva, M. A., ... Malloy-Diniz, L. F. (2010). Propriedades psicométricas de um protocolo neuropsicológico breve para uso em populações geriátricas. *Revista de Psiquiatria Clínica, 37*(6), 246-250.
Miniexame do Estado Mental	Brucki, S. M. D, Nitrini, R., Caramelli P., Bertolucci, P. H. F., & Okamoto, I. H. (2003). Sugestões para o uso do Miniexame do Estado Mental no Brasil. *Arquivos de Neuropsiquiatria, 61*(3-B), 777-781.
Escala Mattis – Dementia Rating Scale	Porto, C. S., Caramelli, P., & Nitrini, R. (2010). The influence of schooling on performance of the Mattis Dementia Rating Scale (DRS). *Dementia & Neuropsychologia, 4*(2), 126-130.
Addenbrooke's Cognitive Examination	Amaral-Carvalho, V., & Caramelli, P. (2012). Normative data for healthy middle-aged and elderly performance on Addenbrooke's Cognitive Examination-Revised. *Cognitive and Behavioral Neurology, 25*(2), 72-76.
Trail Making Test	Hamdan, A. C., & Hamdan, E. M. (2009). Effects of age and education level on the Trail Making Test in a healthy Brazilian Sample. *Psychology & Neuroscience, 2*(2), 199-203. Campanholo, K. R., Romão, M. A., Machado, M. A. R., Serrao, V. T., Coutinho, D. G. C., Benute, G. R. G., ... Lucia, M. C. S. (2014). Performance of an adult Brazilian sample on the Trail Making Test and Stroop Test. *Dementia & Neuropsychologia, 8*(1), 26-31.
Torre de Londres	de Paula, J. J., Costa, D. S., Moraes, E. N., Nicolatto, R., & Malloy-Diniz, L. F. (2012b). Contribuições da Torre de Londres para o exame do planejamento em idosos com comprometimento cognitivo leve. *Revista Neuropsicología Latinoamericana, 4*(2), 16-21.

a Escala de Depressão Geriátrica (Yesavage et al., 1983).

AVALIAÇÃO COMPORTAMENTAL

Para a avaliação do comportamento, são utilizadas escalas, testes ecológicos, entrevista semiestruturada e análise de comportamento (Miotto, 2015). Entre as escalas para investigação do comportamento, há a escala DEX da bateria Behavioural Assessment of the Dysexecutive Syndrome (BADS),[1] que identifica problemas encontrados na vida diária relacionados às funções executivas, como planejamento, tomada de decisões, resolução de problemas, entre outros, e possibilita a comparação dos resultados entre pacientes e cuidadores ou familiares. Para investigação de problemas de memória na vida cotidiana, existem os questionários e inventários Subjective Memory Questionnaire (Bennett-Levy & Powell, 1980) e o Cognitive Failures Questionnaire (Broadbent, Cooper, Fitzgerald, & Parker, 1982), e, para dificuldades de memória prospectiva e retrospectiva, o Prospective and Retrospective Memory Questionnaire (Crawford, Smith, Maylot, Della Salla, & Logie, 2003). O Questionário Europeu de Lesão Cerebral (EBIQ) abrange áreas da vida real que são comumente afetadas após lesões adquiridas, entre elas o domínio cognitivo, a motivação, a impulsividade, a depressão, o isolamento, a comunicação, somático e físico (Deloche, Dellatolas, & Christensen, 2000).

A utilização de testes ecológicos possibilita a obtenção de medidas quantitativas em um cenário mais realista e próximo da vida cotidiana das pessoas. A bateria BADS é composta por testes ecológicos e semelhantes a atividades da vida real que avaliam as dificuldades de funcionamento executivo, entre eles Teste de Mudança de Regras de Cartões, Teste de Programação de Ação, Procura da Chave, Julgamento Temporal, Mapa do Zoológico e Teste Modificado dos Seis Elementos. O Rivermead Behavioural Memory Test[2] é uma bateria de testes ecológicos que avalia as dificuldades de memória comumente encontradas na vida real, com versões para adultos e crianças. O Virtual Planning Test (Miotto & Morris, 1998; Miotto, Evans, de Lucia, & Scaff, 2009) avalia planejamento, organização, sequenciamento e inibição de ações irrelevantes no contexto da vida diária por meio de atividades cotidianas que precisam ser realizadas durante a semana e atividades relacionadas a uma viagem a ser realizada no fim dessa semana utilizando um tabuleiro com os dias semanais e cartões a serem selecionados para cada atividade.

Outra forma de avaliar ecologicamente o funcionamento cognitivo é mediante tarefas funcionais elaboradas no ambiente natural. Um exemplo prático desse tipo de tarefa pode ser encontrado no estudo realizado em parceria com o Centro de Reabilitação Neuropsicológica Oliver Zangwill, criado pela Profa. Dra. Barbara Wilson em Ely, em Cambridge, Inglaterra (Miotto et al., 2009). Nesse estudo, pacientes da população brasileira com lesões crônicas adquiridas nas regiões frontais foram submetidos a um programa de reabilitação das disfunções executivas e atencionais, denominado Attention and Problem Solving (APS), e avaliados antes e depois do programa com testes padronizados, ecológicos e tarefas funcionais. Uma dessas tarefas envolvia a realização de 10 atividades em uma rua próxima ao local onde os pacientes foram avaliados. As atividades elaboradas para essa tarefa foram baseadas nas dificuldades de planejamento, organização, sequenciamento e resolução de problemas encontrados nos pacientes do estudo. Para que todas as atividades pudessem ser realizadas

---

[1] Disponível em: www.pearsonassessments.com.

[2] Disponível em: www.psychcorp.co.uk.

em 15 minutos, era necessário que o paciente planejasse suas ações antes de iniciar as atividades, uma vez que elas foram apresentadas de forma escrita em um cartão seguindo uma sequência aleatória de locais a serem visitados na rua. Se o paciente seguisse a ordem das atividades tal qual estava no cartão, não conseguiria realizar todas elas no prazo de 15 minutos, uma vez que essa ordem o levava a transitar pela rua retornando aos mesmos pontos repetidamente e, dessa maneira, tornando o padrão de respostas impulsivo e ineficiente. A Figura 14.1 mostra um esboço dos locais que o paciente era solicitado a visitar e, ao lado, as atividades a serem realizadas. Antes do programa APS, os pacientes apresentaram um padrão de resposta errático, impulsivo e ineficiente, não sendo possível para a maioria completar todas as atividades dentro do tempo estipulado. Após o programa, houve melhora significativa dos pacientes nessa tarefa funcional com novas atividades, e essa melhora estava associada a um comportamento menos impulsivo e mais estratégico. É importante ressaltar que a melhora do desempenho cognitivo e comportamental observada nesse grupo de pacientes após o programa APS ocorreu especialmente nessa tarefa funcional, no teste ecológico VIP e no questionário de dificuldades executivas encontradas na vida real DEX, e não nos testes neuropsicológicos padronizados. Esse achado é compatível com resultados prévios de programas de reabilitação cognitiva ecológicos, nos quais a melhora decorrente dos programas é identificada por meio de medidas que se assemelham às atividades da vida real (Avila, Botino, Carvalho, & Miotto, 2004; Hampstead et al., 2011; Miotto, 2007, 2002).

A avaliação comportamental também pode ser realizada mediante a análise funcional ou avaliação dos "antecedentes, comportamento e consequências" (ACC) (Wilson 2009). Essa análise possibilita investigar se determinados comportamentos são desencadeados por estímulos ou fatores específicos e as consequências decorrentes do comportamento. Podemos exemplificar essa análise com um exemplo de uma paciente que, após sofrer um traumatismo craniencefálico envolvendo as áreas frontais e temporais cerebrais, apresentava comportamento de choro sempre que um familiar ou cuidador se aproximava dela para tentar fazer contato e estabelecer uma conversa. Normalmente, perguntava-se à paciente: "como você está?". Diante de seu comportamento de choro, havia a consequência de ser interrompida qualquer atividade que estivesse realizando. Em

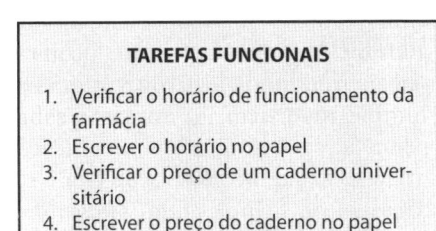

TAREFAS FUNCIONAIS

1. Verificar o horário de funcionamento da farmácia
2. Escrever o horário no papel
3. Verificar o preço de um caderno universitário
4. Escrever o preço do caderno no papel
5. Comprar um jornal com até R$ XX
6. Verificar preço da revista XX
7. Escrever o preço da revista no papel
8. Devolver o troco à instrutora
9. Devolver papel e lápis emprestados
10. Retornar ao ponto inicial às 14:15

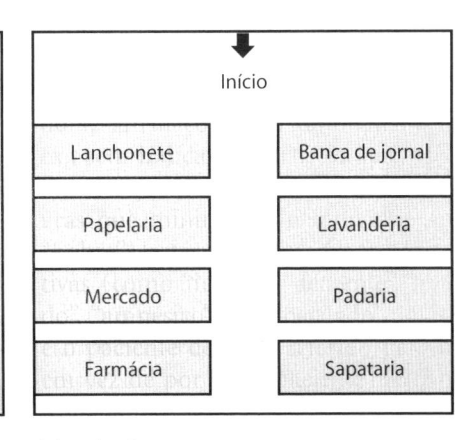

Início

Lanchonete	Banca de jornal
Papelaria	Lavanderia
Mercado	Padaria
Farmácia	Sapataria

Figura 14.1 Exemplo de tarefa funcional aplicada em um recinto natural.
Fonte: A partir do estudo de Miotto e colaboradores (2009).

um primeiro momento, os familiares e cuidadores não entendiam o motivo do choro imotivado da paciente. Após a análise funcional ACC e verificação do fator precipitante, ficou claro que a pergunta que era feita à paciente despertava uma avalanche de emoções e, consequentemente, o choro e interrupção das atividades em andamento. Foi sugerida uma mudança na forma de abordar a paciente, e, em vez de perguntar "como você está?", os familiares e cuidadores foram orientados a fazer um comentário positivo sobre a atividade que a paciente estava realizando naquele momento, como, por exemplo, "este filme parece interessante... do que se trata?". Essa mudança possibilitou a continuidade do engajamento da paciente na atividade que estava desempenhando, e ela não apresentou mais o comportamento de choro.

AVALIAÇÃO DA FUNCIONALIDADE E DAS AVD

Para a avaliação da funcionalidade e das atividades de vida diária, no que tange às AVD básicas, é necessário investigar se o paciente as realiza de forma independente, com auxílio/supervisão ou se é totalmente dependente para a realização de atividades como:

1. alimentar-se
2. banhar-se
3. vestir-se
4. usar o banheiro
5. locomover-se

Em relação às AVD instrumentais, deve-se investigar se é capaz de realizar atividades como:

1. gerenciar a rotina diária
2. realizar compras
3. manusear medicações
4. administrar finanças
5. lembrar-se de compromissos
6. permanecer ou sair de casa desacompanhado
7. dirigir ou utilizar transporte público

Entre as escalas utilizadas e preenchidas por familiares ou cuidadores para se avaliar o grau de independência em tais atividades, encontram-se as Escalas Katz (Katz, Ford, Moskowitz, Jackson, & Jaffe, 1963) e Pfeffer (Pfeffer, Kurosaki, Harrah, Chance, & Filos, 1982).

AVALIAÇÃO DAS FUNÇÕES COGNITIVAS

Além da avaliação dos tópicos delineados, é importante incluir no exame neuropsicológico a aplicação de testes de memória, aprendizagem de novas informações, linguagem, funções visioperceptivas, visioespaciais, executivas, atencionais, praxias e funcionamento intelectual. O Quadro 14.2 elenca alguns dos testes com normas e dados psicométricos preliminares de estudos de diversos centros no Brasil para a população brasileira. A seguir, serão descritas as principais funções cognitivas avaliadas em um exame neuropsicológico, com exemplos de testes cognitivos pertinentes a cada função.

MEMÓRIA

A memória é um sistema complexo composto por vários subsistemas mediados por mecanismos e circuitos cerebrais distintos (Baddeley, 2000; Squire, 1986; Tulving, 2002). Didaticamente, podemos classificar os sistemas da memória em declarativo, ou acessível à consciência, e não declarativo. Além disso, os processos de memória podem se classificar em memória operacional e de curto prazo e memória de longo prazo. Na área clínica, os processos de memória declarativa de longo prazo mais comumente investigados em um exame neuropsicológico abrangem a memória episódica e a memória semântica. Dentro da memória não declarativa, há a memória implícita e de procedimento. A memória prospectiva é um subsistema relacionado à recordação de uma intenção para realizar uma ação no futuro (Graf & Utti, 2001). A seguir, esses sistemas serão abordados separadamente.

Memória operacional e de curto prazo

Essa memória é o sistema responsável pelo armazenamento de informações na ordem de segundos ou de poucos minutos (Baddeldey, 2000). Além disso, esse sistema permite a manipulação de informações necessárias para o processamento de funções cognitivas superiores, entre elas a habilidade de cálculo, linguagem, resolução de problemas, etc. Os principais componentes desse sistema incluem o executivo central, responsável pela manipulação e organização dos estímulos, a alça fonológica e articulatória, capaz de codificar estímulos verbais fonéticos, o esboço visioespacial, responsável pela codificação de estímulos visioespaciais, o registro episódico, que pode armazenar informações ou episódios, e a memória sensorial tátil. Os principais testes que avaliam a memória operacional e de curto prazo abrangem (Strauss, Sherman, & Spreen, 2006):

1. Dígitos ordem direta e indireta, das escalas Wechsler de Inteligência e de Memória
2. Span Espacial ordem direta e indireta, da escala Wechsler de Memória
3. Sequência de Números e Letras, das escalas Wechsler de Inteligência
4. Repetição de Sentenças e Janela Digital, do Wide Range Assessment of Memory and Learning.

Memória episódica

A memória episódica é o sistema capaz de armazenar informações e eventos vividos em um determinado tempo e espaço (Tulving, 2002). Por meio desse sistema, podemos recordar trajetos, o que fizemos no dia anterior ou em nossas últimas férias, o local onde guardamos objetos pessoais ou estacionamos nosso automóvel. Trata-se de um dos sistemas mais frequentemente afetados após lesões cerebrais adquiridas e quadros demenciais. Entre os testes neuropsicológicos que avaliam esse sistema, podemos encontrar: o Rey Auditory Verbal Learning Test (RAVLT), com normas para a população brasileira (Quadro 14.2), o Hopkins Verbal Learning Test – Revised (HVLT-R) e o Brief Visual Memory Test – Revised (BVMT-R), com normas preliminares para a população brasileira (Quadro 14.2), o teste Figura de Rey, o Recognition Memory Test, que avalia reconhecimento verbal e visual, o Camden Memory Test (testes com estímulos da vida real que avaliam a memória de reconhecimento visual e verbal), a bateria Wechsler de Memória, com os subtestes Memória Lógica, Pares Associados, Listas de Palavras, Reconhecimento de Faces, Figuras de Família, Reprodução Visual, além de testes de memória operacional verbal e visioespacial, e o Wide Range Assessment of Memory and Learning (WRAML), que avalia aprendizagem e memória de curto e de longo prazo em crianças, adultos e idosos.

Memória semântica

Esse sistema de memória é responsável pelos conhecimentos gerais que adquirimos e armazenamos ao longo da vida e que estão diretamente relacionados à escolaridade e à cultura, como, por exemplo, saber que o Pão de Açúcar é um ponto turístico no Rio de Janeiro, que o tigre é um animal selvagem, etc. Os testes que avaliam esse sistema incluem os subtestes Vocabulário e Informação, das escalas Wechsler de Inteligência para crianças e adultos, o Boston Naming Test, a Fluência Verbal Categórica (animais, itens de supermercado, vestimenta, etc.), o Pyramids and Palm Trees (Strauss et al., 2006).

Memoria implícita

Esse sistema possibilita adquirir gradualmente uma habilidade percepto-motora por meio da exposição repetida e abrange um conjunto de subsistemas, entre os quais pré-ativação, memória procedural e formação de hábito. Pode ser avaliado por meio da aprendizagem de palavras ou imagens mediante a repetida exposição dos fragmentos dessas palavras ou imagens, como no teste de Gollins Fragmented Pictures and Words, e mediante a apresentação de parte de uma palavra (ver Miotto [2012] para uma descrição mais detalhada desses processos e exemplos de testes a serem utilizados).

Memória prospectiva

A memória prospectiva é um dos sistemas mais utilizados no cotidiano e envolve tarefas como lembrar-se do horário das medicações, transmitir um recado, comparecer a um compromisso. Esse sistema possibilita criar intenções e recordar-se dessas intenções no futuro para que ações possam ser implementadas (Graf & Utti, 2001). As diferentes versões da bateria ecológica RBMT incluem tarefas de memória prospectiva, como solicitar ao paciente que se lembre de perguntar quando será a próxima consulta/sessão depois de um período específico de tempo, solicitar que o examinador devolva pertences pessoais e lembrar-se de transmitir um ou dois recados. O Cambridge Prospective Memory Test (Wilson, Emslie, Foley, Shiel, & Watson, 2005) é um instrumento de memória prospectiva que inclui tarefas baseadas no tempo e em eventos.

LINGUAGEM

A investigação da linguagem é complexa e abrange os domínios da nomeação, produção oral, compreensão, repetição, escrita, leitura e cálculo (ver Miotto [2012] para detalhes sobre esses domínios e alterações relacionadas à linguagem decorrentes de quadros neurológicos). Para avaliação da produção oral, utilizam-se testes de descrição de cenas, como o Roubo dos Biscoitos, da bateria Boston Diagnostic Aphasia Examination (BDAE).[3] Para compreensão, há o Token Test, com normas para a população brasileira (Quadro 14.2), o subteste Vocabulário do WAIS-III/WISC-IV, as baterias BDAE e Psycholinguistic Assessments of Language Processing in Aphasia (PALPA).[4] Para avaliar a nomeação, o teste Boston Naming, da bateria BDAE, tem sido o mais utilizado, e há normas preliminares para a população brasileira (Quadro 14.2). Para avaliar leitura, escrita e cálculo em crianças, há o Teste de Desempenho Escolar e o subteste Aritmética, do WAIS-III e WISC-IV.

FUNÇÕES VISIOPERCEPTIVAS E VISIOESPACIAIS

As funções visioperceptivas abrangem a capacidade associada à identificação e ao reconhecimento de objetos e apresentam subsistemas que consistem nos processos primários, entre eles acuidade visual,

---

[3] Disponível em: www.pearsonassessments.com.
[4] Disponível em: www.psypress.com.

discriminação de formas, cor, textura, movimentos e posição, os quais podem ser avaliados pelo Cortical Vision Screening Test (CORVIST)[5] e pela bateria Visual Object and Space Perception (VOSP).[6] Os processos perceptivos integram os processos visuais primários em estruturas perceptivas coerentes como a forma de um objeto e podem ser avaliados pelo CORVIST, VOSP e, qualitativamente, pelo Teste de Nomeação de Boston.

As funções visioespaciais possibilitam uma análise da posição e localização espacial de objetos no espaço e em relação a nós mesmos e podem ser avaliadas pelo VOSP, Cópia da Figura de Rey, Desenho do Relógio (ver Miotto [2012] para uma descrição pormenorizada dessas funções e instrumentos de avaliação).

A visioconstrução ou praxia construtiva são comumente avaliadas pelo subteste Cubos, do WAIS-III/WISC-III/WASI, Cópia da Figura de Rey, Desenho do Relógio, cópia de figuras bidimensionais.

FUNÇÕES EXECUTIVAS E ATENCIONAIS

As funções executivas compreendem as habilidades envolvidas em comportamentos complexos, entre os quais planejamento, organização, formulação de objetivos, resolução de problemas, monitoramento do comportamento, inibição de respostas irrelevantes, raciocínio, abstração, etc. (Lezak et al., 2012; Miotto, 2012; Miotto et al., 2009). A avaliação dessas funções deve abranger o maior número possível de instrumentos, uma vez que nem todas essas habilidades encontram-se alteradas dentro de um mesmo quadro clínico. Entre os testes utilizados para avaliação das funções executivas (Strauss et al., 2006), encontramos os testes de Fluência Verbal Nominal e Categórica, Wisconsin Card Sorting Test, BADS, Hayling and Brixton, Torre de Londres, com normas preliminares para a população brasileira (Quadro 14.2), Delis-Kaplan Executive Function System (D-KEFS).

Em relação aos processos atencionais no contexto da área clínica, são comumente avaliadas a atenção concentrada, alternada e seletiva. A atenção concentrada, que é um estado de prontidão por períodos prolongados para processar informações, pode ser avaliada pelo teste D2 (Cetepp),[7] Teste de Atenção Concentrada (AC, Vetor),[8] Continuous Performance Test (CPT)[9] e Test of Everyday Attention (TEA).[10] Para a atenção alternada, ou seja, capacidade de alternar o foco atencional em duas ou mais fontes de estimulação, utilizam-se o Trail Making Test A e B, com normas preliminares para a população brasileira (Quadro 14.2), o Color Trail Test, com padronização brasileira pela Pearson, e o Symbol Digit Test (Straus et al., 2006). A atenção seletiva, que envolve a capacidade de manter a atenção em uma fonte de estímulo ignorando-se distratores, pode ser avaliada pelo Stroop Test (Strauss et al., 2006).

CONSIDERAÇÕES FINAIS

O exame neuropsicológico que objetiva estruturar uma intervenção cognitiva ou comportamental deve abranger um espectro mais amplo de investigação quando comparado ao exame neuropsicológico que visa a apenas esclarecimentos diagnósticos. Além das etapas de entrevista clínica (anamnese) e avaliação das funções cognitivas, é necessário avaliar o comportamento, por meio de tarefas funcionais, testes ecológicos e escalas sensíveis a alterações cognitivas

---

[5] Disponível em: www.psychcorp.co.uk.
[6] Disponível em: www.pearsonassessments.com.
[7] Disponível em: www.cetepp.com.br.
[8] Disponível em: www.vetoreditora.com.br.
[9] Disponível em: www.pearsonassessments.com.
[10] Disponível em: www.pearsonassessments.com.

e de comportamento encontradas na vida real, estratégias que passaram a ser utilizadas após a instalação ou incidência do quadro neurológico ou neuropsiquiátrico, bem como a maneira como essas alterações afetam as atividades instrumentais e básicas do paciente ou sua funcionalidade. Além disso, a análise do comportamento com o uso de técnicas comportamentais é de extrema importância em quadros nos quais são observadas alterações cognitivas e do comportamento. A investigação do humor é essencial para identificar a presença de sintomas de ansiedade e depressão e conduzir ou encaminhar o paciente para intervenções complementares. Em resumo, essa ampla abrangência de investigações é necessária, uma vez que o foco da avaliação não se restringe aos sintomas decorrentes do impacto do quadro neurológico, mas também aos diversos fatores e condições que possam interferir na capacidade funcional, no comportamento e na participação do indivíduo.

REFERÊNCIAS

Amaral-Carvalho, V., & Caramelli, P. (2012). Normative data for healthy middle-aged and elderly performance on Addenbrooke Cognitive Examination-Revised. *Cognitive and Behavioral Neurology, 25*(2), 72-76.

Avila, R., Botino, C. M. C., Carvalho, I., & Miotto, E. C. (2004). Neuropsychological rehabilitation of memory deficits in patients with Alzheimer's Disease. *Brazilian Journal of Medical and Biological Research, 37*(11), 1721-1729.

Baddeley, A. (2000). The episodic buffer: A new component of working memory? *Trends in Cognitive Sciences, 4*(11), 417-423.

Beck, A. T., & Steer, R. A. (1990). *BAI: Beck anxiety inventory: Manual*. San Antonio: Psychological Corp.

Beck, A. T., Steer, R. A., & Brown, G. K. (1996). *BDI-II: Beck depression inventory: Manual* (2nd ed.). San Antonio: Psychological Corp.

Bennett-Levy, J., & Powell, G. E. (1980). The subjective memory questionnaire (SMQ). An investigation into the self-reporting of "real-life" memory skills. *British Journal of Social and Clinical Psychology, 19*(2), 177-188.

Broadbent, D. E., Cooper, P. F., Fitzgerald, P., & Parker, K. R. (1982). The Cognitive Failures Questionnaire (CFQ) and its correlates. *The British Journal of Clinical Psychology, 21*(1), 1-16.

Brucki, S. M. D, Nitrini, R., Caramelli P., Bertolucci, P. H. F., & Okamoto, I. H. (2003). Sugestões para o uso do mini-exame do estado mental no Brasil. *Arquivos de Neuropsiquiatria, 61*(3-B), 777-781.

Campanholo, K. R., Romão, M. A., Machado, M. A. R., Serrao, V. T., Coutinho, D. G. C., Benute, G. R. G., ... Lucia, M. C. S. (2014). Performance of an adult Brazilian sample on the trail making test and stroop test. *Dementia & Neuropsychologia, 8*(1), 26-31.

Crawford, J., Smith, G., Maylot, E., Della Salla, S., & Logie, R. (2003). The prospective and retrospective memory questionnaire (PRMQ): Normative data and latent structure in a large non-clinical sample. *Memory, 11*(3), 261-275.

de Paula, J. J., Costa, D. S., Moraes, E. N., Nicolatto, R., & Malloy-Diniz, L. F. (2012b). Contribuições da Torre de Londres para o exame do planejamento em idosos com comprometimento cognitivo leve. *Revista Neuropsicología Latinoamericana, 4*(2), 16-21.

de Paula, J. J., Melo, L. P., Nicolato, R., Moraes, E. N., Bicalho, M. A., Hamdan, A. C. & Malloy-Diniz, F. L. (2012a). Fidedignidade e validade de construto do teste de aprendizagem auditivo-verbal de Rey em idosos brasileiros. *Revista de Psiquiatria Clínica, 39*(1), 19-23.

de Paula, J. J., Schlottfeldt, C. G., Moreira, L., Cota, M., Bicalho, M.A., Romano-Silva, M. A., ... Malloy-Diniz, L. F. (2010). Propriedades psicométricas de um protocolo neuropsicológico breve para uso em populações geriátricas. *Revista de Psiquiatria Clínica, 37*(6), 246-250.

Deloche, G., Dellatolas, G., & Christensen, A. (2000). The European Brain Injury Questionnaire. In A. L. Christensen, & B. P. Uzell, *International handbook of neuropsychological rehabilitation*. New York: Klumer Academis.

Graf, P., & Uttli, B. (2001). Prospective memory a new focus for research. *Consciousness and Cognition, 10*(4), 437-450.

Hamdan, A. C., & Hamdan, E. M. (2009). Effects of age and education level on the Trail Making Test in a healthy Brazilian Sample. *Psychology & Neuroscience, 2*(2), 199-203.

Hampstead, B. M., Stringer, A. Y., Stilla, R. F., Deshpande, G., Hu, X., Moore, A. B., & Sathian, K. (2011). Activation and effective connectivity changes following explicit-memory training for face-name pairs in patients with mild cognitive impairment: A pilot study. *Neurorehabilitation and Neural Repair, 25*(3), 210-222.

Katz, S., Ford, A. B., Moskowitz, R. W., Jackson, B. A., & Jaffe, M. W. (1963). Studies of illness in the aged. The index of ADL: A standardized measure of biological and psychosocial function. *JAMA, 185*, 914-919.

Lezak, M. D., Howieson, D. B., Bigler, E. D., & Tranel, D. (2012). *Neuropsychological assessment* (5th ed.). New York: Oxford University.

Malloy-Diniz, L. F., Bentes, R. C., Figueiredo, P. M., Brandão-Bretas, D., Costa-Abrantes, S., Parizzi, A. M., ... Salgado, J. V. (2007). Normalización de una batería de tests para evaluar las habilidades de comprensión del lenguaje, fluidez verbal y denominación en niños brasileños de 7 a 10 años: Resultados preliminares. *Revista de Neurologia, 44*(5), 275-280.

Malloy-Diniz, L. F., Cruz, M. F., Torres, V. M., & Consenza, R. M. (2000). O teste de Aprendizagem Auditivo-Verbal de Rey: Normas para uma população brasileira. *Revista Brasileira de Neurologia, 36*(3), 79-83.

Mansur, L. L., Radanovic, M., Araújo, G. C., Taquemori, L. Y., & Greco, L. L. (2006). Boston Naming Test: Performance of Brazilian population from São Paulo. *Pró-Fono Revista de Atualização Científica, 18*(1), 13-20.

Miotto, E. C. (2002). Cognitive rehabilitation of naming deficits following viral meningo-encephalitis. *Arquivos de Neuro-Psiquiatria, 60*(1), 21-27.

Miotto, E. C. (2007). Cognitive rehabilitation of amnesia after virus encephalitis: A case report. *Neuropsychological Rehabilitation, 17*(4-5), 551-566.

Miotto, E. C. (2012). Avaliação neuropsicológica e funções cognitivas. In E. C. Miotto, M. C. S. de Lucia, & M. Scaff (Orgs.), *Neuropsicologia clínica*. São Paulo: Roca.

Miotto, E. C. (2015). Conceitos fundamentais, história e modelos teóricos em reabilitação neuropsicológica. In E. C. Miotto, *Reabilitação neuropsicológica e intervenções comportamentais*. São Paulo: Roca.

Miotto, E. C., & Morris, R. G. (1998). Virtual planning in patients with frontal lobe lesions. *Cortex, 34*(5), 639-657.

Miotto, E. C., Campanholo, K. R., Rodrigues, M. A. M., Serrao, V. T., de Lucia, M. C. S., & Scaff, M. (2012). Hopkins verbal learning test-revised and brief visuospatial memory test-revised: Preliminary normative data for the Brazilian population. *Arquivos de Neuro-Psiquiatria, 70*(12), 960-966.

Miotto, E. C., Evans, J. J., de Lucia, M. C. S., & Scaff, M. (2009). Rehabilitation of executive dysfunction: A controlled trial of an attention and problem solving treatment group. *Neuropsychological Rehabilitation, 19*(4), 517-540.

Miotto, E. C., Sato, J., Lucia, M. C., Camargo, C. H., & Scaff, M. (2010). Development of an adapted version of the Boston Naming Test for Portuguese speakers. *Revista Brasileira de Psiquiatria, 32*(3), 279-282.

Moreira, L., Schlottfeldt, C. G., de Paula, J. J., Daniel, M. T., Paiva, A., Cazita, V., ... Malloy-Diniz, L. F. (2011). Normative study of the Token Test (short version): Preliminary data for a sample of Brazilian seniors. *Revista de Psiquiatria Clínica, 38*(3), 97-101.

Porto, C. S., Caramelli, P., & Nitrini, R. (2010). The influence of schooling on performance of the Mattis Dementia Rating Scale (DRS). *Dementia & Neuropsychologia, 4*(2), 126-130.

Pfeffer, R. I., Kurosaki, T. T., Harrah, C. H., Jr., Chance, J. M., & Filos S. (1982). Measurement of functional activities in older adults in the community. *Journal of Gerontology, 37*(3), 323-329.

Squire, L. R. (1986). Mechanisms of memory. *Science, 232*(4758), 1612-1619.

Strauss, E., Sherman, E. M. S., & Spreen, O. (2006). *A compendium of neuropsychological tests* (3rd ed.). New York: Oxford University.

Tulving, E. (2002). Episodic memory: From mind to brain. *Annual Review of Psychology, 53*, 1-25.

Wilson, B. A. (2009). *Memory rehabilitation: Integrating theory and practice*. New York: Guilford.

Wilson, B. A., Emslie, H., Foley, J., Shiel, A., & Watson, P. (2005). *The Cambridge Prospective Memory Test*. London: Harcourt Assessment.

World Health Organization (WHO). (2001). *International classification of functioning, disability and health: ICF*. Geneva: WHO.

Yesavage, J. A., Brink, T. L., Rose, T. L., Lum, O., Huang, V., Adey, M., & Leirer, V. O. (1983). Development and validation of a geriatric depression screening scale: A preliminary report. *Journal of Psychiatric Research, 17*(1), 37-49.

Zigmond, A. S., & Snaith, R. P. (1983). The hospital anxiety and depression scale. *Acta Psychiatrica Scandinavica, 67*(6), 361-370.

Fundamentos da reabilitação cognitiva

JACQUELINE ABRISQUETA-GOMEZ
KATIÚSCIA KARINE MARTINS DA SILVA

"Reabilitação cognitiva" (RC) é um termo amplo, inicialmente utilizado para descrever tratamentos dirigidos a pessoas que apresentam sequelas cognitivas devido a um acometimento cerebral. Atualmente, a RC compreende diversas abordagens, em decorrência da ampla gama de alterações associadas aos problemas cognitivos.

Procedimentos de RC vêm ganhando mais espaço no conjunto de atuações adotadas no cuidado de pessoas que apresentam disfunções neurocognitivas de diversas etiologias.

Entretanto, nos últimos anos, sua prática clínica está em discussão, em razão de as intervenções seguirem mais critérios de intuição e *expertise* profissional do que uma metodologia, baseada no raciocínio clínico, decorrente das evidências científicas e fundamentação teórica.

Este capítulo expõe os fundamentos teóricos que norteiam o raciocínio clínico da RC e discute as propostas atuais e perspectivas futuras na prática clínica da RC.

O DESENVOLVIMENTO DA FUNDAMENTAÇÃO TEÓRICA DA RC

É curioso o fato de que, quando estudamos RC, os conhecimentos referentes às técnicas de intervenção são os mais procurados, enquanto os fundamentos teóricos que sustentam os procedimentos são, muitas vezes, negligenciados.

Discorrer sobre as origens da RC pode facilitar o raciocínio clínico do terapeuta, uma vez que se trata de um tema que comporta um conglomerado de conhecimentos oriundos de diferentes vertentes filosóficas, sociais e científicas.

Atualmente, somos cientes das bases que sustentam as diversas abordagens da RC; grande parte desse entendimento deve-se a nossos antecessores, que iniciaram seu percurso muito tempo atrás. Textos que fazem referência à história da RC destacam que o primeiro documento conhecido sobre tratamento de pessoas com lesão cerebral foi egípcio, datado de 2,5 a 3 mil anos atrás (descoberto por Smith e Luxor em 1862) (Walsh, 1987). Por essa razão, alguns pesquisadores, como Jefferson (1942), comentaram que ". . . embora a reabilitação seja uma palavra nova, é um propósito antigo, todos os tratamentos médicos não têm outro propósito básico".

No entanto, foram as tragédias humanas decorrentes da Primeira e da Segunda Guerra Mundial que determinaram o avanço dos princípios da RC, motivo pelo qual precisam ser comentadas.

O interesse pela RC, dentro de uma perspectiva de uso de táticas cognitivas, teve início na Alemanha, durante a Primeira Guerra Mundial, objetivando oferecer assistência na recuperação de combatentes sobreviventes vítimas de ferimentos de guerra. Nessa ocasião, Walter Poppelreuter e Kurt Goldstein apontaram interesses pelas repercussões originárias do cérebro lesado e, por isso, foram considerados os precursores no desenvolvimento de programas de RC (Poppelreuter, 1990).

Foi Goldstein (1942), porém, quem documentou firmemente sua insatisfação pelo pouco subsídio que a biologia e a medicina contemporânea forneciam para explicar as consequências das lesões cerebrais no indivíduo. Seus comentários sobre as adaptações surpreendentes que seus pacientes faziam para contornar seus déficits desafiaram as abordagens "localizacionistas" da época. Goldstein insistiu que um organismo deveria ser analisado integralmente, isto é, considerando o comportamento do sujeito em interação com seu meio circundante (Diller, 2005). Tais comentários foram relevantes para o desenvolvimento de uma abordagem mais abrangente e compreensiva de RC.

Os investimentos nos programas de RC prosseguiram. Além disso, estreou a busca pela compreensão de como diferentes tipos de lesões refletiam-se no comportamento humano, acrescentando-se a necessidade de estudar os padrões de recuperação e deterioração após vários tipos de lesões cerebrais.

Durante a Segunda Guerra Mundial, vários pesquisadores se sobressaíram na compreensão e ampliação dos recursos usados na RC. Entretanto, foram os aportes de Alexander Romanovich Luria os determinantes para o desenvolvimento da neuropsicologia. A teoria do sistema funcional, que sugere que as funções cerebrais são organizadas em três unidades, que operam em conjunto a partir da ação de diversos elementos, os quais atuam de forma articulada e que podem estar localizados em áreas diferentes do cérebro (Luria, 1973), foi a descoberta chave. Do mesmo modo, o conceito de cérebro como um sistema biológico e dinâmico, que pode modificar-se pela interação com o meio físico e social em que o sujeito está inserido, sustenta atualmente os estudos de plasticidade cerebral e reserva cognitiva.

Podemos dizer que outro aporte relevante foi o de Oliver Zangwill, que, por meio do estudo de pessoas com sequelas de afasia e outras deficiências cognitivas (atenção, memória e iniciativa) decorrentes de lesão encefálica adquirida (LEA), sugeriu os três princípios de reeducação: a compensação, a substituição e o retreinamento direto (Wilson, 2012), os quais, devido a sua relevância, serão explicados no decorrer deste capítulo.

O termo "reabilitação cognitiva" e sua definição

Diversas discussões são descritas na literatura em relação ao uso do termo "reabilitação cognitiva", iniciando pela origem da palavra "reabilitação", derivada de "habilitação", que significa "tornar-se hábil"; então, "reabilitação" seria "tornar-se hábil novamente" (Wilson, 1997). A polêmica reside nos resultados da intervenção, que nem sempre representam o significado da palavra propriamente dita. É plenamente reconhecido pelos profissionais que trabalham nessa área que é quase impossível tornar as pessoas com deficiência cerebral (moderada ou grave) capazes novamente se, por essa expressão, entendemos "retorná-las à situação anterior", conforme cita a palavra "reabilitação".

Todavia, pesquisadores contemporâneos (Ben-Yishay & Prigatano, 1990; Sohlberg & Matter, 2009; Wilson, 2002) insinuaram que o termo "reabilitação cognitiva" era muito estreito, se considerarmos que os déficits cognitivos de pessoas com dano cerebral dificilmente são abordados ou resolvidos de forma isolada ou focada, uma vez que estão vinculados a uma gama de diversas condições (alterações de humor, comportamento, falta de ajuste psicossocial e emocional, entre outras). Esse conjunto de variáveis, em combinação com a gravidade do acometimento, definiu os resultados da intervenção.

No entanto, a designação do termo está vinculada ao desenvolvimento da abordagem que inicialmente seguiu o raciocínio clínico da reabilitação motora ou física, mas que, por abordar os déficits do funcionamento cognitivo e precisar diferenciar-se da reabilitação motora, se intitulou de "reabilitação cognitiva". A justificativa para manter o termo está ligada ao repertório de publicações científicas, que conformam o corpo teórico dessa área de atuação.

Relatos da literatura citam que Leonard Diller foi o primeiro a utilizar o termo "programas de reabilitação cognitiva", em Nova York, em 1976 (Wilson, 1997).

Existem diversas expressões que definem a atuação da RC, mas a maioria dos pesquisadores contemporâneos concorda com a ideia de que ela é um processo interativo de mão dupla, envolvendo a pessoa com deficiência, a equipe terapêutica, familiares e possivelmente membros da comunidade em geral.

As diversas propostas sobre a definição da RC têm como base os conceitos de reabilitação estabelecidos pela Organização Mundial da Saúde (World Health Organization [WHO], 1986) e referem que

> ... a reabilitação implica na recuperação dos pacientes ao maior nível físico, psicológico e de adaptação social possível. Isso inclui todas as medidas que pretendam reduzir o impacto da inabilidade e condições de desvantagem, permitindo que as pessoas deficientes atinjam uma ótima integração social.

McLellan (1991), seguindo o raciocínio, amplia o conceito e propõe que "... reabilitação é um processo através do qual indivíduos deficientes devido a uma lesão ou doença trabalham juntos com uma equipe de profissionais, família e membros da comunidade com o objetivo de atingir seu nível máximo de bem-estar físico, psicológico, social e vocacional", definição que se tornou a mais contemporânea.

Atualmente, a RC comporta diversos termos, vinculados ao tipo da abordagem empregada. Recentes discussões marcam a necessidade do esclarecimento do uso correto dos termos e da descrição metodológica da abordagem nas publicações, a fim de analisar sua eficácia e levantar o corpo de evidência científica.

UMA VISÃO CONTEMPORÂNEA DO DESENVOLVIMENTO DAS PRINCIPAIS ABORDAGENS EM RC

Embora a origem da RC e de suas abordagens tenha uma ascendência na história (anteriormente descrita), foi só na década de 1990 que ocorreu uma maior compreensão e definição das abordagens.

A publicação mais esclarecedora sobre as abordagens utilizadas em RC foi a de Wilson (1997): *Cognitive Rehabilitation: How it is and how it might be*. Nessa revisão, a pesquisadora discute sobre o estado de arte da RC e questiona como deveria ser sua prática futura. No artigo, cita quatro abordagens principais de RC, empregadas na Europa, na América do Norte e na Austrália:

1. a baseada no retreinamento cognitivo por meio de treinos e exercícios
2. a fundamentada exclusivamente em modelos da neuropsicologia cognitiva
3. a abordagem combinada, de modelos provenientes da neuropsicologia, psicologia cognitiva e psicologia comportamental
4. a abordagem holística, que, além da cognição, considera outros modelos

para entender o aspecto emocional, motivacional e diversos aspectos do funcionamento não cognitivo

Dessa forma, passaremos a comentar o desenvolvimento de cada abordagem, por meio da visão dos pesquisadores contemporâneos.

Treino cognitivo

Tentativas de tratamento para pacientes com LEA floresceram na década de 1980, devido à disponibilidade de financiamento, o que gerou a proliferação de locais de tratamento. Pacientes hospitalizados (em fase aguda) foram posteriormente transferidos para atendimento ambulatorial na fase pós-aguda; alguns, inclusive, foram internados mais uma vez, para ser mais bem observados. Devido à longa duração dos tratamentos, diversas técnicas e métodos foram testados nos pacientes com o objetivo principal de "restaurar" o funcionamento cognitivo a níveis pré-trauma (Morris, 2007).

Nessa época, é possível inferir que as intervenções foram direcionadas ao treino cognitivo (TC) com o objetivo de corrigir déficits cognitivos subjacentes ou pelo menos ensinar os pacientes a lidar com seus problemas cognitivos. O modelo teórico no qual sustentavam a intervenção foi similar ao da reabilitação motora, isto é, assumiram que exercícios cognitivos poderiam melhorar a cognição, da mesma forma que o exercício físico poderia melhorar o bem-estar físico e o tônus muscular (Harris & Sunderland, 1981).

De acordo com essa premissa, o TC estaria dirigido a restaurar a função, já que considera que o déficit cognitivo pode melhorar mediante o treino repetido e a prática estruturada das tarefas.

Para que isso acontecesse, utilizavam-se diversas estratégias de repetição. Uma das mais empregadas consistia no treino expandido ou evocação espaçada, que envolve a apresentação de uma informação a ser lembrada, repetida imediatamente pelo paciente e depois recuperada de maneira gradativa, aumentando o intervalo da retenção da informação até que esta possa ser apreendida. Outra estratégia de repetição é o apagamento de pistas, na qual é fornecida a pista inteira de uma informação (p. ex., um nome) para ser repetida pelo paciente; posteriormente, parte dessa informação vai sendo retirada de forma gradual (p. ex., uma letra do nome), a fim de que, com isso, o paciente complete a palavra até conseguir lembrar a informação completa, sem pistas (Sitzer, Twamley, & Jeste, 2006).

As estratégias anteriormente mencionadas costumam ser aplicadas por meio da técnica do aprendizado sem erros, na qual se evita, na medida do possível, que as pessoas cometam erros enquanto estão aprendendo uma nova habilidade ou adquirindo novas informações. Em pessoas com problemas de memória, essa técnica minimiza as possibilidades de respostas erradas, mesmo porque elas têm menor possibilidade de lembrar-se dos próprios erros (anteriores) para corrigi-los (Wilson, 2009).

Além disso, existem diversas técnicas mnemônicas (visuais, verbais e motoras), entre elas o método de *loci*, que podem ser utilizadas no TC de problemas de memória e atenção.

O TC aborda mais a deficiência do funcionamento cognitivo, sendo esperada melhora na medida de resultados nos domínios treinados, bem como uma possível ativação de diversas áreas cerebrais, devido à probabilidade de neuroplasticidade (Martin, Clare, Altgassen, Cameron, & Zehnder, 2011).

Nessa conjuntura, Wilson (1997) aponta as desvantagens dessa abordagem: ausência de provas seguras do efeito do tratamento; o foco está nas deficiências, e não nas incapacidades acarretadas pelas deficiências; como o escopo da metodologia está direcionado para o progresso da *performance* cognitiva, ponderado mediante a atuação nas provas aplicadas, não é possível medir a legitimidade na vida real, e as decorrências não cognitivas (comportamentais, emocionais e sociais) não são contempladas.

Dentro da perspectiva do TC, a não ressalva metodológica, pela carência de uma efetividade prática da técnica na vida real, acarreta problemas na legalidade do conhecimento científico.

Abordagem da neuropsicologia cognitiva

Os modelos provenientes da neuropsicologia cognitiva, de certa forma, reforçaram a prática anterior, pois um programa de reabilitação dentro dessa abordagem implicaria uma avaliação neuropsicológica cuidadosa do déficit cognitivo, que seria ilustrada por um modelo específico que explicaria o componente prejudicado. O tratamento em si normalmente reforçava o componente danificado por meio do treino cognitivo; a melhora do paciente era visualizada no desempenho da tarefa treinada e em resultados provenientes da reavaliação neuropsicológica (Wilson, 1997).

A abordagem dividiu a opinião dos pesquisadores modernos devido ao alcance da intervenção, originando diversos comentários, e estabeleceu, de certa forma, o início do uso do termo "reabilitação neuropsicológica" (RN).

Pesquisadores partidários da neuropsicologia cognitiva, como Coltheart (1991), opinavam que, para tratar um déficit, era necessário compreender plenamente sua natureza, e, para isso, precisávamos ter em mente uma representação de como a função normalmente é alcançada. Sem tal representação, não seria possível determinar o tratamento adequado.

Já Caramazza (1989) questionava as bases teóricas da estrutura do sistema de leitura e escrita, argumentando não serem suficientes para fazer a escolha da estratégia terapêutica: "... apenas conhecer o local provável do déficit, por si só, não permite especificar uma estratégia terapêutica". Para fazer isso, requeremos não apenas uma teoria da estrutura do sistema danificado, mas também uma teoria das formas em que um sistema danificado pode ser modificado devido à intervenção.

Wilson (1997), ajuizando os problemas desse princípio, expõe: a abordagem da neuropsicologia cognitiva não exibe aclarações sobre o tratamento; a teoria é eficiente para pacientes com detrimentos centrados, e, assim como na abordagem do TC, também há poucas evidências de sucesso na funcionalidade dos pacientes na vida real não envolvendo as implicações não cognitivas (emocionais, sociais e comportamentais).

Apesar de os terapeutas obterem melhor entendimento das consequências das LEAs, isso não foi o suficiente para beneficiar os pacientes ou seus familiares. De acordo com Baddeley (1993), "... a neuropsicologia cognitiva aprendeu muito com o estudo de pacientes com dano cerebral nos últimos 20 anos, mas isso não significa que os pacientes se beneficiaram da neuropsicologia cognitiva".

Abordagem combinada

O fato mencionado gerou inquietação na prática dos pesquisadores, uma vez que o propósito inicial de restauração para níveis pré-trauma parecia um interminável projeto sem vistas a um restabelecimento funcional do paciente, o que levou à criação de modelos conceituais mais extensos, que abarcassem outras variáveis que influenciavam o dia a dia do paciente (Abrisqueta-Gomez, 2012a).

Assim, no fim da década de 1980, o foco da reabilitação foi voltado às "metas funcionais", com o ensino de tarefas práticas relevantes para a vida diária do indivíduo, as quais precisavam estar definidas em objetivos funcionais, como, por exemplo, ensinar o paciente a utilizar um talão de cheques, fazer compras ou pegar transporte público, entre outras. Nesse período, a ênfase na importância das metas funcionais foi dominando o tratamento, e a reabilitação dos processos cognitivos foi completamente ignorada (Morris, 2007).

Contudo, a maior dificuldade percebida por terapeutas de diversas disciplinas residia em generalizar a outros contextos os conteúdos ganhos nos programas de reabilitação, observando inclusive falta de adesão ao tratamento e ao emprego de auxílios compensatórios (Abrisqueta-Gomez, 2012a).

Devido à necessidade de abordar diversas consequências provenientes do cérebro ferido, o exercício clínico da reabilitação foi exigindo ajuste com outros campos do saber, que envolveriam diversas disciplinas e modelos provenientes da neuropsicologia cognitiva, da psicologia comportamental, da teoria da aprendizagem, entre outros. Nesse caso, a revelação dessas outras necessidades acendia a modificação do tratamento para uma conjunção mais vasta onde seria desempenhado por um "tratamento combinado".

Essa abordagem ajusta doutrinas e métodos de múltiplas ciências com o objetivo de aplicar a teoria que seja mais conveniente para abarcar várias necessidades do paciente. Por exemplo, a neuropsicologia fornece uma concepção das relações entre o cérebro e o comportamento humano; a psicologia comportamental analisa, modifica e monitora os problemas de comportamento, propondo resultados mensuráveis.

Em seu início, a abordagem combinada foi mais exercida por equipes multidisciplinares na Inglaterra e na Austrália, sendo descrita na literatura como RN combinada ou RC convencional. Contudo, a abordagem ainda não consegue acolher os problemas emocionais (como déficits de autoconsciência e/ou ajuste psicossocial) dos pacientes (Wilson, 1997).

Abordagem holística

Em razão de as abordagens citadas não produzirem bons resultados práticos no campo da emoção, adeptos às propostas de Goldstein (1942) a respeito de uma intervenção compreensiva em reabilitação fizeram investimentos ousados para construir uma filosofia que sustentasse uma abordagem experimental, denominada "modelo compreensivo, ou holístico, de RN".

De acordo com os postulados dessa abordagem, cognição e emoção interagem de maneira complexa; portanto, quando tentamos reabilitar os déficits cognitivos, devemos prestar atenção, ao mesmo tempo, aos distúrbios emocionais e motivacionais do indivíduo, ressaltando que o ambiente social da reabilitação é um fator importante para a recuperação do paciente. Segundo os defensores dessa abordagem, a RN holística apresenta componentes-chave que não são adequadamente integrados pelas abordagens anteriormente citadas (Ben-Yishay & Diller, 2008).

Nessa abordagem, o trabalho interdisciplinar ganha destaque, incluindo pacientes e familiares no planejamento e participação nos programas de reabilitação.

Um dos primeiros centros a obter financiamento para pesquisas de RC foi o de Howard Rusk, que montou uma equipe com diversos profissionais, entre eles Bem-Yishay e Leonard Diller (2008), que conduziram as pesquisas. O procedimento adotado por esse grupo foi bastante proveitoso, uma vez que seus integrantes retomaram as bases dos programas de reabilitação elaborados para soldados alemães vítimas de traumatismo craniencefálico (TCE) e incorporaram as "ideias de Goldstein" para estabelecer o primeiro programa de RN de abordagem holística.

Esse modelo foi referência para o desenvolvimento de programas similares e/ou adaptados em diferentes centros dos Estados Unidos e outras partes do mundo, sendo praticados, atualmente, em mais de 11 países (Bem-Yishay & Diller, 2008).

Contudo, os centros que viraram referência por adotar a RN holística, com algumas variações, foram o estabelecido por Prigatano, no Instituto Neurológico Barlow, em Phoenix, que tem ênfase no estudo de aspectos psicoterapêuticos e de autoconsciência, e o instituído por Christensen, na Universidade de Copenhague, que considera os preceitos de Luria em suas intervenções (Abrisqueta-Gomez, 2012b).

Em 1996, apareceu o centro Oliver Zangwill, que virou referência no atendimento ambulatorial de pacientes adultos com LEA no Reino Unido e na Europa (Wilson, 2012).

Entretanto, se, por um lado, a proposta do atendimento no modelo da RN holística era adequada, por outro, foi observado que, na tentativa de implementar os programas, algumas vezes, sua prática foi banalizada.

Com a finalidade de estabelecer programas holísticos, fundamentados em sua filosofia, foram definidos, em 1994, elementos que caracterizariam a prática da RN holística (Malec & Basford, 1996).

Em 2011, Ben-Yishay e Leonard Diller registraram seus conhecimentos em um guia teórico-prático, no qual relataram aspectos teóricos da RN holística e compartilharam suas experiências clínicas de mais de três décadas de intervenção.

A RN holística proporciona um cenário amplificado sobre o indivíduo no que se refere à compreensão dos problemas gerados no campo da execução das atividades habituais e das relações interpessoais e na sua qualidade de vida. Por esse motivo, é importante exigir maior rigor na adaptação dos programas holísticos, já que um procedimento inadequado pode alterar os resultados e restringir o valor da abordagem.

Abrisqueta-Gomez (2012a) faz uma apresentação da RN com enfoque holístico, comenta sobre sua filosofia, expõe seus elementos e discute a perspectiva de sua prática clínica no Brasil.

PRINCÍPIOS QUE NORTEIAM OS PROGRAMAS DE RC

Tradicionalmente, os estudos de pessoas com TCE possibilitaram o desenvolvimento dos fundamentos teóricos da RC e o estabelecimento das técnicas e estratégias atualmente utilizadas na RC.

Técnicas e estratégias em RC

Goldstein (1942) já exibia inquietação com os propósitos da reabilitação. Seus questionamentos direcionavam-se a entender se a reabilitação almejava restaurar uma função cognitiva afetada ou investir em opções para executar atividades.

Para determinar a direção a ser seguida, precisamos compreender as diversas possibilidades de intervenção que oferecem os programas de RC; nesse sentido, entender as técnicas de reabilitação facilitará o raciocínio clínico do terapeuta.

Considerando os diversos aportes dos pesquisadores da época, pode-se dizer que foram as contribuições de Luria e Zangwill as que firmaram as estratégias utilizadas atualmente nos programas de RC. A compreensão sobre o funcionamento cognitivo, a plasticidade cerebral e os princípios de reeducação (compensação, substituição e retreinamento direto) é essencial para a formulação do raciocínio clinico em relação à estratégia a ser utilizada.

Zangwill definiu "compensação" como uma reorganização da função psicológica de forma a minimizar ou driblar uma deficiência particular. Ele acreditava que a compensação acontecia, em sua maior parte, espontaneamente, sem intenção explícita do paciente, embora, em alguns casos, pudesse ocorrer como resultado da instrução e orientação por parte do terapeuta. Exemplos de compensação podiam se dar uma lousa onde escrever a uma pessoa com afasia ou ensinar alguém com hemiplegia direita a escrever com a mão esquerda (Wilson, 2012).

A "substituição" seria uma forma de compensação mais elaborada, com recursos cognitivos próprios do sujeito, por meio da qual se poderia estabelecer um novo método de resposta para substituir o que foi prejudicado irreparavelmente pela lesão cerebral. Wilson (2012) explica que o novo repertório de resposta podia ser apreendido por meio da reeducação; a leitura labial, para deficientes auditivos, e o método Braille, para deficientes visuais, por exemplo, seriam exemplos de substituição.

O terceiro princípio de "retreinamento direto" se apoiava na possibilidade de o sujeito recuperar a função perdida, seja pelo efeito de "diásquise", seja pelo reaprendizado de habilidades motoras (pela fisioterapia) ou cognitivas (reaprender a ler ou falar, p. ex., em casos de afasia).

Com base nesses conceitos, Robertson e Murre (1999) classificaram as lesões cerebrais em três graus: leve, moderada e severa, sugerindo que pessoas com lesão cerebral severa não se recuperam espontaneamente, e, portanto, princípios de "compensação e/ou substituição" poderiam ser os mais favoráveis.

No caso de lesão cerebral moderada, as representações são potencialmente reutilizáveis, e a "restituição" da função pode ser possível (retreinamento direto) dependendo do *input* (estímulo apropriado) e do tempo e frequência da estimulação. Já sujeitos com lesão cerebral leve recuperariram-se espontaneamente.

Considerando essas perspectivas, os programas de RC abrangentes seriam os mais favoráveis para pessoas com lesões moderadas e severas.

Embora a classificação seja norteadora das intervenções em RC, não se pode esquecer que as lesões cerebrais variam extremamente e dependem também de outras variáveis determinantes para sua recuperação.

Do mesmo modo, estabelecer critérios de intervenção com base na classificação da lesão cerebral é um tema que gera intensas discussões entre os pesquisadores contemporâneos, ao igual, que a ordem da sequência terapêutica. Alguns terapeutas, por exemplo, optam por estabelecer inicialmente técnicas compensatórias antes de introduzir um programa de restauração (com base no princípio da substituição ou retreinamento).

O critério é que as estratégias compensatórias possam trazer mudanças positivas nas atividades da vida diária do cliente em um período relativamente curto de tempo. No entanto, desconsideram o fato que isto possa trazer desvantagens na recuperação espontânea ou guiada do cérebro lesado. Há, ainda, a possibilidade que em casos de lesões moderadas a graves, o treinamento restaurador possa ser necessário, antes da inserção da estratégia compensatória.

Atualmente, nos diversos consensos e publicações sobre RC e políticas de saúde de países desenvolvidos, são citadas três técnicas de RC (National Medical Policy, 2015):

1. **Restauração:** assume que, em muitos casos, as funções estão apenas reduzidas na própria eficácia. As técnicas do TC visam ao fortalecimento e à restauração da função cognitiva pela prática, repetição e organização das informações, com o objetivo de promover novos aprendizados.
2. **Compensação:** considera o comportamento compensatório funcional como

uma possibilidade para adaptar-se a um déficit cognitivo que não pode ser restaurado. Estimula a realização das atividades pelo uso de estratégias compensatórias, auxílios externos e nova tecnologia, a fim de reduzir a discrepância entre a demanda do ambiente e a habilidade reduzida.
3. **Reestruturação:** considera a possibilidade da reestruturação e do planejamento ambiental para alterar as demandas colocadas sobre o indivíduo com deficiência cognitiva, facilitando seu desempenho funcional e promovendo sua participação social.

Mecanismos e padrões de recuperação

Padrões de recuperação variam dependendo do tipo da LEA e de outros fatores que podem ou não facilitar a recuperação da pessoa. Com a finalidade de analisar as variáveis que contribuem para a recuperação dos indivíduos com LEA, Sohlberg e Matter (2009) dividiram-nas em três grupos:

1. demográficas: incluem idade da lesão, nível de escolaridade, sexo, bagagem cultural, abuso de drogas
2. fatores relacionados à lesão: período desde a lesão (fase aguda ou pós-aguda), extensão e gravidade da lesão, recuperação de diferentes funções em diferentes graus
3. fatores psicológicos: características pré-mórbidas de personalidade, alterações e oscilações de humor (ansiedade e depressão, as mais comuns), raiva e resistência e falta de autoconsciência

Para analisar as chances de recuperação de um cérebro lesado, Robertson e Murre (1999) propuseram uma triagem de estados pós-lesão, dependendo da perda de conectividade em circuitos particulares. Dessa forma, uma perda de conectividade pequena tende a levar à recuperação autônoma, enquanto uma perda grande levará à perda permanente da função.

De certa forma, corroboramos a pressuposição anterior, a respeito de as intervenções orientadas à "restauração da função" terem maior probabilidade de beneficiar pessoas com lesões relativamente pequenas, ao passo que "abordagens compensatórias" provavelmente serão úteis a pessoas com lesões extensas.

Plaut (1996) também utilizou um modelo conexionista para prever a recuperação e argumentou que o grau de reaprendizagem e generalização varia consideravelmente dependendo da localização da lesão, que, por sua vez, tem implicações para a compreensão da variabilidade na melhora da lesão cerebral do paciente.

Recentemente, Kleim e Jones (2008) listaram 10 princípios da experiência dependente da plasticidade neural, derivados de décadas de pesquisa em neurociência básica. Neles, foram destacados os modelos de aprendizagem e de recuperação de danos cerebrais, representados no Quadro 15.1.

Tratar pessoas com prejuízos neurocognitivos requer do profissional uma compreensão básica das bases estruturais do sistema nervoso e da complexa relação entre cognição, comportamento e emoção. Contudo, à luz dos conhecimentos atuais, podemos dizer que os programas de RC podem ser dirigidos a:

1. restaurar a função perdida
2. encorajar a reorganização anatômica
3. ajudar o paciente a usar suas habilidades residuais de forma mais eficiente
4. ajudá-lo a encontrar meios alternativos para sua adaptação funcional
5. modificar o ambiente para contornar os problemas, ou usar uma combinação dessas abordagens
6. auxiliar no retorno ao contexto ocupacional ou laboral

QUADRO 15.1 • Princípios da experiência dependente da plasticidade neural

Princípios	Descrição
1. Use ou perca	Falha na condução de funções específicas do cérebro pode levar à degradação funcional
2. Use e restabeleça	Plasticidade pode ser induzida dentro de regiões específicas do cérebro, podendo levar a um aperfeiçoamento dessa função
3. Especificidade	A natureza da experiência de treino determina a natureza da plasticidade
4. Questão de repetição	Indução de plasticidade requer repetição suficiente
5. Questão de intensidade	Indução de plasticidade requer intensidade de treinamento suficiente
6. Questão de tempo	Diferentes formas de plasticidade podem ocorrer em momentos diferentes durante o treinamento
7. Questão de saliência	A experiência deve ser suficientemente saliente para induzir plasticidade
8. A questão da idade	Plasticidade induzida por treinamento ocorre mais facilmente em cérebros mais jovens
9. Transferência	Plasticidade em resposta a uma experiência de treinamento pode melhorar a aquisição de comportamentos semelhantes
10. Interferência	Plasticidade em resposta a uma experiência pode interferir com a aquisição de outros comportamentos

Fonte: Kleim e Jones (2008).

7. dar suporte no ajuste psicossocial e emocional
8. favorecer a integração social e outras condições em benefício de sua qualidade de vida

MODELOS CONCEITUAIS PARA A PRÁTICA CLÍNICA

Atualmente, existe consenso sobre a necessidade de tratamento para pessoas com sequelas cognitivas provenientes de LEA ou outras doenças neurodegenerativas, entendendo-se que as terapias podem ou não estar associadas ao uso de medicamentos, motivo pelo qual são categorizadas como intervenções não farmacológicas (INF).

Em recente revisão sistemática, Olazarán e colaboradores (2010) definiram as INF como "... qualquer intervenção com base teórica, não química, focada e replicável, realizada com o paciente e/ou cuidador, que forneça algum benefício potencialmente relevante para o paciente ou seus familiares".

Considerando o valor das variáveis que colaboram para a recuperação neurocognitiva, faz-se necessário um ambiente de tratamento que contemple diversas práticas e métodos de tratamento e que amplifique comportamentos desejáveis que podem ser acomodados ou transformados para que os pacientes respondam com mais qualidade às exigências diárias.

Ultimamente, vem crescendo o número de intervenções disponíveis, mas deve-se notar que existem várias áreas de sobreposição entre as terapias, mesmo porque cada abordagem raramente é utilizada de forma isolada (Ballard, O'Brien, James, & Swann, 2001). Dessa maneira, diversas abordagens que atuam de forma simultânea na recuperação dos problemas neurocognitivos são denominadas de "intervenções multicomponentes".

Nessa perspectiva, a RC seria considerada uma intervenção não farmacológica, na qual as abordagens da RN combinada e holística seriam catalogadas como intervenções multicomponentes.

Vale a pena destacar que o diferencial da RN holística reside em sua concepção filosófica abrangente e compreensiva, sendo o ajuste psicossocial e emocional trabalhado permanentemente no decorrer de todo o programa reabilitador. Também é possível afirmar que as diversas disciplinas e abordagens atuam não só de forma simultânea como também integradora e concatenada (Abrisqueta-Gomez, 2012a).

A expectativa da intervenção é desenvolver e otimizar o máximo do potencial do paciente, em prol de sua independência e qualidade de vida. Os resultados geralmente são expressos no retorno à vida laboral e na integração social do indivíduo à comunidade (Abrisqueta-Gomez, 2012a).

Seguramente, para uma ajustada edificação de um programa de reabilitação, o profissional deve compreender todos os campos da vida do paciente, para que as metas sejam combinantes com a realidade.

Wilson (2002) argumentou que a RN é um campo que necessita de uma ampla base teórica, à qual devem ser incorporadas estruturas, teorias e modelos conceituais de outras disciplinas, já que um só modelo teórico não é suficiente para lidar com as múltiplas dificuldades que apresentam pessoas com LEA.

De igual modo, Sohlberg e Mateer (2009) sustentam que os transtornos cognitivos precisam ser entendidos antes de ser reabilitados, enfatizando que a prática eficaz da RC requer o conhecimento de uma grande variedade de disciplinas tradicionais, incluindo a comportamental, a sociológica, a psicológica e a neuropsicológica. Recentemente, Sohlberg e Turkstra (2011) ressaltaram a influência dos conhecimentos advindos da educação especial.

Segundo Wilson (2012), diversas teorias e modelos têm impacto sobre o processo da RN. No entanto, o conhecimento de cinco áreas é de particular importância:

a. funcionamento cognitivo
b. emoção
c. interação social
d. comportamento
e. aprendizagem

Do mesmo modo, modelos de recuperação, avaliação e compensação são relevantes no processo, lembrando que existem probabilidades de falha da reabilitação se não lidarmos ao mesmo tempo com as questões emocionais do paciente.

Portanto, devido à ampla gama de saberes que se requerem para reabilitar, seria ingênuo pensar que uma só disciplina poderia realizar essa tarefa. Sohlberg e Mateer (2009) sugerem que trabalhar com base na taxonomia de um modelo de processo cognitivo ajuda os terapeutas a organizar as atividades e a prática de avaliação e tratamento.

O modelo compreensivo de RN proposto provisoriamente por Wilson, em 2002, organiza e integra os vários modelos e domínios envolvidos na RC, facilitando o raciocínio clínico do reabilitador. Devido a sua relevância, foi publicado reiteradas vezes como parte da literatura de RC, além de ter sido incluído em algumas recomendações e consensos de RC (Malia, Law, Sidebottom, & Becwik, 2004).

No Brasil, Abrisqueta-Gomez (2012a) descreveu o modelo compreensivo de RN e comentou vastamente sobre ele em seu capítulo *Fundamentos teóricos e modelos conceituais: para a prática da reabilitação neuropsicológica interdisciplinar.*

ESCOLHA DA META E MEDIDAS DE RESULTADOS EM RC

As perspectivas atuais na RC de pessoas com deficiências neurocognitivas estão voltadas à realização de objetivos altamente individuais, que devem ser funcionais, sociais e contextualmente relevantes (Malec, 1999).

A ênfase da RC não está em melhorar o desempenho cognitivo em tarefas neuropsicológicas, e sim em maximizar a capacidade da pessoa para processar e interpretar informações, a fim de melhorar o funcionamento diário perdido ou prejudicado pela doença. Concentrar-se em questões que são relevantes e significativas pode levar o paciente a realizar um esforço maior para alcançar a meta desejada do que praticar tarefas padronizadas com foco na cognição (Abrisqueta-Gomez, 2015).

Por essa razão, as intervenções precisam ser individualizadas para as necessidades, circunstâncias e preferências de cada paciente. Isso implica considerar duas condições principais: que o alvo da intervenção seja realista (de acordo com as condições individuais) e significativo para o paciente.

Analisando as condições, o terapeuta pode propor e negociar os objetivos e as metas da intervenção. Os programas de RC que exibem essas características possibilitam que cada paciente receba uma intervenção customizada dentro de uma estrutura global semelhante (Abrisqueta-Gomez, 2015).

Na percepção do enfoque individualizado, o planejamento da intervenção é imprescindível, visto que deve considerar a escolha "da meta ou do objetivo" alvo da intervenção, uma questão complicada, já que na maioria dos casos a pessoa apresenta múltiplas deficiências além da cognitiva. Atualmente, já existem evidências sobre os benefícios potenciais resultantes do planejamento objetivo de metas na reabilitação (Levack, Dean, McPherson, & Siegert, 2006).

O emprego da abordagem "orientada a metas" é advertido nos distintos ambientes de reabilitação, com diversos tipos de pacientes e deficiências. A fim de demonstrar os benefícios da intervenção, tal abordagem requer medidas de resultados que sejam sensíveis às mudanças nas diversas áreas específicas de intervenção (Abrisqueta-Gomez, 2015).

Contudo, em décadas anteriores, os resultados da RC geralmente eram medidos por meio de baterias de testes neuropsicológicos ou cognitivos. Hoje, essas medidas são consideradas indiretas ou intermediárias e servem mais para determinar as forças e fraquezas do paciente no momento em que ingressa no programa. Atualmente, as medidas utilizadas para expressar os resultados da intervenção são chamadas de "medidas de resultado diretas ou primárias". Chestnut, Carney e Maynard (1999) propõem que as medidas de resultados diretas para a reabilitação sejam:

a. atividades de vida diária (AVD)
b. resultados (a longo prazo) expressos no restabelecimento da deficiência
c. restabelecimento da deficiência psicológica, fisiológica ou da estrutura anatômica
d. independência nos relacionamentos sociais, vida familiar, satisfação (qualidade de vida), estresse, etc.
e. atividade produtiva e melhora financeira

Nos dias de hoje, a identificação e a especificação da meta são consideradas o ponto de partida da intervenção, possibilitando a medição da eficácia do tratamento. Assim, o uso de um instrumento que permita identificar as reduções da incapacidade funcional resultantes da intervenção, como, por exemplo, a melhora no desempenho e a satisfação do paciente, podem ser resultados de ter aprendido a usar estratégias do controle executivo, eficazes para conduzir situações cotidianas.

As medidas devem ser direcionadas ao cliente, ou seja, devem ter um esquema estruturado de identificação de objetivos individuais e avaliação dos progressos da intervenção até o alcance da meta (Abrisqueta-Gomez, 2015).

O modelo proposto pela OMS para qualificar os estados relacionados à saúde apresenta, na *Classificação internacional de funcionalidade, incapacidade e saúde* (CIF) (World Health Organization [WHO], 2001), uma estrutura útil para descrever e compreender o foco principal das metas em reabilitação. A CIF é um modelo biopsicossocial que engloba os componentes de estruturas e funções corporais e atividade e participação social, os quais são influenciados por fatores pessoais e ambientais. A meta da reabilitação poderia estar direcionada a cada aspecto do modelo, incluindo os fatores ambientais e pessoais.

Apesar da importância dos aspectos citados, há relativamente pouca pesquisa sobre a melhor maneira de estabelecer metas e identificar medidas de resultados específicos para RC; no entanto, alguns métodos já estão sendo estudados (Abrisqueta-Gomez, 2015).

RC BASEADA EM EVIDÊNCIAS CIENTÍFICAS

A confirmação da legitimidade de uma teoria baseia-se no julgamento das evidências. O ideal, para se tomar uma decisão para aplicação de uma teoria, visando a soluções de problemas, é que essa teoria tenha uma evidência científica. Os trabalhos concretizados no campo da reabilitação tiveram origem na antiguidade; entretanto, nas últimas décadas, os empenhos foram maiores para avaliar os resultados das intervenções em RC.

A necessidade de estabelecer recomendações para a prática da RC foi formalmente reconhecida em 1982, no Congresso Americano de Medicina da Reabilitação, ocasião na qual foi constituído o subcomitê denominado Brain Injury – Interdisciplinary Special Interest Group (BI-ISIG) (Ciceroni et al., 2000), ou Grupo Interdisciplinar de Interesse Especial em Lesão Cerebral (neste capítulo, será citado como BI-ISIG, por ser mais reconhecido na literatura), que teve a missão de estabelecer os requisitos mínimos para seu exercício. As primeiras recomendações para a prática da RC foram publicadas por Harley e colaboradores (1992) e foram baseadas na "opinião de peritos ou especialistas". Nesse estudo, não foram levadas em consideração as evidências empíricas sobre a eficácia da RC, mas foram estabelecidas as primeiras diretrizes para sua prática clínica. Posteriormente, um painel de peritos do National Institutes of Health (NIH, 1999) fez a primeira revisão extensa para examinar evidências sobre a efetividade dos métodos de RC nas diversas fases do curso de recuperação das LEAs. Os resultados foram pouco alentadores, uma vez que, na opinião do painel, os dados foram limitados pela heterogeneidade dos sujeitos, intervenções e desfechos estudados. No entanto, o painel identificou vários estudos não controlados e um ensaio clínico randomizado que apoiavam a eficácia da RC, predominantemente nas áreas de atenção, memória e funções executivas. A equipe observou, inclusive, que os auxílios de memória (p. ex., cadernos de memória) compensavam déficits específicos dessa área. Foi advertido, também, que programas abrangentes e interdisciplinares que incluíram intervenções sob medida para déficits cognitivos pareciam ser bons para pacientes com acidente vascular cerebral (AVC) e TCE. No entanto, o fato de a abordagem ser personalizada dificultava o julgamento da eficácia do programa, devido à heterogeneidade dos programas e das pessoas atendidas (Ciceroni et al., 2000).

As primeiras recomendações "baseadas em níveis de evidência", contudo, só aconteceram a partir do ano 2000. Nos Estados Unidos, revisões sistemáticas de RC com esse padrão foram realizadas pelo grupo BI-ISIG (Cicerone et al., 2000, 2005). Além disso, Sohlberg e colaboradores (2003) também realizaram uma cuidadosa análise da literatura e classificaram-na de acordo com níveis de evidência, formulando as recomendações práticas para o treino direto de atenção em TCE. Na Europa, os esforços para avaliar a eficácia da RC têm sido realizados com a colaboração da Cochrane (Lincoln, Majid, & Weyman, 2000); entretanto, seus resultados foram questionados pelos críticos, devido ao fato de a Cochrane ter-se baseado em critérios rigorosos para aceitar e incluir os estudos, produzindo, muitas vezes, escassez de recomendações clinicamente relevantes. Em 1999, foi formado um comitê sob a égide da European Federation of Neurological Societies (EFNS), com o objetivo explícito de avaliar as provas existentes sobre a eficácia clínica da RC em pacientes com TCE e AVC, a fim de estabelecer recomendações para sua prática. A primeira revisão do grupo da EFNS foi publicada em 2003 (Cappa et al., 2003), e sua atualização, em 2005 (Cappa et al., 2005).

Resumidamente, podemos dizer que, no momento, já existem evidências que apoiam o uso da RC especialmente no campo de linguagem, apraxia, déficits visioespaciais associados a negligência visual, formação de estratégia para problemas leves de memória e treinamento para déficits de atenção.

Uma ampliação dos resultados dos estudos sobre evidências científicas em RC, inclusive em outras patologias, pode ser obtida no capítulo *Reabilitação cognitiva baseada em evidências científicas: recomendações para a prática clínica* (Abrisqueta-Gomez, 2012a).

Recentes revisões sistemáticas específicas da abordagem da RN holística

Devido à relevância da abordagem, passamos a comentar um estudo prospectivo (com maior rigor metodológico) e uma recente revisão sistemática sobre a RN holística. Entre os estudos, podemos destacar o de Cicerone e colaboradores (2008), no qual foram analisados 68 pacientes com TCE em grau moderado a severo, e 57% dos participantes iniciaram o tratamento após um ano do acometimento, separados (em forma aleatória) em dois grupos de 34 pacientes. Um dos grupos realizou uma intervenção de RC convencional (abordagem combinada, multidisciplinar), enquanto no outro grupo foi realizado um tratamento de RN holística, que enfatizava intervenções integradas, cognitivas, interpessoais e funcionais dentro de um ambiente terapêutico. Ambos os grupos realizaram o tratamento por 16 semanas (duração de 15 horas cada).

Os resultados mostraram que ambos os grupos apresentaram ganhos na esfera neuropsicológica, porém o grupo que fez RN holística mostrou também melhora em medidas de integração comunitária (empregabilidade), qualidade de vida e autoeficácia para manejar os sintomas. Os ganhos nesse grupo mantiveram-se durante o seguimento de seis meses. Já o grupo da reabilitação convencional só conseguiu aumentar e manter sua produtividade com reabilitação continuada. Nesse estudo, os autores sugerem que a melhora no grupo de RN holística deveu-se ao tipo das intervenções que integravam atividades de autorregulação e processos emocionais, com tarefas de cognição em diversos contextos sociais e funcionais.

Em recente revisão sistemática, Cattelani, Zettin e Zoccolotti (2010) investigaram a eficácia dos programas de reabilitação nos problemas cognitivo-comportamentais de adultos com sequelas de LEAs. Devido à considerável heterogeneidade de métodos e tratamentos utilizados nas intervenções, só 63 artigos foram incluídos na revisão e separados em três categorias:

1. intervenções baseadas na abordagem da análise comportamental
2. abordagem da terapia cognitivo-comportamental
3. abordagem de RN holística

Embora tenham sido observadas limitações devido à variedade metodológica dos estudos, os resultados mostraram melhora no funcionamento psicossocial e global de pessoas que receberam tratamentos de RN holística, recomendando-se a abordagem no tratamento de adultos com distúrbios comportamentais e psicossociais provenientes de LEAs. As outras duas abordagens foram consideradas opções alternativas de tratamento.

Os resultados da revisão levantam questões similares às de estudos anteriores, mostrando as limitações das pesquisas devido à heterogeneidade metodológica e à omissão de informações sobre variáveis que poderiam determinar os efeitos do tratamento.

A revisão encerra-se reiterando recomendações de outros pesquisadores. Entre elas está o fato de os estudos terem uma metodologia mais esclarecedora, especificando as caraterísticas das populações atendidas e das intervenções realizadas, especialmente quando se trata de estudos de caso nos quais são utilizadas intervenções interdisciplinares e abrangentes.

Pode-se dizer que a conjuntura ideal para considerar a confiabilidade de estudos de eficácia de intervenção está atualmente direcionada mais à uniformidade do tipo de lesão cerebral (prejuízo estrutural do cérebro) do que a outras condições, uma vez que os pacientes têm situações variáveis, como, por exemplo, características sociodemográficas, estilo de vida, condições ambientais, reações psicológicas ante o insulto, etc. Esses indivíduos seguramente terão uma organização cerebral diferenciada, e, por conseguinte, as práticas de intervenção serão personalizadas.

Nesse contexto, a análise de evidências científicas sobre os aspectos teóricos e metodológicos nos procedimentos de intervenção pode ser complexa de mensurar, devido a esses fatores singulares apresentados por pessoas com dano cerebral.

PERSPECTIVAS FUTURAS: A NOVA GERAÇÃO DE REABILITADORES

Nas últimas décadas, notamos uma franca mudança no exercício da RC no panorama mundial. Profissionais e centros de reabilitação que vinham fazendo intervenções de uma única disciplina ou em forma multidisciplinar estão tentando incorporar os novos conceitos, e hoje se observa um processo de transição que está evoluindo para uma prática clínica mais abrangente e interdisciplinar.

A RN de abordagem combinada e a holística são reconhecidas como os modelos mais éticos e eficazes de tratamento para pessoas com problemas neurocognitivos, havendo consenso entre os pesquisadores em relação aos desafios que envolvem seu exercício, uma vez que são requeridos múltiplos conhecimentos e procedimentos. Assim, uma só especialidade não é suficiente para sua prática clínica.

Recentemente, pesquisadores como Cicerone e colaboradores (2011), Bem-Yishay e Diller (2011), Sohlberg e Turskstra (2011) e Wilson (2009) fizeram contribuições relevantes por meio de publicações e treinamentos de caráter teórico-prático sobre o exercício clínico da RC.

O esforço colaborativo tem o objetivo de guiar a transição dos profissionais para a nova cultura de trabalho interdisciplinar, compreensivo e abrangente. A perspectiva é a de que em breve uma segunda geração de reabilitadores esteja surgindo; eles não só serão aptos para realizar o trabalho clínico como também compartilharão e trocarão suas experiências e conhecimentos sobre RC.

No Brasil, progredimos em relação a encontrar mais publicações em português sobre RC (algumas obras estão citadas no Quadro 15.2), o que gerou o interesse dos profissionais em participar de cursos de formação e atualização. No entanto, estamos longe de formar profissionais para

QUADRO 15.2 • Livros de RC e suas diversas abordagens, disponíveis em português

Ano de publicação	Autor	Título da obra
2006	Abrisqueta-Gomez e Dos Santos	*Reabilitação neuropsicológica: da teoria à prática*
2008	Schewinsky	*Reabilitação neuropsicológica da memória no traumatismo cranioencefálico*
2009/2011	Sohlberg e Mateer Traduzida ao português	*Reabilitação cognitiva: uma abordagem neuropsicológica integrativa*
2011	Wilson Traduzida ao português	*Reabilitação da memória: integrando teoria e prática*
2012	Abrisqueta-Gomez e colaboradores	*Reabilitação neuropsicológica: abordagem interdisciplinar e modelos conceituais na prática clínica*
2014	Katz	*Neurociência, reabilitação cognitiva e modelos de intervenção em terapia ocupacional*
2015	Miotto	*Reabilitação neuropsicológica e intervenções comportamentais*

atuar de maneira interdisciplinar em abordagens mais abrangentes, como a RN holística.

Abrisqueta-Gomez, em obra publicada em 2012, faz uma reflexão sobre o estado de arte da RN no Brasil e discute vários aspectos relacionados à formação do reabilitador, concluindo que o mais recomendável seria capacitar os profissionais para a prática clínica da RN holística, devido ao seu caráter abrangente e compreensivo, além de favorecer o trabalho em cooperação interdisciplinar.

A experiência clínica e de ensino da autora, associada aos treinamentos e trabalhos colaborativos com profissionais e centros internacionais de RC, incentivaram-na a elaborar um projeto de treinamento profissional intitulado Rehab Team, que teve início em 2015 (disponível em www.check-updocerebro.com.br).

O Rehab Team é um programa de treinamento especializado, com atividades teórico-práticas orientadas ao desenvolvimento de competências profissionais, voltadas para a prática clínica da RN de abordagem combinada e holística.

Formado por conhecedores da frustração dos profissionais que participam em cursos de RC, por não conseguirem colocar em prática seus conhecimentos, o Rehab Team tem uma proposta mais ousada, que é ir além da transmissão de conteúdos teóricos para desenvolver competências profissionais, que promovam o raciocínio clínico e facilitem o planejamento estratégico para a condução de intervenções integradas, orientadas a metas.

O Rehab Team é conduzido em grupos pequenos, compostos por profissionais de diversas especialidades (saúde e educação) treinados para atuar em equipe interdisciplinar. Embora a modalidade de treinamento seja fortemente orientada à prática clínica, os profissionais que participam do Rehab Team deverão apreender um modelo de atendimento clínico que contemple a filosofia, a visão e a compreensão dos valores da RC.

Hoje, os esforços colaborativos estão voltados à formação da nova geração de reabilitadores, os quais deverão incorporar os fundamentos da reabilitação cognitiva e oferecer tratamentos de RC com metodologia e intervenções compatíveis com a proposta da abordagem que estão utilizando.

CONSIDERAÇÕES FINAIS

Como se pode ver, a RC tem mostrado grande crescimento nas últimas décadas. A maior parte desse crescimento deve-se ao esforço de nossos antecessores, pesquisadores clínicos que, sem ajuda das atuais técnicas e recursos diagnósticos, seguiram "o caminho das pedras" para conseguir compreender como os diferentes tipos de lesões cerebrais afetam o comportamento humano.

Desde a primeira geração de reabilitadores que "aprenderam com os sucessos e fracassos" (como citou Prigatano, 1997), avanços significativos aconteceram. Nos dias de hoje, existe crescente interesse pelo estudo da eficácia das intervenções. Para alguns clínicos, a ênfase na reabilitação baseada em evidências é muitas vezes interpretada como opositora ao julgamento clínico, quando, na realidade, estes são aspectos complementares, que visam facilitar o raciocínio clínico para escolha das técnicas e/ou estratégias mais adequadas para o tratamento de pessoas com deficiências neurocognitivas.

Hoje, a premissa fortemente sustentada é a de que a RN de abordagem holística seria a mais adequada para o tratamento de pacientes com dano cerebral. Contudo, trata-se de um campo que requer uma ampla base teórica, na qual devem ser incorporados modelos e métodos provenientes de diversas disciplinas. Conseguir integrar esses conhecimentos só seria possível a partir de uma prática clínica interdisciplinar. Sabemos que essa é uma tarefa enorme e que só será concretizada por intermédio de um verdadeiro esforço colaborativo.

Este capítulo expôs os fundamentos teóricos que norteiam o raciocínio clínico da RC e discutiu as propostas atuais e perspectivas futuras. Esperamos que essa contribuição instigue reflexões a favor de mudanças positivas no exercício clínico da RC, seja qual for a abordagem adotada pelo reabilitador.

REFERÊNCIAS

Abrisqueta-Gomez, J. (2012b). Reabilitação neuropsicológica interdisciplinar: Reflexões sobre a relevância da abordagem holística. In J. Abrisqueta-Gomez (Org.), *Reabilitação neuropsicológica: Abordagem interdisciplinar e modelos conceituais na prática clínica*. Porto Alegre: Artmed.

Abrisqueta-Gomez, J. (2015). Reabilitação cognitiva no comprometimento cognitivo leve e nas demências. In E. Miotto, *Reabilitação neuropsicológica e intervenções comportamentais*. São Paulo: Roca

Abrisqueta-Gomez, J. (Org.). (2012a). *Reabilitação neuropsicológica: Abordagem interdisciplinar e modelos conceituais na prática clínica*. Porto Alegre: Artmed.

Baddeley, A. (1993). Working memory or working attention? In A. Baddeley, & L. Weiskrantz (Eds.), *Attention: Selection, awareness, and control* (pp. 152-170). Oxford: Clarendon.

Ballard, C., O'Brien, J., James, I., & Swann, A. (2001). *Dementia: Management of behavioural and psychological symptoms*. New York: Oxford University.

Ben-Yishay, Y., & Diller, L. (2008). *Kurt Goldstein's holistic ideas: An alternative, or complementary, approach to the management of traumatically brain-injured individuals*. Presented at the 62 Annual Meeting of the American Epilepsy Society, Seattle.

Ben-Yishay, L., & Diller, L. (2011). *Handbook of holistic neuropsychological rehabilitation: Outpatient rehabilitation of traumatic brain injury*. New York: Oxford University.

Ben-Yishay, Y., & Prigatano, G. P. (1990). Rehabilitation of the adult and child with traumatic brain injury. In M. Rosenthal, M. R. Bond, E. R. Griffith, & M. D. Miller (Eds.), *Cognitive remediation* (pp. 393-409). Philadelphia: F. A. Davis.

Cappa, S. F., Benke, T., Clarke, S., Rossi, B., Stemmer, B., van Heugten, C. M., & European Federation of Neurological Societies (2003). EFNS guidelines on cognitive rehabilitation: Report of an

EFNS task force. *European Journal of Neurology, 10*(1), 11-23.

Cappa, S. F., Benke, T., Clarke, S., Rossi, B., Stemmer, B., van Heugten, C. M., ... European Federation of Neurological Societies. (2005). EFNS guidelines on cognitive rehabilitation: Report of an EFNS task force. *European Journal of Neurology, 12*(9), 665-680.

Caramazza, A. (1989). Cognitive neuropsychology and rehabilitation: An unfulfilled promise? In X. Seron, & G. Deloche (Orgs.), *Cognitive approaches in neuropsychological rehabilitation* (pp. 383-398). Hillsdale: Lawrence Erlbaum.

Cattelani, R., Zettin, M., & Zoccolotti, P. (2010). Rehabilitation treatments for adults with behavioral and psychosocial disorders following acquired brain injury: A systematic review. *Neuropsychology Review, 20*(1), 52-85.

Chestnut, R. M., Carney, N., & Maynard, H. (1999). *Rehabilitation for traumatic brain injury* (Evidence Report n. 2). Rockville: Agency for Health Care Policy and Research.

Cicerone, K. D., Dahlberg, C., Kalmar, K., Langenbahn, D. M., Malec, J. F., Bergquist, T. F., ... Morse, P. A. (2000). Evidence-based cognitive rehabilitation: Recommendations for clinical practice. *Archives of Physical Medicine and Rehabilitation, 81*(12), 1596-1615.

Cicerone, K. D., Dahlberg, C., Malec, J. F., Langenbahn, D. M., Felicettti, T., Kneipp, S., ... Catanese, J. (2005). Evidence-based cognitive rehabilitation: Updated review of the literature from 1998 through 2002. *Archives of Physical Medicine and Rehabilitation, 86*(8), 1681-1692.

Cicerone, K. D., Langenbahn, D. M., Braden, C., Malec, J. F., Kalmar, K., Fraas, M., ... Ashman, T. (2011). Evidence-based cognitive rehabilitation: Updated review of the literature from 2003 through 2008. *Archives of Physical Medicine and Rehabilitation, 92*(4), 519-530.

Cicerone, K. D., Mott, T., Azulay, J., Sharlow-Galella, M. A., Ellmo, W. J., Paradise, S., & Friel, J. C. (2008). A randomized controlled trial of holistic neuropsychologic rehabilitation after traumatic brain injury. *Archives of Physical Medicine and Rehabilitation, 89*(12), 2239-2249.

Coltheart, M. (1991). Cognitive psychology applied to the treatment of acquired language disorders. In P. Martin (Org.), *Handbook of behavior therapy and psychological science: An integrative approach* (pp. 216-226). New York: Pergamon.

Diller, L. (2005). Pushing the frames of reference in traumatic brain injury rehabilitation. *Archives of Physical Medicine and Rehabilitation, 86*(6), 1075-1080.

Goldstein, K. (1942). *After effects of brain injuries in war*. New York: Grune & Stratton.

Harley, J. P., Allen, C., Braciszeski, T. L., Cicerone, K. D., Dahlberg, C., & Evans, S. (1992). Guidelines for cognitive rehabilitation. *Neurorehabilitation, 2*, 62-67.

Harris, J. E., & Sunderland, A. (1981). A brief survey of the management of memory disorders in rehabilitation units in Britain. *International Rehabilitation Medicine, 3*(4), 206-209.

Jefferson, G. (1942). Rehabilitation after injuries to the central nervous system. *Proceedings of the Royal Society of Medicine, 35*(4), 295-308.

Kleim, J. A., & Jones, T. A. (2008). Principles of experience-dependent neural plasticity: Implications for rehabilitation after brain damage. *Journal of Speech Language and Hearing Research, 51*(1), 225-239.

Levack, W. M., Dean, S. G., McPherson, K. M., & Siegert, R. J. (2006). How clinicians talk about the application of goal planning to rehabilitation for people with brain injury-variable interpretations of value and purpose. *Brain Injury, 20*(13-14), 1439-1449.

Lincoln, N. B., Majid, M. J., & Weyman, N. (2000). Cognitive rehabilitation for attention deficits following stroke. *The Cochrane Database of Systematic Review, 4*, CD002842.

Luria, A. R. (1973). *The working brain*. New York: Basic Books.

Malec, J. F. (1999). Goal attainment scaling in rehabilitation. *Neuropsychological Rehabilitation, 9*(3-4), 253-275.

Malec, J., & Basford, J. (1996). Post-acute brain injury rehabilitation. *Archives of Medicine Rehabilitation, 77*(2), 198-207.

Malia, K., Law, P., Sidebottom, L., & Becwik, K. (2004). *Recommendations for best practice in cognitive rehabilitation therapy acquired brain injury*. Albuquerque: The Society for Cognitive Rehabilitation.

Martin, M., Clare, L., Altgassen, A. M., Cameron, M. H., & Zehnder, F. (2011). Cognition-based interventions for healthy older people and people with mild cognitive impairment. *The Cochrane Database of Systematic Reviews, 1*, CD006220.

McLellan, D. L. (1991). Functional recovery and the principles of disability medicine. In M. Swash, & J. Oxbury (Eds.), *Clinical neurology*. Edinburgh: Churchill Livingstone.

Morris, J. (2007). Cognitive rehabilitation: Where we are and what is on the horizon. *Physical Medicine and Rehabilitation Clinics of North America, 18*(1), 27-42, v-vi.

National Institutes of Health (NIH). (1999). Rehabilitation of persons with traumatic brain injury. *JAMA, 282*(10), 974-983.

National Medical Policy. (2015). *Cognitive rehabilitation post Traumatic Brain Injury (TBI)*. Recuperado de https://www.healthnet.com/static/general/unprotected/pdfs/national/policies/CognitiveRehabilitationPostTBI.pdf

Olazarán, J., Reisberg, B., Clare, L., Cruz, I., Peña-Casanova, J., Del Ser, T., ... Muñiz, R. (2010). Nonpharmacological therapies in Alzheimer's disease: A systematic review of efficacy. *Dementia and Geriatric Cognitive Disorders, 30*(2), 161-78.

Plaut, D. (1996). Relearning after damage in connectionist networks: Towards a theory of rehabilitation. *Brain and Language, 52*(1), 25-82.

Poppelreuter, W. (1990). *Disturbances of lower and higher visual capacities caused by occipital damage: With special reference to the psychopathological, pedagogical, industrial, and social implications*. New York: Oxford University.

Prigatano, G. P. (1997). Learning from our successes and failures: Reflections and comments on cognitive rehabilitation: How it is and how it might be. *Journal of the International Neuropsychological Society, 3*(5), 497-499.

Robertson, I. H., & Murre, J. M. (1999). Rehabilitation of brain damage: Brain plasticity and principles of guided recovery. *Psychological Bulletin, 125*(5), 544-575.

Sitzer, D. I., Twamley, E. W., & Jeste, D. V. (2006). Cognitive training in Alzheimer's disease: A meta-analysis of the literature. *Acta Psychiatrica Scandinavica, 114*(2), 75-90.

Sohlberg, M. M., & Mateer, C. A. (2009). *Reabilitação cognitiva: Uma abordagem neuropsicológica integrativa*. São Paulo: Santos.

Sohlberg, M. M., & Turkstra, L. S. (2011). *Optimizing cognitive rehabilitation: Effective instructional methods*. New York: Guilford.

Sohlberg, M. M., Avery, J., Kennedy, M., Ylvisaker, M., Coelho, C., Turkstra, L., & Yorkston, K. S. (2003). Practice guidelines for direct attention training. *Journal of Medical Speech-Language Pathology, 11*(3), 19-39.

Walsh, K. (1987). *Neuropsychology: A Clinical Approach*. Edinburgh: Churchill Livingston.

Wilson, B. A. (1997). Cognitive rehabilitation: How it is and how it might be. *Journal of the International Neuropsychological Society, 3*(5), 487-496.

Wilson, B. A. (2002). Towards a comprehensive model of cognitive rehabilitation. *Neuropsychological Rehabilitation, 12*(2), 97-110.

Wilson, B. A. (2009). *Memory rehabilitation: Integrating theory and practice*. New York: Guilford.

Wilson, B. A. (2012). Centro Oliver Zangwill de reabilitação neuropsicológica: História, filosofia e prática atual. In Abrisqueta-Gomez, J. (Org.), *Reabilitação neuropsicológica: Abordagem interdisciplinar e modelos conceituais na prática clínica*. Porto Alegre: Artmed.

World Health Organization (WHO). (1986). *Optimum care of disabled people. Report of a WHO meeting, Turku, Finland*. Geneva: WHO.

World Health Organization (WHO). (2001). *International classification of functioning, disability and health: ICF*. Geneva: WHO.

16

Procedimentos de intervenção em neuropsicologia baseados na análise do comportamento

KATRINI VIANNA LOPES
BIANCA DALMASO

ANÁLISE DO COMPORTAMENTO

O Behaviorismo Radical, fundado por Burrhus Frederic Skinner (1904-1990), é uma teoria psicológica cujo objeto de estudo é o comportamento, tanto humano quanto animal. Essa teoria dá atenção aos comportamentos observáveis por meio de estímulos e respostas, lembrando que o conceito estímulo e resposta contempla tanto os comportamentos respondentes (reflexo) quanto os comportamentos operantes.

A teoria da análise do comportamento se desenvolveu por meio dos princípios do condicionamento respondente, condicionamento operante e a sistematização do modelo de seleção por consequências, análise das contingências, análise funcional e outras para explicar o comportamento humano.

A seguir, pretende-se explicar cada um dos conceitos básicos da análise do comportamento para melhor compreensão de como a análise funcional, ou avaliação funcional, pode contribuir para o campo da neuropsicologia.

Comportamento respondente e condicionamento respondente

O comportamento respondente corresponde a todas as formas pelas quais o organismo elicia respostas produzidas a partir de modificações especiais do ambiente[1] (estímulos). Como as respostas são inatas, esse comportamento é considerado filogeneticamente estimulado.

O condicionamento respondente é um instrumento extremamente importante, porque cria novas relações entre estímulos e respostas, as quais podem ser estabelecidas durante toda a vida do indivíduo. De modo geral, o condicionamento respondente é uma substituição de estímulos, uma vez que estímulos, considerados neutros,[2] são pareados

---

[1] Por ambiente, estamos falando sobre qualquer variável que afete o comportamento que se está estudando, influenciando, assim, sua relação e interação. Ambiente pode ser compreendido como qualquer variável, podendo ser um fármaco, uma lesão neurológica, uma outra pessoa, etc.

[2] Estímulo neutro: é o estímulo que não evoca nenhum tipo de resposta reflexa.

com estímulos reflexos incondicionados. Desse modo, o condicionamento respondente proporciona novos estímulos para evocar, sempre, a mesma resposta (Catania, 1999; Skinner, 1953/2000; Skinner, 1974/2006).

Comportamento operante e condicionamento operante

O comportamento operante consiste, basicamente, em todas as atividades ou ações humanas (do organismo) no mundo, direta ou indiretamente. Inclui todos os movimentos desse organismo que possam ser emitidos em algum momento. Ele **opera** sobre o mundo. As respostas são produzidas por algum estímulo no ambiente; por isso, são aprendidas (Skinner, 1953/2000; Skinner, 1974/2006).

A diferença entre comportamento operante e respondente se dá na sua origem, como apareceram. O respondente é evocado por seus próprios estímulos especiais, é filogenético; ou seja, basta nascermos para que esses estímulos eliciem essas respostas. Já em relação ao comportamento operante, não há exatamente nenhum estímulo específico que possa evocá-lo.

O condicionamento operante segue o modelo Sd-R-Sr (estímulo discriminativo – resposta – estímulo reforçador), em que um primeiro estímulo, Sd,[3] dito *estímulo discriminativo*, aumenta a probabilidade de ocorrência de uma resposta R. O condicionamento ocorre se, após a resposta R, seguir um *estímulo reforçador Sr*,[4] que pode ser um reforço, positivo ou negativo, que "estimule" o comportamento, aumente sua probabilidade de ocorrência, ou uma punição, positiva[5] ou negativa,[6] que iniba o comportamento em situações posteriores semelhantes (Catania, 1999; Skinner, 1953/2000; Skinner 1974/2006).

Quando um comportamento é seguido da apresentação de um reforço positivo ou negativo, aquela resposta tem maior probabilidade de se repetir com a mesma função; do mesmo modo, quando o comportamento é seguido por uma punição (positiva ou negativa), a resposta tem menor probabilidade de ocorrer posteriormente (Catania, 1999; Skinner, 1953/2000).

Modelo de seleção por consequência

Para a análise do comportamento, o comportamento

> ... é um processo, e não uma coisa, não pode ser facilmente mobilizado para observação. É mutável, fluido e evanescente e, por essa razão, faz grandes exigências técnicas da engenhosidade e energia do cientista. Contudo, não há nada essencialmente insolúvel nos problemas que surgem desse fato (Skinner, 1953/2000, p. 16).

---

[3] Estímulo discriminativo (Sd): é o estímulo antecedente que está presente no momento em que a resposta é emitida e reforçada.

[4] Estímulo reforçador (Sr): é a consequência de um comportamento que se mostra capaz de alterar a frequência desse comportamento, tornando-o mais provável. Reforços (positivos ou negativos) são estímulos que aumentam a probabilidade de ocorrência de determinado comportamento, em oposição à punição (positiva ou negativa), que diminui sua probabilidade de ocorrência.

[5] Punição positiva (P+): consequência que diminui a frequência de uma resposta em decorrência da apresentação de um estímulo aversivo.

[6] Punição negativa (P-): consequência que diminui a frequência de uma resposta devido à retirada de um reforçador.

Em outras palavras, o comportamento, em particular o operante, é um conjunto de interações entre organismo e ambiente que envolve especialmente ações e suas consequências. Assim, deve ser considerado um fenômeno de múltiplas "causas".

O modelo de seleção por consequências é apresentado como o "modelo de causalidade" do comportamento. Ele foi baseado nos estudos sobre a evolução de Charles R. Darwin (1809-1882), que propõe que as variações do comportamento de todas as espécies foram selecionadas pelas suas consequências. Em outras palavras, existe uma probabilidade, histórica e populacional, de certos eventos ocorrerem, sendo, portanto, chamada de multideterminada (Baum, 2006; Skinner, 1953/2000; Skinner, 1989/2002).

O modelo de seleção por consequência compreende três características: filogenéticas, ontogenéticas e culturais. A filogênese se refere à herança biológica da espécie; em outras palavras, se refere ao DNA, aos cromossomos, às funções neurológicas e a outros aspectos inatos da constituição do ser humano (comportamento respondente). A ontogênese se refere à história de vida do sujeito, de suas experiências e vivências, das interações do sujeito com o meio que o cerca (comportamento operante). A cultura se refere ao meio em que ocorrem as interações de um sujeito para com o outro; isto é, a cultura opera contingências especiais (em grande parte relacionadas com a formação individual – pessoa e *self*) mantidas por um ambiente social (Skinner, 1974/2006; Skinner, 1989/2002).

Cabe ressaltar que esse modelo é estritamente teórico, uma vez que existe sobreposição entre o que é genético, do modo de se comportar do sujeito e o ambiente onde ele de fato se comporta. O modelo de seleção por consequências é uma tentativa de explicar algo tão complexo por meio de pequenos recortes, uma vez que se torna extremamente difícil limitar o que de fato é filogenético do que é ontogenético (inato ou aprendido).

Análise funcional

Para a análise do comportamento, o comportamento é selecionado pelas consequências. A ocorrência de qualquer comportamento nunca se dá ao acaso, e sim devido a uma função. Se o comportamento ocorre, é porque tem um valor de sobrevivência para o organismo (Skinner, 1953/2000).

O termo "análise funcional" foi utilizado inicialmente para descrever as relações de causa e efeito entre o comportamento do indivíduo e o ambiente. Consiste na identificação das relações de dependência entre as respostas apresentadas pelo indivíduo, o contexto em que aparecem (suas condições antecedentes), seu efeito no ambiente (eventos consequentes, como punição, extinção, esquemas de reforçamento, etc.) e as operações motivadoras vigentes, isto é, os efeitos ambientais que alteram a efetividade reforçadora do estímulo e evocam os comportamentos que no passado foram seguidos por tal estímulo (Borges & Cassas, 2012; Skinner, 1953/2000).

Em outras palavras, a principal característica da análise funcional é a compreensão do comportamento em termos de suas funções, e não em termos de sua forma, ou topografia. Essa estratégia de análise possibilita uma organização mais eficaz do comportamento, pois procura os elementos ambientais por trás das aparências.

O objetivo da análise funcional, portanto, é identificar o comportamento-alvo da intervenção, isto é, aquele que está inadequado, e os elementos do ambiente que estão ocasionando e mantendo esse comportamento (Kohlenberg & Tsai, 2006). A análise funcional de um comportamento, além de permitir compreender as contingências que estão em vigor, também permite analisar se aquele determinado comportamento pode ser considerado adequado ou inadequado.[7]

Resumidamente, a avaliação por meio da análise funcional tem quatro objetivos norteadores: identificar o comportamento-alvo da intervenção e as variáveis que o mantêm, escolher a intervenção apropriada, monitorar o progresso da intervenção e auxiliar na medida do grau de eficácia e efetividade da intervenção. Para uma boa definição operacional do comportamento-alvo, deve-se respeitar algumas regras: o comportamento-alvo deve ser passível de observação direta, sua frequência deve poder ser mensurada, e diferentes observadores devem concordar quanto a sua ocorrência e ausência. A ideia central é a de que o comportamento pode ser previsto, podendo-se, assim, promover o planejamento de uma intervenção que produza a mudança comportamental desejada, ampliando o repertório comportamental do indivíduo para que consiga obter os reforçadores desejados com outros comportamentos mais funcionais e adaptativos (Borges & Cassas, 2012; Tassé, 2006).

Iwata (1994) observa que a metodologia adequada para uma análise funcional deve incluir uma observação direta do experimentador sobre o comportamento-problema, com precisa medição de sua ocorrência, para que se possam realizar testes em condições controladas com a manipulação de cada variável que está controlando a ocorrência do comportamento.

Além disso, o diagnóstico "funcional" deixa implícita a possibilidade de as queixas e problemas do cliente variarem no decorrer da intervenção; afinal, novas condições de vida geram novos comportamentos. A análise funcional, portanto, considera o comportamento algo fluido, variável e evanescente e afirma que classificações em termos de doenças podem mascarar essa fluidez, resultando em tratamentos focados em sintomas, e não nas relações indivíduo-ambiente (Skinner, 1953/2000).

NEUROPSICOLOGIA COMPORTAMENTAL

Novos estudos e pesquisas nos campos da avaliação e reabilitação neuropsicológica permitiram a interface da neuropsicologia com a análise do comportamento, originando um novo ramo desse campo de atuação: a neuropsicologia comportamental.

A neuropsicologia comportamental, fundada em 1978 durante o encontro anual da Association for Advancement of Behavior Therapy, foi definida como

> ... a aplicação de técnicas de terapia comportamental para problemas de indivíduos com prejuízos orgânicos, utilizando a perspectiva da avaliação neuropsicológica ... Além disso, a formulação de um coerente plano de intervenção terapêutica e sua habilidosa implantação pode, em alguns casos, ser facilitada pela análise dos déficits comportamentais implicados em prejuízos do funcionamento cortical superior (Horton, 1979, p. 20 apud Pontes & Hubner, 2008, p. 9).

A neuropsicologia comportamental concilia as bases da estimulação cognitiva com a aplicação de técnicas comportamentais, tais como modelação, modelagem, dessensibilização sistemática, entre outras, desenvolvendo programas de avaliação e intervenção, sendo que todos os processos são permeados pela análise funcional e análise de contingências. A Figura 16.1 ilustra como as técnicas comportamentais de intervenção se relacionam com a análise funcional.

De acordo com as pesquisas na área, a análise do comportamento permite que o neuropsicólogo faça uma análise aprofundada a respeito das contingências ambientais que podem interferir no desempenho cognitivo do paciente, além de permitir

---
[7] A análise do comportamento não fala em doença, e sim em comportamentos inadequados.

ao profissional utilizar inúmeros procedimentos para a promoção da aprendizagem e mudanças comportamentais, oferecendo ferramentas valiosas, sobretudo com a análise de contingências.

A análise de contingências, conforme apresentada na Figura 16.1, compreende a probabilidade de aquele determinado evento/comportamento ter relação direta com outros eventos; em outras palavras, se foi afetado ou causado por outros eventos (Souza, 2001). Desse modo, a contingência deve ser compreendida como a relação de dependência entre eventos, sendo normalmente usada em termos de "se" e "então" (Catania, 1999; Skinner, 1953/2000).

Dentro da análise de contingências, encontra-se a análise funcional, que descreve as relações de causa e efeito entre o comportamento do indivíduo e o ambiente (Skinner, 1953/2000). Em outras palavras, consiste na identificação das relações de dependência entre as respostas apresentadas pelo indivíduo, o contexto em que aparecem (suas condições antecedentes), seu efeito no ambiente (eventos consequentes, como punição, extinção, esquemas de reforçamento, etc.) e as operações motivadoras vigentes (Borges & Cassas, 2012), isto é, os efeitos ambientais que alteram a efetividade reforçadora do estímulo e evocam os comportamentos que no passado foram seguidos por tal estímulo.

Após a análise funcional, fica mais fácil delimitar quais as possíveis intervenções, foco no estímulo antecedente, no próprio comportamento ou nas consequências do mesmo. Identificando em qual parte da tríplice contingência será o foco da intervenção, é selecionado uma técnica pertinente.

INTERVENÇÃO EM NEUROPSICOLOGIA COMPORTAMENTAL

A análise funcional é uma ferramenta que interpreta o funcionamento do indivíduo e determina a intervenção mais apropriada para modificar as relações comportamentais estabelecidas e consideradas como inadequadas (comportamento-queixa).

Uma análise funcional de qualidade deve passar por quatro momentos (representados na Fig. 16.2). A seguir, é detalhado como proceder em cada etapa e como realizar o *feedback* da análise:

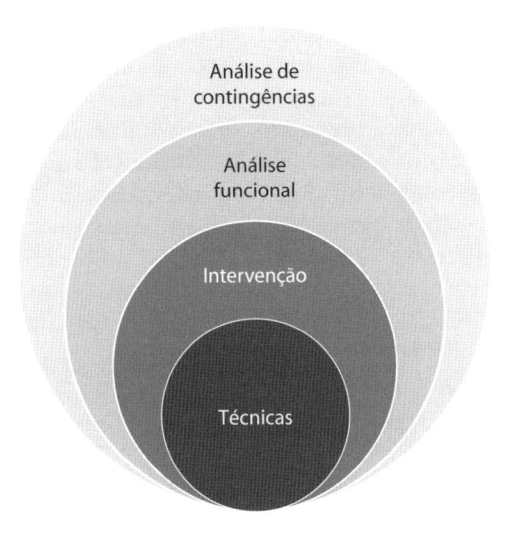

Figura 16.1 Hierarquia para escolha da melhor técnica comportamental.

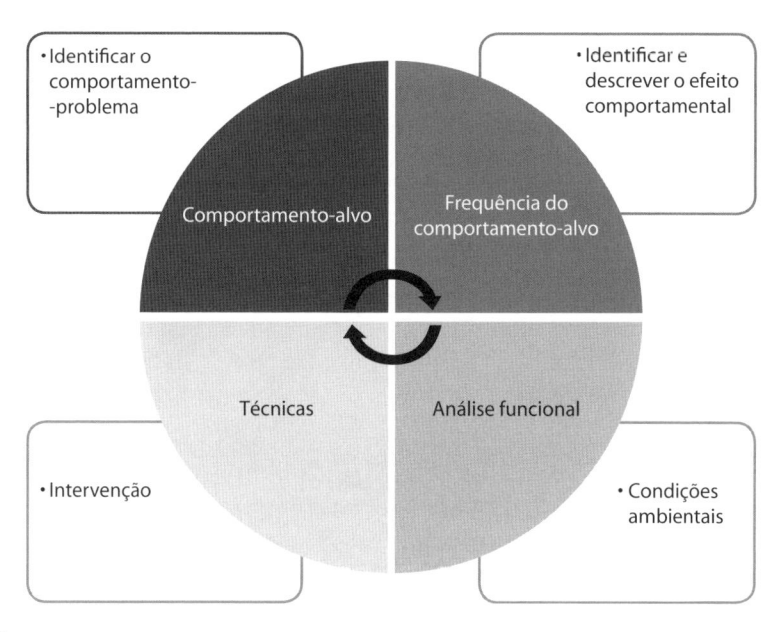

Figura 16.2 Percursos para planejamento de uma intervenção comportamental.

- Comportamento-alvo
  - Identificar o comportamento-problema
- Frequência do comportamento-alvo
  - Identificar e descrever o efeito comportamental
- Análise funcional
  - Condições ambientais
- Técnicas
  - Intervenção

a. identificar o comportamento inadequado: identificar o comportamento que será o alvo da análise funcional
b. identificar e descrever o efeito comportamental: com que frequência o comportamento aparece, quanto tempo dura, qual a intensidade do comportamento
c. condições ambientais que o mantêm: quais são as características do paciente em princípios comportamentais, isto é, descrição da situação antecedente e situação subsequente ao comportamento (consequência)
d. determinar uma intervenção: analisar qual parte da contingência será modificada
e. monitorar a intervenção
f. verificar grau de eficácia e efetividade da intervenção (i.e., generalização)

Uma vez identificadas as relações de dependência entre uma resposta, comportamento inadequado do paciente e o contexto em que ocorre (estímulo antecedente), seus efeitos (consequências) e as operações motivacionais em vigor (operações motivacionais abdutoras, estabelecedoras ou de esquiva), fica mais nítido escolher as técnicas que deverão ser aplicadas, isto é, em qual das "partes" da contingência será o foco da intervenção.

As técnicas comportamentais permitem ao neuropsicólogo intervir tanto nos estímulos que antecedem o comportamento inadequado quanto no próprio comportamento inadequado ou nas suas consequências, uma vez que sua contínua emissão garante que ele de algum modo está sendo reforçado.

O neuropsicólogo também deve estar atento quanto ao tipo de comportamento inadequado com o qual está lidando – um comportamento operante ou um comportamento respondente –, pois o "tipo de comportamento" também ajuda a determinar o tipo de técnica mais efetivo.

Conforme afirmado anteriormente, os comportamentos podem ser divididos em operantes e respondentes. As técnicas comportamentais utilizadas para modificação do comportamento operante, ilustradas na Figura 16.3, podem ser focadas em cada um dos

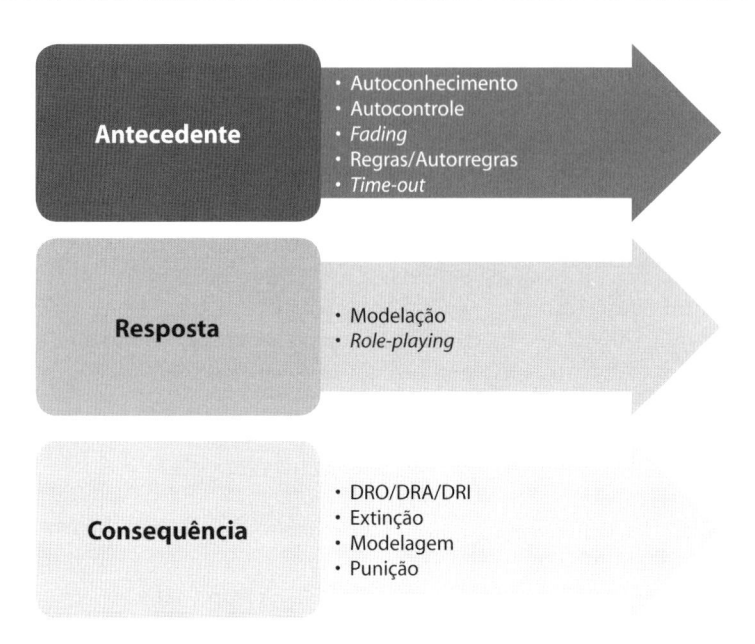

Figura 16.3 Técnicas comportamentais para modificação de comportamento operante.

"elos" existentes na análise funcional, ou seja, pode-se intervir nos estímulos antecedentes, nas respostas e/ou nas consequências.

As técnicas, apesar de divididas em antecedente, resposta e consequência, relacionam-se umas com as outras. Para fins didáticos, cada um dos "elos" da tríplice contingência será apresentado separadamente.

Técnicas comportamentais para modificação de comportamento operante

Estímulos antecedentes

As técnicas que envolvem o estímulo antecedente focam no contexto em que aquele determinado comportamento ocorre. A ideia não é modificar o estímulo, uma vez que isso é impossível, mas modificar sobre controle do quê o indivíduo fica. Portanto, as técnicas que podem ser usadas nesse "elo" são: autoconhecimento, autocontrole, regras/autorregras, *fading* e *time-out*.

O autoconhecimento e o autocontrole (controle inibitório) entram como técnicas, no sentido de fornecerem as ferramentas necessárias para a compreensão do que altera o comportamento. É necessário que o indivíduo saiba sobre controle do quê ele fica quando age de determinada maneira. Apesar de o autoconhecimento por si mesmo não gerar mudança comportamental, sem essa autopercepção, a mudança não ocorre.

As regras e as autorregras, por sua vez, são definidas como descrições verbais de contingências que exercem controle sobre o comportamento. Em outras palavras, elas são descrições mais detalhadas do que acontece "se" tal evento/comportamento acontecer (p. ex., se eu fizer lição de casa, a professora não irá reclamar para minha mãe). Cabe ressaltar que tanto as regras quanto as autorregras podem ser fornecidas pela comunidade verbal ou podem ser criadas pelo próprio indivíduo, respectivamente.

O *fading*, ou esvanecimento, se caracteriza pela transferência gradativa do controle de um comportamento de um estímulo para outro estímulo; isto é, o indivíduo aprende a observar outra parte do ambiente/contexto que o cerca. O *fading* tem dois tipos de controle, conhecidos como *fading in* e *fading out*. Em termos técnicos, são caracterizados, respectivamente, como a introdução gradativa de um estímulo e a remoção gradativa de um estímulo. Ambos ocorrem simultaneamente quando empregados, uma vez que é necessário o *fading out* de um determinado estímulo e o *fading in* do novo estímulo desejado.

Por fim, o *time-out* é definido como a retirada do indivíduo do contexto no qual, normalmente, o comportamento inadequado é emitido. Essa técnica consiste na eliminação do contexto no qual determinado comportamento é emitido e, de algum modo, reforçado. Por exemplo, diante de pessoas novas e em público (apresentações), o senhor X tende a gaguejar; não fazer apresentações em público eliminaria a presença do comportamento de gaguejar.

Respostas

As intervenções focadas nas respostas inadequadas têm como objetivo ampliar o repertório do indivíduo, isto é, ensiná-lo a emitir respostas mais satisfatórias para aquele contexto. As técnicas comportamentais utilizadas são a modelação e o *role-playing*, que consistem em apresentar um comportamento a ser imitado, treinando-se topograficamente um comportamento na presença de um antecedente determinado, seja pela observação de determinado comportamento, seja pelo treino de emissão de resposta.

A modelação consiste no termo técnico para o comportamento de imitação. Em outras palavras, o neuropsicólogo fornece o modelo de quais respostas devem ser emitidas naquele determinado contexto, e o paciente deve imitar as respostas do mesmo jeito que foram apresentadas pelo neuropsicólogo. Um exemplo seria um paciente que sofreu um acidente vascular cerebral (AVC) isquêmico aprender, por meio da modelação, a se alimentar sozinho novamente.

Já o *role-playing* seria uma técnica mais rebuscada, na medida em que o paciente não copia os comportamentos emitidos por outro, mas treina com o outro um novo conjunto de comportamentos. Em termos mais gerais, seria como um "teatro", em que o paciente passa a emitir novas respostas e ver no ambiente, por meio do outro, os impactos do novo aprendizado.

Consequências

As técnicas voltadas para a consequência têm como objetivo diminuir a frequência ou até mesmo eliminar o comportamento inadequado. Para tanto, o arsenal de técnicas disponíveis consiste em: reforçar diferencialmente (DR), punição, extinção e modelagem.

Em relação ao reforçar diferencialmente, existem três tipos de reforço: o reforçar diferencialmente outros comportamentos emitidos pelo indivíduo (DRO), o reforçar diferencialmente comportamentos alternativos (DRA) e o reforçar diferencialmente comportamentos incompatíveis com o comportamento inadequado (DRI).

O DRO consiste em reforçar qualquer comportamento diferente do comportamento inadequado, independentemente da função ou topografia. O DRA consiste no reforço de comportamentos na mesma classe de resposta do comportamento inadequado, isto é, comportamentos que tenham a mesma função. O DRI, por sua vez, reforça respostas que são, literalmente, incompatíveis com o comportamento inadequado. Por exemplo, se o comportamento inadequado for automutilação, comportamentos incompatíveis seriam atividades manuais, como origami.

O reforço diferencial, independentemente do tipo, tem relação com a técnica de extinção, que consiste em parar de apresentar o reforço ao comportamento que anteriormente foi reforçado. Em outras palavras, a extinção é a quebra da relação de contingência entre uma resposta e uma consequência por meio da suspensão do reforçamento.

Apesar de a extinção ser utilizada como pano de fundo, não é aconselhável usar somente ela, uma vez que apresenta alguns "danos colaterais" não desejados, como aumento da frequência do comportamento inadequado, respostas emocionais e até mesmo o escalonamento da resposta. Para compreender melhor, se for usada somente a extinção no comportamento de automutilação isso fará com que o paciente varie a resposta de se machucar para um comportamento de resposta de se machucar mais séria e grave, podendo mesmo acabar por cometer suicídio (comportamento mais grave).

A técnica da punição consiste em punir a emissão do comportamento inadequado, seja pela introdução de algo ruim, como castigo físico ou repreensão verbal, seja pela retirada de algo bom, como mesada ou passeios.

Por fim, a técnica da modelagem é definida como uma modificação gradual de alguma propriedade do responder, por meio do reforço diferencial, mediante as aproximações sucessivas. Em outras palavras, caracteriza-se pela apresentação gradual de um novo comportamento com o objetivo de ampliar o repertório. Essa é a técnica mais utilizada em reabilitação de pacientes, por incorporar, aos poucos, novos recursos à vida do sujeito. Por exemplo, no caso de um paciente com AVC isquêmico que precisará reaprender a alimentar-se sozinho, o neuropsicólogo parte da linha de base do paciente, como pegar o talher, e, a partir desse comportamento, passa a traçar os comportamentos mais complexos que o paciente precisa adquirir a fim de conseguir se alimentar sozinho (p. ex., pegar o talher com a mão toda, pegar o talher usando indicador e polegar, fazer movimentos com o talher vazio até a boca, fazer movimentos com o talher cheio até a boca).

Técnicas comportamentais para modificação do comportamento respondente

Em relação ao comportamento respondente, como citado anteriormente, a relação estabelecida é fruto de um condicionamento respondente, sendo este acidental ou não. Portanto, as técnicas empregadas envolvem os dois elos da cadeia de condicionamento: o estímulo antecedente e a própria resposta. A Figura 16.4 mostra o esquema das técnicas utilizadas.

Antecedente
- Dessensibilização sistemática
- Exposição

Resposta
- Relaxamento muscular progressivo de Jacobson
- Treino de respiração

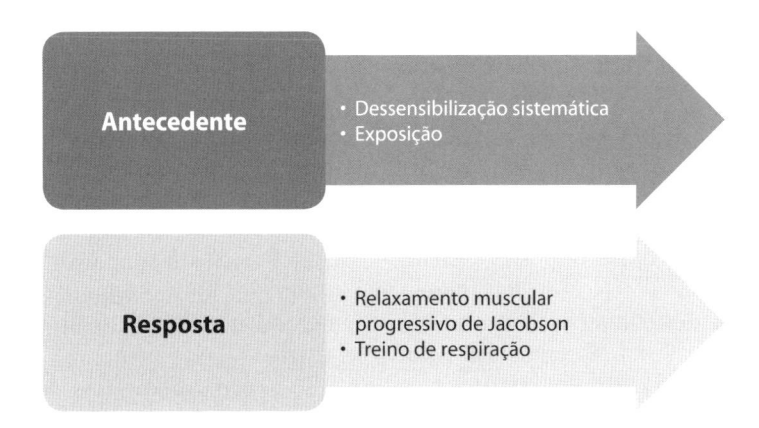

Figura 16.4 Técnicas comportamentais para modificação do comportamento respondente.

As técnicas também são separadas em "elos" do condicionamento respondente: estímulos antecedentes e respostas.

Estímulos antecedentes

As técnicas comumente utilizadas para enfraquecer e até mesmo eliminar o condicionamento respondente são a dessensibilização sistemática e a exposição com prevenção de resposta. Ambas têm como objetivo fazer os estímulos condicionados voltarem a ser neutros, não eliciando mais as respostas consideradas inadequadas.

A dessensibilização sistemática, desenvolvida por Wolpe, em 1958, consiste em um conjunto de respostas de exposição e aproximação do paciente às experiências consideradas traumáticas. A técnica tem três etapas: o treinamento do cliente ao relaxamento físico, o estabelecimento de uma hierarquia de ansiedade em relação ao estímulo fóbico e o contracondicionamento do relaxamento como uma resposta ao estímulo temido. A dessensibilização é iniciada sempre com o elemento mais baixo da hierarquia de ansiedade, até chegar ao ponto mais alto dessa hierarquia, previamente estabelecido (Borges & Cassas, 2012).

A exposição com prevenção de resposta apresenta ao paciente a experiência traumática, impedindo, entretanto, que ele emita qualquer resposta de esquiva. Como as respostas eliciadas são de natureza respondente, o objetivo é que se quebre o condicionamento respondente que antes estava estabelecido.

Entre as técnicas, hoje a mais utilizada e a mais divulgada é a dessensibilização sistemática pela exposição gradativa ao evento estressor.

Respostas

As técnicas voltadas para a resposta condicionada são conhecidas de outras abordagens que têm como objetivo lidar com a "contenção" dos respondentes, isto é, o indivíduo não vai parar a resposta, mas vai aprender a controlar sua intensidade.

O relaxamento muscular progressivo de Jacobson é um treino de relaxamento muscular que consiste em relaxar região por região, progressivamente, até se obter um relaxamento geral do corpo, que, por sua vez, favorece um estado de tranquilidade mental e emocional. Por meio dessa técnica, é possível observar a diminuição de respostas respondentes – como sudorese, diminuição da pulsação, respiração mais lenta e discreta e até mesmo queda da pressão arterial (Sandor, 1974).

Já o treino da respiração consistiria, como o próprio nome sugere, em exercícios para treino do controle da respiração. Essa técnica se caracteriza por ensinar o sujeito a respirar profundamente com o objetivo de relaxar.

CASO UTILIZANDO ANÁLISE FUNCIONAL

Deficiência intelectual

Adultos com deficiência intelectual (DI) apresentam taxas mais altas de problemas de saúde mental do que a população em geral, podendo-se chegar a 40% de incidência de pacientes com alterações comportamentais (Cooper & Speck, 2009). As manifestações desses comportamentos-problema em indivíduos com DI impactam significativamente em sua qualidade de vida, limitando suas interações sociais e privando-os do convívio familiar, devido ao potencial risco para si mesmo e para os outros com quem convivem. As alterações comportamentais mais frequentemente encontradas são estereotipias, comportamento autoagressivo, comportamentos agressivos, destruição de patrimônio e comportamentos disruptivos (Di Nuovo & Buono, 2007).

A condição de DI por si só não é responsável pelo desenvolvimento de comportamentos problemáticos. O que se observa é que esses comportamentos se tornam um importante meio de obter acesso a diversos reforçadores; isto é, esses comportamentos têm uma função, um objetivo, e compreender esse objetivo, por mais complexo que possa ser, é a principal etapa de uma intervenção bem-sucedida que vise diminuir a frequência, gravidade ou intensidade do comportamento-problema (Tassé, 2006).

Para ilustrar como seria realizada uma análise funcional, utilizaremos como exemplo um caso de deficiência intelectual.

O paciente é do sexo masculino, 16 anos, atualmente frequenta uma escola especial, mora com os pais e realiza acompanhamento médico, fazendo uso de Zyprexa (10 mg) e Haldol (5 mg). Foi realizado o encaminhamento por meio do médico responsável, com o objetivo de melhora das queixas.

Os comportamentos-problema trazidos pelos responsáveis são: comportamento agressivo (heteroagressividade), manipulador, instabilidade emocional (descrito como ansioso e inseguro), comportamento de desobediência, dificuldade escolar (não consegue ler, escrever e realizar operações matemáticas) e desmotivação e desinteresse por atividades. Os pais apresentam estilo parental negligente, com predomínio de condutas abusivas (abuso físico).

Com relação ao histórico escolar, o paciente frequentou ensino regular até os 9 anos e foi expulso da escola após agredir a professora. Nesse período, foi feito o diagnóstico de deficiência mental (confirmado pelo WISC-III – Tab. 16.1).

Após a avaliação neuropsicológica, foi possível fechar o diagnóstico de deficiência intelectual moderada, sendo observado que o paciente apresentava autonomia preservada.

A análise funcional dos comportamentos-problema permitiu uma melhor compreensão do ambiente no qual o paciente estava inserido (representado na Fig. 16.5), uma vez que ficou claro o quanto ele carecia de atenção e afeto em seu meio familiar (família pouco atenciosa nas suas necessidades e altamente punitiva) e que tinha como modelo de repertório de como lidar com frustração seus pais, que tinham o hábito de usar abuso físico (modelação

TABELA 16.1 • Resultados obtidos no WISC-III

Escalas	Subtestes	Resultados brutos	Resultados padronizados	QI/Índice	Percentil	Intervalo de confiança
Verbal	Informação	4	1	46	1	44-56
	Semelhanças	5	1			
	Aritmética	2	1			
	Vocabulário	10	1			
	Compreensão	50	1			
Execução	Completar figuras	7	1			
	Código	0	1			
	Arranjo de figuras	0	1	46	1	45-60
	Cubos	0	1			
	Armar objetos	7	1			
Total			10	40	1	39-54

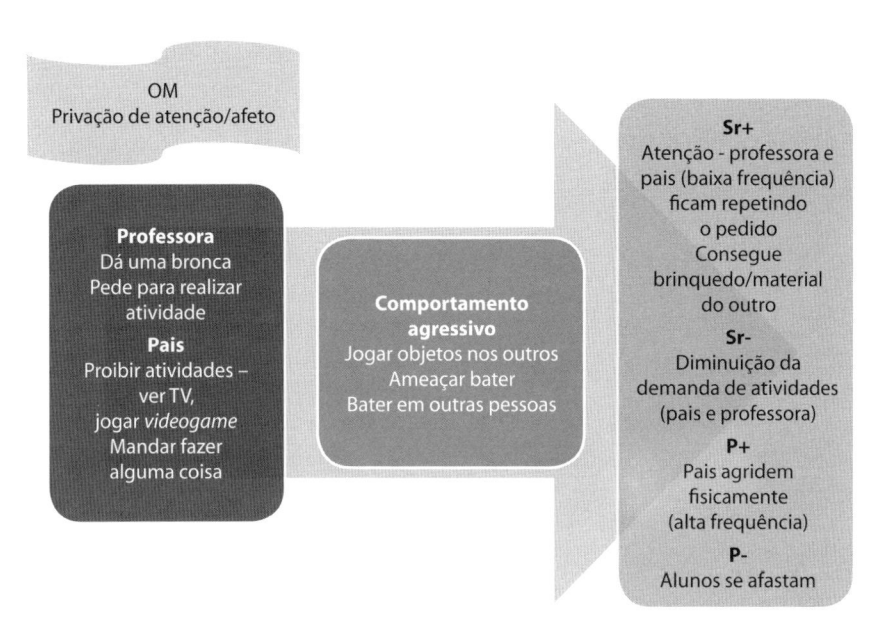

Figura 16.5 Análise funcional do caso de DI.

do comportamento agressivo). É possível também analisar a existência de dificuldades em cumprir algumas demandas acadêmicas, as quais parecem ser fruto de uma história de fracasso escolar (Fig. 16.6).

Observando a análise funcional já realizada, o próximo passo é pensar em qual dos elos da tríplice contingência seria interessante realizar a intervenção. No caso descrito, parece interessante agir em dois elos, estímulo antecedente e consequência, uma vez que o paciente tem dificuldade em adquirir um repertório novo (modelação e *role-playing* não seriam efetivos).

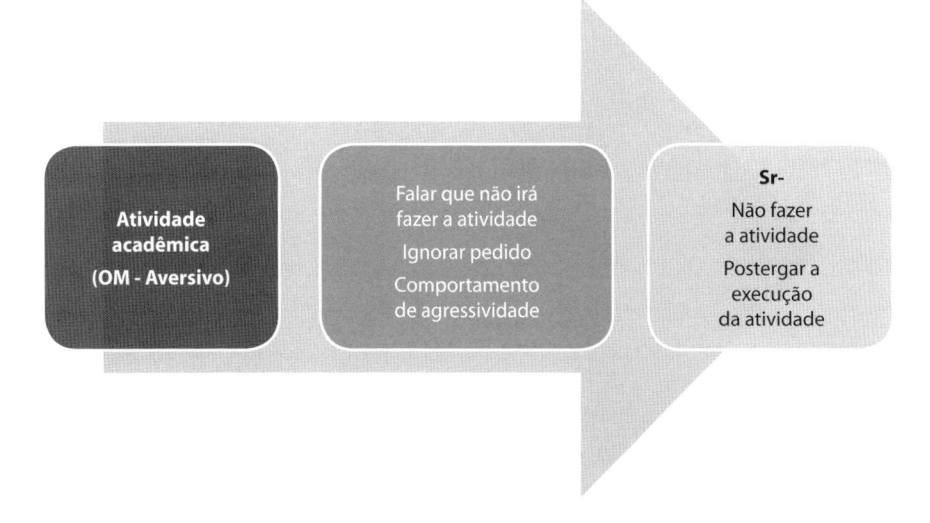

Figura 16.6 Operação motivacional do tipo esquiva.

Com relação aos estímulos antecedentes, o *time-out* e o *fanding* parecem ser os mais indicados, por terem uma relação direta com a técnica voltada para a consequência – modelagem. Em relação às primeiras técnicas, o *time-out* seria a retirada de algo que comece a emissão do comportamento-problema, no caso da escola, pedidos/demandas acadêmicas. Como não é interessante eliminar as demandas, uma vez que na vida dele demandas aconteceram, é necessário começar a fazer *fanding out* de demandas declaradas e atividades difíceis e fazer *fading in* de atividades mais fáceis e prazerosas. Essas técnicas já são o pré-requisito para iniciar a outra técnica, modelagem, que consiste em reforçar os comportamentos conquistados e ir aumentando gradativamente o nível de exigência até se conseguir chegar ao comportamento-alvo, realizar atividades acadêmicas e seguir instruções.

Outro elemento necessário se refere à conversa de orientação tanto para os pais quanto para a escola. Conforme ilustrado na Figura 16.6, o paciente já apresenta história de fracasso escolar, portanto qualquer aproximação com questões escolares deve ser vista como algo positivo e reforçado. Cabe à escola observar mais atentamente quais são as reais capacidades do paciente e programar em conjunto com o neuropsicólogo as atividades iniciais para eliminar a aversão envolvida no aprendizado. Com relação aos pais, deve-se trabalhar com psicoeducação, visto que as interações entre eles são ora inexistentes, ora abusivas fisicamente. Por mais que haja punição pelo comportamento agressivo do paciente, é somente nesse momento que ele tem a atenção dos pais e o contato físico. Para que haja diminuição na frequência dos comportamentos-problema, é necessário que os pais forneçam momentos de aproximação e contato com o filho que não sejam abusivos. O objetivo da intervenção é o de mudança dos estilos parentais.

REFERÊNCIAS

Baum, W. M. (2006). *Compreender o behaviorismo* (2. ed. rev. ampl.). Porto Alegre: Artmed.

Borges, N. B., & Cassas, F. A. (Orgs.). (2012). *Clínica analítico-comportamental: Aspectos teóricos e práticos*. Porto Alegre: Artmed.

Catania, A. C. (1999). *Aprendizagem: Comportamento, linguagem e cognição*. Porto Alegre: Artmed.

Cooper, S. A., & Speck, R. V. D. (2009). Epidemiology of mental ill health in adults with intellectual disabilities. *Current Opinion Psychiatry, 22*(5), 431-436.

Di Nuovo, S. F., & Buono, S. (2007). Psychiatric syndromes comorbid with mental retardation: Differences in cognitive and adaptive skills. *Journal of Psychiatric Research, 41*(9), 795-800.

Iwata, B. A. (1994). Functional analysis methodology: Some closing comments. *Journal of Applied Behavior Analysis, 27*(2), 413-418.

Kohlenberg, R. J., & Tsai, M. (2006). *Psicoterapia analítica funcional: Criando relações terapêuticas intensas e curativas*. Santo André: Esetec.

Pontes, L. M. M., & Hubner, M. M. C. (2008). A reabilitação neuropsicológica sob a ótica da psicologia comportamental. *Revista Psiquiatria Clínica, 35*(11), 6-12.

Sandor, P. (1974). *Técnicas de relaxamento*. São Paulo: Vetor.

Skinner, B. F. (1953/2000). *Ciência e comportamento humano*. São Paulo: Martins Fontes.

Skinner, B. F. (1989/2002). *Questões recentes na análise do comportamental*. Campinas: Papirus.

Skinner, B. F. (1974/2006). *Sobre o behaviorismo* (10. ed.). São Paulo: Cultrix.

Souza, D. G. (2001). O que é contingência? In R. A. BANACO (Org.), *Sobre comportamento e cognição: Aspectos teóricos, metodológicos e de formação em análise do comportamento e terapia cognitivista* (Vol. 1, pp. 85-89). Santo André: Esetec.

Tassé, M. J. (2006). Functional behavioural assessment in people with intellectual disabilities. *Current Opinion Psychiatry, 19*(5), 475-480.

Reabilitação das funções executivas

NEANDER ABREU
CHRISSIE CARVALHO
CASSIO LIMA
DANIELE MONTEIRO
QUÉZIA AGUILAR

FUNÇÕES EXECUTIVAS

As funções executivas (FEs) podem ser definidas como um conjunto de habilidades que permitem ao indivíduo direcionar comportamentos para alcançar metas, resolver problemas imediatos, alternar comportamentos ou pensamentos de acordo com a exigência ambiental e inibir comportamentos inadequados em determinados contextos (Godoy, Dias, Trevisan, Menezes, & Seabra, 2010; Tonietto, Wagner, Trentini, Sperb, & Parente, 2011). Também são conhecidas como função do tipo descendente (*top-down*), ou seja, de controle cognitivo (Diamond, 2013), capaz de realizar uma leitura não linear de informações no ambiente. Uma das abordagens possíveis para classificação das FEs é diferenciá-las entre quentes e frias (Fonseca et al., 2012). Nessa proposição, as quentes estariam relacionadas ao córtex pré-frontal orbitofrontal, ligadas aos processos motivacionais e emocionais, como tomada de decisão, cognição social e teoria da mente. As frias, por sua vez, estão relacionadas ao córtex pré-frontal dorsolateral e a um conjunto de processos predominantemente cognitivos, entre eles a categorização, a flexibilidade cognitiva e a fluência verbal (Malloy-Diniz, de Paula, Sedó, Fuentes, & Leite, 2014).

O conjunto de habilidades caracterizadas pelas FEs pode ser definido e agrupado de acordo com diversos modelos teóricos. Neste capítulo, optou-se por apresentar o modelo proposto por Diamond (2013). Essa autora revisa os conceitos envolvidos na compreensão das FEs para compor um modelo integrado contemplando três conceitos nucleares – a saber, *controle inibitório*, *memória operacional* (MO) e *flexibilidade cognitiva* –, que se correlacionam de forma a habilitar as FEs de nível superior, as quais consistem nas seguintes habilidades: planejamento, resolução de problemas, tomada de decisão e raciocínio lógico.

O controle inibitório envolve a capacidade de inibir uma resposta predominante, controlar um comportamento inadequado ao contexto e inibir pensamentos ou emoções, e engloba a atenção seletiva, a inibição cognitiva e o autocontrole. Essa habilidade age na regulação da impulsividade, possibilitando alterar escolhas e adaptá-las às exigências da vida cotidiana. Tal componente também permite dirigir seletivamente a atenção em um ambiente barulhento para ouvir alguém específico, inibindo outros sons e direcionando a atenção ao som específico (Diamond, 2013). O conceito de autorregulação está relacionado à capacidade de controle inibitório e se refere, principalmente, aos processos cognitivos, comportamentais e volitivos por meio dos quais um indivíduo mantém níveis de excitação emocional, motivacional e cognitivo favoráveis a sua adaptação e ao ajuste positivo. Desse modo, pode produzir efeitos positivos sobre relacionamentos sociais, alcance de metas, produtividade e senso de si mesmo (Blair & Diamond, 2008). O controle inibitório também envolve a capacidade de filtrar ações e pensamentos, controlar impulsos e resistir a tentações, distrações e hábitos, bem como a capacidade de parar e pensar antes de agir.

A MO, também conhecida como *memória de trabalho*, é uma função que permite a manutenção e a manipulação de informação de forma temporária enquanto são realizadas operações mentais. Responsável pelo armazenamento e pela manipulação de um novo conhecimento, permite que se faça *links* entre novas e antigas informações. O modelo multicomponente original de MO proposto por Baddeley e Hitch, em 1974, apresentava três componentes, o executivo central e dois subsistemas escravos, a alça fonológica e o esboço visioespacial (Baddeley, 2011). De acordo com o modelo, na alça fonológica ocorre a codificação fonológica (verbal), enquanto o esboço visioespacial é responsável por armazenamento e manipulação da informação correspondente a esse domínio, possibilitando o desenho mental de lugares ou situações. O executivo central tem como objetivo o foco atencional, a capacidade de direcionar a atenção à atividade disponível, assim como o comando de funções de tomada de decisão (Baddeley, 2012). Em uma revisão e nova proposta do modelo em 2000, Baddeley inseriu um novo componente, o *buffer*, ou retentor episódico, um sistema supostamente capaz de reter informações por curto tempo de forma multidimensional e realizar conexões entre os subsistemas da MO e as conexões da MO com *inputs* da memória de longa duração e da percepção (Baddeley, 2011; Canário & Nunes, 2012).

A flexibilidade cognitiva é a função que permite alternância entre uma resposta e outra, ou seja, a mudança entre duas ou mais exigências ou demandas ou, até mesmo, entre diferentes atividades. Esse componente das FEs integra-se à MO e ao controle inibitório, permitindo a flexibilização, isto é, a inibição de algumas respostas e a ativação de outras, de acordo com a demanda ambiental (Diamond, 2013). Trata-se de uma habilidade que implica capacidade para fazer análises, inibir respostas automáticas e adquirir novas regras, possibilitando adaptação a novos ambientes (Rubiales, Bakker, & Urquijo, 2003). A flexibilidade cognitiva permite pensar de maneira flexível, analisar problemas e verificar diferentes formas de resolvê-los, lidar com imprevistos e flexibilizar comportamentos e ações para dar conta de exigências decorrentes do contexto.

Em conjunto, controle inibitório, MO e flexibilidade cognitiva fornecem a base para a expressão das FEs de nível superior, como planejamento, resolução de problemas, tomada de decisões. Tais funções compõem os alicerces para a inteligência fluida. As alterações das FEs têm sido amplamente retratadas na literatura, e muitos comprometimentos estão relacionados ao mau funcionamento em: inibição de respostas prepotentes, tomada de decisões, iniciação de tarefas, manutenção de atividades e metas e gestão da própria vida e das finanças. Um dos principais desafios na neuropsicologia é o de integrar o conhecimento sobre déficits adquiridos ou desenvolvidos a propostas clinicamente eficazes e sensíveis à avaliação de eficácia. O campo da reabilitação neuropsicológica será discutido a seguir.

REABILITAÇÃO NEUROPSICOLÓGICA

A reabilitação neuropsicológica é um procedimento que objetiva restaurar ou readaptar a funcionalidade de pessoas que sofreram algum dano cerebral. Esse tratamento exige da equipe de saúde um trabalho de interação profissional (Wilson, 1997). Embora o termo *reabilitação* tenha sido utilizado tradicionalmente no campo das lesões adquiridas, disfunções do desenvolvimento também têm sido abordadas dessa forma, ainda que o termo mais adequado fosse *estimulação*. Clinicamente, no entanto, as duas expressões têm-se tornado sinônimas, tanto no campo das disfunções quanto das lesões adquiridas. A partir de uma perspectiva integrada e interdisciplinar, a reabilitação neuropsicológica contempla as múltiplas áreas de inserção e atuação profissional dentro das intervenções terapêuticas. Em países em desenvolvimento como o Brasil, a articulação de várias áreas de atuação mantendo a qualidade necessária ainda é um desafio por conta das condições de trabalho e integração entre os campos do saber (Abrisqueta-Gomez, 2012).

A abordagem holística é uma alternativa de caminho mais humanizado para tratamentos de saúde, de modo que vem sendo empregada especialmente nos sistemas de saúde e educação dos países desenvolvidos. Assumir essa perspectiva é compreender que o corpo, a mente, o ambiente e o espírito são parte do processo de tratamento do ambiente (Abrisqueta-Gomez, 2012).

Dessa forma, o modelo holístico em reabilitação neuropsicológica considera que a reabilitação é um processo que evolui em etapas e condições específicas (Abrisqueta-Gomez, 2012; Santos, 2005). Cicerone e colaboradores (2008) realizaram um estudo no qual compararam os dois modelos de reabilitação, o padrão e o holístico. Ambos obtiveram bons resultados nos testes cognitivos no período pós-intervenção, mas o modelo holístico possibilitou a melhora em aspectos produtivos e sociais. Esses resultados se mantiveram no acompanhamento longitudinal durante seis meses. O grupo que foi atendido no modelo de reabilitação padrão precisou de reabilitação continuada para manter os ganhos cognitivos.

O programa holístico de reabilitação neuropsicológica tem algumas características próprias relacionadas a seus elementos, que fazem parte de seu próprio planejamento. A frequência e a intensidade dos atendimentos, bem como as propostas definidas e as múltiplas atividades conduzidas de forma sistemática e concatenada, a fim de que o paciente integre os ganhos de uma área de funcionamento aos objetivos das outras, podem ser citadas como a estrutura básica desse modo de intervenção. As atividades nos programas de modelo holístico buscam reinserção social e a melhora da vida produtiva do indivíduo, considerando suas limitações. Entre as principais atividades, está o treino de habilidades cognitivas, a aprendizagem de estratégias compensatórias, a organização e o planejamento da rotina, a prática de atividades do cotidiano, entre outras. Nesse contexto, também estão atividades psicoeducativas e de orientação aos familiares, além do processo psicoterapêutico dos pacientes (Abrisqueta-Gomez, 2012).

REABILITAÇÃO NEUROPSICOLÓGICA DAS FUNÇÕES EXECUTIVAS EM ADULTOS PREJUDICADAS POR LESÃO ENCEFÁLICA ADQUIRIDA

As lesões cerebrais podem ser resultado de eventos internos ou externos, como traumas, acidentes vasculares, tumores, infecções ou processos demenciais. Os lobos frontais costumam ser os mais suscetíveis a lesões, sendo seu envolvimento frequente tanto em traumatismo craniencefálico (TCE) como em acidentes vasculares, principalmente os dos territórios das artérias cerebrais média e anterior, o que representa perigo direto às FEs. A gravidade da lesão está diretamente implicada na gravidade da deficiência executiva adquirida pelo paciente (Dawson & Guare, 2010). Muito do que se conhece sobre FEs se dá a partir de estudos em pacientes com lesões nos lobos frontais (Levine et al., 2011). Essas estruturas são mais recentemente evoluídas e integram as funções cognitivas às funções de regulação emocional, o que gera seu aspecto de unidade (Cicerone, Levin, Malec, Stuss, & Whyte, 2006).

O córtex pré-frontal está envolvido no processamento de recompensas; na autorregulação comportamental em situações em que há análise cognitiva; na regulação de comportamentos de controle e direção, que envolvem, entre outras coisas, o planejamento; no monitoramento, na ativação ou iniciação comportamental; no processo de inibição de respostas automáticas; na manipulação de informações; e na resolução de problemas (Cicerone et al., 2006; Evans, 2005; Powell, 2013). Todas as habilidades mencionadas anteriormente podem ser conceituadas como FEs.

Lesão cerebral

As FEs são responsáveis pela direção e pela condução de todas as funções cognitivas. Segundo Powell (2013), elas se referem à forma como fazemos algo. Esse autor propõe que as FEs são como o maestro de uma orquestra, e as funções cognitivas, por sua vez, as várias seções da orquestra. A partir dessa concepção, se as FEs não estiverem trabalhando adequadamente, todas as funções cognitivas podem ser coordenadas incorretamente na realização de tarefas, causando problemas significativos no dia a dia (Cicerone et al., 2006; Powell, 2013).

De fato, parece haver suscetibilidade da área frontal do cérebro a lesões, seja em razão de algum acidente que envolva a aceleração-desaceleração – por exemplo, quando o cérebro é suscetível a fratura na parte anterior do crânio, o que é comum em acidentes automobilísticos ou quedas –, seja em razão de acidente vascular cerebral (AVC) ou outras doenças neurológicas e neurodegenerativas (Cicerone et al., 2006; Kluwe-Schiavon et al., 2006; Levine et al., 2011; Powell, 2013).

Frequentemente, mesmo após a lesão, os pacientes recuperam e mantêm preservadas algumas funções cognitivas, como inteligência, memória, linguagem, a depender da região afetada e da severidade da lesão (Wilson & Evans, 2009). Apesar de haver certa estabilidade no funcionamento de algumas habilidades cognitivas globais ou específicas, muitas vezes, é possível identificar alterações no que tange às emoções, ao afeto, ao comportamento social e à personalidade (Bechara & Van Der Lindenb, 2005).

As decisões, as abstrações e a realização de atividades que envolvem velocidade de processamento, agilidade e planejamento, entre outros, podem não mais funcionar como antes. Há dificuldade de aprender com erros anteriores, além de mudanças comportamentais e decisões feitas com padrões diferentes dos usados antes do dano cerebral (Bechara & Van Der Lindenb, 2005; Wilson & Evans, 2009).

Pacientes com esses prejuízos começam a apresentar dificuldades de planejamento na jornada de trabalho, nas relações interpessoais e em outras atividades do cotidiano. Além disso, esses déficits causam sofrimento para os pacientes e seus familiares. Um fator adicional interessante é que pode ocorrer anosognosia, não permitindo que essas pessoas consigam definir o que está acontecendo exatamente consigo mesmas, com as relações com outros e com suas funções no ambiente (Bechara & Van Der Lindenb, 2005; Cicerone et al., 2006).

Síndrome disexecutiva

As dificuldades em FEs, quando compostas por grupo de sintomas, são mais conhecidas como síndrome disexecutiva, ou disfunção executiva (Kluwe-Schiavon et al., 2006; Powell, 2013). Trata-se de uma caracterização funcional para os padrões de déficits nas habilidades complexas (Baddeley & Wilson, 1988). Mais especificamente, essa síndrome está associada aos déficits de processamento, planejamento e iniciação de comportamentos autodirigidos, bem como a sua manutenção, além de a autorregulação, autocontrole, alternância de atividades, flexibilidade cognitiva e metacognição (Kluwe-Schiavon et al., 2006).

Baddeley (2011) descreve que a função dos lobos frontais é monitorar o comportamento, verificando se está adequado à situação vivida. No processo de tomada de decisão, quando não é possível a resolução automática de conflitos, ou surge uma situação nova, o sistema atencional supervisor (SAS) precisa entrar em ação. O autor considera que o SAS é acionado em situações que envolvem:

1. planejamento ou tomada de decisão
2. correção de erros
3. respostas rápidas na resolução de problemas não estruturados ou inéditos
4. decisões perigosas ou tecnicamente difíceis
5. situações que requerem superação de uma resposta habitual forte

Esse sistema é capaz de intervir em favor de uma ou outra opção concorrente ou, ainda, ativar estratégias para a busca de soluções alternativas (Baddeley, 2011). Uma das ideias centrais acerca da síndrome disexecutiva é a de que ela está ligada à existência de uma falha no SAS (Evans, 2005).

Pacientes com lesão cerebral, por exemplo, podem ter dificuldades em uma ou mais das funções monitoradas pelo SAS, ao passo que outros podem mantê-las preservadas. Evans (2005) destaca que a impulsividade é uma consequência relativamente comum da lesão cerebral, em particular se envolver alterações dos lobos frontais. O indivíduo pode ser incapaz de se autorregular, fazendo a primeira coisa que vem à mente, não conseguindo, então, pensar nas consequências da ação escolhida. Em contraste, alguns pacientes podem ter preservada a capacidade de organização, mas dificilmente colocam seus planos em ação.

Pacientes com lesões adquiridas, assim como crianças diagnosticadas com transtornos do desenvolvimento ou da aprendizagem, geralmente apresentam algum comprometimento das FEs. Cada caso precisa ser avaliado de forma a traçar o perfil neuropsicológico e comportamental, a fim de identificar prejuízos específicos que servirão de base à reabilitação e à intervenção nos problemas relacionados às FEs.

REABILITAÇÃO NEUROPSICOLÓGICA DAS FUNÇÕES EXECUTIVAS

A avaliação das FEs após uma lesão ou depois de um acometimento por doença neurológica ou psiquiátrica é muito importante para identificar os prejuízos específicos e orientar o processo de reabilitação (Cicerone et al., 2006; Levine et al., 2011). Na prática, pode ser difícil determinar todos os aspectos comportamentais problemáticos envolvidos na queixa sobre o problema. Nesse sentido, a avaliação deve ser a mais ecológica possível, ou seja, a mais próxima do cotidiano do paciente (Kluwe-Schiavon et al., 2006). Os problemas de FEs não são facilmente observáveis em testes formais, que têm uma estrutura mais regular (Powell, 2013).

Os programas mais modernos de reabilitação consideram a avaliação funcional a mais eficiente e capaz de identificar prejuízos. Esses modelos consideram o cotidiano, com o funcionamento diário e suas interações, que envolve atividades altamente complexas e dinâmicas, exigindo planejamento, ações conscientemente controladas, organização e outras FEs (Evans, 2005; Kluwe-Schiavon et al., 2006; Levine et al., 2011). Esse tipo de abordagem analisa o desempenho do paciente nas situações em que o déficit está presente e identifica seu desempenho *in loco* (Evans, 2005).

Segundo Miotto (2012), o objetivo diário de programas de reabilitação executiva deve ser o de aprimorar a autonomia do indivíduo nas situações cotidianas, retirando-os de seus ciclos de ação, nos quais as habilidades executivas não são utilizadas, e habilitando-os a resolver problemas de acordo com suas capacidades. As intervenções na síndrome disexecutiva podem ser divididas em quatro tipos:

- restaurar o funcionamento cognitivo
- trabalhar o déficit a partir de estratégias internas ou externas
- promover a modificação do ambiente, a partir do trabalho com cuidadores
- realizar intervenções farmacológicas

Uma questão fundamental na reabilitação neuropsicológica é se as intervenções devem objetivar o tratamento da função danificada ou procurar estimular outras habilidades, a fim de fornecer aos pacientes estratégias que lhes permitam compensar o prejuízo (Evans, 2005). A ideia central no processo de reabilitação neuropsicológica está na suposição de que é possível o restabelecimento da função prejudicada. Para tanto, utilizam-se tarefas e exercícios estruturados e funcionais que permitem treino e uso prático para aprimorar a função cognitiva pretendida. Uma vez, portanto, que as FEs são treináveis até certo ponto, é possível haver melhorias (Hofmann, Schmeichel, & Baddeley, 2012).

Evans (2005) estabelece que, muitas vezes, mudanças no ambiente físico ou social são essenciais para o bom andamento do processo de reabilitação. Trabalhar com a família e a rede de apoio é uma abordagem para essa modificação. Ajudar familiares e cuidadores a entender a natureza das dificuldades de execução pode contribuir para minimizar respostas negativas aos problemas decorrentes de uma síndrome disexecutiva. O autor também considera que a psicoeducação tem um importante papel no que diz respeito a ajudar as famílias a entender e modificar os próprios comportamentos em relação aos pacientes. Por exemplo, uma das coisas mais difíceis para as famílias é perceber que uma dificuldade de iniciação não é preguiça. Outra dificuldade frequente está no fato de que a pessoa pode se lembrar de algumas coisas e não de outras, devido a problemas de atenção, assim como as dificuldades de monitoramento, planejamento e autorregulação podem dificultar que o indivíduo consiga priorizar necessidades, planejar-se ou pensar de forma diferente quando há imprevistos.

ESTRATÉGIAS DE INTERVENÇÃO NA REABILITAÇÃO NEUROPSICOLÓGICA

A deficiência das FEs é um dos maiores desafios apresentados para a reabilitação após uma lesão cerebral e causa de maior dificuldade social para esses indivíduos. Identificar as deficiências, delimitando o foco da intervenção, tanto em medida quanto em diagnóstico, é o primeiro passo em direção à reabilitação dos indivíduos com disfunção executiva (Kluwe-Schiavon et al., 2006). Apesar de não haver evidências indicando que as FEs podem ser restauradas, não há dúvidas do benefício do uso de estratégias mentais internas e recursos externos para a reabilitação (Evans, 2005).

O uso de estratégias internas e externas, como a utilização de lembretes, calendários, anotações, alarmes ou outros estímulos, é de grande auxílio na reabilitação, assim como a técnica conhecida como *pare e pense* (Evans, 2005; Miotto, Evans, Lucia,

& Scaff, 2009), que consiste em criar estratégias cognitivas e mentais para frear o pensamento ou reações automáticas. De acordo com Evans (2005), as estratégias internas dizem respeito à utilização de técnicas de autoinstrução mental, ou internalização de rotina.

Miotto e colaboradores (2009) reforçam o foco na resolução de problemas e na atenção como fundamentais para a reabilitação desses indivíduos. Assim como o gerenciamento de objetivos, a autorregulação e a iniciação de tarefas, ao prover estratégias que possibilitem um repertório de ações, o paciente terá mais possibilidades de engajamento diário social e maior independência para atividades diárias.

Levine e colaboradores (2011) utilizaram a técnica Goal Management Training (treinamento em gerenciamento de objetivos) em pacientes com lesões encefálicas e relataram resultados positivos a partir dessa intervenção. Os pacientes apresentaram redução de lapsos de atenção, aumento da consistência comportamental e melhora no desempenho de resolução de problemas. O Goal Management Training é uma medida de intervenção metacognitiva que combina educação, narrativa, desempenho nas tarefas propostas e *feedback*, além de incorporação de processos metacognitivos de identificação de falhas ou erros em situações cotidianas, em vez de repetição de atividades não análogas ao dia a dia dos pacientes.

Outras formas de intervenção na reabilitação neuropsicológica são provenientes de ferramentas e estratégias externas, como listas de verificação, diários, agendas eletrônicas e uso de alarmes (Evans, 2005). Esses recursos são igualmente úteis às pessoas que têm problemas com planejamento e resolução de problemas, por exemplo. Escrever coisas que precisam ser feitas e decompor os passos de uma atividade pode direcionar a estruturação da rotina, bem como contribuir na avaliação de prós e contras ante situações do cotidiano.

Powell (2013) descreve uma série de habilidades incorporadas no conceito de FEs e, a partir disso, possíveis estratégias para melhorá-las. O Quadro 17.1 apresenta algumas habilidades, com suas respectivas definições e possibilidades de intervenção para o melhoramento.

As estratégias de intervenção descritas neste capítulo fornecem uma série de possibilidades para a reabilitação das FEs. Um programa de reabilitação integral tem como objetivo ensinar estratégias possíveis e funcionais para o paciente compensar seus déficits ou lidar com eles, ajudando-o a identificar suas dificuldades reais e realizar essas estratégias no cotidiano. Miotto (2012) destaca, ainda, a importância de reforçar positivamente os ganhos obtidos depois de um período preestabelecido, dando prioridade à melhora da atenção seletiva, ao planejamento e à organização do tempo. A seguir, será apresentada a utilização de estratégias internas e recursos externos em um caso de sucesso descrito por Evans (2005), para ilustrar o processo no contexto de um programa da reabilitação.

CASO DAVID (EVANS, 2005)

David, na ocasião em que sofreu um AVC, tinha 34 anos e trabalhava como engenheiro químico. Devido ao acometimento ocasionado pela lesão, ficou impossibilitado de voltar ao trabalho e foi aposentado. O paciente realizou atividades de reabilitação no período de internação hospitalar, sendo encaminhado a um programa ambulatorial de reabilitação neuropsicológica. Transcorridos 11 meses depois da lesão, ainda apresentava os seguintes problemas: cansaço mental; dificuldades para fazer mais de uma coisa ao mesmo tempo; dificuldades para manter a concentração (distraía-se facilmente ou não conseguia sustentar a atenção); dificuldades para organizar e iniciar as atividades (chegava a traçar determinados planos, mas não conseguia colocá-los em ação).

David foi submetido a uma avaliação neuropsicológica a fim de identificar a dimensão do prejuízo causado pelo AVC e os problemas apresentados. A partir dos resultados da avaliação, algumas estratégias foram adotadas, como gerenciamento e análise de pensamentos automáticos negativos, planejamento da rotina semanal, realização do orçamento doméstico da família, realização de trabalhos de cunho voluntário, atividades físicas, entre outras. As metas propostas refletem quatro principais processos envolvidos na reabilitação neuropsicológica:

1. desenvolvimento da percepção/consciência
2. gestão do humor e ajustamento psicológico
3. desenvolvimento de estratégias compensatórias para deficiências cognitivas
4. aplicação de estratégias funcionais em situações da vida real

QUADRO 17.1 • Habilidades executivas e possíveis estratégias de melhoramento

Função	Definição	Intervenção
Reanálise	Habilidade de voltar atrás e ver a situação de uma maneira objetiva, distanciando-se, em vez de agir com impulsividade ou sem pensar.	"Dar um passo para trás", não se apressar para agir, examinando a situação. Pensar no que ocorreu por alguns instantes, a fim de reavaliar o que realmente aconteceu.
Iniciação	Capacidade de iniciar uma atividade sem pedir ajuda ou ter alguém como suporte.	Perguntar a si mesmo o seguinte, tentando dar respostas claras e sucintas: • O que é que quero alcançar? • O que preciso fazer para me mover da situação presente em direção ao meu objetivo? • Quais são as opções disponíveis? • Qual a melhor opção? Se há um problema para iniciar uma tarefa, dar a si mesmo uma recompensa por alcançar objetivos específicos.
Planejamento com sequenciamento	Habilidade de discriminar um objetivo em um número de sequências a serem seguidas e conseguir dar os passos correspondentes. Trata-se da principal habilidade para o planejamento e a organização.	Fazer uma lista dos passos necessários para realizar a tarefa. Simplificar a tarefa, decompondo-a em pequenos passos e registrando-os. Seguir as etapas na ordem correta, assinalando como as realizou.
Sumarização	Habilidade de perceber o que é importante em determinado contexto e os principais detalhes. Depois disso, ser capaz de organizar e resumir o que foi percebido.	Tentar identificar os pontos principais e os detalhes da situação em questão. Diferenciar o que é importante do que não é importante. Imaginar que se está acima da informação. Tentar obter uma visão panorâmica.

(continua)

QUADRO 17.1 • Habilidades executivas e possíveis estratégias de melhoramento (continuação)

Função	Definição	Intervenção
Atenção sustentada	Habilidade de manter a vigilância, sem se distrair com coisas irrelevantes, mantendo-se focado.	Remover distrações. Falar consigo mesmo, a fim de promover a autocompreensão. Usar estímulos externos, tais como agendas, cadernos ou alarmes que emitam sinais para lembrete. Trabalhar no seu melhor momento do dia, e não quando estiver cansado. Fazer pausas frequentes ao desempenhar alguma atividade que demande muita atenção. Nunca trabalhar mais de 1 hora sem interrupção. Em meio às tarefas, verificar se tudo está indo conforme o planejado.
Automonitoramento	Habilidade de autoconsciência, observando os próprios erros.	Usar listas de verificação para checar o trabalho sempre. Fazer a si mesmo as seguintes perguntas, tentando respondê-las de forma clara e sucinta: • Como saberei que meu plano foi bem-sucedido? • Consegui o que eu queria realizar?
Alternância e resolução de problemas	Capacidade de reconhecer um problema, elaborar uma solução alternativa e, em seguida, mudar o padrão de responder diante de situações similares. Isso envolve a alternância de atenção.	Observar a situação, identificar os erros, reconhecê-los e, em seguida, buscar fazer a tarefa de forma diferente. Tentar ser flexível. Perguntar a si mesmo: Quais são as outras opções? Observar o problema de um ângulo diferente, perguntando a si mesmo como outra pessoa resolveria a situação. Dar-se mais tempo para fazer a atividade.
Autoinibição	Capacidade de inibir ou parar a expressão de pensamentos ou comportamentos inadequados.	Pedir *feedback* a outras pessoas: "Estou sendo inconveniente?". Perguntar a si mesmo: "Será que estou sendo exagerado?". Perceber como as pessoas estão reagindo.
Autoconsciência	Capacidade de ter uma ideia exata das próprias forças e fraquezas e ser capaz de antecipar dificuldades futuras.	Diante de uma situação: • Tentar perceber o quão bem você faz uma tarefa. • Identificar seus pontos fortes e fracos. • Avaliar o resultado alcançado. Depois que a tarefa tiver sido realizada, pedir *feedback* a alguém.

Fonte: Baseado em Powell (2013).

No caso de David, as duas principais áreas de comprometimento cognitivo foram atenção e funcionamento executivo. Ele trabalhou com um psicólogo para desenvolver estratégias pessoalmente relevantes, apresentadas no Quadro 17.2.

Em resumo, David apresentou déficits circunscritos a atenção e FEs, os quais tinham efeito muito negativo em seu funcionamento diário. A partir das intervenções empregadas, passou a ter menos dificuldade com o planejamento cotidiano e passou a utilizar o quadro de resolução de problemas, que foi útil no desenvolvimento de sua confiança.

FUNÇÕES EXECUTIVAS NA INFÂNCIA E NA ADOLESCÊNCIA

As FEs não se desenvolvem imediatamente após o nascimento, ou mesmo durante a gestação. Elas se caracterizam por seu desenvolvimento contínuo ao longo da infância e da adolescência, fase marcada pela mielinização das conexões pré-frontais, até a fase adulta (Barros & Hazin, 2013). A compreensão de como essas habilidades se desenvolvem pode ser um auxílio para sabermos que tipo de suporte e estrutura devemos prover às crianças (Dawson & Guare, 2010). Os autores reiteram que as crianças podem apresentar padrões distintos, próprios de cada indivíduo, com determinadas facilidades ou dificuldades no desenvolvimento das habilidades características das FEs (Dawson & Guare, 2010). Entretanto, as que apresentam maior dificuldade e déficit podem vir a se enquadrar no que chamamos de disfunção executiva, ou síndrome disexecutiva (Baddeley & Wilson, 1988).

Nesse sentido, Dawson e Guare (2010) propõem uma separação das disfunções executivas em três âmbitos: ausência de uma condição ou diagnóstico relacionado; existentes em crianças que apresentam determinada condição ou diagnóstico que propicia déficits das FEs; e existentes em crianças cujas suspeitas de dificuldade

QUADRO 17.2 • Utilização de estratégias específicas na reabilitação do caso David
Duas estratégias de reabilitação para David
• Utilização de estratégias específicas para compensar os déficits. • Estratégia para treinar o desempenho em tarefas específicas.
Finalidade: reduzir a carga de atenção dessas tarefas.
Atenção sustentada e automonitoramento Para compensar as dificuldades com atenção sustentada, David aprendeu a reduzir distrações gerenciando melhor seu ambiente.
Recurso externo: despertador (refocalização da atenção na tarefa que estivesse realizando). Para desenvolver essa rotina, inicialmente, ele usou um despertador que tocava em intervalos de 15 minutos, o que foi previamente estabelecido por ele.
Recurso interno: diálogo mental (desenvolvimento de uma rotina mental de verificação da atenção). Um exemplo do emprego de estratégias cognitivas e de gestão do humor sobrepostas deu-se em relação a assistir filmes. Fazer isso com sua esposa estava sendo uma luta, pois ele não conseguia se concentrar. Geralmente, ele desistia e se sentia mal. A abordagem utilizada nesse contexto foi a de usar o diálogo mental. Por exemplo, depois de 15 minutos assistindo ao filme, ele aprendeu a se perguntar: "Eu ainda estou concentrado?", "É necessário redirecionar a minha atenção ou fazer uma pausa?". A partir disso, conseguia se autoavaliar, a fim de determinar a continuidade ou não da atividade, o que diminuiu seu sofrimento. Em geral, ele passou a se dar permissão para fazer uma pausa ou refocar sua atenção.

Fonte: Evans (2005).

executiva se camuflam sob fatores socioemocionais e complexidades do processo de aprendizagem.

Em relação à ausência de uma condição ou diagnóstico, Dawson e Guare (2010) afirmam que evidências clínicas e pesquisas indicam a existência de padrões nas deficiências de habilidades executivas em crianças. Por vezes, essas deficiências são pequenas e/ou compensadas por funções mais desenvolvidas. Em outros casos, podem vir a atrapalhar o desenvolvimento acadêmico e a vida diária. Alguns padrões apontados pelos autores indicam que crianças com baixa inibição à resposta tendem a ter baixo controle emocional. O baixo controle emocional, por sua vez, também é notado em crianças que apresentam inflexibilidade mental. Outros padrões são percebidos em relação a dificuldades de iniciação de tarefas e baixa atenção sustentada ou, ainda, no manejo de tempo, planejamento e priorização.

Levando em consideração a existência de determinadas condições ou diagnósticos, as disfunções executivas apresentam comprovado nível de comorbidade com: transtornos globais do desenvolvimento, entre eles o transtorno do espectro autista; transtornos comportamentais desadaptativos, como o transtorno de déficit de atenção/hiperatividade (TDAH); e quadros neurológicos ou de alteração cromossômica (Barros & Hazin, 2013).

Transtorno de déficit de atenção/hiperatividade

Ao longo do desenvolvimento, estudos clínicos mostram que os componentes das FEs se desenvolvem em determinada sequência hierárquica. Entretanto, em indivíduos diagnosticados com TDAH, a dinâmica de desenvolvimento dos componentes executivos não ocorre hierarquicamente em paralelo aos estudos de grupos normativos. Ou seja, pacientes com TDAH podem ter excelência em testes como Torre de Hanói e Torre de Londres, mas falhar em atividades de procurar e circular, as quais são primariamente elaboradas para o jardim de infância (Denckla, 2007).

Além disso, Dawson e Guare (2010) apontam diferenças nos padrões de deficiência das FEs entre subgrupos do TDAH: com desatenção e com desatenção e hiperatividade. O segundo grupo apresenta um nível maior de dificuldade em controle inibitório, além das deficiências já apresentadas no primeiro grupo em atenção, MO e avaliação das contingências.

Nota-se um grande interesse em relação à pesquisa com TDAH e à reabilitação de crianças. Entretanto, esse interesse não é observado em relação aos adolescentes (Calia, Miotto, Lucia, & Scaff, 2010) e, menos ainda, aos adultos. Segundo os autores citados, os treinos para pacientes com TDAH costumam ter o foco na atenção, e seu tratamento pode aparecer associado ao uso de medicação. Eles realizaram uma revisão da literatura, e algumas técnicas observadas apontam resultados positivos e melhorias das deficiências executivas. Entre elas, pode-se citar a Pay Attention!, na qual são utilizadas cartas coloridas de personagens, objetos que são manuseados a partir de instruções específicas e *neurofeedback*, utilizando programas de computador que possibilitam autorregulação cognitivo-comportamental.

Cantiere e colaboradores (2012), por sua vez, indicam o uso de treinos focados em seleção e manuseio de informações, MO, planejamento, monitoramento e flexibilidade mental. Estratégias como jogos de sete erros, labirintos, ligar os pontos, dominós interativos, construção de blocos, quebra-cabeças, jogos de memória, *sudoku* de imagens e *tangram* – muitas vezes, de uso diário – são apontadas pelos autores como uma boa opção, uma vez que, por meio de um cronograma de intervenção, esses jogos podem vir a melhorar habilidades de atenção, construção visioespacial e flexibilidade cognitiva.

Pacientes com TDAH parecem se beneficiar de programas implícitos adaptativos computadorizados para o melhoramento da MO. Klingberg e colaboradores (2005) mostraram melhoras específicas no desempenho dessa FE nas dimensões verbal e visioespacial com a utilização de um treino computadorizado de MO chamado Cogmed. O treino baseia-se em jogos que estimulam a memória de trabalho em diversas idades, com versões disponíveis para pré-escolares, escolares e adultos e idosos. O instrumento tem sido utilizado com efeitos parciais sobre a capacidade de aprendizagem e funcionamento diário (Green et al., 2012). Resultados mistos sugerem que o Cogmed pode ser útil para melhorar a MO no TDAH, havendo efeitos em outras áreas, como aprendizagem (Holmes & Gathercole, 2014), vida diária, atividade neuronal, atenção, controle inibitório e raciocínio. Todavia, ainda são investigados seus efeitos de generalização, condição fundamental para estratégias de reabilitação (Shinaver, Entwistle, & Söderqvist, 2014).

Transtorno do espectro autista

Crianças no espectro autista apresentam significativa dificuldade em planejamento e flexibilidade, incluindo-se a mudança do foco atencional e o quesito conceitual; entretanto, essa dificuldade não é vista com a mesma intensidade no controle inibitório (Ozonoff & Schetter, 2007).

Dawson e Guare (2010), por sua vez, acrescentam as dificuldades de regulação tanto emocional quanto do aspecto metacognitivo das FEs, sendo este último o principal aspecto afetado nos casos de autismo de alto funcionamento. Isso implica, portanto, que as deficiências em FEs nessa população específica significam, principalmente, dificuldades de socialização e independência no que diz respeito às atividades diárias, sendo críticas à intervenção nas habilidades executivas.

Os comportamentos problemáticos apresentados por indivíduos com transtorno do espectro autista parecem associar-se diretamente à deficiência executiva, uma vez que não aprendem maneiras melhores de agir e funcionar nem habilidades necessárias para utilizar estratégias ou planos de ação efetivos, assim como não são apropriadamente recompensados ao agir de forma mais aceitável (Ozonoff & Schetter, 2007). Nesse sentido, os autores reforçam a importância de promover a aquisição de habilidades e estratégias, a generalização e a manutenção dessas habilidades por meio da intervenção. Entre as estratégias utilizadas com sucesso, estão o uso de pensamento sequencial e avaliação da situação, do curso de ação a ser adotado e do resultado, bem como a análise de tarefas, dividindo-as em partes menores, e priorização de atividades.

Fatores sociais e econômicos

Quando algo não vai bem, o córtex pré-frontal é o primeiro a sofrer, o que ocorre de forma desproporcional (Diamond, 2013). Segundo a autora citada, estresse, tristeza, solidão e fraca saúde física representam riscos neuroanatômicos e fisiológicos ao córtex pré-frontal, assim como baixos níveis das FEs. Além disso, Dawson e Guare (2010) reportam estudos preliminares que indicam que ambientes socioeconômicos de desvantagem influenciam no desenvolvimento deficitário das FEs.

ESTRATÉGIAS PARA REABILITAÇÃO E ESTIMULAÇÃO DAS FUNÇÕES EXECUTIVAS NA INFÂNCIA

Estimular e promover o desenvolvimento das FEs tem sido retratado como crucial para a construção de bases sólidas, uma vez que boas funções estão relacionadas a vários aspectos: saúde mental, saúde física, qualidade de vida, sucesso acadêmico e no emprego e harmonia no casamento (Diamond, 2013). Programas de intervenção e reabilitação englobam métodos para o ensino sistemático de estratégias que buscam facilitar a aprendizagem escolar e os comportamentos adaptativos e pró-sociais. As estratégias envolvem, principalmente, aspectos de inibição comportamental, resistência às distrações, autorregulação emocional, planejamento, automonitoramento e estratégias para gerir estudos, como anotações, uso de organizadores gráficos, estratégias de memorização por associação e acrônimos e uso da fala privada (Bodrova & Leong, 2001; Dias & Seabra, 2013; Meltzer, 2010; Petersen & Wainer, 2011).

Uma estratégia classicamente conhecida de regulação comportamental foi explorada, primeiramente, por Luria, que ensinava a seus pacientes que não conseguiam controlar seus comportamentos, tanto crianças como pacientes com lesões, a usar estratégias de controle verbal. Essa estratégia deu base para o que se conhece como fala privada, autoinstrução verbal ou falar/pensar consigo mesmo, o que permite guiar ações e promover a capacidade de controle do comportamento. Programas que promovem a estimulação de FEs têm incorporado estratégias como o *Tools of the Mind* (Bodrova & Leong, 2001), o Programa de Intervenção em Autorregulação e Funções Executivas (Dias & Seabra, 2013) e os Heróis da Mente (Carvalho & Abreu, 2014). Outra estratégia importante para o ensino de autorregulação, planejamento e autocontrole é uso de histórias narrativas que servem como modelos para as crianças, como a narrativa portuguesa *Sarilhos do amarelo* (Rosário, Núñez, & Gonzalez-Pienda, 2007), *O diário de Nina do PIAFEX* (Dias & Seabra, 2013) e a história em quadrinhos *Heróis da mente* (Carvalho & Abreu, 2014). O Quadro 17.3 resume algumas estratégias utilizadas com crianças.

QUADRO 17.3 • Resumo de estratégias de intervenção das funções executivas utilizadas com crianças

Função	Estratégia
Organização e planejamento	• Manter rotina e discutir a agenda diária: passa segurança sobre o que vai acontecer e como o tempo pode ser dividido, dependendo da duração de cada atividade. • Brincar de forma planejada. • Dividir uma atividade grande em partes, usar representações visuais, como, por exemplo, uma escada. • Organizadores gráficos: mapa mental, mapa conceitual, mapas pensantes.
Monitoramento do tempo	• Apresentar representações visuais e verbais. • O tempo é abstrato, usar pistas visuais, cores diferentes, relógio ou cronômetro. • Estimular que a criança e o adolescente estimem o tempo que levam em suas atividades cotidianas.
Atenção e concentração	• Usar jogos que exigem atenção geral e aos detalhes de uma história: mímica, estátua, siga o mestre, jogo dos sete erros. • Utilizar mediadores externos para sinalizar o que deve ser feito (ouvido para escutar, bastão da fala). • Ao estudar, dispor de ambiente adequado e limitar distrações como celular e televisão. • Recompensar esforços para manter a atenção.

(continua)

QUADRO 17.3 • Resumo de estratégias de intervenção das funções executivas utilizadas com crianças (continuação)

Função	Estratégia
Flexibilidade cognitiva	• Alternar abordagens ao resolver problemas de matemática e tarefas de flexibilidade cognitiva que exigem trocar entre uma regra e outra, como jogos de soletrar. • Utilizar resolução de problemas – pensar em mais de uma forma de responder; ver o todo e ver as partes do problema. Em um texto, alternar entre a ideia principal e os detalhes. • Explorar frases e palavras ambíguas. • Categorizar palavras e figuras.
Automonitoramento e autochecagem	• Usar agenda e revisão do que deve ser feito. Usar recursos como lembretes e agendas para lembrar sobre prazos e cumprimento de atividades futuras. • Estimular a criança a organizar os procedimentos para realizar tarefas e refletir sobre o que foi planejado. • Prestar atenção em seus próprios comportamentos. • Usar fala privada, ensinar a fazer perguntas que guiem o comportamento. Por exemplo: O que devo fazer primeiro? Qual a ideia principal?
Autorregulação emocional	• Identificar e expressar emoções (desenhar, imitar e observar). • Falar sobre as situações em sala de aula e identificar qual emoção é gerada. Usar histórias narrativas sobre o tema. • Desenvolver comportamentos adaptativos, colaborativos e de empatia.

Controle dos impulsos (autocontrole)	• Técnica da tartaruga (pré-escolares):
	  Passo 1: Reconheça seu(s) sentimento(s).
	  Passo 2: Pense em "parar".
	  Passo 3: Vá dentro de sua "carapaça" e faça três respirações profundas.
	  Passo 4: Saia da carapaça e, quando estiver calmo, pense em uma solução.
	• Pare e pense:
	  1) Parar: Respirar fundo e contar até 10.
	  2) Pensar: Tempo para pensar melhor.
	  3) Agir: Escolha do que fazer pra resolver o problema.
	Com calma e educação, pode-se falar o que está incomodando e, assim, pensar no que fazer. Se não conseguir resolver o conflito conversando com seu colega ou amigo, é possível chamar um adulto para ajudar.
	• Surfar na onda da preocupação:
	O truque consiste em identificar a onda de preocupação, pegar uma prancha e surfar por cima dessa onda, em vez de ser engolido por ela. Enquanto isso, respirar profundamente várias vezes e tranquilizar-se.

Atenção plena	• Usar meditação plena da atenção (*mindfulness*): os estudantes podem ser ensinados a focar a atenção em sua respiração e encorajados a colocar as mãos em seu estômago, em suas costelas e, por fim, sobre o peito, para sentir sua respiração.

Fonte: Baseado em Bodrova e Leong (2001), Carvalho e Abreu (2014), Diamond, Barnett, Thomas e Munro (2007), Dias e Seabra (2013), Meltzer (2010) e Petersen e Wainer (2011).

O programa Tools of the Mind (Bodrova & Leong, 2001) tem base nas concepções de Luria e Vygotsky, tendo sido desenvolvido para pré-escolares em risco em situação de vulnerabilidade. Assim como o Tools of the Mind, o PIAFEx é um programa para pré-escolares que dispõe de um conjunto de orientações que inclui os seguintes princípios básicos: atuação mediadora do professor, favorecimento do relacionamento entre os pares, uso de brincadeira planejada madura, fala privada e uso de mediadores externos para facilitar a atenção e a memória (Bodrova & Leong, 2001; Diamond et al., 2007; Dias & Seabra, 2013). O PIAFEx ainda dispöe de um módulo de atividades físicas motoras e do ensino sistemático de estratégias para a estimulação de FEs como organização e automonitoramento.

O grupo dos autores deste capítulo vem desenvolvendo o programa de estimulação das FEs: Heróis da Mente, cujo foco são crianças em situação de risco e vulnerabilidade com dificuldades em habilidades executivas. O Heróis da Mente teve como base os programas Tools of the Mind e PIAFEx, assim como a literatura de ensino sistemático das FEs (Dawson & Guare, 2010; Meltzer, 2010). Foram desenvolvidos quatro módulos para ensino e treino relacionados a organização e planejamento, atenção e flexibilidade cognitiva, memória de trabalho e autorregulação emocional, além da criação de histórias em quadrinhos de personagens com superpoderes e vivências de situações cotidianas, nos quais são desafiados a usar estratégias executivas.

Em resumo, a reabilitação das FEs na infância é mais conhecida como intervenção neuropsicológica e comportamental, cujo objetivo é desenvolver habilidades de automonitoramento, autocontrole, organização física e mental dos materiais e conteúdos e gerenciamento dos estudos e das relações sociais. Profissionais que trabalham com público infantojuvenil se deparam com dificuldades no âmbito familiar, clínico e escolar. Estratégias para lidar com dificuldades executivas têm demonstrado eficácia no que se refere a melhor qualidade de vida, relações sociais mais adequadas e aprendizado escolar de mais qualidade.

CONSIDERAÇÕES FINAIS

Não faz muito tempo que as FEs passaram a ser foco de estudos relacionados tanto às melhores técnicas de avaliação quanto às estratégias mais refinadas de intervenção. A reabilitação parece, de fato, fundamental no campo da neuropsicologia clínica e tem estendido os braços para outros campos, como a escola, a reinserção profissional e a adaptação a ambiente e sociedade. Dessa forma, têm ganhado força as estratégias que incluem o ganho tanto nas dimensões cognitivas mais puras quanto naquelas que traduzem capacidades emocionais e de autorregulação comportamental. O caminho é longo, e exige investigação da precisão e da eficácia das estratégias de reabilitação de funções executivas. Neste capítulo, foi feita uma revisão das principais funções e recursos de reabilitação das FEs na literatura internacional e no Brasil. O muito que há de se caminhar será certamente enriquecido pelo uso de estratégias mais eficazes testadas em pesquisa e reafirmadas com seu efeito prático na clínica neuropsicológica. Trata-se de autogerenciamento das estratégias de reabilitação das FEs. Pesquisas futuras são necessárias, e relatos clínicos são indispensáveis para continuar a encontrar os melhores recursos, beneficiando clínicos, pacientes, familiares e sociedade com os efeitos positivos da reabilitação das FEs.

REFERÊNCIAS

Abrisqueta-Gomez, J. (2012). Reabilitação neuropsicológica interdisciplinar: Reflexões sobre a relevância da abordagem holística. In J. Abrisqueta-Gomez (Org.), *Reabilitação neuropsicológica: Abordagem interdisciplinar e modelos conceituais na prática clínica* (pp. 19-32). Porto Alegre: Artmed.

Baddeley, A. (2011). Memória de trabalho. In A. Baddeley, M. C. Anderson, & M. W. Eysenck, *Memória* (pp. 54-82). Porto Alegre: Artmed.

Baddeley, A. (2012). Working memory: Theories, models, and controversies. *Annual Review of Psychology, 63*, 1-29.

Baddeley, A., & Wilson, B. (1988). Frontal amnesia and the dysexecutive syndrome. *Brain and Cognition, 7*(2), 212-230.

Barros, P. M., & Hazin, I. (2013). Avaliação das funções executivas na infância: Revisão dos conceitos e instrumentos. *Psicologia em Pesquisa, 7*(1), 13-22.

Bechara, A., & Van Der Lindenb, M. (2005). Decision-making and impulse control after frontal lobe injuries. *Current Opinion in Neurology, 18*(6), 734-739.

Blair, C., & Diamond, A. (2008). Biological processes in prevention and intervention: The promotion of self-regulation as a means of preventing school failure. *Development and Psychopathology, 20*(3), 899-911.

Bodrova, E., & Leong, D. J. (2001). *Tools of the mind: A case study of implementing the vygotskian approach in american early childhood and primary classrooms*. Swiss: International Bureau of Education, UNESCO. Recuperado de http://www.ibe.unesco.org

Calia, G. C., Miotto, E. C., Lucia, M. C. S., & Scaff, M. (2010). Reabilitação neuropsicológica de adolescentes com transtorno do déficit de atenção e hiperatividade (TDAH): Revisão da literatura. Manuscrito não publicado. Recuperado de http://docslide.com.br/health-medicine/reabilitacao-neuropsicologica-de-adolescentes-com-transtorno-do-deficit-de-atencao-e-hiperatividade-tdah-revisao-da-literatura-artigo-de-gisele.html

Canário, N., & Nunes, M. V. S. (2012). *Buffer* episódico 10 anos depois: Revisão de um conceito. *Revista Neurociências, 20*(2), 311-319.

Cantiere, C. N., Ribeiro, A. F., Khoury, L. P., Seraceni, M. F. F., Macedo L. F. R., & Carreiro, L. R. R. (2012). Treino cognitivo em crianças e adolescentes com sinais de desatenção e hiperatividade: Proposta de protocolo de intervenção neuropsicológica nos domínios verbal e executivo. *Cadernos de Pós-Graduação em Distúrbios do Desenvolvimento, 12*(1), 98-107.

Carvalho, C., & Abreu, N. (2014). *Estimulando funções executivas em sala de aula: O Programa Heróis da Mente*. I Seminário Tecnologias Aplicadas a Educação e Saúde – UNEB. Salvador.

Cicerone, K. D., Mott, T., Azulay, J., Sharlow-Galella, M. A., Ellmo, J. W., Paradise, S., & Friel, J. C. (2008). A randomized controlled trial of holistic neuropsychologic rehabilitation after traumatic brain injury. *Archives of Physical Medicine and Rehabilitation, 89*(12), 2239-2249.

Cicerone, K., Levin, H., Malec, J., Stuss, D., & Whyte, J. (2006). Cognitive rehabilitation interventions for executive function: Moving from bench to bedside in patients with traumatic brain injury. *Journal of Cognitive Neuroscience, 18*(7), 1212-1222.

Dawson, P., & Guare, R. (2010). *Executive skills in children and adolescents: A practical guide to assessment and intervention*. New York: Guildford.

Denckla, M. B. (2007). Executive function: Binding together the definitions of attention-deficit/hyperactivity disorder and learning disabilities. In Meltzer, L. (Ed.), *Executive function in education: From theory to practice* (pp. 5-18). New York: Guildford.

Diamond, A. (2013). Executive functions. *Annual Reviews of Psychology, 64*, 135-168.

Diamond, A., Barnett, W. S., Thomas, J., & Munro, S. (2007). Preschool program improves cognitive control. *Science, 318*(5855), 1387-1388.

Dias, N. M., & Seabra, A. G. (2013). *Piafex: Programa de Intervenção em Autorregulação e Funções Executivas*. São Paulo: Memnon Edições Científicas.

Evans, J. J. (2005). Rehabilitation of executive deficits. In B. A. Wilson (Ed.), *Neuropsychological rehabilitation: Theory and practice* (pp. 53-70). Amsterdam: Swets & Zeitlinger.

Fonseca, R. P., Zimmermann, N., Cotrena, C., Cardoso, C., Kristensen, C. H. & Grassi-Oliveira, R. (2012). Neuropsychological assessment of executive functions in traumatic brain injury: hot and cold components. *Psychology and Neuroscience, 5*(2), 183-190.

Godoy, S., Dias, N. M., Trevisan, B. T., Menezes, A., & Seabra, A. G. (2010). Concepções teóricas acerca das funções executivas e das altas habilidades. *Cadernos de Pós-Graduação em Distúrbios do Desenvolvimento, 10*(1), 76-85.

Green, C. T., Long, D. L., Green, D., Iosif, A. M., Dixon, J. F., Miller, M. R., ... Schweitzer, J. B. (2012). Will working memory training generalize to improve off-task behavior in children with attention-deficit/hyperactivity disorder? *Neurotherapeutics, 9*(3), 639-648.

Hofmann, W., Schmeichel, B. J., & Baddeley, A. D. (2012). Executive functions and self-regulation. *Trends in Cognitive Sciences, 16*(3), 174-180.

Holmes, J., & Gathercole, S. E. (2014). Taking working memory training from the laboratory into schools. *Educational Psychology: An International Journal of Experimental Educational Psychology, 34*(4), 440-450.

Klingberg, T., Fernell, E., Olesen, P. J., Johnson, M., Gustafsson, P., Dahlström, K., ... Westerberg, H. (2005). Computerized training of working memory in children with ADHD: A randomized, controlled trial. *Journal of the American Academy of Child Adolescent Psychiatry, 44*(2), 177-186.

Kluwe-Schiavon, B., Sanvicente-Vieira, B., Viola, T. W., Azevedo-e-Souza, L. S., Rigoli, M. M., Fonseca, R. P., & Grassi-Oliveira, R. (2006). Rehabilitation of executive functions: Implications and strategies. *Avances en Psicología Latinoamericana, 31*(1), 110-120.

Levine, B., Schweizer, T. A., O'Connor, C., Turner, G., Gillingham, S., Stuss, D. T., ... Robertson, I. H. (2011). Rehabilitation of executive functioning in patients with frontal lobe brain damage with goal management training. *Frontiers in Human Neuroscience, 5*, 9.

Malloy-Diniz, L. F., de Paula, J. J., Sedó, M., Fuentes, D., & Leite, W. B. (2014). Neuropsicologia das funções executivas e da atenção. In D. Fuentes, L. F. Malloy-Diniz, C. H. P. Camargo, & R. M. Cosenza (Orgs.), *Neuropsicologia: Teoria e prática* (2. ed., pp. 115-138). Porto Alegre: Artmed.

Meltzer, L. (2010). *Promoting executive function in the classroom*. New York: Guilford.

Miotto, E. C. (2012). Reabilitação neuropsicológica das funções executivas. In J. Abrisqueta-Gomez (Org.), *Reabilitação neuropsicológica: Abordagem interdisciplinar e modelos conceituais na prática clínica* (pp. 188-195). Porto Alegre: Artmed.

Miotto, E. C., Evans, J. J., Lucia, M. C. S., & Scaff, M. (2009). Rehabilitation of executive dysfunction: A controlled trial of an attention and problem solving treatment group. *Neuropsychological Rehabilitation, 19*(4), 517-540.

Ozonoff, S., & Schetter, P. L. (2007). Executive dysfunction in autism spectrum disorders. In Meltzer, L. (Ed.), *Executive function in education: From theory to practice* (pp. 133-160). New York: Guildford.

Petersen, C. S., & Wainer, R. (Orgs.) (2011). *Terapias cognitivo-comportamentais para crianças e adolescentes*. Porto Alegre: Artmed.

Powell, T. (2013). Attention, executive, language & perceptual skills. In T. Powell (Ed.), *The brain injury workbook: Exercises for cognitive rehabilitation* (2th ed., Vol. 1, pp. 28-39). London: Speechmark.

Rosário, P. S. L., Núñez, J. C., & Gonzalez-Pienda, J. (2007). *Auto-regulação em crianças sub-10. Projecto Sarilhos do Amarelo*. Porto: Porto.

Rubiales, J., Bakker, L., & Urquijo, S. (2003). Estudio Comparativo del control inhibitorio y la flexibilidad cognitiva em niños com transtorno por déficit de atención com hiperactividad. *Cuadernos de Neuropsicología, 7*(1), 50-69.

Santos, F. H. (2005). Reabilitação neuropsicológica pediátrica. *Psicologia, Ciência e Profissão, 25*(3), 450-461.

Shinaver, C. S. 3rd, Entwistle, P. C., & Söderqvist, S. (2014). Cogmed WM training: Reviewing the reviews. *Applied Neuropsychology Child, 3*(3), 163-172.

Tonietto, L., Wagner, G. P., Trentini, C. M., Sperb, T. M., & Parente, M. A. M. P. (2011). Funções executivas, linguagem e intencionalidade. *Pandeia, 21*(49), 247-255.

Wilson, B. A. (1997). Cognitive rehabilitation: How it is and how it might be. *Journal of the International Neuropsychological Society, 3*(5), 487-496.

Wilson, B. A., & Evans, J. J. (2009). Peter: Successful following a severe head injury with cerebrovascular complications. In B. A. Wilson, F. Gracey, J. J. Evans, & A. Bateman (Eds.), *Neuropsychological rehabilitation: Theory, models, therapy and outcome* (Vol. 1, pp. 182-202). Cambridge: Cambridge University.

18

Reabilitação da memória

MARINA NERY-BARBOSA
DAGOBERTO MIRANDA BARBOSA

Os déficits de memória figuram entre os mais frequentes e impactantes transtornos cognitivos que acometem indivíduos vítimas de lesões encefálicas adquiridas e transtornos psiquiátricos, repercutindo profundamente no desempenho funcional e social (Nair & Lincoln, 2007).

Considerando o comprometimento da memória como consequência inevitável do quadro demencial, segundo dados da Organização Mundial da Saúde (OMS, 2015), existem, atualmente, 47,5 milhões de pessoas com demência no mundo, e a cada ano são registrados 7,7 milhões de novos casos. No Brasil, prevê-se aumento da taxa de prevalência de demência na população com 65 anos ou mais de 7,6% para 7,9% entre 2010 e 2020 – ou seja, 55 mil novos casos por ano (Burlá, Camarano, Kanso, Fernandes, & Nunes, 2013) –, sendo que essas taxas de incidência praticamente dobram a cada cinco anos, em média, a partir dos 65 anos (Jorm, Korten, & Henderson, 1987).

Já entre os indivíduos vítimas de traumatismo craniencefálico (TCE), as alterações cognitivas – sendo o déficit de memória uma das mais prevalentes – contribuem para a incapacidade de dois terços dos pacientes com essa patologia (Bennett & Raymond, 2007). A incidência geral de TCE nos Estados Unidos foi estimada em 538,2 por 100 mil habitantes, ou cerca de 1,5 milhão de novos casos. Taxas um pouco menores são relatadas na Europa – 235 por 100 mil – e na Austrália – 322 por 100 mil (Ruy & Rosa, 2011). Dados do DATASUS levantados entre janeiro de 2005 e setembro de 2006 apontam que 48.872 pessoas foram internadas por TCE na cidade de São Paulo (Brock & Cerqueira Dias, 2008).

Cerca de 70% das pessoas que apresentam déficit cognitivo decorrente de um acidente vascular cerebral têm dificuldades de memória (Lucena et al., 2011), prejuízo que acomete em torno de 30% das pessoas com esclerose múltipla (Nocentini et al., 2006) e cerca de 20 a 30% daquelas com aids (Christo, 2010). Nas encefalites, aproximadamente 70% dos indivíduos apresentam comprometimento da memória, situação também identificada em indivíduos com epilepsia do lobo temporal.

A reabilitação neuropsicológica (RN) é um processo de interação recíproca entre a pessoa com comprometimento cognitivo, seus familiares e a equipe interdisciplinar (Wilson, 2011), cuja finalidade é alcançar um nível ótimo de bem-estar físico, psicológico, social e ocupacional (McLellan, 1991). Isso inclui a reabilitação dos déficits de memória em um contexto de desenvolvimento de estratégias comportamentais e cognitivas com o objetivo de provocar impacto positivo sobre as alterações funcionais do cérebro lesado (Nair & Lincoln, 2007). Não é sinônimo de recuperação, ou, mesmo, de tratamento, e seu foco não visa ensinar a ter melhor desempenho nos testes. A RN capacita as pessoas com incapacidades pela redução do impacto de seus comprometimentos no dia a dia e pelo auxílio no retorno às suas atividades em diversos contextos de desempenho (Wilson, 2011).

As abordagens de RN sofreram mudanças significativas no âmbito internacional nas últimas décadas, sendo influenciadas pelo crescimento dos modelos assistenciais baseados em evidências (Wilson & Gracey, 2009). Nesse contexto, as estratégias devem ser orientadas aos problemas cotidianos, focando em demandas funcionais vivenciadas por pessoas com déficits cognitivos. Os resultados devem ser aplicáveis às dificuldades reais experimentadas no dia a dia e centrados no alcance de metas pessoalmente significativas (Wilson, 2011). O objetivo principal da RN é a independência e a autonomia do indivíduo, tendo como base um reconhecimento adequado de suas habilidades e dificuldades, bem como a reconstrução de uma nova identidade após uma lesão adquirida.

Entre as várias abordagens disponíveis de RN, destaca-se, atualmente, a abordagem holística, que propõe um programa integrado para intervir nos prejuízos cognitivos decorrentes da lesão cerebral e nos aspectos emocionais e psicossociais secundários ao quadro neurológico. Esse modelo prevê a busca pela conscientização e aceitação, por parte do paciente, dos déficits que impactam no desempenho funcional e o desenvolvimento de estratégias, por meio de *feedback*, para o sucesso do programa de terapia .

Ben-Yishay e Prigatano (1990) defendem um modelo de estágios na abordagem holística de reabilitação após uma lesão cerebral, por meio dos quais o paciente precisa trabalhar hierarquicamente durante seu tratamento. Os estágios são: engajamento, consciência, domínio, controle, aceitação e identidade. Essa abordagem sustenta-se na ligação entre os aspectos cognitivos, sociais, emocionais e funcionais, sendo inútil separá-los. As capacidades para resolução de problemas, pensamento, recordação e comunicação são afetadas pelo modo como o indivíduo se sente, e essa interligação demonstra a importância de todas essas áreas receberem atenção no programa de reabilitação (Wilson, 2012).

Do ponto de vista operacional, os programas de RN podem ser divididos em etapas elaboradas para orientar o terapeuta no processo decisório, com o objetivo de maximizar as oportunidades de sucesso. Wilson (2011) propõe uma abordagem composta por 10 passos, a saber:

1. identificar os problemas do cotidiano
2. formular e testar as hipóteses que explicam o problema
3. definir metas
4. mensurar as dificuldades
5. identificar reforçadores
6. elaborar as estratégias de intervenção
7. iniciar a intervenção
8. monitorar o progresso
9. mudar de estratégias, se necessário
10. planejar a generalização

Independentemente da sequência de etapas escolhida, é obrigatório que o reabilitador compreenda o processo patológico que ocasionou a lesão estrutural e sua repercussão funcional.

COMPREENDER A PATOLOGIA

A alta prevalência do prejuízo mnemônico e a limitação funcional que essas pessoas enfrentam no cotidiano contribuem para a perda de independência e de autonomia dos muitos que estão em idade ativa e que, provavelmente, não retornarão às suas atividades laborais. Esses déficits comumente estão associados a alterações comportamentais e emocionais, e muitos enfrentam ansiedade, angústia e perda da autoestima.

Não há nenhum medicamento, programa de exercícios ou procedimento cirúrgico que possa restaurar a memória. Em decorrência dessa situação, surpreendentemente, diversos profissionais da saúde acreditam que há pouco a fazer para esses pacientes e seus familiares. Entretanto, há a possibilidade de essas pessoas receberem ajuda para lidar, contornar ou mesmo compensar suas dificuldades e reduzir os problemas vivenciados no cotidiano (Wilson, 2011).

É primordial compreender a natureza, a severidade e a extensão da afecção neurológica para elaborar o programa de intervenção. Uma patologia que tem como curso uma evolução processual como parte do progresso demencial, por exemplo, terá um programa de intervenção diferenciado daquela cujo desenvolvimento é de melhora e retorno a uma atividade laboral, como no caso de um TCE.

Também é fundamental entender qual o estágio de evolução em que o paciente se encontra e a severidade dos sintomas. Um quadro demencial em um estágio inicial ainda tem como foco a permanência e o prolongamento da autonomia; em quadros graves, porém, a intervenção prioriza a manutenção da dignidade, a orientação aos familiares e o controle dos comportamentos inadequados.

As vias neurais responsáveis por aquisição, armazenamento e evocação de informação são complexas e variadas. É necessário compreender qual via está disfuncional e quais componentes mnemônicos foram afetados. Os déficits de memória podem estar relacionados a prejuízos na aquisição e no armazenamento da informação em pacientes que sofreram traumas envolvendo o hipocampo, por exemplo, e déficit na recuperação da informação ou mesmo na memória de trabalho, que são vulneráveis nas lesões com danos pré-frontais e subcorticais (Nery & Caixeta, 2014).

Compreender quais dessas vias e etapas mnemônicas estão disfuncionais ou preservadas auxilia na escolha da técnica a ser utilizada para o treino de uma habilidade específica. Se uma pessoa apresenta déficit no armazenamento da informação, ela não consegue transferir o conteúdo que foi aprendido recentemente para um armazenamento de longo prazo. Dessa forma, é inútil colocar um despertador para lembrá-la de que a panela está no fogão e que está na hora de desligar o fogo se o motivo do alarme não foi associado ao som. Essa estratégia, todavia, pode ser útil para aqueles pacientes cujo prejuízo não ocorre no armazenamento, e sim na recuperação espontânea da informação. Nesse caso, uma pista pode ser o suficiente para evocar o conteúdo no momento em que soa o alarme.

Compreendendo a memória

O comportamento humano é caracterizado pela carga genética e pelas características estruturais do indivíduo em constante relação com o ambiente. O comportamento é alterado constantemente pelo ambiente, e os mecanismos fundamentais que subsidiam essa mudança são a aprendizagem e a memória. A aprendizagem pode ser definida como o processo por meio do qual as pessoas adquirem conhecimento, e a memória, por sua vez, como o processo pelo qual o conhecimento é codificado (aquisição e consolidação), armazenado e, posteriormente, evocado (Gazzaniga, Irvy, & Mangun, 2006; Kandel, Kupfermann, & Iversen, 2003).

Os mecanismos da memória foram densamente estudados, e pesquisadores identificaram que ela não pode ser considerada uma habilidade cognitiva específica, e sim parte de uma complexa combinação de subsistemas mnemônicos (Baddeley, 1992). Pode-se classificar a memória em termos da quantidade de tempo durante o qual a informação fica retida, do tipo de sistema de aprendizado, do estágio de processamento da informação ou, mesmo, da época em que o evento foi vivenciado – se anterior ou posterior a uma lesão (Sohlberg & Mateer, 2008).

Memória relacionada ao tempo

A respeito da quantidade de tempo durante o qual a informação fica retida, Baddeley e Hitch (1974) sugeriram que a memória poderia ser dividida em três categorias:

1. memória sensorial
2. memória de curto prazo
3. memória de longo prazo

A memória sensorial armazena informações por um brevíssimo período (250 milissegundos). Ela é responsável pelo processamento inicial da informação recebida pelos nossos órgãos de sentido. Clinicamente, uma pessoa com déficit nesse sistema apresentaria alterações perceptivas visuais ou auditivas (Wilson, 2011).

A memória de curto prazo (MCP) tem capacidade de processamento e armazenamento limitado. A informação é mantida por alguns segundos e se refere ao *span* de memória, que é mensurado pela quantidade de itens que podem ser repetidos em uma ordem (a capacidade de armazenamento é de 5 a 9 itens para um jovem adulto) (Lezak, Howieson, Loring, Hannay, & Fischer, 2004). É chamada de memória imediata. A MCP também compreende a memória de trabalho, que é responsável por manter e organizar as informações recentes ou de longo prazo, permitindo que sejam utilizadas durante um raciocínio. A MCP sofre muita interferência da dificuldade atentiva, e, clinicamente, as duas são facilmente confundidas.

A memória de longo prazo (MLP) é o sistema que mantém a informação por um tempo mais longo, variando de minutos a décadas. É um sistema de armazenamento secundário e tem capacidade ilimitada. A MLP é subdivida em memória declarativa, ou explícita, e memória não declarativa, ou implícita. Esse aspecto será abordado no tipo de sistema de aprendizado.

Tipo de sistema de aprendizado

Com base nos estudos realizados com o paciente HM, a psicóloga Brenda Milner descreveu dois tipos distintos de aprendizado – um aprendizado consciente, no qual o indivíduo relata espontaneamente o que aprendeu (memória explícita, ou declarativa), e um aprendizado não declarativo, que envolve informações sobre como realizar alguma atividade, incluindo o treinamento de habilidades reflexas, motoras e perceptuais, gerando um aprendizado não necessariamente consciente (memória implícita, ou não declarativa).

A memória declarativa é descrita de modo subdividido: memória semântica e memória episódica. A memória semântica se refere ao conhecimento adquirido do ambiente, de objetos, linguagem e conceitos. Um paciente com alterações nessa memória demonstra déficit dos conceitos, não sabe o que é um copo ou uma escova, por exemplo, de modo que essa dificuldade não se dá por alteração da percepção visual ou da linguagem. Ele é capaz de discriminar visualmente o objeto, mas não consegue dizer do que se trata por falha no conceito. Na dificuldade de linguagem (nomeação), o paciente consegue definir o conceito ou, mesmo, o uso do objeto, mas não evoca seu nome. No déficit de memória semântica, o paciente não consegue definir o conceito nem saber seu uso, pois perdeu o significado da palavra.

A memória episódica é a mais comumente afetada em pacientes com alterações neurológicas e psiquiátricas. Refere-se às experiências pessoais específicas de determinado evento, tempo e lugar. Por exemplo, quando alguém verbaliza o que é um almoço, tal fato corresponde a uma evocação de memória semântica, enquanto relatar o que comeu no almoço é uma evocação de memória episódica.

A memória implícita pode ser subdividida em:

a. memória procedural – envolve o aprendizado de habilidades motoras
b. *priming* – refere-se à influência que uma exposição antecedente a um estímulo tem no desempenho de um evento posterior (Gazzaniga et al., 2006)
c. condicionamento clássico e condicionamento operante – são modelos de aprendizagem associativa

O condicionamento clássico ocorre diante do pareamento entre um estímulo neutro (condicionado) e um estímulo incondicionado. O indivíduo associa os dois estímulos e passa a responder ao neutro mediante a exposição ao incondicionado. O condicionamento operante, por sua vez, é um mecanismo de aprendizagem que associa o comportamento em um ambiente que produz consequências. Essas consequências alteram a probabilidade de ocorrência futura do comportamento (Gazzaniga et al., 2006; Shumway-Cook & Woollacott, 2003).

Entre as formas não associativas de aprendizagem, existem a habituação e a sensibilização. Na habituação, há diminuição da resposta a um determinado estímulo mediante a repetição. Na sensibilização, por sua vez, ocorre aumento da resposta com a apresentação repetida de um determinado estímulo nocivo (Gazzaniga et al., 2006; Shumway-Cook & Woollacott, 2003).

Brandimonte e Ferrante (2008) descrevem uma ampliação do paradigma mnemônico acrescentando uma categoria denominada por Sohlberg e Mateer (2008) como *memória diária*. Essa memória compreende a memória prospectiva e a metamemória. A memória prospectiva refere-se à capacidade do indivíduo para, em algum ponto do futuro, se lembrar de executar uma ação (Einstein et al., 2005). É a memória para intenções futuras ou adiadas (Ellis, Kvavilshvili, & Milne, 1999) presente em planejamentos cotidianos, como tomar remédio na hora apropriada, telefonar para um amigo em certo momento do dia (Benites, Gomes, Souza, & Gauer, 2010), enviar uma carta pelo correio, desligar o fogão ou planejar, pela manhã, comprar certos produtos no supermercado à noite, no caminho de volta do trabalho para casa (Adda, 2007).

A metamemória inclui aspectos relacionados: ao conhecimento que o indivíduo tem sobre os processos da memória (conseguir discriminar entre tarefas fáceis e difíceis de memória); ao monitoramento da memória (saber se o que foi lido já é o suficiente para aprender sobre determinado assunto); e à autoeficácia, ou seja, à percepção de um indivíduo sobre sua capacidade de realizar uma tarefa envolvendo memória (de acordo com seu desempenho mnemônico, saber se é preciso ou não anotar um número de telefone de que precisará posteriormente) (Yassuda, Lasca, & Neri, 2005).

Estágio de processamento da informação

Os estágios de processamento da informação são relacionados entre si e incluem (Kandel et al., 2003):

- Codificação: processos que tratam e elaboram a informação aprendida vista pela primeira vez. Tratar e associar a informação recente de forma significativa e sistemática a um conhecimento prévio já estabelecido é fundamental para a persistência de uma nova memória.

- Consolidação: processos, em termos genéticos e de produção proteica, que estabilizam a informação recém-adquirida e lábil, a fim de uma retenção em longo prazo.
- Armazenamento: mecanismo e locais onde a memória é retida ao longo do tempo de forma quase ilimitada.
- Recuperação: processos que recuperam e utilizam as informações já retidas.

IDENTIFICAR OS PROBLEMAS DO COTIDIANO

Inicialmente, é fundamental identificar as dificuldades vivenciadas pela pessoa com déficit mnemônico no dia a dia. Esses dados são relatados pelos pacientes, familiares ou acompanhantes no momento da entrevista inicial. As queixas, com frequência, são bastante generalizadas, e os pacientes referem dificuldades de memória sem explicitar o problema que tal déficit gera em seu cotidiano.

Dessa maneira, o entrevistador precisa conduzir a entrevista de forma que identifique, concretamente e com precisão, as dificuldades funcionais. A queixa inicial "minha memória está muito ruim, não me lembro de quase nada do que me acontece recentemente" deve ser mais bem investigada e especificada em: "não me lembro dos meus compromissos; esqueço-me de tomar os medicamentos no horário; não me lembro se já tomei aquele medicamento no dia; repito o mesmo assunto diversas vezes; perco meus objetos com frequência; perco-me quando saio de casa; esqueço-me das coisas que me foram ditas".

Durante a entrevista inicial, deve-se investigar a história ocupacional e social, os *hobbies* e os interesses do indivíduo; verificar se ele se recorda de eventos importantes ou viagens realizadas recentemente; perguntar se se lembra dos compromissos ou consultas médicas; avaliar mudança de personalidade e baixa motivação; questionar sobre o início dos sintomas e sua evolução, se eles pioraram, melhoraram ou permaneceram estáveis; verificar a relação entre os sintomas relatados e o rebaixamento do humor; solicitar que forneça informações sobre a atualidade; investigar atividades básicas e instrumentais de vida diária (Wilson, 2011).

Nesse contexto, duas perguntas estratégicas devem ser feitas pelo reabilitador ao paciente e seus familiares:

- O que você faz, mas não gostaria de fazer?
- O que você não faz, mas gostaria de fazer?

Nem sempre pacientes e familiares conseguem relatar queixas que traduzem objetivos concretos a serem incluídos no processo de RN. Existe uma grande tendência a generalizar todos os problemas como déficit de memória, ou, até, a negligenciar dificuldades apresentadas por não compreendê-las. Quando o prejuízo ocorre na fase do armazenamento de memória episódica, o indivíduo não consegue transferir informações vivenciadas recentemente para uma memória de longo prazo. O paciente não se recorda do que vivenciou, do que comeu, se foi a algum lugar ou se está se esquecendo de algo. Dessa forma, não se queixa de dificuldades de memória, apesar de mostrar-se irritado e com rebaixamento do humor, pois está angustiado com a falta de algo que não consegue identificar.

Diante das dificuldades para perceber a limitação, a intervenção inicial do programa de RN deve ser focada na psicoeducação, cujo objetivo é fazer o paciente e seus familiares compreenderem melhor a memória e suas limitações. Entender o déficit permite ao indivíduo identificar sua ocorrência e sua repercussão no cotidiano, o que facilita o processo de definição de metas.

Como auxílio para identificar os problemas que acontecem no cotidiano, pode-se utilizar *checklists* ou folhas de anotação diária do comportamento (ver Quadro 18.1).

FORMULAR E TESTAR HIPÓTESES QUE EXPLICAM O PROBLEMA

A etapa seguinte consiste em levantar e testar hipóteses cognitivas, emocionais, motoras e/ou ambientais que podem explicar os problemas relatados. Consideram-se todos os comprometimentos que possam influenciar o desempenho funcional de um indivíduo. Para tal análise, necessita-se de uma sustentação teórica com base em diferentes modelos, com o intuito de abranger os domínios biológico, psicológico e social. Essa investigação é fundamental para auxiliar o clínico, a equipe e o paciente a compreender melhor o problema.

Nessa fase, o objetivo é investigar quais são vias cognitivas disfuncionais e quais estão preservadas. O desafio é avaliar se o déficit mnemônico é um prejuízo primário, com dificuldades relacionadas ao armazenamento da informação, ou se é secundário a um quadro de humor ou de dificuldades de função executiva, por exemplo, levando a um dano maior na recuperação espontânea da informação armazenada, ou mesmo na memória operacional.

Indivíduos com déficit cognitivo consequente a uma afecção neurológica adquirida são suscetíveis a várias disfunções cognitivas, como, por exemplo, déficit de atenção, memória, função executiva ou praxia. Geralmente, dificuldades emocionais e sociais, além de desajustes psiquiátricos, são enfrentadas por pessoas com injúria cerebral. Se não considerados e não devidamente tratados, tais fatores podem se tornar um percalço durante o processo de reabilitação.

Nessa perspectiva, a avaliação neuropsicológica é parte importante do processo de testagem, mas não é capaz de responder a toda demanda necessária para a reabilitação. A avaliação que precede a intervenção tem uma característica mais dinâmica. O avaliador precisa mediar algumas situações ou propor atividades ecológicas com o intuito de verificar o desempenho cognitivo mais realista possível. A testagem padronizada não é capaz de explicitar como os problemas se manifestam na vida do indivíduo ou de identificar quais são as dificuldades da família, por exemplo.

QUADRO 18.1 • Modelo de folha para anotação diária da frequência de um comportamento

	2ª	3ª	4ª	5ª	6ª	Sáb.	Dom.
1. Esqueceu onde colocou um objeto. Perdeu objetos em casa.							
2. Achou difícil seguir um programa de TV.							
3. Teve que voltar para checar se fez o que tinha intenção de fazer.							
4. Esqueceu completamente de levar as coisas consigo ou deixou coisas para trás e teve que voltar para buscá-las.							
5. Esqueceu do que foi lhe dito ontem ou alguns dias atrás e teve que ser lembrado disso.							
6. Esqueceu completamente de fazer coisas que disse que faria e de coisas que planejou fazer.							

Em algumas situações, o paciente pode apresentar uma pontuação abaixo do previsto em uma testagem tradicional, o que não condiz com a *performance* no seu dia a dia. Provavelmente, a demanda cognitiva exigida em seu cotidiano é inferior àquela exigida na testagem, e, mesmo que seu desempenho seja deficitário na avaliação, pode não o ser nas suas atividades diárias. Outra hipótese que pode justificar essa problemática é o fato de uma pessoa fazer uso adequado de auxílios externos, com excelente compensação de suas limitações. Com o uso de agenda e despertadores, o indivíduo consegue cumprir com suas obrigações. Durante a avaliação neuropsicológica, porém, ele não pode utilizar os recursos empregados no dia a dia.

Outra situação frequente é aquela em que o indivíduo apresenta um bom desempenho nos testes cognitivos apesar de apresentar uma limitação funcional em seu cotidiano. Tais fatos são rotineiros em pacientes com déficits decorrentes da função executiva, principalmente indivíduos que apresentam capacidade intelectual acima da média e conseguem compensar suas dificuldades cognitivamente durante a testagem.

Em consonância com as circunstâncias descritas, faz-se obrigatória uma avaliação o mais ecológica possível com o intuito de verificar o desempenho real do indivíduo. Sugerir atividades que envolvam múltiplas tarefas e exijam planejamento, organização, tomada de decisão e evocação mnemônica favorece a observação direta do comportamento em uma situação mais realista.

O uso de técnicas como *role playing* possibilita a observação em um ambiente protegido, favorecendo a mediação e o treino de estratégias mais adequadas que podem ser vivenciadas repetidamente. O *role playing* consiste na encenação de uma situação cotidiana em que os papéis são representados como na realidade. Os participantes devem tomar decisões e prever suas consequências, permitindo ao examinador observar o indivíduo perante reações muito semelhantes às reais. Essa técnica também possibilita avaliar quais são as estratégias compensatórias funcionais para aquele indivíduo (Comer, 2005).

A mediação durante a testagem cognitiva evidencia dicas importantes a serem utilizadas durante a intervenção. Entender como o paciente resolveu determinado problema, ou mesmo que estratégia utilizou para memorizar uma lista de palavras ou sequência de números, expõe um repertório já empregado por ele que pode ser aproveitado em um treino prospectivo.

O uso de questionários, diários, listas de comportamentos ou contagem da frequência em que o comportamento se manifesta permite quantificar a ocorrência dos comportamentos, esperados ou não, na rotina do indivíduo.

A avaliação do quadro emocional, por meio da investigação do impacto do evento na vida do indivíduo, do modo como ele enfrenta suas dificuldades, sua autoestima, bem como sintomas de ansiedade e humor, é de extrema importância.

Após toda análise e identificação de fraquezas e forças cognitivas, bem como a verificação do humor, da personalidade, de estratégias de enfrentamento, da dinâmica familiar, dos suportes e barreiras ambientais e da observação direta do comportamento, é possível compreender e sugerir hipóteses acerca da natureza, causas e fatores que influenciam os problemas atuais do paciente.

DEFINIR METAS

A avaliação cognitiva permite a construção de um mapa dos pontos fortes e fracos de cada indivíduo e propicia a utilização de estratégias na reabilitação que são cognitivamente favoráveis ao paciente. No entanto, a definição de objetivos claros, focados em problemas práticos do cotidiano, constitui um dos pilares fundamentais para o planejamento da RN, permitindo, inclusive, avaliar a eficácia dos programas de intervenção (Wilson, Evans, & Gracey, 2009).

Se o principal foco da RN é a participação efetiva em atividades contextualizadas, a medida mais significativa do resultado do programa é a constatação de que o indivíduo retomou sua rotina de forma eficaz. Se o resultado é definido em termos de objetivos pessoais, então faz sentido que esses objetivos devam ser o foco central ao se planejar o programa de reabilitação.

Em um estudo, Gauggel e Fischer (2001) selecionaram 45 pessoas com lesão encefálica que foram distribuídas aleatoriamente em dois grupos. Elas foram avaliadas e reavaliadas com um teste de velocidade de processamento. Um grupo recebeu como instrução uma meta geral e abrangente: "Faça o seu melhor". Para o segundo grupo, definiu-se uma meta específica: "Tente aumentar sua velocidade em 20 segundos". Os que receberam a instrução específica melhoraram significativamente seu desempenho na reavaliação quando comparados ao outro grupo. Os autores identificaram fortes indícios de que o estabelecimento de metas específicas melhora o desempenho. As metas direcionam a atenção para as atividades e têm efeito estimulante na realização das tarefas importantes.

A negociação das metas abarca a tríade "indivíduo, familiares e equipe" e possibilita um tratamento individualizado, de acordo com as necessidades e objetivos almejados. A participação na definição das metas leva o paciente a ficar mais comprometido e engajado, assumindo um papel ativo durante todo o processo. O sentimento de autoeficácia também é importante para o compromisso com o objetivo. Se um indivíduo acredita que pode alcançar uma meta, ele se esforça mais para isso do que aqueles que não acreditam. Nessa perspectiva, a definição de metas realistas, alcançáveis, de curto prazo, associadas ao fornecimento de *feedback* frequente sobre progressos, é bastante útil para aumentar a motivação em relação ao objetivo (Wilson et al., 2009).

McMillan e Sparks (1999) apresentaram alguns princípios norteadores para o levantamento das metas:

1. O paciente deve ser envolvido na determinação das metas.
2. Elas devem ser centradas no paciente.
3. O comportamento deve ser descrito quando o objetivo for alcançado.
4. As estratégias de intervenção para alcançar as metas devem ser descritas claramente, de forma que qualquer pessoa que leia o programa saiba o que fazer.
5. As metas devem ser específicas, mensuráveis e ter um prazo predeterminado para sua conclusão.

O prazo definido para alcançar objetivos compreende metas de curto e de longo prazo. As metas de longo prazo são aquelas que o paciente deverá atingir até o momento de sua alta, enquanto os objetivos de curto prazo são definidos a cada semana ou quinzena e compreendem os passos necessários para alcançar os objetivos de longo prazo (Wilson et al., 2009)

A definição de metas nem sempre é algo simples. Nesse momento, são determinados os objetivos que norteiam todo o programa de reabilitação. Em diversas situações, as metas precisam ser negociadas, pois o paciente e seus familiares, devido a uma falta de consciência de suas limitações e do prognóstico, almejam recuperar a memória de antes da doença ou, mesmo, retornar ao trabalho anteriormente exercido em um momento em que tal situação não é nem um pouco realista ou alcançável. Esses casos devem ser conduzidos com cuidado, sem que se tire a esperança dos envolvidos. No entanto, é necessário reforçar as orientações sobre a patologia (psicoeducação) e apresentar opções tangíveis.

Deve-se, a todo custo, evitar que uma estratégia de intervenção seja definida erroneamente como meta, pois, em tal situação, a impossibilidade de se alcançar o objetivo proposto pode trazer repercussões negativas a todo o processo de reabilitação.

Por exemplo, diante do problema de esquecimento da panela no fogo, com consequente risco de queimar a comida e a panela, a meta *desligar o fogo no momento adequado* pode ser erroneamente definida como *utilizar um* timer *para se lembrar de apagar o fogo*. Se esse dispositivo não for eficaz por algum motivo, a meta proposta é tida como inalcançável, frustrando toda a proposta terapêutica. Nesse caso, o uso do *timer* corresponde a uma estratégia de intervenção, que pode ou não dar certo, demandando mudança de estratégia (p. ex., uso de um fogão com *timer* embutido ou sensor que desligue o sistema de gás ao detectar fumaça no ambiente). Uma meta, quando bem definida, permanece inalterada. As estratégias para alcançar a meta é que são variáveis.

A definição de metas constitui, portanto, uma das melhores maneiras de estruturar e nortear um programa de intervenção e garantir que o foco esteja centrado nos objetivos pessoais do paciente e seus familiares. O sucesso da reabilitação depende, em grande parte, de uma definição de metas adequadas, sendo elas significativas, desafiadoras, realistas e alcançáveis.

MENSURAR AS DIFICULDADES

Após definir metas com foco nos problemas que têm ocorrido no dia a dia, é preciso estabelecer aquelas que apresentam maior prioridade, ou que são etapas iniciais para metas de longo prazo, e fazer uma linha de base. A linha de base tem como objetivo a observação do comportamento com a finalidade de conhecê-lo em condições-padrão. Consiste em observá-lo, mensurar sua frequência e em que circunstâncias acontece, sem intervir no processo, para que, posteriormente, seja possível comparar os períodos pré e pós-intervenção.

A mensuração da frequência em que o comportamento ocorre deve ser feita durante todo o programa. Seu registro pode ser realizado pelo terapeuta e, quando possível, pelo paciente e seus familiares, nos momentos em que estiverem fora do centro de reabilitação.

Nesse processo, anotam-se quantas vezes, por exemplo, Ana esqueceu o fogão ligado durante a semana, a frequência com que ela perdeu seu celular dentro de casa, quanto tempo gastou procurando o celular ou quantas vezes conseguiu tomar o medicamento sem o suporte de alguém. Essa mensuração tem como foco as metas já definidas na etapa anterior.

O registro do comportamento evita impressões subjetivas e interpretações pessoais, além de permitir ao terapeuta maior controle e análise da evolução do desempenho. Dessa forma, a necessidade de modificação de algum componente do programa de intervenção (estratégia utilizada, apoio familiar, entre outros) é sustentada em dados precisos e concretos.

IDENTIFICAR REFORÇADORES

Wilson (2011) evidencia que o sucesso na reabilitação já é algo extremamente motivador e recompensador. No entanto, nem sempre a possibilidade do sucesso fica evidente ao paciente nas fases iniciais do programa de tratamento, e, na maioria dos casos, é necessário o uso de recompensas que reforçam o comportamento-alvo e contribuem para aumentar sua frequência. Segundo Catania (1999), um estímulo é considerado um reforçador caso sua apresentação contingente a um comportamento aumente a frequência em que o comportamento ocorre.

Os reforçadores potenciais podem ser identificados por entrevistas ou observações informais. Clausen (2006) pontua que conhecer as preferências de alguém permite criar melhores condições para motivar um indivíduo a completar uma tarefa com sucesso. Exemplos de reforçadores incluem elogios, realização de atividades de interesse, passeios, descansos, algum alimento especial, etc.

ELABORAR AS ESTRATÉGIAS DE INTERVENÇÃO

Nessa etapa, define-se o plano de tratamento. Wilson (2011) afirma que a descrição do plano deve ser tão precisa e clara a ponto de que qualquer pessoa que o leia consiga seguir com o programa de intervenção. Nesse momento, deve-se pensar:

a. nas estratégias ou técnicas que serão utilizadas
b. na frequência do treinamento e em quem irá conduzi-lo
c. como será registrado o comportamento

A reabilitação não é de um conjunto de técnicas empregadas mecanicamente. O programa deve se sustentar em sólidas bases conceituais, incluindo conhecimentos sobre suporte psicoterápico e emocional, teorias de aprendizagem, teorias do funcionamento cognitivo, entre outras. Assim como em outras situações terapêuticas, o bom vínculo entre terapeuta e paciente é condição fundamental para o sucesso da proposta.

Teorias e técnicas utilizadas na intervenção

A abordagem holística propõe um programa que almeja a conscientização e a aceitação, por parte do paciente, dos déficits que têm impacto no desempenho funcional. A técnica de psicoeducação pode ser aplicada desde o início do tratamento até o fim, tendo papel educativo. Seu objetivo é a conscientização das limitações amparada por suporte psicoterápico e a consequente busca pela aceitação. A psicoeducação fornece informações ao paciente e à família sobre a doença, os sintomas, seu curso e sua forma de tratamento, bem como o conhecimento sobre o funcionamento cerebral e as funções cognitivas (Gindri et al., 2012).

A psicoeducação é, segundo Basco e Rush (2005), um tratamento que deve ser estruturado, diretivo e focado no presente. Busca a resolução de problemas, orientando o paciente por diferentes meios, tais como esclarecimentos, folhetos, livros, atlas anatômicos, filmes, etc. Possibilita que o paciente identifique pensamentos e comportamentos disfuncionais ou distorcidos, geradores de aflição e sofrimento.

O paciente com déficit de memória não consegue armazenar informações adquiridas recentemente. Dessa forma, o conteúdo informado e orientado na psicoeducação ou mesmo nas sessões durante todo o programa, provavelmente, será esquecido. Para facilitar o acesso e o uso adequado dessas informações, pode ser usado um caderno de anotações no qual será registrado todo o conteúdo trabalhado na sessão, os *insights* que o paciente apresentou no momento terapêutico, os folhetos ou impressões de esclarecimento utilizados para a psicoeducação, entre outras informações que o terapeuta, o paciente e os familiares julgarem importantes.

As teorias comportamentais têm sido aplicadas de forma diligente na reabilitação há mais de 40 anos. Apoiada pelo rigor da psicologia experimental, tal abordagem emprega análise funcional e técnicas de modificação de comportamento em indivíduos com prejuízo orgânico. Traceja objetivos, alvos e metas logo no início do tratamento, facilitando o monitoramento e a medição das mudanças. Apesar da estruturação e da exatidão da metodologia comportamental, é imperioso um raciocínio clínico para adequação das técnicas conforme a necessidade peculiar de cada um (Pontes & Hübner, 2008; Wilson, 2011).

Também compondo os alicerces do modelo comportamental, as teorias de aprendizagem têm sido comumente utilizadas e combinadas a outras abordagens, com o desígnio de proporcionar mudanças de comportamentos desadaptativos. Com considerável êxito, técnicas de aprendizagem são ministradas sem deixar de ressaltar a indigência de garantia de mudança relativamente estável e de generalização para além do ambiente clínico (Wilson, 2011; Wilson & Gracey, 2009).

A aprendizagem sem erros é uma técnica advinda da terapia comportamental, que vem sendo largamente empregada. Beneficiando-se da memória implícita, consiste em prevenir, na medida do possível, que o sujeito cometa erros durante o treino. Para que haja aprendizado inconsciente diante dos acertos, as respostas são apresentadas até que o comportamento desejado seja estabelecido. A retirada do suporte é feita de forma gradual.

Segundo Sohlberg e Mateer (2008) e Wilson (2011), o fortalecimento de respostas corretas, com redução da possibilidade de erro, é naturalmente reforçador e aumenta a motivação, facilitando a memorização e a aprendizagem.

Amplamente utilizado em conjunto com a aprendizagem sem erros, o ensaio expandido, que emana da recordação espaçada, consiste na recuperação da informação em intervalos de retenção que são gradativamente aumentados conforme a progressão do treino (Sohlberg & Mateer, 2008; Wilson, 2011).

Já o treino de orientação à realidade (TOR) compõe uma alternativa para manter e restaurar a orientação temporal, espacial e pessoal do sujeito. Nessa técnica, os dados devem ser apresentados de forma organizada e contínua, e, para isso, conta-se com a ajuda dos cuidadores, que utilizam agendas e calendários para explicitar as datas referentes ao dia do mês, ao dia da semana, ao mês, ao ano, bem como as atividades já desenvolvidas e as que ainda serão realizadas, com seus respectivos horários (Bottino et al., 2002; Florenzano, 1990).

Outra técnica de reabilitação mnemônica, que foca em aspectos da memória explícita, é o treino de reminiscência, que busca o resgate de informações vivenciadas previamente. Nela, são usadas fotografias, músicas, imagens de vídeo ou textos para estimular a memória episódica e autobiográfica e, assim, proporcionar uma reaprendizagem dos fatos esquecidos. Nessa técnica, disponibiliza-se ao paciente acesso constante ao material produzido (Bottino et al., 2002; Sohlberg & Mateer, 2008).

Em diversas situações, as técnicas mencionadas anteriormente podem ser utilizadas de forma combinada, com o intuito de favorecer o aprendizado e alcançar o objetivo. No Quadro 18.2, é apresentado um resumo das principais técnicas e procedimentos utilizados na reabilitação de um paciente com prejuízo mnemônico.

Em associação às técnicas descritas, a equipe também pode lançar mão de diferentes procedimentos de reabilitação para atingir as metas definidas. Entre eles, destacam-se o treino cognitivo, o uso de estratégias compensatórias e as adaptações ambientais. Esses procedimentos podem ser utilizados separadamente ou em conjunto, e a escolha do método mais eficaz depende da experiência clínica do terapeuta, das características individuais do paciente e do apoio social disponível.

Treino cognitivo

O treino cognitivo parte do princípio de que exercícios ou jogos que estimulam a

QUADRO 18.2 • Técnicas utilizadas no programa de reabilitação de um paciente com déficit de memória

Técnica / Estratégia	Objetivo
Psicoeducação	Visa fornecer ao indivíduo informações relacionadas ao seu diagnóstico. O paciente é orientado e informado sobre a etiologia, o funcionamento, o tratamento mais indicado, o prognóstico, entre outras informações (Colom & Vieta, 2004).
Treino de orientação à realidade	Consiste em orientar o paciente no tempo, no espaço e nos aspectos pessoais, oferecendo continuamente informações por meio de auxílios externos e pistas sobre o dia, o mês, o ano, o local onde está, quem é ele e o que ele faz (Bottino et al., 2002).
Terapia de reminiscência	Objetiva resgatar informações vivenciadas previamente por meio de fotografias, músicas, imagens, vídeos, entre outros estímulos (Fraser, 1992).
Aprendizagem sem erro	Consiste em prevenir, na medida do possível, que o sujeito cometa erros durante a aprendizagem (Wilson, 2011).
Ensaio expandido	Envolve a apresentação de uma informação a ser aprendida, acompanhada de uma testagem imediata e, posteriormente, um aumento gradativo do intervalo de tempo em que essa informação é solicitada (Sohlberg & Mateer, 2008).
Segmentação da tarefa	Objetiva segmentar uma tarefa longa em várias etapas mais curtas.
Desaparecimento de pistas	É uma técnica por meio da qual, inicialmente, são fornecidas várias pistas e facilitadores que, depois, são retirados gradualmente (Wilson, 2011).

memória podem melhorar o funcionamento mnemônico do indivíduo. Esse procedimento tem sido amplamente estudado, mas com resultados pouco satisfatórios. A principal crítica envolve a falta de generalização do treinamento para outras atividades, restringindo muito sua eficiência na melhora do desempenho em atividades do dia a dia (Bottino et al., 2002).

Alguns resultados favoráveis são relatados quando o treino envolve tarefas ligadas a uma habilidade específica realizada dentro do contexto em que essa informação será utilizada, principalmente se o treinamento for sustentado por técnicas de aprendizagem que envolvam memória implícita e procedural (Bottino et al., 2002). Um exemplo de treino cognitivo ligado a um contexto específico seria a aprendizagem do número do telefone ou, mesmo, de um endereço, por meio de repetição ou associação, utilizando aprendizagem sem erro e ensaio expandido.

Estudos robustos têm demonstrado melhora em dificuldades do dia a dia que envolvem déficits de memória operacional por meio do treino cognitivo intensivo e estruturado dessa função (Hellgren, Samuelsson, Lundqvist, & Börsbo, 2015; Stevens, Gaynor, Bessette, & Pearlson, 2015). Wilson (2011) apresenta evidências de qualidade, demonstrando que o treinamento computadorizado de memória operacional pode ser generalizado para outras tarefas do cotidiano.

Estratégias compensatórias

Auxílios de memória são particularmente úteis para apoiar indivíduos com prejuízos mnemônicos a realizar as tarefas do dia a dia e alcançar um nível satisfatório de participação social (Van-Hulle & Hux, 2006). A utilização desses recursos de tecnologia assistiva é considerada mais efetiva do que o treino cognitivo para melhorar o desempenho funcional de pessoas com disfunções neurológicas, sejam elas estáveis, sejam elas degenerativas, que cursam com problemas de memória (Piras, Borella, Incoccia, &

Carlesmio, 2011; Sohlberg & Mateer, 2008; Van-Hulle & Hux, 2006).

Em um estudo de revisão, Piras e colaboradores (2011) definiram dois grupos distintos de auxiliares externos de memória:

1. aqueles que são controlados e programados externamente (*pagers* e gravadores de voz) e que requerem poucos recursos cognitivos para sua utilização
2. auxiliares autogerenciados (*notebooks* e diários), que demandam participação ativa e motivação do usuário em relação ao uso independente

Já Wilson (2011) divide esses dispositivos entre os que atuam como sinais de alerta (alarmes); os que oferecem pistas em determinados momentos (blocos de notas, gravadores); e os que assumem a forma de auxílios de representação (linguagem escrita, figuras, placas).

Independentemente da modalidade de auxílio externo que esteja sendo considerada e do tipo de prejuízo de memória em tela, o procedimento para prescrição dos recursos de tecnologia assistiva deriva da meta contextualizada que foi definida, da avaliação das competências do sujeito e da definição do que o indivíduo realmente necessita. Subestimar ou superestimar as competências do paciente é um erro frequentemente cometido que concorre para a frustração, o insucesso da prescrição ou o abandono do recurso (ver Fig. 18.1).

Mesmo que os auxiliares de memória sejam utilizados, principalmente, para compensar prejuízos na execução de atividades de vida diária, discute-se se, em um ponto futuro no tempo (memória prospectiva), as estratégias internas desenvolvidas pelo paciente para seu uso e se a repetição (memória não declarativa) podem ser úteis à melhora do armazenamento de memória de evento e/ou à aquisição e utilização de conhecimentos (Piras et al., 2011).

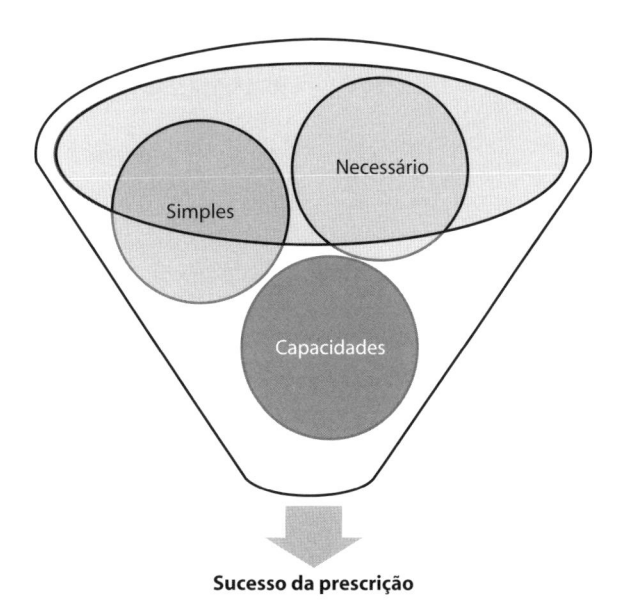

Figura 18.1 Esquema representativo dos elementos que favorecem o sucesso na prescrição de um recurso de tecnologia assistiva. Deve ser simples o suficiente para ser compreendido e corretamente utilizado pelo indivíduo, deve ser absolutamente necessário para o desempenho de uma atividade ou tarefa contextualizada e precisa respeitar as capacidades (cognitivas, motoras, sensoriais, apoio social) do paciente.

Adaptação do ambiente

A modificação e a adaptação consistem em uma adequação feita ao ambiente físico para minimizar a presença de distratores no local, organizar o espaço e adaptá-lo à demanda de cada paciente, objetivando a redução dos déficits funcionais e comportamentais. São propostas, na maioria das vezes, com as estratégias compensatórias (Bottino et al., 2002). Alguns exemplos de adaptação de ambientes para pacientes com déficits mnemônicos são: retirada de objetos e móveis de um cômodo para facilitar a busca de outros objetos; etiquetagem de gavetas de roupas em uma sequência lógica de vestuário, com figuras indicando o que tem dentro; mudança de lugar de algo usado com frequência, para facilitar o acesso.

O Quadro 18.3 exemplifica a utilização dos procedimentos descritos anteriormente de acordo com uma meta preestabelecida. Na prática clínica, os procedimentos podem ser utilizados de forma conjunta, assim como as técnicas a serem empregadas. A necessidade e a quantidade de supervisão a ser dispensada ao paciente dependem da demanda individual, que será caracterizada pela severidade da disfunção. Inicialmente, um paciente pode necessitar de maior supervisão, mas, com o treinamento, pode-se aumentar sua autonomia, minimizando o suporte ofertado.

Os Quadros 18.4 e 18.5, por sua vez, apresentam exemplos de possíveis estratégias de intervenção que podem ser utilizadas para contribuir para o alcance de determinadas metas. São descritos, também, os problemas a serem enfrentados, bem como hipóteses para explicar os problemas.

INICIAR A INTERVENÇÃO; MONITORAR O PROGRESSO; MUDAR DE ESTRATÉGIAS SE NECESSÁRIO

Essas três etapas do programa de RN são simples e óbvias. Consistem em iniciar o programa de forma sistemática, monitorando o progresso por meio do registro diário do comportamento-alvo. Caso não ocorra melhora para o alcance da meta, cabe à equipe revisar estratégias utilizadas com a contingente modificação da proposta terapêutica, se necessário (Wilson, 2011).

PLANEJAR A GENERALIZAÇÃO

Aprender a usar agenda durante as consultas, ou manusear um aparelho eletrônico na

QUADRO 18.3 • Exemplos de procedimentos de reabilitação para alcançar metas predeterminadas

Meta	Treino cognitivo	Estratégia compensatória	Adaptação ambiental
Lembrar onde estacionou o carro no supermercado.	Repetir diversas vezes o número do estacionamento. Pode beneficiar-se com ensaio expandido e aprendizagem sem erro.	Fotografar o número do estacionamento.	Quando estiver sozinho, ir a um supermercado pequeno, com baixo fluxo de pessoas e estacionamento de menor proporção.
Lembrar-se de tomar o medicamento no horário correto.	Criar associações e fazer um treino de repetição com ensaio expandido.	Criar um quadro de checklist de autoadministração do medicamento. Colocar um alarme para soar no horário previsto para tomar o remédio.	Deixar os medicamentos sempre em um mesmo lugar, de fácil acesso e visível.

QUADRO 18.4 • Exemplos de estratégias de intervenção delineadas a partir de um problema real

Dificuldades/ Problemas	Hipóteses que explicam o problema	Metas	Estratégias de intervenção
As brigas em casa aumentaram. É agressivo com a esposa e com os filhos.	• Alteração da função executiva, controle inibitório pós-AVC. • Está ficando mais tempo em casa, o que não ocorria antes. • Não aceita suas limitações.	Meta 1: Paciente e família compreenderem melhor as alterações pós-AVC.	• Psicoeducação: aula sobre alterações de comportamento; alterações cognitivas.
		Meta 2: Identificar os *gatilhos*, momentos que fazem as situações de agressividade piorarem.	• Entrevistas aprofundando situações; pedir para anotarem situações de brigas.
		Meta 3: Proporcionar diálogo entre filhos, esposa e paciente.	• Escuta qualificada de cada um, utilizando da regra da mediação de conflito e, no fim, elaboração de um acordo escrito que todos assinam. • Entrega de material impresso sobre AVC, fatores de risco, estratégias de comunicação e tabela para registrar os pontos positivos, dificuldades e possíveis soluções, bem como o acordo assinado. • Reunião com os familiares para discutir os materiais impressos e o registro feito na tabela.
		Meta 4: Trabalhar o autocontrole com o paciente.	• Uso dos cartões amarelo e vermelho (semelhante aos de árbitro de futebol). • Treino do registro de frequência do sucesso do autocontrole. • Trabalho na atividade em que foi difícil continuar.
		Meta 5: Identificar atividades que o paciente possa realizar diariamente.	• Solicitação à esposa e aos filhos para anotar as atividades que o paciente poderia realizar.

Fonte: Luna e Covre (2015).

sessão, não necessariamente fará o paciente utilizar esses recursos em outras situações fora do *setting* terapêutico. Dessa forma, planejar a generalização é parte importante

QUADRO 18.5 • Exemplo de estratégias de intervenção delineadas a partir de um problema real

Dificuldades/Problemas	Hipóteses que explicam o problema	Metas	Estratégias de intervenção
Esquece os compromissos. Não sabe onde deixa seus pertences.	• Alteração de memória pós-AVC. • Alteração de função executiva pós-AVC.	Meta 1: Paciente entender melhor a memória e os tipos de memória.	• Psicoeducação: aula sobre memória.
		Meta 2: Identificar um local na casa que possa ser definido para deixar seus pertences.	• Procura de um lugar na casa para deixar seus pertences. • Conversa com a esposa sobre sua escolha, para definir o local. • Informação aos filhos do local onde vai deixar seus pertences.
		Meta 3: Instituir o hábito de registrar os compromissos.	• Treinamento do uso de agenda ou calendário.

Fonte: Adaptado de Luna e Covre (2015).

do programa de intervenção (Wilson, 2011).

Deve-se ensinar e estimular o uso da estratégia aprendida em outros contextos de desempenho (outros locais, diante de outras pessoas). Os familiares devem ser ensinados a favorecer ou auxiliar o uso de um recurso específico, inclusive orientando o paciente na ausência do terapeuta. Sessões de *follow-up* e revisão são importantes para acompanhar e verificar se as estratégias estão sendo mantidas. A generalização deve ser abordada conscientemente; não se deve aguardar sua ocorrência de forma espontânea, sob o risco de restrição das possibilidades de ampliação do repertório de competências do paciente (Wilson, 2011).

CONSIDERAÇÕES FINAIS

Como visto, os déficits de memória são muito frequentes e podem acometer pessoas que apresentam alterações neurológicas e/ou psiquiátricas, progressivas ou estáveis, em diferentes faixas etárias. A repercussão funcional desse problema é grave, limitante, e provoca, no paciente e em seus familiares, sentimentos de menos-valia, ansiedade e frustração que, não raro, evoluem para o isolamento social.

Um programa de RN estruturado, sustentado por evidências científicas robustas e conduzido por uma equipe multidisciplinar experiente pode significar o resgate da condição produtiva e, em certos casos, da dignidade do indivíduo.

REFERÊNCIAS

Abrisqueta-Gomez, J. (2012). Fundamentos teóricos e modelos conceituais para a prática da reabilitação neuropsicológica interdisciplinar. In J. Abrisqueta-Gomez (Org.), *Reabilitação neuropsicológica: Abordagem interdisciplinar e modelos conceituais na prática clínica* (pp. 35-55). Porto Alegre: Artmed.

Adda, C. (2007). *Memória prospectiva e epilepsia temporal secundária à esclerose hipocampal* (Dissertação de Mestrado, Universidade de São Paulo, São Paulo).

Baddeley, A. D. (1992). Memory theory and memory therapy. In B. A. Wilson, & N. Moffat (Eds.), *Clinical management of memory problems* (2nd ed., pp. 1-31). London: Chapman & Hall.

Baddeley, A. D., & Hitch, G. J. (1974). Working memory. In G. H. Bower (Ed.), *The psychology of learning and motivation*. New York: Academic.

Basco, M. R., & Rush, A. J. (2005). *Cognitive-behavioral therapy for bipolar disorder*. New York: Guilford.

Benites, D., Gomes, W. B., Souza, L. K., & Gauer, G. (2010). Questionário de memória prospectiva e retrospectiva (PRMQ). In L. F. Malloy-Diniz, D. Fuentes, P. Mattos, & N. Abreu (Orgs.), *Avaliação neuropsicológica* (pp. 390-396). Porto Alegre: Artmed.

Bennett, T. L., & Raymond, M. J. (2007). The neuropsychology of traumatic brain injury. In A. M. Horton, & D. Wedding (Eds.), *The neuropsychology handbook* (3rd ed., pp. 533-570). New York: Springer.

Ben-Yishay, Y., & Prigatano, G. P. (1990). Cognitive remediation. In M. Resenthal, E. R. Griffith, M. R. Bond, & J. D. Miller (Eds.), *Rehabilitation of the adult and child with traumatic brain injury* (2nd ed., pp. 393-409). Philadelphia: Davis.

Bottino, C. M. C., Carvalho, I. A. M., Alvarez, A. M. M. A., Avila, R., Zukauskas, P. R., Bustamante, S. E. Z., ... Camargo, C. H. P. (2002). Reabilitação cognitiva em pacientes com doença de Alzheimer. *Arquivos em Neuro-Psiquiatria, 60*(1), 70-79.

Brandimonte, M. A., & Ferrante, D. (2008). The social side of prospective memory. In M. Kliegel, M. A. McDaniel, & G. O. Einstein (Eds.), *Prospective memory: Cognitive, neuroscience, developmental and applied perspectives* (pp. 347-362). New York: Lawrence Erlbaum.

Brock, R. S., & Cerqueira Dias, P. S. S. (2008). *Trauma de crânio*. Recuperado de http://www.medicinanet.com.br/conteudos/revisoes/1175/trauma_de_cranio.htm

Burlá, C., Camarano, A. A., Kanso, S., Fernandes, D., & Nunes, R. (2013). Panorama prospectivo das demências no Brasil: Um enfoque demográfico. *Ciência & Saúde Coletiva, 18*(10), 2949-2956.

Catania, A. C. (1999). *Aprendizagem: Comportamento, linguagem e cognição* (4. ed.). Porto Alegre: Artmed.

Christo, P. P. (2010). Alterações cognitivas na infecção pelo HIV e AIDS. *Revista da Associação Médica Brasileira, 56*(2), 242-247.

Clausen, K. (2006). *Identifying preferences and creating motivation to learn for children with autism spectrum disorders*. Carbondale: Center for Autism Spectrum Disorders.

Colom, F., & Vieta, E. (2004). Melhorando o desfecho do transtorno bipolar usando estratégias não farmacológicas: O papel da psicoeducação. *Revista Brasileira de Psiquiatria, 26*(3), 47-50.

Comer, S. K. (2005). Patient care simulations: Role playing to enhance clinical understanding. *Nursing Education Perspectives, 26*(6), 357-361.

D'Almeida, A., Pinna, D., Martins, F., Siebra, G., & Moura, I. (2004). Reabilitação cognitiva de pacientes com lesão cerebral adquirida. *Revista CienteFico, 4*(1), 1-4.

Einstein, G. O., McDaniel, M., Thomas, R., Mayfield, S., Shank, H., Morrisette, N., & Breneiser, J. (2005). Multiple processes in prospective memory retrieval: Factors determining monitoring versus spontaneous retrieval. *Journal of Experimental Psychology, 134*(3), 327-342.

Ellis, J., Kvavilshvili, L., & Milne, A. (1999). Experimental test of prospective remembering: The influence of cue-event frequency on performance. *British Journal of Psychology, 90*(Pt 1), 9-23.

Florenzano, F. (1990). *Orientação para a realidade em psicogeriatria*. São Paulo: Santos.

Fraser, M. (1992). Memory clinics and memory training. In T. Arie (Ed.), *Recent advances in psychogeriatrics* (pp. 105-115). London: Churchill Livingstone.

Gauggel, S., & Fischer, S. (2001). The effect of goal setting on motor performance and motor learning in brain-damaged patients. *Neuropsychological Rehabilitation, 11*(1), 33-44.

Gazzaniga, M. S., Irvy, R. B., & Mangun, G. R. (2006). *Neurociência cognitiva: A biologia da mente* (2. ed.). Porto Alegre: Artmed.

Gindri, G., Frison, T. B., Oliveira, C. R., Zimmermann, N., Netto, T. M., Landeira-Fernandez, J., Fonseca, R. P. (2012). Métodos em reabilitação neuropsicologia. In J. Landeira-Fernandez, & S. Fukusima (Orgs.), *Métodos em neurociências* (pp. 343-375). São Paulo: Manole.

Hellgren, L., Samuelsson, K., Lundqvist, A., & Börsbo, B. (2015). Computerized training of working memory for patients with acquired brain injury. *Open Journal of Therapy and Rehabilitation, 3*(2), 46-55.

Jorm, A. F., Korten, A. E., & Henderson, A. S. (1987). The prevalence of dementia: A quantitative integration of the literature. *Acta Psychiatrica Scandinavica, 76*(5), 465-479.

Kandel, E. R., Kupfermann, I., & Iversen, S. (2003). Aprendizagem e memória. In E. R. Kandel, J. H. Scwartz, & T. M. Jessel (Orgs.), *Princípios da neurociência* (4. ed.). São Paulo: Manole.

Lezak, M. D., Howieson, D. B., Loring, D. W., Hannay, H. J., & Fischer, J. S. (2004). *Neuropsychological assessment* (4th ed.). New York: Oxford University.

Lucena, E. M. F., Morais, J. D., Batista, H. R. L., Mendes, L. M., Silva, K. S. Q. R., Neves, R. d. F., & Brito, G. E. G. (2011). A funcionalidade de usuários acometidos por AVE em conformidade com a acessibilidade à reabilitação. *Acta Fisiátrica, 18*(3), 112-118.

Luna, V. T., & Covre, P. (2015). *Importância da auto percepção do impacto da lesão cerebral na vida para o estabelecimento de metas: técnica construtos pessoais* (Trabalho de Conclusão de Curso de Especialização em Reabilitação Cognitiva, Universidade Cambury, Goiânia).

McLellan, D. L. (1991). Functional recovery and the principles of disability medicine. In M. Swash, & J. Oxbury (Eds.), *Clinical neurology* (pp. 768-790). London: Churchill Livingstone.

McMillan, T., & Sparks, C. (1999). Goal planning and neurorehabilitation: The Wolfson neurorehabilitation center approach. *Neuropsychological Rehabilitation, 9*(3), 241-251.

Nair, R. D., & Lincoln, N. B. (2007). Cognitive rehabilitation for memory deficits following stroke. *Cochrane Database of Systematic Reviews*, (3), CD002293.

Nery, M., & Caixeta, L. (2014). Aspectos cognitivos e comportamentais do traumatismo craniano. In L. Caixeta (Org.), *Tratado de neuropsiquiatria: Neurologia cognitiva e do comportamento e neuropsicologia* (pp. 509-521). São Paulo: Atheneu.

Nocentini, U., Pasqualetti, P., Bonavita, S., Buccafusca, M., Caro, M. F., Farina, D., ... Caltagirone, C. (2006). Cognitive dysfunction in patients with relapsing-remitting multiple sclerosis. *Multiple Sclerosis Journal, 12*(1), 77-87.

Organización Mundial de la Saúde (OMS). (2015). *Demência. Nota descriptiva nº 362.* Recuperado de http://www.who.int/mediacentre/factsheets/fs362/es/

Piras, F., Borella, E., Incoccia, C., & Carlesmio, G. A. (2011). Evidence-based pratice recommendations for memory rehabilitation. *European Journal of Physical and Rehabilitation Medicine, 47*(1), 149-175.

Pontes, L. M. M., & Hübner, M. M. C. (2008). A reabilitação neuropsicológica sob a ótica da psicologia comportamental. *Revista de Psiquiatria Clínica, 35*(1), 6-12.

Ruy, E. L., & Rosa, M. I. (2011). Perfil epidemiológico de pacientes com traumatismo crânio enfecálico. *Arquivos Catarinenses de Medicina, 40*(3), 17-20.

Shumway-Cook, A., & Woollacott, M. H. (2003). *Controle motor: Teoria e aplicações práticas* (2. ed.). São Paulo: Manole.

Sohlberg, M. M., & Mateer, C. A. (2008). *Reabilitação cognitiva: Uma abordagem neuropsicológica.* São Paulo: Santos.

Squire, L. R., & Kandel, E. R. (2002). *Memória: da mente às moléculas.* Porto: Porto.

Stevens, M. C., Gaynor, A., Bessette, K. L., & Pearlson, G. D. (2015). A preliminary study of the effects of working memory training on brain function. *Brain Imaging and Behavior.* Epub ahead of print.

Van-Hulle, A., & Hux, K. (2006). Improvement patterns among survivors of brain injury: Three case examples documenting the effectiveness of memory compensation strategies. *Brain Injury, 20*(1), 101-109.

Wilson, B. A. (2011). *Reabilitação da memória: integrando teoria e prática.* Porto Alegre: Artmed.

Wilson, B. A. (2012). Centro Oliver Zangwill de reabilitação neuropsicológica: história, filosofia e prática atual. In J. Abrisqueta-Gomez (Org.), *Reabilitação neuropsicológica: Abordagem interdisciplinar e modelos conceituais na prática clinica* (pp. 307-318). Porto Alegre: Artmed.

Wilson, B. A., & Gracey, F. (2009). Towards a comprehensive model of neuropsychological rehabilitation. In B. A. Wilson, F. Gracey, J. J. Evans, & A. Bateman (Eds.), *Neuropsychological rehabilitation: Theory, models, therapy and outcome* (Vol. 1, pp. 1-21). New York: Cambridge University.

Wilson, B. A., Evans, J. J., & Gracey, F. (2009). Goal setting as a way of planning and evaluating neuropsychological rehabilitation. In B. A. Wilson, F. Gracey, J. J. Evans, & A. Bateman (Eds.), *Neuropsychological rehabilitation: Theory, models, therapy and outcome* (Vol. 1, pp. 37-46). New York: Cambridge University.

Yassuda, M. S., Lasca, V. B., & Neri, A. L. (2005). Meta-memória e autoeficácia de instrumentos de pesquisa. *Psicologia: Reflexão e Crítica, 18*(1), 78-90.

Funções executivas na sala de aula

DANIEL FUENTES
LUCIANE LUNARDI

As funções executivas podem ser consideradas um conjunto de processos cognitivos que, de forma integrada, permitem ao indivíduo direcionar comportamentos a metas, avaliar a eficiência e a adequação desses comportamentos, abandonar estratégias ineficazes em prol de outras mais eficientes e, desse modo, resolver problemas imediatos, de médio e de longo prazo (Malloy-Diniz, de Paula, Sedó, Fuentes, & Leite, 2014).

Participam desse processo diferentes habilidades cognitivas, como atenção seletiva, integração e manipulação de informações relevantes na memória de trabalho, controle de impulsos, planejamento, intenção, efetivação das ações, flexibilidade cognitiva e comportamental e monitoramento das atitudes (Diamond, 2013). A atuação integrada desses processos fornece subsídios para soluções de novos problemas na medida em que permite ao sujeito atuar desde na formulação de um plano de ação até no ajuste de tal comportamento, tornando-o adaptativo às nuances de contexto, o que permite a conquista de determinado objetivo (Cypel, 2006).

O desenvolvimento das funções executivas é um importante marco adaptativo na espécie humana, estando relacionado a componentes universais de sua natureza (Barkley, 2001). Em termos ontogenéticos, as funções executivas atingem sua maturidade mais tarde em comparação às demais funções cognitivas. As funções executivas desenvolvem-se desde o primeiro ano de vida até o início da vida adulta, com maior intensidade entre 6 e 8 anos de idade (Diamond, 2013). Após sua maturação no fim da adolescência, passam por um período de relativa estabilidade durante a vida adulta, tendendo a diminuir sua eficiência de forma natural ao longo do processo de envelhecimento. O desenvolvimento inicial das funções executivas é de grande importância para a adaptação social, ocupacional e mesmo para a saúde mental em etapas posteriores da vida (Malloy-Diniz et al., 2014).

Até recentemente, o estudo das funções executivas era dominado, predominantemente, por médicos e neuropsicólogos, que enfatizavam a importância do córtex pré-frontal no controle de processos e comportamentos afetados por essa área do cérebro. Entretanto, a despeito das associações entre o córtex pré-frontal e as funções cognitivas complexas, atualmente, é mais correto classificar tais funções como resultantes da atividade distribuída entre diferentes regiões e circuitos neuronais. Admite-se que existam pelo menos três circuitos neuronais distintos em diferentes regiões do córtex pré-frontal: dorsolateral, medial e orbitofrontal. A região dorsolateral está relacionada ao planejamento do comportamento e à flexibilização das ações em andamento; já a região medial se relaciona às atividades de automonitoramento, de correção dos erros e de atenção; e, por último, a região orbitofrontal é responsável pela avaliação dos riscos envolvidos em determinadas ações e também por inibir respostas inapropriadas.

Ao longo dos últimos anos, educadores começaram a reconhecer a importância das funções executivas no ambiente escolar. Sabemos que, na visão do educador, o aprendizado é um processo contínuo e sequencial do desenvolvimento, cuja característica principal é a aquisição de informações – desde as mais elementares até as mais complexas. Na maioria das vezes, as atividades escolares são focadas na memorização, no raciocínio lógico e na expectativa ou crença de que o estudante comum desenvolverá por conta própria a capacidade de planejar seu tempo, priorizar informações, monitorar seu progresso e refletir sobre seu trabalho. Entretanto, sabemos que isso frequentemente não acontece, sobretudo nas condições do mundo moderno, em que crianças e adolescentes não são expostos a estratégias que privilegiem o desenvolvimento de funções executivas, tornando-se necessário o ensino de estratégias que os ajudem em uma real aprendizagem.

Começando nas primeiras séries, os estudantes já são obrigados a organizar e integrar a informação de maneira ágil, além de assumir mais responsabilidade por sua própria aprendizagem. Muitas vezes, os educadores solicitam aos alunos longos trabalhos de leitura e escrita, além de tarefas que requerem organização simultânea e integração de múltiplas habilidades que dependem fortemente das funções executivas.

Diante dessa necessidade, torna-se cada vez mais importante aos educadores o ensino de estratégias que abordem os processos das funções executivas de forma sistemática, a fim de ajudar os alunos na compreensão de como eles pensam e aprendem. Embora não haja consenso de quais são as melhores práticas para o desenvolvimento de tais estratégias, sabe-se que a melhor maneira de ensiná-las é incorporando-as ao currículo de forma estruturada e sistemática, explicando como, quando e por que utilizá-las.

O objetivo deste capítulo é compartilhar aspectos relevantes que favorecem o uso estratégias no desenvolvimento das funções executivas dentro da sala de aula. Para isso, escolhemos cinco habilidades importantes que foram discutidas no trabalho de Meltzer (2010):

- definir metas, planejar e priorizar
- organizar
- reter e manipular informações na memória de trabalho
- mudar de forma flexível
- realizar automonitoramento e autochecagem

DEFINIR METAS, PLANEJAR E PRIORIZAR

Definir metas refere-se à capacidade do aluno para identificar um objetivo para suas ações com base no conhecimento de suas forças e fraquezas e em uma visão clara do resultado final desejado.

A fim de estabelecer metas eficazes, razoáveis e objetivas para guiar sua aprendizagem, os alunos precisam compreender seus perfis de aprendizagem e o contexto de uma tarefa e imaginar seu ponto final, valorizando-a.

O autoconhecimento (entendimento do motivo pelo qual se está pensando ou fazendo algo) e a autocompreensão (entendimento de suas próprias emoções) são processos metacognitivos fundamentais para a definição de metas. Muitos alunos com dificuldades de aprendizagem e de atenção demonstram dificuldades de autoconhecimento e de utilização de estratégias para promover essa aprendizagem.

Compreender o contexto, bem como a capacidade de ver o todo, são fatores relevantes que ajudam os alunos a estabelecer e planejar metas. Quando estão focados apenas em seguir de uma etapa para outra, muitas vezes, os alunos não pensam no objetivo geral da tarefa.

Outra habilidade relacionada é a capacidade de prever a etapa final de um processo. Quando conseguem fazer isso, os alunos podem estabelecer um objetivo claro e bem definido que os ajude a concentrar seus esforços e organizar seus recursos cognitivos de maneira mais eficiente.

Para que os alunos se envolvam ativamente com uma tarefa, é importante que a valorizem. Assim, os educadores precisam propiciar a valorização, por parte dos alunos, das tarefas a que são convidados a participar. Desse modo, é preciso definir metas significativas e motivadoras.

Os alunos precisam de instruções focadas em metas específicas, desafiadoras e de curto prazo. É importante ter em mente que a execução de metas de curto prazo (i.e., que serão realizadas em um futuro próximo) é mais efetiva do que a de metas de longo prazo, pois fornece incentivos imediatos. Embora seja fundamental definir metas cada vez mais desafiadoras, a fim de que os estudantes evoluam, os educadores precisam tomar cuidado para que sejam compatíveis com a capacidade de cada aluno, bem como com sua tolerância ao estresse.

Planejar e priorizar são capacidades essenciais para o sucesso escolar e envolvem, principalmente, a administração do tempo. Para desenvolvê-las, são necessários: o conhecimento exato do prazo para a realização da tarefa, o conhecimento da própria tarefa, a priorização e o monitoramento do progresso.

Para o conhecimento da tarefa, a primeira etapa é dividir o projeto em pequenas partes, a fim de realizá-las passo a passo. Dividir uma tarefa em etapas menores e sequenciais aumenta muito a probabilidade de concluí-la, mesmo sendo uma tarefa desconhecida. Em seguida, é importante prever com precisão o tempo que será necessário para completar cada parte. A etapa seguinte talvez seja a mais importante: incorporar o monitoramento do progresso (*feedback*), o que serve para criar uma estimativa mais precisa do que está sendo feito, além de ser fundamental para melhorar as decisões futuras.

Para priorizar tarefas, o estudante deverá aprender a classificá-las em três diferentes categorias: obrigação, aspiração e negociação. Essa classificação deve ser feita a partir dos critérios: importância, tempo estimado para o desenvolvimento e papel que desempenhará em sua vida.

- *Obrigação* – são tarefas que têm prazo e cobrança externa para serem cumpridas (p. ex., lição de casa, trabalhos e compromissos). Para alguns alunos, atividades extracurriculares como futebol ou prática de violino também se enquadram nessa categoria.
- *Aspiração* – são tarefas agradáveis, interessantes e importantes, mas não obrigações, uma vez que não têm cobrança externa rígida. Essas atividades podem incluir tanto eventos sociais, como ir a uma festa, como eventos individuais, como assistir a um jogo pela televisão.
- *Negociação* – essas atividades não têm um horário ou prazo marcado para ocorrerem, tampouco estão sob pressão externa. Além disso, não são tão críticas como tarefas obrigatórias ou de aspiração. Consistem em atividades como, por exemplo, jogar *videogame* ou distrair-se nas redes sociais.

Os alunos podem contar com seu conhecimento do tempo e da tarefa para determinar a quantidade de tempo adequada para cada atividade. A tarefa obrigatória deve ser sempre realizada em primeiro lugar, seguida por tarefas da categoria aspiração. A fim de garantir a precisão do tempo, o processo de categorização de atividades deve envolver a atuação de várias pessoas, entre elas pais e educadores.

Monitorar o progresso talvez seja a habilidade mais importante sob a demanda da gestão do tempo. Estudantes que monitoram seu progresso devem se envolver em mais estratégias, como reorganizar horários, identificar comportamentos ineficientes, delegando ou excluindo-se de responsabilidades com base no desenvolvimento de suas ações. O aluno que tem bom conhecimento sobre tempo de trabalho, familiaridade com a tarefa em questão e capacidade para determinar a importância de concluir a atividade dentro do prazo deve ser capaz de se adaptar a imprevistos e reorganizar seus horários.

Entretanto, esse tipo de pensamento flexível pode ser o aspecto mais desafiador da gestão do tempo para muitos estudantes. Quando os alunos estão se sentindo estressados, deve ser dada uma oportunidade para identificar a situação que os esteja sobrecarregando. Os resultados negativos de uma programação exagerada incluem respostas emocionais, tais como frustração ou decepção, e respostas comportamentais, como exaustão, confusão e explosões de raiva.

Para amenizar situações de sobrecarga, os alunos devem ser orientados a identificar tarefas que podem ser delegadas e outras que podem ser postergadas ou simplesmente excluídas. Devem ser delegadas as tarefas que são necessárias, mas podem ser feitas por outrem, e postergadas ou excluídas somente aquelas que não fazem parte da categoria obrigação e não trarão problemas se negligenciadas.

Muitas vezes, é necessário oferecer oportunidades para os estudantes refletirem e reconhecerem quando estão sobrecarregados e identificarem as circunstâncias em que não têm um desempenho em seu melhor nível por causa da falta de tempo. A maioria dos educadores descobriu que há uma forte correlação entre o trabalho incompleto ou mal executado e a quantidade de tempo que o estudante disponibiliza para sua realização. Os alunos capazes de refletir sobre como suas estratégias para organizar e priorizar o tempo afetam seus resultados saem-se melhor no uso eficaz de estratégias de gestão de tempo. Se o aluno consegue identificar o comportamento organizacional específico que o levou a resultados ruins (p. ex., deixar o trabalho para a última hora), estará um passo mais perto de criar um plano mais eficiente para o futuro.

A junção de *mais organização* e *menos estresse* pode ser feita se combinarmos:

a. instrução de estratégias explícitas
b. planejamento e organização de atribuições
c. redução sistemática de apoio do educador

ORGANIZAR

A fim de organizar o material escolar, as informações e as ideias para uma maior independência no ambiente acadêmico, os alunos precisam adquirir as capacidades de: compreender a estrutura atual do ambiente de aprendizagem e interpretar as expectativas em relação às tarefas; ordenar e classificar as informações a partir do concreto para o nível conceitual; selecionar e utilizar estratégias de organização adequadas; e refletir sobre a eficácia dessas estratégias.

Para se tornarem organizadores bem-sucedidos na escola, os alunos devem, em primeiro lugar, conhecer como seu ambiente de aprendizagem está estruturado. A Teoria do Esquema sugere que os indivíduos processam situações complexas usando seus conhecimentos gerais previamente armazenados sobre situações semelhantes. Um esquema é uma estrutura de informação que é criada quando algo novo é aprendido, constituindo uma rede de fatos e percepções interligadas em que cada nova experiência relacionada se expande e se integra ao esquema original. Assim, quanto mais oportunidades explícitas houver para os alunos desenvolverem esquemas para a organização de sua aprendizagem, mais eles serão capazes de alocar recursos cognitivos necessários para que se envolvam nas lições apresentadas.

É muito importante que o estudante seja capaz de selecionar e classificar as informações de maneira concreta, conceitual e abstrata. Assim, como os alunos podem ter preferências por uma modalidade sensorial em detrimento de outra (p. ex., visual, auditiva ou tátil), também podem mostrar diferentes estilos de categorização. Entretanto, devem ser estimulados à flexibilidade entre o conceito geral e os detalhes relevantes das novas informações.

Sabe-se que o sucesso na área acadêmica muitas vezes está diretamente ligado a estratégias de estudo eficientes. No âmbito organizacional, os alunos devem ter uma variedade de estratégias a sua disposição e saber *onde*, *quando* e *como* usá-las. Os alunos devem desenvolver um repertório de estratégias de organização, aprendendo e praticando várias dessas estratégias. Aos poucos, eles passam a entender o que funciona melhor em relação aos seus estilos de aprendizagem e às suas forças e fraquezas individuais.

Não há uma estratégia organizacional única capaz de ser aplicada às múltiplas demandas que precisam ser gerenciadas diariamente. Além disso, atualmente, diversos alunos chegam às salas de aula com uma ampla variedade de habilidades intelectuais e físicas. Portanto, todos têm a oportunidade de aprender e praticar diferentes estratégias que promovam a capacidade de gerenciar a própria aprendizagem.

Os alunos precisam refletir sobre a eficácia das estratégias que escolheram. Ao fazer isso, precisam aprender a selecionar a estratégia adequada para as demandas de cada tarefa específica de seu repertório e saber como ajustar essas estratégias para torná-las úteis no futuro. Um jogador de golfe usa diferentes tacos durante uma única partida para se adaptar ao terreno, à distância do alvo (buraco) e à posição da bola; um *chef* dispõe de um conjunto de facas, cada uma apropriada para um tipo de alimento e necessidade de corte (picar, desossar, descascar, etc.), mas também há aquela que é sua preferida e mais usada. Da mesma forma, os alunos precisam selecionar estratégias de organização apropriadas a partir do conhecimento prévio, da compreensão da tarefa em questão e dos resultados possíveis ou esperados ("O que é provável que aconteça?"), considerando aquelas que sejam mais adequadas a seus estilos de aprendizagem.

RETER E MANIPULAR A INFORMAÇÃO

Modelos de ensino de estratégias para o desenvolvimento de funções executivas em sala de aula sugerem que os educadores realizem a sequência de instruções das estratégias de memória. Em primeiro lugar, é importante que os alunos compreendam cada estratégia, porque isso auxilia na memória e na aplicação. Eles devem, então, ser ensinados objetivamente a como usar a estratégia. A instrução objetiva e o modelo do educador são fundamentais. Por fim, os alunos devem ser convidados a usar uma estratégia específica para a tarefa e, então, refletir sobre como trabalharam. Tais estratégias são baseadas em quatro abordagens básicas: atenção aos detalhes; repetição, ensaio e revisão; dar um significado; e manipular as informações.

O papel da atenção é tão importante que alguns pesquisadores afirmam que, sem ela, não há praticamente nenhuma memória. O processo de focar a atenção é especialmente importante para uma memória de trabalho (*working memory*) eficiente. A capacidade do cérebro para fazer conexões, reter informações e recuperá-las é reforçada, principalmente, pela atenção. Se a informação não estiver marcada como importante ou relevante no cérebro, entrará na memória de curto prazo e, em seguida, será descartada antes que possa ser processada na memória de longo prazo. A capacidade de atenção faz informações, experiências ou processos *destacarem-se* no cérebro; esse é o primeiro e vital passo para separar informações relevantes a partir de outros estímulos sensoriais. O cérebro se beneficia de um sinal, seja externo, seja interno, para solicitar concentração quando algo importante está chegando. Podem ser usadas pistas verbais – tais como "Sua lição de casa para a noite é..." – ou pistas visuais – como cores ou letras diferentes, sinal de perigo, cenas animadas e imagens surpreendentes –, o que contribui para a capacidade de prestar atenção e, posteriormente, de memorização.

Sustentar a atenção necessária para o processamento da informação em sala de aula ou durante o tempo de estudo é difícil para muitos estudantes. Ela pode ser facilmente desviada por fatores externos, atividades ou ruídos nas imediações. Distrações internas podem ser igualmente prejudiciais para sua sustentação. Estudantes que estão preocupados com a antecipação de um evento futuro ou o desfecho de um evento passado tendem a ter dificuldades para se lembrar das informações. Todos os alunos, e em especial aqueles com dificuldades de aprendizagem, se beneficiariam com o desenvolvimento de uma consciência mais ampla do papel que a atenção desempenha na memória e com a aprendizagem de estratégias de função executiva para melhorar sua capacidade de gerenciar e manter foco na tarefa.

As três estratégias importantes para a memória são repetição, ensaio e revisão. Para fixar uma pequena quantidade de informações úteis na memória, é necessário repetir, ensaiar e analisar as informações. O ensaio verbal de informações pode fornecer um estímulo auditivo, quando os alunos ouvem eles próprios repetirem a informação. Copiar a matéria também pode ser útil. Os efeitos combinados do foco visual da leitura e do exercício motor da escrita (ambas de modalidades visuais e cinestésicas) são acionados, o que torna o ensaio mais eficaz. Também podem ser enfatizados caminhos visuais; por exemplo, os alunos podem desenvolver imagens visuais enquanto leem textos ou romances. A transferência de impressão para palavras e de palavras para imagens exige que sejam criadas e ensaiadas conexões cognitivas, o que, portanto, melhora a memória e a compreensão. Os estudantes serão beneficiados com o conhecimento das modalidades de ensaio mais eficazes para eles (visual, auditiva, cinestésica e/ou tátil) e pelo desenvolvimento de estratégias que se apoiem em seus pontos fortes.

Dar significado à nova informação é uma ferramenta poderosa da memória. A base para o conhecimento é importante para o aprendizado: proporciona associações cognitivas que tornam mais fácil incorporar, compreender e recuperar a informação nova. Muitas vezes, compreender e lembrar novas informações são, portanto, ações facilitadas pela comparação com algo familiar e conhecido. Por exemplo, para descrever uma paisagem incomum, é possível compará-la a uma paisagem ou imagem conhecida. Em geral, a base de conhecimento de um aluno é o alicerce que o ajudará a resolver problemas difíceis, ou seja, compreender, avaliar, comparar, analisar e pensar de forma abstrata sobre novas informações.

Pode-se dar significado adicional às informações que os alunos precisam aprender, ao se criar associações intencionais ao conhecimento prévio do aluno ou ao usar associações verbais e visuais, como acrônimos, acrósticos ou rimas, para torná-las significativas. Cronogramas, mapas de informação e gráficos também ajudam a organizar informações e criar associações. Anexar significado à informação por meio dessas estratégias cria um sistema mais complexo de conexões ou caminhos cognitivos, o que melhora a capacidade do cérebro para localizar e recuperar informações da memória de longo prazo, quando necessário.

Agrupar informações ou combinar ideias e itens em menos unidades pode ajudar a armazenar e recuperar informações com mais facilidade. Esses agrupamentos podem ser verbais ou visuais, baseados em blocos sequenciais de informações ou em uma variedade de grupos categoriais. Na escola, a tabuada pode ser mais fácil de lembrar pelo agrupamento dos números em padrões e categorias de acordo com seus produtos. Juntar e agrupar informações são estratégias muito eficazes de memória, tornando possível lembrar mais informações.

FLEXIBILIZAR E MUDAR A MENTALIDADE

A sala de aula deve proporcionar oportunidades para que os alunos usem os conhecimentos adquiridos de forma flexível. Do mesmo modo, a flexibilidade cognitiva dos alunos melhora quando eles têm a oportunidade de resolver problemas a partir de uma variedade de diferentes perspectivas. Portanto, é importante incorporar estratégias para o ensino de flexibilidade cognitiva em diferentes áreas do currículo e criar salas de aula e culturas escolares em que os alunos utilizem estratégias que incentivam o pensamento flexível em todos os graus e áreas de conteúdo ensinado.

Em sala de aula, a flexibilidade cognitiva é subjacente a um bom ensino, bem como à aprendizagem bem-sucedida. Como diz Massey (2008), "... instrução flexível não significa qualquer coisa serve". Em vez disso, tal instrução fornece modelos explícitos de um repertório de estratégias específicas, assim como explicações de como e quando usar essas estratégias.

Uma ampla variedade de métodos de instrução pode ser utilizada para promover o pensamento flexível entre os domínios de conteúdo. A instrução pode focar explicitamente na resolução de problemas e no pensamento crítico e um pensamento flexível sobre como as soluções propostas poderiam levar a diferentes resultados em diferentes circunstâncias. Além disso, pode incentivar uma discussão sobre aprendizagem colaborativa, a fim de expor os estudantes a pontos de vista diferentes. Enquanto trabalham, os alunos podem ser desafiados a abordar os problemas sob os pontos de vista de seus colegas, que podem variar significativamente dos seus. Uma abordagem integrada para a aprendizagem incentiva conexões entre diferentes áreas de conhecimento e desafia a pensar de forma flexível sobre os temas.

As seguintes instruções podem ser usadas como uma estrutura organizacional para a incorporação de estratégias de mudança no currículo:

1. Introduzir e definir o conceito de mudança de estratégias.
2. Apresentar o modelo de mudança de estratégias e explicar o que é, quando e como usá-lo.
3. Fornecer oportunidades para a aprendizagem do aluno ativo.
4. Reforçar a mudança de estratégias, incorporando oportunidades para isso em sala de aula.
5. Refletir sobre o uso de estratégias específicas dos alunos.
6. Desafiar os alunos a ampliar o uso estratégias flexíveis para outras áreas e tarefas acadêmicas.

Para ajudar no desenvolvimento de uma consciência metacognitiva e no entendimento de como a mudança flexível em interpretação de linguagem e abordagens de leitura, escrita e matemática, uma das atividades mais fáceis e agradáveis que pode ser implementada são os *5 minutos de aquecimento* no início das aulas. Essas atividades incentivam os alunos a reconhecer que, muitas vezes, diferentes respostas podem ser geradas para a mesma pergunta.

O uso piadas para ensinar pensamento flexível para os alunos de séries iniciais tem sido bastante útil. Além disso, atividades de categorização de palavras e quebra-cabeças numéricos podem ajudar na prática de abordagens flexíveis para a interpretação da linguagem e a manipulação de números.

Piadas e charadas ajudam no reconhecimento de que ambiguidades na língua afetam o significado e de que procurar por pistas no contexto é uma estratégia de leitura importante para melhorar a compreensão. Frases ambíguas, charadas e palavras com significados diferentes podem estar presentes de forma divertida para ensinar a flexibilizar entre significados, usando-se pistas de contexto, passando-se de substantivo para verbo e mudando-se sílabas das palavras. Os alunos podem, portanto, colaborar com os colegas para ilustrar ou explicar verbalmente enigmas ou piadas selecionadas. Eles também podem trabalhar com seus pares para analisar a estrutura das frases e identificar pronomes, adjetivos e localizações de vírgulas ou hifens que mudam os significados de palavras e frases. Discutir esses diferentes significados, muitas vezes, ajuda-os a reconhecer a importância de se pensar de forma flexível ao completar a lição de casa ou estudar para provas. Atividades como essas proporcionam oportunidades para incorporar o ensino de flexibilidade cognitiva na sala de aula e em casa, por meio do uso de tarefas agradáveis e inerentemente motivadoras. Essas atividades devem estar ligadas de forma explícita e direta às tarefas de compreensão e leitura. Portanto, os educadores podem apresentar tarefas de leitura que exijam o reconhecimento de mudanças no significado de sentenças com base no uso de palavras selecionadas como substantivos ou verbos. Os alunos podem ser obrigados a discutir essas mudanças de forma explícita e, dessa forma, usar uma atividade atraente para construir sua consciência metacognitiva e de metalinguística.

É importante reconhecer que, muitas vezes, os alunos mostram uma variabilidade acentuada na sua flexibilidade cognitiva, podendo ser flexíveis em algumas tarefas, mas não em outras. Por exemplo, alguns podem ser flexíveis em tarefas estruturadas de raciocínio verbal ou não verbal, mas podem ser inflexíveis em situações acadêmicas que exigem o uso integrado de ampla gama de habilidades e estratégias. Da mesma forma, podem usar ativamente estratégias de aprendizagem em tarefas com as quais estão familiarizados, mas não ter acesso a estratégias em outras tarefas que percebem como muito difíceis ou que exigem a mobilização de vários processos e estratégias simultâneas. Os alunos também podem confiar indevidamente em estratégias que antes eram úteis, mas que não são suficientes para lidar com a crescente complexidade das novas tarefas. Os educadores, por sua vez, podem avaliar constantemente a motivação dos alunos, o esforço, o uso da estratégia e a compreensão dos seus próprios perfis de aprendizagem. A motivação e os processos emocionais influenciam a vontade de realizar esforço extra, o que é necessário para usar estratégias de pensar e aprender de forma flexível. De fato, as mentalidades motivacionais dos alunos com frequência servem como *interruptores* para o uso e a aprendizagem de estratégias eficazes.

AUTOMONITORAMENTO E AUTOCHECAGEM

As abordagens de automonitoramento mais eficazes envolvem a autoavaliação e autorrecordação. Os alunos precisam conhecer as expectativas para aquela tarefa, bem como os critérios e padrões pelos quais serão avaliados, para que possam comparar seus desempenhos com tais padrões e gravar seus progressos pessoais em uma lista de checagem ou gráfico. Além disso, precisam aprender que tipos de erros cometeram para verificar se há como reconhecer os mais comuns e revisar seu trabalho para ser bem-sucedido. Por exemplo, quando completarem os cálculos de matemática, os alunos com problemas de atenção, que frequentemente são rápidos demais e cometem erros impulsivos, podem diminuir esses erros destacando as operações em cada problema e usando um método diferente para verificar os cálculos. Para dificuldades com as palavras, podem gravar o número de erros que cometeram em uma lista de verificação diária e fazer um gráfico com seus erros a cada dia. Essa autoavaliação ajuda-os a monitorar visualmente seu desempenho, observando a frequência de seus erros, e a assumir o controle sobre o processo de aprendizagem.

O ensino sistemático de estratégias de automonitoramento aos estudantes com dificuldades de aprendizagem pode melhorar seu desempenho de forma significativa. Ambientes de sala de aula estruturados e abordagens sistemáticas de estratégias de ensino podem aumentar a disposição para mudar abordagens e se esforçar para usar estratégias de autoverificação.

O ensino explícito, estruturado e sistemático é fundamental para melhorar a compreensão dos estudantes sobre seus perfis de aprendizagem e aumentar sua vontade de ir mais devagar e dispor do tempo necessário para cumprir as exigências da tarefa e de sua própria produção. Por exemplo, quando recebem um problema matemático, os alunos se beneficiam de uma rotina de instrução abrangente. Essa rotina os ensina a ler e compreender o problema, parafrasear, colocá-lo em suas próprias palavras, visualizá-lo, traçar uma imagem ou fazer uma imagem mental, definir um plano para resolvê-lo, estimar a resposta, calcular e checar a solução. Os alunos também precisam ser ensinados sobre as estratégias de autorregulação necessárias para a resolução efetiva de problemas de matemática, o que inclui dar instruções, questionar sobre como seguir os passos de resolução e monitorar seu desempenho.

Frequentemente, os estudantes se sentem oprimidos pelo enorme volume de informações que são obrigados a aprender e pelas muitas habilidades de que necessitam para coordenar simultaneamente as informações. Como resultado, têm dificuldade para mudar para uma atitude de automonitoramento e não param para visualizar possíveis erros e rever seu trabalho. Os educadores podem continuamente ajudá-los a priorizar, organizar e reorganizar informações complexas, de modo que as estratégias de função executiva dos estudantes podem manter o *funil desobstruído*, e eles podem obter o grande volume de informação que flui através dele. Também é possível ajudar os alunos a visualizar as mudanças que precisam fazer entre as principais ideias e detalhes usando analogias. É importante ensinar uma série de abordagens de automonitoramento e autocorreção sistemáticas, além de oferecer um tempo diário para que eles implementem e avaliem essas estratégias.

CONSIDERAÇÕES FINAIS

As funções executivas têm um papel cada vez mais determinante nos processos de aprendizagem. Habilidades como seleção, organização, elaboração, retenção e transformação da informação relevante são requisitadas a todo momento diante do conteúdo escolar. As funções executivas estão presentes mesmo nos níveis escolares mais iniciais. Portanto, compreender essas capacidades, bem como a necessidade de se trabalhar com estratégias para favorecê-las, mostra-se cada vez mais necessário para o aluno do século XXI.

REFERÊNCIAS

Barkley, R.A. (2001). The executive functions and self-regulation: An evolutionary neuropsychological perspective. *Neuropsychology Review, 11*(1), 1-29.

Cypel, S. (2006). O papel das funções executivas nos transtornos de aprendizagem. In N. T. Rotta, L. Ohlweiler, & R. S. Riesgo (Orgs.), *Transtorno de aprendizagem* (pp. 375-387). Porto Alegre: Artmed.

Diamond, A. (2013). Executive functions. *Annual Review of Psychology, 64*, 135-168.

Malloy-Diniz, L. F., de Paula, J. J., Sedó, M., Fuentes, D., & Leite, W. B. (2014). Neuropsicologia das funções executivas e da atenção. In D. Fuentes, L. F. Malloy-Diniz, C. H. P. Camargo, & R. M. Cosenza (Orgs), *Neuropsicologia: Teoria e prática* (2. ed., pp. 115-138). Porto Alegre: Artmed.

Massey, D. (2008). Teaching flexibility? Possibilities and challenges. In K. B. Cartwright (Ed.), *Literacy process: Cognitive flexibility in learning and teaching* (pp. 300-320). New York: Guildford.

Meltzer, L. (2010). *Promoting executive function in the classroom*. New York: Guildford.

Reabilitação da discalculia e da dislexia

FLÁVIA HELOÍSA DOS SANTOS
JÉSSICA MENDES DO NASCIMENTO

Este capítulo apresenta três módulos. O primeiro módulo conceitua e situa a reabilitação na perspectiva da saúde e apresenta, de forma sucinta, a reabilitação neuropsicológica pediátrica, com ênfase na reabilitação cognitiva. O segundo módulo discute critérios metodológicos para a avaliação de programas de reabilitação e apresenta os principais achados de revisões narrativas e sistemáticas relativos à reabilitação neuropsicológica da dislexia e da discalculia. No último módulo, discutem-se outros fatores proeminentes para a compreensão da efetividade dos programas de reabilitação voltados para transtornos específicos de aprendizagem (TEA). São apresentados, também, quadros nos quais os critérios gerais para diagnóstico e definição de subtipos de discalculia e dislexia são brevemente expostos. A intenção dessa estrutura não é esgotar nenhum desses tópicos, mas salientar questões relevantes e atuais sobre o tema que devem ser consideradas pelos profissionais em sua prática clínica.

REABILITAÇÃO

De acordo com a Organização Mundial da Saúde (OMS), a reabilitação constitui um conjunto de medidas proativas para o alcance e a manutenção de um nível de funcionamento favorável à interação de pessoas vulneráveis a deficiências, ou que já as apresentam, com seu ambiente e objetiva que essas pessoas possam retornar às suas casas e a sua comunidade, bem como viver de forma independente e participativa nos contextos educacionais, laborais e civis (Organização Mundial da Saúde [OMS], 2011).

No âmbito da saúde pública, a reabilitação constitui uma medida de "prevenção terciária", isto é, em vez de promover saúde (primária) ou de controlar a progressão de doenças (secundária), atuaria com o claro objetivo de minimizar o impacto de determinada condição clínica já estabelecida, por exemplo, em resposta às sequelas de determinado transtorno neurológico (World Health Organization [WHO], 1995).

Um marco no contexto da reabilitação foi a criação da *Classificação internacional de funcionalidade, incapacidade e saúde* (CIF), que, em detrimento da visão tradicional, cuja ênfase está nos prejuízos secundários às disfunções, tem o intuito de identificar aspectos relacionados com a saúde – centrados nos domínios (Organização Mundial da Saúde [OMS], Organização Pan-americana de Saúde [OPAS], 2003):

a. funções (fisiológicas e psicológicas) e estruturas corporais
b. atividades e participação, que podem ser promotores de adaptação e qualidade de vida em pessoas com deficiências

A reabilitação é conduzida primordialmente por profissionais da saúde em conjunto com especialistas em educação, emprego, bem-estar social e outros campos. Contudo, a reabilitação baseada na comunidade[1] envolve, ainda, familiares, amigos e grupos comunitários (WHO, 1995). Portanto, o caráter interdisciplinar é inerente às práticas de reabilitação, sendo fundamental a colaboração entre os profissionais, familiares, a comunidade, bem como a conscientização do paciente e dos que o rodeiam acerca de seus potenciais e formas para enfrentamento de suas limitações (Santos, 2004, 2006).

As medidas de reabilitação englobam três categorias (OMS, 2011):

1. **medicina de reabilitação** para diagnóstico e tratamento de condições de saúde inerentes às deficiências: inclui várias especialidades médicas voltadas para a reabilitação, bem como as de outros profissionais da saúde, dedicados às terapias
2. **terapias** de distintas áreas, como psicologia, fisioterapia, fonoaudiologia, terapia ocupacional, etc.: visam ao restabelecimento e à compensação da perda de funcionalidade
3. **tecnologias assistivas**: recursos que ampliam a funcionalidade de pessoas com deficiências, como, por exemplo, próteses, implantes cocleares, sintetizadores de voz

Portanto, no contexto geral da reabilitação, a avaliação neuropsicológica se insere na primeira categoria, e a reabilitação neuropsicológica (RN), na segunda, pois engloba um conjunto de medidas em prol da funcionalidade, como psicoeducação, apoio psicológico e aconselhamento para o paciente, seus familiares e cuidadores; orientação quanto aos recursos e tecnologia assistiva apropriados ao caso e às necessárias modificações do ambiente residencial, escolar ou profissional; além de desenvolver, ainda, estratégias de compensação cognitiva para o paciente.

Reabilitação neuropsicológica pediátrica

No âmbito da RN, o **modelo holístico** (*therapeutic milieu*;[2] comunidade terapêutica) foi desenvolvido em 1974 por Yehuda Ben-Yishay, em Israel, com o apoio técnico de Leonard Diller e Howard Rusk, do Rusk Institute, de Nova York, para reabilitar déficits cognitivos e neurocomportamentais, assim como dificuldades interpessoais e sociointerativas decorrentes de traumatismos craniencefálicos (TCE), inicialmente em soldados sequelados em guerras (Ben-Yishay, 1996). O modelo holístico, a princípio considerado radical por preterir o ambiente hospitalar em favor de um centro comunitário e confinar pacientes e seus familiares em um programa intensivo de reabilitação, foi aos poucos sendo bem recebido no meio clínico, tornou-se a base dos atendimentos interdisciplinares dos ambulatórios e hospitais-dia e passou a ser aplicado, também, em outras condições neurológicas.

Em relação aos casos pediátricos, as abordagens holísticas surgiram como derivações dos programas de adultos e aos poucos foram se modificando para atender às peculiaridades intrínsecas ao sistema nervoso central em formação. Por esse motivo,

---

[1] Por exemplo, o projeto Learning in Natural Community Settings (LINCS), desenvolvido nos Estados Unidos.

[2] Este termo também foi empregado previamente, na década de 1940, pelo psicólogo austríaco-americano Bruno Bettelheim (1903-1990), da Universidade de Chicago, para referir-se ao tratamento de crianças emocionalmente perturbadas em ambiente institucional.

em certos casos, seria mais apropriado dizer "re-habilitação", pois algumas crianças sofreram lesões cerebrais em períodos que antecederam a aquisição de determinadas funções como a linguagem ou a deambulação, e outras podem apresentar imaturidade transitória decorrente de alterações mais sutis do sistema nervoso central, conhecidas como atraso no desenvolvimento neuropsicomotor. Portanto, essas crianças necessitam de estimulação precoce para "habilitação" de suas capacidades (Santos, 2004, 2006).

Fletcher-Janzen e Kade (1997) desenvolveram o modelo holístico para crianças internadas na fase pós-aguda, tendo como alvos:

a. engajamento no processo de reabilitação
b. consciência dos déficits
c. aprendizado das estratégias compensatórias
d. autocontrole
e. aceitação dos próprios déficits e habilidade para incorporar as mudanças necessárias em situações cotidianas
f. desenvolvimento de um senso de identidade ante suas atuais características

Em contraste, o estudo de Marcantuono e Prigatano (2008) descreve o modelo holístico para o atendimento ambulatorial de uma amostra infantojuvenil com TCE. Os atendimentos duravam cerca de 20 horas semanais, simulando uma sala de aula, sendo os pacientes referidos como "estudantes", separados em dois grupos etários: 6 a 12 e 13 a 21 anos, ou em função das condições clínicas. As classes consistiam em grupos de 9 participantes, tendo uma proporção de 3 ou 2:1 profissionais assessorando as "aulas". As atividades específicas foram descritas no manuscrito e estruturadas a partir de pressupostos de Vygotsky e Montessori para, de um lado, estimular uma aprendizagem progressiva e, de outro, coibir o medo de fracassar. O programa envolve, ainda, orientação aos pais, preparação para retorno à escola e planejamento da alta.

Na década de 1990, surgiram os **modelos integrados de avaliação e reabilitação** pediátrica, entre eles o Developmental Neuropsychological Remediation/Rehabilitation (DNRR),[3] de Byron Rourke, um marco no manejo dos déficits relacionados à alfabetização (para uma descrição sucinta, ver Santos [2006], que apresenta também um estudo de caso sobre a RN das dificuldades de leitura de uma menina). Mello (2015) revisa os estudos sobre tais modelos, que têm sido mais voltados para transtornos de aprendizagem, déficits atencionais e estimulação da autorregulação, e também apresenta as intervenções socioemocionais, como os programas Amigos do Zippy, Programa Baseado em Emoções (PBE) e Treino de Habilidades Sociais.

A **reabilitação cognitiva** (RC) é um dos cinco componentes da RN e pode ser restaurativa, compensatória ou metacognitiva, sendo sua atividade fulcral o **treino cognitivo**, ou seja, a estimulação de habilidades cognitivas como alerta, atenção, memória, com o intuito de remediar processos cognitivos disfuncionais independentemente da fase do desenvolvimento humano (Prigatano, 2000). Embora a RC possa ser desenvolvida em qualquer momento que demande estimulação de habilidades ou remediação de déficits, recomenda-se, particularmente nos casos pediátricos, que ocorra o mais cedo possível (Dowker,

---

[3] Professor Byron Rourke (1939-2012), premiado investigador canadense, da Universidade de Windsor, desenvolveu o modelo DNRR, dotado de sete passos estimulados por técnicas cognitivas e metacognitivas para remediação e reabilitação pediátrica dos TEA. Rourke foi também pioneiro no estudo do transtorno não verbal de aprendizagem (syndrome of nonverbal learning disabilities), hipotetizando que sua etiologia estaria relacionada a lesão axonal difusa.

2004), com o intuito de minimizar os efeitos das dificuldades de aprendizagem propriamente ditas e de prevenir complicações derivadas, como experiências de *bullying*, prejuízos à autoestima e, ainda, ansiedade à matemática (Kaufmann & von Aster, 2012).

Em recente revisão, Ribeiro e Santos (2015) referiram-se a três modalidades de treino cognitivo: baseados em estratégias (como a técnica de associação entre imagens visuais e informações específicas), em processos (p. ex., treino computadorizado de determinada habilidade cognitiva, como memória operacional ou velocidade de processamento) ou em intervenções de multidomínios (tal como o treino musical ou por jogos). As evidências sugerem que os treinos baseados em processos são aqueles com maior potencial para **transferência**, em contraste com as outras modalidades, embora a magnitude dos efeitos seja inconsistente entre os estudos, provavelmente devido a questões metodológicas. Contudo, é importante distinguir transferência **proximal**, isto é, medidas que avaliam a mesma habilidade cognitiva treinada – por exemplo, realizar um treino computadorizado de memória operacional e evidenciar melhora em testes de *span* de memória operacional –, de transferência **distal**, em que outras habilidades cognitivas, não treinadas, também exibem melhoras em decorrência do treino cognitivo (Karbach & Unger, 2014).

Ribeiro e Santos (2015) discutem que os ganhos cognitivos observados após a participação em treino computadorizado ou em treino musical são produzidos por mecanismos neuroplásticos e, com base nos estudos encontrados, sugerem que o treino cognitivo computadorizado tende a produzir transferências proximais, enquanto o treino musical é mais propenso a gerar transferências distais. Entretanto, em programas multidomínio, há dificuldade para identificar a contribuição de cada elemento do treino na generalização para as habilidades não treinadas. De qualquer forma, a comparação entre diferentes treinos cognitivos é extremamente difícil e imprecisa, devido a variabilidades entre o tipo, a intensidade, a duração e principalmente entre a metodologia dos programas (Karbach & Unger, 2014).

No caso da música, a reciprocidade entre os substratos neurais explica sua efetividade, pois a estimulação musical ativa circuitos frontoparietais homotópicos necessários para a memória operacional e também requeridos para a aritmética. Para ilustrar em termos clínicos, Santos, Ribeiro e Tonoli (2015) descrevem o estudo de caso do paciente J.V., com prejuízo restrito em cognição numérica – na ausência de comorbidades com outros transtornos ou de prejuízos em outras habilidades cognitivas –, assinalando as mudanças cognitivas observadas no decorrer de quatro avaliações neurocognitivas consecutivas realizadas entre o 3º e 4º ano escolares, comparando seu rendimento matemático pré e pós-treino musical. Os resultados revelaram aumento da capacidade da memória operacional, bem como da cognição numérica, com ganhos específicos em produção numérica (transferência distal); contudo, os resultados da quarta avaliação sugerem que a persistência dos ganhos depende de estimulação continuada.

COMO AVALIAR UM PROGRAMA DE RC?

Prigatano (2000) classifica os estudos sobre os efeitos da RC em três tipos:

1. avaliações clínicas retrospectivas
2. prospectivos de múltiplos casos individuais
3. ensaios randomizados controlados (*randomized controlled trial*; RCT)

Na primeira condição, não se pode traçar mais do que inferências sobre efetividade, e na segunda é possível identificar mudanças na comparação do pré-treino e pós-treino; contudo, elas geralmente são restritivas às transferências proximais. O RCT é considerado o desenho experimental mais bem estruturado para medir a eficácia de um tratamento no decorrer do tempo.

Martinez (2007) refere que um RCT tem como objetivo comparar um tratamento sob investigação (inovador) com um tratamento controle (tradicional), alocando os participantes em um dos grupos por meio de um processo aleatório que produz um duplo-cego (o investigador não tem conhecimento das condições clínicas dos participantes, se são controles ou pacientes, e estes não têm conhecimento da modalidade de tratamento, se tradicional ou inovador). O tratamento controle pode ser um placebo, um procedimento simulado, um tratamento convencional ou mesmo ausência de tratamento, dependendo do desenho do estudo. Essa metodologia permite testar a efetividade de determinado tratamento e, particularmente no caso, uma proposta de reabilitação, de forma mais rigorosa e científica. Com relação à RC, estudos de RCT têm evidenciado ganhos modestos em tarefas complexas (Prigatano, 2000), sobretudo quando se procura avaliar benefícios com base no desempenho de testes cognitivos. Por vezes, a falta de resultados favoráveis pode significar tão somente o uso de parâmetros de eficácia inadequados.

Alguns parâmetros importantes para identificar a eficácia e o custo-benefício de um programa holístico pediátrico são:

a. melhora clinicamente significativa de sua capacidade para obter e manter amizades
b. melhora do desempenho acadêmico e aumento de seu envolvimento nos interesses acadêmicos
c. redução dos níveis de estresse dos pais no cuidado da criança com o passar dos meses e anos de reabilitação
d. diminuição do estresse dos professores ao educar crianças que frequentam tais programas

Nem sempre esses critérios são descritos nos estudos, tornando-os frágeis do ponto de vista metodológico, ainda que sejam interessantes relatos de experiências profissionais. Na prática clínica, determinar parâmetros de eficácia é também uma forma de manter a criança, seus familiares e educadores motivados para o processo, pois também eles poderão observar a progressão, a partir de seu próprio referencial.

Esses parâmetros podem ser mensurados por ferramentas objetivas, como questionários de satisfação e de qualidade de vida, antes, durante o tratamento e após a alta, assim como pelo desempenho na avaliação neuropsicológica comparando os diferentes momentos do processo. Contudo, não basta avaliar o efeito direto das atividades desenvolvidas; é necessário comparar métodos e verificar quais produzem resultados efetivos em menos tempo, com mais baixos custos e efeitos duradouros, contrastando, por exemplo, o custo individual do processo de cada uma das terapias especializadas com o atendimento interdisciplinar do modelo holístico (Marcantuono & Prigatano, 2008).

Revisões narrativas e revisões sistemáticas

As **revisões narrativas** são elaboradas por especialistas com o intuito de qualitativamente resumir evidências sobre um tópico mais ou menos amplo. São muito úteis para uma compreensão do estado de arte sobre determinado tema; contudo, lançam mão de métodos subjetivos e informais para coletar e interpretar estudos, ao passo que as **revisões sistemáticas** adotam critérios objetivos de seleção e análise (Nordmann, Kasenda, & Briel, 2012). De particular interesse neste capítulo é a reabilitação de dois transtornos específicos de aprendizagem (Quadro 20.1). Em nosso meio, há revisões narrativas recentes que apresentam estudos sobre as intervenções disponíveis para a discalculia e a dislexia (Haase & Santos, 2014; Mello, 2015; Santos et al., 2015).

No campo da discalculia (Quadro 20.2), Dowker (2004) desenvolveu uma revisão narrativa que foi alvo de atualizações em anos subsequentes, com detalhada descrição de propostas de intervenção:

a. estratégias para serem usadas pelo professor em sala de aula
b. presença do educador assistente
c. propostas preventivas de estimulação na pré-escola, envolvendo a colaboração dos pais
d. atendimento individualizado, ou em pequenos grupos, para escolares
e. programas computadorizados com ou sem o apoio do educador

As primeiras (a, b e c) estão focadas no sistema cardinal, ou senso numérico, enquanto as demais (d, e), no sistema ordinal, ou linha numérica mental.

Em geral, estudos indicam que na reabilitação da discalculia é crucial trabalhar estas funções: habilidades numéricas básicas, estabelecimento e consolidação de representações espaciais dos números, desenvolvimento do raciocínio aritmético, conhecimento de procedimentos para o cálculo e automatização das regras matemáticas (Kaufmann & von Aster, 2012). As intervenções mais efetivas são aquelas cujas atividades são adaptadas ao perfil

QUADRO 20.1 • Características essenciais dos transtornos específicos de aprendizagem

No cotidiano, não é difícil para um educador ou um familiar observar uma criança diante das atividades escolares e perceber quando ela apresenta dificuldades de aprendizagem. Entretanto, um dos grandes desafios da atualidade, sobretudo em países em desenvolvimento como o Brasil, é diferenciar dificuldades de aprendizagem de TEA, entre eles a dislexia e a discalculia.

Em linhas gerais, as **dificuldades de aprendizagem** são decorrentes de circunstâncias ambientais, como falhas pedagógicas, privação socioeconômica, características do sistema de contagem, problemas de saúde, bem como adversidades socioemocionais. Em contraste, os **TEA** constituem um subgrupo entre as dificuldades de aprendizagem que representa um comprometimento mais grave e persistente das habilidades de leitura, escrita e cálculo, cuja natureza é intrínseca e associada a evidências neurobiológicas (Kaufmann et al., 2013). Portanto, esses termos não devem ser usados como sinônimos, sendo a avaliação diagnóstica (neuropsicológica), incluindo o diagnóstico diferencial entre os TEA, uma etapa fundamental e preliminar do processo de reabilitação.

Não é objetivo deste capítulo descrever detalhadamente a dislexia do desenvolvimento e a discalculia do desenvolvimento (DD). Para essa finalidade, o leitor deverá consultar diretamente os manuais médicos nas suas versões mais recentes ou outras publicações, como, por exemplo, a revisão de Haase e Santos (2014), que esmiúça os parâmetros vigentes de diagnóstico, prevalência, comorbidades, evolução, etiologia, mecanismos neurobiológicos e cognitivos, bem como propostas de reabilitação de ambos os transtornos.

Contudo, são evidências cruciais ao diagnóstico de TEA (American Psychiatric Association [APA], 2013):

a) um conjunto de sintomas específicos
b) manifestação dos sintomas por pelo menos seis meses
c) déficits quantificáveis em medidas psicométricas com substancial desvio dos dados normativos
d) início precoce evidenciado nos primeiros anos escolares, com possível persistência até a idade adulta
e) ausência de outros determinantes
f) baixa responsividade às intervenções convencionais

Em termos diagnósticos, é possível concluir que uma criança apresenta determinado TEA seguindo rigorosamente os critérios estabelecidos nos manuais médicos, sobretudo dispondo dos instrumentos apropriados e dados normativos condizentes com as características regionais. Por exemplo, Capellini e Mousinho (2015) caracterizam minuciosamente todas as habilidades que devem ser avaliadas para o diagnóstico da dislexia.

QUADRO 20.2 • Subtipos de discalculia do desenvolvimento

Para a reabilitação, há interesse na definição de subtipos, e nem sempre se consegue um consenso entre profissionais. Em relação à DD, um artigo muito influente sugeriu quatro condições essenciais: DD pura, MLD, comorbidade entre DD e transtorno de déficit de atenção/hiperatividade (TDAH), bem como comorbidade entre discalculia e dislexia (Tab. 20.1).

Na primeira condição, a DD não envolveria nenhuma outra disfunção cognitiva, seria restrita a déficits de natureza numérica, bem como não teria comorbidade com outros transtornos; em nível biológico, estaria associada aos prejuízos no sulco intraparietal (*intraparietal sulcus*; IPS) e se manifestaria claramente como um déficit no processamento numérico de quantidades. A segunda condição, conhecida na época como MLD (*mathematical learning disabilities*, ou *mathematical learning dificulties*), referia-se às crianças com déficits no processamento de magnitudes e na identificação de números combinados com prejuízos em outras funções cognitivas, principalmente na memória operacional, atenção ou processamento espacial. Poderia manifestar fisiopatologia única (IPS) ou múltipla (i.e., do IPS em concomitância com córtex pré-frontal e/ou IPS *plus* giro fusiforme) (Rubinsten & Henik, 2009).

No consenso internacional, Kaufmann e colaboradores (2013) simplificaram o diagnóstico considerando apenas três condições: DD primária (pura, i.e., disfunções específicas da cognição numérica), DD secundária (associada tanto a disfunções cognitivas "não numéricas" quanto à presença de comorbidades) e, em uma terceira condição, as crianças com baixo rendimento matemático (identificadas na literatura internacional como LA, *low achievement*) e que não preenchem critérios para diagnóstico de discalculia. Esse grupo representa as crianças classicamente referidas como tendo dificuldades de aprendizagem ou que estão sob risco de desenvolver a discalculia. A partir do referido consenso, o termo MLD tornou-se obsoleto, e essa categoria foi incorporada à DD secundária.

TABELA 20.1 • Classificação atual das discalculias, conforme substrato neural e déficits cognitivos

Condição	DD primária	DD secundária	
	(pura)	DD + TDAH	DD + dislexia
Substrato neural	IPS	IPS e córtex pré-frontal	Giro angular
Déficit cognitivo	Restrito ao processamento numérico de quantidades	a) Processamento numérico de quantidades b) Em funções executivas	a) Associação entre magnitudes e os símbolos aritméticos b) Associação de grafemas e fonemas

Fonte: Baseado em Rubinsten e Henik (2009) e Mazzocco e Räsänen (2013).

individual de cada criança, desenvolvidas preferencialmente em sessões individuais e com consideráveis repetições (p. ex., por treinos computadorizados), por programas construídos de forma hierárquica e estruturada, bem como que mesclem tópicos numéricos curriculares e não curriculares e modulem a motivação por meio de recompensas e pela redução da ansiedade à matemática (Kucian & von Aster, 2015).

Com relação à dislexia (Quadro 20.3), Serniclaes, Collet e Sprenger-Charolles (2015) realizaram uma revisão narrativa dos métodos de leitura com o objetivo de identificar qual desenvolveria correção da percepção alofônica, isto é, de semelhança entre variantes de um fonema – por exemplo, o som de "g" em "gato" é diferente do som de "g" em "gesso". Os autores identificaram três determinantes dos déficits de leitura – fonológico, grafofonêmico e grafêmico – e concluíram que, dos métodos de reabilitação da dislexia atuais, aqueles que envolvem o treino grafofonêmico foram os mais efetivos. Em outra revisão, Peterson e Pennington (2015) confirmam que

QUADRO 20.3 • Subtipos de dislexia do desenvolvimento

Falhas na leitura estão associadas às estruturas dos idiomas. Nas ortografias alfabéticas, "escreva como fala", há relativa consistência de correspondências letra-som (italiano, espanhol, japonês, em escrita katakana), e, nos sistemas logográficos, "escreva o que significa", que utilizam símbolos para representar significados, com pouca ou nenhuma indicação para a pronunciação (chinês, japonês, em escrita kanji), há mais probabilidades de erros (Peterson & Pennington, 2015).

Em geral, crianças com boas funções cognitivas tendem a ser bons leitores, exceto se há fatores de risco genéticos específicos para dificuldades na codificação. Por esse motivo, adotava-se a discrepância entre QI e leitura como requisito para o diagnóstico de dislexia, incluindo nesse critério as crianças com maior probabilidade de exibir um componente genético, cujas limitações eram restritas à leitura de palavras (Peterson & Pennington, 2015). Em contraste, com o critério de discrepância entre o desempenho de leitura em relação à idade, é mais provável encontrar crianças com disfunções cognitivas associadas a uma pobre capacidade de leitura (APA, 2013).

van Bergen e colaboradores (2013) avaliaram a inteligência de crianças aos 4 anos de idade com ou sem história familiar de dislexia. A reavaliação, quatro anos mais tarde, revelou que o grupo de escolares que manifestou dislexia era formado por crianças que já tinham um QI (verbal e de execução) mais baixo em idade pré-escolar. Controlando as diferenças entre o QI dos dois grupos, 37% daqueles com risco familiar, contra 8% daqueles sem antecedentes familiares, desenvolveram dislexia. As comorbidades mais frequentes da dislexia são o TDAH e os prejuízos de linguagem, como sintaxe (gramática), semântica (vocabulário) e transtorno do som da fala (reproduzir com precisão os sons de sua língua nativa). Portanto, devido à comorbidade entre dislexia e prejuízos de linguagem, recomenda-se apenas o QI de execução para efeitos diagnósticos (Peterson & Pennington, 2015).

Peterson, Pennington, Olson e Wadsworth (2014) identificaram, com rígidos critérios, crianças com perfis puros de dois tipos de dislexia (Tab. 20.2), bem como casos mistos dessas duas formas, sendo que a dislexia fonológica foi mais prevalente e persistente, embora para ambos os tipos houvesse considerável estabilidade dos diagnósticos no *follow up* cinco anos mais tarde.

TABELA 20.2 • Subtipos puros de dislexia do desenvolvimento

	Dislexia de superfície	**Dislexia fonológica**
Dissociação cognitiva	Boa leitura de pseudopalavras e prejuízo na leitura de palavras	Déficit na leitura de pseudopalavras e preservada leitura de palavras

Fonte: Baseado em Peterson e colaboradores (2014).

as crianças respondem bem às intervenções que enfatizam as instruções de leitura com base na fonética (articulação das palavras, identificação dos sons das letras), assim como a estimulação da consciência fonológica, a leitura com grau de complexidade progressiva, os exercícios de escrita e as estratégias de compreensão desenvolvidas em pequenos grupos.

Contudo, é importante ressaltar um conjunto de habilidades que é preditor de dislexia – compreensão de frases, sintaxe expressiva, vocabulário e memória fonológica de curto prazo –, no qual se observa um desempenho abaixo do esperado durante a fase pré-escolar de crianças sob "risco familiar", isto é, que tenham um dos genitores ou outro familiar próximo com dislexia (van Bergen et al., 2013). Algumas crianças sob risco familiar podem se tornar bons leitores mais tarde, mas infelizmente outras evoluirão para um perfil de dislexia. Em geral, os marcadores usados como preditores de dislexia na pré-escola, como, por exemplo, a consciência fonológica, também se relacionam à resposta ao tratamento. Portanto, recomenda-se a estimulação precoce dessas habilidades sob a forma de prevenção. A dislexia constitui um transtorno heterogêneo cujas diferentes manifestações demandam distintas intervenções, entre as quais se consideram efetivas a instrução direta na leitura e o treino fonológico. Em contraste, há outras terapias que até o momento não têm evidência substancial de efetividade, sendo prudente aguardar novos estudos antes de adotá-las na prática clínica: treino do processamento auditório rápido, terapia visual, treino vestibular (Peterson & Pennington, 2015).

Em resumo, diferentes propostas de RN para os TEA são relatadas na literatura, contudo, há carência de estudos sobre a eficácia de tais métodos. Para tanto, há necessidade de parâmetros mais precisos sobre a qualidade dos estudos que nortearão a prática clínica em termos metodológicos. Por esse motivo, gostaríamos de abordar a importância das revisões sistemáticas como ferramenta para auxiliar o clínico, de forma mais incisiva, na escolha de uma proposta de tratamento, no contexto da RN.

A revisão sistemática consiste em uma pesquisa planejada junto às bases de dados que tem por objetivo organizar os diversos estudos publicados para responder a uma pergunta clínica em particular. Para tanto, devem ser selecionados artigos científicos que preencham tais expectativas, adotando-se métodos apropriados para identificar e avaliar criticamente os estudos e as técnicas específicas para essa finalidade (Akobeng, 2005), bem como para analisar – inclusive do ponto de vista estatístico – a relação entre os vários artigos inclusos na revisão. Os métodos estatísticos empregados nas revisões sistemáticas são chamados de técnicas de **metanálise** (Nordmann et al., 2012), um termo cuja alcunha foi do estatístico americano e doutor em psicologia educacional Gene Glass, em 1976.

Na mesma década, Archibald Cochrane, epidemiologista escocês, defensor dos estudos de RCT como critério para uma medicina baseada em evidências, ressaltou a importância das metanálises para a determinação dos melhores tratamentos, e sua recomendação norteou posteriormente a fundação da Cochrane em Oxford,[4] uma rede global e independente de investigadores científicos, profissionais, pacientes, cuidadores e pessoas interessadas em saúde em geral. Essa rede se dedica a sistematizar as pesquisas científicas de alta qualidade disponíveis, com o objetivo de auxiliar os profissionais na escolha do melhor tratamento em saúde. Por sua vez, os estudos de metanálises podem ser feitos por profissionais não vinculados à rede. A produção científica que emprega esse recurso tem aumentado progressivamente desde 1985 (Nordmann et al., 2012).

Para ilustrar, Swanson e Sachse-Lee (2000) realizaram uma metanálise contrastando 85 estudos (n = 386) feitos em amostras pediátricas que teve como foco os estudos de intervenção em crianças com TEA, considerando aspectos como domínios de instrução, características da amostra, parâmetros de intervenção e procedimentos metodológicos, utilizando a instrução direta (DI) combinada ao treino de estratégia (SI). Os resultados mostraram que DI e SI foram eficazes em remediar os déficits acadêmicos (exceto caligrafia), e todas as intervenções foram mais eficazes com alunos de quoeficiente intelectual (QI) mais baixo do que com alunos de QI mais alto em leitura.

Recentes metanálises sobre reabilitação neuropsicológica da dislexia e da discalculia

Considerando o aumento significativo da produção científica nacional e internacional referente à neuropsicologia, é um desafio para o clínico acompanhar a literatura especializada, mesmo quando o profissional se dedica exclusivamente a um dado

---

[4] Disponível em: http://www.cochrane.org.

transtorno. Pesa, ainda, e sobretudo em nosso meio, haver maior oportunidade para acesso aos livros, os quais, por mais atualizados que sejam, não conseguem expressar a quantidade de artigos científicos que são diariamente publicados, assim como o fato de determinadas revistas científicas serem acessíveis somente às pessoas com credenciais de instituições universitárias.[5] Isso produz um descompasso entre o acesso ao conhecimento, a compreensão das diferenças metodológicas entre os estudos e, consequentemente, seu valor clínico.

Para identificação dos estudos relevantes na atualidade, efetuamos uma busca por meio dos descritores "rehabilitation, dyscalculia, dyslexia, meta-analysis" junto ao Web of Science (diversas bases de dados integradas) no mês de abril de 2015. Uma vez que houve um número reduzido de artigos, particularmente em relação à discalculia, termos adicionais foram incluídos, como "calculation, arithmetic, mathematics". Foram encontrados nove artigos no período de 2010 a 2015, sendo que, após sua leitura, cinco estudos foram considerados, os quais são brevemente descritos no Quadro 20.4. Os artigos excluídos tinham como enfoque aspectos secundários à reabilitação, como, por exemplo, investigações acerca da associação entre precisão numérica e desempenho simbólico da matemática (Chen & Li, 2014)e análise de técnicas de neuroimagem que identificam por meio de uma tarefa escolar as áreas cerebrais que são ativadas (Kaufmann, Wood, Rubinstein, & Henik, 2011). Outros estudos eram voltados para a formação da memória operacional, com a maioria dos participantes caracterizada como de desenvolvimento típico (Melby-Lervåg & Hulme, 2013), os quais citamos aqui por serem leituras recomendáveis. O último artigo era uma revisão narrativa e foi incorporado ao longo do capítulo (Serniclaes, Collet, & Sprenger-Charolles, 2015).

Os estudos selecionados revelam que as metanálises desenvolvidas nos últimos cinco anos foram predominantemente relacionadas à dislexia, incluindo amostras de escolares e pré-escolares, tendo como objeto de comparação um número variado de estudos e de amostras. Constatam-se dois aspectos metodológicos:

1. a necessidade da realização de novos RCT, sobretudo no campo da discalculia, e de preferência em desenhos *cross-over*
2. as características inerentes aos procedimentos de reabilitação são os principais determinantes da variabilidade na magnitude de efeito entre as pesquisas.

OUTRAS QUESTÕES RELEVANTES SOBRE A REABILITAÇÃO DOS TEA

Fatores ambientais. Há um esforço para identificar precisamente quais fatores

---

[5] No Brasil, desenvolveu-se o critério webqualis para avaliação das revistas científicas, sendo que as revistas classificadas como A preenchem um número elevado de requisitos de qualidade. Em neuropsicologia, há predomínio de revistas internacionais classificadas como A no webqualis, e algumas brasileiras no campo da psicologia têm publicado sobre o tema. No âmbito internacional, adotam-se preferencialmente os critérios de JCR (índice de impacto) e SJR (quartis [Q] por áreas). Já as revistas estrangeiras que estão tanto no webqualis quanto em tais parâmetros internacionais podem apresentar perfis muito discrepantes, a despeito de manter um conceito A em nosso meio. Muitas revistas brasileiras ainda não estão inseridas nesses critérios internacionais por diversos motivos, e as que aí se encontram são promissoras, mas a progressão é lenta, entre tantos motivos porque os pesquisadores brasileiros são pressionados a publicar em periódicos que já alcançaram esse patamar. Por exemplo, em 2015, a avaliação de periódicos vigente classificou o jornal *Neuropsychological Rehabilitation* como webqualis A2, Q2 em Neuropsicologia, H índice 46, JCR 2.068, SJR 0,98. Em contraste, há apenas uma revista brasileira na mesma categoria "Neuropsicologia e Psicologia Fisiológica", a *Psychology and Neuroscience*, que tem um webqualis A2, Q3 em Neuropsicologia, H índice 5, SJR 0,26; entretanto, o periódico em questão ainda não tem JCR.

QUADRO 20.4 • Revisão dos estudos de metanálise dos últimos cinco anos sobre reabilitação da discalculia e da dislexia

Autor/revista	Amostras	Objetivo	Resultados
Galuschka, Ise, Krick e Schulte-Körne (2014)	22 estudos 49 amostras; n = 1.902 Não foi possível determinar variável idade no estudo.	Determinar a eficácia de diferentes abordagens no tratamento de crianças e adolescentes com dificuldades em leitura e escrita e explorar o impacto de tais estudos.	O treino de consciência fonêmica e fluência de leitura, por si só, não é suficiente para alcançar melhoras substanciais no tratamento de crianças e adolescentes com dificuldades em leitura e escrita. No entanto, a combinação dessas duas abordagens de tratamento, representada pela instrução fonêmica, tem o potencial de aumentar o desempenho de leitura e escrita de crianças e adolescentes com dificuldades de leitura. A instrução sistemática relacionada à correspondência letra-som e a estratégias de decodificação e a aplicação dessas habilidades em atividades de leitura e escrita constituem o método mais eficaz para melhorar a alfabetização de crianças e adolescentes com dificuldades de leitura estatisticamente confirmadas.
Fischer, Moeller, Cress e Nuerk (2013)	39 estudos Crianças cursando pré-escola e ensino fundamental. Grupo experimental (n = 4.609) Grupo-controle (n = 4.309)	Analisar o desenvolvimento das recentes intervenções que investigam as habilidades matemáticas e numéricas, com relevância para os critérios de avaliação realizados nos estudos: (i) avaliação com o grupo-alvo real, (ii) avaliação em comparação com o desempenho de um grupo-controle pareado, (iii) avaliação em comparação com uma intervenção alternativa comparável, e (iv) avaliação separada de subcomponentes no caso de abordagens multicomponenciais.	Destaca-se a importância dos critérios de avaliação para uma intervenção, pois os processos que são importantes fontes de variação de magnitude de efeito. A partir da análise dos estudos acerca dos critérios de avaliação, os autores recomendam estudos *cross-over*, isto é, desenhos cruzados de intervenção, em que os grupos realizam todas as condições experimentais do estudo, o que pode assegurar tanto a comparação de grupos como maior eficácia da intervenção. Dois estudos foram realizados dessa forma: no primeiro, a intervenção foi realizada em configuração individual, o que possibilitou o cálculo das magnitudes de efeito a partir de análises pareadas usando comparações com o mesmo participante. Já no segundo, essas informações não puderam ser extraídas; por isso, os dados foram tratados com a inclusão de um grupo paralelo.
Cogo-Moreira e colaboradores (2012)	851 referências 6 artigos selecionados, porém, após os necessários filtros, não foram elegíveis metodologicamente.	Compreender a eficácia da educação musical em habilidades de leitura (leitura oral, leitura silenciosa, fluência de leitura, consciência fonológica e ortográfica) em crianças e adolescentes com dislexia.	Estudos realizados estatisticamente são importantes para verificar a eficácia do ensino musical direcionado às habilidades de leitura e desempenho escolar de crianças e adolescentes com dislexia. Apesar de o objetivo prioritário da música não ser o desenvolvimento de habilidades cognitivas gerais, alguns estudos mostram relação entre habilidades musicais e habilidades linguísticas. Evidências de neuroplasticidade sugerem que a música poderia ser eficaz no tratamento de crianças e adolescentes com dislexia. A ausência de estudos RCT impossibilita a avaliação adequada da eficácia do ensino musical.

(continua)

QUADRO 20.4 • Revisão dos estudos de metanálise dos últimos cinco anos sobre reabilitação da discalculia e da dislexia (continuação)

Autor/revista	Amostras	Objetivo	Resultados
McArthur e colaboradores (2012)	11 estudos (n = 736) 8 estudos com crianças entre 5 e 8 anos. 2 estudos com crianças entre 7 e 13 anos. 1 estudo com adolescentes (sem especificação de idade).	Determinar o efeito de treinos fonêmicos nas habilidades de leitura em língua inglesa para leitores com dificuldades. Explorar o impacto dos cinco possíveis fatores interventivos do treino: tipo, intensidade, duração, tamanho do grupo e administração.	O treino fonêmico, segundo o estudo, promove algumas habilidades de leitura: leitura de pseudopalavras (magnitude de efeito alta), leitura de palavras (efeito moderado) e conhecimento letra-som (efeito pequeno). A eficácia do treino fonético não foi significativamente alterada pelos tipos de treino (fonética vs. fonética isolada, consciência fonética vs. fonética e treino de palavras irregulares), intensidade do treino (menos de 2 horas por semana vs. pelo menos 2 horas por semana), duração do treino (menos de três meses vs. pelo menos três meses), tamanho do grupo (individualizado vs. formação de pequenos grupos) e administração do treino (administração humana vs. administração computadorizada).
Ise, Dolle, Pixner e Schulte-Körne (2012)	8 estudos com crianças (n = 328)	Organizar estudos de intervenção em crianças com desempenho matemático inferior.	As abordagens curriculares e não curriculares não diferem no tratamento, mas todas as intervenções tendem a ser mais eficazes quanto mais tempo for empregado e mais intensamente forem realizadas. A magnitude do efeito (*effect-size*) foi influenciada pelo contexto, instrutor, tempo de duração e intensidade do tratamento.

ambientais são subjacentes aos TEA, como, por exemplo, características das escolas (recursos didáticos, formação dos professores, sistema de disciplinas), do bairro (pobreza, crimes, poluição) e das famílias (educação dos pais, uso da linguagem, condutas). Contudo, no estudo de gêmeos, deve-se ainda distinguir os ambientes "partilhados" pelos irmãos, como os citados, e os "ambientes não partilhados" (traumas, doenças vividas por apenas um dos irmãos; diferentes amigos, diferente tratamento recebido por familiares, professores; e, ainda, suas próprias percepções de situações vividas por ambos os irmãos). Kovas e colaboradores (2007) investigaram, entre outras questões, os referidos fatores ambientais de gêmeos monozigóticos e dizigóticos avaliados aos 7, 9 e 10 anos nas disciplinas acadêmicas (literatura, ciências e matemática) no Reino Unido em uma amostra superior a 15 mil crianças, excluídas aquelas com diagnósticos de transtornos neurológicos, psiquiátricos, genéticos e déficits sensoriais. Os pesquisadores demonstraram que, apesar de conviverem com a mesma família, frequentarem a mesma escola e, na maioria dos casos, terem o mesmo professor, os fatores hereditários foram substanciais, ao passo que o ambiente partilhado exerceu uma influência menos expressiva em relação às dificuldades de aprendizagem, dentro do conteúdo programático de cada uma das disciplinas, entre as disciplinas e entre os grupos etários. Para ilustrar, um fragmento do estudo é apresentado na Tabela 20.3.

No contexto dos fatores ambientais, o *status* socioenonômico (SES) é uma importante variável confundidora,

TABELA 20.3 • Habilidade de leitura de escolares britânicos em relação aos fatores ambientais e hereditários

	Hereditariedade	Ambiente partilhado	Ambiente não partilhado
7 anos	0,68	0,07	0,25
9 anos	0,64	0,10	0,25
10 anos	0,52	0,20	0,28

Fonte: Adaptada de Kovas e colaboradores (2007).

pois apresenta pelo menos quatro fatores conceituais:

1. a unidade de análise de dados SES (individual ou agregada por índice escolar)
2. o tipo de medida SES (educação, profissão, salário, características do bairro, recursos da casa, etc.)
3. o intervalo da variável SES (medidas dicotomizadas como "alto e baixo" SES vs. *continuum*)
4. a origem dos dados SES (fornecidos pela família ou estimados por critérios regionais)

Embora em diversos estudos seja observada a associação entre o SES e o desempenho escolar inferior, particularmente em leitura, após estratificar os dados conforme os fatores conceituais, a metanálise concluiu que o SES explica muito pouco da variância no desempenho acadêmico (Sirin, 2005). Portanto, o termo SES deve ser usado com cautela, pois outros fatores, independentes da condição socioeconômica, explicam os achados, tais como fatores genéticos e ambientais, assim como o próprio efeito Flynn.[6]

Treinos computadorizados. Em outra oportunidade, descrevemos algumas intervenções computadorizadas (CAI; *computer-assisted interventions*) para estimulação do senso numérico por meio dos programas *Number race*, *Graphogame* e *Estimator* (Santos et al., 2015). Kucian e colaboradores (2011) referem uma intervenção para estimular a linha numérica mental pelo programa *Rescue calcularis*. Após cinco semanas de treino (15 minutos por dia, cinco dias por semana), as 38 crianças, com e sem discalculia do desenvolvimento, exibiram melhoras tanto na representação numérica espacial quanto em aritmética, as quais foram acompanhadas de mudanças na ativação cerebral. Houve redução no recrutamento de áreas frontais bilaterais e aumento na ativação do IPS, o que é sugestivo de automatização do raciocínio matemático. Fälth, Gustafson, Tjus, Heimann e Svensson (2013) apresentam um RCT no qual 41 crianças com dislexia foram alocadas

---

[6] O americano James Flynn, professor emérito da University of Otago, na Nova Zelândia, investigou a inteligência em diversos países de diferentes continentes e verificou que o desempenho nos testes de QI aumenta sistematicamente no decorrer do tempo quando se comparam edições prévias dos mesmos testes em novas gerações. Contudo, salientou que, em se tratando de testes cognitivos enviesados por conhecimentos acadêmicos, as diferenças entre etnias e sexo podem ser mais bem explicadas por fatores ambientais (nomeadamente a igualdade de oportunidades de aprendizagem) do que pela genética. Por exemplo, uma criança ribeirinha indígena responderia tão bem quanto uma criança urbana em testes de senso numérico, sendo capaz de identificar entre dois conjuntos qual possui menos objetos sem a necessidade de contar, mas teria dificuldade em um teste de linha numérica mental, por requerer conhecimento ordinal preciso. No entanto, superaria seus colegas não indígenas em uma pescaria, ao calcular velocidade, distância, tempo e força necessários para lançar ao Rio Negro uma flecha e alcançar um pacu em pleno movimento. Entretanto, é menos provável que esse saber seja aferido em testes de QI.

em quatro grupos com atividades específicas (fonológica, compreensão, combinadas e instrução convencional), sendo as três primeiras modalidades de treinos computadorizados. Os resultados evidenciaram ganhos na codificação, na compreensão de leitura e na leitura de pseudopalavras para o grupo que realizou as atividades combinadas, obtendo pontuações mais próximas do grupo-controle; além disso, o efeito persistiu por 12 meses. Portanto, estão se acumulando evidências de que o treino cognitivo baseado em processos é efetivo para produzir transferências no âmbito dos TEA.

Resposta à intervenção (*response to intervention*; RTI). Esse modelo surgiu com o intuito de antecipar o acesso ao tratamento de crianças que falham nas atividades escolares, como uma alternativa ao diagnóstico pela discrepância entre o desempenho e o QI. Consiste em uma metodologia de prevenção e diagnóstico precoce que tem como foco diferenciar duas possíveis causas para o baixo rendimento escolar: falha pedagógica ou presença de um transtorno. Quando uma criança responde de forma inadequada a uma instrução à qual a maioria de seus pares responde satisfatoriamente, é mais provável que sua dificuldade seja intrínseca, e não determinada pelo método de ensino (Fuchs & Fuchs, 2007). A estrutura do RTI inclui (Fuchs, Mock, Morgan, & Young, 2003):

a. **qualidade da instrução** e monitoramento do progresso na educação geral em sala de aula
b. **monitoria de grupos pequenos** (3-6 estudantes), cujo desempenho e taxa de progresso continuam inferiores aos de seus pares
c. **intervenções individualizadas intensivas**, geralmente em sala de educação especial, após o processo para determinar a elegibilidade para educação especial

O modelo DNRR é compatível com a proposta de RTI, sobretudo nos casos de TCE, podendo ser uma combinação frutífera para o tratamento de crianças com TEA (Reynolds, 2010).

Comorbidades entre transtornos. Butterworth e Kovas (2013) ressaltam que um significativo número de crianças apresenta diferentes tipos de TEA em comorbidade, particularmente aqueles relacionados à alfabetização, mas também com outras funções cognitivas (linguagem, memória operacional, atenção, etc.). Por exemplo, em um estudo populacional com 2.586 crianças, 293 preencheram critérios para transtornos de aprendizagem, sendo que de 23 a 49% das crianças do 2º ao 4º ano escolar apresentaram prejuízos concomitantes em leitura, escrita e cálculo (Landerl & Moll, 2010). Entretanto, os TEA tendem a ser diagnosticados tardiamente, e muitas vezes a questão da comorbidade é negligenciada; como consequência, uma criança pode receber tratamento para um de seus transtornos, mas não para outro, perpetuando na família, na escola e principalmente na própria criança essa sensação de insucesso, apesar dos esforços. É importante compreender que as comorbidades não têm *status* de "causalidade" (Butterworth & Kovas, 2013). Por sua vez, a privação de recursos apropriados, que permitem à criança desenvolver suas potencialidades, contribui para perdas posteriores nos campos acadêmico, social, profissional e até mesmo financeiro do indivíduo.

Ansiedade à matemática. Estudos correlacionais revisados por Wu, Willcutt, Escovar e Menon (2013) demonstram que, quanto maior a ansiedade matemática, menor o desempenho matemático, e essas correlações negativas são observadas já em crianças do primeiro ano escolar e independem da presença de ansiedade como traço de personalidade. Em sua própria amostra, Wu e colaboradores (2013) solicitaram a crianças entre 9 e 10 anos de idade o preenchimento de uma escala sobre ansiedade à matemática, que revelou mais sintomas para as crianças com discalculia e baixo rendimento (LA), em contraste com o grupo de desenvolvimento típico, embora os níveis de ansiedade geral aferidos por outro instrumento fossem equivalentes entre os três grupos. Portanto, no contexto da reabilitação, deve ser dada especial atenção aos comportamentos internalizantes e externalizantes, decorrentes tanto de transtornos mentais comórbidos quanto de comportamentos reativos às dificuldades de aprendizagem.

Motivação acadêmica. Kovas e colaboradores (2015) realizaram um estudo cujo objetivo era compreender as diferenças individuais quanto à motivação acadêmica de gêmeos do mesmo sexo (monozigóticos e dizigóticos) nos grupos etários de 9 a 13 anos e aos 16 anos de idade provenientes do Reino Unido, do Canadá, do Japão, da Alemanha, dos Estados Unidos e da Rússia, países com diversidades culturais, linguísticas e pedagógicas notáveis. Para tanto, responderam a questionários relacionados a sua motivação escolar quanto aos quesitos prazer e habilidades autopercebidas. Os resultados, medidos por correlações e controlando variáveis confundidoras, mostraram-se altamente consistentes em todos os países em relação à idade, à disciplina avaliada (matemática, ciências, etc.), ao ambiente (partilhado ou não partilhado), entre outros fatores.

Gêmeos monozigóticos responderam aos questionários de forma mais similar do que gêmeos dizigóticos, o que sugere que no desenvolvimento da personalidade prevalece a genética sobre o ambiente, pois não se observou relação entre contexto de aprendizagem e o desempenho escolar. O estudo não esclarece em que medida a genética e os fatores ambientais "não compartilhados" que contribuem para a variação em prazer e em habilidades autopercebidas também contribuem para a variação no alcance escolar e na inteligência (Kovas et al., 2015). Portanto, a motivação acadêmica das crianças é uma variável intrínseca, assim como a dislexia e a discalculia, sujeita a significativa variação individual, e isso deve ser levado em consideração nas propostas de reabilitação dos TEA ou mesmo na interpretação do rendimento de cada criança em uma dada proposta de reabilitação.

Como conclusão, além de adquirir *expertise* sobre os TEA, o profissional de reabilitação neuropsicológica deve conhecer o custo-benefício e a eficácia das metodologias de reabilitação que pretende utilizar, o que demanda um contínuo processo de atualização da literatura, e evitar o uso de intervenções alternativas cuja efetividade ainda não foi suficientemente avaliada. De acordo com estudos indicados na revisão narrativa realizada, e principalmente no Quadro 20.4, a atenção especializada e individualizada prevalece entre as estratégias mais efetivas para a intervenção na dislexia e na discalculia, mesmo quando assistida por treinos computadorizados. A reabilitação neuropsicológica, por sua vez, deve manter seu caráter personalizado, sendo delineada a partir do contexto, necessidades e expectativas do paciente, tanto para estimular sua participação ativa em todas as etapas do programa quanto para promover sua inserção e autonomia na comunidade. É fundamental que a intervenção respeite a natureza lúdica da criança.

REFERÊNCIAS

Akobeng, A. K. (2005). Understanding systematic reviews and meta-analysis. *Archives of Disease in Childhood, 90*(8), 845-848.

American Psychiatric Association (APA). (2013). *Diagnostic and statistical manual of mental disorders: DSM-5* (5th ed.). Washington: APA.

Ben-Yishay, Y. (1996). Reflections on the evolution of the therapeutic milieu concept. *Neuropsychological Rehabilitation, 6*(4), 327-343.

Butterworth, B., & Kovas, Y. (2013). Understanding neurocognitive developmental disorders can improve education for all. *Science, 340*(6130), 300-305.

Capellini, S. A., & Mousinho, R. (2015). Dislexia do desenvolvimento. In F. H. Santos, V. M. Andrade, & O. F. Bueno (Orgs.), *Neuropsicologia hoje* (2. ed., pp. 149-157). Porto Alegre: Artmed.

Chen, Q., & Li, J. (2014). Association between individual differences in non-symbolic number acuity and math performance: A meta-analysis. *Acta Psychologica, 148*, 163-172.

Cogo Moreira, H., Andriolo, R. B., Yazigi, L., Ploubidis, G. B., Brandão de Ávila, C. R., & Mari, J. J. (2012). Music education for improving reading skills in children and adolescents with dyslexia. *The Cochrane Database of Systematic Reviews, 8*, CD009133.

Dowker, A. D. (2004). *Children with difficulties in mathematics: What works.* London: DfES.

Fälth, L., Gustafson, S., Tjus, T., Heimann, M., & Svensson, I. (2013). Computer assisted interventions targeting reading skills of children with reading disabilities: A longitudinal study. *Dyslexia, 19*(1), 37-53.

Fischer, U., Moeller, K., Cress, U., & Nuerk, H. C. (2013). Interventions supporting children's mathematics school success: A meta-analytic review. *European Psychologist, 18*(2), 89-113.

Fletcher-Janzen, E., & Kade, H. D. (1997). Pediatric brain injury rehabilitation in a neurodevelopment milieu. In T. E. Feinberg, & M. J. Farah (Eds.), *Behavioural neurology and neuropsychology* (pp. 452-481). New York: McGraw-Hill.

Fuchs, L. S., & Fuchs, D. (2007). A model for implementing responsiveness to intervention. *TEACHING Exceptional Children, 39*(5), 14-20.

Fuchs, D., Mock, D., Morgan, P. L., & Young, C. L. (2003). Responsiveness to intervention: Definitions, evidence, and implications for the learning disabilities construct. *Learning Disabilities Research & Practice, 18*(3), 157-171.

Galuschka, K., Ise, E., Krick, K., & Schulte-Körne, G. (2014). Effectiveness of treatment approaches for children and adolescents with reading disabilities: A meta-analysis of randomized controlled trials. *PLoS One, 9*(2), e89900.

Haase, V. G., & Santos, F. H. (2014). Transtornos específicos de aprendizagem: Dislexia e discalculia. In D. Fuentes, L. F. Malloy-Diniz, C. H. P. Camargo, & R. M. Cosenza (Orgs.), *Neuropsicologia: Teoria e prática* (2. ed., pp. 139-153). Porto Alegre: Artmed.

Ise, E., Dolle, K., Pixner, S., & Schulte-Körne, G. (2012). Effektive Förderung rechenschwacher Kinder. *Kindheit und Entwicklung, 21*(3), 181-192.

Karbach, J., & Unger, K. (2014). Executive control training from middle childhood to adolescence. *Frontiers in Psychology, 5*, 390.

Kaufmann, L., Mazzocco, M. M., Dowker, A., von Aster, M., Göbel, S. M., Grabner, R. H., ... Nuerk, H. C. (2013). Dyscalculia from a developmental and differential perspective. *Frontiers in Psychology, 4*, 516.

Kaufmann, L., & von Aster, M. (2012). The diagnosis and management of dyscalculia. *Deutsches Ärzteblatt International, 109*(45), 767-778.

Kaufmann, L., Wood, G., Rubinsten, O., & Henik, A. (2011). Meta-analyses of developmental fMRI studies investigating typical and atypical trajectories of number processing and calculation. *Developmental Neuropsychology, 36*(6), 763-787.

Kovas, Y., Garon-Carrier, G., Boivin, M., Petrill, S. A., Plomin, R., Malykh, S. B., ... Vitaro, F. (2015). Why children differ in motivation to learn: Insights from over 13,000 twins from 6 countries. *Personality and Individual Differences, 80*, 51-63.

Kovas, Y., Haworth, C. M., Dale, P. S., Plomin, R., Weinberg, R. A., Thomson, J. M., & Fischer, K. W. (2007). The genetic and environmental origins of learning abilities and disabilities in the early school years. *Monographs of the Society for research in Child Development, 72*(3), vii, 1-144

Kucian, K., Grond, U., Rotzer, S., Henzi, B., Schonmann, C., Plangger, F., ... von Aster M. (2011). Mental number line training in children with developmental dyscalculia. *NeuroImage, 57*(3), 782-795.

Kucian, K., & von Aster, M. (2015). Developmental dyscalculia. *European Journal of Pediatrics, 174*(1), 1-13.

Landerl, K., & Moll, K. (2010). Comorbidity of learning disorders: Prevalence and familial transmission. *Journal of Child Psychology and Psychiatry, 51*(3), 287-294.

Marcantuono, J. T., & Prigatano, G. P. (2008). A holistic brain injury rehabilitation program for school-age children. *NeuroRehabilitation, 23*(6), 457-466.

Martinez, E. Z. (2007). Metanálise de ensaios clínicos controlados aleatorizados: Aspectos quantitativos. *Medicina, 40*(2), 223-235.

Mazzocco, M. M., & Räsänen, P. (2013). Contributions of longitudinal studies to evolving definitions and knowledge of developmental dyscalculia. *Trends in Neuroscience and Education, 2*(2), 65-73.

McArthur, G., Eve, P. M., Jones, K., Banales, E., Kohnen, S., Anandakumar, T., ... Castles, A. (2012). Phonics training for English speaking poor readers. *The Cochrane Database of Systematic Reviews, 12*, CD009115.

Melby-Lervåg, M., & Hulme, C. (2013). Is working memory training effective? A meta-analytic review. *Developmental Psychology, 49*(2), 270-291.

Mello, C. B. (2015). Reabilitação cognitiva na infância: Questões norteadoras e modelos de intervenção. In F. H. Santos, V. M. Andrade, & O. F. Bueno (Orgs.), *Neuropsicologia hoje* (2. ed., pp. 290-298). Porto Alegre: Artmed.

Nordmann, A. J., Kasenda, B., & Briel, M. (2012). Meta-analyses: What they can and cannot do. *Swiss Medical Weekly, 142*, w13518.

Organização Mundial da Saúde (OMS). (2011). *Relatório mundial sobre a deficiência*. São Paulo: SEDPcD.

Organização Mundial de Saúde (OMS), & Organização Pan-americana de Saúde (OPAS). (2003). *Classificação Internacional de Funcionalidade, Incapacidade e Saúde: CIF*. São Paulo: Universidade de São Paulo.

Peterson, R. L., & Pennington, B. F. (2015). Developmental dyslexia. *Annual Review of Clinical Psychology, 11*, 283-307.

Peterson, R. L., Pennington, B. F., Olson, R. K., & Wadsworth, S. J. (2014). Longitudinal stability of phonological and surface subtypes of developmental dyslexia. *Scientific Studies of Reading, 18*(5), 347-362.

Prigatano, G. P. (2000). Cognitive rehabilitation: An impairment-oriented approach embedded in a holistic perspective. *Barrow Quarterly, 16*(3). Recuperado de http://www.thebarrow.org/Education_And_Resources/Barrow_Quarterly/205177

Reynolds, C. R. (2010). RTI, neuroscience, and sense: Chaos in the diagnosis and treatment of learning disabilities. In E. Fletcher-Janzen, & C. R. Reynolds (Eds.), *Neuropsychological perspectives on learning disabilities in the Era of RTI: Recommendations for diagnosis and intervention*. Hoboken: John Wiley & Sons.

Ribeiro, F. S., & Santos, F. H. (2015). Métodos específicos para impulsionar a memória operacional. In F. H. Santos, V. M. Andrade, & O. F. Bueno (Orgs.), *Neuropsicologia hoje* (2. ed., pp.299-306). Porto Alegre: Artmed.

Rubinsten, O., & Henik, A. (2009). Developmental dyscalculia: Heterogeneity might not mean different mechanisms. *Trends in Cognitive Sciences, 13*(2), 92-99.

Santos, F. H. (2004). Reabilitação Cognitiva Pediátrica. In F. H. Santos, V. M. Andadre, & O. F. Bueno (Orgs.), *Neuropsicologia hoje* (pp. 265-278). Porto Alegre: Artmed.

Santos, F. H. (2006). Reabilitação neuropsicológica infanto-juvenil. In J. Abrisqueta-Gomez, & F. H. Santos (Orgs.), *Reabilitação neuropsicológica: Da teoria à prática* (pp. 17-33). São Paulo: Artes Médicas.

Santos, F. H., Ribeiro, F. S., & Tonoli, M. C. (2015). Reabilitação da discalculia do desenvolvimento. In A. P. A. Pereira (Org.), *Guia prático de reabilitação*. Em submissão.

Serniclaes, W., Collet, G., & Sprenger-Charolles, L. (2015). Review of neural rehabilitation programs for dyslexia: how can an allophonic system be changed into a phonemic one? *Frontiers in Psychology, 6*, 190.

Sirin, S. R. (2005). Socioeconomic status and academic achievement: A meta-analytic review of research. *Review of Educational Research, 75*(3), 417-453.

Swanson, H. L., & Sachse-Lee, C. (2000). A meta-analysis of single-subject-design intervention research for students with LD. *Journal of Learning Disabilities, 33*(2), 114-136.

van Bergen, E., de Jong, P. F., Maassen, B., Krikhaar, E., Plakas, A., & van der Leij, A. (2013). IQ of four-year-olds who go on to develop dyslexia. *Journal of Learning Disabilities, 47*(5), 475-484.

World Health Organization (WHO). (1995). *Disability prevention and rehabilitation in primary health care: A guide for district health and rehabilitation managers.* Geneva: WHO.

Wu, S. S., Willcutt, E. G., Escovar, E., & Menon, V. (2013). Mathematics achievement and anxiety and their relation to internalizing and externalizing behaviors. *Journal of Learning Disabilities, 47*(6), 503-551.

21

Interfaces entre a terapia cognitivo-comportamental e a neuropsicologia na prática clínica

ISABELA MARIA MAGALHÃES LIMA
MAIKON DE SOUSA MICHELS
CARMEM BEATRIZ NEUFELD
MARCO MONTARROYOS CALLEGARO
LEANDRO F. MALLOY-DINIZ

Assim como a neuropsicologia, a terapia cognitivo-comportamental (TCC) considera as alterações cognitivas cruciais para a compreensão das manifestações clínicas de diferentes transtornos mentais.

Segundo a neuropsicologia, alterações no sistema nervoso levam a diversos comprometimentos cognitivos em indivíduos com transtornos mentais, e alterações cognitivas levam a dificuldades funcionais e minimizam as possibilidades de *coping* com estressores frequentemente associados a tais transtornos. Já sob a perspectiva da TCC – que foi inicialmente proposta como abordagem explicativa restrita para a depressão, mas depois passou a ser aplicada a outros transtornos mentais –, comportamentos e sentimentos são influenciados pelas cognições do indivíduo, ou seja, pela forma como o sujeito compreende o mundo, a si mesmo e o futuro.

Embora o interesse comum em processos cognitivos seja uma intercessão óbvia entre a neuropsicologia e a terapia cognitivo-comportamental, ainda são raras as iniciativas que buscam avaliar similaridades e diferenças entre os construtos e os métodos de tais disciplinas. Recentemente, foi feito um exercício com a finalidade de mostrar a relevância dessa intercessão para a prática da TCC (Neufeld, Falcone, & Range, no prelo).

Consideramos que tais iniciativas podem ser de extrema utilidade para a potencialização da conceitualização clínica para fins de diagnóstico e intervenção em casos de pacientes com transtornos mentais. Assim, este capítulo tem como objetivo apresentar uma revisão de interfaces e interações possíveis entre a neuropsicologia e a TCC. Em particular, serão abordadas potenciais interfaces entre alguns conceitos frequentemente estudados em neurociências e neuropsicologia (p. ex., categorização, processamento implícito e funções executivas) e algumas propostas conceituais e metodológicas provenientes da TCC.

COMPREENDENDO O MODELO COGNITIVO E SUAS APLICAÇÕES TERAPÊUTICAS

Segundo Knapp e Beck (2008), o modelo cognitivo se desenvolveu a partir da observação de que pacientes deprimidos apresentavam um padrão típico de interpretação da realidade, em que predominam atribuições de pensamento que desqualificam o positivo e exaltam os pontos negativos em relação ao próprio paciente, a outras pessoas e a situações futuras. Tal interpretação negativa contribui para a desesperança e a autocrítica e retroalimenta o padrão negativo de atribuição de significado às diferentes experiências do dia a dia. A rigidez dessa forma de interpretação da realidade era tão forte que se observou que os conteúdos dos sonhos dos pacientes deprimidos também correspondiam a um padrão de negatividade e ameaça, mesmo que, muitas vezes, se apresentassem de forma caricata e exagerada (Knapp & Beck, 2008). Apesar das diversas situações a que as pessoas eram submetidas, a forma como experienciavam essas situações variava de sujeito para sujeito e também de acordo com a intensidade do quadro depressivo. Essa constatação originou a formulação do pressuposto cognitivo da terapia: a atividade cognitiva, ou seja, o modo como se apreende e compreende as situações, modula sentimentos e comportamentos. Foi observado, também, que aqueles pacientes que questionavam sua própria perspectiva, suas próprias interpretações e pensamentos, tendiam a apresentar redução da intensidade dos sintomas. Esse recurso, utilizado por alguns pacientes, permitiu a formulação da hipótese de que a atividade cognitiva pode ser reformulada, proporcionando melhora sintomática.

O ponto central da modificação de cognições distorcidas obedece ao seguinte raciocínio:

1. Situações ativam esquemas distorcidos preexistentes. Os esquemas são as formas enviesadas de captação, integração e interpretação que viabilizam as conclusões distorcidas dos pacientes.
2. As conclusões distorcidas que ocorrem ao longo das situações-gatilho para ativação dos esquemas são consideradas o primeiro nível de pensamento ou interpretação, chamado de pensamento automático. Alguns exemplos de pensamentos automáticos são: "Eles sabem que perdi o emprego, por isso não me cumprimentaram", "Nunca mais serei reconhecido pela minha família".
3. O segundo nível são as regras ou pressupostos em relação aos quais os pensamentos automáticos são subordinados, as crenças intermediárias. Nesse nível, existem as regras de conduta, aquilo que se deve fazer para ser o que se deseja. Alguns exemplos de crenças intermediárias são: "Pessoas que trabalham são pessoas de valor. Logo, se eu trabalho, tenho valor; se não tenho trabalho, não tenho valor".
4. As crenças intermediárias são desenvolvidas ao longo da vida a partir das experiências de cada um e têm estreita relação com as crenças centrais (ou nucleares).

As crenças centrais são, em geral, a forma como o indivíduo se vê e se situa no mundo; geralmente são expressas em uma ou duas palavras, como a crença nuclear de incapacidade ou fracasso. As crenças centrais são definidas como pensamentos inflexíveis e generalizados sobre si mesmo, sobre os outros e sobre o futuro. Judith Beck (1997) propõe que as crenças se agrupam em temas centrais de desamor, desvalor e desamparo. As crenças centrais são as demandas psíquicas do sujeito por ser amparado (ou seguro), amado ou se ver como um sucesso, e não fracassado, ao integrar-se com o ambiente. Considerando o intuito da autora de agrupar as crenças nucleares em três grandes grupos, observa-se que as demandas humanas para estabelecimento de uma homeostase emocional são compartilhadas. Se as crenças intermediárias são pressupostos e regras a serem seguidas a fim de suprir necessidades de amor, valor e amparo (segurança), por que não se tem benefícios ao segui-las? Na realidade, o que se compreende em TCC é que temos diversas crenças sobre as mais diversas coisas e, provavelmente, muitos resultados positivos ao segui-las. No entanto, o desequilíbrio emocional ocorre quando essas regras são seguidas de forma muito rígida, extremista e inconsistente com a realidade (Vasile, 2012). Por exemplo, considerando um paciente deprimido que é demitido, a rigidez de sua crença é verificada quando se tem uma regra intermediária que diz que, para ter valor, a pessoa deve ter um trabalho. Dessa forma, não é possível ter valor se não está trabalhando, de modo que, a partir do momento que ele foi demitido, não é concebível que tenha valor, invalidando o fato de já ter trabalhado antes, negligenciando que a condição atual pode ser transitória e, ainda, afirmando que só é possível ter valor se estiver atualmente trabalhando. Essa visão totalitária negligencia outros aspectos da vida, como "ser pai (entre outras coisas) também me atribui valor". Assim, a TCC tem como objetivo redimensionar crenças para que haja não uma modificação de valores, mas uma alteração na rigidez de determinadas regras.

Essas crenças são pressupostos e regras que permitem uma previsão sobre os desfechos e significados de determinadas condutas e parecem ter uma função inicial de adaptação do sujeito ao mundo. A capacidade de previsão de desfechos futuros torna viável adotar comportamentos estratégicos em prol de um objetivo e, dessa forma, permite que sejam tomadas precauções em relação a uma condição que ainda não se tornou realidade (Beck, 1979), como ocorre, por exemplo, com os comportamentos evitativos ou de esquiva. Essa característica mostra que as reações não se dão necessariamente mediante apresentação de estímulos na realidade, mas podem ocorrer respostas em relação ao que se infere como provável desfecho ou como desfecho indesejado.

Um questionamento relevante seria: "Por que determinadas pessoas se veem muito vulneráveis e outras conseguem se arriscar demasiadamente, percebendo sua capacidade de enfrentamento como elevada?". Acredita-se que tais percepções se desenvolvam a partir de vulnerabilidades individuais associadas a experiências, permitindo ao sujeito estabelecer regras de conduta e uma visão distorcida de si.

O modelo cognitivo revisitado e sua aproximação das neurociências

A nova formulação de Aaron Beck (2008) do modelo cognitivo, que foi chamada de modelo cognitivo desenvolvimental (por incluir uma visão estresse-diátese, ou epigenética, do desenvolvimento psicopatológico), auxilia a compreender a interação entre processos mentais conscientes (explícitos) e não conscientes (implícitos), o papel da TCC em ambos os processos e os circuitos cerebrais envolvidos. Beck (2008) toma a depressão como um modelo para ilustrar o papel do processamento mental (explícito) e inconsciente (implícito) na psicoterapia e na neurobiologia.

Na depressão, existe uma relação importante entre o nível do processamento mental e as respostas neuroendócrinas. Em muitos pacientes deprimidos, ocorre uma ativação excessiva do sistema neural relacionado ao estresse em resposta às avaliações distorcidas (Beevers, 2005), bem como excesso de ativação do eixo hipotálamo-hipófise-adrenal (Gotlib, Joormann, Minor, & Hallmayer, 2008) e aumento da secreção de cortisol (Parker, Schatzberg, & Lyons, 2003).

As interpretações de situações de vida são fundamentais para determinar a excitação do sistema do estresse, e distorções na percepção das relações humanas são fonte importante de eventos potencialmente estressantes. Os pesquisadores Dickerson e Kemeny (2004) conduziram um estudo que revelou aumento da ativação do eixo hipotálamo-hipófise-adrenal e de secreção de cortisol em sujeitos que eram expostos a situações de laboratório avaliadas como ameaças de rejeição social, mostrando a ligação entre as interpretações nas relações humanas e o acionamento de respostas neuro-hormonais.

Com base nessas pesquisas, Beck (2008) ampliou seu modelo cognitivo inicial para abarcar os fatores genéticos, neuroquímicos e neurobiológicos em uma abordagem integrativa. Segundo o modelo desenvolvimental da depressão, baseado em padrões de natureza genético-molecular, predisposições de natureza biológica podem levar a padrões diferentes na interpretação de estímulos ambientais. Hariri e colaboradores (2002) demonstraram, por exemplo, que indivíduos que têm duas cópias do alelo curto do gene que codifica a proteína transportadora de serotonina apresentam maior ativação da amígdala ante estímulos relacionados a medo. Esse padrão poderia, por exemplo, predispor a vieses cognitivos, induzindo o sujeito a avaliações distorcidas e exageradas dos eventos estressantes.

O estresse produzido pelo exagero na avaliação das situações estressantes deixa o eixo hipotálamo-hipófise-adrenal mais ativado, aumentando a secreção de cortisol e a atividade límbica, que passa a predominar sobre a função frontal. O desequilíbrio entre as funções frontais diminuídas e a atividade aumentada da amígdala leva a um déficit no *teste de realidade* do sujeito e na capacidade de *reavaliar cognições negativas*, potencializando, assim, os sintomas depressivos.

Nesse modelo cognitivo expandido, Beck (2008) integra as pesquisas em neurociências, em especial a ideia de que, na depressão, o sistema de controle cognitivo (representado pelas regiões do córtex pré-frontal e do cingulado), ou processamento *top-down*, está enfraquecido, enquanto o processamento esquemático de baixo para cima, ou *bottom-up* (associado ao aumento de atividade na amígdala e em outras regiões límbicas), é prepotente (Johnstone, van Reekum, Urry, Kalin, & Davidson, 2007). Um estudo com pacientes deprimidos revelou que todos tinham função pré-frontal reduzida, e mais da metade apresentava atividade aumentada da amígdala (Siegle, Thompson, Carter, Steinhauer, & Thase, 2007). Achados como esses sugerem que os processos pré-frontais de reavaliação dos estímulos estão deficientes em pessoas deprimidas, o que ressalta a importância da TCC ao estimular avaliações mais realistas nesse transtorno.

Investigações em neurociências (Johnstone et al., 2007; Siegle et al., 2007; Surguladze et al., 2005) mostraram que a amígdala de pacientes depressivos apresenta elevada atividade, ocasionando vieses na *avaliação* e na *interpretação* de estímulos emocionalmente carregados e, mesmo, na expectativa de estímulos ameaçadores (Abler, Erk, Herwig, & Walter, 2007). No modelo cognitivo expandido (Beck, 2008), a hiper-reatividade da amígdala é apontada como o correlato neural para os vieses cognitivos negativos encontrados em pacientes depressivos, causando a secreção massiva de hormônios de estresse, como o cortisol, que é observada nesses pacientes (Abler et al., 2007). Segundo Beck (2008), o foco seletivo nos aspectos negativos da experiência resulta em distorções cognitivas como personalização, supergeneralização e exagero e, consequentemente, na formação de atitudes disfuncionais em relação à visão do *self* (p. ex., "sou inaceitável" ou "sou inadequado").

Em sua formulação atual, o modelo cognitivo concebe a manutenção de transtornos mentais (p. ex., a depressão) como resultante de uma desregulação entre o processamento inconsciente e o consciente. O papel da psicoterapia é atuar no fortalecimento do sistema consciente a fim de controlar as distorções na interpretação causadas pelos esquemas inconscientes, como explica Beck (2008, p. 3):

> Os esquemas cognitivos negativamente enviesados funcionam como processadores de informação automáticos. O processamento enviesado é rápido, involuntário e pleno em recursos. A dominância desse sistema (eficiente, mas mal-adaptativo) na depressão pode causar os vieses negativos atencionais e interpretativos. Em contraste, o papel do sistema de controle cognitivo (consistindo de funções executivas, solução de problemas e reavaliação) é atenuado na depressão. A operação desse sistema é deliberada, reflexiva e necessita de esforço (demanda recursos), pode ser reativada em terapia e, assim, ser utilizada para avaliar as falhas na interpretação depressivas e diminuir a saliência do modo depressivo.

CATEGORIZAÇÃO E A ATIVAÇÃO AUTOMÁTICA DE CRENÇAS

A capacidade cognitiva de categorização leva à economia cognitiva. Isso ocorre na medida em que estímulos diversos são agrupados em categorias maiores ou supraordenadas. Estas últimas, por sua vez, organizam seus elementos a partir de características e regras funcionais comuns.

As categorias cognitivas geram atalhos cognitivos e influenciam decisões cotidianas, uma vez que nos ajudam a atribuir valência emocional positiva ou negativa aos elementos envolvidos nos processos decisórios. Nas diversas espécies, a capacidade de reunir características e classificar ou discriminar estímulos (plantas venenosas de plantas que são alimentos, predadores ou animais passíveis de serem predados) é de grande valor adaptativo (Ashby, Gregory, & Shawn, 2001).

O processo de aprendizagem das categorias pode ser implícito ou explícito (Ziori & Dienes, 2012). A aprendizagem implícita ocorre quando as pessoas adquirem um conhecimento mesmo sem acesso consciente a ele, o que inviabiliza que o formulem verbalmente. Já a aprendizagem explícita demanda o uso de formulação de hipóteses, que são testadas pelo sujeito, gerando um conhecimento a respeito do qual ele tem consciência, podendo formulá-lo explicitamente.

Os processos de categorização são influenciados pelos conhecimentos prévios à aprendizagem de conceitos. Além disso, conhecimentos prévios fazem as pessoas direcionarem seletivamente sua atenção para atributos dos estímulos ou para observações que se tornaram relevantes a partir de experiências anteriores (Ziori & Dienes, 2012). Esse padrão de processamento, quando ocorre de forma intensa e sistemática, pode ser um dos fatores que contribuem para a consolidação de visões distorcidas, tornando-as rígidas e inflexíveis. Formadas as categorias, elas funcionarão como atalhos cognitivos e gerarão padrões rápidos e previsíveis de interpretação da realidade.

Ferguson e Bargh (2004) apontam que a avaliação de informações é um dos primeiros tipos de conhecimentos ativados após a percepção de determinado estímulo. Para que ocorra tal avaliação, não é requerida a intenção de se avaliar nem a necessidade de percepção consciente daquilo que foi apresentado. A avaliação automática de informações tem um grande potencial funcional, já que seleciona o que é relevante no ambiente, em detrimento daquilo que não é relevante. Esse processo viabiliza respostas rápidas e acesso imediato ao que é desejado e não desejado, ameaçador ou não, facilitando, assim, a orientação em relação àquilo que deve ser procurado ou evitado em um contexto. Para que ocorram tais padrões automatizados de resposta a classes de estímulos, usamos, muitas vezes, processos implícitos. Se, por um lado, os processos de categorização possibilitam economia cognitiva, por outro, os atalhos gerados pelas categorias mentais podem ser a base de distorções e padrões enviesados de interpretação da realidade.

Bigler e Liben (2006) propuseram a Teoria de Desenvolvimento Intergrupo (TDI), com o objetivo de compreender como ocorre o desenvolvimento de estereótipos sociais e do preconceito, cuja base é a categorização. Estereotipar, segundo os autores, é atribuir características a um indivíduo a partir de características do todo de um grupo. Já o preconceito envolve conferir reações afetivas positivas ou negativas a esse indivíduo ou grupo. Como já comentado, a atribuição de valência positiva ou negativa para determinadas categorias confere previsibilidade de desfecho e, consequentemente, possibilidade de condutas adaptadas. A fim de verificar a aprendizagem implícita no contexto social, Nosek, Banaji e Greenwald (2002) utilizaram a tarefa de associações implícitas. Nessa tarefa, solicitou-se aos sujeitos que classificassem estímulos que variavam segundo a raça (nomes e imagens de faces de descendência europeia e africana) e a idade em categorias de *bom* ou *ruim*, o mais rapidamente possível. Além disso, deveriam associar gênero com carreiras. Para tanto, eram apresentados nomes próprios masculinos e femininos que deveriam ser relacionados com termos associados a carreira profissional (gerência, salário, escritório) ou família (palavras como "casamento", "filhos", "pais"). De acordo com o método, quanto mais rapidamente realizada a associação, maior a evidência de uma categorização em nível implícito. Esse estudo foi conduzido com cerca de 600 mil voluntários e mostrou preferência implícita por nomes e faces de origem europeia e estímulos associados a idade jovem, em detrimento de idade mais avançada. Além disso, foram demonstrados estereótipos de associação de nomes masculinos com carreira profissional, e de nomes femininos, com termos vinculados à família.

Tais achados são condizentes com a revisão do modelo cognitivo proposto por Beck (Clark, Beck, & Alford, 1999). O modelo modal de Beck inclui, entre as variáveis cognitivas, as expectativas e as atribuições de significados, além do sistema de crenças (Neufeld & Cavenage, 2010). Tal inclusão aumenta a visibilidade dos aspectos sociais envolvidos nos processos implícitos de processamento e revela a importância de conhecer o contexto cultural e social dos pacientes. Neufeld e Cavenage (2010) propõem a inclusão dessas informações no processo de conceitualização cognitiva. Considerando que as categorizações e estereotipias ocorrem em nível implícito, é possível que processos não conscientes da cognição influenciem padrões de atribuição de significado e expectativas, o que pode esclarecer por que, muitas vezes, é difícil mudar o modo como pensamos.

Processos implícitos: o inconsciente cognitivo e a atribuição de significados às experiências

Processos implícitos de atribuição são particularmente importantes, uma vez que podem determinar a expressão de sintomas psicopatológicos na ausência de qualquer processo consciente por parte do paciente (Callegaro & Landeira-Fernandez, 2008). Deve-se observar, entretanto, que o conceito de atividade inconsciente não está relacionado à noção de inconsciente dinâmico desenvolvida pela teoria psicanalítica. O conceito de "inconsciente cognitivo" tem mais proximidade com os fundamentos neuropsicológicos (Callegaro, 2011). A ideia central desse conceito, proposta por Kihlstrom (1997), é a de que o cérebro efetua muitas operações complexas, e somente o seu resultado, mas não as suas operações, pode se transformar em conteúdo explícito. Não temos acesso às operações implícitas que originam os conteúdos explícitos. Essa interação entre processos implícitos e explícitos, quando relacionados à origem e ao tratamento dos transtornos mentais, envolve memórias adquiridas durante experiências iniciais de nossa vida, bem como a forma como interpretamos informações de nossa vida atual (Callegaro, 2011; Callegaro & Landeira-Fernandez, 2008).

As memórias implícitas, ou inconscientes, podem moldar a atenção automática criando padrões enviesados, também chamados de viés atencional. Mathews e MacLeod (1994) definem viés atencional como a "... tendência a seletivamente direcionar a atenção a determinados estímulos ...", podendo contribuir para a etiologia e a manutenção de diversas psicopatologias. Tais padrões podem estar associados ao desenvolvimento de psicopatologias, como nos transtornos do humor e de ansiedade (Abler et al., 2007; Gotlib et al., 2008).

Gotlib, Krasnoperova, Yue e Joormann (2004), por exemplo, testaram a presença de viés atencional em pacientes com diagnóstico de depressão. Nesse estudo, pacientes deprimidos respondiam com maior intensidade a faces que expressavam tristeza em relação a estímulos neutros e outras expressões emocionais. Uma evidência da importância de padrões cognitivos automatizados na manutenção da vulnerabilidade a quadros psicopatológicos ocorre quando se observa que, mesmo pacientes que não têm um quadro atual de depressão, mas que fazem parte de grupo de risco para desenvolvimento do quadro, já apresentam viés atencional para estímulos negativos (Browing, Holmes, Charles, Cowen, & Harmer, 2012). Além disso, diversos estudos que têm como alvo a modificação de viés atencional apresentam resultados satisfatórios para a redução de sintomas de depressão (Browing et al., 2012) e de transtornos alimentares (Renwick, Campbell, & Schmidt).

No estudo de Browing e colaboradores (2012), foi realizada uma comparação entre treinamento de viés atencional e tratamento-placebo. O treinamento de viés atencional consistia em uma tarefa em que, em um computador, apareceria um par de imagens de faces ou palavras. Posteriormente, um ponto era apresentado no mesmo local em que havia sido exibida a face ou palavra positiva, e o paciente devia apertar um botão o mais rapidamente que conseguisse após o aparecimento do ponto. Em contrapartida, no tratamento-placebo, o ponto não era apresentado somente após estímulos positivos, mas era igualmente frequente após estímulos positivos e negativos. Nesse estudo, foi medido o nível de cortisol ao acordar, uma medida geralmente conhecida por estar alterada em pacientes deprimidos. Após a realização do treinamento, foi observado que os níveis de cortisol tiveram redução no grupo de sujeitos submetidos ao treinamento em comparação com aqueles submetidos ao tratamento-placebo. Tais resultados apontam para a relevante influência de processos cognitivos implícitos na vulnerabilidade ao desenvolvimento de psicopatologias. Assim, é possível que sujeitos que apresentam esse viés tenham mais possibilidades de apreender informações do meio que condizem com seu modo padrão de atribuição de significados, assim como seu modo padrão de atribuição pode potencializar o viés atencional para estímulos condizentes com a psicopatologia, como estímulos negativos. Essa dinâmica favorece um funcionamento que se retroalimenta, agravando os níveis de vulnerabilidade dos sujeitos.

COMO OCORRE O PROCESSO DE PSICOTERAPIA: REESTRUTURAÇÃO COGNITIVA

As técnicas cognitivas de reestruturação se mostram eficazes em mobilizar e fortalecer o processamento consciente dos pacientes para o treinamento do processamento implícito. Na TCC, são examinados os *pensamentos automáticos* do paciente a fim de conceitualizar o caso (a construção de uma teoria singular sobre o sofrimento do paciente), inferindo-se as crenças condicionais e as centrais (com uso da técnica chamada de seta descendente), que refletem esquemas implícitos mais antigos, os esquemas iniciais desadaptativos. Os pensamentos automáticos são *resultados conscientes* do processamento esquemático implícito, que emergem na vida mental explícita como imagens ou ideias. Os pensamentos automáticos podem ser concebidos como produtos declarativos ou explícitos do processamento realizado em nível implícito, ou seja, resultado da tradução, em palavras (ou em imagens mentais conscientes), dos resultados da operação de mecanismos de avaliação implícitos, produzidos por esquemas tácitos (Callegaro, 2011). Quando distorcidos e enviesados, os pensamentos automáticos são chamados de *disfuncionais*, enquanto aqueles que refletem a realidade e encontram corroboração em evidências não recebem atenção clínica, por serem considerados funcionais.

Nesse sentido, podemos dizer que a reestruturação cognitiva envolve a reavaliação dos pensamentos automáticos. Os pensamentos automáticos disfuncionais podem ser reavaliados pelo pensamento consciente e, assim, reestruturados, ocasionando *novas interpretações*, mais condizentes com a realidade e mais adaptativas. No início da terapia, é necessário esforço e atenção consciente, mas, com a contínua repetição, os novos padrões de atribuição de significado vão sendo exercitados e se tornando automáticos. Ou seja, o treinamento com técnicas cognitivas vai mudando o circuito neural de processamento esquemático, permitindo que o cérebro executivo do córtex pré-frontal reavalie as situações. A repetição do processamento nessas vias diferentes cria novos hábitos mentais, em que automatismos mais funcionais substituem os esquemas desadaptativos. A psicoterapia estimula o estabelecimento de novas regras, vieses atencionais e categorização não patológicos. Integrando o arsenal de ferramentas clínicas de mudança, as técnicas comportamentais, por sua vez, são fundamentais para reforçar as mudanças e na aprendizagem *pavloviana*, *operante* e *vicária* de novos esquemas implícitos (Callegaro, 2011).

Dessa forma, quando o terapeuta cognitivo trabalha em equipe com o paciente, utilizando técnicas de reestruturação do pensamento, praticando a análise de evidências e buscando interpretações mais realistas, está treinando e fortalecendo os circuitos neurais conscientes em estratégias de controle, que, com a prática, modificam os esquemas inconscientes, sobrepondo o aprendizado implícito disfuncional ao reaprendizado de novas memórias implícitas, mais funcionais. Como exemplo clínico, podemos citar o enfrentamento da *ruminação*, quando técnicas cognitivas treinam a capacidade de monitorar e interromper padrões repetitivos ruminativos de avaliação distorcida e de buscar interpretações alternativas (Beck, 2008; Beevers, 2005).

Evidências indicam que o processo psicoterápico de reestruturação cognitiva, no qual o terapeuta estimula o paciente a questionar o quanto os seus pensamentos estão de acordo com os dados de realidade e, então, reavaliar a situação, produz alterações no estado emocional (McAnulty & Wright, 2007; Porto et al., 2008). Com a reestruturação, surgem padrões de pensamento mais funcionais e flexíveis, e as crenças irracionais são substituídas por crenças mais adaptativas (D'el Rey & Pacini, 2006; McAnulty & Wright, 2007; Porto et al., 2008). A reestruturação cognitiva se mostrou eficaz em casos de dependência de tabaco (Shobola, 2007), explosões de raiva (Deffenbacher, Dahlen, Lynch, Morris, & Gowensmith, 2000; Whiteman, Fanshel, & Grundy, 1987), fobia social (D'el Rey & Pacini, 2006), homens prepetradores de violência doméstica (Norman & Ryan, 2008), transtorno de estresse pós-traumático (Bryant et al., 2008; Peres et al., 2007), compras compulsivas (Filomensky & Tavares, 2009) e no processo de regulação da emoção, como em fobias e transtorno de ansiedade (Porto et al., 2008).

Também é importante compreender a intervenção cognitiva em nível narrativo. A pesquisa desenvolvida pela psicóloga Jamie Pennebaker (1997) possibilita *insight* sobre a influência do nível narrativo e sua relação com a saúde física e mental. Pennebaker (1997) verificou que as narrativas de pessoas que haviam passado por traumas tinham forte relação com a superação ou o desenvolvimento de patologias. Os sujeitos escreveram sobre a experiência traumática por 15 minutos durante quatro dias, e aqueles que apresentaram progresso, mostrando, ao longo do tempo, maior *insight* sobre as causas e as consequências do evento, melhoraram sensivelmente de saúde no ano seguinte. Os sujeitos eram orientados a expressar seus sentimentos e pensamentos sem tentar editá-los ou censurá-los, não importando a ordem seguida, desde que finalizassem com uma reflexão sobre as razões do que aconteceu e sobre o que se poderiam extrair de positivo da experiência.

A reestruturação do pensamento permite a construção de uma *narrativa mais coerente*, um novo modelo explícito do *self* e do mundo, cujas previsões e expectativas são paulatinamente mais corroboradas pelas mudanças percebidas nas reações das pessoas, nas relações humanas. As técnicas de investigação do cérebro, quando aplicadas antes e depois da TCC (Johnstone et al., 2007; Siegle et al., 2007), mostram que existe um aumento na atividade neural do hipocampo depois de uma terapia eficaz, enquanto se registrou redução na excitação dos neurônios da amígdala, o que corresponde ao correlato neural do fortalecimento da narrativa explícita (memórias conscientes autobiográficas *hipocampo-dependentes*) e ao enfraquecimento dos esquemas inconscientes emocionais (memórias emocionais inconscientes *amígdala-dependentes*).

A narrativa que construímos sobre nós mesmos e sobre o mundo ao longo da história de vida tem profunda influência sobre nossas emoções e nosso comportamento, o que está associado à modulação do córtex e do hipocampo sobre a amígdala, em nível de correlato neurobiológico, e dos processos controlados sobre os automáticos, em nível cognitivo. A TCC ajuda a construir uma narrativa melhor e mais coerente, eliminando os vieses e as distorções que minam o autoconceito.

O PROCESSO DE TERAPIA COGNITIVO-COMPORTAMENTAL COMO UM TREINO DE FUNÇÕES EXECUTIVAS?

A TCC visa à reestruturação de crenças e à melhora na capacidade do indivíduo de gerenciar seu próprio comportamento. Evidências recentes mostram que as técnicas utilizadas em TCC podem modificar padrões de funcionamento neural, estando relacionadas a aumento da ativação de circuitos frontais e redução da atividade em áreas mesocorticolímbicas associadas à reatividade emocional (Roffman, Marci, Glick, Dougherty, & Rauch, 2005; Siep, Roebroeck, Havermans, Bonte, & Jansen et al., 2012). Tal padrão de resultados pode indicar que indivíduos submetidos à TCC apresentam melhoras em funções cognitivas relacionadas à autogestão, como as funções executivas. Malloy-Diniz, de Paula, Sedó, Fuentes e Leite (2014) definem as funções executivas como um conjunto de processos cognitivos que atuam paralelamente e permitem o comportamento dirigido a metas. Diamond (2013) destaca a existência de três funções executivas nucleares:

- memória operacional – capacidade de armazenar temporariamente informações, disponibilizando-as para outros processos mentais
- controle inibitório – capacidade de inibir o efeito de distratores, interromper respostas não adaptativas e impedir a emissão de respostas prepotentes
- flexibilidade cognitiva – capacidade de alternar entre *settings* mentais e comportamentais de forma adaptada e direcionada a objetivos

Diamond (2013) destaca, ainda, que, a partir das funções executivas nucleares, se desenvolvem as funções executivas complexas, como a capacidade de abstração, planejamento e solução de problemas. Como pode ser visto, as funções executivas são particularmente importantes para a capacidade do indivíduo de gerenciar seu próprio comportamento, um dos principais alvos da TCC. Em particular, a capacidade de flexibilizar a cognição e inibir comportamentos e pensamentos inapropriados parece ser um dos alvos das intervenções da TCC. Por exemplo, uma das principais técnicas da TCC é o questionamento socrático (Braun, Strunk, Sasso, & Cooper, 2015). A técnica consiste em questionar suposições e regras frequentemente usadas pelo paciente, possibilitando que ele questione e se distancie de seus pensamentos habituais, desenvolvendo flexibilidade em relação a eles (Kazantzis, Fairburn, Padesky, Reinecke, & Teesson, 2014).

Outras técnicas metacognitivas também podem melhorar a capacidade de não agir de forma precipitada e automatizada. Por exemplo, o registro de pensamentos disfuncionais – RPD (Quadro 21.1) – pode levar o paciente a manejar ações e pensamentos automáticos a partir da análise e da modificação de cognições (Beck, 2013). Essa técnica normalmente é ensinada e treinada com o paciente no *setting* terapêutico, e ele, por sua vez, a utiliza como tarefa de casa entre as sessões todas as vezes que perceber seu estado emocional alterado e processos de pensamento enviesados. À medida que o paciente aprende a utilizar a técnica, vai automaticamente revendo seu modo de agir, que, em teoria, é influenciado por seus pensamentos automáticos e por seu estado emocional.

Uma grande vantagem dessa técnica é que, após identificar a situação-gatilho, o estado emocional e os pensamentos automáticos, o próprio paciente pode utilizar outras técnicas, como o questionamento socrático, para buscar uma resposta alternativa. Desse modo, supõe-se que o RPD pode ser um importante potencializador do controle inibitório, favorecendo também a flexibilidade cognitiva e outros processos metacognitivos.

Outra técnica amplamente utilizada na TCC que parece atuar sobre processos executivos é o treino de resolução de problemas. Essa técnica é normalmente usada quando, após o processo de questionamento socrático, o indivíduo percebe que os problemas a serem resolvidos são realísticos, e não meras distorções cognitivas.

Na prática, o treino de resolução de problemas consiste no seguimento de vários passos, com pequenas variações entre os autores (Guimarães, 2011; Jacob, 2004; Knapp, 2004):

1. Identificação, delimitação e detalhamento do problema-alvo
2. Definição de objetivos alcançáveis
3. Busca de soluções

QUADRO 21.1 • Exemplo hipotético de registro de pensamentos

Situação-gatilho (fato real)	Pensamentos automáticos ativados (interpretação do fato)	Emoção, sensação fisiológica ou comportamento (consequência da interpretação)	Resposta alternativa (questionamento aos pensamentos automáticos)	Resultado da reestruturação cognitiva (espera-se menor reatividade emocional e/ou respostas comportamentais mais adaptativas)
Perda do emprego	Sou um fracasso; se não tenho emprego, então não tenho valor.	Preocupação excessiva; esquiva de situações sociais; medo; irritabilidade.	O fato de perder o emprego não é uma evidência de que sou um fracasso e de que não tenho valor; perdi o emprego devido à crise financeira, e não porque sou um fracasso. O mais realista é que logo eu encontre outro emprego. Posso começar a buscar alternativas conversando com pessoas que conheço.	Menor preocupação, medo e irritabilidade; mais contato social; procura de um novo emprego.

Para construir a Resposta Alternativa, escolha as perguntas a seguir mais pertinentes a cada cognição identificada (questionamento aos pensamentos automáticos):
1. Quais são as evidências de que o pensamento automático é verdadeiro? Quais são as evidências de que ele não é verdadeiro?
2. Há explicações alternativas para o evento ou formas alternativas de enxergar a situação? Quais são as implicações, no caso de os pensamentos serem verdadeiros? Qual é o pior da situação? O que é mais realista? O que é possível fazer a respeito?

Fonte: Adaptado de Knapp (2004).

4. Avaliação e escolha das soluções exequíveis
5. Implementação da solução escolhida
6. Avaliação do resultado

Essa técnica é particularmente útil para ser utilizada com pacientes depressivos e com transtornos de ansiedade, em que a capacidade de resolução de problemas é reconhecidamente diminuída, tanto pela redução da atividade frontal quanto pelas crenças de ineficácia e vulnerabilidade.

Uma característica da TCC que parece aumentar o processamento executivo é o fato de o paciente sempre ser estimulado a utilizar as técnicas entre as sessões e mesmo após o término do tratamento. Além disso, a descoberta guiada e o empirismo colaborativo também parecem ser pontos cruciais no aprimoramento das funções executivas. A literatura ressalta que o paciente é incitado a ser o seu próprio terapeuta (Beck, 1997).

CONSIDERAÇÕES FINAIS

A partir dos dados de literatura expostos neste capítulo, nota-se que a TCC parece atuar sobre a capacidade de reformular regras de conduta e testar essas novas hipóteses a partir de um processo de flexibilização, aprendizagem implícita e explícita e aumento da autorregulação emocional e comportamental. Na prática, esse processo se dá por meio da reestruturação cognitiva associada a exposições ou ativações comportamentais e teste da nova hipótese gerada durante o processo terapêutico. Essa dinâmica terapêutica se relaciona com o aprimoramento da capacidade executiva e com a diminuição da reatividade emocional diante de estímulos desencadeadores.

A integração entre as neurociências, em particular a neuropsicologia e a TCC, tem sido fundamental tanto para a validação conceitual e metodológica dessa abordagem terapêutica como para facilitar uma melhor compreensão da formação e modificação de padrões cognitivos de diferentes naturezas. Um desafio para a agenda futura é a integração conceitual e metodológica entre tais disciplinas. Este capítulo, mesmo que de forma heurística, procurou apresentar argumentos sobre a viabilidade de tal integração.

REFERÊNCIAS

Abler, B., Erk, S., Herwig, U., & Walter, H. (2007). Anticipation of aversive stimuli activates extended amygdala in unipolar depression. *Journal of Psychiatric Research, 41*(6), 511-522.

Ashby, F. G., & Ell, S. W. (2001). The neurobiology of human category learning. *Trends in Cognitive Sciences, 5*(5), 204-210.

Beck, A. T. (1979). *Cognitive therapy and the emotional disorders*. New York: Penguin.

Beck, A. T. (2008). The evolution of the cognitive model of depression and its neurobiological correlates. *The American Journal of Psychiatry, 165*(8), 969-977.

Beck, J. S. (1997). *Terapia cognitiva: Teoria e prática*. Porto Alegre: Artmed.

Beck, J. S. (2013). *Terapia cognitivo-comportamental: Teoria e prática* (2. ed.). Porto Alegre: Artmed.

Beevers, C. G. (2005). Cognitive vulnerability to depression: A dual process model. *Clinical Psychology Review, 25*(7), 975-1002.

Bigler, R. S., & Liben, L. S. (2006). A developmental intergroup theory of social stereotypes and prejudice. *Advances in Child Development and Behavior, 34*, 39-89.

Braun, J. D., Strunk, D. R., Sasso, K. E., & Cooper, A. A. (2015). Therapist use of Socratic questioning predicts session-to-session symptom change in cognitive therapy for depression. *Behaviour Research and Therapy, 70*, 32-37.

Browing, M., Holmes, E. A., Charles, M., Cowen, P. J., & Harmer, C. J. (2012). Using attentional bias modification as a cognitive vaccine against depression. *Biological Psychiatry, 72*(7), 572-579.

Bryant, R., Moulds, M., Guthrie, R., Dang, S., Mastrodomenico, J., Nixon, R., ... Hopwood, S. (2008). A randomized controlled trial of exposure therapy and cognitive restructuring for posttraumatic stress disorder. *Journal of Consulting and Clinical Psychology, 76*(4), 695-703.

Callegaro, M. M. (2011). *O novo inconsciente: Como a terapia cognitiva e as neurociências revolucionaram o modelo do processamento mental*. Porto Alegre: Artmed.

Callegaro, M. M, & Landeira-Fernandez, J. (2008). Pesquisas em neurociência e suas implicações na prática psicoterápica. In V. Cordioli (Org.), *Psicoterapias: Abordagens atuais* (3. ed., pp. 851-872). Porto Alegre: Artmed.

Clark, D. A., Beck, A. T., Alford, B. A. (1999). *Scientific foundations of cognitive theory and therapy of depression*. New York: John Wiley & Sons.

D'el Rey, G. J., & Pacini, C. A. (2006). Terapia cognitivo-comportamental da fobia social: Modelos e técnicas. *Psicologia em Estudo, 11*(4), 269-275.

Deffenbacher, J., Dahlen, E., Lynch, R., Morris, C., & Gowensmith, N. (2000). An application of Beck's cognitive therapy to general anger reduction. *Cognitive Therapy and Research, 24*(6), 689-697.

Diamond, A. (2013). Executive functions. *Annual Review of Psychology, 64*, 135-168.

Dickerson, S. S., & Kemeny, M. E. (2004). Acute stressors and cortisol responses: A theoretical integration and synthesis of laboratory research. *Psychological Bulletin, 130*(3), 355-391.

Ferguson, M. J., & Bargh, J. A. (2004). Liking is for doing: The effects of goal pursuit on automatic evaluation. *Journal of Personality and Social Psychology, 87*(5), 557-572.

Filomensky, T., & Tavares, H. (2009). Cognitive restructuring for compulsive buying. *Revista Brasileira de Psiquiatria, 31*(1), 77-78.

Gotlib, I. H., Joormann, J., Minor, K., & Hallmayer, J. (2008). HPA axis reactivity: A mechanismunderlying the associations among 5-HTTLPR, stress, and depression. *Biological Psychiatry, 63*(9), 847-851.

Gotlib, I. H., Krasnoperova, E., Yue, D. N., & Joormann, J. (2004). Attentional biases for negative interpersonal stimuli in clinical depression. *Journal of Abnormal Psychology, 113*(1), 127-135.

Guimarães, S. S. (2011). Técnicas cognitivas e comportamentais. In B. Rangé (Org.), *Psicoterapias cognitivo-comportamentais: Um diálogo com a psiquiatria* (2. ed., pp. 170-193). Porto Alegre: Artmed.

Hariri, A. R., Mattay, V. S., Tessitore, A., Kolachana, B., Fera, F., Goldman, D., ... Weinberger, D. R. (2002). Serotonin transporter genetic variation and the response of the human amygdala. *Science, 297*(5580), 400-403.

Jacob, L. S. (2004). Treino de Resolução de Problemas. In C. N. Abreu, & H. J. Guilhardi (Orgs.), *Terapia comportamental e cognitivo-comportamental: Práticas clínicas* (pp. 344-351). São Paulo: Roca.

Johnstone, T., van Reekum, C. M., Urry, H. L., Kalin, N. H., & Davidson, R. J. (2007). Failure to regulate: Counterproductive recruitment of top-down prefrontal-subcortical circuitry in major depression. *The Journal of Neuroscience, 27*(33), 8877-8884.

Kazantzis, N., Fairburn, C. G., Padesky, C. A., Reinecke, M., & Teesson, M. (2014). Unresolved issues regarding the research and practice of cognitive behavior therapy: The case of guided discovery u-sing Socratic questioning. *Behaviour Change, 31*(1), 1-17.

Kihlstrom, J. F. (1987). The cognitive unconscious. *Science, 237*(4821), 1445-1452.

Knapp, P. (2004). Principais técnicas. In P. Knapp (Org.), *Terapia cognitivo-comportamental na prática psiquiátrica* (pp. 133-159). Porto Alegre: Artmed.

Knapp, P., & Beck, A. T. (2008). Cognitive therapy: Foundations, conceptual models, applications and research. *Revista Brasileira de Psiquiatria, 30*(Suppl 2), s54-s64.

Malloy-Diniz, L. F., de Paula, J. J., Sedó, M., Fuentes, D., & Leite, W. B. (2014). Neuropsicologia das funções executivas e da atenção. In D. Fuentes, L. F. Malloy-Diniz, C. H. P. Camargo, & R. M. Cosenza (Orgs), *Neuropsicologia: Teoria e prática* (2. ed., pp. 115-138). Porto Alegre: Artmed.

Mathews, A., & MacLeod, C. (1994). Cognitive approaches to emotion and emotional disorders. *Annual Review of Psychology, 45*(1), 25-50.

McAnulty, R., & Wright, L. (2007). Tratamento cognitivo-comportamental de parafilias. In V. Caballo (Org.), *Tratamento cognitivo-comportamental dos transtornos psicológicos da atualidade* (pp. 277-296). São Paulo: Santos.

Neufeld, C. B., & Cavenage, C. C. (2010). Conceitualização cognitiva de caso: Uma proposta de sistematização a partir da prática clínica e da formação de terapeutas cognitivo-comportamentais. *Revista Brasileira de Terapia Cognitiva, 6*(2), 3-35.

Neufeld, C. B., Falcone, E. M. O., & Range, B. (Orgs.). (no prelo). *Procognitiva: Programa de atualização em terapia cognitivo-comportamental*.

Norman, M., & Ryan, L. (2008). The rosenzweig picture-frustration study "extra-aggression" score as an indicator in cognitive restructuring therapy for male perpetrators of domestic violence. *Journal of Interpersonal Violence, 23*(4), 561-566.

Nosek, B. A., Banaji, M., & Greenwald, A. G. (2002). Harvesting implicit group attitudes and beliefs from a demonstration web site. *Group Dynamics: Theory, Research, and Practice, 6*(1), 101-115.

Parker, K. J., Schatzberg, A. F., & Lyons, D. M. (2003). Neuroendocrine aspects of hypercortisolism in major depression. *Hormones & Behavior, 43*(1), 60-66.

Pennebaker, J. (1997). *Opening up: The healing power of expressing emotions*. New York: Guilford.

Peres, J., Newberg, A., Mercante, J., Sima, M., Albuquerque, V., Peres, M., & Nasello, A. (2007). Cerebral blood flow changes during retrieval of traumatic memories before and after psychotherapy: A SPECT study. *Psychological Medicine, 37*(10), 1481-1491.

Porto, P., Oliveira, L., Volchan, E., Mari, J., Figueira, I., & Ventura, P. (2008). Evidências científicas das neurociências para a terapia cognitivo-comportamental. *Paidéia, 18*(41), 485-494.

Renwick, B., Campbell, I. C., & Schmidt, U. (2013). Review of attentional bias modification: A brain-directed treatment for eating disorders. *European Eating Disorders Review, 21*(6), 464-474.

Roffman, J. L., Marci, C. D., Glick, D. M., Dougherty, D. D., & Rauch, S. L. (2005). Neuroimaging and the functional neuroanatomy of psychotherapy. *Psychological Medicine, 35*(10), 1385-1398.

Shobola, A. (2007). The study of the effects of cognitive restructuring therapy on cigarette smoking behaviour of undergraduate students. *IFE Psychologia, 16*(1), 187-197.

Siegle, G. J., Thompson, W., Carter, C. S., Steinhauer, S. R., & Thase, M. E. (2007). Increased amygdala and decreased dorsolateral prefrontal bold responses in unipolar depression: Related and independent features. *Biological Psychiatry, 61*(2), 198-209.

Siep, N., Roefs, A., Roebroeck, A., Havermans, R., Bonte, M., & Jansen, A. (2012). Fighting food temptations: The modulating effects of short-term cognitive reappraisal, suppression and up-regulation on mesocorticolimbic activity related to appetitive motivation. *NeuroImage, 60*(1), 213-220.

Surguladze, S., Brammer, M. J., Keedwell, P., Giampietro, V., Young, A. W., & Travis, M. J. (2005). A differential pattern of neural response toward sad versus happy facial expressions in major depressive disorder. *Biological Psychiatry, 57*(3), 201-209.

Vasile, C. (2012). Rational/irrational beliefs dynamics in adults. *Procedia – Social and Behavioral Sciences, 69*, 2108-2113.

Whiteman, M., Fanshel, D., & Grundy, J. (1987). Cognitive behavior interventions aimed at anger of parents at risk of child abuse. *Social Work, 32*(6), 469-479.

Ziori, E., & Dienes, Z. (2012). The time course of implicit and explicit concept learning. *Consciousness and Cognition, 21*(1), 204-216.

22

A estimulação cognitiva do idoso deprimido

MÔNICA VIEIRA COSTA
BRENO SATLER DINIZ

A estimulação cognitiva reflete a proposição de que os processos mentais superiores podem ser mantidos ou melhorados por meio do exercício cognitivo. Termos como "treinamento cerebral" são amplamente discutidos no contexto de livros de autoajuda e produtos virtuais. O objetivo deste capítulo é abordar o estudo científico da estimulação cognitiva como técnica de reabilitação para comprometimento cognitivo no idoso deprimido.

Há fortes indícios de que a plasticidade neural permanece ao longo da vida (Jones et al., 2006) e de que a reserva cognitiva está associada à redução de risco de comprometimento cognitivo em idosos. Os conceitos de reserva cerebral e cognitiva estão relacionados a sistemas compensatórios do indivíduo e à capacidade de otimizar ou maximizar o desempenho por meio de recrutamento diferencial das redes cerebrais (Scarmeas & Stern, 2003). As reservas cognitiva e cerebral são consideradas fatores de proteção para declínio cognitivo. No diagnóstico precoce de síndromes demenciais, por exemplo, um bom desempenho cognitivo pré-mórbido pode proporcionar a oportunidade de planejamento do cuidado futuro e de adaptação, enquanto o paciente ainda é capaz de tomar decisões.

Nessa fase da vida, há propensão ao desenvolvimento de doenças mentais, como a depressão. A prevalência de depressão em idosos é de 4% (Byers, Yaffe, Covinsky, Friedman, & Bruce, 2010), e a diferença entre os gêneros é expressiva, pois o risco de apresentar sintomas é duas vezes maior para as mulheres (Kessler & Bromet, 2013). A ocorrência nessa faixa etária resulta em aumento da suscetibilidade a declínio cognitivo e síndromes demenciais neurodegenerativas (Diniz, Butters, Albert, Dew, & Reynolds, 2013), comprometimento das atividades de vida diária (Zeiss, Lewinsohn, Rohde, & Seeley, 1996), estresse dos cuidadores (González-Salvador, Arango, Lyketsos, & Barba, 1999), piora da qualidade de vida (Condé et al., 2010) e elevação dos custos com assistência à saúde (Herrmann et al., 2006).

A depressão pode ser evitada com programas de prevenção que visem a atividades físicas e de estimulação cognitiva (Miller, Taler, Davidson, & Messier, 2012; Wolinsky et al., 2009), assim como a psicoeducação, reestruturação cognitiva, resolução de problemas e outras estratégias já conhecidas (Fiske, Wetherell, & Gatz, 2009). Além disso, há evidências de que a estimulação cognitiva tem benefícios cognitivos em idosos deprimidos (Wang & Blazer, 2015).

Conhecimentos relativos à neuroplasticidade e à possibilidade de melhora do desempenho cognitivo após estimulação cognitiva fornecem *insights* sobre o potencial e os limites da aprendizagem de conteúdos novos no curso do desenvolvimento e são de importância teórica e prática (Dahlin, Nyberg, Bäckman, & Neely, 2008).

ALTERAÇÕES COGNITIVAS EM IDOSOS COM DEPRESSÃO

Não há consenso sobre se os comprometimentos cognitivos associados à depressão são fatores de vulnerabilidade, sintomas concomitantes (de diferente etiologia) ou consequências da depressão. Entre esses comprometimentos cognitivos, o de funções executivas é o mais proeminente (Snyder, 2013). Em uma metanálise que reuniu 113 estudos que compararam controles e sujeitos com depressão maior, foi encontrada associação entre esta e comprometimentos significativos em funções executivas como monitoramento, controle inibitório e flexibilidade cognitiva, memória de trabalho verbal e visioespacial, planejamento e fluência verbal (Snyder, 2013).

Déficits em velocidade de processamento (Jungwirth et al., 2011), habilidades visioespaciais (Elderkin-Thompson et al., 2004) e memória episódica verbal (Clark, Chamberlain, & Sahakian, 2009; Nebes et al., 2000) também estão associados. Estes medeiam o declínio em funções mais complexas, como atenção, planejamento e solução de problemas (Butters et al., 2004; Nebes et al., 2000).

A associação entre déficits cognitivos e a depressão geriátrica é mediada por fatores como faixa etária (Fossati, Coyette, Ergis, & Allilaire, 2002), gravidade da sintomatologia depressiva (Malhi et al., 2007; McDermott & Ebmeier, 2009; Paelecke-Habermann, Pohl & Leplow, 2005), idade de início do transtorno (precoce vs. tardio) (Grayson & Thomas, 2013), padrão sintomatológico (como prevalência de sintomas de humor ou neurovegetativos) (Hall, O'Bryant, Johnson, & Barber, 2011) e comorbidades clínicas (Kessler et al., 2005).

A relação bidirecional entre comprometimentos cognitivos e depressão também influencia decisões relacionadas a tratamentos. O comprometimento de funções executivas, por exemplo, está associado a resistência ao tratamento farmacológico em idosos com depressão (Pimontel, Culang Reinlieb, Morimoto, & Sneed, 2011). Já o comprometimento de memória episódica dificulta a aplicação de protocolos de estimulação cognitiva que envolvam aprendizagem (Wang & Blazer, 2015).

PRINCÍPIOS GERAIS DA ESTIMULAÇÃO COGNITIVA

A estimulação cognitiva compreende atividades sistematizadas de treino com o objetivo de manutenção e melhora dos processos mentais que compõem os domínios cognitivos, como memória, funções executivas, atenção, linguagem, percepção e praxia. Em processos de reabilitação, esse procedimento geralmente é associado a estratégias complementares. Danos nas funções executivas, por exemplo, comprometem a capacidade de organização e a habilidade de desempenhar diferentes atividades simultâneas. Pacientes nessas condições e que precisam se preparar para situações como uma reunião no trabalho ou mesmo atividades diárias, como preparo de uma refeição, enfrentam dificuldades. Nesses casos, o profissional de reabilitação pode propor atividades de estimulação e elaborar também esquemas com passos a serem seguidos e a ordem de execução para a realização das atividades.

Protocolos de estimulação cognitiva podem ser delineados para aplicação individual ou em grupo. Nas sessões em grupo, os participantes geralmente realizam tarefas de treino estruturadas e com duração preestabelecida. Já programas de estimulação cognitiva individual são personalizados e ajustados às suas necessidades e às dificuldades cognitivas apresentadas e que interferem no funcionamento diário. Os objetivos e as atividades são definidos em colaboração com o paciente e mediante os resultados de uma avaliação neuropsicológica prévia. Programas de estimulação cognitivo também podem ser aplicados em grupos de pessoas com alguma dificuldade ou perda cognitiva comum, sendo esse tipo de aplicação geralmente utilizado para a estimulação de componentes específicos de memória.

Técnicas e protocolos de estimulação cognitiva são desenvolvidos por profissionais de diversas áreas do conhecimento e podem ser disponibilizados em plataformas virtuais de livre acesso para autoaplicação. A administração também pode ser mediada por profissionais especializados. Esses produtos de treinamento do cérebro ou estimulação cognitiva são diferentes, e alguns funcionam melhor do que outros. Em casos em que o objetivo seja a prevenção ou o tratamento de comprometimento decorrente de condições clínicas como a depressão, devem ser utilizados instrumentos padronizados e validados. Em idosos, o cuidado com o diagnóstico diferencial, a aplicação e o controle dos objetivos alcançados deve ser mais rígido e baseado em evidências, devido à maior suscetibilidade a declínio cognitivo nessa faixa etária.

EVIDÊNCIAS SOBRE EFICÁCIA DA ESTIMULAÇÃO COGNITIVA EM IDOSOS COM DEPRESSÃO

A execução de atividades cognitivamente estimulantes é associada a melhor desempenho cognitivo no fim da vida e a redução do risco de comprometimento cognitivo e síndromes demenciais (Marioni, Valenzuela, Van den Hout, Brayne, & Matthews, 2012). A estimulação cognitiva, quando utilizada como técnica de reabilitação, tem resultados positivos no desempenho cognitivo, na qualidade de vida e na funcionalidade em idosos (Jean, Bergeron, Thivierge, & Simard, 2010).

Em uma metanálise de 2014, Lampit, Hallock e Valenzuela discutiram os resultados de estimulação cognitiva computadorizada para idosos saudáveis em 51 ensaios clínicos randomizados que investigaram os efeitos de mais de 4 horas de estimulação em cerca de 5 mil idosos cognitivamente saudáveis, medindo várias funções cognitivas antes e depois da estimulação. A metanálise desses estudos indicou que o tamanho do efeito global de estimulação comparado ao grupo-controle foi pequeno, mas estatisticamente significativo. Foi encontrado efeito significativo de leve a moderado sobre as funções cognitivas individuais. Algumas técnicas de estimulação computadorizada melhoram ligeiramente a memória não verbal e a memória de trabalho. No entanto, não foi encontrado efeito significativo sobre as funções executivas ou a atenção de acordo com os dados avaliados.

Já em um estudo que comparou o efeito de estimulação cognitiva em um grupo de adultos jovens e idosos também saudáveis para tarefas de velocidade de processamento, memória episódica e semântica, raciocínio e memória de trabalho, foi observada melhora do desempenho imediatamente após o treinamento para os grupos estimulados em relação aos controles (Dahlin et al., 2008). Após participarem de um programa de treinamento adaptativo informatizado de cinco semanas, os participantes melhoraram significativamente seu desempenho em tarefa de memória de trabalho, mantido até 18 meses após a estimulação e generalizado para o cotidiano apenas no grupo de jovens. Essa é uma evidência de plasticidade desse componente das funções executivas do início até o fim da vida adulta. O fato de não ocorrer generalização para outra tarefa em idosos sugere limitação maior da neuroplasticidade em comparação a pessoas jovens.

Em um estudo duplo-cego, randomizado, controlado, com seguimento de 10 anos, envolvendo 2.832 participantes com idade média de 73 anos, Rebok e colaboradores (2014) avaliaram os efeitos de estimulação cognitiva de domínios cognitivos relacionados às atividades de vida diária. Os participantes foram submetidos a 10 sessões iniciais de estimulação para memória, raciocínio e velocidade de processamento e a quatro sessões de reforço 11 e 35 meses após a estimulação inicial. Em uma idade média de 82 anos, cerca de 60% dos participantes treinados, contra 50% dos controles, estavam com desempenho no mesmo nível ou superior há 10 anos antes em atividades de vida diária. A estimulação de componentes de raciocínio e velocidade de processamento manteve seus efeitos sobre as habilidades cognitivas relacionadas após 10 anos, mas os efeitos da estimulação de memória não foram mantidos.

Algumas evidências sugerem que o treinamento cognitivo pode ter benefícios também em grupos clínicos suscetíveis a comprometimento cognitivo, como no comprometimento cognitivo leve e na doença de Alzheimer. Alguns estudos foram realizados com idosos deprimidos.

Naismith e colaboradores (2011) descobriram que, após receber treinamento cognitivo e intervenção psicoeducacional, idosos com história de depressão maior bem controlada tiveram benefícios no desempenho da memória. O objetivo do estudo foi avaliar a eficácia de um programa multifatorial de estimulação cognitiva para idosos com história de transtorno depressivo. Foram incluídos 41 participantes com idade média de 64 anos. A psicoeducação foi multifatorial, realizada por profissionais da saúde, e abordou temas como estratégias cognitivas, depressão, ansiedade, sono, fatores de risco vascular, dieta e exercícios físicos. O programa de estimulação foi associado a melhora significativa nas memórias visual e verbal, com tamanhos de efeito entre médios e altos.

Em um estudo de Mowszowski e colaboradores (2014), 40 pacientes entre 51 e 79 anos, participantes de um estudo maior, randomizado e controlado, foram classificados como grupo de risco para demência por preencherem critérios para comprometimento cognitivo leve ou depressão de início tardio. Foram submetidos a avaliações neurofisiológica, neuropsicológica e psiquiátrica antes e depois de um programa de estimulação cognitiva com duração de sete semanas. A estimulação cognitiva resultou em melhoras na fluência verbal e em queixas subjetivas de memória no grupo de pacientes com comprometimento cognitivo ou depressão de início tardio quando comparado ao grupo-controle.

A área de estimulação cognitiva realizada por meio de jogos computadorizados e realidade virtual ainda é pouco explorada para idosos com depressão. No entanto, de acordo com um estudo de Rosenberg e colaboradores (2010), traz benefícios tanto físicos quanto cognitivos para a depressão subsindrômica. Pacientes com idades entre 63 e 94 anos com depressão subsindrômica participaram de um estudo com um programa de estimulação cognitiva com duração de 12 semanas e *follow up* com 20 e 24 semanas. Atividades físicas podem melhorar sintomas depressivos, mas geralmente a adesão dos pacientes é baixa; por isso, os autores decidiram verificar o efeito por meio de jogos que demandam essas atividades. Para a intervenção, foram utilizados jogos da plataforma Nintendo's Wii Sports, com sessões semanais de 35 minutos. Houve melhora significativa nos sintomas depressivos, no relato de qualidade de vida relacionada à saúde mental e no desempenho cognitivo, mas não em relação ao relato sobre qualidade de atividades físicas.

Anderson-Hanley e colaboradores (2012) também desenvolveram um delineamento baseado no uso de um jogo com atividade em bicicleta ergométrica e realidade virtual para estimulação cognitiva, explorando a relação entre funções executivas, autorregulação e o período pós-intervenção. Foi encontrada evidência de relação inversa entre melhora do desempenho executivo resultante da estimulação e adesão a atividades físicas após a intervenção.

Na análise de resultados desfavoráveis em pesquisas, é importante considerar que a mensuração do desempenho em domínios cognitivos específicos geralmente é utilizada para planejar e avaliar o tratamento. Wilson (2011) sugere que esse não é o procedimento ideal, porque os principais objetivos da reabilitação são a adaptação e o bem-estar físico, psicológico, social e profissional máximo de cada indivíduo. Nem sempre há relação direta entre os resultados dos testes e os problemas da vida real, uma vez que a avaliação neuropsicológica fornece dados sobre desempenho, mas é limitada por não indicar se houve generalização dos resultados da estimulação na vida diária. Uma alternativa seria o engajamento de pacientes, familiares e equipe de reabilitação para negociar metas apropriadas e significativas e para medir o sucesso ou o fracasso em situações da vida real.

Além disso, há ganhos não mensurados para idosos em grupos de estimulação cognitiva, como a oportunidade de encontrar pessoas com problemas e objetivos parecidos. Isso permite que participantes e familiares troquem informações e compartilhem estratégias para lidar com os comprometimentos cognitivos e funcionais (Wilson, 2011).

Estudos futuros sobre intervenções de estimulação cognitiva para a depressão geriátrica necessitam de modelos experimentais mais robustos e da inclusão de medidas de manutenção dos efeitos ao longo do tempo e de generalização destes na vida diária.

REFERÊNCIAS

Anderson-Hanley, C., Arciero, P. J., Brickman, A. M., Nimon, J. P., Okuma, N., Westen, S. C., ... Zimmerman, E. A. (2012). Exergaming and older adult cognition: A cluster randomized clinical trial. *American Journal of Preventive Medicine, 42*(2), 109-119.

Butters, M. A., Whyte, E. M., Nebes, R. D., Begley, A. E., Dew, M. A., Mulsant, B. H., ... Becker, J. T. (2004). The nature and determinants of neuropsychological functioning in late-life depression. *Archives of General Psychiatry, 61*(6), 587-595.

Byers, A. L., Yaffe, K., Covinsky, K. E., Friedman, M. B., & Bruce, M. L. (2010). High occurrence of mood and anxiety disorders among older adults: The National Comorbidity Survey Replication. *Archives of General Psychiatry, 67*(5), 489-496.

Clark, L., Chamberlain, S. R., & Sahakian, B. J. (2009). Neurocognitive mechanisms in depression: Implications for treatment. *Annual Review of Neuroscience, 32*, 57-74.

Condé, S. A. L., Fernandes, N., Santos, F. R., Chouab, A., Mota, M. M. E. P., & Bastos, M. G. (2010). Cognitive decline, depression and quality of life in patients at different stages of chronic kidney disease. *Jornal Brasileiro de Nefrologia, 32*(3), 242-248.

Dahlin, E., Nyberg, L., Bäckman, L., & Neely, A. S. (2008). Plasticity of executive functioning in young and older adults: Immediate training gains, transfer, and long-term maintenance. *Psychology and Aging, 23*(4), 720-730.

Diniz, B. S., Butters, M. A., Albert, S. M., Dew, M. A., & Reynolds, C. F. (2013). Late-life depression and risk of vascular dementia and Alzheimer's disease: Systematic review and meta-analysis of community-based cohort studies. *The British Journal of Psychiatry, 202*(5), 329-335.

Elderkin-Thompson, V., Kumar, A., Mintz, J., Boone, K., Bahng, E., & Lavretsky, H. (2004). Executive dysfunction and visuospatial ability among depressed elders in a community setting. *Archives of Clinical Neuropsychology, 19*(5), 597-611.

Fiske, A., Wetherell, J. L., & Gatz, M. (2009). Depression in older adults. *Annual Review of Clinical Psychology, 5*, 363-369.

Fossati, P., Coyette, F., Ergis, A. M., & Allilaire, J. F. (2002). Influence of age and executive functioning on verbal memory of inpatients with depression. *Journal of Affective Disorders, 68*(2), 261-271.

González Salvador, M. T., Arango, C., Lyketsos, C. G., & Barba, A. C. (1999). The stress and psychological morbidity of the Alzheimer patient caregiver. *International Journal of Geriatric Psychiatry*, *14*(9), 701-710.

Grayson, L., & Thomas, A. (2013). A systematic review comparing clinical features in early age at onset and late age at onset late-life depression. *Journal of Affective Disorders*, *150*(2), 161-170.

Hall, J. R., O'Bryant, S. E., Johnson, L. A., & Barber, R. C. (2011). Depressive symptom clusters and neuropsychological performance in mild Alzheimer's and cognitively normal elderly. *Depression Research and Treatment*, *2011*, 1-6.

Herrmann, N., Lanctôt, K. L., Sambrook, R., Lesnikova, N., Hébert, R., McCracken, P., ... Nguyen, E. (2006). The contribution of neuropsychiatric symptoms to the cost of dementia care. *International Journal of Geriatric Psychiatry*, *21*(10), 972-976.

Jean, L., Bergeron, M. È., Thivierge, S., & Simard, M. (2010). Cognitive intervention programs for individuals with mild cognitive impairment: Systematic review of the literature. *The American Journal of Geriatric Psychiatry*, *18*(4), 281-296.

Jones, S., Nyberg, L., Sandblom, J., Neely, A. S., Ingvar, M., Petersson, K. M., & Bäckman, L. (2006). Cognitive and neural plasticity in aging: General and task-specific limitations. *Neuroscience & Biobehavioral Reviews*, *30*(6), 864-871.

Jungwirth, S., Zehetmayer, S., Hinterberger, M., Kudrnovsky-Moser, S., Weissgram, S., Tragl, K. H., & Fischer, P. (2011). The influence of depression on processing speed and executive function in nondemented subjects aged 75. *Journal of the International Neuropsychological Society*, *17*(5), 822-831.

Kessler, R. C., & Bromet, E. J. (2013). The epidemiology of depression across cultures. *Annual Review of Public Health*, *34*, 119-138.

Kessler, R. C., Berglund, P., Demler, O., Jin, R., Merikangas, K. R., & Walters, E. E. (2005). Lifetime prevalence and age-of-onset distributions of DSM-IV disorders in the National Comorbidity Survey Replication. *Archives of General Psychiatry*, *62*(6), 593-602.

Lampit, A., Hallock, H., & Valenzuela, M. (2014). Computerized cognitive training in cognitively healthy older adults: A systematic review and meta-analysis of effect modifiers. *PLoS Medicine*, *11*(11), e1001756.

Malhi, G. S., Ivanovski, B., Hadzi Pavlovic, D., Mitchell, P. B., Vieta, E., & Sachdev, P. (2007). Neuropsychological deficits and functional impairment in bipolar depression, hypomania and euthymia. *Bipolar Disorders*, *9*(1 2), 114-125.

Marioni, R. E., Valenzuela, M. J., Van den Hout, A., Brayne, C., & Matthews, F. E. (2012). Active cognitive lifestyle is associated with positive cognitive health transitions and compression of morbidity from age sixty-five. *PLoS One*, *7*(12), e50940.

McDermott, L. M., & Ebmeier, K. P. (2009). A meta-analysis of depression severity and cognitive function. *Journal of Affective Disorders*, *119*(1), 1-8.

Miller, D. I., Taler, V., Davidson, P. S., & Messier, C. (2012). Measuring the impact of exercise on cognitive aging: methodological issues. *Neurobiology of Aging*, *33*(3), 622-629.

Mowszowski, L., Hermens, D. F., Diamond, K., Norrie, L., Cockayne, N., Ward, P. B., ... Naismith, S. L. (2014). Cognitive training enhances preattentive neurophysiological responses in older adults 'at risk' of dementia. *Journal of Alzheimer's Disease*, *41*(4), 1095-1108.

Naismith, S. L., Diamond, K., Carter, P. E., Norrie, L. M., Redoblado-Hodge, M. A., Lewis, S. J., & Hickie, I. B. (2011). Enhancing memory in late-life depression: The effects of a combined psychoeducation and cognitive training program. *The American Journal of Geriatric Psychiatry*, *19*(3), 240-248.

Nebes, R. D., Butters, M. A., Mulsant, B. H., Pollock, B. G., Zmuda, M. D., Houck, P. R., & Reynolds, C. F. (2000). Decreased working memory and processing speed mediate cognitive impairment in geriatric depression. *Psychological medicine*, *30*(3), 679-691.

Paelecke-Habermann, Y., Pohl, J., & Leplow, B. (2005). Attention and executive functions in remitted major depression patients. *Journal of Affective Disorders*, *89*(1), 125-135.

Pimontel, M. A., Culang Reinlieb, M. E., Morimoto, S. S., & Sneed, J. R. (2012). Executive dysfunction and treatment response in late life depression. *International Journal of Geriatric Psychiatry*, *27*(9), 893-899.

Rebok, G. W., Ball, K., Guey, L. T., Jones, R. N., Kim, H. Y., King, J. W., ... Willis, S. L. (2014). Ten year effects of the advanced cognitive training for independent and vital elderly cognitive training trial on cognition and everyday functioning in older adults. *Journal of the American Geriatrics Society*, *62*(1), 16-24.

Rosenberg, D., Depp, C. A., Vahia, I. V., Reichstadt, J., Palmer, B. W., Kerr, J., ... Jeste, D. V. (2010). Exergames for subsyndromal depression in older adults:

A pilot study of a novel intervention. *The American Journal of Geriatric Psychiatry, 18*(3), 221-226.

Scarmeas, N., & Stern, Y. (2003). Cognitive reserve and lifestyle. *Journal of Clinical and Experimental Neuropsychology, 25*(5), 625-633.

Snyder, H. R. (2013). Major depressive disorder is associated with broad impairments on neuropsychological measures of executive function: A meta-analysis and review. *Psychological Bulletin, 139*(1), 81-132.

Wang, S., & Blazer, D. G. (2015). Depression and Cognition in the Elderly. *Annual Review of Clinical Psychology, 11*, 331-360.

Wilson, B. A. (2011). *Reabilitação da memória: Integrando teoria e prática*. Porto Alegre: Artmed.

Wolinsky, F. D., Mahncke, H. W., Vander Weg, M. W., Martin, R., Unverzagt, F. W., Ball, K. K., ... Tennstedt, S. L. (2009). The ACTIVE cognitive training interventions and the onset of and recovery from suspected clinical depression. *The Journals of Gerontology Series B: Psychological Sciences and Social Sciences, 64*(5), 577-585.

Zeiss, A. M., Lewinsohn, P. M., Rohde, P., & Seeley, J. R. (1996). Relationship of physical disease and functional impairment to depression in older people. *Psychology and Aging, 11*(4), 572-581.

23

O exame neuropsicológico e as decisões judiciais

ANTONIO DE PÁDUA SERAFIM
ANA JÔ JENNINGS MORAES
FABIANA SAFFI

Dois importantes fenômenos, no momento, apresentam estreita relação entre o Direito, as decisões judiciais e as ciências do comportamento, como a Psicologia e a Neuropsicologia, por exemplo. O primeiro deles tem a ver com o homicídio, que vem crescendo tanto entre os menores de 18 anos quanto entre pessoas ditas "normais" na concepção sociocultural. O segundo está relacionado com a questão do aumento da longevidade, realidade cada vez mais comum nas diversas sociedades.

Mesmo que uma pessoa esteja enquadrada na condição de idosa, considerando a senescência (envelhecimento como um processo natural), ocorrem discretas mudanças nas funções cognitivas, mas que não interferem significativamente na iniciativa e na autonomia em seu cotidiano. Questionamentos irão surgir quanto à real capacidade e responsabilidade que por certo se debruçará sobre a área do Direito para responder a tais questões.

O processo de normatização da ação humana situa-se entre o que o Direito define como livre-arbítrio e o que perpassa o universo do psiquismo humano. Logo, tal afirmação situa-se no cenário da interface da saúde mental (ausência e/ou prejuízo desta) e do Direito. Quando nos reportamos ao conceito de livre-arbítrio, o Direito se refere à capacidade da racionalidade, ou da razão. Dessa maneira, razão ou determinação da racionalidade aplica-se ao indivíduo inserido em uma sociedade desde que demonstre alguns aspectos, apresentados no Quadro 23.1.

Dessa fundamentação deriva, assim, a necessidade de compreender o indivíduo quanto a sua autonomia, sua capacidade de se autogovernar e autodeterminar, capacidades estas que implicam considerações quanto à responsabilidade pelos seus atos em um contexto jurídico.

Visto isso, embora não seja uma ação simples caracterizar essa responsabilidade,

QUADRO 23.1 • Determinação da racionalidade

a) **Ausência de loucura**	Necessidade de provar a sanidade mental.
b) **Capacidade de entendimento**	Deve provar que a capacidade cognitiva está preservada, dando-se ampla qualidade para abstrair e responder às demandas do dia a dia.
c) **Capacidade de autodeterminação**	Aqui, o Direito enfatiza a maturidade emocional, capaz de se traduzir em condutas pautadas pela estabilidade e pelo controle de respostas impulsivas.

tanto a Psicologia, voltada ao estudo da relação funcionamento mental (funções e estruturas psicológicas) e sua expressão no comportamento, quanto a Neuropsicologia, voltada às investigações da expressão das disfunções cerebrais sobre o comportamento, sejam elas decorrentes de possíveis lesões, sejam de doenças degenerativas e quadros psiquiátricos, ocupam um papel de destaque, capaz de atender às demandas judiciárias. Isso se deve, principalmente, aos métodos de investigação das duas ciências, que possibilitam observar, descrever, analisar e predizer como uma pessoa percebe, sente, analisa e decide.

Assim, a interação do homem com o ambiente se dá pela expressão do comportamento. Esse comportamento é resultante de processos complexos, que envolvem tanto fatores biológicos e psicológicos quanto sociais. Dessa forma, a tentativa de explicar o comportamento em uma contextualização jurídica requer a identificação de fatores de vulnerabilidade e o aprofundamento do conhecimento sobre a cognição e o controle das emoções.

No processo de avaliação da conduta humana, seja qual for o estágio ou condição de vida, os seguintes aspectos devem ser considerados:

- a relação com a cognição: os indivíduos percebem e adquirem conhecimentos de modos diferentes
- a relação com a conceitualização: os indivíduos formam ideias e pensam de modos diferentes
- a relação com a afetividade: os indivíduos sentem e constroem valores de formas diferentes
- a relação com o comportamento: os indivíduos agem de modos diferentes

É de suma importância abordar processos de investigação neuropsicológica em questões judiciais, considerando pacientes psiquiátricos que infringem a lei, por exemplo, condenados que adoecem, consequências de crimes (abuso sexual, assalto, sequestros, etc.), tentativas de adoção, abandono do trabalho, violência patológica, agressividades física, verbal, psicológica.

O mesmo ocorre na esfera da avaliação da capacidade da pessoa de reger sua própria vida e administrar seus bens, processos que englobam ações de interdição de direitos, ações de anulações de atos jurídicos, anulações de casamentos e separações judiciais litigiosas, ações de modificação de guarda de filhos, avaliação da capacidade de receber citação judicial, avaliação de transtornos mentais em ações de indenização e ações securitárias. Tudo isso requer do neuropsicólogo uma formação altamente complexa. Dessa maneira, a inserção da avaliação neuropsicológica forense se encaixa de maneira singular de acordo com a área do Direito (Quadro 23.2).

Nesse cenário, este capítulo dará ênfase à avaliação neuropsicológica como um recurso para a tomada de decisão no contexto judicial.

O DIREITO E A SAÚDE MENTAL

O Direito apresenta-se como um complexo orgânico, cujo conteúdo é constituído pela soma de preceitos, regras e leis, com as respectivas sanções, que regem as relações do homem vivendo em sociedade.

Direito criminal e penal

Barros (2008) descreve o direito criminal e penal como a área que investiga e normatiza o que é crime e as infrações que foram cometidas sobre a lei. As perícias no âmbito do direito criminal ocorreriam quando houvesse dúvida sobre a saúde mental do acusado, com diferentes objetivos, entre eles estabelecer a imputabilidade do réu; esclarecer impacto de doença mental sobre

QUADRO 23.2 • Interfaces de Neuropsicologia na área do Direito

Área do Direito e áreas afins	Atividade fim
Direito de família	Separação, disputa de guarda, regulamentação de visitas, destituição do poder familiar. Pode atuar designado pelo juiz, como perito oficial, assistente técnico ou perito contratado por uma das partes, cuja principal função é acompanhar o trabalho do perito oficial.
Direito cível	Casos de interdição, indenizações, entre outras ocorrências cíveis.
Direito trabalhista	Acidentes de trabalho, indenizações por dano psicológico em perícias acidentárias, perícias no âmbito cível.
Direito penal	Fase processual: exames de insanidade mental, entre outros procedimentos.
Testemunho	Estudo dos testemunhos nos processos criminais, de acidentes ou acontecimentos cotidianos.
Execução penal (sistema penitenciário)	Atuação junto à população nas penas restritivas de liberdade.
Segurança pública e militar	Atua na seleção e formação geral ou específica de pessoal das polícias civil, militar e do exército.
Vitimologia	Busca-se a atenção à vítima. No Brasil, existem programas de atendimento a vítimas de violência doméstica. Aqui, busca-se o estudo, a intervenção no processo de vitimização, a criação de medidas preventivas e a atenção integral centrada nos âmbitos psicossocial e jurídico.

Fonte: Serafim e Saffi (2014).

entendimento e autodeterminação do réu ou de qualquer outro envolvido; estabelecer e recomendar medidas de tratamento, quando necessário (Saffi, Valim, & Barros, 2011).

No que concerne ao estabelecimento de imputabilidade do réu, é marcante a possibilidade de simulação, uma vez que, de acordo com o Código Penal brasileiro, "... é isento de pena o agente que, por doença mental ou desenvolvimento mental incompleto ou retardado, era, ao tempo da ação ou da omissão, inteiramente incapaz de entender o caráter ilícito do fato ou de determinar-se de acordo com esse entendimento ..." (Serafim & Saffi, 2012; Taborda, Abdalla-Filho, Chalub, 2012).

Nesse sentido, deve-se averiguar se a doença mental aventada pelo réu torna-o incapaz de entender o caráter ilícito do ato que cometeu e de se autodeterminar. Diante dessa certeza, o réu deve ser submetido não a uma pena, mas a uma medida de segurança (Barros, 2008; Brasil, 2002). Essa prerrogativa de não ser punido pode configurar-se como uma forte motivação para quadros de simulação.

Existem alguns quadros e diagnósticos que podem interferir nessas capacidades, sendo fundamental uma avaliação detalhada que possibilite aprender as limitações impostas por determinado transtorno, que, além de estar presente ao tempo da ação ou omissão, tem de estabelecer nexo causal com o fato ocorrido (Saffi et al., 2011).

Diante do exposto, parte-se do pressuposto de que indivíduos que quebram as normas estabelecidas pela sociedade e que o fazem porque não entendem o que estão fazendo, ou que não têm controle sobre seus atos, são considerados inimputáveis, ficando isentos de pena. Dessa forma, caberia ao Estado tratá-los, uma vez que estão doentes (Barros, 2008).

Nesse sentido, em uma perícia que visa avaliar inimputabilidade em determinada situação, deve-se suspeitar e ficar atento para a possibilidade de tentativa de simulação de uma doença mental, com o intuito de isentar-se da pena associada ao crime cometido.

Além da inimputabilidade, há a semi-imputabilidade, que se refere a doença mental em razão de motivo incurável (quando não há tratamento possível, a pena é abrandada) e de doença tratável (a possibilidade de extinguir a causa que deu ensejo ao delito pode levar o juiz a determinar tratamento médico, em regime ambulatorial ou de internação) (Serafim & Saffi, 2012). O Quadro 23.3 apresenta de forma esquematizada os elementos que integram a responsabilidade penal de acordo com o Código Penal brasileiro (Brasil, 1940).

Cabe ressaltar que, em sua fundamentação, o direito penal utiliza três critérios para aferir a inimputabilidade:

- **biológico:** analisa as condições de higidez mental do indivíduo; caso não apresente nenhuma enfermidade mental, é considerado imputável
- **psicológico:** analisa as condições em que atuava o sujeito no momento de sua ação ou omissão, não tendo importância seu estado de saúde habitual, e sim as causas que participaram ou influenciaram no momento da ocorrência da ação antijurídica
- **biopsicológico:** representa a junção dos critérios anteriores

Dessa forma, para consolidar a responsabilidade penal, é instaurado o incidente de sanidade mental, quando se configuram dúvidas em relação à higidez mental do acusado. Nessa condição, pode o juiz, de ofício ou a requerimento do Ministério Público, defensor, curador, ascendente, descendente, irmão ou cônjuge do acusado, ordenar a realização dessa medida.

Ainda, segundo o Código de Processo Penal (CPP) (Brasil, 1941), o exame pode ser solicitado na fase do inquérito, mediante representação da autoridade policial ao juiz competente, segundo o disposto no art. 149, § 1º, do CPP. Nota-se que em todos os casos é o juiz quem determina a instauração do incidente.

Direito civil

O direito civil estabelece os parâmetros que regem as relações jurídicas das pessoas, devido à complexidade e às necessidades especiais que envolvem muitas dessas relações (Serafim & Saffi, 2012).

Barros (2008), citando o Código Civil, destaca que, apesar de toda pessoa ser capaz

QUADRO 23.3 • Critérios da responsabilidade penal

Imputável: são todas as pessoas maiores de 18 anos. É o sujeito são e desenvolvido, capaz de entender o caráter ilícito do fato e de determinar-se de acordo com esse entendimento.
Semi-imputável (semirresponsabilidade ou responsabilidade diminuída): definição do art. 26, parágrafo único, do Código Penal (Brasil, 1940): "É o agente que, em virtude de perturbação de saúde mental ou por desenvolvimento incompleto ou retardado, não era inteiramente capaz de entender o caráter ilícito do fato ou de determinar-se de acordo com esse entendimento". (A pena pode ser reduzida de um terço a dois terços, ou pode ser aplicada medida de segurança.)
Inimputável: definição do art. 26 do Código Penal (Brasil, 1940): "É considerado o agente que, por doença mental ou desenvolvimento mental incompleto ou retardado, era, ao tempo da ação ou omissão, inteiramente incapaz de entender o caráter ilícito do fato ou de determinar-se de acordo com esse entendimento". (O agente é isento de pena, e, nesse caso, aplicam-se medida de segurança, internação em hospital de custódia e tratamento psiquiátrico.)

de exercer direitos e deveres na ordem civil, algumas delas precisam de um manejo diferenciado da lei, devido às suas necessidades especiais. Dessa forma, são considerados como absolutamente incapazes para os atos da vida civil os que, por enfermidade ou deficiência mental, não tiverem o necessário discernimento para a prática desses atos ou que, mesmo por causa transitória, não puderem exprimir sua vontade (Brasil, 2008).

O Código Civil delimita essa incapacidade por meio de um processo denominado interdição. A pessoa interditada necessariamente deve ter um curador, que é quem a representa, respondendo por ela diante desses aspectos (Serafim & Saffi, 2012).

Os fatores que determinam a necessidade de curador pelo Código Civil são: enfermidade ou deficiência mental, que gerem interferência direta sobre o necessário discernimento para os atos da vida civil; causa duradora que impeça de exprimir sua vontade; deficiência mental, ébrios habituais e os viciados em tóxicos; os excepcionais sem completo desenvolvimento mental; os pródigos (Brasil, 2008).

Todos esses casos, exceto os pródigos e os que por outra causa duradoura não puderem exprimir sua vontade, dependem da avaliação psiquiátrica para determinação de capacidade civil (Barros, 2008).

As implicações da falta de discernimento podem dar lugar a ações de nulidade do ato jurídico, anulação de casamento, invalidação de testamentos e até mesmo de restituição de dinheiro perdido em jogo, e todos esses aspectos podem ser alvo de tentativas de simulação de doenças mentais, com a finalidade de obter os benefícios associados.

Dessa forma, os objetivos da perícia em direito civil seriam levantar aspectos que indiquem ou apontem para capacidade ou incapacidade para os atos da vida civil, bem como estabelecer e recomendar medidas de tratamento e restrições cabíveis à autonomia civil, quando necessário (Serafim & Saffi, 2012).

Ademais, a avaliação neuropsicológica, dada sua análise qualitativa e funcional, pode ser utilizada em várias situações do direito civil, entre elas: ação de verificação de validade de negócio jurídico, ação para verificação de capacidade testamentária, ação de anulação de casamento, destituição do poder familiar ou guarda de menores. Todavia, sem sobras de dúvidas, as ações de interdições são as mais comuns.

Comprovação de incapacidade absoluta

De forma abreviada, o direito civil foca sua fundamentação à capacidade civil que contextualiza a capacidade de direito, isto é, aquisição ou gozo de direito é que toda pessoa possui, enquanto a capacidade de fato (de exercício de direito) é a aptidão para exercer pessoalmente (por si só) os atos da vida civil (Brasil, 2015).

Segundo o direito civil, a pessoa natural pode ser, quanto a sua capacidade civil (Brasil, 2015):

- capaz
- relativamente incapaz
- absolutamente incapaz

Art. 3º São absolutamente incapazes de exercer pessoalmente os atos da vida civil (Brasil, 2015):

I – os menores de dezesseis anos;
II – os que, por enfermidade ou deficiência mental, não tiverem o necessário discernimento para a prática desses atos;
III – os que, mesmo por causa transitória, não puderem exprimir sua vontade.

Comprovação de incapacidade relativa

Quando uma pessoa apresenta prejuízos funcionais que não são suficientes para caracterizar a capacidade civil plena (ou de fato), e esta está próxima da normalidade, entende-se que essa pessoa tenha incapacidade relativa. Nesses casos, ela fica com restrições para alguns atos (Brasil, 2015):

Art. 4º São incapazes, relativamente a certos atos, ou à maneira de os exercer:

I – os maiores de dezesseis e menores de dezoito anos;
II – os ébrios habituais, os viciados em tóxicos e os que, por deficiência mental, tenham o discernimento reduzido;
III – os excepcionais, sem desenvolvimento mental completo;
IV – os pródigos.
Parágrafo único. A capacidade dos índios será regulada por legislação especial.

Nesses casos, instaura-se a ação de interdição, que é promovida quando o indivíduo perde essa capacidade de gerir seus bens e sua própria pessoa. A pessoa é avaliada quanto a sua capacidade de reger sua própria pessoa e administrar seus bens. Seu principal objetivo é impedir que a pessoa (incapaz) tome decisões, seja de que natureza for, que possam prejudicá-la legalmente ou a seus familiares, sobretudo economicamente, de acordo com o Novo Código de Processo Civil (Brasil, 2015):

Art. 747. A interdição pode ser promovida:

I – pelo cônjuge ou companheiro;
II – pelos parentes ou tutores;
III – pelo representante da entidade em que se encontra abrigado o interditando;
IV – pelo Ministério Público.
Parágrafo único. A legitimidade deverá ser comprovada por documentação que acompanhe a petição inicial.

Art. 748. O Ministério Público só promoverá interdição em caso de doença mental grave:

I – se as pessoas designadas nos incisos I, II e III do art. 747 não existirem ou não promoverem a interdição;
II – se, existindo, forem incapazes as pessoas mencionadas nos incisos I e II do art. 747.

Art. 749. Incumbe ao autor, na petição inicial, especificar os fatos que demonstram a incapacidade do interditando para administrar seus bens e, se for o caso, para praticar atos da vida civil, bem como o momento em que a incapacidade se revelou.

Diante da especificação, o juiz designará a perícia conforme as prescrições legais (Brasil, 2015):

- Art. 156. O juiz será assistido por perito quando a prova do fato depender de conhecimento técnico ou científico.
- § 1º Os peritos serão nomeados entre os profissionais legalmente habilitados e os órgãos técnicos ou científicos devidamente inscritos em cadastro mantido pelo tribunal ao qual o juiz está vinculado.
- Art. 465. O juiz nomeará perito especializado no objeto da perícia e fixará de imediato o prazo para a entrega do laudo.

§ 1º Incumbe às partes, dentro de 15 (quinze) dias contados da intimação do despacho de nomeação do perito:

I – arguir o impedimento ou a suspeição do perito, se for o caso;
II – indicar assistente técnico;
III – apresentar quesitos.

§ 2º Ciente da nomeação, o perito apresentará em 5 (cinco) dias:

I – proposta de honorários;
II – currículo, com comprovação de especialização;
III - contatos profissionais, em especial o endereço eletrônico, para onde serão dirigidas as intimações pessoais.

Art. 473. O laudo pericial deverá conter:

I – a exposição do objeto da perícia;
II – a análise técnica ou científica realizada pelo perito;
III – a indicação do método utilizado, esclarecendo-o e demonstrando ser predominantemente aceito pelos especialistas da área do conhecimento da qual se originou;
IV – resposta conclusiva a todos os quesitos apresentados pelo juiz, pelas partes e pelo órgão do Ministério Público.

§ 1º No laudo, o perito deve apresentar sua fundamentação em linguagem simples e com coerência lógica, indicando como alcançou suas conclusões.

§ 2º É vedado ao perito ultrapassar os limites de sua designação, bem como emitir opiniões pessoais que excedam o exame técnico ou científico do objeto da perícia.

- Art. 753. Decorrido o prazo previsto no art. 752, o juiz determinará a produção de prova pericial para avaliação da capacidade do interditando para praticar atos da vida civil.

§ 1º A perícia pode ser realizada por equipe composta por expertos com formação multidisciplinar.

§ 2º O laudo pericial indicará especificamente, se for o caso, os atos para os quais haverá necessidade de curatela.

Conforme descrito, considerando o grau de incapacidade da pessoa, a interdição poderá ser absoluta ou relativa; no entanto, fica a critério do juiz a fixação de seus limites, e não ao perito.

Direito do trabalho e previdenciário

O Direito na área do trabalho representa o conjunto de normas jurídicas que regulamentam as relações entre os empregados e os empregadores no tocante aos direitos resultantes da condição de trabalho (Serafim & Saffi, 2014). Além das questões regimentais legais, as relações do trabalho concentram relações humanas produtoras de sofrimento psicológico e repercussões importantes na saúde mental das pessoas envolvidas, surgindo, assim, inúmeras demandas, principalmente relativas à verificação da capacidade laborativa.

Diante disso, o Direito no contexto da saúde mental das relações do trabalho tem como objetivo principal estabelecer capacidade laborativa, ou seja, levantar o impacto que a atividade laboral tem sobre a saúde mental do indivíduo ou do grupo, de forma a delimitar ou recomendar tratamento, afastamento ou aposentadoria, quando necessário (Serafim & Saffi, 2012). Podendo gerar tentativas de simulação, novamente com o intuito de obter esses benefícios.

Nas pendências judiciais trabalhistas, em sua maioria, as avaliações acerca de decorrências psicológicas nas relações entre indivíduos-trabalho-produtividade-eficácia e condições de saúde normalmente são solicitadas em função de acidentes, doenças relacionadas ao trabalho, afastamentos e aposentadorias.

No âmbito trabalhista, situações como o afastamento das atividades laborativas por condições de saúde mental, assédio moral e dano psíquico, por exemplo, exigem cada vez mais dos peritos uma resposta quanto a nexo de causalidade, isto é, o quanto um quadro específico de transtorno mental pode de fato tornar a pessoa parcialmente incapaz para as atividades do trabalho, é fulcro de uma condição constrangimento ou das condições no ambiente de trabalho. Nessa linha de raciocínio diagnóstico, exames cada vez mais detalhados, como avaliações neuropsicológicas, são imprescindíveis.

A inserção da avaliação neuropsicológica no âmbito do Direito na área do trabalho como um recurso da perícia irá colaborar de forma substancial na investigação do nexo de causalidade nos casos de acidentários e doenças profissionais, doença decorrente das condições de trabalho, indenizações, erro ou negligência médica e hospitalar, intoxicações (chumbo, mercúrio, etc.), entre outros.

Dessa forma, pensando no impacto das funções cognitivas de um determinado quadro, a verificação da capacidade laboral, da relação nexo-causal (relação entre o fato e o dano físico ou psíquico) e das condições mentais, de acordo com a legislação vigente, para fins de aposentadoria por doença mental, bem como para o desempenho de cargos, configura-se como uma demanda para a avaliação neuropsicológica nessa esfera judicial.

Avaliação neuropsicológica no contexto judicial

Destacamos anteriormente os fundamentos e as bases do Direito nos quais a avaliação neuropsicológica pode ser inserida. Compreendemos, de uma maneira não reducionista, que o ponto-chave de intersecção entre o Direito e as questões relativas à saúde mental centra-se na possibilidade de se responder o grau de responsabilidade e capacidade jurídica.

Dessa forma, o Direito busca, do contexto da saúde mental, a comprovação ou não de problemas do trinômio mente x cérebro x comportamento (ver Fig. 23.1).

Considerando a possibilidade de problemáticas no trinômio mente, cérebro e comportamento, indubitavelmente, no contexto jurídico, surgirão dúvidas quanto à real condição de saúde psíquica de determinada pessoa e do quanto essa possível alteração repercute, repercutiu ou repercutirá na autonomia da pessoa.

Diante do exposto, a necessidade da perícia em saúde mental se apresenta como condição *sine qua non*, uma vez que, para o andamento do processo, "a dúvida" é tão específica que, sem ela, a ação judicial será comprometida. Diante dessa argumentação, a solicitação da perícia será elaborada mediante a apresentação de quesitos pelo agente jurídico (juiz, promotor, procurador, delegado, advogado), sendo responsabilidade do perito investigar uma ampla faixa do funcionamento mental do indivíduo envolvido em ação judicial, independentemente da área do Direito (civil, trabalhista, criminal, etc.) (Serafim & Barros, 2015).

Para o operador do Direito, a perícia é um meio de prova pelo qual perito, reconhecido e qualificado tecnicamente, nomeado pelo juiz, de posse de sua expertise, analisará uma gama de fatos juridicamente relevantes em relação ao motivo que suscitou a referida perícia. O termo "perícia" deriva do latim *peritia* e significa destreza, habilidade e capacidade, o que, na prática, significa conhecimento adquirido pela experiência. Sua aplicação está diretamente relacionada a conhecimentos técnicos e

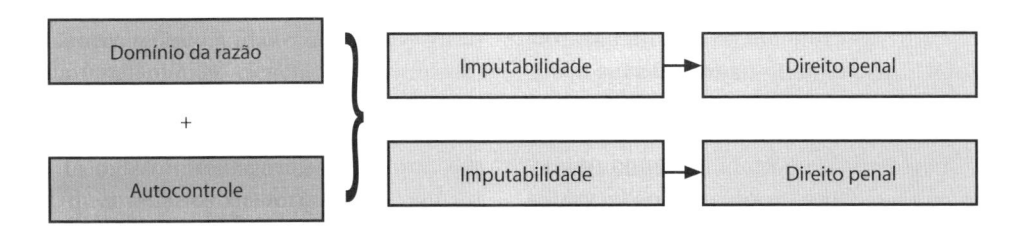

Figura 23.1

científicos a fim de relatar a veracidade de certo fato ou circunstância (Serafim, 2011). Dessa forma, o perito se configura como um auxiliar da Justiça, pessoa hábil que comprove conhecimento em determinada área técnica ou científica, nomeada por autoridade competente, para esclarecer um fato de natureza permanente ou transitória de relevância jurídica.

Ademais, o perito desenvolve seu trabalho fundamentado em um processo científico respaldado de ética e baseado em fatos pertinentes a sua área de investigação. Os resultados da perícia não resultam de especulações meramente empíricas e muito menos, como um instrumento que atenderá a comoção social.

Sabe-se que o objetivo da avaliação neuropsicológica é estudar a expressão das disfunções cerebrais sobre o comportamento, lembrando que essas disfunções podem resultar de lesões, doenças degenerativas, quadros psiquiátricos e doenças que têm a disfunção neurológica como sintoma secundário (quando a disfunção não é detectada por meio de exames clínicos), bem como de estímulos estressantes puramente psicológicos, como nos quadros de estresse pós-traumático. E, como enfatizou Groth-Marnat (2000), essa avaliação é realizada por meio de testes organizados em baterias, os quais fornecem informações diagnósticas e permitem confirmar, ou não, as hipóteses iniciais sobre a pessoa avaliada. A partir dos resultados do exame neuropsicológico, é possível delimitar quais funções cerebrais estão afetadas e quais estão preservadas, o que, para as questões judiciais, representa procedimentos e indicações úteis, uma vez que tais resultados identificam não apenas um quadro patológico como também a disfunção que este provoca na vida diária de uma pessoa.

Logo, a utilização da avaliação neuropsicológica como recurso da perícia consiste em um aporte especializado que pressupõe um conhecimento técnico/científico específico, que irá contribuir no sentido de esclarecer algum ponto considerado imprescindível para o procedimento processual. Pois, na prática, no cenário judiciário há uma dúvida quanto à saúde mental da pessoa em questão e para tal necessita do conhecimento de outra área para aplicar a Lei. E neste segmento a perícia produzirá conhecimento técnico ao juiz, se configurando assim como prova para auxiliá-lo em seu livre convencimento por meio de documentação técnica do fato, relatado em forma de laudo.

De forma congruente, a avaliação neuropsicológica será capaz de colaborar para a compreensão da conduta humana, seja para investigação de um comportamento delituoso para fins de responsabilidade penal, seja para comprovar a capacidade civil, considerando a participação das instâncias biológica, psíquica, social e cultural como moduladores da expressão desse comportamento.

E, assim, por meio de uma compreensão psicológica do caso, responder a uma questão legal expressa pelo juiz ou por outro agente (jurídico ou participante do caso), fundamentada nos quesitos elaborados pelo agente solicitante, cabendo ao neuropsicólogo investigar uma ampla faixa do funcionamento mental do indivíduo submetido à investigação psicológica, que engloba:

- cognição
- estados afetivos
- aspectos da personalidade

Destaca-se que esse processo requer do profissional conhecimento de testes para avaliar funções cognitivas, além do conhecimento prévio sobre funcionamento neurológico normal e patológico, conhecimentos sólidos em psicopatologia e domínio de técnicas de entrevistas diagnósticas, bem como conhecimentos relativos às noções básicas do Direito e dos documentos legais.

Daí se justifica a necessidade da distinção entre avaliação neuropsicológica no contexto clínico – cujo principal objetivo é determinar a existência, ou não, de uma disfunção das funções cognitivas para fins de diagnóstico e conduta terapêutica – e neuropsicologia forense, que tem como objetivo principal responder a uma questão legal, ou seja, se há uma disfunção e de que forma ela afeta, ou não, a capacidade de entendimento e de autodeterminação daquela pessoa. Como destacou Larrabee (2005), na área forense, o objetivo é descobrir a verdade dos fatos. E, como marco dessa diferença, ressalta-se que, na avaliação neuropsicológica forense, o solicitante é uma terceira parte (juiz, promotor, advogado), e a comunicação dos resultados se dá entre o perito e o solicitante. Assim, a avaliação deve ser restrita aos quesitos elaborados, capaz de responder à questão legal (Serafim & Saffi, 2015).

Ainda nessa linha de estabelecer os limites entre a prática clínica e a forense, Verdejo-García, Alcázar-Córcoles, Gómez-Jarabo e Pérez-García (2004) destacam que, no contexto forense, o papel do neuropsicólogo é bem definido quanto ao objetivo do exame neuropsicólogo pericial:

a. na clínica, o objetivo é recuperar o funcionamento neuropsicológico do paciente e aliviar seu sofrimento por meio de estratégias de intervenção eficazes
b. na área forense, o objetivo é determinar se os problemas neuropsicológicos do sujeito se enquadram em um estatuto jurídico especial para auxiliar a autoridades na formulação de um juízo

Com base no exposto, quando se utiliza a avaliação neuropsicológica para ações judiciais, além da identificação de uma alteração, busca-se principalmente, para a tomada da decisão judicial, investigar e identificar o quanto essa alteração compromete a pessoa em seus direitos e deveres. A relevância dessa condição atrela-se ao contexto jurídico, visto que, para a área do Direito, não basta ter a doença, deve-se provar que ela provoca incapacidades ou interfere na responsabilidade de seu portador. E, para tal, serão descritos os objetivos da perícia de acordo com as diferentes questões judiciais.

Vara criminal (processual e de execuções)

Objetivos: incidente de farmacodependência, dúvidas quanto à veracidade das informações colhidas, incidente de insanidade mental e solicitação de progressão de pena e exame de suspensão de medida de segurança.

O que se avalia: verificação da capacidade de imputação, verificação da eficácia do processo reeducativo (reinserção social; probabilidade de reincidência), cessação de periculosidade.

Funções avaliadas: funções executivas, flexibilidade mental, compreensão de regras, normas e valores sociais, planejamento, avaliação de personalidade.

Vara cível

Objetivo: ações de interdição, anulações de atos jurídicos, avaliação da capacidade de testar (fazer testamento), anulações de casamentos e separações judiciais litigiosas, modificação de guarda de filhos, regulamentação de visita, adoção, avaliação de transtornos mentais em ações de indenização.

O que se avalia: interdição, danos psíquicos, neurofuncionais, psicológicos e simulação.

Funções avaliadas: atenção, praxia, linguagem, memória, funções executivas, flexibilidade mental, compreensão de regras, normas e valores sociais, planejamento, quoeficiente intelectual e personalidade.

Vara trabalhista

Objetivo: ações para verificação de acidentários e doenças profissionais, doença decorrente das condições de trabalho, indenizações, doenças craniencefálicas, erro ou negligência médica e hospitalar e intoxicações (chumbo, mercúrio, monóxido de carbono, outras).

O que se avalia: verificação da capacidade laborativa (médico-legal), relação nexo-causal (relação entre o fato e o dano físico ou psíquico), verificação das condições mentais, de acordo com a legislação vigente, para fins de aposentadoria por doença mental, bem como para o desempenho de cargos.

Funções avaliadas: atenção, concentração, funções motoras, praxia, linguagem, memória, processos de aprendizagem, funções executivas, planejamento, quoeficiente intelectual e personalidade.

O laudo

Representa um documento, pautado em uma informação técnica, resultante de um trabalho sistemático de correlação dos dados investigados.

Estrutura do laudo:

- Preâmbulo
- Identificação
- Métodos e técnicas (Procedimento)
- Histórico (Descrição da demanda)
- Análise dos dados
- Discussão
- Conclusão
- Respostas aos quesitos

A seguir, é apresentada a síntese de um caso, no qual foi solicitada a avaliação neuropsicológica para verificação da capacidade civil.

CASO

Motivo da perícia

Avaliação neuropsicológica do Sr. XXX para verificação de capacidade para atos da vida civil, solicitada pela sua Representante Legal Dra. XXXXXXX, OAB XXXXXX, com anuência do Ministério Público.

Dados pessoais

Nome: XXXXXXXX
Idade: 43 anos
Data de nascimento: XX/XX/XXXX
Escolaridade: Superior completo – engenheiro

Técnicas e instrumentos

O processo da perícia se deu em duas etapas distintas. A primeira englobou entrevista com a representante legal do Sr. XXX e leitura do processo. Na segunda, foram realizadas 06 (seis) sessões: 01 (uma) sessão para entrevistas com familiares e 05 (cinco) sessões com o periciando, entre entrevistas clínicas e aplicação dos seguintes instrumentos: para verificação das funções cognitivas, WAIS-III completo, Figura Complexa de Rey, Teste de Trilhas Coloridas (atenção sustentada e dividida), Teste de Memória de Reconhecimento e Teste de Memória Visual de Rostos, e, para análise dos aspectos de personalidade, o Teste Pfister.

Histórico (síntese)

O Sr. XXX apresenta histórico de quadro psicótico com sintomas persecutórios, uso abusivo de álcool e duas ocorrências de TCE por volta dos 44 anos, embora não muito esclarecido, envolvendo áreas occipital e frontal. A família refere que tratou do quadro psicótico, que apresentou boa evolução e não interferiu em seus estudos e negócios; inclusive, o Sr. XXX conduzia com seus parentes a construtora da família. No entanto, no último ano, familiares referem prejuízos importantes de memória e para tomada de decisões, inclusive não conseguindo lembrar-se de compromissos. Tende a ficar mais isolado. Como tem responsabilidades para aprovação de projetos e prazos para execução, por exemplo, a família solicitou a verificação de sua capacidade de autonomia.

Impressões clínicas sobre o comportamento do periciando

Durante todo o processo da avaliação, o Sr. XXX, embora tenha-se apresentado com postura, aparência e trajes adequados, estabelecendo bom contato, expressou níveis de ansiedade durante as tarefas propostas.

Apesar do quadro delirante, expressou nível de consciência e capacidade de vigília forma adequada à situação; atenção espontânea e voluntária com dificuldades para serem mantidas, bem como memória de evocação e de fixação; orientação temporal com dificuldades para data; orientação espaço, consciência de si e do outro estavam preservadas.

O pensamento se apresentou concreto, com capacidade de abstração presente, sem alterações de curso ou velocidade das ideias, porém com conteúdos prevalentes. Humor com polarização evidente para depressão. O juízo de realidade se apresentou oscilante, com evidências de delírios.

Resultados

Aspectos cognitivos

Eficiência Intelectual: O desempenho intelectual do Sr. XXX encontra-se dentro da faixa média de acordo com sua escolaridade e idade quando comparada à população brasileira. Não foi encontrada discrepância entre habilidade verbal e não verbal, estando ambas na faixa média. Os resultados relacionados aos índices fatoriais (WAIS-III) estão descritos a seguir.

Índice de Compreensão Verbal: Seu desempenho foi na faixa média, isto é, o conhecimento verbal adquirido e o processo mental necessário para responder os enunciados, relacionados à compreensão e ao raciocínio verbal, estão adequados, além de refletirem a capacidade para compreender e expressar verbalmente ideias e pensamentos, demonstrando a riqueza do vocabulário.

Índice de Organização Perceptual: Nesse aspecto, o Sr. XXX apresentou desempenho inferior ao esperado para a população de mesma faixa etária e escolaridade, demonstrando dificuldades relativas a aptidão para perceber relações e sequências espaciais, prejuízo na capacidade para integração visiomotora, atenção para detalhes, grau de raciocínio verbal e raciocínio fluido, bem como da capacidade para conteúdos perceptuais que organizam o processo mental.

Índice de Memória Operacional: Resultado semelhante (desempenho inferior ao esperado para população de mesma faixa etária e escolaridade) foi aqui observado. Essa condição corrobora indicativos de dificuldades na memória de trabalho. Dessa forma, percebe-se diminuição da habilidade de memorizar a informação nova, mantê-la na memória em curto prazo, concentrada, e de manipular essa informação para produzir alguns processos de resultado ou de raciocínio. De maneira geral, o índice de memória operacional envolve atenção, concentração, controle mental e raciocínio, componente essencial de outros processos cognitivos de ordem mais elaborada. Assim, esse resultado também sinaliza baixa qualidade da concentração, da habilidade de planejamento, da flexibilidade cognitiva e da habilidade para organização sequencial.

Escala de Velocidade de Processamento: Resultado semelhante (desempenho inferior ao esperado para população de mesma faixa etária e escolaridade) também foi aqui observado. Esse fator relaciona-se diretamente com os processos de atenção, memória e concentração para processar, imediatamente, a informação visual. Consiste na avaliação da resistência à distração. Avalia habilidades de focalizar a atenção em estímulos distintos, discriminá-los e sustentar o foco da atenção em período de tempo. Como é uma medida da velocidade de processamento da informação, requer a persistência da habilidade de planejamento, mas é sensível à motivação, à dificuldade de trabalhar sob pressão do tempo e à coordenação motora elevada, refletindo, ainda, a velocidade psicomotora e a velocidade mental, para resolver problemas não verbais.

Desempenho verbal

Em provas que avaliam a capacidade de senso comum, juízo social, conhecimento prático e maturidade social / conhecimento de normas socioculturais / capacidade para avaliar a experiência passada / compreensão verbal, memória e atenção e pensamento abstrato. O Sr. XXX apresentou dificuldade para analisar situações sociais considerando as normas e regras existentes para a resolução de eventos compartilhados. Suas respostas ante essas questões foram pouco elaboradas e tendiam a explicações simples.

Na avaliação do desenvolvimento da linguagem / conhecimento semântico / inteligência geral (verbal) / estimulação do ambiente e/ou curiosidade intelectual e antecedentes educacionais. Houve dificuldade na realização da tarefa, que exigia conhecimento semântico e *background* cultural. O desempenho foi médio inferior.

Na avaliação da extensão do conhecimento adquirido / qualidade da educação formal e motivação para o aproveitamento escolar / estimulação do ambiente e/ou curiosidade intelectual / interesse no meio ambiente / memória remota. Nessa tarefa, não apresentou dificuldades, uma vez que ela exige da pessoa capacidade para responder a questões sobre fatos aprendidos pela via formal. Essas questões abordavam conhecimentos gerais, e o conteúdo estava relacionado ao que se aprende na escola.

Na avaliação do raciocínio lógico e formação conceitual verbal (pensamento abstrato) / raciocínio indutivo, com identificação de aspectos essenciais de não essenciais / desenvolvimento da linguagem e fluência verbal. Nessa atividade, a pessoa deve encontrar associação ou relação entre itens aparentemente não conectados (p. ex., raiva e alegria), identificando a categoria conceitual que os une. Seu desempenho situou-se na faixa médio superior.

Em relação à capacidade computacional e à rapidez no manejo de cálculos / memória auditiva / antecedentes, oportunidades e experiências escolares / concentração, resistência, distratibilidade, raciocínio lógico, abstração / contato com a realidade. Foi difícil para o Sr. XXX resolver problemas matemáticos que envolviam operações simples por cálculo mental, uma vez que ele não conseguiu manter a atenção por um tempo necessário para ouvir, registrar e resolver a operação. Tentou-se também verificar o raciocínio por meio de operações matemáticas escritas, e o periciando apresentou a mesma dificuldade.

Avaliando-se a extensão da atenção / retenção da memória imediata (dígitos na ordem direta) / memória e capacidade de reversibilidade (dígitos na ordem inversa) / concentração. Quando a tarefa envolveu a retenção da memória imediata, o Sr. XXX apresentou desempenho satisfatório na ordem direta dos números (médio superior). No entanto, quando verificou a memória e a capacidade de reversibilidade (dígitos na ordem inversa), que exige nível e qualidade da atenção maiores, seu desempenho declinou.

Ao investigar a percepção visual de estímulo abstrato, percepção auditiva de estímulo verbal complexo (seguir as instruções), organização perceptual, produção convergente e avaliação do estímulo simbólico, planejamento, codificação da informação para processamento cognitivo posterior, habilidade de aprendizado, memória de curto prazo (visual), visualização espacial, velocidade do processamento mental, habilidade com lápis e papel, coordenação visiomotora e acurácia. Seu desempenho situou-se na faixa média.

Desempenho de execução

Na avaliação reconhecimento e memória visual, organização e raciocínio / interesse e atenção ao ambiente, concentração e percepção das relações todo-parte / discriminação de aspectos essenciais de não essenciais. Em relação às habilidades perceptuais, o Sr. XXX expressou pobreza para identificar detalhes que estavam faltando em figuras conhecidas, o que sugere que sua atenção visual e capacidade para formular hipóteses sobre o que observa não estão adequadas. Essa prova também requisitava a utilização de sua memória visual para reconhecer os estímulos. Nessa tarefa, demonstrou dificuldade em discriminar com qualidade os aspectos essenciais dos não essenciais, demonstrando dificuldades da função visioespacial, que tanto pode estar associada com função frontal quanto com áreas occipitais.

Avaliando-se a velocidade de processamento / capacidade de seguir instruções sob pressão de tempo / atenção seletiva, concentração (resistência à distratibilidade) e persistência motora em uma tarefa sequencial / capacidade de aprender e eficiência mental / flexibilidade mental. Apresentou dificuldades em tarefas que requeriam a capacidade de planejamento quando precisou observar um modelo apresentado no plano gráfico e reproduzi-lo utilizando cubos coloridos.

Nas tarefas que exigiram o uso da percepção visual por estímulo abstrato, percepção auditiva de estímulo verbal complexo (seguir as instruções), organização perceptual, produção convergente e avaliação do estímulo simbólico, planejamento, codificação da informação para processamento cognitivo posterior, habilidade de aprendizado, memória de curto prazo (visual), visualização espacial, velocidade do processamento mental, habilidade com lápis e papel, coordenação visiomotora e acurácia. Apresentou desempenho abaixo do esperado, denotando importantes dificuldades.

Ao se avaliar a capacidade de síntese de um conjunto integrado / capacidade de reconhecer configurações familiares (formação de conceitos visuais) e de antecipar relações parte-todo (organização visioespacial) / processamento visual, velocidade perceptual e manipulativa. Resultado semelhante foi observado quando teve que montar quebra-cabeças de figuras conhecidas; ou seja, seu desempenho foi abaixo do esperado.

Avaliando-se a capacidade para organizar e integrar lógica e sequencialmente estímulos complexos / compreensão da significação de uma situação interpessoal, julgando suas implicações, determinando prioridades e antecipando suas consequências, em certo âmbito sociocultural / processamento visual. Essa tarefa exigia planejamento ante a necessidade de organizar uma história apresentada em forma de quadrinhos. O Sr. XXX conseguiu estabelecer uma sequência dentro de um encadeamento lógico de ideias de algumas figuras temáticas.

Função atencional

Expressou dificuldades para manter a atenção sustentada (concentração) e dividida por estímulo visual formado números e círculos coloridos, seu resultado é pouco eficiente, denotando baixa capacidade de concentração e precisão. Essa prova investiga atividades relativas ao rastreamento perceptual e sequencial associadas ao lobo frontal.

Memória

Esfera verbal

Em tarefa que solicitava a memória áudio-verbal contextual, na qual são contadas histórias, solicitado para que as reproduzisse imediatamente, o Sr. XXX não conseguiu lembrar-se delas com capacidade lógica, nem de um número mínimo de informações, denotando redução da capacidade da memória imediata áudio-verbal. Quando solicitada a recuperação tardia dessas histórias, o paciente não conseguiu lembrar-se das informações de maneira lógica e não recuperou um número mínimo de informações.

Outro teste solicitava a repetição de uma lista de palavras aleatórias e fora de contexto, com o objetivo de verificar a capacidade de retenção e recuperação da informação, indicando também capacidade de aprendizagem. O Sr. XXX apresentou resultado muito inferior no que diz respeito ao número de palavras evocadas na memória imediata. Na verdade, conseguiu recordar três palavras. Já na recuperação de longo prazo, estocagem em longo prazo e recuperação de longo prazo, não conseguiu recordar sequer uma única palavra. Os dados são sugestivos de redução da qualidade de memória de trabalho para estímulos áudio-verbais.

Esfera visual

Em atividade que avaliava a memória visual a partir da reprodução de figuras geométricas simples, seu desempenho foi muito abaixo do esperado, com perda significativa, indicando déficit em memória imediata visual. Ao se solicitar a recuperação tardia dessas figuras, o periciando não conseguiu evocar um número mínimo dos estímulos visuais, apresentando resultado igualmente muito abaixo do esperado.

Em outra prova de memória por estímulo visual, na qual o periciando deveria observar uma série de figuras geométricas por 2 minutos e, em seguida, identificá-las em meio a variadas figuras, seu desempenho revelou importantes dificuldades para memória de reconhecimento visual (de trabalho e de logno prazo).

Foi utilizado também o Teste de Memória Visual de Rostos, que avalia a memória de curto prazo pela capacidade da pessoa de recordar rostos e informações associadas a eles (nomes, sobrenomes, profissão, localização, entre outras) por meio da visualização de imagens. Seu desempenho foi semelhante ao dos resultados citados anteriormente. Nesse segmento, o periciando demonstrou dificuldade para armazenar informações de curto e longo prazo para estímulos tanto verbais quanto visuais.

Aspectos da personalidade

O Sr. XXX denota uma estrutura de personaliade rígida, com tendências a expressar caracteríticas pautadas na fixação, obstinação e obsessão. Essas caracteríticas, de forma acentuada, tendem a repercutir na qualidade da adaptação social do indivíduo. Observa-se, ainda, comprometimento emocional importante, que repercute na expressão dos afetos e dos impulsos, prejudicando desde as vivências empáticas quanto limitações para lidar com as demandas ambientais. Denota uma característica mais de retraimento defensivo, como se desejasse se proteger do mundo exterior. Sua estrutura psicológica se apresenta fragilizada e compreende aspectos de sugestionabilidade e passividade, além de enfraquecimento estrutural e dissociativo, comumente observado nos quadros psicóticos.

Conclusão

Em relação à constituição psíquica, denota quadro psicótico. Embora o desempenho cognitivo global do periciando situe-se na faixa média em relação a sua a idade e escolaridade, nas atividades que verificam as funções executivas pré-frontais e do hipocampo, como atenção, memória de trabalho e de longo prazo e da capacidadeperceptiva motora com participação das áreas occipitais, o desempenho foi significativamente baixo para a idade.

Ademais, considerando os prejuízos cognitivos comuns nos quadros de psicoses, observa-se que os identificados no periciando, investigados tanto por estímulos auditivo-verbais quanto por visuais, são sugestivos de uma possível associação com fatores de organicidade. Destaca-se que os prejuízos cognitivos observados nesse protocolo pericial são sugestivos de prejuízos em **termos de capacidade para atos da vida civil.**

Respostas aos quesitos

1. O doutor perito poderia explicitar de forma breve o procedimento técnico-científico realizado no Sr. XXX?
   Resposta: Sim. Trata-se de um estudo da relação cérebro, funções psicológicas e comportamento, capaz de identificar alterações ou disfunções relativas a atenção, concentração, memória, raciocínio, etc., por meio de entrevistas e instrumentos para essa aferição, caracterizando uma avaliação neuropsicológica.

2. Com a realização desse procedimento, foi possível observar alterações das funções psicológicas do Sr. XXX?
   Resposta: Sim.
3. O doutor perito poderia listar as alterações observadas nesse procedimento?
   Resposta: Sim. Atenção, memória de trabalho e de longo prazo e da capacidade perceptiva motora.
4. Essas alterações apresentam potencial prejuízo à autonomia do Sr. XXX?
   Resposta: Sim.
5. Considerando os preceitos jurídicos que regem as questões relativas a processos de interdição para atos da vida cível, as alterações observadas no Sr. XXX são compatíveis a esse fim?
   Resposta: Sim.
6. O doutor perito poderia determinar a qualificação do tipo de interdição do periciando?
   Resposta: Prejudicado.

CONSIDERAÇÕES FINAIS

A inserção da avaliação neuropsicológica em contextos judiciais é uma realidade mundial, dado o desenvolvimento de técnicas e processos que investigam os mecanismos que regem a vida humana e a saúde psíquica. Assim, na esfera forense, a avaliação neuropsicológica se apresenta como recurso imprescindível para a perícia, uma vez que, como definiram Lezak, Howieson e Loring (2004), esta se constitui de um processo complexo, na medida em que impõe ao profissional, além de amplo conhecimento e domínio em psicologia clínica e em psicometria, uma formação estrita quanto ao sistema nervoso (central e autônomo), suas patologias e consequências destas. Ademais, lembramos que o procedimento da perícia deve ser fundamentado nos quesitos elaborados pelo agente jurídico (juiz, promotor, procurador, delegado, advogado), cabendo ao perito investigar uma ampla faixa do funcionamento mental do indivíduo envolvido em ação judicial de qualquer natureza (cível, trabalhista, criminal, etc.), mediante o exame de sua personalidade e das funções cognitivas e dentro de uma postura humanitária e ética.

REFERÊNCIAS

Barros, D. M. (2008). *O que é psiquiatria forense*. São Paulo: Brasiliense.

Brasil. (1940). *Decreto-Lei nº 2.848, de 7 de dezembro de 1940. Código Penal*. Recuperado de http://www.planalto.gov.br/ccivil_03/decreto-lei/Del2848compilado.htm

Brasil. (1941). *Decreto-Lei nº 3.689, de 3 de outubro de 1941. Código de Processo Penal*. Recuperado de http://www.planalto.gov.br/ccivil_03/decreto-lei/Del3689Compilado.htm

Brasil. (2008). *Código civil brasileiro e legislação correlata* (2. ed.). Brasília: Senado Federal.

Brasil. (2015). *Lei nº 13.105, de 16 de março de 2015. Código de Processo Civil*. Recuperado de http://www.planalto.gov.br/ccivil_03/_Ato2015-2018/2015/Lei/L13105.htm

Groth-Marnat, G. (2000). Neuropsychological assessment in clinical practice: A guide to test interpretation and integration. New York: John Wiley & Sons.

Larrabee, G. J. (2005). *Forensic neuropsychology: A scientific approach*. New York: Oxford University.

Lezak, M. D., Howieson, D. B., & Loring, D. W. (2004). *Neuropsychological assessment*. New York: Oxford University.

Saffi, F., Valim, A. C. V., & Barros, D. M. (2001). Avaliação psiquiátrica e psicológica nas diversas áreas do direito. In E. C. Miguel, V. Gentil, & F. Gattaz, *Clínica psiquiátrica* (Vol. 2, Cap. 161, pp. 2201-2212). Barueri: Manole.

Serafim, A. P. (2011). *Avaliação neuropsicológica no contexto da perícia psicológica*. Actas do VIII Congresso Iberoamericano de Avaliação/Evaluación Psicológica e XV Conferência Internacional Avaliação Psicológica: Formas e Contextos. Lisboa: Faculdade de Psicologia da Universidade de Lisboa.

Serafim, A. P., & Barros, D. M. (2015). Neuropsicologia forense. In D. M. Barros (Org.), *Psiquiatria forense: Interfaces jurídicas, éticas e clínicas* (pp. 139-144). Rio de Janeiro: Elsevier.

Serafim, A. P., & Saffi, F. (2012). *Psicologia e práticas forenses*. Barueri: Manole.

Serafim, A. P., & Saffi, F. (2014). *Psicologia e práticas forenses* (2. ed.). Barueri: Manole.

Serafim, A. P., & Saffi, F. (Orgs.). (2015). *Neuropsicologia forense*. Porto Alegre: Artmed.

Taborda, J. G. V, Abdalla-Filho, E., Chalub, M. (2012). *Psiquiatria forense* (2. ed.). Porto Alegre: Artmed.

Verdejo-García, A., Alcázar-Córcoles, M. A., Gómez-Jarabo, G. A., & Pérez-García, M. (2004). Pautas para el desarrollo científico y profesional de la neuropsicología forense. *Revista de Neurología, 39*(1), 60-73.

24

Avaliação cognitiva e intervenções farmacológicas

SERGIO TAMAI
MARINA SARAIVA GARCIA
LEANDRO F. MALLOY-DINIZ
ANTÔNIO GERALDO DA SILVA

A cognição pode ser prejudicada pelo uso de alguns psicotrópicos empregados no tratamento de transtornos psiquiátricos, dependendo da sensibilidade individual e/ou da interação entre as medicações. No entanto, doenças mentais também provocam prejuízos cognitivos, e, em muitos casos, os psicofármacos revertem esses prejuízos, melhorando o desempenho cognitivo. O Quadro 24.1 apresenta um resumo das principais doenças mentais e alterações cognitivas a elas relacionadas.

Por sua vez, alterações cognitivas em pacientes psiquiátricos não constituem marcadores diagnósticos, visto que pode haver grande variação em relação ao perfil cognitivo dos indivíduos acometidos por tais doenças e que há diversas disfunções cognitivas comuns aos diversos transtornos neuropsiquiátricos, principalmente nas funções executivas e na atenção. Além disso, há também comorbidades que são muito frequentes nesses transtornos, o que torna difícil traçar perfis neuropsicológicos de grupos etiológicos específicos.

Este capítulo pretende apresentar as principais alterações cognitivas encontradas em pacientes psiquiátricos, bem como alterações cognitivas provocadas pela farmacoterapia.

PRINCIPAIS ALTERAÇÕES COGNITIVAS NOS TRANSTORNOS

Alterações cognitivas na esquizofrenia

Prejuízo atencional no processamento de informação é uma alteração central na esquizofrenia porque contribui para déficits

QUADRO 24.1 • Alterações cognitivas em doenças mentais

Transtorno	Prejuízos
Esquizofrenia	Atenção, memória de trabalho, funções executivas
Transtorno bipolar	Atenção, memória de trabalho, funções executivas
Depressão unipolar	Atenção, memória verbal e memória não verbal
Transtorno obsessivo-compulsivo	Habilidade visioespacial e visioconstrucional

na memória de trabalho e na função executiva (Braff, 1993). Indivíduos acometidos com transtornos do espectro da esquizofrenia apresentam desempenho reduzido em memória de trabalho, atenção, funções executivas e velocidade de processamento (Fernandes, Garcia, Silva, & Malloy-Diniz, 2015). Os prejuízos cognitivos na esquizofrenia determinam o funcionamento do indivíduo do ponto de vista social, ocupacional e de vida independente (Quadro 24.2).

Alterações cognitivas no transtorno bipolar

Os déficits cognitivos no transtorno bipolar incluem prejuízo na atenção, nas funções executivas e na memória (Coutinho, Lima, & Malloy-Diniz, 2016). Mesmo quando fora dos episódios maníacos ou depressivos, são observados desempenhos abaixo do normal em testes de atenção sustentada (Clark, Iversen, & Goodwin, 2002), memória de trabalho (Ferrier, Stanton, & Kelly, 1999), habilidades visiomotoras (Sapin, Berrettini, Nurnberger, & Rothblat, 1987) e memória verbal (Cavanagh, Van Beck, Muir, & Blackwood, 2002; Van Gorp, Altshuler, Theberge, & Mintz, 1999), sugerindo que certos déficits cognitivos representam um traço do transtorno (Kéri, Kelemen, Benedak, & Janka, 2001). Há, ainda, diferenças cognitivas de acordo com características do transtorno. Por exemplo, pacientes bipolares que tentaram suicídio tendem a ser mais impulsivos e apresentam mais déficits em processos de tomada de decisão que pacientes sem esse histórico (Malloy-Diniz et al., 2011).

Alterações cognitivas na depressão

Déficits cognitivos são mais pronunciados na depressão do tipo melancólica, situação em que ocorrem sintomas neurovegetativos de alteração do apetite e do sono, com piora matinal. Prejuízos na atenção, na memória verbal e visual e nas funções executivas (Muller, 1975) são alterações da depressão unipolar que independem do grau do estado depressivo nos casos crônicos (Paradiso, Lamberty, Garvey, & Robinson, 1997).

Alterações cognitivas no transtorno obsessivo-compulsivo

No transtorno obsessivo-compulsivo são observados déficits visioespaciais e visioconstrucionais (Christensen, Kim, Dysken, & Hoover, 1992; Okasha et al., 2001), além de prejuízo nas funções executivas (D'Alcante et al., 2012).

Alterações cognitivas no transtorno de déficit de atenção/hiperatividade

O modelo de transtorno de déficit de atenção/hiperatividade (TDAH) proposto por Barkley (2008) aponta prejuízo, principalmente, na capacidade de inibição. Déficits moderados em outras funções executivas, como memória de trabalho verbal,

QUADRO 24.2 • Correlação entre prejuízo cognitivo e funcionamento

Área funcional	Funções cognitivas
Social	Memória declarativa, função executiva, atenção
Ocupacional	Memória declarativa, função executiva, atenção e memória de trabalho
Vida independente	Função executiva, memória declarativa e memória de trabalho

planejamento e organização, flexibilidade cognitiva, atenção e impulsividade cognitiva, também foram relacionados (Barkley, 2008; Costa, Miranda, Garcia, Figueiredo, & Malloy-Diniz, 2015).

INTERVENÇÕES FARMACOLÓGICAS E NEUROPSICOLOGIA

Classificação dos medicamentos psicotrópicos

As medicações utilizadas no tratamento das doenças mentais costumam ser agrupadas de acordo com suas principais indicações terapêuticas: antidepressivos, antipsicóticos, ansiolíticos, estabilizadores do humor, hipnóticos, estimulantes e nootrópicos. No entanto, os medicamentos frequentemente apresentam mais de uma indicação. Por exemplo, vários antidepressivos são utilizados para o tratamento de quadros ansiosos, e alguns antipsicóticos podem ser usados como estabilizadores do humor. Os psicotrópicos são classificadas também quanto a sua estrutura molecular (tricíclico, tetracíclico, etc.), mecanismo de ação (inibidor seletivo da recaptação de serotonina), história (primeira geração, segunda geração, etc.) e perfil característico (típico ou atípico).

Ações farmacológicas

Fatores individuais e ambientais influenciam a resposta e os efeitos colaterais das medicações. Os efeitos clínicos das substâncias são descritos pela farmacocinética (como o organismo as distribui, metaboliza e elimina) e pela farmacodinâmica (como atua no organismo). Dessa forma, pessoas idosas, do ponto de vista farmacocinético, são mais sensíveis aos efeitos das medicações por ter um volume de distribuição menor (menos água no organismo) e metabolização e eliminação mais lentas em comparação aos jovens.

Efeitos das medicações psicotrópicas na cognição

A seguir, serão descritas as ações das substâncias psicotrópicas na cognição que devem ser levadas em consideração durante a avaliação neuropsicológica.

Ação dos antipsicóticos na cognição

As primeiras substâncias antipsicóticas introduzidas na prática clínica a partir da década de 1950, também chamadas de antipsicóticos *típicos* ou de *primeira geração*, incluem a clorpromazina, o haloperidol e a flufenazina. Essas medicações estão associadas a déficits na memória de trabalho, na velocidade de processamento e nas habilidades motoras, mediados pela ação de antagonismo dos receptores dopaminérgicos D1 no córtex pré-frontal (Castner, Williams, & Goldman-Rakic, 2000; Sawaguchi & Goldman-Rakic, 1994).

No caso da clorpromazina, a ação de bloqueio em receptores histaminérgicos H1 e de receptores muscarínicos M1 ocasiona déficit de atenção e sedação.

Os antipsicóticos surgidos após a década de 1980, denominados *atípicos* ou de *segunda geração*, apresentam ação seletiva em receptores dopaminérgicos D2 e em receptores serotonérgicos 5-HT2 e são representados por aripiprazol, clozapina, olanzapina, paliperidona, quetiapina, risperidona e ziprasidona. Estudos iniciais indicaram melhora de desempenho cognitivo com uso desses medicamentos (Abdul-Monim, Reynolds, & Neill, 2003; Kane, Honigfeld, Singer, & Meltzer, 1988), entretanto, problemas metodológicos tornam difícil comprovar esse efeito. Os antipsicóticos de segunda geração, porém, de maneira geral, não prejudicam o funcionamento cognitivo da mesma forma que os de primeira geração.

Ação de antidepressivos na cognição

Os antidepressivos tríclicos afetam negativamente a atenção e a memória (Gorenstein, de Carvalho, Artes, Moreno, & Marcourakis, 2006) por meio da ação de bloqueio de receptores de acetilcolina no hipocampo (Campbell & MacQueen, 2004).

Antidepressivos mais recentes, como os inibidores seletivos da recaptação de serotonina, inibidores seletivos da recaptação de noradrenalina e serotonina, inibidores seletivos da recaptação de dopamina e noradrenalina e inibidores seletivos da recaptação de noradrenalina, de maneira geral, não afetam negativamente o funcionamento cognitivo. Entretanto, há evidência de que a paroxetina prejudica a memória verbal, em função de sua maior ação anticolinérgica (Furlan et al., 2001).

Em contrapartida, a sertralina melhoraria o desempenho em testes atencionais (Finkel, Richter, Clary, & Batzar, 1999). Da mesma forma, a reboxetina e os inibidores seletivos da recaptação de serotonina e noradrenalina apresentariam vantagens em relação ao funcionamento cognitivo quando comparados com outros antidepressivos (Harmer, Shelley, Cowen, & Goodwin, 2004).

Ação de ansiolíticos na cognição

Benzodiazepínicos

Os benzodiazepínicos estão entre os medicamentos mais prescritos, e seu uso continuado está associado a prejuízos em habilidade visioespacial, memória e velocidade de processamento, que são parcialmente reversíveis com a descontinuação (Stewart, 2005).

A memória não é afetada de maneira uniforme. A memória de trabalho (Brown, Lewis, Brown, Horn, & Bowes, 1982; Mac, Kumar, & Goodwin, 1985) e a memória procedural parecem não ser afetadas (Lister & File, 1984). Os benzodiazepínicos não alteram a capacidade de recuperação de informação aprendida antes de seu uso, mas prejudicam a aquisição de novas informações na vigência de sua ação (Brown et al., 1982; Lister & File, 1984). Dessa forma, a amnésia anterógrada é o principal efeito do uso de benzodiazepínicos.

Buspirona

A buspirona é um ansiolítico que não apresenta propriedades hipnóticas, anticonvulsivantes ou de relaxamento muscular como os benzodiazepínicos. Além disso, não afeta a cognição (Barbee, Black, Kehoe, & Todorov, 1991). Seu mecanismo de ação se dá por um efeito agonista parcial em receptor serotonérgico 5-HT1A.

Ação dos estabilizadores do humor na cognição

Lítio

O lítio tem sido o padrão-ouro no tratamento do transtorno bipolar do tipo I, tanto na fase aguda quanto na prevenção de recaídas, por sua ação como estabilizador do humor. Em pacientes tratados com lítio, foram observados prejuízos na memória verbal e na velocidade psicomotora (Dias et al., 2012).

Carbamazepina

A carbamazepina produz alterações na atenção, na memória, na velocidade de resposta verbal e no tempo de reação (Shehata, Bateh, Hamed, Rageh, & Elsorogy, 2009; Stein & Strickland,1998).

Valproato

O valproato afeta negativamente a atenção, a memória e a velocidade motora (Gallassi et al., 1988; Goldberg & Burdick, 2001).

Topiramato

O topiramato afeta negativamente a memória, a fluência verbal e as funções executivas (Gomer et al., 2007; Lee, Jung, Suh, Kwon, & Park, 2006; Mula, 2012).

Lamotrigina

A lamotrigina parece não afetar o funcionamento cognitivo (Gillham, Kane, Bryant-Comstock, & Brodie, 2000; Pressler, Binnie, Coleshill, Chorley, & Robinson, 2006; Smith, Baker, Davies, Dewey, & Chadwick, 1993) e pode escolhida para uso por parte de pacientes com prejuízo cognitivo.

Oxcarbazepina

Estudos com oxcarbazepina indicam um perfil favorável da substância em relação ao funcionamento cognitivo, não sendo observados prejuízos cognitivos (Aikiä, Kälviäinen, Sivenius, Halonen, & Riekkinen, 1992; Donati et al., 2006; Tzitiridou et al., 2005). Da mesma forma que a lamotrigina, a oxcarbazepina é uma boa opção no tratamento de pacientes com prejuízo cognitivo.

Gabapentina

A maioria dos estudos indica pouco ou nenhum prejuízo cognitivo associado ao uso da gabapentina (Dodrill et al., 1999; Leach, Girvan, Paul, & Brodie, 1997; Meador et al., 1999; Mortimore, Trimble, & Emmers, 1998).

Pregabalina

A disfunção cognitiva com o uso de pregabalina ocorre em aproximadamente 4% dos pacientes (French, Kugler, Robbins, Knapp, & Garofalo, 2003; Jan, Zuberi, & Alsaihati, 2009; Valentin et al., 2009). Quando ocorrem, as disfunções cognitivas afetam a memória episódica verbal e visual (Ciesielski, Samson, & Steinhoff, 2006).

Ação de estimulantes na cognição

No dia em que a avaliação neuropsicológica for realizada, os psicofármacos estimulantes devem estar suspensos.

Metilfenidato

O metilfenidato tem sido a primeira escolha entre os medicamentos para tratamento de TDAH. Seu mecanismo de ação é o aumento da liberação de noradrenalina e dopamina por bloqueio da recaptação dessas catecolaminas nos terminais pré-sinápticos (Barbirato, Figueiredo, Dias, Silva, & Soares, 2015). Há melhora no desempenho em tarefas de memória de trabalho, atenção e controle inibitório (Boonstra,

Kooij, Oosterlaanb, Sergeantc, & Buitelaard, 2005).

Lisdexanfetamina

A lisdexanfetamina é desprovida de efeitos farmacológicos iniciais. O início de sua ação se dá cerca de duas horas após a ingestão, quando ocorre a separação da dexanfetamina.

CONSIDERAÇÕES FINAIS

Os psicofármacos utilizados no tratamento dos transtornos mentais têm o potencial de ocasionar disfunções cognitivas. Entretanto, nas doenças mentais, também há prejuízos cognitivos. Com indicação e uso adequados, os psicotrópicos não devem levar a disfunções cognitivas mais severas do que as causadas pelos transtornos que eles devem tratar e, portanto, devem melhorar o funcionamento cognitivo.

REFERÊNCIAS

Abdul-Monim, Z., Reynolds, G. P., & Neill, J. C. (2003). The atypical antipsychotic ziprasidone, but not haloperidol, improves phencyclidine-induced cognitive deficits in a reversal learning task in the rat. *Journal of Psychopharmacology, 17*(1), 57-65.

Aikiä, M., Kälviäinen, R., Sivenius, J., Halonen, T., & Riekkinen, P. J. (1992). Cognitive effects of oxcarbazepine and phenytoin monotherapy in newly diagnosed epilepsy: One year follow-up. *Epilepsy Research, 11*(3), 199-203.

Barbee, J. G., Black, F. W., Kehoe, C. E., & Todorov, A. A. (1991). A comparison of the single-dose effects of alprazolam, buspirone, and placebo upon memory function. *Journal of Clinical Psychopharmacology, 11*(6), 351-356.

Barbirato, F., Figueiredo, C. G., Dias, G., Silva, A. G., & Soares, A. A. (2015). Tratamento do transtorno de déficit de atenção/hiperatividade com não estimulantes. In A. E. Nardi, J. Quevedo, & A. G. Silva (Orgs.), *Transtorno de déficit de atenção/hiperatividade: Teoria e clínica* (pp. 171-176). Porto Alegre: Artmed.

Barkley, R. A. (Org.). (2008). Transtorno do déficit de atenção/hiperatividade: Manual para diagnóstico e tratamento (3. ed.). Porto Alegre: Artmed.

Boonstraa, A. M., Kooijb, J. J. S., Oosterlaanb, J., Sergeantc, J. A., & Buitelaard, J. K. (2005). Does methylphenidate improve inhibition and other cognitive abilities in adults with childhood-onset ADHD? *Journal of Clinical and Experimental Neuropsychology, 27*(3), 278-298.

Braff, D. L. (1993). Information processing and attention dysfunctions in schizophrenia. *Schizophrenia Bulletin, 19*(2), 233-259.

Brown, J., Lewis, V., Brown, M., Horn, G., & Bowes, J. B. (1982). A comparison between transient amnesias induced by two drugs (diazepam or lorazepam) and amnesia of organic origin. *Neuropsychologia, 20*(1), 55-70.

Campbell, S., & MacQueen, G. (2004). The role of the hippocampus in the pathophysiology of depression. *Journal of Psychiatry & Neuroscience, 29*(6), 417-426.

Castner, S. A., Williams, G. V., & Goldman-Rakic, P. S. (2000). Reversal of antipsychotic-induced working memory deficits by short-term dopamine D1 receptor stimulation. *Science, 287*(5460), 2020-2022.

Cavanagh, J. T., Van Beck, M., Muir, W., & Blackwood, D. H. (2002). Case-control study of neurocognitive function in euthymic patients with bipolar disorder: An association with mania. *The British Journal of Psychiatry, 180*, 320-326.

Christensen, K. J., Kim, S. W., Dysken, M. W., & Hoover, K. M. (1992). Neuropsychological performance in obsessive-compulsive disorder. *Biological Psychiatry, 31*(1), 4-18.

Ciesielski, A. S., Samson, S., & Steinhoff, B. J. (2006). Neuropsychological and psychiatric impact of add-on titration of pregabalin versus levetiracetam: A comparative short-term study. *Epilepsy & Behavior, 9*(3), 424-431.

Clark, L., Iversen, S. D., & Goodwin, G. M. (2002). Sustained attention deficit in bipolar disorder. *The British Journal of Psychiatry, 180*, 313-319.

Costa, D. S., Miranda, D. M., Garcia, M., Figueiredo, K., Silva, A. G., & Malloy-Diniz, L. F. (2015). Neuropsicologia no transtorno do déficit de atenção e hiperatividade. In A. E. Nardi, J. Quevedo, &

A. G. Silva (Orgs.), *Transtorno de déficit de atenção/hiperatividade: Teoria e clínica* (pp. 85-100). Porto Alegre: Artmed.

Coutinho, T. V., Lima, I. N., & Malloy-Diniz, L. F. (2016). Neuropsicologia do transtorno bipolar em adultos. In F. Kapczinski, & J. Quevedo (Orgs.), *Transtorno bipolar: Teoria e clínica*. Porto Alegre: Artmed.

D'Alcante, C. C., Diniz, J. B., Fossaluza, V. F., Batistuzzo, M. C., Lopes, A. C., Shavitt, R. G., ... Hoexter, M. Q. (2012). Neuropsychological predictors of response to randomized treatment in obsessive compulsive disorder. *Progress in Neuro-Psychopharmacology & Biological Psychiatry, 39*(2), 310-317.

Dias, V. V., Balanzá-Martinez, V., Soeiro-de-Souza, M. G., Moreno, R. A., Figueira, M. L., Machado-Vieira, R., & Vieta, E. (2012). Pharmacological approaches in bipolar disorders and the impact on cognition: a critical overview. *Acta Psychiatrica Scandinavica, 126*(5), 315-331.

Dodrill, C. B., Arnett, J. L., Hayes, A. G., Garofalo, E. A., Greeley, C. A., Greiner, M. J., & Pierce, M. W. (1999). Cognitive abilities and adjustment with gabapentin: Results of a multisite study. *Epilepsy Research, 35*(2), 109-121.

Donati, F., Gobbi, G., Campistol, J., Rapatz, G., Daehler, M., Sturm, Y., & Aldenkamp, A. B. (2006). Effects of oxcarbazepine on cognitive function in children and adolescents with partial seizures. *Neurology, 67*(4), 679-682.

Fernandes, J. N., Garcia, M., Silva, A. G., & Malloy-Diniz, L. F. (2015). Esquizofrenia: Contribuições da neuropsicologia. In A. E. Nardi, J. Quevedo, & A. G. Silva (Orgs.), *Esquizofrenia: Teoria e clínica* (pp. 87-93). Porto Alegre: Artmed.

Ferrier, I. N., Stanton, B. R., & Kelly, T. P. (1999). Neuropsychological function in euthymic patients with bipolar disorder. *The British Journal of Psychiatry, 175*, 246-251.

Finkel, S., Richter, E., Clary, C., & Batzar, E. (1999). Comparative efficacy of sertraline vs. fluoxetine in patients age 70 or over with major depression. *The American Journal of Geriatric Psychiatry, 7*(3), 221-227.

French, J. A., Kugler, A. R., Robbins, J. L., Knapp, L. E., & Garofalo, E. A. (2003). Dose-response trial of pregabalin adjunctive therapy in patients with partial seizures. *Neurology, 60*(10), 1631-1637.

Furlan, P., Kallan, M., Ten, T., Pollock, B. G., Katz, I., & Luck, I. (2001). Cognitive and psychomotor effects of paroxetine and sertraline on healthy elderly volunteers. *The American Journal of Geriatric Psychiatry, 9*(4), 429-438.

Gallassi, R., Morreale, A., Lorusso, S., Procaccianti, G., Lugaresi, E., & Baruzzi, A. (1998). Carbamazepine and phenytoin. Comparison of cognitive effects in epileptic patients during monotherapy and withdrawal. *Archives of Neurology, 45*(8), 892-894.

Gillham, R., Kane, K., Bryant-Comstock, L., & Brodie, M. J. (2000). A double-blind comparison of lamotrigine and carbamazepine in newly diagnosed epilepsy with health-related quality of life as an outcome measure. *Seizure, 9*(6), 375-379.

Goldberg, J. F., & Burdick, K. E. (2001). Cognitive side effects of anticonvulsants. *The Journal of Clinical Psychiatry, 62*(Suppl 14), 27-33.

Gomer, B., Wagner, K., Frings, L., Saar, J., Carius, A., Härle, M., ... Schulze-Bonhage, A. (2007). The influence of antiepileptic drugs on cognition: A comparison of levetiracetam with topiramate. *Epilepsy & Behavior, 10*(3), 486-494.

Gorenstein, C., de Carvalho, S. C., Artes, R., Moreno, R. A., & Marcourakis, T. (2006). Cognitive performance in depressed patients after chronic use of antidepressants. *Psychopharmacology, 185*(1), 84-92.

Harmer, C. J., Shelley, N. C., Cowen, P. J., & Goodwin, G. M. (2004). Increased positive versus negative affective perception and memory in healthy volunteers following selective serotonin and norepinephrine reuptake inhibition. *The American Journal Psychiatry, 161*(7), 1256-1263.

Jan, M. M., Zuberi, S. A., & Alsaihati, B. A. (2009). Pregabalin: Preliminary experience in intractable childhood epilepsy. *Pediatric Neurology, 40*(5), 347-350.

Kane, J., Honigfeld, G., Singer, J., & Meltzer, H. (1988). Clozapine for the treatment-resistant schizophrenic. A double-blind comparison with chlorpromazine. *Archives of General Psychiatry, 45*(9), 789-796.

Kéri, S., Kelemen, O., Benedak, G., & Janka, Z. (2001). Different trait markers for schizophrenia and bipolar disorder: A neurocognitive approach. *Psychological Medicine, 31*(5), 915-922.

Leach, J. P., Girvan, J., Paul, A., & Brodie, M. J. (1997). Gabapentin and cognition: A double blind, dose ranging, placebo controlled study in refractory epilepsy. *Journal of Neurology, Neurosurgery, and Psychiatry, 62*(4), 372-376.

Lee, H. W., Jung, D. K., Suh, C. K., Kwon, S. H., & Park, S. P. (2006). Cognitive effects of low-dose topiramate monotherapy in epilepsy patients: A 1-year follow-up. *Epilepsy & Behavior, 8*(4), 736-741.

Lister, R. G., & File, S. E. (1984). The nature of lorazepam-induced amnesia. *Psychopharmacology, 83*(2), 183-187.

Mac, D. S., Kumar, R., & Goodwin, D. W. (1985). Anterograde amnesia with oral lorazepam. *The Journal of Clinical Psychiatry, 46*(4), 137-138.

Malloy-Diniz, L. F., Neves, F. S., Moraes, P. H. P., De Marco, L. A., Romano-Silva, M. A., Krebs, M. O., & Corrêa, H. (2011). The 5-HTTLPR polymorphism, impulsivity and suicide behavior in euthymic bipolar patients. *Journal of Affective Disorders, 133*(1-2), 221-226.

Meador, K. J., Loring, D. W., Ray, P. G., Murrow, A. M., King, D. W., Nichols, M. E., ... Goff, W. T. (1999). Differential cognitive effects of carbamazepine and gabapentin. *Epilepsia, 40*(9), 1279-1285.

Mortimore, C., Trimble, M., & Emmers, E. (1998). Effects of gabapentin on cognition and quality of life in patients with e epilepsy. *Seizure, 7*(5), 359-364.

Mula, M. (2012). Topiramate and cognitive impairment: evidence and clinical implications. *Therapeutic Advances in Drug Safety, 3*(6), 279-289.

Muller, W. R. (1975). Psychological deficit in depression. *Psychological Bulletin, 82*(2), 238-260.

Okasha, A., Rafaat, M., Mahallawy, N., El Nahas, G., El Dawla, A. S., Sayed, M., & El Kholi, S. (2000). Cognitive dysfunction in obsessive-compulsive disorder. *Acta Psychiatrica Scandinavica, 101*(4), 281-285.

Paradiso, S., Lamberty, G. J., Garvey, M. J., & Robinson, R. G. (1997). Cognitive impairment in euthymic phase of chronic unipolar depression. *The Journal of Nervous and Mental Disease, 185*(12), 718-754.

Pressler, R. M., Binnie, C. D., Coleshill, S. G., Chorley, G. A., & Robinson, R. O. (2006). Effect of lamotrigine on cognition in children with epilepsy. *Neurology, 66*(10), 1495-1499.

Sapin, L. R., Berrettini, W. H., Nurnberger, J. I., Jr., & Rothblat, L. A. (1987). Mediational factors underlying cognitive changes and laterality in affective illness. *Biological Psychiatry, 22*(8), 979-986.

Sawaguchi, T., & Goldman-Rakic, P. S. (1994). The role of D1-dopamine receptor in working memory: Local injections of dopamine antagonists into the prefrontal cortex of rhesus monkeys performing an oculomotor delayed-response task. *Journal of Neurophysiology, 71*(2), 515-528.

Shehata, G. A., Bateh A. E. M., Hamed, S. A., Rageh, T. A., & Elsorogy, Y. B. (2009). Neuropsychological effects of antiepileptic drugs (carbamazepine versus valproate) in adult males with epilepsy. *Journal of Neuropsychiatric Disease and Treatment, 5*, 527-533.

Smith, D., Baker, G., Davies, G., Dewey, M., & Chadwick, D. W. (1993). Outcomes of add-on treatment with lamotrigine in partial epilepsy. *Epilepsia, 34*(2), 312-322.

Stein, R. A., & Strickland, T. L. (1998). A review of neuropsychological effects of commonly used prescription medication. *Archives of Clinical Neuropsychology, 13*(3), 259-284.

Stewart, S. A. (2005). The effects of benzodiazepines on cognition. *The Journal of Clinical Psychiatry, 66*(Suppl 2), 9-13.

Tzitiridou, M., Panou, T., Ramantani, G., Kambas, A., Spyroglou, K., & Panteliadis, C. (2005). Oxcarbazepine monotherapy in benign childhood epilepsy with centrotemporal spikes: A clinical and cognitive evaluation. *Epilepsy & Behavior, 7*(3), 458-467.

Valentin, A., Moran, N., Hadden, R., Oakes, A., Elwes, R., Delamont, R., ... Nashef, L. (2009). Pregabalin as adjunctive therapy for partial epilepsy: An audit study in 96 patients from the South East of England. *Seizure, 18*(6), 450-452.

Van Gorp, W. G., Altshuler, L., Theberge, D. C., & Mintz, J. (1999). Declarative and procedural memory in bipolar disorder. *Biological Psychiatry, 46*(4), 525-531.

25

Neuromodulação e neuropsicologia

PAULO HENRIQUE PAIVA DE MORAES
MARCO A. ROMANO-SILVA
LEANDRO F. MALLOY-DINIZ
PAULO SÉRGIO BOGGIO

O QUE É NEUROMODULAÇÃO?

O termo *neuromodulação* pode significar tanto o processo fisiológico pelo qual um neurônio consegue regular grupos de outros neurônios como um conjunto de técnicas voltadas a modificar e/ou recuperar funções no sistema nervoso para o alívio de dores e para o controle de sintomas psiquiátricos e neurológicos. A neuromodulação pode ser definida como ". . . o processo de inibição, estimulação, modificação, regulação ou alteração terapêutica da atividade, elétrica ou quimicamente, no sistema nervoso central, periférico ou autônomo" (Krames, Peckham, Rezai, & Aboelsaad, 2009). Trata-se de uma intervenção inerentemente não destrutiva, reversível e ajustável. As técnicas utilizadas podem ser classificadas de acordo com a forma como são aplicadas – se invasivas ou não invasivas – ou pelo tipo de estimulação utilizada – elétrica ou química. Exemplos de técnicas invasivas são estimulação nervosa periférica, da medula espinal, de estruturas cerebrais profundas e do nervo vago. As principais técnicas não invasivas são a estimulação magnética transcraniana (EMT), a estimulação transcraniana por corrente contínua (ETCC), a estimulação transcraniana por corrente alternada (ETCA) e, apesar de não constar no rol de terapias da International Neuromodulation Society (INS, 2014), o *neurofeedback*.

Neuromodulação é, portanto, uma modificação controlada com fins terapêuticos realizada por meio da estimulação ou da inibição da atividade neuronal com processos físicos (estimulações eletromagnéticas) ou agentes químicos (fármacos), objetivando melhora da qualidade de vida dos seres humanos. As técnicas são utilizadas para o tratamento de distúrbios do movimento, dores crônicas, transtornos psiquiátricos, problemas cardíacos, problemas urológicos, etc. A INS (2014) cita como algumas das condições psiquiátricas passíveis dessa forma de tratamento a depressão, o transtorno obsessivo-compulsivo, a dependência química, a anorexia e os transtornos alimentares.

O campo da neuromodulação vem crescendo rapidamente nos últimos anos graças ao rápido desenvolvimento técnico e científico. Apesar de algumas de suas técnicas não serem tão recentes, o desenvolvimento científico e tecnológico tem contribuído para o surgimento de técnicas e equipamentos cada vez mais adequados e seguros, bem como para um melhor entendimento dos mecanismos físicos e fisiológicos de seu funcionamento. Essa área é inerentemente multidisciplinar, pois engloba diversos ramos do conhecimento, tais como a medicina, as neurociências, as engenharias e a informática. Abrange desde o uso de dispositivos para alívio de dores crônicas e técnicas que objetivam a melhora de processos cognitivos e sintomas psiquiátricos até o uso de neurópróteses, como, por exemplo, os implantes cocleares (Fig. 25.1).

BREVE HISTÓRIA DA NEUROMODULAÇÃO

O primeiro registro do uso de neuromodulação que se conhece foi feito no ano 15 por Scribonius Largus (c. 1 d.C.-c. 50 d.C.), médico da corte do imperador romano Tiberius (10 a.C.-54 d.C.). Scribonius Largus observou o alívio na dor causada pela gota (um tipo de artrite) após uma descarga elétrica produzida pelo contato com um peixe *Torpedo* (Gildenberg, 2009).

No fim do século XVIII, Luigi Galvani (1737-1798) e Alessandro Volta (1745-1827), ambos na Itália, conduziram uma série de experimentos sobre a natureza da eletricidade nos organismos vivos. No início do século XIX, Giovanni Aldini (1762-1834), sobrinho de Galvani, utilizou a pilha de Volta para estimular o córtex cerebral de cadáveres e observou as contrações musculares resultantes. Os relatos desses experimentos inspiraram a autora inglesa Mary Shelley (1797-1851) a escrever sua obra mais famosa, *Frankenstein*, na qual ela cita, na introdução do livro, os experimentos de Erasmus Darwin (avô de Charles Darwin e Francis Galton) como fonte de inspiração (Shelley, 2011).

Já no fim desse mesmo século, o médico americano Robert Bartholow (1831-1904), o italiano Ézio Sciamanna (1850-1905) e o ítalo-argentino Alberto Alberti (1856-1913) relataram experimentos em que o córtex exposto de pacientes vivos era estimulado e, por consequência, observavam-se respostas motoras. Sciamanna foi professor na Universidade de Roma, em 1896, quando lecionou uma psiquiatria baseada em paradigmas neuroanatômicos. Ainda no fim do século XIX, o francês Jacques-Arsène d'Arsonval (1851-1940) fez diversas observações dos efeitos fisiológicos causados por correntes alternadas, campos elétricos e campos magnéticos, tendo sido um importante contribuidor para o então emergente campo da eletrofisiologia.

No início do século XX, o primeiro estimulador elétrico com fins terapêuticos, o *Electreat*, apareceu no mercado (Gildenberg, 2006). O Electreat foi projetado por C.W. Kent e patenteado como *Electric Massage Machine*, em 1919 (patente US 1305725 A; http://www.google.com/patents/US1305725), sendo comercializado como um instrumento para o alívio da dor, entre outros males. Era anunciado como o mais simples, mais prático, conveniente e eficiente instrumento já idealizado, podendo ser usado para praticamente qualquer doença (http://electrotherapymuseum.com/Library/Electreat/index.htm).

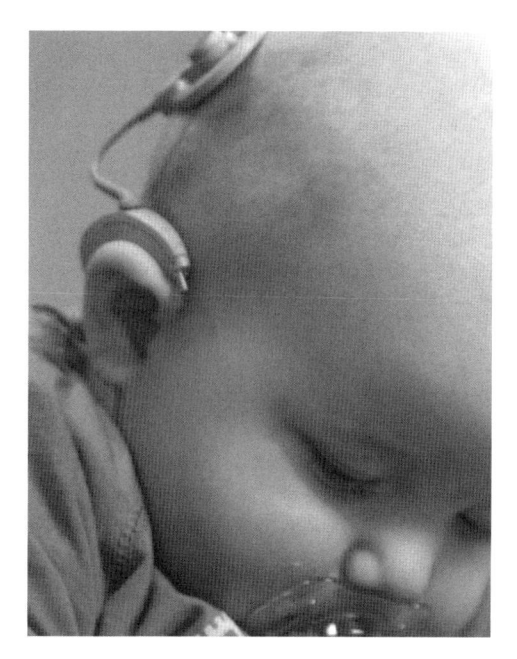

Figura 25.1 Criança com implante coclear.
Fonte: Knetsch (2009).

No século XX, o psiquiatra italiano Ugo Cerletti (1877-1963) deu início ao uso da eletroconvulsoterapia (ECT) para induzir convulsões em pacientes de forma mais segura que as técnicas utilizadas até então no tratamento de diversas condições psiquiátricas. No Canadá, o neurocirurgião Wilder Penfield (1891-1976) criou, com Herbert Jasper (1906-1999), o *procedimento de Montreal*, no qual, durante um procedimento cirúrgico, o foco epiléptico é identificado pela estimulação de diferentes áreas do córtex cerebral com o paciente desperto. Esse procedimento permitiu a Penfield mapear os córtices motor e somatossensorial, dando origem ao *homúnculo de Penfield*, uma representação das suas divisões anatômicas (Fig. 25.2). Nesse mesmo período, diversos experimentos em animais foram conduzidos, e novas técnicas de estudo da eletrofisiologia foram criadas, permitindo uma melhor compreensão do funcionamento neuronal, o que levou, por sua vez, a maior entendimento

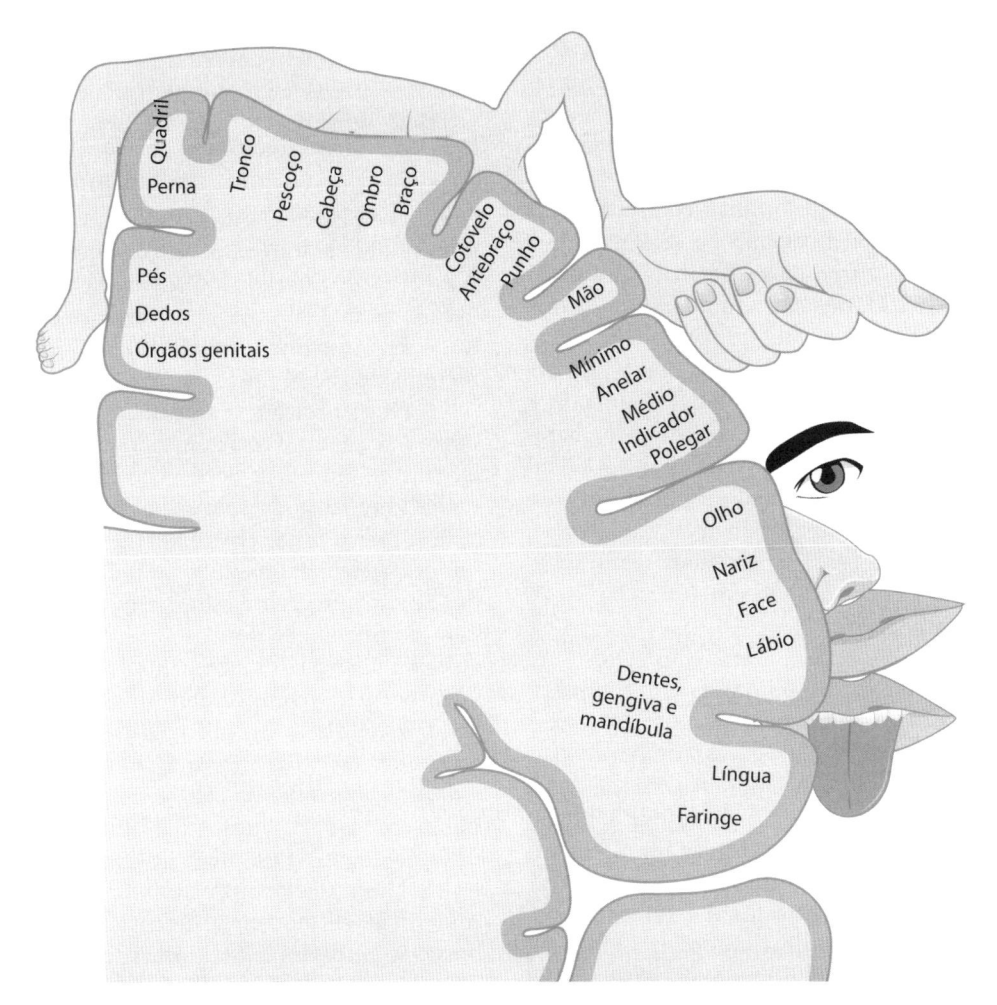

Figura 25.2 Homúnculo de Penfield. Representação das divisões anatômicas dos córtices motor e somatossensorial primário.
Fonte: OpenStax College (2013).

dos efeitos da estimulação elétrica no tecido nervoso.

Ainda em meados do século XX, alguns estudos não invasivos de *polarização cerebral*, nos quais eram colocados eletrodos sobre o escalpo de voluntários e aplicadas correntes elétricas de baixa intensidade, foram conduzidos em seres humanos saudáveis e naqueles com transtornos neuropsiquiátricos. De acordo com Brunoni, Boggio e Fregni (2012b), essas técnicas não invasivas acabaram ofuscadas com o rápido crescimento da psicofarmacologia.

No fim do século XX, ocorreu um avanço da neuromodulação invasiva. Em 1960, surgiu o marca-passo implantável, e, em 1971, a estimulação da medula espinal para dores neuropáticas crônicas começou a ser investigada. Ocorreu também algum avanço na estimulação cerebral para o tratamento da doença de Parkinson. Em 1976, um grupo de pesquisa da University of Sheffield, Inglaterra, foi criado no Royal Hallamshire Hospital, com o objetivo de estudar estímulos corticais produzidos com o uso de correntes induzidas pelos pulsos de um campo magnético forte e registrar a resposta eletrofisiológica correspondente. O primeiro resultado foi publicado em 1982 por Anthony T. Barker (Polson, Barker, & Freeston, 1982), e a primeira demonstração da EMT foi feita em 1985 (Barker & Freeston, 2007).

O século XXI vem mostrando um aquecimento das pesquisas em neuromodulação, principalmente no que diz respeito a técnicas não invasivas, como a EMT, a ETCC (conhecida como *polarização cerebral* nos anos de 1960 e 1970) e a ETCA. No Brasil, diversos pesquisadores, em vários centros de pesquisas, têm-se destacado nos cenários nacional e internacional pela publicação de variados trabalhos na área. O Quadro 25.1 apresenta uma linha do tempo da história da neuromodulação.

NEUROMODULAÇÃO E NEUROPLASTICIDADE

O conceito de neuroplasticidade está ligado à capacidade do cérebro para superar limitações impostas pela herança genética e se adaptar a um ambiente em contínua mutação. A plasticidade é uma propriedade intrínseca desse órgão, iniciando-se no embrião e perdurando até a morte do indivíduo. Ela ocorre com o fortalecimento, o enfraquecimento, a poda ou o acréscimo de conexões sinápticas, bem como pela promoção da neurogênese. Dessa forma, o cérebro se mantém em contínua mudança, como consequência obrigatória de cada estímulo sensorial, ato motor, associação, sinal de recompensa, plano de ação e consciência (Pascual-Leone, Amedi, Fregni, & Merabet, 2005). Tanto o desenvolvimento normal quanto o patológico, a aquisição e a perda de habilidades, a fisiopatologia das doenças neuropsiquiátricas e o efeito de seus tratamentos estão submetidos a mecanismos de plasticidade.

A reorganização de vias neurais é uma tarefa que se torna mais difícil ao longo do envelhecimento. Um bebê exposto a diferentes idiomas pode, sem esforço aparente, vir a se tornar uma criança fluente em duas ou mesmo três línguas, enquanto a maioria dos adultos precisa se esforçar muito mais para dominá-las, e poucos são capazes de atingir a fluência dos falantes nativos. Entre as razões para que o cérebro se torne menos flexível durante o processo de amadurecimento está o fato de que, ao longo da vida, um pouco de sua plasticidade é diminuída em favor do aumento da eficiência e da estabilidade na execução de suas tarefas.

As alterações locais decorrentes da neuroplasticidade tendem a desencadear respostas secundárias difusas através das redes neurais, resultando em alterações que podem ser adaptativas ou não. Dependendo da quantidade e da amplitude dessas respostas secundárias, os efeitos do insulto original podem ser aliviados ou agravados.

Partindo do princípio de que o cérebro é plástico, podemos concluir que ele pode ser moldado. Assim, há potencial para o desenvolvimento de estratégias para a modificação de processos e mecanismos fisiológicos ou patológicos. As estratégias para a modelagem do cérebro podem envolver os mais diversos campos, tais como a neuroeducação, a neuroeconomia, a reabilitação, o neurodesenvolvimento, a psiquiatria e a neurologia, além das técnicas de neuromodulação. Evidências, tanto clínicas quanto produzidas por diversas pesquisas, têm mostrado que a neuromodulação pode levar a alterações na organização neuronal, podendo ocorrer de forma rápida e alcançar grandes distâncias no sistema nervoso, resultando, em alguns casos, em melhoras funcionais. As evidências recentes sugerem que um dos possíveis mecanismos de ação para a neuromodulação exercer seus efeitos prolongados se dê pela facilitação da ocorrência de alterações plásticas benéficas no sistema nervoso e da modificação de arranjos neurais anormais decorrentes de diversas patologias (Mogilner, 2009).

NEUROPSICOLOGIA E NEUROMODULAÇÃO

Para a neuropsicologia, as técnicas de neuromodulação de maior interesse são as não invasivas. Destacamos a ETCC, a ETCA e a EMT. Diversos autores também classificam o *neurofeedback* como uma técnica de neuromodulação. São técnicas consideradas bastante seguras, cujos resultados são observados rapidamente. Até o momento, entre elas, apenas a EMT está regulamentada no Brasil, tendo o Conselho Federal de Medicina a reconhecido em sua Resolução nº 1.986, de 2012,

> ... como ato médico privativo e cientificamente válido para utilização na prática médica nacional, com indicação para depressões uni e bipolar, alucinações auditivas nas esquizofrenias e para o planejamento de neurocirurgia.

Outras aplicações da EMT superficial e da EMT profunda continuam sendo consideradas procedimentos experimentais (Conselho Federal de Medicina [CFM], 2012).

TÉCNICAS DE NEUROMODULAÇÃO

Estimulação magnética transcraniana

A EMT é um método não invasivo que utiliza pulsos eletromagnéticos da ordem de 1,5 a 2 Tesla direcionados a estruturas cerebrais preestabelecidas para gerar despolarização ou hiperpolarização dos neurônios, aumentando ou inibindo a atividade cerebral local. A EMT vem sendo estudada para uso terapêutico em diversos transtornos. Estudos com essa técnica têm mostrado fortes evidências de sua eficácia no tratamento da depressão maior (Janicak et al., 2010; O'Reardon et al., 2007).

A duração dos efeitos obtidos ainda está sendo investigada. Há relatos de que eles podem persistir por até seis meses. Um em cada dois pacientes relata redução de 50% ou mais nos sintomas depressivos, sendo que em um de cada três chega a ocorrer remissão. Sessões para manutenção dos efeitos podem ser conduzidas periodicamente para prevenir recaídas. Outros estudos vêm sendo conduzidos com o uso da EMT como ferramenta para a redução da probabilidade de ocorrência de alucinações auditivas nos casos de esquizofrenia (Aleman,

Sommer, & Kahn, 2007) e de sintomas negativos em transtornos, como a apatia, e no alívio dos sintomas da doença de Parkinson (Elahi, Elahi, & Chen, 2009), da fibromialgia (Marlow, Bonilha, & Short, 2013), do *tinnitus* (zumbido) (Fregni et al., 2006a), da ansiedade, da enxaqueca (Lipton et al., 2010), de transtornos alimentares (Van den Eynde et al., 2010) e do transtorno bipolar (Michael & Erfurth, 2004).

O efeito da EMT no tecido nervoso é produzido pelo campo elétrico na membrana neuronal, o qual, por sua vez, é induzido por um pulso magnético gerado pela bobina do estimulador posicionada sobre o escalpo do paciente. O campo elétrico provoca a despolarização da membrana celular, induzindo a despolarização do neurônio. A despolarização gera um potencial de ação que se propaga pelo corpo celular e é transmitido para diferentes estruturas cerebrais pela rede neural. A EMT pode usar pulsos únicos ou sequência de pulsos (EMTr). O efeito produzido é determinado pela frequência de pulsos utilizada. De maneira geral, a EMTr de baixa frequência,

QUADRO 25.1 • Linha do tempo da história da neuromodulação

Data	Personagem	Local	Fato
10 d.C.	Scribonius Largus (c. 1 d.C.-c. 50 d.C.)	Roma	Primeiro relato do uso de eletricidade para alívio da dor.
Fim do século XVIII	Luigi Galvani (1737-1798)	Itália	Experimentos sobre a natureza da eletricidade nos organismos vivos.
	Alessandro Volta (1745-1827)		
Início do século XIX	Giovanni Aldini (1762-1834)	Itália	Estimulação do córtex cerebral de cadáveres.
1818	Mary Shelley (1797-1851)	Inglaterra	Publicação do romance *Frankenstein*.
Fim do século XIX	Robert Bartholow (1831-1904)	Estados Unidos	Estimulação do córtex cerebral de pacientes vivos.
	Ézio Sciamanna (1850-1905)	Itália	
	Alberto Alberti (1856-1913)	Argentina	
	Jacques-Arsène d'Arsonval (1851-1940)	França	Observação dos efeitos fisiológicos causados por correntes alternadas, campos elétricos e campos magnéticos.
Século XX	Ugo Cerletti (1877-1963)	Itália	Eletroconvulsoterapia.
	Wilder Penfield (1891-1976)	Canadá	Procedimento de Montreal e mapa do córtex somatossensorial.
	Herbert Jasper (1906-1999)		
Anos 1960 e 1970			Estudos de polarização cerebral.
1960			Marca-passo implantável.
1971			Estimulação da medula espinal para o tratamento de dores neuropáticas crônicas.
1982	Anthony T. Barker (1950-)		Início dos experimentos que levaram à criação da EMT.

isto é, cujas frequências ficam abaixo de 1 Hz (1 pulso por segundo), tem efeito inibidor da atividade no circuito-alvo, enquanto a EMTr de alta frequência, maior que 1 Hz, tem efeito estimulante no circuito-alvo (Brasil-Neto & Boechat-Barros, 2012). Geralmente, as sessões duram de 20 a 40 minutos, podendo ocorrer em até cinco dias por semana, por cerca de 4 a 6 semanas.

Além da frequência da estimulação, o ângulo em que a bobina é posicionada em relação à cabeça do paciente é um fator que deve ser levado em conta para se obter maior intensidade de corrente no ponto desejado. A intensidade dos pulsos magnéticos também é um parâmetro importante, sendo determinado, geralmente, em função do limiar motor de cada paciente, medido com pulsos de EMT no córtex motor (Brasil-Neto & Boechat-Barros, 2012).

Os efeitos colaterais mais comuns da EMT são cefaleia, normalmente leve e transitória, relatada por cerca de um terço dos pacientes, e tensão muscular próxima ao local de aplicação.

A EMT é reconhecida pelo Conselho Federal de Medicina como ato médico privativo em sua Resolução nº 1986 (CFM, 2012), estando vedado seu uso por profissionais de outras áreas. Além do Brasil, a EMT para o tratamento da depressão também foi aprovada nos Estados Unidos, no Canadá, na Austrália, na Nova Zelândia, na União Europeia e em Israel (International Neuromodulation Society [INS], 2015).

Estimulação transcraniana por corrente contínua

A ETCC é uma técnica não invasiva de neuromodulação que consiste em passar uma corrente contínua de baixa intensidade, 2 miliamperes (mA) ou menos, pelo cérebro, por meio de eletrodos posicionados sobre o escalpo do paciente. A ETCC vem crescendo em popularidade, tanto no contexto acadêmico quanto no contexto clínico, devido a sua simplicidade, seu baixo custo e por ser considerada uma técnica bastante segura (Nitsche et al., 2003). A corrente elétrica aplicada tem a capacidade de alterar a excitabilidade dos circuitos neuronais subjacentes, modificando a atividade cerebral. Dependendo dos locais onde são posicionados os eletrodos na cabeça do paciente e da polaridade utilizada, a atividade nas estruturas estimuladas pode ser aumentada ou reduzida. Dessa forma, a escolha do posicionamento dos eletrodos e de sua polaridade deve ser feita em função do transtorno ou sintoma a ser tratado. A alteração da excitabilidade dos circuitos neurais na ETCC é obtida pela alteração do potencial de membrana dos neurônios que compõem esses circuitos quando são submetidos à corrente elétrica. Dependendo da polaridade utilizada, o efeito pode ser de estimulação – quando o potencial de membrana dos neurônios é reduzido, facilitando a despolarização e, consequentemente, o disparo e a propagação do impulso elétrico – ou de inibição, quando a corrente elétrica aplicada aumenta o potencial de membrana e torna mais difícil a ocorrência da despolarização da membrana neuronal. A polarização é definida pela colocação dos dois eletrodos no escalpo, o eletrodo positivo (ânodo) e o eletrodo negativo (cátodo), estabelecendo a direção de propagação da corrente elétrica e as regiões do cérebro que serão afetadas. De maneira geral, o polo positivo funciona estimulando os circuitos neurais, enquanto o polo negativo os inibe. A Figura 25.3 mostra um equipamento de ETCC.

Os grandes atrativos da ETCC para o contexto clínico são seu baixo custo, sua segurança e seus poucos efeitos colaterais, que, com sua alta tolerabilidade, promovem grande aceitação e adesão ao tratamento. Diversas pesquisas têm sugerido a viabilidade da ETCC para várias aplicações em neurologia, psiquiatria e reabilitação

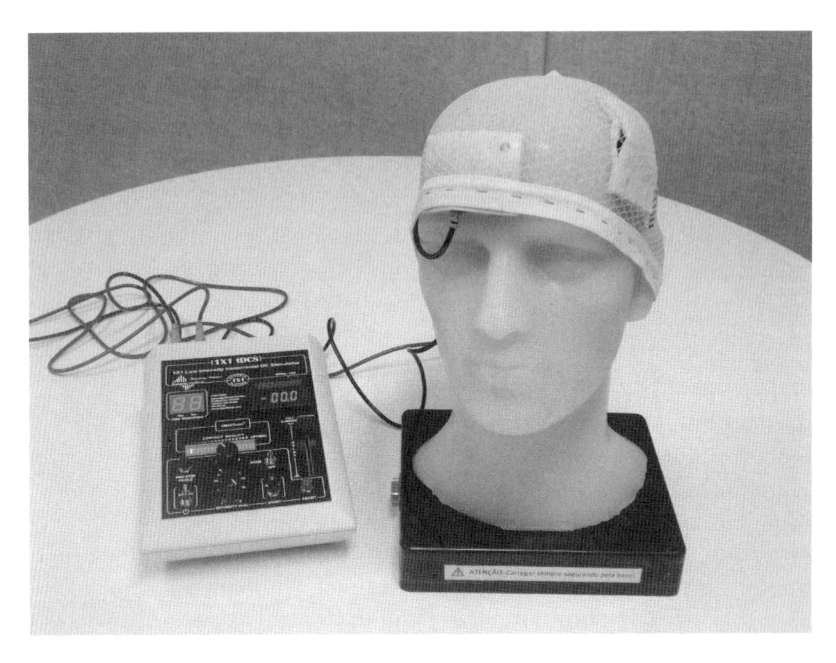

Figura 25.3 Equipamento de estimulação transcraniana por corrente contínua.

física e neuropsicológica (Brunoni, Pinheiro, & Boggio, 2012a).

Apesar de seus mecanismos não serem bem compreendidos, sessões seguidas de ETCC têm sido associadas a melhoras no *tinnitus* (zumbido) (Fregni et al., 2006a; Vanneste et al., 2010), na fibromialgia (Marlow et al., 2013; Valle et al., 2009), nos quadros depressivos (Nitsche, Boggio, Fregni, & Pascual-Leone, 2009), na epilepsia (Auvichayapat et al., 2013; Fregni et al., 2006b), nos sintomas da doença de Parkinson (Boggio et al., 2006a) e nos problemas motores decorrentes de acidente vascular cerebral (Boggio et al., 2006b; Jo et al., 2009). Os efeitos da ETCC podem ser associados a outras formas de terapias, como as terapias medicamentosas ou a EMT.

Normalmente, os efeitos colaterais de uma sessão de ETCC são mínimos, quando não inexistentes. A ocorrência de eritema (coloração avermelhada na pele) nos locais de contato dos eletrodos é comum e ocorre em virtude da vasodilatação provocada pela aplicação da corrente elétrica, desaparecendo pouco tempo após a retirada dos eletrodos. Outros efeitos colaterais comuns descritos na literatura são coceira, formigamento, cefaleia, queimação e desconforto (Brunoni et al., 2011).

Os parâmetros a serem levados em consideração na ETCC são o tamanho e o posicionamento dos eletrodos, a intensidade da corrente elétrica a ser aplicada, a duração da sessão de estimulação, o número total e o intervalo das sessões a serem feitas. O correto dimensionamento desses parâmetros garante a segurança e a eficácia do procedimento.

Os eletrodos utilizados em ETCC são feitos de borracha condutora, colocados dentro de esponjas embebidas em solução salina (soro fisiológico) e posicionados no escalpo, utilizando-se toucas ou tiras de borracha para a fixação. Em alguns casos, um dos eletrodos pode ser posicionado em outro local do corpo do paciente (eletrodo extracefálico), normalmente no braço ou sobre o músculo deltoide, com o objetivo de evitar o efeito produzido pelo eletrodo posicionado no escalpo. Os tamanhos dos eletrodos podem variar, sendo mais comuns os de 5 x 7 cm (35 cm^2) e os de 5 x 5 cm (25 cm^2). O tamanho é importante, pois define a densidade de carga, isto é, a quantidade de corrente elétrica que vai passar por unidade de área. A densidade de carga é obtida dividindo-se a corrente que será aplicada pela área do eletrodo (mA/cm^2); por exemplo, uma corrente de 2 mA com um eletrodo de 5 x 7 cm (35 cm^2) produz densidade de carga de 2 mA/35 cm^2, o que equivale a 0,057 mA/cm^2. Para padronização e replicabilidade, os eletrodos são, na maioria das vezes, posicionados segundo o sistema internacional 10-20, utilizado em eletrencefalografia (Fig. 25.4). Ainda em relação ao posicionamento dos eletrodos, Nitsche e colaboradores (2003) desaconselham disposições que possam levar a corrente a passar pelo tronco cerebral ou pelo coração. Esse cuidado deve ser observado, principalmente, quando são usados eletrodos extracefálicos.

A intensidade da corrente elétrica aplicada, medida em miliamperes, está diretamente relacionada à intensidade dos resultados obtidos e também à intensidade dos efeitos colaterais. Correntes mais intensas conseguem alcançar regiões mais profundas do cérebro. Também está diretamente relacionada à densidade de carga, conforme mostrado no parágrafo anterior. Densidades de carga muito altas podem provocar lesões no tecido nervoso. Estudos feitos com animais mostraram que densidades menores que 25 mA/cm^2 não provocaram lesões no tecido cerebral.

O tempo de cada sessão e o número total de sessões estão relacionados à duração dos efeitos de longo prazo da ETCC. Em seres humanos, 13 minutos de ETCC podem produzir uma hiperexcitabilidade que se manterá por até 90 minutos após o fim da estimulação, sendo que sessões sucessivas produzem um efeito cumulativo (Brunoni et al., 2012a). A duração de cada sessão também é importante para outro parâmetro que deve ser levado em conta: a carga total aplicada. A carga total aplicada é dada pela densidade ao longo do tempo em que ocorre a aplicação, ou seja, se a densidade de carga de 0,057 mA/cm^2, calculada anteriormente, fosse aplicada durante 20 minutos

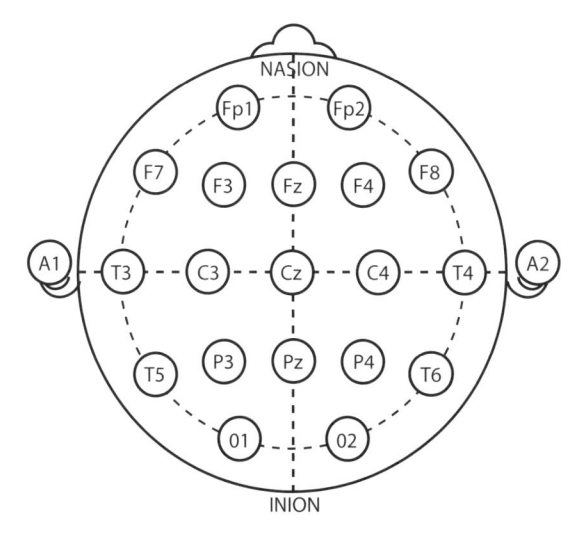

Figura 25.4 O sistema internacional 10-20 de posicionamento de eletrodos usado em eletrencefalografia.
Fonte: Wikimedia Commons (2010).

(1.200 segundos), teríamos uma carga total de 0,057 mA/cm² x 1200 s, o que equivale a 68,57 mA.s/cm², ou 0,06857 C/cm², onde C é a unidade de carga elétrica Coulomb.

A ETCC, deve-se ressaltar, apesar de ser uma técnica considerada muito segura e bastante investigada, apresentando muitos resultados promissores, ainda não está regulamentada no Brasil.

NEUROFEEDBACK

O *neurofeedback*, também chamado de eletrencefalograma (EEG) *biofeedback*, é uma técnica não invasiva que busca aplicar os conceitos e técnicas tradicionais do *biofeedback* ao treinamento de ondas cerebrais. Baseia-se no princípio do aprendizado por condicionamento clássico/operante, em que, de acordo com informações disponibilizadas em tempo real por eletrodos colocados na superfície da cabeça, o paciente melhora seu autocontrole sobre padrões de atividade cerebral e, consequentemente, sobre seus estados mentais (Lofthouse, Arnold, Hersch, Hurt, & Debeus, 2012).

As ondas cerebrais ocorrem em uma faixa de frequências bem ampla e foram registradas e descritas pela primeira vez pelo neurologista alemão Hans Berger (1873-1941), inventor do EEG. Em 1924, Hans Berger conseguiu realizar o primeiro registro de ondas cerebrais a partir do escalpo. Seus achados foram publicados cinco anos depois, em 1929. Até hoje, o papel dessas oscilações ainda não é bem compreendido, mas acredita-se que tenham um papel importante no processamento de informações e estejam relacionadas aos estados de vigilância. Um marco importante para o surgimento do *neurofeedback* foi a publicação do artigo *Conscious control of brain waves* (Controle consciente das ondas cerebrais), em 1968, pelo psicólogo americano Joseph Kamiya, considerado o pai do *neurofeedback*. Nesse artigo, ele descreve seu experimento, pelo qual mostra que é possível controlar conscientemente as ondas cerebrais (Kamiya, 1968).

As ondas cerebrais são classificadas de acordo com sua frequência de oscilação, medida em ciclos por segundo, ou Hertz (Hz), e estão associadas a diferentes estados mentais. O Quadro 25.2 mostra um resumo das diversas ondas cerebrais e suas características principais.

A literatura tem apresentado estudos com diversos graus de evidências de que o *neurofeedback* é útil em muitas condições neuropsiquiátricas, como epilepsia, dor crônica, insônia, transtorno de déficit de atenção/hiperatividade (TDAH), entre outras (Kayiran, Dursun, Dursun, Ermutlu, & Karamürsel, 2010). A International Society for Neurofeedback and Research (ISNR, 2015) afirma que

> . . . pesquisas demonstram que o *neurofeedback* é uma intervenção eficiente para TDAH e epilepsia. Estudos em andamento estão investigando a eficiência dessa técnica para outros transtornos, como o autismo, dores de cabeça, insônia, ansiedade, abuso de substâncias, traumatismo craniencefálico e outros transtornos dolorosos.

Em um estudo publicado em 2009 por Arns e colaboradores, esse tratamento foi considerado eficaz de acordo com as diretrizes da American Psychological Association (APA, 2002; Arns, de Ridder, Strehl, Breteler, & Coenen, 2009).

O *neurofeedback* também foi usado com sucesso como ferramenta para melhora no desempenho esportivo. Em 2008, Arns e colaboradores conduziram um estudo no qual investigaram o desempenho de jogadores de golfe por sinais de EEG. Foi observado um aumento repentino de ondas alfa (*alpha burst*) entre 0,5 e 1,0 segundos antes de tacadas bem-sucedidas. Durante o experimento, os jogadores que receberam *feedback* tiveram desempenho

QUADRO 25.2 • As ondas cerebrais e suas principais características

Faixa de frequência	Nome	Características principais
0,1 a 3 Hz	Ondas delta	Ocorre em alta intensidade durante o sono profundo (Hammond, 2011).
4 a 7 Hz	Ondas teta	Está associada a um estado de devaneio. Em baixa intensidade, está associada a uma transição entre o estado de sono e o despertar (Hammond, 2011).
8 a 15 Hz	Ondas alfa	Está associada a um estado de relaxamento. Sua intensidade aumenta ao se fechar os olhos e é mais intensa no lobo occipital (Hammond, 2011).
7,5 a 12,5 Hz	Ondas mu	Ocorre no córtex motor e desaparece durante uma atividade motora.
12,5 a 15,5 Hz	Ondas SMR*	Aparece no córtex sensório-motor e é mais intensa durante estados de imobilidade. Sua intensidade é reduzida quando a região correspondente é ativada, como no caso de uma tarefa motora.
16 a 31 Hz	Ondas beta	Está associada à atividade intelectual, à concentração focada no exterior e ao estado de alerta (Hammond, 2011).
32 a 100 Hz	Ondas gama	Está associada a uma atenção focada intensa e ao processo de associação de informações provenientes de partes diferentes do cérebro (Hammond, 2011).

* SMR: *sensorimotor rhythm* (ritmo sensório-motor).

significativamente melhor do que os que não receberam (Arns, Kleinnijenhuis, Fallahpour, & Breteler, 2008).

Em uma sessão de *neurofeedback*, um ou mais eletrodos são dispostos sobre o escalpo do paciente em regiões preestabelecidas pelo protocolo a ser utilizado para cada caso. Os eletrodos são utilizados para medir o padrão de atividade cerebral da região em que foi posicionado, e essa informação é exibida em tempo real para o terapeuta e paciente. O paciente é instruído a tentar alterar seu padrão de ondas cerebrais de forma a atingir um padrão predeterminado. Sempre que consegue atingir a meta, o computador informa isso ao paciente dando algum tipo de reforço positivo. A meta é determinada de acordo com o paciente e o objetivo do tratamento e consiste em, por exemplo, reduzir a intensidade de uma faixa de frequências em determinadas regiões do cérebro, ou aumentar a ocorrência de outras frequências, como ondas SMR, em outra região. Ao longo do treinamento, o paciente vai remodelando seu padrão de ativação cerebral por meio de um condicionamento clássico/operante. A informação passada para o paciente pode vir na forma de um gráfico ou, mais comumente, na forma de um jogo ou tarefa a ser realizada, como, por exemplo, montar um quebra-cabeça que vai sendo exibido na tela computador, de modo que, sempre que o paciente consegue manter o padrão de ativação-alvo por determinado tempo, uma nova peça surge para formar uma figura. Durante todo o treinamento, o terapeuta acompanha o processo de um segundo monitor, no qual, gradualmente, ajusta o nível de dificuldade do treinamento de acordo com a evolução do paciente (Fig. 25.5).

Melhoras costumam ser observadas após 10 a 20 sessões, e o número total de sessões varia de acordo com a condição a ser tratada e as características de cada sujeito. As sessões duram em torno de 25 minutos, dependendo do protocolo criado. O protocolo a ser utilizado só deve ser

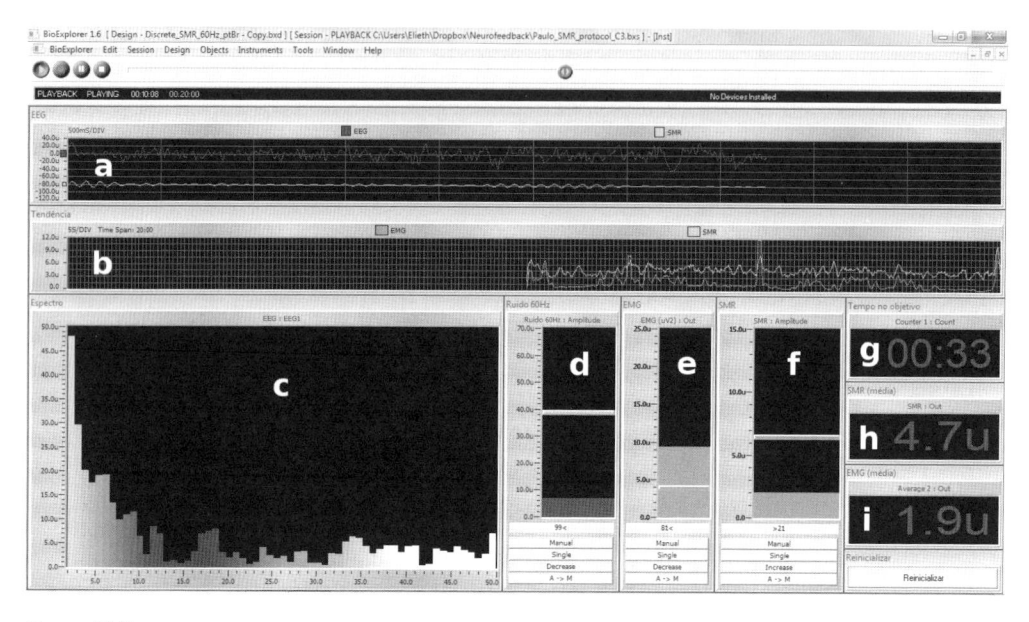

Figura 25.5 Exemplo de tela de computador exibida para o terapeuta durante uma sessão de *neurofeedback*. Treinamento de SMR em Central 3. a) EEG em Central 3 (azul) e SMR em Central 3 (verde). b) Evolução do SMR e do EMG (eletromiograma ou tensão muscular). c) Espectro de frequências que compõem o sinal de EEG no momento. d) Intensidade do ruído em 60 Hz (ruído originado na rede elétrica). e) Intensidade do EMG. f) Intensidade da faixa de frequência em treinamento, no caso SMR. g) Tempo total em que o sujeito se manteve no objetivo. h) Intensidade média do SMR. i) Intensidade média do EMG.
* Veja esta imagem colorida na orelha deste livro.

estabelecido após avaliação psicológica e da atividade cerebral, o que é feito com o uso de um EEG qualitativo (QEEG) (ISNR, 2012). De posse do QEEG, o terapeuta determina quais as regiões a serem utilizadas para colocação dos eletrodos e como deve ser o treinamento, de forma a normalizar os padrões cerebrais do paciente.

O *neurofeedback* deve ser conduzido por um terapeuta qualificado para a aplicação da técnica. A certificação para a aplicação é dada pela Biofeedback Certification International Alliance (BCIA) e, apesar de não ser obrigatória, ". . . ajuda a demonstrar para o público que o terapeuta em *neurofeedback* está apto a fornecer treinamento competente e ético" (ISNR, 2012). Em *Practice Guidelines for Neurofeedback*, a ISNR ressalta a necessidade de planejar e conduzir o treinamento com fundamentação em métodos e princípios validados cientificamente e de que o planejamento seja feito com base em uma avaliação inicial adequada para o problema a ser tratado, incluindo uma avaliação prévia com EEG (ISNR, 2012). Assim como a ETCC, o *neurofeedback* é uma técnica que ainda não se encontra regulamentada no Brasil.

CONSIDERAÇÕES FINAIS

Neuromodulação é um tema extenso e complexo. O objetivo deste capítulo foi apenas introduzir e apresentar técnicas cuja aplicação parece ser de maior interesse para os profissionais da neuropsicologia. Algumas dessas técnicas já estão sendo utilizadas no contexto clínico, como é o caso da EMT e do *neurofeedback*; outras, como a ETCC, ainda estão sendo utilizadas principalmente em centros de pesquisa.

A literatura sobre o tema é vasta, diversos livros, abordando técnicas ou tópicos específicos em neuromodulação, estão disponíveis, e novos surgem no mercado todos os anos. O número de artigos publicados em revistas científicas tem aumentado substancialmente a cada ano, mostrando que o interesse por essas técnicas vem crescendo bastante. O aumento contínuo na produção científica aponta um futuro promissor para a neuromodulação, que se mostra como possibilidade de intervenção, seja como tratamento alternativo, seja como coadjuvante para tratamentos medicamentosos e intervenções psicoterápicas. O baixo custo, a simplicidade e a segurança de algumas dessas técnicas podem tornar mais acessíveis os resultados que elas podem proporcionar, ficando ao alcance de todos os estratos socioeconômicos.

REFERÊNCIAS

Aleman, A., Sommer, I. E., & Kahn, R. S. (2007). Efficacy of slow repetitive transcranial magnetic stimulation in the treatment of resistant auditory hallucinations in schizophrenia: A meta-analysis. *The Journal of Clinical Psychiatry, 68*(3), 416-421.

American Psychological Association (APA). (2002). Criteria for evaluating treatment guidelines. *American Psychologist, 57*(12), 1052-1059.

Arns, M. W., Kleinnijenhuis, M., Fallahpour, K., & Breteler, M. H. M. (2008). Golf performance enhancement by means of 'real-life neurofeedback' training based on personalized event-locked EEG profiles. *Journal of Neurotherapy, 11*(4), 11-18.

Arns, M., de Ridder, S., Strehl, U., Breteler, M., & Coenen, A. (2009). Efficacy of neurofeedback treatment in ADHD: The effects on inattention, impulsivity and hyperactivity: A meta-analysis. *Clinical EEG and Neuroscience, 40*(3), 180-189.

Auvichayapat, N., Rotenberg, A., Gersner, R., Ngodklang, S., Tiamkao, S., Tassaneeyakul, W., & Auvichayapat, P. (2013). Transcranial direct current stimulation for treatment of refractory childhood focal epilepsy. *Brain Stimulation, 6*(4), 696-700.

Barker, A., & Freeston, I. (2007). Transcranial magnetic stimulation. *Scholarpedia, 2*(10), 2936.

Boggio, P. S., Ferrucci, R., Rigonatti, S. P., Covre, P., Nitsche, M., Pascual-Leone, A., & Fregni, F. (2006a). Effects of transcranial direct current stimulation on working memory in patients with Parkinson's disease. *Journal of the Neurological Sciences, 249*(1), 31-38.

Boggio, P. S., Nunes, A., Rigonatti, S. P., Nitsche, M. A., Pascual-Leone, A., & Fregni, F. (2006b). Repeated sessions of noninvasive brain DC stimulation is associated with motor function improvement in stroke patients. *Restorative Neurology and Neuroscience, 25*(2), 123-129.

Brasil-Neto, J. P., & Boechat-Barros, R. (2012). Estimulação magnética transcraniana. In F. Fregni, P. S. Boggio, & A. R. Brunoni, *Neuromodulação terapêutica* (pp. 53-64). São Paulo: Sarvier.

Brunoni, A. R., Amadera, J., Berbel, B., Volz, M. S., Rizzerio, B. G., & Fregni, F. (2011). A systematic review on reporting and assessment of adverse effects associated with transcranial direct current stimulation. *The International Journal of Neuropsychopharmacology, 14*(08), 1133-1145.

Brunoni, A. R., Pinheiro, F. S., & Boggio, P. S. (2012a). Estimulação transcraniana por corrente contínua. In F. Fregni, P. S. Boggio, & A. R. Brunoni, *Neuromodulação terapêutica* (pp. 65-75). São Paulo: Sarvier.

Brunoni, A. R., Boggio, P. S., & Fregni, F. (2012b). Estimulação elétrica no sistema nervoso central: Uma breve revisão histórica. In F. Fregni, P. S. Boggio, & A. R. Brunoni, *Neuromodulação terapêutica* (pp. 3-20). São Paulo: Sarvier.

Conselho Federal de Medicina (CFM). (2012). *Resolução CFM 1.986/2012*. Brasília: CFM.

Elahi, B., Elahi, B., & Chen, R. (2009). Effect of transcranial magnetic stimulation on Parkinson motor function: Systematic review of controlled clinical trials. *Movement Disorders, 24*(3), 357-363.

Fregni, F., Marcondes, R., Boggio, P. S., Marcolin, M. A., Rigonatti, S. P., Sanchez, T. G., ... Pascual-Leone, A. (2006a). Transient tinnitus suppression induced by repetitive transcranial magnetic stimulation and transcranial direct current stimulation. *European Journal of Neurology, 13*(9), 996-1001.

Fregni, F., Thome-Souza, S., Nitsche, M. A., Freedman, S. D., Valente, K. D., & Pascual-Leone, A. (2006b). A controlled clinical trial of cathodal dc polarization in patients with refractory epilepsy. *Epilepsia, 47*(2), 335-342.

Gildenberg, P. L. (2009). Neuromodulation: A historical perspective. In E. Kramer, P. H. Peckham, &

A. Rezai (Eds.), *Neuromodulation* (pp. 9-20). San Diego: Academic.

Gildenberg, P. L. (2006). History of electrical neuromodulation for chronic pain. *Pain Medicine, 7*, S7-S13.

Hammond, D. C. (2011). What is neurofeedback: An update. *Journal of Neurotherapy, 15*(4), 305-336.

International Neuromodulation Society (INS). (2014). *FAQs: Neuromodulation frequently asked questions*. San Francisco: INS. Recuperado de http://www.neuromodulation.com/faqs

International Neuromodulation Society (INS). (2015). *Site*. San Francisco: INS. Recuperado de http://www.neuromodulation.com/

International Society for Neurofeedback, & Research (ISNR). (2015). *Site*. McLean: ISNR. Recuperado de http://www.isnr.net/neurofeedback-info/learn-moreabout-neurofeedback.cfm

International Society for Neurofeedback & Research (ISNR) (2012). *Practice guidelines for neurofeedback*. McLean: ISNR. Recuperado de http://www.isnr.net/neurofeedback-info/GuidelinesforNeurofeedback.pdf

Janicak, P. G., Nahas, Z., Lisanby, S. H., Solvason, H. B., Sampson, S. M., McDonald, W. M., ... Schatzberg, A. F. (2010). Durability of clinical benefit with transcranial magnetic stimulation (TMS) in the treatment of harmacoresistant major depression: Assessment of relapse during a 6-month, multisite, open-label study. *Brain Stimulation, 3*(4), 187-199.

Jo, J. M., Kim, Y. H., Ko, M. H., Ohn, S. H., Joen, B., & Lee, K. H. (2009). Enhancing the working memory of stroke patients using tDCS. *American Journal of Physical Medicine & Rehabilitation, 88*(5), 404-409.

Kayiran, S., Dursun, E., Dursun, N., Ermutlu, N., & Karamürsel, S. (2010). Neurofeedback intervention in fibromyalgia syndrome: A randomized, controlled, rater blind clinical trial. *Applied Psychophysiology and Biofeedback, 35*(4), 293-302.

Kamiya, J. (1968). Conscious control of brain waves. *Psychology Today, 1*, 56-60.

Knetsch, B. (2009). *Infant with cochlear implant*. Recuperado de https://commons.wikimedia.org/wiki/File:Infant_with_cochlear_implant.jpg

Krames, E. S., Peckham, P. H., Rezai, A., & Aboelsaad, F. (2009). What is neuromodulation? In E. Kramer, P. H. Peckham, & A. Rezai (Eds.), *Neuromodulation* (pp. 3-8). San Diego: Academic.

Lipton, R. B., Dodick, D. W., Silberstein, S. D., Saper, J. R., Aurora, S. K., Pearlman, S. H., ... Goadsby, P. J. (2010). Single-pulse transcranial magnetic stimulation for acute treatment of migraine with aura: A randomised, double-blind, parallel-group, sham-controlled trial. *The Lancet Neurology, 9*(4), 373-380.

Lofthouse, N., Arnold, L. E., Hersch, S., Hurt, E., & Debeus, R. (2012). A review of neurofeedback treatment for pediatric ADHD. *Journal of attention disorders, 16*(5), 351-372.

Marlow, N. M., Bonilha, H. S., & Short, E. B. (2013). Efficacy of transcranial direct current stimulation and repetitive transcranial magnetic stimulation for treating fibromyalgia syndrome: A systematic review. *Pain Practice, 13*(2), 131-145.

Michael, N., & Erfurth, A. (2004). Treatment of bipolar mania with right prefrontal rapid transcranial magnetic stimulation. *Journal of Affective Disorders, 78*(3), 253-257.

Mogilner, A. Y. (2009). Neuromodulation and neuronal plasticity. In E. Kramer, P. H. Peckham, & A. Rezai (Eds.), *Neuromodulation* (pp. 123-130). San Diego: Academic.

Nitsche, M. A., Liebetanz, D., Lang, N., Antal, A., Tergau, F., & Paulus, W. (2003). Safety criteria for transcranial direct current stimulation (tDCS) in humans. *Clinical Neurophysiology, 114*(11), 2220-2222.

Nitsche, M. A., Boggio, P. S., Fregni, F., & Pascual-Leone, A. (2009). Treatment of depression with transcranial direct current stimulation (tDCS): A review. *Experimental Neurology, 219*(1), 14-19.

OpenStax College. (2013). *1421 sensory homunculus*. Recuperado de https://commons.wikimedia.org/wiki/File:1421_Sensory_Homunculus.jpg

O'Reardon, J. P., Solvason, H. B., Janicak, P. G., Sampson, S., Isenberg, K. E., Nahas, Z., ... George, M. S. (2007). Efficacy and safety of transcranial magnetic stimulation in the acute treatment of major depression: A multi-site randomized controlled trial. *Biological Psychiatry, 62*(11), 1208-1216.

Pascual-Leone, A., Amedi, A., Fregni, F., & Merabet, L. B. (2005). The plastic human brain cortex. *Annual Review of Neuroscience, 28*, 377-401.

Polson, M. J., Barker, A. T., & Freeston, I. L. (1982). Stimulation of nerve trunks with time-varying magnetic fields. *Medical & Biological Engineering & Computing, 20*(2), 243-244.

Shelley, M. (2011). *Frankenstein*. Porto Alegre: L&PM.

Valle, A., Roizenblatt, S., Botte, S., Zaghi, S., Riberto, M., Tufik, S., ... Fregni, F. (2009). Efficacy of anodal transcranial direct current stimulation (tDCS) for the treatment of fibromyalgia: Results of a randomized, sham-controlled longitudinal clinical trial. *Journal of Pain Management, 2*(3), 353-361.

Van den Eynde, F., Claudino, A. M., Mogg, A., Horrell, L., Stahl, D., Ribeiro, W., ... Schmidt, U. (2010). Repetitive transcranial magnetic stimulation reduces cue-induced food craving in bulimic disorders. *Biological Psychiatry, 67*(8), 793-795.

Vanneste, S., Plazier, M., Ost, J., van der Loo, E., Heyning, P. V., & Ridder, D. D. (2010). Bilateral dorsolateral prefrontal cortex modulation for tinnitus by transcranial direct current stimulation: A preliminary clinical study. *Experimental Brain Research, 202*(4), 779-785.

Wikimedia Commons. (2010). *21 electrodes of International 10-20 system for EEG*. Recuperado de https://commons.wikimedia.org/wiki/File:21_electrodes_of_International_10-20_system_for_EEG.svg

26
Treino cognitivo informatizado

EMMY UEHARA
ERICA WOODRUFF

Nas últimas décadas do século XX, houve grande popularização e difusão dos computadores pessoais e da internet no cotidiano. Inúmeros avanços tecnológicos na psicologia já podem ser observados, tais como serviços de orientação psicológica mediados por computador, construção e aplicação de questionários *on-line*, sistematização de dados nas clínicas, testes e correções informatizados na avaliação psicológica, entre outros. Na área da neuropsicologia, mais especificamente, as inovações tecnológicas têm proporcionado alternativas para antigas práticas (Fichman, Uehara, & Santos, 2014).

A aplicação das inovações tecnológicas e da tecnologia assistiva na prática clínica e em pesquisas neuropsicológicas tem-se apresentado de diferentes formas. Por exemplo, na avaliação e na intervenção neuropsicológica, os recursos podem ser mediados pela internet, manejados individualmente ou em grupo, por reconhecimento de voz ou pelo acoplamento de acionadores de tração, via computadores, *tablets, palmtops, smartphones, videogames*, realidade virtual e aumentada, robôs e humanoides, *videofeedback* e *neurofeedback*, estimulação transcraniana por corrente contínua ou direta, entre muitos outros.

Nesse contexto, essas ferramentas podem ser mais uma opção para potencializar o processo interventivo na recuperação, na compensação ou no treinamento das funções cognitivas e das funcionalidades deficitárias. Ao minimizar as dificuldades enfrentadas no dia a dia pelo paciente, as novas tecnologias são uma alternativa não farmacológica para manter a qualidade de vida, desenvolvendo a autonomia e a independência do indivíduo (Kueider, Parisi, Gross, & Rebok, 2012).

Neste capítulo, será feita uma breve descrição do treino cognitivo e das questões inerentes à plasticidade cerebral, bem como dos estudos mais atuais que versam sobre programas de treino cognitivo informatizados, ressaltando-se os principais ganhos e limitações desses recursos e suas novas possibilidades de aplicação.

PANORAMA SOBRE TREINO COGNITIVO

A reabilitação neuropsicológica é um processo amplo, interativo e de mão dupla, no qual o paciente é um dos agentes. Esse tipo de intervenção possibilita o tratamento de déficits emocionais, comportamentais, de personalidade e da motricidade, bem como de deficiências cognitivas do paciente, ressalta Wilson (1996). De maneira complementar, a reabilitação cognitiva apresenta-se como apenas um dos cinco componentes da reabilitação neuropsicológica, que abarcaria também a psicoterapia, o estabelecimento de um ambiente terapêutico, a psicoeducação e o trabalho com os familiares e o paciente (Prigatano, 1997). Dessa forma, a reabilitação cognitiva irá capacitar pacientes e familiares para conviver, lidar, contornar, reduzir ou superar as deficiências cognitivas resultantes de lesão neurológica, tais como dificuldades linguísticas, perceptuais, atencionais, mnêmicas, executivas e práxicas (Wilson, 1996).

Para alcançar esses objetivos, a reabilitação cognitiva faz uso de técnicas compensatórias e estratégias cognitivas como estimulação, treinos e exercícios cognitivos, na tentativa de minimizar os problemas enfrentados no dia a dia pelo paciente. Em especial, o termo "treino", ou "treinamento cognitivo", diz respeito a intervenções voltadas especificamente ao funcionamento cognitivo, de modo que atuam na maximização dessas funções, na prevenção de futuros declínios, no restabelecimento funcional de uma estrutura comprometida e/ou na reorganização das redes neurais, compensando funções alteradas (Bryck & Fisher, 2012). Constitui-se pela prática estruturada e repetitiva de exercícios, cujo objetivo é o treino de apenas uma ou várias habilidades cognitivas – entre elas a atenção, a percepção espacial, a memória, a linguagem e as funções executivas (Wilson, Gracey, Evans, & Bateman, 2008). De acordo com Klingberg (2010), os treinamentos cognitivos podem ser considerados treinos implícitos, pois a melhora do desempenho é baseada em repetições, *feedback* e ajustamento, diferentemente do treino explícito, que faz uso de estratégias mais conscientes.

Os programas de treino cognitivo informatizados oferecem diversas vantagens em relação aos treinos ditos tradicionais, ou seja, de lápis e papel. Um dos primeiros benefícios é a capacidade de individualizar o treino de acordo com as necessidades de cada sujeito. A partir das características inerentes àquele indivíduo, o profissional pode adequar, por exemplo, o tipo de treino, a duração e as tarefas a serem treinadas. Além disso, a interface possibilita o uso de estímulos visuais e auditivos simultaneamente, estímulos tridimensionais e animados, o que pode potencializar a assimilação. Acima de tudo, porém, essa interface pode ser mais atrativa e agradável do que a tradicional, facilitando a interação e a experiência de imersão e de motivação do usuário (Kueider et al., 2012). Por apresentarem, normalmente, um visual simples, não há dificuldades em seu manejo e usabilidade; a plataforma costuma ser bastante intuitiva, com instruções claras e passíveis de repetição. Além disso, os programas fornecem *feedback* em tempo real e têm um sistema adaptativo, ou seja, o nível de habilidade do usuário é ajustado, mantendo a tarefa envolvente e desafiadora (Holmes, Gathercole, & Dunning, 2009). Outras funções relevantes também são inerentes aos recursos informatizados, tais como: redução de custos financeiros, maior acurácia dos dados, apresentação de instruções sonoras ou visuais, treinos e exemplos práticos, registro e armazenamento automático de respostas emitidas pelo *mouse* ou pelo teclado, pontuação e medidas de tempo de reação e emissão de relatórios.

No entanto, assim como em testes informatizados, os treinos também podem apresentar algumas limitações parecidas. Soto-Pérez, Martín e Gómez (2010) advertem sobre críticas relacionadas a uma possível desumanização no trabalho neuropsicológico, bem como sobre as dificuldades que ocorrem devido à mudança nas formas de administração tradicional. Além disso, podem surgir problemas quanto às interfaces de interação mal projetadas, à não permissão de pausa ou interrupção do teste e à dependência da visão em testes em que os itens são apresentados na tela do computador. I. Leposavić, L. Leposavić e Šaula-Marojević (2010) também consideram que as baterias informatizadas reduzem significativamente a interação face a face entre o neuropsicólogo e o paciente. Entretanto, ainda existe pouca uniformidade em relação às metodologias empregadas no treino informatizado (Cortese et al., 2015). Por exemplo, amostras não significativas e características individuais dos participantes podem dificultar a interpretação e a generalização dos resultados. Da mesma forma, a não inclusão de grupos-controle passivos (cujos indivíduos não realizam qualquer tipo de atividade experimental) e/ou ativos (cujos indivíduos participam de atividades, mas diferentes do treino planejado) prejudica a comparação e a comprovação do treino cognitivo a ser testado.

Outra possível dificuldade diz respeito ao uso da tecnologia em populações específicas, tal como a de idosos. Apesar de se achar que a falta de conhecimento ou a familiaridade sejam fatores para descartar seu uso, estudos observaram que esses pontos não seriam um empecilho (Lee, Chen, & Hewitt, 2011; Nouchi et al., 2012). Um bom exemplo é o estudo de Kueider e colaboradores (2012). Em revisão sistemática que reuniu 38 estudos publicados entre 1984 e 2011 com idosos saudáveis, foi possível observar que grande parte dos participantes não necessitava ter conhecimentos prévios de tecnologia para realizar o treino e obter seus benefícios. De maneira geral, idosos obtiveram resultados parecidos ou até melhores em treinos informatizados do que em abordagens mais tradicionais de lápis e papel. Mesmo com o estranhamento e a ansiedade iniciais, muitos relataram ganhos secundários, tais como a possibilidade de usar essa tecnologia como forma de comunicação e diálogo com os netos.

Para demonstrar o funcionamento de um treino, é importante investigar os processos relativos à generalização e à transferência, proximais ou distais, dos ganhos para a vida diária e a manutenção desses ganhos ao longo do tempo. Apesar da relevância desses processos, nem todos os estudos se preocupam em obter mais informações a respeito deles, construindo protocolos que não abarcam metodologias que esclareçam tais fatores. Uma das preocupações que todo processo de intervenção deveria ter é a promoção desses efeitos durante as sessões. Isso ocorre quando o aprendizado de uma técnica, de uma estratégia ou de um novo comportamento durante a intervenção é utilizado em outros contextos, em novas situações. Dessa forma, o aprendizado poderá possibilitar um melhor funcionamento em seu dia a dia, viabilizando, assim, maior autonomia e independência do indivíduo (Wilson, 2011). Outro ponto é a manutenção dos ganhos. Há grande variação da duração dos benefícios alcançados por intermédio do treinamento cognitivo. Variáveis como o protocolo utilizado, o tempo de intervenção ao qual a pessoa foi submetida e/ou características específicas de determinada população podem influenciar a sustentação dos ganhos cognitivos e de funcionalidade (Borella, Carretti, Riboldi, & De Beni, 2010; Simon & de Oliveira Ribeiro, 2011).

Atualmente, os treinos cognitivos informatizados estão fundamentados em pesquisas acadêmicas e evidências científicas na prática clínica. A Prática da Psicologia Baseada em Evidências (PPBE) consiste em um processo de decisão baseado na melhor evidência disponível para o cuidado com o cliente, no qual a *expertise* clínica do psicólogo e as características do cliente são levadas em consideração (Spring, 2007). De acordo com Melnik, de Souza e de Carvalho (2014), a classificação dessas evidências se dá por meio do grau de confiabilidade e precisão referente às condutas terapêuticas e preventivas utilizadas, isto é, uma abordagem que requer constante atualização por parte do psicólogo. Na prática neuropsicológica, podemos citar o treino cognitivo baseado em evidências científicas, ou seja, programas de treinamento elaborados a partir de pesquisas e metodologias bem delineadas.

Dessa forma, elaborar um bom protocolo de pesquisa é de extrema relevância para obter programas de treino cognitivo baseados em evidências científicas. A seguir, serão ressaltados alguns aspectos que devem ser levados em consideração quando possível (Jaeggi, Buschkuehl, Jonides, & Shah, 2011; Shipstead, Redick, & Engle, 2012):

- amostra significativa, para auxiliar no poder estatístico dos resultados
- amostra equiparada, para garantir que as características dos sujeitos sejam homogêneas quanto a sexo, idade e/ou outras variáveis independentes
- amostra aleatorizada/randomizada/selecionada ao acaso, para constituir conjuntos de sujeitos com a mesma probabilidade de alocação nos grupos, minimizando a influência de fatores confundidores da relação causa-efeito e garantindo a confiabilidade dos resultados
- existência de grupos-controle (ativo e passivo), para obter um parâmetro de comparação
- testagem pré e pós-treino, para investigar sobre os ganhos em habilidades específicas e efeitos de transferências proximais advindos da intervenção
- medidas neuropsicológicas tradicionais e ecológicas, para fornecer dados não apenas sobre habilidades cognitivas, mas também sobre funcionalidade
- relatores cegos (professores, pais e/ou cuidadores), para evitar qualquer interferência consciente ou não nos resultados
- treinamento de reforço (*booster training*), para a manutenção de ganhos e benefícios proporcionados pela intervenção
- avaliação de acompanhamento (*follow-up evaluations*), para verificar a durabilidade dos ganhos obtidos durante e após a intervenção, além dos efeitos de transferência distais

O impacto dos treinos cognitivos tem sido documentado em numerosos estudos, principalmente no que diz respeito a mudanças em termos comportamentais, neuroanatômicos e funcionais. Contudo, o plano de ação precisa ser cuidadosamente selecionado, para que as metas de curto e/ou longo prazo sejam cumpridas e abarquem os déficits neurocognitivos que precisam ser estimulados.

PLASTICIDADE CEREBRAL E TREINAMENTO COGNITIVO

O termo "plasticidade" vem do grego *plaiticós*, referindo-se à capacidade de algo ser esculpido e modelado (Muszkat & Mello, 2012). Dessa forma, a plasticidade cerebral é definida como a capacidade do cérebro para se modificar a partir de suas experiências. Draganski e colaboradores (2004) constataram alterações de substância cinzenta em adultos após três meses de treino com malabares, o que corrobora o conceito de que, apesar de mais intensamente presente nos primeiros anos, a plasticidade cerebral se mantém durante toda a vida. Mesmo em idosos, tanto humanos como animais, é possível ocorrer plasticidade (Mahncke et al., 2006; Ramanathan, Conner, & Tusynski, 2006).

As mudanças podem ser tanto estruturais como funcionais. Exemplos dessas alterações são os achados de Draganski e colaboradores (2006), que observaram aumento da substância cinzenta após aprendizagem de conteúdo abstrato, e de Brehmer e colaboradores (2011), que observaram diminuição da ativação nas regiões frontal, parietal e occipital após o treino em tarefas de memória de trabalho por cinco semanas. No entanto, para além da constatação da ocorrência desse remodelamento cerebral, existe o interesse e a necessidade de se estudar a manutenção dos ganhos ao longo do tempo. Pesquisas com foco nesse aspecto têm demonstrado diferentes resultados. Lövdén e colaboradores (2012) utilizaram treinamento de navegação espacial com idosos por quatro meses e observaram uma estabilidade do volume hipocampal por mais quatro meses no grupo experimental, enquanto no grupo-controle houve decréscimo de volume consistente com as estimativas longitudinais de declínio relativo à idade. Já na pesquisa de Boyke, Driemeyer, Gaser, Büchel e May (2009), os ganhos encontrados com o treinamento de malabarismo não se mantiveram após um período de 90 dias.

É importante ressaltar que os efeitos da neuroplasticidade podem ser tanto positivos como negativos. Assim como a estimulação contínua está associada a ganhos, a redução da estimulação sistemática está relacionada a um processamento menos eficiente (Zelinski, Dalton, & Smith, 2011). Por esse motivo, o treinamento cognitivo tem sido fruto de diversos estudos sobre plasticidade cerebral nos últimos anos (Mahncke et al., 2006; Smith et al., 2009). Mais recentemente, o uso dos computadores no desenvolvimento de programas de treinamento cognitivo tem auxiliado na manutenção da motivação e do interesse dos participantes, visto que, de maneira geral, costumam envolver tarefas desafiadoras para manter a atenção do jogador. Os estudos de Anguera e colaboradores (2013) e de Green e Baveller (2003) são bons exemplos das possibilidades do treino cognitivo computadorizado. Anguera e colaboradores (2013) treinaram idosos para utilizar o jogo *Neuroracer*, cujo objetivo era exercitar a habilidade de multitarefa. Os participantes realizaram essa atividade em casa durante um mês e, após esse período, constataram melhora tanto na tarefa treinada como na memória de trabalho e na atenção sustentada. Mesmo após seis meses, os ganhos foram mantidos. Green e Baveller (2003) utilizaram jogos comerciais de *videogame* com indivíduos entre 18 e 23 anos, que jogaram quatro dias por semana, uma hora por dia, durante seis meses. Foi observada melhora na capacidade de atenção visual e na distribuição espacial.

Tendo em vista que o interesse constante pela tarefa aumenta e mantém a atenção durante sua realização, este auxilia positivamente a plasticidade (Mahncke et al., 2006), uma vez que o desafio é essencial para a obtenção dos efeitos. Por consequência, o treinamento cognitivo computadorizado parece ser um caminho adequado a ser seguido na reabilitação neuropsicológica.

NOVAS TECNOLOGIAS, NOVAS POSSIBILIDADES

O treinamento via computadores e dispositivos móveis tem atraído um grande público com interesse científico e comercial, ocasionando o crescimento de novos produtos no mercado, também chamados *treinos cerebrais*, do inglês *brain training* (Rabipour & Raz, 2012). Embora muitos produtos de treinamento cerebral sejam específicos para determinada habilidade e/ou determinada população, as evidências sugerem que eles podem oferecer melhorias em curto e em longo prazo.

COGMED WORKING MEMORY TRAINING (PEARSON CLINICAL ASSESSMENT)

O Cogmed Working Memory Training (CWMT) é um programa *on-line* de treinamento que se baseia no modelo de memória de trabalho de múltiplos componentes, elaborado por Baddeley e Hitch (1974), relacionado ao armazenamento e à manipulação de informações temporárias. A partir de seu estudo de pós-doutorado, em 1999, Torkel Klingberg desenvolveu um programa de treinamento de memória operacional e, em 2001, fundou o CWMT. Atualmente, o programa está disponível para três faixas etárias: Cogmed JM (crianças pré-escolares entre 4 e 6 anos), Cogmed RM (crianças escolares e adolescentes entre 7 e 18 anos) e Cogmed QM (adultos e idosos). Todas as versões são constituídas por uma série de tarefas de memória operacional verbal e visioespacial que variam automaticamente durante o período de treinamento e são projetadas para se adaptar ao nível de desempenho. O treinamento deve ser contínuo e intenso, acompanhado por um tutor e um assistente de treinamento (para crianças e, algumas vezes, para adultos), que orientam e monitoram o progresso, além de auxiliar o usuário, motivando-o, quando necessário.

Desde o primeiro estudo, realizado na Suécia, com crianças com transtorno de déficit de atenção/hiperatividade (TDAH) (Klingberg, Forssberg, & Westerberg, 2002), o CWMT vem sofrendo modificações, e novas pesquisas têm sido realizadas em diferentes populações. Holmes e colaboradores (2009) realizaram treinamento CWMT por 35 minutos diários na escola, em um período de 5 a 7 semanas, com crianças com baixo desempenho em memória operacional. Participaram dessa pesquisa 22 crianças, no treinamento do tipo adaptativo, e 20 crianças, no treinamento do tipo não adaptativo (nível de dificuldade fixado em dois itens). Os autores observaram melhoras significativas no grupo do treino adaptativo em tarefas de habilidades matemáticas seis meses após o treino. Já em adultos com TDAH e dificuldades de aprendizagem, Gropper, Gotlieb, Kronitz e Tannock (2014) investigaram o impacto do treinamento para estudantes universitários entre 19 e 52 anos. Os participantes melhoraram em medidas de memória operacional visioespacial e verbal na pós-testagem e após dois meses da intervenção, além de relatarem diminuição dos sintomas do TDAH e de falhas cognitivas. Em adultos jovens (de 20 a 30 anos) e mais velhos (de 60 a 70 anos), Brehmer, Westerberg e Bäckman (2012) observaram melhoras significativas em tarefas de memória operacional não treinadas, verbal (sequência de dígitos direta) e visioespacial (sequência inversa no Blocos de Corsi). Além disso, no treino adaptativo, os adultos jovens obtiveram ganhos significativamente maiores em medidas treinadas e não treinadas de memória operacional, comparados ao grupo-placebo da mesma idade. Os adultos mais velhos do treino adaptativo também obtiveram ganhos significativos em medidas de memória operacional treinada e não treinada quando comparados aos adultos mais velhos do grupo de treino não adaptativo (placebo). Os ganhos em memória operacional em ambos os grupos foram mantidos após três meses da intervenção.

Brain Age (Nintendo Company, Limited)

O Brain Age é um treinamento cerebral no formato de um jogo comercial computadorizado, desenvolvido pela Nintendo em 2005. Ele foi baseado nos resultados de pesquisas do neurocientista japonês Ryuta Kawashima, que desenvolveu um programa de treinamento para idosos, demonstrando melhoras no desempenho cognitivo após a realização de exercícios de matemática e de leitura (Kawashima et al., 2004, 2005). Atualmente, existem diferentes versões do Brain Age, tais como *Treine seu cérebro em minutos diariamente*, versões 1 e 2, *Treino de concentração*, *Treino expresso: matemática*, *Treino expresso: artes e letras*, *Treino expresso: sudoku*. São, ao todo, nove jogos que envolvem tarefas como resolução de equações matemáticas simples, leitura em voz alta, desenho de imagens e memorização de números.

Após o desenvolvimento do jogo, novos estudos foram realizados, mostrando diferentes resultados. Boot e colaboradores (2013) não constataram melhora significativa das habilidades cognitivas em indivíduos com idades entre 54 e 86 anos. Esses pesquisadores compararam o desempenho de 62 participantes divididos em três grupos: Brain Age 2 (versão mais recente do treinamento), MarioKartDS e um grupo-controle passivo. Já Nouchi e colaboradores (2012) realizaram um estudo controlado randomizado no Japão com 28 voluntários idosos aleatoriamente distribuídos em dois grupos. O grupo experimental jogou Brain Age, e o grupo-controle, Tetris. Todos utilizaram o console portátil Nintendo DSi em casa por 15 minutos, cinco vezes por semana, totalizando quatro semanas. Quatro funções cognitivas (cognição global, função executiva, atenção e velocidade de processamento) foram avaliadas antes e depois do treino. Os resultados mostraram uma transferência do efeito do treinamento para a função executiva e a velocidade de processamento, mas não para as demais funções avaliadas. Em um estudo similar, Nouchi e colaboradores (2013) estudaram o efeito do treinamento Brain Age *versus* Tetris em jovens adultos e observaram melhora do desempenho cognitivo em função executiva, memória de trabalho e velocidade de processamento nos indivíduos que realizaram o Brain Age. No entanto, houve melhora do grupo-controle (Tetris) em relação ao grupo experimental no que se refere à atenção e à habilidade visioespacial.

Brain HQ (Posit Science)

O Brain HQ é um *software* para treino cerebral desenvolvido pela Posit Science. À frente do desenvolvimento do treinamento estão os pesquisadores Henry Mahncke e Michael Merzenich. Ao todo, são 32 exercícios que trabalham atenção, velocidade de processamento, memória, habilidades sociais, raciocínio e orientação espacial. Esses exercícios envolvem o treinamento tanto das vias sensoriais auditivas e visuais como de funções cognitivas mais complexas. Sua base é o conceito de neuroplasticidade; por isso, os exercícios são adequados ao desempenho do indivíduo, buscando mantê-lo motivado e diminuir a frustração diante de tarefas mais difíceis. O Brain HQ tem por objetivo melhorar funções cognitivas de diversas condições, como depressão, esquizofrenia, TDAH, doença de Alzheimer e declínios naturais do envelhecimento.

Um grande estudo multicêntrico, com 2.832 participantes com mais de 65 anos, chamado ACTIVE (*Advanced Cognitive Training for Independent and Vital Elderly*) study (Jobe at al., 2001), foi realizado utilizando-se exercícios do Brain HQ. Nele, foram comparados três tipos de treinamento: um com foco na memória, outro no raciocínio e o terceiro com utilização do treinamento de velocidade de processamento do Brain HQ. Os participantes da pesquisa foram acompanhados por 10 anos para observação dos efeitos de longo prazo do treinamento (Rebok et al., 2014). Todos os três tipos de treinamento resultaram em melhoras cognitivas logo após o período de treino, mas o grupo que utilizou o Brain HQ obteve os melhores resultados globais (87% dos participantes obtiveram melhoras cognitivas, contra 74% dos que treinaram raciocínio e 26% dos que treinaram memória). Também se observou a manutenção da qualidade de vida e do funcionamento independente. Os participantes que utilizaram o Brain HQ continuaram a mostrar melhoras cognitivas mesmo após 10 anos.

Outra pesquisa muito conhecida que utilizou tarefas desse treino foi o IMPACT (*Improvement in Memory with Plasticity-based*

Adaptive Cognitive Training) (Smith et al., 2009). Um estudo multicêntrico com 487 participantes com 65 anos ou mais anos de idade. Eles foram separados em dois grupos: um realizou seis exercícios do Brain HQ desenvolvidos para treinar velocidade e acurácia de processamento de informações auditivas, e outro assistiu a DVDs educativos no computador e respondeu a questionários sobre seu conteúdo (grupo-controle ativo). Ambos os grupos treinaram uma hora por dia, cinco dias por semana, totalizando 40 horas de treinamento. Além de melhoras nas tarefas treinadas (velocidade de processamento auditivo), houve ganho em memória global e atenção. Além disso, os participantes relataram mudanças positivas em seu dia a dia.

Assim como nos estudos anteriores, Mahncke e colaboradores (2006) também encontraram ganhos em idosos acima de 60 anos relativos a tarefas treinadas em exercícios do Brain HQ quando comparados ao grupo-controle ativo. Além disso, foram observados ganhos na memória, função que não foi treinada. Após três meses, os pesquisadores constataram a manutenção de alguns dos ganhos. Em um estudo com 55 pacientes clinicamente estáveis com diagnóstico de esquizofrenia, Fisher, Holland, Merzenich e Vinogradov (2009) encontraram ganhos relevantes para o funcionamento psicossocial. Os indivíduos foram aleatoriamente distribuídos em dois grupos: o grupo experimental realizou um treinamento auditivo progressivamente mais difícil que envolvia memória de trabalho e aprendizagem verbal (Brain HQ), e o grupo-controle utilizou jogos comerciais no computador. Ambos os grupos treinaram uma hora por dia, totalizando 50 horas. Foram, então, constatados ganhos significativos em cognição global e memória de trabalho, assim como em aprendizagem e memória verbais.

Fast ForWord (Scientific Learning Corporation)

O Fast ForWord (FFW) é um programa de computador que contém um conjunto de sete jogos audiovisuais. Foi lançado comercialmente em 1997 pela Scientific Learning Corporation para crianças entre 4 e 14 anos com dificuldades em linguagem oral, leitura e alfabetização. Consiste em um treinamento intensivo e adaptativo de 3 a 5 dias por semana, por aproximadamente 8 a 12 semanas, utilizando estímulos verbais (fala expandida) e não verbais (ascendentes e descendentes). O FFW foi elaborado no fim da década de 1990 por uma equipe de cientistas: Paula Tallal e Steven Miller, da Rutgers University, e Michael Merzenich e Bill Jenkins, da University of California. Baseia-se na teoria de que as dificuldades linguísticas poderiam ser causadas por uma alteração no processamento temporal auditivo (PTA). A partir de dois estudos iniciais com pequenos grupos de crianças com distúrbio específico da linguagem (DEL), Tallal e Merzenich desenvolveram um programa apresentando sílabas, palavras e sentenças expandidas, com a hipótese de que o treino promoveria uma reorganização neuronal e consequente melhora na habilidade de perceber breves estímulos acústicos (Merzenich et al., 1996; Tallal et al., 1996).

Diferentes estudos desenvolvidos por criadores do FFW e grupos externos foram realizados. Por exemplo, Gillam e colaboradores (2008) realizaram um estudo aleatorizado controlado para investigar a eficácia do FFW em 216 crianças entre as idades de 6 e 9 anos com prejuízos na linguagem. Os participantes foram divididos em quatro grupos experimentais, que utilizaram:

a. o programa Fast ForWord Language (FFW-L)
b. o programa de enriquecimento acadêmico

c. a intervenção computadorizada de linguagem (CALI)
d. uma intervenção individualizada com fonoaudiólogo

Todas as crianças receberam 1 hora e 40 minutos de tratamento, cinco dias por semana, durante seis semanas. Além disso, avaliações de linguagem e do processamento auditivo foram administradas às crianças por examinadores cegos antes do tratamento, imediatamente após o tratamento, três meses após o tratamento e seis meses após o tratamento. As crianças dos quatro grupos melhoraram significativamente em medidas globais de linguagem e em testes de mascaramento sucessivo (*backward masking*). Já os grupos FFW-L e CALI obtiveram maiores escores em medidas de consciência fonológica na avaliação de acompanhamento de seis meses (*follow-up*), em comparação aos outros dois grupos.

Em um estudo que utilizou ressonância magnética nuclear funcional (RMNf), Temple e colaboradores (2003) obtiveram medidas pré e pós-testagem por meio da RMNf de 20 crianças disléxicas e 12 crianças-controle. Ambos os grupos foram compostos por indivíduos entre 8 e 12 anos de idade. Nas crianças disléxicas, houve melhora significativa em habilidades de leitura, linguagem oral e nomeação rápida, o que não foi observado nas crianças do grupo-controle. Após a intervenção com FFW-L, houve aumento de ativação no córtex temporoparietal esquerdo e no giro frontal inferior esquerdo, regiões relacionadas ao processamento fonológico, om resultados de ativação nas crianças disléxicas semelhante às das crianças do grupo controle. Esses resultados podem sugerir que é possível visualizar mudanças no funcionamento cerebral via intervenção de leitura FFW-L. Além disso, demonstraram que a disfunção na região temporoparietal esquerda, observada em crianças disléxicas, pode ser parcialmente melhorada a partir da intervenção intensiva do programa de treinamento.

CONSIDERAÇÕES FINAIS

O treino cognitivo informatizado é um recurso tecnológico que tem sido pouco utilizado na prática neuropsicológica, apesar de ser uma ferramenta importante entre as técnicas interventivas disponíveis. Espera-se que, como em qualquer área da saúde, a neuropsicologia incorpore o uso das tecnologias, com o intuito de diversificar e ampliar algumas práticas, adaptando-se ao novo cenário.

Conforme apresentado neste capítulo, o treino cognitivo informatizado apresenta inúmeros benefícios, mas também limitações, como qualquer técnica tradicional de intervenção. Ao elaborar um plano de treinamento, é importante levar em consideração quais são os déficits do indivíduo, quais as principais ferramentas disponíveis e como o indivíduo pode se beneficiar desse treino. Há necessidade de se realizar mais pesquisas no contexto brasileiro, em diferentes faixas etárias, utilizando métodos variados. Dessa forma, será possível obter um panorama sobre as aplicações e os melhores campos de atuação dessas novas ferramentas.

REFERÊNCIAS

Anguera, J. A., Boccanfuso, J., Rintoul, J. L., Al-Hashimi, O., Faraji, F., Janowich, J., ... Gazzaley, A. (2013). Video game training enhances cognitive control in older adults. *Nature*, 501(7465), 97-101.

Baddeley, A. D., & Hitch, G. J. (1974). Working memory. In G. A. Bower (Ed.), *The psychology of learning and motivation: Advances in research and theory* (pp. 47-90). New York: Academic.

Boot W. R., Champion M., Blakely D. P., Wright T., Souders D. J., & Charness N. (2013). Video games as a means to reduce age-related cognitive decline:

Attitudes, compliance, and effectiveness. *Frontiers in Psychology, 4*(31), 1-9.

Borella, E., Carretti, B., Riboldi, F., & De Beni, R. (2010). Working memory training in older adults: Evidence of transfer and maintenance effects. *Psychology and Aging, 25*(4), 767-778.

Boyke, J., Driemeyer, J., Gaser, C., Büchel, C., & May, A. (2009). Training-induced brain structure changes in the elderly. *The Journal of Neuroscience, 28*(28), 7031-7035.

Brehmer, Y., Rieckmann, A., Bellander, M., Westerberg, H., Fischer, H., & Bäckman, L. (2011). Neural correlates of training related working-memory gains in old age. *NeuroImage, 58*(4), 1110-1120.

Brehmer, Y., Westerberg, H., & Bäckman, L. (2012). Working-memory training in younger and older adults: Training gains, transfer, and maintenance. *Frontiers in Human neuroscience, 6*(63), 1-7.

Bryck, R. L., & Fisher, P. A. (2012). Training the brain: practical applications of neural plasticity from the intersection of cognitive neuroscience, developmental psychology, and prevention science. *American Psychologist, 67*(2), 87-100.

Cortese, S., Ferrin, M., Brandeis, D., Buitelaar, J., Daley, D., Dittmann, R. W., ... European ADHD Guidelines Group (2015). Cognitive training for attention-deficit/hyperactivity disorder: Meta-analysis of clinical and neuropsychological outcomes from randomized controlled trials. *Journal of the American Academy of Child & Adolescent Psychiatry, 54*(3), 164-174.

Draganski, B., Gaser, C., Busch, V., Schuierer, G., Bogdahn, U., & Arne, M. (2004). Neuroplasticity: Changes in gray matter induced by training. *Nature, 427*(6972), 311-312.

Draganski, B., Gaser, C., Kempermann, G., Kuhn, H. G., Winkler, J., Büschel, C., & May, A. (2006). Temporal and spatial dynamics of brain structure changes during extensive learning. *The Journal of Neuroscience, 26*(23), 6314-6317.

Fichman, H. C., Uehara, E., & Santos, C. F. D. (2014). Novas tecnologias na avaliação e reabilitação neuropsicológica. *Temas em Psicologia, 22*(3), 539-553.

Fisher, M., Holland, C., Merzenich, M. M., & Vinogradov, S. (2009). Using neuroplasticity-based auditory training to improve verbal memory in schizophrenia. *The American Journal of Psychiatry, 166*(7), 805-811.

Gillam, R. B., Loeb, D. F., Hoffman, L. M., Bohman, T., Champlin, C. A., Thibodeau, L., ... Friel-Patti, S. (2008). The efficacy of fast for word language intervention in school-age children with language impairment: A randomized controlled trial. *Journal of Speech, Language, and Hearing Research, 51*(1), 97-119.

Green, C. S., & Baveller, D. (2003). Action video game modifies visual selective attention. *Nature, 423*(6939), 534-537.

Gropper, R. J., Gotlieb, H., Kronitz, R., & Tannock, R. (2014). Working memory training in college students with ADHD or LD. *Journal of Attention Disorders, 8*(4), 331-345.

Holmes, J., Gathercole, S. E., & Dunning, D. L. (2009). Adaptive training leads to sustained enhancement of poor working memory in children. *Developmental Science, 12*(4), F9-F15.

Jaeggi, S. M., Buschkuehl, M., Jonides, J., & Shah, P. (2011). Short-and long-term benefits of cognitive training. *Proceedings of the National Academy of Sciences, 108*(25), 10081-10086.

Jobe, J. B., Smith, D. M., Ball, K. K., Tennstedt, S. L., Marsiske, M., Willis, S. L., ... Kleinman, K. (2001). ACTIVE: A cognitive intervention trial to promote independence in older adults. *Controlled Clinical Trials, 22*(4), 453-479.

Kawashima, R., Okita, K., Yamazaki, R., Tajima, N., Yoshida, H., Taira, M., ... Sugimoto, K. (2005). Reading aloud and arithmetic calculation improve frontal function of people with dementia. *The Journals of Gerontology. Series A, Biological Sciences and Medical Sciences, 60*(3), 380-384.

Kawashima, R., Taira, M., Okita, K., Inoue, K., Tajima, N., Yoshida, H., ... Fukuda, H. (2004). A functional MRI study of simple arithmetic: A comparison between children and adults. *Cognitive Brain Research, 18*(3), 225-238.

Klingberg, T. (2010). Training and plasticity of working memory. *Trends in Cognitive Sciences, 14*(7), 317-324.

Klingberg, T., Forssberg, H., & Westerberg, H. (2002). Training of working memory in children with ADHD. *Journal of Clinical and Experimental Neuropsychology, 24*(6), 781-791.

Kueider, A. M., Parisi, J. M., Gross, A. L., & Rebok, G. W. (2012). Computerized cognitive training with older adults: A systematic review. *PloS One, 7*(7), e40588.

Lee, B., Chen, Y., & Hewitt, L. (2011). Age differences in constraints encountered by seniors in their use of computers and the internet. *Computers in Human Behavior, 27*(3), 1231-1237.

Leposavić, I., Leposavić, L., & Šaula-Marojević, B. (2010). Neuropsychological assessment: computerizes batteries or standard testes. *Psychiatria Danubina*, *22*(2), 145-152.

Lövdén, M., Schaefer, S., Noack, H., Bodammer, N.C., Kühn, S., Heinze, H. J., ... Lindenberger U. (2012). Spatial navigation training protects the hippocampus against age-related changes during early and late adulthood. *Neurobiology of Aging*, *33*(3), 620.e9-620.e22

Mahncke, H. W., Connor, B. B., Appelman, J., Ahsanuddin, O. N., Hardy, J. L., Wood, R. A.,…Merzenich, M. M. (2006). Memory enhancement in healthy older adults using a brain plasticity based training program: A randomized, controlled study. *Proceedings of the National Academy of Sciences of the United States of America*, *103*(33), 12523-12528.

Melnik, T., de Souza, W. F., & de Carvalho, M. R. (2014). A importância da prática da psicologia baseada em evidências: Aspectos conceituais, níveis de evidência, mitos e resistências. *Revista Costarricense de Psicología*, *33*(2), 79-92.

Merzenich, M. M., Jenkins, W. M., Johnston, P., Schreiner, C., Miller, S. L., & Tallal, P. (1996). Temporal processing deficits of language-learning impaired children ameliorated by training. *Science*, 271(5245), 77-81.

Muszkat, M., & Mello, C. B. (2012). Neuroplasticidade e reabilitação neuropsicológica. In J. Abrisqueta-Gomez (Org.), *Reabilitação neuropsicológica: Abordagem interdisciplinar e modelos conceituais na prática clínica* (pp. 56-71). Porto Alegre: Artmed.

Nouchi, R., Taki, Y., Takeuchi, H., Hashizume, H., Akitsuki, Y., Shigemune, Y., ... & Kawashima, R. (2012). Brain training game improves executive functions and processing speed in the elderly: a randomized controlled trial. *PloS One*, 7(1), e29676.

Nouchi, R., Taki, Y., Takeuchi, H., Hashizume, H., Nozawa, T., Kambara, T., ... Kawashima, R. (2013). Brain training game boosts executive functions, working memory and processing speed in the young adults: A randomized controlled trial. *PLoS One*, 8(2), e55518.

Prigatano, G. P. (1997). Learning from our successes and failures: Reflections and comments on "cognitive rehabilitation: how it is and how it might be". *Journal of the International Neuropsychological Society*, 3(5), 497-499.

Rabipour, S., & Raz, A. (2012). Training the brain: Fact and fad in cognitive and behavioral remediation. *Brain and Cognition*, 79(2), 159-179.

Ramanathan, D., Conner, J. M., & Tusynski, M. H. (2006). A form of motor cortical plasticity that correlates with recovery of function after brain injury. *Proceedings of the National Academy of Sciences of the United States of America*, *103*(30), 11370-11375.

Rebok, G. W., Ball, K., Guey, L. T., Jones, R. N., Kim, H. Y., King, J. W., & Willis, S. L. (2014). Ten--year effects of the ACTIVE cognitive training trial on cognition and everyday functioning in older adults. *Journal of the American Geriatrics Society*, *62*(1), 16-24.

Shipstead, Z., Redick, T. S., & Engle, R. W. (2012). Is working memory training effective? *Psychological Bulletin*, *138*(4), 628-654.

Simon, S. S., & de Oliveira Ribeiro, M. P. (2011). Comprometimento cognitivo leve e reabilitação neuropsicológica: Uma revisão bibliográfica. *Psicologia Revista. Revista da Faculdade de Ciências Humanas e da Saúde*, *20*(1), 93-122.

Smith, G. E., Housen, P., Yaffe, R. R., Ruff, R., Kennison, R. F., Mahncke, H. W., ... Zelinski, E. M. (2009). A cognitive training program based on principles of brain plasticity: Results from the improvement in memory with plasticity-based adaptive cognitive training (IMPACT) study. *Journal of the American Geriatrics Society*, *57*(4), 594-603.

Soto-Pérez, F., Martín, M. F., & Gómez, F. J. (2010). Tecnologías y neuropsicología: Hacia una ciber-neuropsicología. *Cuadernos de Neuropsicología/ Panamerican Journal of Neuropsychology*, *4*(2), 112-131.

Spring, B. (2007). Evidence-based practice in clinical psychology: What it is, why it matters; what you need to know. *Journal of Clinical Psychology*, *63*(7), 611-631.

Tallal, P., Miller, S. L., Bedi, G., Byma, G., Wang, X., Nagarajan, S. S.,... Merzenich, M. M. (1996). Language comprehension in language-learning impaired children improved with acoustically modified speech. *Science*, *271*(5245), 81-84.

Temple, E., Deutsch, G. K., Poldrack, R. A., Miller, S. L., Tallal, P., Merzenich, M. M., & Gabrieli, J. D. (2003). Neural deficits in children with dyslexia ameliorated by behavioral remediation: Evidence from functional MRI. *Proceedings of the National Academy of Sciences, 100*(5), 2860-2865.

Wilson, B. A. (1996). Reabilitação das deficiências cognitivas. In R. Nitrini, P., Caramelli, & L. L. Mansur, *Neuropsicologia: Das bases anatômicas à reabilitação* (pp. 314-343). São Paulo: Clínica Neurológica HCFMUSP.

Wilson, B. A. (2011). *Reabilitação da memória: Integrando teoria e prática*. Porto Alegre: Artmed.

Wilson, B. A., Gracey, F., Evans, J. J., & Bateman, A. (2008). Neuropsychological rehabilitation. *Annual Review of Clinical Psychology, 4*(1), 141-162.

Zelinski, E. M., Dalton, S. E., & Smith, G. E. (2011). Consumer-based brain fitness programs. In P. E. Hartman-Stein, & A. La Rue, (Eds.), *Enhancing cognitive fitness in adults: A guide to the use and development of community-based programs* (pp. 45-66). New York: Springer.

Índice

Números de páginas seguidos de *f* referem-se a figuras, *q* a quadros e *t* a tabelas.

A

Avaliação cognitiva e intervenções farmacológicas, 357-364
  intervenções farmacológicas e neuropsicologia, 359
    ação de ansiolíticos na cognição, 360
      benzodiazepínicos, 360
      buspirona, 360
    ação de antidepressivos na cognição, 360
    ação de estimulantes na cognição, 361
      lisdexanfetamina, 362
      metilfenidato, 361
    ação dos antipsicóticos na cognição, 359
    ação dos estabilizadores do humor na cognição, 360
      carbamazepina, 361
      gabapentina, 361
      lamotrigina, 361
      lítio, 360
      oxcarbazepina, 361
      pregabalina, 361
      topiramato, 361
      valproato, 361
    ações farmacológicas, 359
    classificação dos medicamentos psicotrópicos, 359
    efeitos das medicações psicotrópicas na cognição, 359
  principais alterações cognitivas nos transtornos, 357
    alterações cognitivas em doenças mentais, 357q
    alterações cognitivas na depressão, 358
    alterações cognitivas na esquizofrenia, 357
      correlação entre prejuízo cognitivo e funcionamento, 358q
    alterações cognitivas no TDAH, 358
    alterações cognitivas no transtorno bipolar, 358
    alterações cognitivas no transtorno obsessivo-compulsivo, 358
Avaliação da funcionalidade e suas contribuições para a neuropsicologia, 93-106
  avaliação funcional na neuropsicologia, 98
    Activities of Daily Living Questionnaire – Versão brasileira, 98
    Brazilian version of Older Americans Research and Services Multidimensional Functional Assessment Questionnaire, 103
    Direct Assessment of Functional Status, 98
    Escala Bayer de Atividades da Vida Diária, 100
    Escala de Avaliação de Incapacidade em Demência, 99
    Escala de Lawton e Brody, 103
    Escala Geral de Atividades de Vida Diária, 100
    Índice de Barthel, 103
    Índice de Katz, 102

Medida de Independência Funcional, 103
Performance Test of Activities of Daily Living, 102
Questionário de Atividades Funcionais, 101
Questionário do Informante para Detecção do Declínio Cognitivo em Idosos, 101
processo de avaliação funcional, 93
  conceito de funcionalidade e de avaliação funcional, 93
  entrevista, 97
  instrumentos de avaliação, 97
  instrumentos de avaliação das atividades diárias, 96q
  observação, 95
  procedimentos de avaliação, 94

B

Bateria para avaliação neuropsicológica, como montar uma, 107-123
  atenção, 110
    Atenção Concentrada, 111
    D-2 Atenção Concentrada, 111
    Tarefa de Performance Contínua, 110
    Teste de Atenção Visual, 110
  avaliando a pertinência, 119
  baterias fixas e flexíveis, 109
  baterias neuropsicológicas, 107
  cognição social, 116
    Movie for the Assessment of Social Cognition, 118
    Reading the Mind in the Eyes Test, 118
    Reconhecimento de Emoções, 118
    Strange Stories Test, 118
    The Awareness of Social Inference Test, 118
    The Hinting Task, 118
  funções executivas, 114
    Cubos de Corsi, 115
    Iowa Gambling Task, 115
    Subteste Dígitos das Escalas Wechsler de Inteligência, 115
    Teste de Categorização de Cartas Wisconsin, 115
    Teste de Trilhas – Parte B, 115
    Teste dos Cinco Dígitos, 116
    Torre de Hanói, 116
    Torre de Londres, 116
  linguagem, 111
    Tarefa de Competência de Leitura de Palavras e Pseudopalavras, 112
    Teste de Fluência Verbal, 111
    Teste de Nomeação de Boston, 111
    Token Test, 112
  memória, 112
    Figuras Complexas de Rey, 113
    Subteste Memória Lógica da Wechsler, 112
    Subtestes Reprodução Visual (RV) I e II da Wechsler, 113
    Teste de Aprendizagem Auditivo-verbal de Rey, 113
  visioconstrução, 113
    Cubos (WISC-IV e WAIS-III), 114
    Desenho do Relógio, 113
    Figura Complexa de Rey, 114
    Teste Gestáltico de Bender, 114

C

Cérebro, comportamento e cognição, métodos de estudo da relação entre, 35-50
  relação cérebro-comportamento, 35
    cognição como fruto da, 37
    estudos no Laboratório de Neurociência e Comportamento – UnB, 41
    estudos sobre memória emocional usando neuroimagem funcional, 45
    métodos e técnicas para o estudo da, 38
    principais métodos utilizados pela neuropsicologia clínica, 41q

D

Deficiência intelectual, como avaliar suspeita de, 133-148
  avaliação, 139
    aconselhamento, 144
    avaliação da inteligência, 141
    avaliação das funções cognitivas, 143
    entrevista, 139

Escala de Avaliação de Traços
   Autísticos (ATA), 143
Escalas de comportamento
   adaptativo, 142
   Escala de Comportamento
      Adaptativo Vineland, 143
   instrumentos para avaliação da
      inteligência, 141
   Escala de Maturidade Mental
      Columbia, 142
   Escalas de Inteligência Wechsler
      para Crianças ou Adultos, 141
   Matrizes Progressivas de Raven, 142
conceito, 133
   comportamento adaptativo, 134
   deficiência intelectual, 133
   inteligência, 134
   severidade e níveis de
      funcionamento, 135
etiologia, 138
sistemas de classificação nosológica, 135
   diagnóstico diferencial, 137
Diferentes tipos de diagnóstico em
   neuropsicologia, 124-132
   diagnóstico ecológico, 124, 128
      modelo comportamental, 129
      modelo contextualista, 130
      modelo de estresse e *coping*, 129
      modelo de funcionalidade da OMS,
         131
   diagnóstico etiológico/nosológico, 124,
      128
   diagnóstico funcional, 124, 125
   diagnóstico topográfico, 124, 125
      eixo anteroposterior, 127
      eixo cortical-subcortical, 128
      eixo dorsal-ventral, 128
      eixo hemisfério direito-esquerdo, 125
      eixo látero-medial, 126
      sistema de coordenadas cartesianas
         com cinco eixos, 126f

E

Entrevista clínica em neuropsicologia,
   51-67
   demência e comprometimento
      cognitivo leve, 63

desenvolvimento infantil e
   aprendizagem, 54
desfechos cognitivos e
   comportamentais associados
   a preditores precoces do
   desenvolvimento, 57q
doenças e síndromes neurológicas, 59
marcos do desenvolvimento a serem
   investigados, 55q
sintomas característicos e
   especificidades às etiologias
   mais comuns, 64f
sugestão de tópicos centrais para
   nortear a, 52q
transtornos mentais, 60
   sintomas característicos dos
      principais grupos com base no
      DSM-5, 61q
Escalas de avaliação de sintomas
   psiquiátricos, uso de, 81-92
   características das escalas numéricas de
      medida, 83t
   como escolher uma escala de avaliação,
      90
   conceito de escalas de avaliação, 81
   modelos de escalas de avaliação, 84
      Escala de Diferencial Semântico, 85
      Escala de Guttman, 84
      Escala de Likert, 84
   qualidades da escala, 85
      confiabilidade, 85
      confiabilidade e validade de um
         construto aferido por uma
         escala de avaliação, 87f
      validade, 86
   tipos de escalas de avaliação, 82
   tradução e adaptação de instrumentos
      de avaliação, 88
   uso de escalas de avaliação de sintomas
      psiquiátricos, 89
Estimulação cognitiva do idoso deprimido,
   333-339
   alterações cognitivas, 334
   evidências sobre eficácia da estimulação
      cognitiva, 335
   princípios gerais da estimulação
      cognitiva, 334

Estudo de caso usando a estatística, como
    elaborar um, 193-206
  curva normal
    escore z, 195f
    percentil, 195f
    porcentagem da população, 195f
  escores z equivalentes aos valores de
    percentil, 197t
  etapas do exame neuropsicológico, 194f
  paciente *versus* ele mesmo, 199
  paciente *versus* pequeno grupo de
    controles ou grupo clínico, 197
  preceitos estatísticos básicos, 195
Exame do estado mental, 68-80
  aparência e conduta, 68
  atividade motora, 69
  consciência, 73
    julgamento e *insight*, 73
  estado emocional, 70
    astenia/adinamia (depressão), 70
    disforia (estados mistos), 70
    euforia (mania), 70
  exame de ressonância magnética
    nuclear (caso clínico), 78f
  funções executivas, 74
  linguagem expressiva e receptiva, 70
  métodos estruturados e
    semiestruturados úteis, 74
  na consulta clínica, 68
  orientação, 69
  pensamento, 71
    atenção, 72
    memória, 73
    sensopercepção, 72
Exame neuropsicológico, 20-206, 21-34
  associações estrutura-função na prática
    clínica do neuropsicólogo, 24
  bateria utilizada com justificativas para
    a seleção dos instrumentos, 28q
  correlações estrutura-função e, 22
  dupla-dissociação, conceito de, 23q
  dupla-dissociação entre as áreas de
    Broca e de Wernicke, 23f
  estruturação do, 31f
  o que é, 21
  o que o neuropiscólogo deve saber, 22
  para que serve, 21

prática do, 26
quando é indicado, 31
relação estrutura-função em condições
    normais e de lesão
  holismo, 25f
  localizacionismo associacionista, 25f
  localizacionismo estrito, 25f
  técnicas modernas de neuroimagem, 24
Exame neuropsicológico e as decisões
    judiciais, 340-356
  critérios da responsabilidade penal,
    343q
  determinação da racionalidade, 340q
  direito e a saúde mental, 341
    avaliação neuropsicológica no
      contexto judicial, 347
      vara cível, 349
      vara criminal (processual e de
        execuções), 349
      vara trabalhista, 350
      laudo, 350
    direito civil, 343
      comprovação de incapacidade
        absoluta, 344
      comprovação de incapacidade
        relativa, 344
    direito criminal e penal, 341
    direito do trabalho e previdenciário,
      346
    interfaces de neuropsicologia na área do
      direito, 342q
Exame neuropsicológico, uso para
    estruturar uma intervenção,
    209-222
  avaliação comportamental, 214
  avaliação da funcionalidade e das AVD,
    216
  avaliação das funções cognitivas, 216
  avaliação do humor, 212
  entrevista clínica, 211
    informações relevantes a serem
      obtidas, 212q
  funções executivas e atencionais, 219
  funções visioperceptivas e visioespaciais,
    218
  linguagem, 218
  memória, 216

episódica, 217
implícita, 218
operacional e de curto prazo, 217
prospectiva, 218
semântica, 217
tarefa funcional aplicada em um recinto natural, 215f
testes neuropsicológicos e instrumentos de rastreio cognitivo com normas e dados psicométricos preliminares para a população brasileira, 213q

F

Funções executivas na sala de aula, 291-300
  autochecagem, 298
  automonitoramento, 298
  definir metas, 292
  flexibilizar a mentalidade, 297
  manipular a informação, 295
  mudar a mentalidade, 297
  organizar, 294
  planejar, 292
  priorizar, 292
  reter a informação, 295

I

Idoso de baixa escolaridade, como avaliar o, 149-160
  construção com palitos, 154f
  demandas emocionais na situação de testagem, 152
  desempenho em provas neuropsicológicas, 150
  desenvolvimento e a adaptação de novas tarefas, 154
  educação formal, 149
  escolarização formal, 150
  F-LIN, 154f
  nível socioeconômico, 149
  recursos para a avaliação neuropsicológica no Brasil, 153
  reserva cognitiva, 149
  Teste dos Cinco Dígitos, 154f
  testes normatizados para o Brasil com base na escolarização formal, 153q

TN-LIN, 154f
Torre de Londres, 154f
variância explicada pela escolaridade em testes de visioconstrução e nomeação, 157f
Interfaces entre terapia cognitivo-comportamental e neuropsicologia na prática clínica, 319-332
  categorização e a ativação automática de crenças, 323
    processos implícitos, 324
  compreendendo o modelo cognitivo e suas aplicações terapêuticas, 320
    modelo cognitivo revisitado e sua aproximação das neurociências, 321
  processo de terapia cognitivo-comportamental como um treino de funções executivas, 327
  reestruturação cognitiva, 326
  registro de pensamentos, 329q
Intervenções em neuropsicologia, 207-391

L

Laudo em neuropsicologia, como elaborar um, 175-192
  aspectos práticos e éticos na elaboração do laudo neuropsicológico, 183
  comunicação dos resultados, 189
  diferentes finalidades/contextos de laudos, 185
    laudo neuropsicológico com objetivos jurídicos, 187
    laudo neuropsicológico no contexto hospitalar, 188
    laudo para fins educacionais, 185
  erros comuns nos laudos neuropsicológicos, 184
  laudo neuropsicológico, proposta de, 177
    assinatura, 183
    cabeçalho, 177
    data da realização do laudo, 183
    história pregressa e atual do paciente, 179
    identificação do paciente, 179

introdução, 178
procedimentos e instrumentos utilizados na avaliação, 179
   dados de entrevistas com informantes, 180
   observações durante toda a avaliação, 180
   técnicas principais e complementares, 181
resultados da avaliação neuropsicológica, 181
   descrição dos escores dos testes, 181
   síntese dos resultados, conclusões e impressões, 182
   sugestões de encaminhamento e intervenção, 183
seções de um laudo neuropsicológico, 177q

N

Neuromodulação e neuropsicologia, 365-379
breve história da neuromodulação, 366
criança com implante coclear, 366f
equipamento de estimulação transcraniana por corrente contínua, 372f
homúnculo de Penfield, 367f
linha do tempo da história da neuromodulação, 370q
neurofeedback, 374
neuromodulação e neuroplasticidade, 368
neuropsicologia e neuromodulação, 369
ondas cerebrais e suas principais características, 375q
o que é neuromodulação, 365
sistema internacional 10-20 de posicionamento de eletrodos usado em eletrencefalografia, 373f
técnicas de neuromodulação, 369
   estimulação magnética transcraniana, 369
   estimulação transcraniana por corrente contínua, 371
tela de computador exibida para o terapeuta durante uma sessão de *neurofeedback*, 376f

P

Procedimentos de intervenção baseados na análise do comportamento, 242-254
análise do comportamento, 242
   análise funcional, 244
   comportamento operante e condicionamento operante, 243
   comportamento respondente e condicionamento respondente, 242
   modelo de seleção por consequência, 243
caso utilizando análise funcional, 251
   análise funcional do caso de DI, 253f
   deficiência intelectual, 251
   operação motivacional do tipo esquiva, 253f
   resultados obtidos no WISC-III, 252t
intervenção em neuropsicologia comportamental, 246
   técnicas comportamentais para modificação de comportamento operante, 248
      consequências, 249
      estímulos antecedentes, 248
      respostas, 249
   técnicas comportamentais para modificação do comportamento respondente, 250
      estímulos antecedentes, 251
      respostas, 251
hierarquia para escolha da melhor técnica comportamental, 246f
neuropsicologia comportamental, 245
percursos para planejamento de uma intervenção comportamental, 247f
técnicas comportamentais para modificação de comportamento operante, 248f

técnicas comportamentais para modificação do comportamento respondente, 250f

R

Reabilitação cognitiva, fundamentos da, 223-241
    baseada em evidências científicas, 235
        recentes revisões sistemáticas específicas da abordagem da RN holística, 236
    desenvolvimento da fundamentação teórica da, 223
        termo e definição, 224
    escolha da meta e medidas de resultados em, 233
    modelos conceituais para a prática clínica, 232
    nova geração de reabilitadores, 237
        livros de RC e suas diversas abordagens, 238q
    princípios que norteiam os programas de, 229
        mecanismos e padrões de recuperação, 231
        princípios da experiência dependente da plasticidade neural, 232q
        técnicas e estratégias, 229
            compensação, 230
            reestruturação, 231
            restauração, 230
    visão contemporânea do desenvolvimento das principais abordagens em, 225
        abordagem combinada, 227
        abordagem da neuropsicologia cognitiva, 227
        abordagem holística, 228
        treino cognitivo, 226
Reabilitação da discalculia e da dislexia, 301-318
    características essenciais dos transtornos específicos de aprendizagem, 306q
    classificação atual das discalculias, 307t
    como avaliar um programa de RC, 304
    recentes metanálises sobre reabilitação neuropsicológica da dislexia e da discalculia, 309
    revisões narrativas e revisões sistemáticas, 305
    habilidade de leitura de escolares britânicos em relação aos fatores ambientais e hereditários, 313t
    outras questões relevantes sobre a reabilitação dos TEA, 310
        ansiedade à matemática, 314
        comorbidades entre transtornos, 314
        fatores ambientais, 310
        motivação acadêmica, 315
        resposta à intervenção, 314
        treinos computadorizados, 313
    reabilitação, 301
        reabilitação neuropsicológica pediátrica, 302
    revisão dos estudos de metanálise dos últimos cinco anos sobre reabilitação da discalculia e da dislexia, 311q
    subtipos de discalculia do desenvolvimento, 307q
    subtipos de dislexia do desenvolvimento, 308q
    subtipos puros de dislexia do desenvolvimento, 308t
Reabilitação da memória, 272-290
    compreender a patologia, 273
        compreendendo a memória, 274
            estágio de processamento da informação, 276
            memória relacionada ao tempo, 275
            tipo de sistema de aprendizado, 275
    definir metas, 279
    elaborar as estratégias de intervenção, 282
        adaptação do ambiente, 286
        estratégias compensatórias, 284
        teorias e técnicas utilizadas na intervenção, 282
        treino cognitivo, 283
    estratégias de intervenção delineadas a partir de um problema real, 288q

formular e testar hipóteses que
  explicam o problema, 278
identificar os problemas do cotidiano, 277
identificar reforçadores, 281
iniciar a intervenção, 286
mensurar as dificuldades, 281
modelo de folha para anotação diária da frequência de um comportamento, 278q
monitorar o progresso, 286
mudar de estratégias se necessário, 286
planejar a generalização, 286
prescrição de um recurso de tecnologia assistiva, 285f
procedimentos de reabilitação para alcançar metas predeterminadas, 286q
técnicas utilizadas no programa de reabilitação de um paciente com déficit de memória, 284q
Reabilitação das funções executivas, 255-271
  estratégias de intervenção das funções executivas utilizadas com crianças, 267q
  estratégias de intervenção na reabilitação neuropsicológica, 260
  estratégias para reabilitação e estimulação das funções executivas na infância, 266
  funções executivas, 255
  funções executivas na infância e na adolescência, 264
    fatores sociais e econômicos, 266
    transtorno de déficit de atenção/hiperatividade, 265
    transtorno do espectro autista, 266
  habilidades executivas e possíveis estratégias de melhoramento, 262q
  reabilitação neuropsicológica, 256
  reabilitação neuropsicológica das funções executivas, 259
  reabilitação neuropsicológica das funções executivas em adultos prejudicadas por lesão encefálica adquirida, 257
  lesão cerebral, 258
  síndrome disexecutiva, 258

S

Simulação de déficits cognitivos, como proceder em casos de suspeita de, 161-174
  tipos de simulação, 163, 163q
    alegação de déficits de memória em simuladores, 171q
    aspectos a ser observados quando há suspeita de simulação, 165f
    como estruturar a avaliação para identificação de simulação, 170
    detecção de simulação, 165
    diagnóstico diferencial para casos de simulação, 166
    motivações das simulações, 169

T

Treino cognitivo informatizado, 380-391
  novas tecnologias, novas possibilidades, 384
    Brain Age (Nintendo Company, Limited), 385
    Brain HQ (Posit Science), 386
    Cogmed Working Memory Training (Pearson Clinical Assessment), 384
    Fast ForWord (Scientific Learning Corporation), 387
  panorama sobre treino cognitivo, 380
  plasticidade cerebral e treinamento cognitivo, 383